Henry Lincoln, Michael Baigent, Richard Leigh

Der heilige Gral und seine Erben

LINCOLN • BAIGENT • LEIGH

Der heilige Gral und seine Erben

Ursprung und Gegenwart
eines geheimen Ordens.
Sein Wissen und seine Macht.

Aus dem Englischen übertragen
Von Hans E. Hausner

ORBIS VERLAG

ISBN 3-572-01314-3

Lizenzausgabe 2002 mit Genehmigung
der Verlagsgruppe Lübbe GmbH & Co.KG, Bergisch Gladbach,
für Orbis Verlag in der Verlagsgruppe FALKEN/Mosaik,
einem Unternehmen der Verlagsgruppe Random House GmbH,
81673 München
© der Originalausgabe 1982 by Michael Baigent,
Richard Leight and Henry Lincoln
Titel der Originalausgabe: »The Holy Blood and the Holy Grail«
Originalverlag Jonathan Cape Ltd., London SW1V 2SA
© der deutschsprachigen Ausgabe 1984 by Gustav Lübbe Verlag GmbH,
Bergisch Gladbach

Redaktion: Christel Rost

Satz: ICS Computersatz GmbH, Bergisch Gladbach
Druck: GGP Media, Pößneck

817 2635 4453 6271

05 04 03 02

Karten

Graphiken

Im Sommer 1969 beabsichtigte ich, meine Ferien in den Cevennen zu verbringen. Auf dem Weg dorthin stieß ich durch Zufall in einer Buchhandlung auf ein Taschenbuch, das ich mir als Reiselektüre kaufte: *Le trésor maudit* (Der verwunschene Schatz) von Gérard de Sède – eine unterhaltsame, spannende Mischung aus historischen Tatsachen, Krimi und Mutmaßungen. Der Inhalt des Buches hielt mich auch nach dem Urlaub noch gefangen, da sein Autor etwas Wesentliches verschwiegen hatte.

Der »verwunschene Schatz« war von einem Dorfpfarrer zu Ende des letzten Jahrhunderts entdeckt worden, nachdem er gewisse kryptische Dokumente in seiner Kirche ausgegraben und entschlüsselt hatte. Zwei dieser Dokumente hatte de Sède in seinem Buch zitiert, ohne allerdings die in ihnen enthaltenen »geheimen Botschaften« wiederzugeben. Offenbar waren die entschlüsselten Mitteilungen in der Zwischenzeit wieder verlorengegangen. Aber schon eine kursorische Analyse der beiden abgedruckten Dokumente eröffnet einen Zugang zumindest zu einer der verborgenen Botschaften. Aus welchem Grund hatte sie de Sède nicht veröffentlicht? Schließlich mußte man davon ausgehen, daß er sich eingehend mit der Materie beschäftigt und höchstwahrscheinlich ebensoviel herausgefunden hatte wie ich – wenn nicht mehr.

Diese ganz und gar ausgefallene Geschichte, die darüber hinaus die Möglichkeit weiterer Entdeckungen in sich barg, ließ mich nicht mehr los. Ihr Reiz glich dem eines ungewöhnlich fesselnden Kreuzworträtsels, von de Sèdes unerklärlicher Verschwiegenheit einmal ganz abgesehen. Immer wieder wurde ich auf neue, bedeutungsvolle Hinweise in den Dokumententexten aufmerksam, so daß sich in mir der Wunsch regte, dem Geheimnis von Rennes-le-Château mehr Zeit widmen zu können, als es mir meine Tätigkeit als Autor von Fernsehdrehbüchern gestattete. Im Spätherbst 1970 schlug ich deshalb dem Produktionsleiter der historischen und archäologischen BBC-Serie »Chronicle«, dem verstorbenen Paul Johnstone, den Stoff als Thema für einen Dokumentarfilm vor.

Johnstone war davon sofort begeistert und schickte mich nach Frankreich, um mit de Sède zu sprechen und die Voraussetzungen für die Dreharbeiten zu einem Kurzfilm zu klären. Ende 1970 traf ich de Sède in Paris. Gleich zu Beginn unseres Gesprächs stellte ich ihm die

Frage, die mich seit über einem Jahr bewegte: »Warum haben Sie die geheime Botschaft der Urkunden nicht veröffentlicht?« – »Welche Botschaft meinen Sie?« Seine Gegenfrage überraschte mich nicht wenig.

Mir schien es einfach unvorstellbar, daß de Sède nicht auch darauf gestoßen sein sollte. Warum versuchte er also, mich hinters Licht zu führen? Der weitere Verlauf der Unterhaltung zeigte mir jedoch, daß wir beide über annähernd den gleichen Informationsstand in diesem Punkt verfügten. Ich wiederholte deshalb meine eingangs gestellte Frage. Diesmal gab mir de Sède eine wohlüberlegte Antwort: »Weil wir dachten, es könnte jemanden wie Sie interessieren, sie selbst herauszufinden.«

Diese Antwort deutete ich als einen versteckten Hinweis darauf, daß das Geheimnis von Rennes-le-Château aus mehr bestand als nur der Geschichte von einem verlorenen Schatz.

Im Frühjahr 1971 traf ich zusammen mit meinem Regisseur Andrew Maxwell-Hyslop die ersten Vorbereitungen für einen zwanzigminütigen »Chronicle«-Film, der im Rahmen einer Magazinsendung ausgestrahlt werden sollte. Während dieser Zeit erhielten wir von de Sède fortlaufend weiteres neues Material. Als erstes sandte er uns den vollständigen Text einer verschlüsselten Botschaft zu, in der von den Malern Poussin und Teniers die Rede war. Wir waren wie elektrisiert. Doch der Code war unglaublich kompliziert. Wie wir erfuhren, war es einer Dechiffrierungsabteilung der französischen Armee mit Hilfe von Computern angeblich gelungen, ihn zu knacken. Doch traute ich dem Ergebnis nicht so ganz. Ich ließ den Code von Chiffrierexperten des britischen Nachrichtendienstes gegenüberprüfen. Sie bestätigten die Richtigkeit meiner Zweifel und meinten, daß dem Code mit Computern nicht beizukommen sei. Aber irgendwo mußte es jemanden geben, der den Schlüssel dazu besaß.

Dann ließ de Sède eine zweite Bombe hochgehen: Man hatte ein Grabmal ausfindig gemacht, das dem in Poussins berühmtem Gemälde »Les Bergers d'Arcadie« (Die Hirten in Arkadien) täuschend ähnelte. Sobald er neue Informationen erhalten habe, werde er mir weitere Einzelheiten zukommen lassen, schrieb mir de Sède. Einige Tage darauf erhielt ich eine Reihe von Fotos. Das kleine, an einen Ort gebundene Geheimnis, über das wir einen Film hatten drehen wollen, nahm allmählich unüberschaubare Ausmaße an. Johnstone beschloß, das Kurzfilmprojekt fallenzulassen und statt dessen einen abendfüllenden »Chronicle«-Film zu produzieren. Damit stand uns mehr Zeit für unsere Recherchen zur Verfügung; außerdem konnten wir das Thema im Film unter verschiedenen Aspekten breiter aufrollen. Die Sendung wurde auf das Frühjahr 1972 verschoben.

The Lost Treasure of Jerusalem? (Jerusalems verlorener Schatz?) wurde im Februar 1972 ausgestrahlt und stieß auf lebhaftes Zuschauerinteresse. Irgendwann einmal, darüber war ich mir im klaren, würde man an eine Fortsetzung denken müssen. Im Laufe der folgenden zwei Jahre trug ich dermaßen viel neues Material zusammen, daß Paul Johnstone sich veranlaßt sah, Roy Davies mit den Dreharbeiten zu meinem zweiten »Chronicle«-Film zu beauftragen: *The Priest, the Painter and the Devil* (Der Priester, der Maler und der Teufel). Die Reaktion des Publikums zeigte abermals, wie sehr ich einen Nerv der Zeit getroffen und die Phantasie der Zuschauer entzündet hatte. Das Umfeld der Geschichte hatte mittlerweile aber solch weitreichende Dimensionen angenommen, daß die notwendigen Nachforschungen die Arbeitskraft eines einzelnen bald um ein Vielfaches übersteigen würden. Es gab einfach zu viele verschiedene Spuren, denen nachgegangen werden mußte. Je intensiver ich eine bestimmte Fährte verfolgte, desto klarer wurde mir, wieviel andere ich zur gleichen Zeit vernachlässigte. In dieser überaus entmutigenden Situation kam mir abermals der Zufall zu Hilfe, dem ich ja schon die Begegnung mit dem gesamten Komplex Rennes-le-Château verdankte.

Im Rahmen eines Sommerkurses, bei dem wir beide über Fragen der Literatur referierten, hatte ich das große Glück, Richard Leigh kennenzulernen. Richard ist Autor von Romanen und Kurzgeschichten, hat Komparatistik studiert und sich ein breites Wissen auf den Gebieten der Geschichte, Philosophie, Psychologie und Esoterik angeeignet. Einige Jahre hat er an amerikanischen, kanadischen und englischen Universitäten als Dozent unterrichtet.

Wir verbrachten viele gemeinsame Stunden mit Gesprächen über Themen, die uns beide interessierten. Dabei erwähnte ich unter anderem die Tempelritter, die im Zusammenhang mit dem Geheimnis von Rennes-le-Château eine wichtige Rolle spielten. Wie sich zu meiner großen Freude herausstellte, hatte sich Richard bereits eingehend mit der Geschichte dieses geistlichen Ritterordens befaßt. Einen Großteil der Fragen, zu deren Klärung ich bestimmt Monate benötigt hätte, konnte er mir auf Anhieb beantworten und war über einige der Widersprüche, die ich zutage gefördert hatte, ebenso verblüfft wie ich selbst. Mehr noch: Richard war nicht nur von dem Forschungsprojekt, das ich in Angriff genommen hatte, über alle Maßen fasziniert, er erkannte auch sofort dessen hochbrisante Bedeutung. Er bot mir seine Hilfe an, falls ich zu dem Themenkreis Templer noch irgendwelche Fragen haben sollte. Darüber hinaus machte er mich mit Michael Baigent bekannt, einem graduierten Psychologen, der eine erfolgreiche Karriere als Fotoreporter nur deshalb abgebrochen hatte, um sich mit all seinen Kräften auf die Erforschung der Geschichte des Templerordens zu konzentrieren. Er trug sich mit dem Gedanken, einen Film zu diesem Thema zu drehen.

Diese beiden qualifizierten und sympathischen Partner brachten wieder den nötigen frischen Wind in das Projekt, das ein wenig ins Stocken geraten war. Das erste greifbare Resultat unserer gemeinsamen Arbeit war der dritte »Chronicle«-Film über Rennes-le-Château *The Shadows of the Templars* (Die Schatten der Templer), den Roy Davies 1979 produzierte.

Die Vorarbeiten zu dem Film ließen uns auch erstmals den Ursprung erkennen, auf dem das Geheimnis von Rennes-le-Château aufbaute. Im Film konnten wir allerdings nur einen kleinen Ausschnitt dieser Entdeckungsreise zeigen. Wir waren auf etwas gestoßen, das aufregender, aufschlußreicher und bedeutsamer war als alles, was wir uns hatten träumen lassen, als wir uns für das »kleine Geheimnis« eines französischen Pfarrers zu interessieren begannen, der irgend etwas in einem Bergdorf gefunden hatte.

Meinen ersten Film beschloß ich 1972 mit den Worten: »Etwas Außergewöhnliches wartet nur darauf, noch entdeckt zu werden . . ., und in nicht allzu ferner Zukunft wird dies auch geschehen.«

Dieses Buch versucht, dieses »Etwas« zu klären und gleichzeitig die atemberaubende Geschichte seiner Entdeckung zu erzählen.

Unser ganz besonderer Dank gilt Ann Evans, ohne deren tatkräftige Unterstützung dieses Buch bestimmt niemals fertiggestellt worden wäre. Ferner sind wir zu aufrichtigem Dank verpflichtet: Jehan l'Ascuiz, Robert Beer, Ean Begg, Dave Bennett, Colin Bloy, Juliet Burke, Henri Buthion, Jean-Luc Chaumeil, Philippe de Chérisey, Jonathan Clowes, Shirley Collins, Chris Cornford, Painton Cowan, Roy Davies, Liz Flower, Janice Glaholm, John Glover, Liz Greene, Margaret Hill, Renee Hinchley, Judy Holland, Paul Johnstone, Patrick Lichfield, Douglas Lockhart, Guy Lovel, Jane McGillivray, Andrew Maxwell-

Hyslop, Pam Morris, Les Olbinson, Pierre Plantard de Saint-Clair, Bob Roberts, David Rolfe, John Saul, Gérard de Sède, Rosalie Siegel, John Sinclair, Jeanne Thomason, Louis Vazart, Colin Waldeck, Anthony Wall, Andy Whitaker, den Mitarbeitern im Lesesaal des British Museum (London) und den Einwohnern von Rennes-le-Château.

17. Januar 1981   *Henry Lincoln*

ERSTES BUCH

DAS
GEHEIMNIS

1. Ein Dorf voller Geheimnisse

Zu Beginn unserer Recherchen war uns nicht ganz klar, was wir eigentlich suchten — und schon gar nicht, womit wir es zu tun bekommen würden. Wir hatten weder Theorien noch Hypothesen, noch wollten wir irgend etwas beweisen. Alles, was wir wollten, war, die Lösung für ein rätselhaftes Ereignis im ausgehenden neunzehnten Jahrhundert zu finden.

Zunächst glaubten wir, es mit einem Geheimnis zu tun zu haben, das zwar spannend, aber nicht sonderlich bedeutend und nur auf ein unscheinbares Dorf im Süden Frankreichs beschränkt war. Wir waren überzeugt, daß dieses Geheimnis, auch wenn es viele faszinierende historische Komponenten aufwies, vornehmlich von akademischem Interesse sei. Ferner nahmen wir an, unsere Nachforschungen könnten allenfalls dazu beitragen, gewisse Aspekte abendländischer Geschichte aufzuhellen. Daß es sich als notwendig erweisen könnte, sie neu zu schreiben, kam uns nie in den Sinn. Etwas von zeitgenössischer Relevanz — noch dazu von so brisanter zeitgenössischer Relevanz — zu entdecken, hatten wir uns ebenfalls nie träumen lassen.

Den Anfang unserer Suche bildete eine mehr oder minder einfache Geschichte. Auf den ersten Blick unterschied sie sich nicht wesentlich von zahlreichen anderen »Schatzgräbergeschichten« oder »ungelösten Geheimnissen«, wie man sie in beinahe jedem ländlichen Gebiet aus Geschichte und Sage kennt. Ihre Veröffentlichung stieß seinerzeit in Frankreich auf beträchtliches Interesse, ohne jedoch — jedenfalls nach unseren damaligen Kenntnissen — irgendwelche Konsequenzen nach sich zu ziehen. Daß diese Version eine ganze Reihe von Irrtümern enthielt, fanden wir erst allmählich heraus. Doch zuerst müssen wir die Geschichte so erzählen, wie wir sie in den sechziger Jahren kennengelernt haben.[1]

Rennes-le-Château und Bérenger Saunière. Am 1. Juni 1885 trat in dem kleinen südfranzösischen Dorf Rennes-le-Château Curé Bérenger Saunière sein Amt als neuer Gemeindepfarrer an.[2] Er war ein robuster, stattlicher, energischer und überdies hochintelligenter Mann von dreiunddreißig Jahren. Noch kurz zuvor, auf dem Priesterseminar, schien er zu Höherem als dem Leben in einem weltabgeschiedenen Dorf in den östlichen Ausläufern der Pyrenäen berufen zu sein. Doch dann erregte er — aus welchem Grund auch immer — bei seinen

1 Die wichtigsten Schauplätze des Geschehens in Frankreich

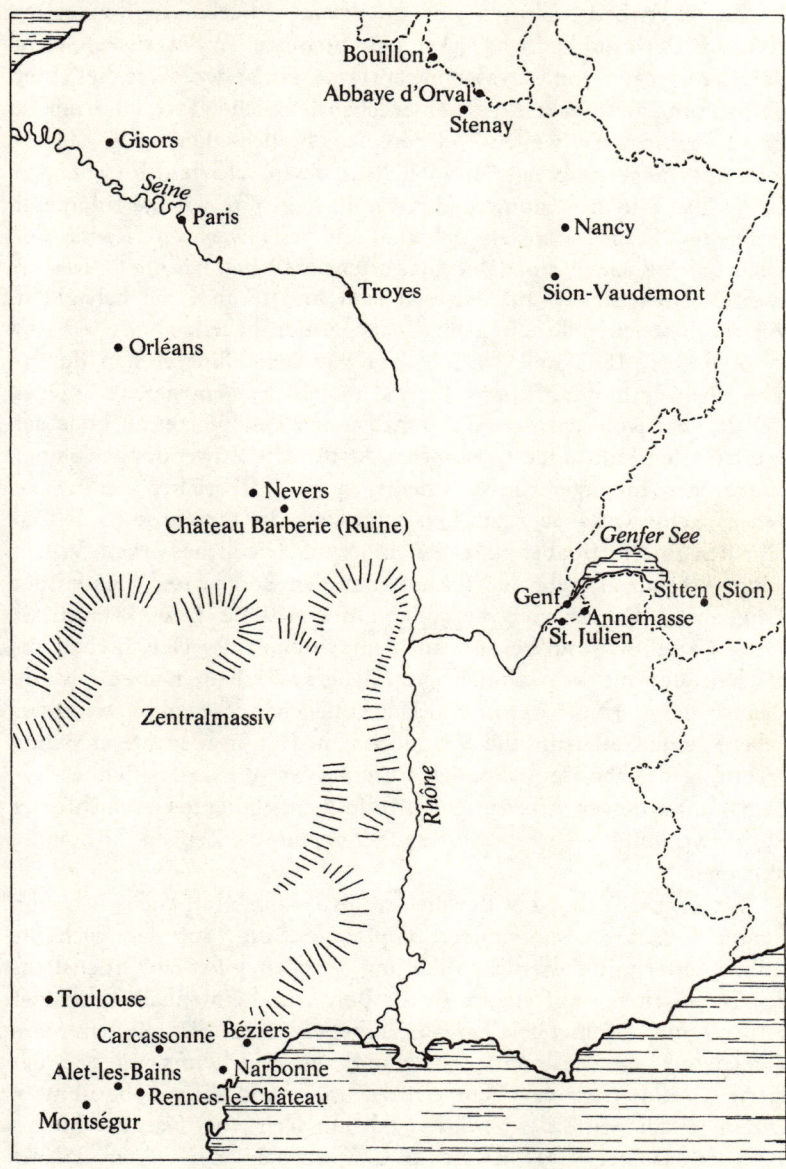

Bouillon

Abbaye d'Orval

Stenay

Gisors

Seine

Paris

Nancy

Troyes

Sion-Vaudemont

Orléans

Nevers

Château Barberie (Ruine)

Genfer See

Genf

Sitten (Sion)

Annemasse

St. Julien

Zentralmassiv

Rhône

Toulouse

Carcassonne Béziers

Alet-les-Bains

Narbonne

Rennes-le-Château

Montségur

Oberen Mißfallen. Diese schickten ihn, wohl um ihn loszuwerden, in die Pfarre von Rennes-le-Château.

Zu jener Zeit wohnten nur zweihundert Seelen in Rennes-le-Château. Es ist ein kleiner Flecken auf einem steilen Bergrücken, etwa vierzig Kilometer von Carcassonne entfernt. Für andere wäre dies einer Verbannung gleichgekommen, einer lebenslänglichen Freiheitsstrafe in einem Provinznest, weitab von den Annehmlichkeiten einer Metropole, alles andere als ein Stimulans für einen scharfen, forschenden Geist. Nicht so für Saunière. Er war in dem nur wenige Kilometer entfernten Dorf Montazels geboren und aufgewachsen. Rennes-le-Château muß daher, trotz all seiner offensichtlichen Nachteile, wie ein zweites Zuhause für ihn gewesen sein und in ihm die behagliche Vertrautheit seiner Kindheitstage wachgerufen haben.

Zwischen 1885 und 1891 betrug Saunières Einkommen durchschnittlich einhundertfünfzig Francs im Jahr — kein gerade üppiges Gehalt, aber wohl das, was ein französischer Landpfarrer zu Ende des neunzehnten Jahrhunderts erwarten durfte. Die Zuwendungen seiner Pfarrkinder hinzugerechnet, scheint es zum Überleben genügt zu haben, keineswegs aber zu Extravaganzen. In diesen sechs Jahren führte Saunière offenbar ein angenehmes und friedliches Leben. Wie in seiner Jugendzeit jagte und fischte er in den Bergen und Flüssen der Umgebung. Er las viel, vervollkommnete seine Lateinkenntnisse, lernte Griechisch und begann mit dem Studium des Hebräischen. Er beschäftigte ein achtzehnjähriges Bauernmädchen namens Marie Denarnaud als Haushälterin und Dienstmädchen. Sie sollte zeit seines Lebens seine Gefährtin und Vertraute sein. Häufig besuchte er seinen Freund, den Abbé Henri Boudet, Curé des Nachbardorfes Rennes-les-Bains, unter dessen Anleitung er sich in die turbulente Geschichte der Region vertiefte — eine Geschichte, deren stumme Zeugen ihn ständig umgaben.

So erhebt sich zum Beispiel wenige Kilometer südöstlich von Rennes-le-Château ein anderer Gipfel, le Bézu, auf dem sich die Ruinen einer mittelalterlichen Festung befinden, einst ein Ordenshaus der Tempelritter. Auf einem dritten Berg, rund eineinhalb Kilometer östlich von Rennes-le-Château, erheben sich die Ruinen von Blanchefort, dem Ahnensitz Bertrands de Blanchefort. Er war der vierte Großmeister der Tempelritter und stand diesem berühmten Orden in der Mitte des zwölften Jahrhunderts vor. Darüber hinaus lag das Gebiet um Rennes-le-Château an der alten Pilger-

2   Rennes-le-Château und seine Umgebung

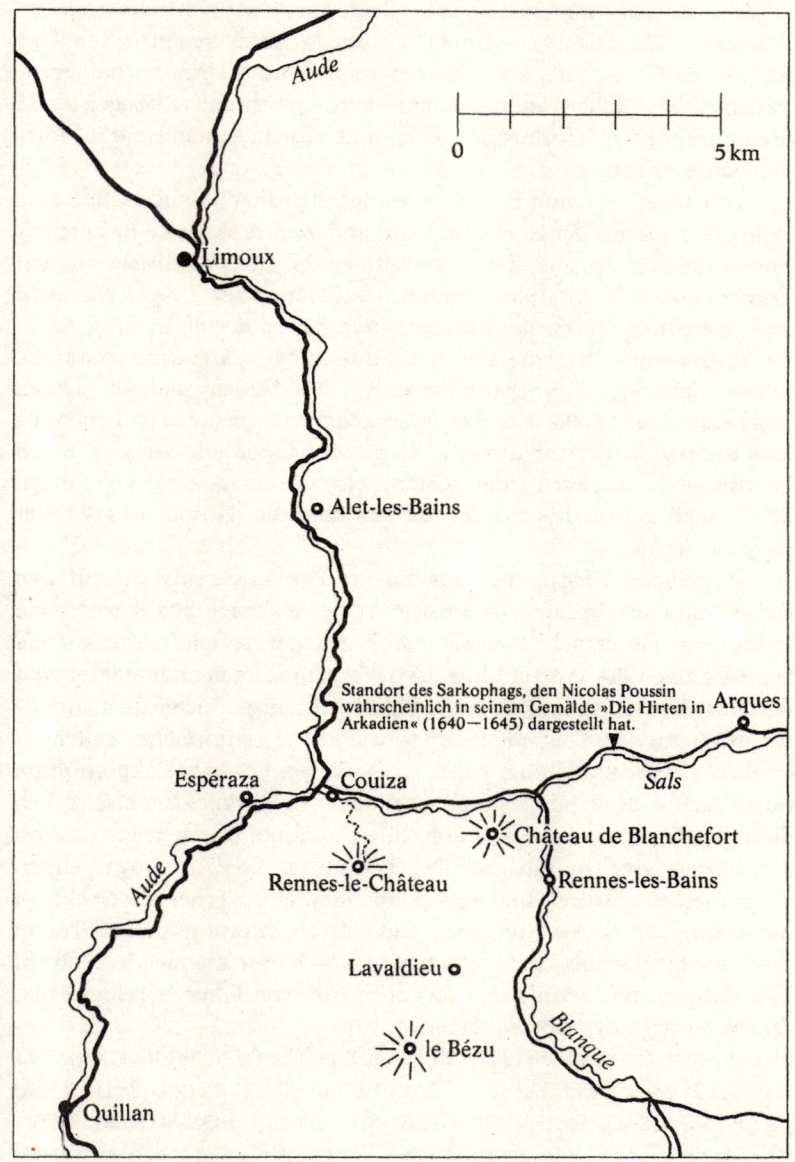

Auf der Karte:

Aude

0   5 km

Limoux

Alet-les-Bains

Standort des Sarkophags, den Nicolas Poussin
wahrscheinlich in seinem Gemälde »Die Hirten in
Arkadien« (1640—1645) dargestellt hat.

Arques

Espéraza   Couiza

Sals

Château de Blanchefort

Rennes-le-Château

Rennes-les-Bains

Aude

Lavaldieu

le Bézu

Blanque

Quillan

straße, die von Nordeuropa nach Santiago de Compostela in Spanien führte.

Schon seit geraumer Zeit hatte Saunière die Absicht, die im Jahre 1059 Maria Magdalena geweihte Dorfkirche restaurieren zu lassen. Das verfallende Gotteshaus stand auf dem Fundament eines noch älteren, westgotischen Bauwerks aus dem sechsten Jahrhundert. Gegen Ende des neunzehnten Jahrhunderts befand es sich in einem nahezu hoffnungslosen Zustand.

Von seinem Freund Boudet ermutigt, lieh sich Saunière 1891 eine kleine Summe aus der Gemeindekasse und machte sich an eine bescheidene Restaurierung, in deren Verlauf er die auf zwei westgotischen Trägern ruhende Altarplatte entfernte. Einer dieser Träger war hohl und enthielt vier versiegelte Holzzylinder. Zwei der darin aufbewahrten Pergamente, das eine aus dem Jahre 1244, das andere von 1644, sollen Genealogien enthalten haben. Die beiden anderen waren anscheinend um 1780 von einem Vorgänger von Saunière, dem Abbé Antoine Bigou, verfaßt worden. Bigou war außerdem Seelsorger und Vertrauter der adeligen Familie Blanchefort gewesen, die am Vorabend der Französischen Revolution zu den größten Grundbesitzern der Gegend zählte.

Die beiden Pergamente aus Bigous Zeit erwiesen sich auf den ersten Blick als fromme lateinische Texte, Auszüge aus dem Neuen Testament. Untersucht man sie jedoch genauer, so entdeckt man, daß auf dem einen die Wörter ohne Zwischenräume aneinandergefügt sind und überdies eine ganze Reihe völlig überflüssiger Buchstaben enthalten. Das zweite Pergament zeigt wahllos verstümmelte Zeilen — ungleich, manchmal in der Mitte eines Wortes —, während bestimmte Buchstaben auffallend hervorgehoben sind. In Wirklichkeit also stellen diese Pergamente eine Folge von klug erdachten Chiffren oder Codes dar. Einige sind so unvorstellbar kompliziert, daß sie sogar einem Computer standhalten und sich ohne einen entsprechenden Schlüssel nicht knacken lassen würden. Eine Dechiffrierung dieses Textes erschien in französischen Werken, die sich mit Rennes-le-Château beschäftigen, und wurde von uns auch für zwei Filme herangezogen, die im Auftrag der BBC entstanden.

»BERGERE PAS DE TENTATION QUE POUSSIN TENIERS GARDENT LA CLEF PAX DCLXXXI PAR LA CROIX ET CE CHEVAL DE DIEU J'ACHEVE CE DAEMON DE GARDIEN A MIDI POMMES BLEUES.« (Schäferin, keine Versuchung. Daß Poussin, Teniers den Schlüssel

besitzen; Friede 681. Beim Kreuz und diesem Pferd Gottes beende —
oder zerstöre — ich diesen Dämon von Wächter zu Mittag. Blaue
Äpfel.)

Während einige Chiffren den Leser aufgrund ihrer Kompliziertheit
entmutigen, lassen sich andere geradezu leicht auflösen. Auf dem
zweiten Pergament zum Beispiel ergeben die hervorgehobenen Buchstaben, liest man sie nacheinander, eine durchaus sinnvolle Botschaft.

»A DAGOBERT II ROI ET A SION EST CE TRESOR ET IL EST LA
MORT.« (Dieser Schatz gehört König Dagobert II. und Zion, und dort
liegt er tot.)

Obwohl Saunière imstande gewesen sein muß, diese Botschaft zu
entziffern, ist zu bezweifeln, daß er die schwierigen Codes des ersten
Dokuments entschlüsseln konnte. Nichtsdestoweniger begriff er, daß
er auf etwas Wichtiges gestoßen war. Mit Zustimmung des Bürgermei-
sters legte er dem Bischof von Carcassonne seine Entdeckung vor.
Daraufhin wurde Saunière unverzüglich mit dem Auftrag nach Paris
gesandt, sich mit den Pergamenten bei verschiedenen hohen kirchlichen Würdenträgern vorzustellen. Seine wichtigsten Gesprächspartner waren der Abbé Bieil, Generalsuperior des Seminars an Saint-
Sulpice, und dessen Neffe Emile Hoffet, der sich damals auf die
Priesterweihe vorbereitete. Obwohl erst Anfang zwanzig, hatte sich
Hoffet bereits als Wissenschaftler auf den Gebieten der Linguistik, der
Kryptologie und der Paläographie einen bedeutenden Namen gemacht.
Man wußte aber auch, daß er esoterischen Lehren anhing und freund-
schaftliche Beziehungen zu verschiedenen, dem Okkultismus nahest-
henden Gruppen, Sekten und Geheimgesellschaften unterhielt.
Dadurch war er mit einem erlauchten Kreis in Kontakt gekommen,
dem unter anderem literarische Größen wie Stéphane Mallarmé und
Maurice Maeterlinck sowie der Komponist Claude Debussy angehör-
ten. Ferner kannte er auch Emma Calvé. Diese war nicht nur die Callas
ihrer Zeit und eine Hohepriesterin der esoterischen Subkultur von
Paris, sondern unterhielt auch enge Beziehungen zu einflußreichen
Okkultisten. Während Saunières Paris-Aufenthalt kehrte sie nach
triumphalen Erfolgen in London und Windsor in die französische
Hauptstadt zurück.

Saunière verbrachte insgesamt drei Wochen in Paris. Was bei
seinen Gesprächen mit den Klerikern herauskam, ist nicht bekannt.
Sicher ist nur, daß der Landpfarrer sofort und mit offenen Armen in
den Kreis um Hoffet aufgenommen wurde; ja, es wurde sogar behaup-

tet, er wäre Emma Calvés Liebhaber geworden. Zeitgenössische Klatsch-basen sprachen von einer Liebesaffäre, und ein Bekannter der Sängerin bezeichnete sie als von dem Curé »besessen«. Wie auch immer: Daß die beiden eine tiefe und dauerhafte Freundschaft verband, steht außer Frage. In den folgenden Jahren besuchte sie Saunière häufig in der Umgebung von Rennes-le-Château.

Die Zeit in Paris nutzte Saunière auch zu einigen Besuchen im Louvre, was damit zusammenhängen dürfte, daß er vor seiner Abreise Reproduktionen von drei Gemälden erstand. Eines davon, das Werk eines unbekannten Künstlers, war ein Porträt von Papst Cölestin V., der gegen Ende des dreizehnten Jahrhunderts für kurze Zeit das Amt des Stellvertre-ters Christi versah. Das zweite war ein Werk von David Teniers, Vater oder Sohn.[3] Bei dem dritten handelte es sich wahrscheinlich um das berühmte Gemälde von Nicolas Poussin »Les Bergers d'Arcadie« (Die Hirten in Arkadien).

Nach seiner Rückkehr nahm Saunière die Restaurierungsarbeiten an der Dorfkirche von Rennes-le-Château wieder auf. Dabei förderte er eine seltsam geformte Steinplatte aus dem siebten oder achten Jahrhundert ans Tageslicht, unter der sich eine Krypta befunden haben mochte, eine Grabkammer, in der angeblich Skelette gefunden worden waren. Darüber hinaus beschäftigte sich Saunière aber auch mit recht ungewöhnlichen Projekten, etwa mit der Grabstätte der Marquise Marie d'Hautpoul de Blanchefort, die sich auf dem Kirchhof befand. Grabstein und Grabplatte waren von Abbé Antoine Bigou entworfen und eingesetzt worden. Die Grabinschrift — die eine Anzahl von vorsätzlichen Fehlern in Recht-schreibung und Worttrennung aufwies — war ein perfektes Anagramm der in den Pergamenten verborgenen Botschaft, die sich auf Poussin und Teniers bezog. Vertauscht man die Buchstaben, erhält man die oben erwähnte kryptische Aussage über Dagobert und Zion.

Saunière, der nicht wußte, daß die Inschrift auf dem Grab der Marquise bereits aufgezeichnet worden war, zerstörte sie. Dies blieb nicht die einzige absonderliche Handlung im Verhalten des Pfarrers. In Begleitung seiner treuen Haushälterin unternahm er lange Fußmärsche in die Umgebung und sammelte dabei wertlose, vollkommen uninteres-sante Steine. Er führte des weiteren einen ausgedehnten Briefwechsel mit unbekannten Adressaten — nicht nur in Frankreich, sondern auch in Deutschland, Italien, Österreich, Spanien und in der Schweiz. Er begann Briefmarken zu sammeln und tätigte undurchsichtige Geschäfte mit verschiedenen Banken.

Allein für Porti gab Saunière überdurchschnittlich viel Geld aus — mehr, als er sich bei seinem jährlichen Einkommen hätte leisten können. Ab 1896 aber fing er an, Summen auszugeben, die jedes vernünftige Maß bei weitem überstiegen. Bis zu seinem Tod im Jahre 1917 erreichten diese einen Gesamtbetrag von mehreren Millionen Francs.

Einen Teil dieses Reichtums verwandte er zur Finanzierung löblicher Gemeindeprojekte, etwa dem Bau einer modernen Straße, die ins Dorf hinaufführte, und der Installierung von Wasserleitungen in den Häusern. Andere Ausgaben dienten eher seltsamen Donquichotterien: So ließ Saunière einen Turm errichten — die Tour Magdala —, von dem aus man auf die Steilseite des Berges hinunterblicken konnte. Er baute sich ein luxuriöses Landhaus — die Villa Bethania —, in das er aber selbst nie einzog. Und die Kirche wurde nicht nur restauriert, sondern vielmehr auf höchst bizarre Weise dekoriert. Über dem Türsturz ließ Saunière eine lateinische Inschrift einmeißeln:

»TERRIBILIS EST LOCUS ISTE« (Dieser Ort ist schrecklich.)

Gleich hinter dem Portal, im Inneren des Gotteshauses, wurde eine scheußliche Statue aufgestellt, eine geschmacklose Darstellung des Dämons Asmodi — Hüter der Geheimnisse, Wächter verborgener Schätze und, einer alten jüdischen Legende zufolge, der Erbauer des Tempels in Jerusalem. An den Kirchenwänden wurden grellbunt bemalte Tafeln angebracht, die den Kreuzweg wiedergaben — doch jede einzelne Station war durch irgendeine sonderbare Widersprüchlichkeit, ein ungerechtfertigtes zusätzliches Detail, eine offene oder versteckte Abweichung von der allgemein anerkannten Darstellungsweise gekennzeichnet. Auf Station VIII zum Beispiel ist ein Kind in ein buntkariertes Plaid gehüllt. Die vierzehnte Station, die Grablegung Christi, zeigt im Hintergrund einen nächtlichen Himmel mit Vollmond. Beinahe scheint es, als ob Saunière damit gewisse Hinweise hätte geben wollen. Aber worauf? Daß Jesus erst nach Einbruch der Dunkelheit begraben wurde — mithin mehrere Stunden später, als die Bibel angibt? Oder daß sein Leib aus der Gruft heraus- statt hineingetragen wurde?

Gleichzeitig fuhr Saunière fort, viel Geld unter die Leute zu bringen. Er sammelte seltenes Porzellan, antike Marmorskulpturen, kostbare Gewebe und bibliophile Bücher. Er ließ eine Orangerie und einen Tiergarten anlegen. Dabei vergaß er auch seine Pfarrkinder nicht. Er lud sie zu üppigen Banketten ein, zeigte sich in jeder Hinsicht freigebig und pflegte alles in allem den Lebensstil eines mittelalterlichen Herrschers, der über eine uneinnehmbare Bergfestung gebietet. In seinem praktisch unzugänglichen Refugium empfing er eine Reihe angesehener Gäste wie Emma Calvé oder den französischen Kultusminister. Der vielleicht bedeutendste Besucher des unbekannten Landpfarrers war Johann Salvator von Habsburg, ein Vetter des österreichischen Kaisers Franz Joseph. Aus später veröffentlichten Bankberichten geht hervor, daß Saunière und der Erzherzog am gleichen Tag Konten eröffneten und letzterer eine beträchtliche Summe an den Pfarrer überwies.

Anfangs drückten Saunières Obere beide Augen zu. Der neue Bischof von Carcassonne jedoch versuchte nach dem Tod seines Vorgängers, den Priester zur Ordnung zu rufen. Saunière aber verweigerte jegliche Angabe über die Herkunft seines Vermögens. Auch den vom Bischof angeordneten Transfer lehnte er ab. Daraufhin beschuldigte ihn der Bischof der Simonie und suspendierte ihn. Saunière richtete nun seinerseits eine Beschwerde an den Heiligen Stuhl, der ihn freisprach und wieder einsetzte.

Am 17. Januar 1917 erlitt der damals siebenundfünfzigjährige Pfarrer von Rennes-le-Château einen Herzinfarkt. Ein verdächtiges Datum, dieser 17. Januar, denn auf dem Grabstein der Marquise d'Hautpoul de Blanchefort ist es ebenfalls genannt. Es ist auch der Gedenktag des heiligen Sulpice, der, wie wir noch erfahren sollten, eine wichtige Rolle in unserer Geschichte spielt. Ausgerechnet im Seminar an Saint-Sulpice hatte Saunière dem Abbé Bieil und Emile Hoffet die Pergamente übergeben. Was aber den Herzanfall vom 17. Januar besonders verdächtig erscheinen läßt, ist die Tatsache, daß Saunière sich noch fünf Tage zuvor nach Aussage seiner Pfarrkinder bester Gesundheit erfreute. Nichtsdestoweniger bestellte Marie Denarnaud am 12. Januar 1917 einen Sarg für ihren Herrn — wie aus einer in unserem Besitz befindlichen Auftragsbestätigung hervorgeht.

Als Saunière auf dem Sterbebett lag, wurde ein Priester aus einem Nachbardorf gerufen, um ihm die Beichte abzunehmen und die Absolution zu erteilen. Der Priester begab sich in das Zimmer des Kranken — und verließ es kurz darauf wieder, sichtlich erschüttert. Berichten zufolge habe er danach »nie wieder gelächelt« und sei in einen Zustand akuter Melancholie verfallen, der mehrere Monate andauerte. Ob diese Darstellungen nun übertrieben sind oder nicht, fest steht, daß der Priester Saunière die Letzte Ölung verweigerte.

Saunière starb am 22. Januar, ohne die Sterbesakramente empfangen zu haben. Am Tag darauf wurde seine Leiche, aufrecht in einem Lehnstuhl sitzend und in eine mit scharlachroten Troddeln besetzte Robe gehüllt, auf die Terrasse der Tour Magdala gestellt. Unter den Trauergästen, die an ihm vorüberzogen und nicht aus der Gegend stammten, gab es mehrere, die zur Erinnerung Troddeln vom Gewand des Toten abrupften. Eine Erklärung für diese seltsame Zeremonie hat bis heute niemand gefunden.

Mit gespannter Erwartung sah man der Verlesung von Saunières Letztem Willen entgegen. Doch zu jedermanns Überraschung gab er an, völlig mittellos zu sein. Offenbar hatte er sein gesamtes Vermögen schon einige Zeit zuvor Marie Denarnaud überschrieben, die zweiunddreißig Jahre lang sein Leben und sein Geheimnis mit ihm geteilt hatte.

Nach dem Tode ihres Herrn führte Marie bis 1946 ein angenehmes Leben in der Villa Bethania. Die damalige Nachkriegsregierung unter Charles de Gaulle führte eine Währungsreform durch und erließ gleichzeitig Verfügungen mit dem Ziel, Steuerhinterzieher, Kollaborateure und Kriegsgewinnler habhaft zu werden: Beim Umtausch alter in neue Francs mußten alle französischen Bürger Rechenschaft über ihre Einkünfte ablegen. Marie war nicht gewillt, Erklärungen abzugeben; sie entschied sich für ein Leben in Armut. Man beobachtete, wie sie im Garten ihrer Villa alte Francnoten bündelweise verbrannte.

Während der nächsten sieben Jahre lebte Marie von dem Erlös, den ihr der Verkauf der Villa Bethania eingebracht hatte. Dem Käufer, Monsieur Noël Corbu, versprach sie, ihm vor ihrem Tod ein Geheimnis anzuvertrauen, das ihn nicht nur zu einem reichen, sondern auch zu einem »mächtigen« Mann machen würde. Am 29. Januar 1953 erlitt Marie einen Schlaganfall und war bis zu ihrem Tode der Sprache nicht mehr mächtig. Sie starb — zu Monsieur Corbus schmerzlicher Enttäuschung —, ohne ihr Geheimnis preisgegeben zu haben.

Die möglichen Schätze. Das war in groben Zügen die Geschichte, wie sie in den sechziger Jahren in Frankreich veröffentlicht worden war. Mit den Fragen, die sie aufwarf, begannen wir uns nun zu beschäftigen.

Die ersten Fragen stellten sich nahezu von selbst: Woher hatte Saunière das Geld? Auf welche Weise konnte er so unvermittelt zu einem Vermögen dieser Größenordnung kommen? Gab es dafür eine ganz banale Erklärung? Oder steckte doch viel mehr dahinter? Gerade die letzte Hypothese weckte unsere Neugierde, und wir konnten der Versuchung nicht widerstehen, Detektiv zu spielen.

Wir begannen damit, die Erklärungen anderer unter die Lupe zu nehmen, die sich ebenfalls mit diesem Fragenkomplex beschäftigt hatten. Viele von ihnen waren der Ansicht, Saunière hätte tatsächlich einen Schatz gehoben – eine durchaus glaubhafte Annahme, da sich in der Geschichte des Dorfes und seiner Umgebung genügend Hinweise auf verstecktes Gold oder Edelsteine finden lassen.

So betrachteten zum Beispiel die dort in vorgeschichtlicher Zeit ansässigen keltischen Stämme die Gegend um Rennes-le-Château als heilige Stätte. Der Name des Dorfes, das damals Rhedae hieß, leitete sich von einem dieser Stämme her. Zur Zeit der Römer war es eine für ihre Bergwerke und Heilquellen bekannte blühende Gemeinde, die die Römer ebenfalls als heilige Stätte verehrten. Im sechsten Jahrhundert soll das kleine Bergdorf eine Stadt mit dreißigtausend Einwohnern und vorübergehend sogar die nördliche Hauptstadt der Westgoten gewesen sein – jenes germanischen Volkes, das Rom plünderte, das Ende des Weströmischen Reiches herbeiführte und zu beiden Seiten der Pyrenäen sein eigenes Reich errichtete.

Für weitere fünfhundert Jahre blieb die Stadt Stammsitz der bedeutenden Grafen von Razès. Zu Beginn des dreizehnten Jahrhunderts fiel ein Kreuzfahrerheer aus dem Norden im Languedoc ein, um die Irrlehre der Katharer oder Albigenser auszurotten und das reiche Land selbst in Besitz zu nehmen. Im Verlaufe der grausamen Albigenserkriege wurde Rennes-le-Château erobert und ging anschließend als Lehen von Hand zu Hand. Um 1360 dezimierte die Pest die Bevölkerung; kurz darauf überfielen katalanische Räuberbanden Rennes-le-Château und zerstörten es.[4]

Viele dieser historischen Ereignisse sind mit Berichten über sagenhafte Schätze verwoben. Von den Katharern zum Beispiel sagte man, sie besäßen etwas ungeheuer Wertvolles, möglicherweise gar ein Heiligtum. Manchen Legenden zufolge soll es sich dabei um den Heiligen Gral gehandelt haben. Auch vom verschwundenen Schatz der Tempelritter war die Rede, deren Großmeister Bertrand de Blanchefort geheimnisvolle Grabungen in der Umgebung hatte durchführen lassen. Gesetzt den Fall, dieser Schatz wurde tatsächlich bei Rennes-le-Château vergraben, so würde das den Hinweis auf Zion in den von Saunière entdeckten Pergamenten erklären.

Doch der Tempelritterschatz war nicht der einzige, der in Frage kam. Über einen Großteil des heutigen Frankreich herrschte vom fünften bis achten Jahrhundert das Geschlecht der Merowinger – darunter auch König Dagobert II. Unter seiner Herrschaft war Rennes-le-Château eine westgotische Bastion, und Dagobert selbst war mit einer westgotischen Prinzessin verheiratet. Denkbar wäre, daß die Stadt als eine Art königlicher Schatzkammer fungierte, zumal es Dokumente gibt, die von den sagenhaften Reichtümern sprechen, die der Merowingerkönig für seine Eroberungszüge angehäuft und in der Umgebung von Rennes-le-Château versteckt haben soll. Sollte Saunière eines dieser Depots entdeckt haben, dann wäre damit der Hinweis auf Dagobert in den Pergamenten entschlüsselt.

Die Katharer. Die Tempelritter. Dagobert II. Und – der Schatz der Westgoten, den diese auf ihrem Zug durch Europa zusammengetragen hatten. Eine Beute, die nicht nur materielle Reichtümer umfaßte, sondern von grundlegender Bedeutung – im übertragenen wie im wörtlichen Sinn – für die religiöse Tradition des Westens war. Zu ihr gehörte wahrscheinlich der legendäre Schatz aus dem Tempel von Jerusalem, der die Verweise auf Zion mehr noch als bei den Tempelrittern unterstreichen würde.

Im Jahre 66 nach Christus hatte sich Palästina erhoben, um das Joch der römischen Fremdherrschaft abzuschütteln. Vier Jahre später wurde Jerusalem von den Legionen des Kaisers, die unter dem Kommando seines Sohnes Titus standen, dem Erdboden gleichgemacht. Der Tempel wurde geplündert und der Inhalt dieses jüdischen Heiligtums nach Rom gebracht. Dazu gehörte – wie auf dem Triumphbogen des Titus zu sehen ist – der siebenarmige Leuchter und möglicherweise auch die Bundeslade.

Dreieinhalb Jahrhunderte später, im Jahre 410, wurde Rom von den einfallenden Westgoten unter Alarich dem Großen geplündert. Wie der Geschichtsschreiber Prokop von Caesarea berichtet, machte sich Alarich »mit den Schätzen Salomons, des Königs der Hebräer, davon; ein einmaliger Anblick, denn sie waren zum größten Teil mit Smaragden besetzt und einst von den Römern aus Jerusalem geraubt worden«.[5]

Ein Schatz mochte demzufolge durchaus der Ursprung von Saunières unerklärlichem Reichtum gewesen sein. Der Priester könnte zum Beispiel mehrere Schätze, aber auch nur einen einzigen entdeckt haben, der im Laufe der Jahrhunderte mehrmals seine Besitzer gewechselt hatte: vom Tempel in Jerusalem über die Römer und Westgoten bis zu den Katharern und den Tempelrittern. Damit wäre das Rätsel gelöst, wieso der fragliche Schatz sowohl Dagobert II. als auch Zion »gehörte«.

Bis dahin schien unsere Geschichte eine reine Schatzgräbergeschichte zu sein. Eine solche ist, selbst wenn es sich dabei um den Schatz aus Jerusalem handelt, für die Gegenwart letztlich von geringerer Bedeutung – es sei denn, der betreffende Schatz birgt ein Geheimnis in sich, womöglich gar ein hochbrisantes.

Wir verwarfen nicht die Möglichkeit, daß Saunière einen Schatz gehoben hatte. Gleichzeitig aber war uns klar, daß er darüber hinaus ein Geheimnis entdeckt hatte – ein umstrittenes historisches Geheimnis von unabsehbarer Tragweite für seine und vielleicht auch für unsere Zeit. Dieses hatte offenbar in Rennes-le-Château seinen Ursprung und strahlte in alle möglichen Richtungen aus. Wenn Saunière über ganz bestimmte Kenntnisse verfügte, auf welche Weise hätte er aus seinem Wissen Kapital schlagen können? Rührte sein plötzlicher Reichtum eventuell daher, daß er sich von irgend jemandem sein Schweigen bezahlen ließ?

Johann Salvator von Habsburg war ihm nicht nur freundschaftlich zugetan, Saunière erhielt von ihm überdies, wie bereits geschildert, bedeutende finanzielle Zuwendungen. Indes schien das »Geheimnis« des Priesters, worin immer es auch bestand, mehr religiöser denn politischer Natur gewesen zu sein. Auf der anderen Seite gab es eine Institution, die Saunières Wissen in ganz besonderem Maße fürchtete und ihn deshalb mit Samthandschuhen anfaßte: den Vatikan. Ist es denkbar, daß Saunière den Vatikan erpreßte? Zugegeben, ein solches Vorhaben wäre für einen einzelnen ein vermessenes und gefährliches Unterfangen gewesen. Wenn er aber nun dabei von Persönlichkeiten unterstützt worden wäre, denen die Kirche nichts anhaben konnte – etwa dem französischen Kultusminister oder den Habsburgern? Stammte das Geld, das Saunière von Johann Salvator erhielt, in Wahrheit aus den Schatzkammern Roms?[6]

Ein »unwiderlegbarer Beweis«. Im Februar 1972 wurde die erste unserer drei Sendungen über Saunière und das Geheimnis von Rennes-le-Château – *Jerusalems verlorener Schatz?* – von der BBC ausgestrahlt. Der Film machte keine kontroversen Aussagen, sondern erzählte die Geschichte einfach so, wie sie auf den vorangehenden Seiten wiedergegeben ist. Ebenso wurden keinerlei Spekulationen über ein »brisantes Geheimnis« oder Erpressung auf höchster Ebene angestellt. Der Name Emile Hoffets wurde im Film nicht einmal erwähnt.

Erwartungsgemäß wurden wir mit Zuschriften geradezu überschüttet. Einige Briefschreiber stellten interessante Vermutungen an, andere beglückwünschten uns, wieder andere ergingen sich in nicht ernstzunehmenden Ausführungen. Von all diesen Briefen zog einer unsere besondere Aufmerksamkeit auf sich. Er kam von einem pensionierten anglikanischen Priester und enthielt eine erstaunliche und zugleich provokative Aussage. Unser Briefschreiber erklärte mit kategorischer Bestimmtheit und im Brustton der Überzeugung: Der »Schatz« hätte rein gar nichts mit Gold oder Edelsteinen zu tun. Er bestünde vielmehr aus dem »unwiderlegbaren Beweis«, daß die Kreuzigung eine arglistige Täuschung gewesen sei und Jesus mindestens bis zum Jahre 45 gelebt habe.

Diese Behauptung klang völlig absurd. Was konnte selbst einem überzeugten Atheisten der »unwiderlegbare Beweis« bedeuten, daß Jesus die Kreuzigung überlebt hatte? Wir konnten uns einfach keinen »Beweis« vorstellen, der nicht hätte in Zweifel gezogen werden können oder widerlegbar gewesen wäre. Andererseits verlangte allein schon die Überspanntheit der Behauptung nach Aufhellung und eingehender Behandlung. Der Schreiber hatte seine Anschrift angegeben. Und bei der ersten sich bietenden Gelegenheit fuhren wir zu ihm hin und versuchten ihn zu interviewen.

Bei unserem Gespräch gab sich der Priester zurückhaltender als in seinem Brief, ja, er schien zu bedauern, uns überhaupt geschrieben zu haben. Er war nicht bereit, zu seiner Behauptung, über einen »unwiderlegbaren Beweis« zu verfügen, näher Stellung zu beziehen, und lüftete nur ein wenig den Schleier des Geheimnisses: Seine Kenntnis des »Beweises« — beziehungsweise von der Tatsache seiner Existenz — stamme von einem Amtsbruder, dem Kanonikus Alfred Leslie Lilley.

Lilley, der sich bis zu seinem Tod im Jahre 1940 als Autor einen Namen gemacht hatte, stand zeitlebens mit der katholischen Bewegung des Modernismus in Verbindung, dessen geistiges Zentrum in Frankreich das Seminar an Saint-Sulpice in Paris war. In seiner Jugend hatte Lilley in Paris gearbeitet und sich mit Emile Hoffet angefreundet. Der Kreis hatte sich geschlossen: Wenn es eine Verbindung zwischen Lilley und Hoffet gab, dann konnten wir über die Aussagen des Geistlichen, so absurd sie auch klingen mochten, nicht ohne weiteres hinweggehen.

Auf ein Geheimnis ähnlicher Reichweite stießen wir, als wir begannen, uns intensiv mit dem Leben von Nicolas Poussin zu beschäftigen, jenes bedeutenden Malers des siebzehnten Jahrhunderts, dessen Name immer wieder in Saunières Geschichte auftauchte. Im Jahre 1656 besuchte der Abbé Louis Fouquet Poussin in Rom, wo der Künstler zu jener Zeit lebte. Der Geistliche, ein Bruder von Nicolas Fouquet, dem Oberintendanten der Finanzen Ludwigs XIV. von Frankreich, berichtete in einem Brief an diesen von seiner Begegnung mit Poussin. Er schrieb unter anderem: »Wir sprachen über gewisse Dinge, die ich Dir noch in allen Einzelheiten erläutern werde – Dinge, die Dir durch Vermittlung von Monsieur Poussin Vorteile verschaffen werden, die ihm abzuringen selbst Königen schwerfallen würde und die, wie er sagte, möglicherweise auch in kommenden Jahrhunderten niemand sonst je wiederentdecken wird.«[7]

Weder Historiker noch die Biographen Poussins oder Fouquets waren jemals imstande, diesen Brief, der sich offensichtlich auf eine Geheimsache ersten Ranges bezieht, hinreichend zu erklären. Einige Jahre später wurde Nicolas Fouquet verhaftet und zu lebenslänglicher Haft verurteilt. Ludwig XIV. ließ seine gesamte Korrespondenz konfiszieren und studierte sie persönlich. Außerdem setzte der König alle Hebel in Bewegung, um das Original von Poussins Gemälde »Die Hirten in Arkadien« in seinen Besitz zu bringen. Nachdem ihm dies 1685 endlich gelungen war, hielt er es in seinen Privatgemächern in Versailles unter Verschluß.

Poussins Gemälde macht insgesamt einen höchst unschuldigen Eindruck. Im Vordergrund stehen drei Hirten und eine Hirtin um ein großes antikes Grabmal, in dessen Inschrift sie sich vertieft haben: »ET IN ARCADIA EGO«. Den Hintergrund bildet eine für das Schaffen Poussins typische zerklüftete Gebirgslandschaft. Nach Anthony Blunt und anderen Poussin-Experten handelt es sich dabei um eine gänzlich fiktive Landschaft, die allein der Phantasie des Malers entsprungen sei. Zu Beginn der siebziger Jahre fand man jedoch ein Grabmal, das mit dem auf dem Gemälde abgebildeten vollkommen übereinstimmt – sowohl im Hinblick auf den Hintergrund, die Maße und Proportionen, die Form, als auch hinsichtlich der Vegetation und des runden Felsblocks, auf den einer von Poussins Hirten seinen Fuß setzt. Dieses Grabmal befindet sich unweit der kleinen Stadt Arques – etwa zehn Kilometer von Rennes-le-Château und fünf von Schloß Blanchefort entfernt.

Das Grabmal selbst läßt keinerlei Rückschlüsse auf sein Alter zu. Es ist möglich, daß es erst vor kurzem errichtet wurde. Aber wie sollten seine Erbauer einen Hintergrund gefunden haben, der dem des Gemäldes so genau gleicht? Mit großer Wahrscheinlichkeit existierte es schon zu Poussins Zeiten, und seine »Hirten in Arkadien« stellen eine getreue Wiedergabe des Standortes dar. Bauern der Gegend wissen zu berichten, daß das Grabmal schon so lange da war, wie sie, ihre Eltern und Großeltern sich erinnern können.

Laut einer Eintragung im Grundbuch von Arques gehörte das Land, auf dem das Grabmal steht, bis zu seinem Tod in den fünfziger Jahren einem Amerikaner namens Louis Lawrence aus Boston, Massachusetts. Um 1920 ließ Mr. Lawrence die Gruft öffnen und fand sie leer. Später wurden seine Frau und seine Schwiegermutter dort begraben.

Sollte jemals eine Inschrift an dem Grabmal angebracht worden sein, so ist sie längst verwittert. Die Inschrift an dem Sarkophag auf Poussins Gemälde ist ihrer Aussage nach eher konventionell elegischer Natur: Selbst in Arkadien, dem idyllischen ländlichen Paradies des klassischen Mythos, wirft der Tod seinen düsteren Schatten voraus. Merkwürdigerweise fehlt in dieser Inschrift das Verb. Wörtlich übersetzt lautet sie: »Auch ich in Arkadien . . .« Warum fehlt das Verb? War dafür eine sprachliche Konvention des Lateinischen ausschlaggebend? Oder spielte etwa ein philosophischer Grund eine Rolle? Um jeden Bezug auf die Zeit, auf Vergangenheit, Gegenwart oder Zukunft auszuschließen und somit einen Ewigkeitswert anzudeuten?

Die Codes in den von Saunière entdeckten Pergamenten basierten in erster Linie auf Anagrammen, der Vertauschung und Versetzung von Buchstaben. Handelte es sich bei »ET IN ARCADIA EGO« ebenfalls um ein Anagramm? Hatte man deshalb auf das Verb verzichtet, damit die Inschrift nur eine ganz bestimmte Anzahl von Buchstaben enthielt? Einer der Zuschauer unseres Fernsehfilms vertauschte die Buchstaben so lange, bis sie einen neuen Sinn ergaben: »I TEGO ARCANA DEI« (Scher dich hinweg! Ich halte die Geheimnisse Gottes verborgen.)

Dieses scharfsinnige Exerzitium erfreute uns und gab uns gleichzeitig weitere Rätsel auf. Wir ahnten nicht, wie außergewöhnlich zutreffend die Warnung sein sollte.

2. Die Katharer und die grosse Ketzerei

Unsere Nachforschungen setzten an einem Punkt ein, mit dem wir schon einigermaßen vertraut waren – mit der Ketzerei der Katharer und den durch sie hervorgerufenen Kriegen im dreizehnten Jahrhundert. Daß die Katharer irgend etwas mit dem Geheimnis um Saunière und Rennes-le-Château zu tun hatten, war uns ebenfalls bewußt. Viele der Bewohner dieser Gegend bekannten sich zum katharischen Glauben und mußten in den Albigenserkriegen Fürchterliches erleiden. Das ganze Gebiet ist von ihrem Blut geradezu getränkt, und die Erbitterung darüber hat sich bis zum heutigen Tag erhalten. Jetzt, da sie keine Inquisition mehr zu fürchten haben, machen viele Bauern keinen Hehl aus ihrer Sympathie für die Katharer. Es gibt sogar eine katharische Kirche und einen »katharischen Papst«, der bis zu seinem Tod im Jahre 1978 in Arques residierte.

Auch Saunière muß gewußt haben, daß Rennes-le-Château im zwölften und dreizehnten Jahrhundert eine bedeutende Stadt und so etwas wie eine Katharer-Bastion gewesen war. Darüber hinaus wird er wohl die zahlreichen Legenden über die Katharer gekannt haben, in denen diese unter anderem mit dem Heiligen Gral in Verbindung gebracht wurden.

Hinzu kommt, daß im Jahre 1890 ein Mann namens Jules Doinel Bibliothekar in Carcassonne wurde und eine neo-katharische Kirche ins Leben rief.[1] Doinel äußerte sich wiederholt zu den Lehren der Katharer und wurde 1898 zum Sekretär eines lokalen Kulturvereins gewählt, der Gesellschaft der schönen Künste von Carcassonne. Dieser Gesellschaft gehörten einige von Saunières Amtsbrüdern an, darunter sein bester Freund, der Abbé Henri Boudet. Zu Doinels Freundeskreis gehörte auch Emma Calvé, so daß Doinel und Saunière wahrscheinlich miteinander bekannt waren.

Noch ein weiterer Grund spricht dafür, die Katharer mit dem Geheimnis von Rennes-le-Château in Verbindung zu bringen. Auf einem der von Saunière entdeckten Pergamente heben sich mehrere kleine Buchstaben – acht, um genau zu sein – deutlich von den anderen ab. Hintereinander gelesen, ergeben sie zwei Worte: *rex mundi*.

Vor dem Hintergrund dieser Erkenntnisse hielten wir es für angebracht, unser Augenmerk zunächst auf die Katharer zu richten und uns mit ihrem Glauben und ihren Traditionen, ihrer Geschichte und ihrer Umwelt zu beschäftigen.

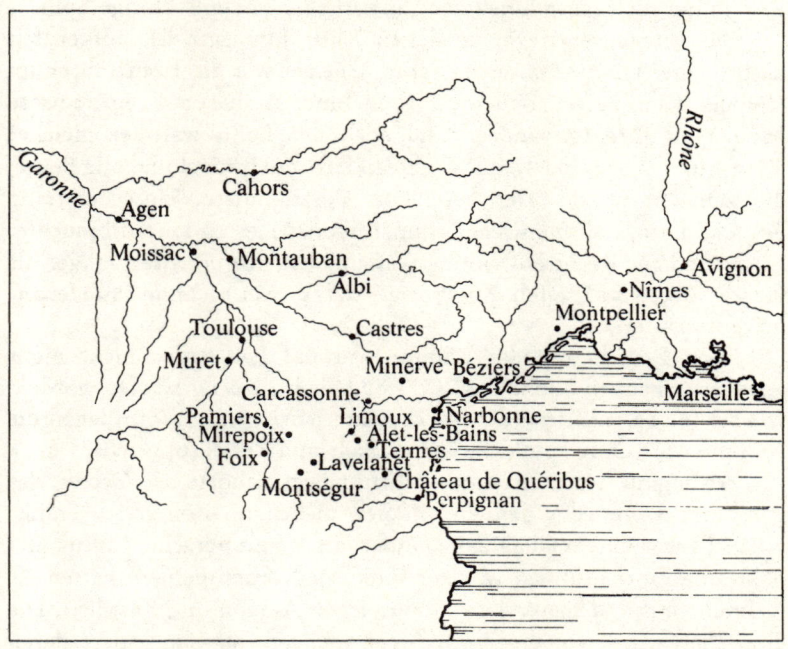

Die Albigenserkriege. Im Jahre 1209 fiel ein 30 000 Mann starkes Heer aus Nordfrankreich gleich einem Sturm im Languedoc ein. In den folgenden kriegerischen Auseinandersetzungen wurde die gesamte Region verwüstet, die Ernten wurden vernichtet, Dörfer und Städte dem Erdboden gleichgemacht und ein Großteil der Bevölkerung umgebracht. Die Vernichtung allen Lebens nahm ein so entsetzliches Ausmaß an, daß man sie mit Fug und Recht als ersten Genozid der modernen europäischen Geschichte bezeichnen kann. So wurden zum Beispiel allein in der Stadt Béziers 15 000 Männer, Frauen und Kinder niedergemetzelt. Ein Offizier, der den Vertreter des Papstes fragte, wie er denn Ketzer und Rechtgläubige voneinander unterscheiden könne, erhielt zur Antwort: »Tötet sie alle! Gott wird die Seinen erkennen.« In einem Brief an Papst Innozenz III. teilte derselbe päpstliche Vertreter seinem Herrn stolz mit, daß »weder auf Alter noch Geschlecht oder Stellung Rücksicht« genommen worden sei. Der Fall von Béziers bildete den Auftakt für die weiteren Eroberungszüge der Invasoren im Languedoc: Perpignan, Narbonne, Carcassonne und Toulouse fielen. Wo immer die Sieger hinkamen, hinterließen sie eine blutige Spur. Die Albigenserkriege, zu denen Papst Innozenz III. aufgerufen hatte, dauerten rund zwanzig Jahre. Ebenso wie die Kreuzfahrer im Heiligen Land hefteten auch die Teilnehmer an diesem Kreuzzug rote Kreuze an ihre Gewänder. Und auch der Lohn war der gleiche: Vergebung aller Sünden, ein sicherer Platz im Himmel und alle Beute, die gemacht wurde. Der besondere Vorzug dieser Unternehmung bestand darin, daß man nicht einmal übers Meer zu fahren brauchte. Nach feudaler Rechtsauffassung war niemand verpflichtet, länger als vierzig Tage zu kämpfen — vorausgesetzt, er war nicht an Plünderungen interessiert.

Nach Beendigung der Kämpfe war das Languedoc nicht mehr wiederzuerkennen und in die Rückständigkeit zurückgeworfen worden, wie sie für das restliche Europa charakteristisch war. Worin lagen die Ursachen für diese sinnlose Grausamkeit und Zerstörungswut?

Zu Beginn des dreizehnten Jahrhunderts gehörte das Gebiet, das wir heute Languedoc nennen, offiziell nicht zum Königreich Frankreich. Es war eine unabhängige Grafschaft, deren Sprache, Kultur und politische Einrichtungen weniger mit dem Norden gemein hatten als vielmehr mit den spanischen Königreichen Aragón und Kastilien. Die Grafschaft wurde von einigen wenigen adeligen Familien regiert, deren bedeutendste die Grafen von Toulouse und das mächtige Haus Trencavel waren. In ihr herrschte eine überaus fortschrittliche und hochentwickelte Kultur, die — Byzanz vielleicht ausgenommen — in der damaligen christlichen Welt ihresgleichen nicht hatte.

Es gab viele Gemeinsamkeiten zwischen dem Languedoc und Byzanz. Im Gegensatz zu Nordeuropa stand die Gelehrsamkeit hier in hohem Ansehen. Dichtung und Minnesang wurden gepflegt und Philosophie, Griechisch, Arabisch sowie Hebräisch mit Begeisterung studiert. In Lunel und Narbonne existierten Schulen, die sich mit der Kabbala, der alten jüdischen Mystik, beschäftigten. Selbst der Adel war literarisch gebildet — zu einer Zeit, da die meisten Adligen des Nordens nicht einmal ihren Namen schreiben konnten.

Wie in Byzanz so herrschte auch im Languedoc eine gewisse religiöse Toleranz, die sich grundlegend von dem Fanatismus in anderen Teilen Europas unterschied. Über Handelszentren wie Marseille zum Beispiel gelangte islamisches und jüdisches Gedankengut ins

Land. Gleichzeitig erfuhr die römisch-katholische Kirche nur eine geringe Wertschätzung. Vor allem die notorische Korruptheit ihrer Kleriker entfremdete das Volk der Kirche. Da gab es Kirchen, in denen schon seit über dreißig Jahren keine Messe mehr gelesen worden war.

Der kulturelle Höhepunkt im Languedoc, ein Höhepunkt, den Europa erst wieder in der Renaissance erleben sollte, konnte jedoch nicht darüber hinwegtäuschen, daß verstärkt Anzeichen von Selbstgefälligkeit, Dekadenz und gedankenloser Unbekümmertheit auftraten. Das hatte zur Folge, daß das Land auf den Ansturm, der gegen es entfesselt wurde, nicht im geringsten vorbereitet war. Schon seit Jahren hatte der nordfranzösische Adel neidvolle Blicke auf den Reichtum und den Luxus des Südens geworfen. Und auch die Kirche hatte ihre Gründe, sich für das Languedoc zu interessieren: Ihre Autorität war nämlich in der ganzen Region im Schwinden begriffen. Denn im Languedoc blühte neben der Kultur auch noch etwas anderes: die größte Häresie der mittelalterlichen Christenheit.

Das Gebiet sei von der albigensichen Ketzerei »infiziert«, »dem stinkenden Aussatz des Südens«, erklärten kirchliche Würdenträger. Sie stellte, obwohl die Anhänger dieser Irrlehre grundsätzlich der Gewalt abgeschworen hatten, eine ernsthafte Bedrohung für die römische Amtskirche dar, jedenfalls die ernsteste, der sie ausgesetzt sein sollte, bis drei Jahrhunderte später die Lehren Martin Luthers die Reformation einleiteten. Um 1200 bestand die sehr reale Möglichkeit für diese Irrlehre, den römischen Katholizismus im Languedoc aus seiner Vormachtstellung zu verdrängen. Und nicht nur dort: Schon griff sie auch auf andere Teile Europas über, insbesondere auf die größeren Städte Deutschlands, Flanderns und der Champagne.

Zahlreich waren die Bezeichnungen für diese Häretiker. Ein Kirchenkonzil, das 1165 in Albi stattfand, verurteilte ihre Lehren. Da diese Stadt gleichzeitig das Zentrum ihrer Bewegung war, wurden sie fortan Albigenser genannt. Daneben war auch der Begriff Katharer gebräuchlich. Nicht selten versuchte man sie dadurch zu diskriminieren, daß man sie mit den Namen früherer religiöser Bewegungen belegte — wie etwa Arianer, Markioniten oder Manichäer.

Die Begriffe Albigenser und Katharer bezogen sich nicht auf eine einzige, einheitlich strukturierte Kirche mit einer festumrissenen und kodifizierten theologischen Lehrmeinung. Die Gemeinde der Katharer umfaßte vielmehr eine Fülle unterschiedlich orientierter Sekten. Diese mochten zwar durch gewisse gemeinsame Prinzipien miteinander verbunden sein — im Detail unterschieden sie sich jedoch gewaltig. Hinzu kommt, daß der größte Teil unseres Wissens über die Ketzer aus offiziellen kirchlichen Quellen stammt wie zum Beispiel der Inquisition. Dieser Umstand macht es nahezu unmöglich, einen zusammenhängenden oder abschließenden Überblick dessen zu geben, was die katharische Lehre letztlich im Kern ausmachte.

Im allgemeinen bekannten sich die Katharer zu der Lehre der Wiedergeburt und der Gleichrangigkeit des männlichen und weiblichen Prinzips in der Religion. Folglich waren auch die Prediger und Lehrer katharischer Gemeinschaften, die sogenannten *parfaits* (die Vollkommenen), beiderlei Geschlechts. Gleichzeitig distanzierten sie sich von Rom und machten jeder kirchlichen Hierarchie den Anspruch streitig, als Mittlerin zwischen Gott und Menschen zu wirken. Darin drückte sich eine der wichtigsten Lehrmeinungen der Katharer aus: die Ablehnung des »Glaubens« — zumindest in der Form, wie die Kirche ihn von ihren Gläubigen verlangte. Anstelle eines »Glaubens« aus zweiter Hand beharrten die Katharer auf unmittelbarer und persönlicher Erkenntnis. Diese religiöse oder mystische Erfahrung wollten sie ohne fremde Hilfe in sich aufnehmen. Nach dem griechischen Wort für »Erkennen« wurde dieses Erleben *gnosis* genannt.

Darüber hinaus waren die Katharer auch strenge Dualisten. Natürlich kann man die ganze christliche Gedankenwelt dualistisch, d. h. als Konflikt zwischen zwei gegensätzlichen Prinzipien, sehen — Gut und Böse, Geist und Fleisch, Hoch und Niedrig. Die Katharer jedoch verschärften diese Dichotomie noch mehr, als der orthodoxe Katholizismus dies zu tun bereit war. Nach ihrer Auffassung wurde in der gesamten Schöpfung ein immerwährender Kampf zwischen zwei unversöhnlichen Prinzipien ausgetragen — Licht und Finsternis, Geist und Materie, Gut und Böse. Der Katholizismus postuliert das Vorhandensein eines höchsten Gottes, dessen Gegner, der Teufel, ihm letztlich untergeordnet ist. Die Katharer hingegen erkannten die Existenz von zwei mehr oder minder ebenbürtigen Gottheiten an. Der eine dieser Götter — der »Gute« — besaß keinen menschlichen Leib, sondern war ein rein geistiges Wesen oder Prinzip, frei von jedem irdischen Makel. Er war der Gott der Liebe (»Amor«). Liebe und Macht aber ließen sich nicht miteinander vereinen. Die stoffliche Schöpfung galt den Katharern als Ausfluß dieser Macht und war deshalb von Grund auf böse. Kurzum, sie betrachteten das Universum als das Werk eines usurpatorischen Gottes, des Gottes des Bösen, den sie »Rex Mundi« (König der Welt) nannten.

Einen Fall von schwerer Ketzerei sah die katholische Kirche eben darin, daß die Katharer die Schöpfung, um derentwillen Christus gestorben war, als abgrundtief schlecht bezeichneten und Gott, dessen Wort »im Anfang« Himmel und Erde erschaffen hatte, als einen Usurpator betrachteten. Die schwerwiegendste Häresie bildete jedoch ihre Einstellung zu Christus. Da ihnen alle Materie als böse galt, leugneten die Katharer, daß Jesus Menschengestalt angenommen habe und dennoch Gottes Sohn gewesen sei. In gewissen Katharer-Kreisen wurde er deshalb als völlig körperlos, als Phantom angesehen, das unmöglich gekreuzigt werden konnte. Die Mehrheit der Katharer hat in ihm einen Propheten gesehen, der sich in nichts von anderen Propheten unterschied – einen Sterblichen, der um des Prinzips der Liebe willen am Kreuz gestorben war. Somit stellte die Kreuzigung nichts Mystisches, nichts Übernatürliches, nichts Göttliches dar – falls sie überhaupt irgendeine Bedeutung hatte, was viele Katharer bezweifelten.

In ihren Augen war das Kreuz – zumindest im Zusammenhang mit dem Kalvarienberg und der Kreuzigung – ein Sinnbild des »Rex Mundi«, der Antithese zum wahren Erlösungsprinzip. Ein sterblicher Jesus hingegen konnte nur als ein Prophet »Amors« gedacht werden. Sobald sich aber das Liebesprinzip in Macht umkehrte, wurde es zu »Roma« (Rom) – dessen reiche und verschwenderisch lebende Kirche den Katharern als die sichtbare Manifestation der Oberherrschaft des »Rex Mundi« auf Erden erschien. Darum weigerten sie sich nicht nur, das Kreuz anzubeten, sondern verwarfen auch Sakramente wie die Taufe oder die Kommunion.

Trotz dieser subtilen, komplexen und in unseren Augen vielleicht unerheblichen theologischen Positionen hingen viele Katharer ihren religiösen Überzeugungen nicht mit fanatischem Eiferertum an. Heutzutage ist es unter Intellektuellen Mode geworden, in den Katharern eine Vereinigung von Weisen, von aufgeklärten Mystikern zu sehen, die alle ein großes, kosmisches Geheimnis miteinander teilten. In Wirklichkeit waren die meisten Katharer ganz gewöhnliche Männer und Frauen, denen ihr Glaube eine Zuflucht vor der Strenge des orthodoxen Katholizismus bot und eine Befreiung von den drückenden Zehnten, Bußübungen, Gebühren für Totenmessen und anderen Lasten sowie Pflichten, die ihnen die römische Kirche auferlegte.

So verstiegen ihre Theologie in einzelnen Punkten auch gewesen sein mochte, im täglichen Leben handelten die Katharer durchaus realistisch. So lehnten sie zum Beispiel die Zeugung allen Lebens ab, da diese nicht dem Prinzip der Liebe entsprang, sondern einzig den Zielen des »Rex Mundi« diente. Andererseits waren sie nicht so weltfremd, daß sie deshalb die Abschaffung der Sexualität gefordert hätten. Zwar gab es bei den Katharern eine Art »Sakrament«, das *consolamentum*, das zur Keuschheit verpflichtete; aber abgesehen von den *parfaits*, die sowieso keine Familie mehr hatten, wurde das *consolamentum* erst auf dem Totenbett gespendet. Im allgemeinen wurde Sexualität geduldet, wenn auch nicht ausdrücklich gutgeheißen. Aber wie lassen sich eine gewisse Zeugungsfeindlichkeit und eine stillschweigende Tolerierung von Sexualität miteinander vereinbaren? Es gibt Hinweise darauf, daß die Katharer mit Methoden der Geburtenkontrolle beziehungsweise Abtreibung vertraut waren.[2] Als Rom den Ketzern daraufhin »unnatürliche sexuelle Praktiken« vorwarf, nahm man an, daß damit der Analverkehr gemeint war. Dagegen achteten die Katharer strikt auf die Einhaltung des Verbots der Homosexualität.

Die Katharer führten ein Leben in Demut und Einfachheit. Aufgrund ihrer Abneigung gegen Kirchengebäude hielten sie ihre Andachtsübungen entweder unter freiem Himmel oder in sonst zur Verfügung stehenden Räumen ab. Auch »meditative Übungen«, wie wir es heute nennen, waren ihnen nicht unbekannt. Sie lebten vegetarisch, aber der Verzehr von Fisch war erlaubt. Und wenn *parfaits* über Land zogen, so geschah dies immer paarweise, was den Gerüchten Vorschub leistete, sie betrieben Analverkehr miteinander.

Die Belagerung des Montségur. Aus vielerlei Gründen fühlten sich zahlreiche Adlige vom katharischen Glauben angesprochen. Einige bestach dessen Toleranzgebot. Andere waren antiklerikal eingestellt. Wieder andere waren durch die Korruptheit der Kirche desillusioniert worden. Und nicht wenige wünschten ein Ende des Zehntwesens herbei, das große Teile ihrer Einkünfte in den päpstlichen Schatzkammern verschwinden ließ. Aus diesen Gründen wurden viele Adlige im Alter *parfaits*. Schätzungen zufolge rekrutierten sich dreißig Prozent der *parfaits* aus dem Adel des Languedoc.

Im Jahre 1145, rund sechseinhalb Jahrzehnte vor den Albigenserkriegen, war Bernhard von Clairvaux durch das Languedoc gereist, um gegen die Häretiker zu predigen. Weniger die Katharer als vielmehr der desolate Zustand seiner eigenen Kirche entsetzte ihn. Von den Katharern beeindruckt, erklärte er: »Sicherlich gibt es keine christlicheren Predigten als die ihren, und ihre Sitten waren rein.«[3]

Um das Jahr 1200 war Rom ob dieser Entwicklung zutiefst beunruhigt. Ebenso war der Aufmerksamkeit des Heiligen Stuhl nicht entgangen, wie begehrlich der nordfranzösische Adel auf die Städte und das reiche Land im Süden blickte. Machte man sich diesen Neid zunutze, dann konnten die Herren des Nordens die Sturmtruppen der Kirche bilden. Alles, was der Kurie nur mehr noch fehlte, war ein Anlaß, irgendein Vorwand, mit dem sie die öffentliche Meinung gegen die Katharer aufbringen konnte.

Ein solcher Vorwand bot sich bald. Am 14. Januar 1208 wurde Pierre de Castelnau, einer der päpstlichen Legaten im Languedoc, ermordet. Als Urheber dieser Tat, die vermutlich von kirchenfeindlichen Kräften verübt worden war, die mit den Katharern gar nichts zu tun hatten, machte Rom letztere verantwortlich. Unverzüglich rief Papst Innozenz III. zu einem Kreuzzug gegen sie auf: Die Ketzer sollten ein für allemal ausgerottet werden. Ein starkes Heer wurde ausgehoben und unter das geistliche Kommando des Abtes von Clairvaux gestellt. Mit den militärischen Operationen betraute man Simon de Montfort — den Vater jenes Mannes, der später noch eine entscheidende Rolle in der englischen Geschichte spielen sollte. Unter Montforts Führung machten sich die Kreuzfahrer des Papstes nun daran, die am höchsten entwickelte Kultur des Mittelalters in Schutt und Asche zu legen.

1218 fiel Simon de Montfort bei der Belagerung von Toulouse, ohne daß damit jedoch die Verwüstung des Languedoc beendet gewesen wäre. Erst im Jahre 1243 war auch der letzte Widerstand erloschen. Alle größeren Städte und befestigten Plätze — mit Ausnahme einiger weniger unzugänglicher Widerstands-Zentren — waren in die Hände der Invasoren gefallen. Das bedeutendste dieser Zentren war die Bergfestung auf dem Montségur.

Zehn Monate lang wurde der Montségur von den Kreuzfahrern belagert. Trotz erbitterten Widerstands mußte die Besatzung der Festung im März 1244 kapitulieren, und damit war — zumindest auf den ersten Blick — das Ende der Katharer in Südfrankreich gekommen. Anhand zahlreicher zeitgenössischer Dokumente gelang jedoch Emmanuel Le Roy Ladurie in seinem Buch *Montaillou* der Nachweis, daß kleine Enklaven von Häretikern die Schreckenszeit überdauerten. Sie lebten teilweise in Höhlen und hielten trotz allem an ihrem Glauben fest. Außerdem konnten viele Autoren in Irrlehren, die in der Folge in Europa auftraten, Spuren katharischen Gedankenguts feststellen – bei den Waldensern zum Beispiel, den Hussiten, den Adamiten oder Brüdern des Freien Geistes, den Anabaptisten und den seltsamen Kamisarden, von denen eine ganze Reihe zu Beginn des achtzehnten Jahrhunderts in London Zuflucht suchte.

Der Schatz der Katharer. Im Verlauf der Albigenserkriege und auch in der Zeit danach begann sich um die Katharer ein Mythos zu bilden, der heute noch fortlebt. Dies läßt sich zum Teil auf eine gewisse romantische Stimmung zurückführen, die jeden auf tragische Weise abgebrochenen historischen Vorgang mit magischem Glanz und einem Hauch von Nostalgie umgibt. Gleichzeitig fanden wir aber auch heraus, daß die Geschichte der Katharer wirkliche, d. h. ernstzunehmende Geheimnisse enthält. Allen romantisierenden und übertriebenen Legenden zum Trotz blieb dennoch eine ganze Reihe ungelöster Probleme.

Eines davon betrifft den Ursprung der Katharer. Nach neuesten Erkenntnissen liegen die Wurzeln des katharischen Glaubens bei den Bogomilen, einer Sekte, die im zehnten und elften Jahrhundert in Bulgarien wirkte und deren Missionare nach Westen zogen. Daß auch Bogomilen zu den Ketzern im Languedoc zählten, steht außer Frage. Dennoch brachten unsere Nachforschungen ans Tageslicht, daß die Katharer keine geistigen Nachfahren der Bogomilen waren. Im Gegenteil: In ihnen gelangte etwas zum Ausdruck, was bereits seit Jahrhunderten im Boden Frankreichs angelegt war. Ihr Gedankengut ließ sich beinahe ohne Unterbrechung auf Häresien zurückführen, die schon zu Beginn der christlichen Zeitrechnung in Frankreich Fuß gefaßt hatten.[4]

Bei unseren Recherchen stießen wir noch auf weitere rätselhafte Ereignisse, die mit den Katharern zusammenhingen. So berichtet zum Beispiel der Chronist und Ratgeber König Ludwigs IX. von Frankreich, Jean de Joinville, im dreizehnten Jahrhundert: »Der König erzählte mir einmal, daß einige Albigenser den Grafen von Montfort aufgesucht . . . und ihn aufgefordert hätten, mit ihnen zu kommen und den Leib Unseres Herrn zu betrachten, der in den Händen ihres Priesters zu Fleisch und Blut geworden sei.«[5] Montfort, heißt es weiter, habe es seinem Gefolge freigestellt, der Einladung Folge zu leisten. Er selbst aber habe es vorgezogen, sich in Zukunft dem Dogma der »Heiligen

Kirche« zu unterwerfen. Weitere Erklärungen für diesen Vorgang gibt
es nicht; und auch Joinville erwähnt ihn nur beiläufig. Aber was
können wir daraus schließen? Um welches Ritual mag es sich dabei
gehandelt haben? Wohl kaum um eine Messe, die die Katharer grundsätzlich ablehnten. Wie aber sollte dann »der Leib Unseres Herrn zu
Fleisch und Blut« werden? Worum immer es auch ging — die Einladung erscheint uns beunruhigend wörtlich gemeint.

Ein weiteres Geheimnis liegt über dem legendären »Schatz« der
Katharer. Daß sie sehr reich waren, ist bekannt. Zwar untersagte ihnen
ihre Religion, Waffen zu tragen. Doch wurde dieses Verbot weitgehend
mißachtet und ein starkes Söldnerheer unterhalten, das beträchtliche
Kosten verursachte. Die Quellen ihres Reichtums — wie etwa die
Kontributionen von Großgrundbesitzern — lagen offen zutage. Dennoch wurden schon während der Albigenserkriege Gerüchte über einen
mysteriösen Katharerschatz laut, der weit mehr als nur materielle
Reichtümer umfassen sollte und dessen Aufbewahrungsort man auf
dem Montségur vermutete. Nachdem dieser gefallen war, wurde
jedoch nichts von Bedeutung gefunden. Aber während der Belagerung
und bei der Übergabe der Festung trugen sich äußerst merkwürdige
Dinge zu.

An der Belagerung nahmen mehr als zehntausend Mann teil. Mit
Hilfe dieser ansehnlichen Streitmacht versuchten die Angreifer, den
ganzen Berg zu umzingeln, alle Zugänge hermetisch abzuriegeln und
die Verteidiger auszuhungern. Doch trotz ihrer zahlenmäßigen Über-
macht gelang es ihnen nicht, den Ring vollkommen zu schließen. Viele
der Soldaten stammten aus der Gegend und sympathisierten insgeheim
mit den Ideen der Katharer oder waren ganz einfach unzuverlässig. Es
war daher ein leichtes, unentdeckt die feindlichen Linien zu überwinden, und immer wieder gelangten so Nachschub und Proviant in die
Festung.

In umgekehrter Richtung nutzten die Katharer diese Lücken ebenfalls. Im Januar 1244, knapp drei Monate vor dem Fall, entflohen zwei
parfaits der Bergfestung. Glaubwürdigen Berichten zufolge brachten
sie den materiellen Schatz der Katharer — Gold, Silber und Münzen —
in Sicherheit, indem sie ihn zunächst in einer befestigten Berghöhle
und dann in einer Burg versteckt hielten. Danach verschwand der
Schatz, und niemand hat je wieder davon gehört.

Am 1. März schließlich kapitulierte der Montségur. Seine Besatzung war bis zu diesem Zeitpunkt auf weniger als vierhundert Mann

zusammengeschmolzen: einhundertfünfzig bis einhundertachtzig *parfaits*, der Rest Ritter, Gutsherren, Krieger und ihre Familien. Überraschenderweise stellte man ihnen milde Bedingungen. Den Kämpfern wurde für alle »begangenen Verbrechen« Generalpardon sowie freier Abzug unter Mitnahme ihrer Besitztümer gewährt. Auch den *parfaits* begegnete man mit unerwartetem Großmut. Unter der Bedingung, daß sie ihrem Ketzerglauben abschworen und der Inquisition ihre »Sünden« beichteten, sollten sie freigelassen und ihnen nur leichte Bußen auferlegt werden.

Um über diese Bedingungen beraten zu können, erbaten die Besiegten einen zweiwöchigen Waffenstillstand, dem auch zugestimmt wurde. Als Gegenleistung boten sie freiwillig Geiseln an, die hingerichtet werden sollten, sobald einer der Eingeschlossenen versuchte, aus der Festung zu entkommen. Soweit bekannt, nahm keiner der *parfaits* die Bedingungen der Belagerer an. Sie entschieden sich ausnahmslos für den Märtyrertod. Darüber hinaus ließen sich mehr als zwanzig Mitglieder der Besatzung, sechs Frauen und etwa fünfzehn Soldaten, das *consolamentum* erteilen und zu *parfaits* ernennen – trotz der Gewißheit, damit ihr eigenes Todesurteil unterschrieben zu haben.

Am 15. März lief die gesetzte Frist ab. Am frühen Morgen des folgenden Tages wurden mehr als zweihundert *parfaits* gewaltsam den Berg hinuntergetrieben und am Fuße der Burg verbrannt. Die auf dem Montségur Verbliebenen mußten hilflos das Geschehen mit ansehen. Man drohte ihnen, beim geringsten Fluchtversuch werde sie das gleiche Schicksal wie die Geiseln ereilen.

Aller Gefahren zum Trotz hatten die Belagerten vier *parfaits* versteckt, die in der Nacht zum 16. März unter Führung eines fünften einen waghalsigen Fluchtversuch unternahmen, und zwar mit Wissen und unter stillschweigender Duldung der Eingeschlossenen. An Seilen ließen sie sich den westlichen Steilhang des Berges hinabgleiten und sprangen dann aus beträchtlichen Höhen in die Tiefe hinab.[6] Was hatten sie vor? Zu welchem Zweck unternahmen sie eine so gefahrvolle Flucht, die das Leben sämtlicher Festungsbewohner und Geiseln aufs Spiel setzte? Schon am folgenden Tag hätten sie den Montségur als freie Männer verlassen und ein neues Leben beginnen können. Und dennoch wagten sie aus Gründen, die nicht bekannt sind, bei Nacht und Nebel eine Flucht, die nicht nur für sie, sondern auch für ihre Glaubensgenossen den Tod hätte bedeuten können.

Der Überlieferung zufolge hatten diese vier Männer den legendären Schatz der Katharer bei sich. Der eigentliche, materielle Schatz war bekanntlich schon drei Monate zuvor aus dem Montségur herausgeschmuggelt worden. Und welche Mengen an Gold, Silber und Münzen konnten drei oder vier Männer auf dem Rücken tragen, die sich über eine steile Felswand abseilen mußten? Falls sie wirklich etwas mit sich nahmen, dann gewiß keine materiellen Werte.

Was könnte ihnen so wichtig gewesen sein? Vielleicht religiöse Gegenstände wie Bücher, Manuskripte, Geheimschriften oder Reliquien? Dinge jedenfalls, die dem Feind unter gar keinen Umständen in die Hände fallen durften. Das wäre eine glaubwürdige Erklärung für diese mehr als riskante Flucht. Wenn die Katharer diesem zweiten Schatz aber eine so große Bedeutung beimaßen, warum war er nicht zusammen mit den Wertgegenständen bereits im Januar in Sicherheit gebracht worden? Aus welchem Grund verblieb er bis zum denkbar letzten Augenblick auf der Festung?

Eine Antwort auf diese Fragen gab uns das genaue Datum des Waffenstillstands. Die Verteidiger hatten immerhin selbst darum nachgesucht und sogar freiwillig Geiseln angeboten. Offenbar hielten sie eine Kampfpause für notwendig, wenngleich dadurch das unvermeidliche Ende lediglich um zwei Wochen hinausgeschoben wurde. Allem Anschein nach diente dieser Aufschub dazu, Zeit zu gewinnen. Nicht nur Zeit schlechthin, sondern genau jene Zeitspanne, in die die Frühlings-Tagundnachtgleiche fiel, die für die Katharer wohl eine gewisse rituelle Bedeutung hatte. Außerdem wissen wir, daß am 14. März, einen Tag vor Ablauf des Waffenstillstands, ein Fest gefeiert wurde.[7] Mithin besteht kaum ein Zweifel daran, daß um die vierzehntägige »Pause« nur aus dem Grund nachgesucht worden war, um dieses Fest feiern zu können. Und das konnte ausschließlich am 14. März begangen werden. Auf die Söldner machte es offenbar einen so großen Eindruck, daß etliche von ihnen, den sicheren Tod vor Augen, zum Katharerglauben übertraten. Könnte dieses Fest den Schlüssel zu dem enthalten, was zwei Nächte später vom Montségur fortgeschafft wurde? Welche Funktion hatte das Herausgeschmuggelte im Zusammenhang mit den Ereignissen vom 14. März? Ist in ihm der Grund dafür zu sehen, daß sich mehr als zwanzig Menschen zu *parfaits* ernennen ließen und die Besatzung des Montségurs bereit war, Kopf und Kragen zu riskieren? Eine positive Antwort auf all diese Fragen würde erklären, warum der immaterielle Schatz nicht vor dem 16. März weggebracht wurde: Einerseits benötigte man ihn für die

Feierlichkeiten am 14. März; andererseits mußte er vor den christlichen Angreifern noch rechtzeitig in Sicherheit gebracht werden.

Das Katharergeheimnis. All diese Fragen gingen uns ständig durch den Kopf. Und unwillkürlich fielen uns jene Legenden ein, die die Katharer mit dem Heiligen Gral in Verbindung bringen.[8] Den Gral betrachteten wir als bloßen Mythos und waren nicht bereit, zu glauben, er hätte jemals tatsächlich existiert. Noch konnten wir uns vorstellen, daß eine Schale — mochte nun in ihr Christi Blut aufgefangen worden sein oder nicht — den Katharern, für die Jesus doch nur von untergeordneter Bedeutung war, so wichtig sein sollte.

Trotz allem scheint es eine Verbindung zwischen den Katharern und dem Gralskult gegeben zu haben, wie er sich im Laufe des zwölften und dreizehnten Jahrhunderts herausbildete. Einige Autoren behaupten, daß in Gralsdichtungen wie etwa denen von Chrétien de Troyes oder Wolfram von Eschenbach katharisches Gedankengut, versteckt in kunstvollen Symbolismen, mit zentralen Aussagen des orthodoxen Christentums verschmolzen worden sei. Diese Vermutung mag zwar etwas übertrieben sein, enthält jedoch einen wahren Kern. Im Verlauf der Albigenserkriege wetterten die Kleriker gegen die Gralslegenden und erklärten sie für verderblich, wenn nicht gar ketzerisch. Und einzelne Passagen in diesen Gralsdichtungen sind nicht nur höchst unorthodox, sondern auch eindeutig von dualistischen Vorstellungen inspiriert — also katharisch.

In Wolfram von Eschenbachs _Parzival_ heißt es, daß die Gralsburg in den Pyrenäen gelegen habe und »Munsalvaesche« (Monsalvatsch) genannt worden sei — eine germanisierende Umschreibung des katharischen Begriffs »Montsalvat«. In einem anderen Epos Wolfram von Eschenbachs lautet der Name des Gralsherrn Perilla. Interessanterweise hieß der Herr von Montségur Raimon de Pereille — und zeitgenössische Dokumente verwenden die latinisierte Form Perilla.[9]

Konnte man die Gralsepen beim Wort nehmen? Waren sie womöglich gar mit dem geheimnisvollen Schatz der Katharer und dem Fund Saunières in Verbindung zu bringen? Wie dem auch sei, irgendwo mußte schließlich das geblieben sein, was nächtens von dem Montségur fortgeschafft worden war. Der Legende zufolge wurde es in den befestigten Höhlen von Ornolac in der Ariège versteckt, wo eine Gruppe von Katharern kurze Zeit darauf den Tod fand. Aber außer Skeletten konnte dort nie etwas entdeckt werden. Andererseits liegt

Rennes-le-Château nur einen halben Tagesritt vom Montségur entfernt. Das Fluchtgut hätte also ohne weiteres aus der Katharer-Festung nach Rennes-le-Château oder, was noch wahrscheinlicher ist, in eine der zahlreichen Höhlen in den Bergen der Umgebung gebracht werden können. Und wenn es sich bei Saunières Entdeckung um das »Geheimnis« vom Montségur gehandelt haben sollte, so würde das schon eine ganze Menge erklären.

Das Wort »Schatz« schien sowohl für die Katharer als auch für Saunière eine zweite Bedeutung zu haben, hinter der sich eine geheime Kenntnis, ein bestimmtes Wissen verbarg. Die unerschütterliche Glaubenstreue der Katharer und ihre ausgeprägte Antipathie gegen Rom brachten uns auf die Frage, ob ein solches Wissen, immer vorausgesetzt, es existierte tatsächlich, zum Christentum in Beziehung stand: zu seiner Lehre und Theologie ebenso wie vielleicht zu seiner Geschichte und seinem Ursprung. Waren die Katharer (oder zumindest gewisse Katharer) womöglich im Besitz von Kenntnissen, die eine Erklärung für die unbändige Wut boten, mit der Rom ihre Vernichtung betrieb? Der anglikanische Geistliche, der uns geschrieben hatte, hatte von einem »unwiderlegbaren Beweis« gesprochen. War den Katharern dieser »Beweis« eventuell bekannt?

Zu diesem Zeitpunkt konnten wir nur müßige Spekulationen anstellen. Unsere Informationen über die Katharer waren so lückenhaft, daß wir noch nicht einmal eine brauchbare Arbeitshypothese formulieren konnten. Andererseits waren wir bei unseren Nachforschungen wiederholt auf ein noch rätselhafteres und geheimnisvolleres Thema gestoßen: auf den sagenumwobenen Templerorden.

Unsere nächsten Recherchen galten daher den Tempelrittern. Sie führten zu ersten konkreten Ergebnissen, und das Geheimnis begann weit größere Ausmaße anzunehmen, als wir es je für möglich gehalten hätten.

3. DIE KRIEGERMÖNCHE

Die Nachforschungen über die Tempelritter erwiesen sich als ein kühnes Unterfangen. Die Flut der Literatur zu diesem Thema war geradezu einschüchternd. Zunächst mußten wir erst einmal herausfinden, was davon zuverlässig war und was nicht. Rankte sich schon um die Katharer eine Fülle von romantischen Sagen und Legenden, so war das Geheimnis, in das sich die Templer hüllten, noch weit größer.

In einer Hinsicht waren sie uns allerdings einigermaßen vertraut: als fanatische Kriegermönche in weißen Mänteln mit dem achtspitzigen roten Kreuz darauf. In den Kreuzzügen hatten sie eine wesentliche Rolle gespielt und waren zu Tausenden heldenhaft für Christus gestorben. Selbst heute sehen noch viele Autoren in diesem Orden eine mysteriöse Institution, die in obskure Intrigen, dunkle Machenschaften und schmutzige Geschäfte verwickelt ist. Ein ebenso überraschendes wie schwer verständliches Faktum bedarf jedoch noch der Aufklärung: Als der Orden zweihundert Jahre nach der Gründung aufgelöst wurde, warf man seinen weißgewandeten Streitern für Christus vor, den Gottessohn geleugnet und das Kreuz mit Füßen getreten sowie bespuckt zu haben.

In seinem Roman *Ivanhoe* zeichnet Walter Scott die Tempelritter als hochfahrende und freche Grobiane, als habgierige und heuchlerische Despoten, die schamlos ihre Macht mißbrauchen und hinter den Kulissen den Verlauf der Geschichte in ihrem Sinne steuern. Andere Autoren des neunzehnten Jahrhunderts schildern sie als Teufelsanbeter, die abscheulich obszöne, abartige und ketzerische Rituale zelebrieren. Die jüngere Forschung neigt eher dazu, in den Tempelrittern hintergangene Opfer zu sehen, Werkzeuge und Marionetten der politischen Winkelzüge von Kirche und Staat. Wieder andere Autoren, besonders jene, die den Freimaurern nahestehen, betrachten die Templer als mysteriöse Wahrer eines die Grenzen des Christentums überschreitenden Geheimwissens.

Unbestritten aber ist sowohl der begeisterte Heldenmut der Tempelritter als auch der Beitrag, den sie zur Geschichte leisteten. Es steht auch außer Frage, daß der Orden eine der faszinierendsten und rätselhaftesten Institutionen der westlichen Welt ist. Keine Arbeit, die sich mit dem Europa des 12. und 13. Jahrhunderts und speziell mit den Kreuzzügen befaßt, darf sie unerwähnt lassen. In seiner Glanzzeit war der Orden — mit Ausnahme des Papsttums — die mächtigste und einflußreichste Organisation der gesamten Christenheit.

Und doch bleiben viele Fragen offen. Wer und was waren die Tempelritter wirklich? Schlichte Krieger, um die einfach im nachhinein eine Aura aus Mystifikation und Legende gewoben worden ist? Oder war tatsächlich etwas Geheimnisvolles an ihrem Orden? Ist der

Mythos, mit dem er sich umgab, gar aus bestimmten Gründen entstanden?

Als erstes beschäftigten wir uns mit der von fachlich anerkannten Historikern vorgelegten Literatur über die Templer. Diese warf jedoch oftmals mehr Fragen auf, als sie beantworten konnte. Vieles hielt einer genaueren Nachprüfung nicht stand und ließ darauf schließen, daß Geschichtsklitterung betrieben worden war. Mit der Zeit kam in uns der Verdacht auf, daß gewisse Dinge mit voller Absicht verschwiegen wurden und eine Geschichte erfunden worden war, die Historiker dann einfach abgeschrieben hatten.

Die Tempelritter — Die anerkannte Geschichte. Der erste Bericht über die Templer stammt aus der Feder des Geschichtsschreibers Wilhelm von Tyrus, dessen umfangreiches Werk zwischen 1169 und 1184 entstand — zu einer Zeit also, da die Kreuzzüge mit der Eroberung des Heiligen Landes und der Errichtung des Königreichs ihren Höhepunkt erreicht hatten. Die Templer nannten jene Gegend auch »Outremer« (das Land jenseits des Meeres). Als Wilhelm von Tyrus mit seiner Niederschrift begann, war Palästina schon seit siebzig Jahren in den Händen der Europäer, und der Templerorden existierte bereits seit einem halben Jahrhundert. Darüber hinaus hatte es von 1127 bis 1144 keinen abendländischen Chronisten in »Outremer« gegeben, so daß aus diesen entscheidenden Jahren keinerlei schriftliche Zeugnisse vorliegen. Wilhelm berichtet also über Ereignisse, von denen er allenfalls aus zweiter, wenn nicht gar dritter Hand erfahren hatte.

Über die Quellen, die er benutzte, ist nur wenig bekannt, weshalb manche seiner Aussagen mit Fug und Recht bezweifelt werden können. Vielleicht bezog er seine Kenntnisse aus mündlichen Überlieferungen, die eine nicht gerade sehr zuverlässige Quelle darstellen würden. Es ist aber auch durchaus möglich, daß er die Tempelritter selbst befragte und deren Berichte wiedergegeben hat, wobei natürlich nur überliefert wurde, was sie der allgemeinen Kenntnis zugänglich gemacht sehen wollten.

Davon einmal abgesehen, bieten uns Wilhelms Ausführungen gewisse grundlegende Informationen, auf denen alle späteren Berichte über die Tempelritter basieren, alle Erläuterungen ihrer Funktionen sowie alle Schilderungen ihrer Tätigkeit. Insgesamt aber entbehrt seine Arbeit genauer, nachprüfbarer Angaben, aus denen man ein scharf umrissenes Bild jener Zeit gewinnen könnte. Gewiß, Wilhelms Chroniken sind in vielerlei Hinsicht nützlich; ihre Aussagen jedoch als in jedem Fall unanfechtbar zu betrachten, wäre ein folgenreicher Fehler. Selbst seine Datierungen »sind einigermaßen wirr und zuweilen nachweislich falsch«, wie Sir Steven Runciman betont.[1]

Nach Wilhelm von Tyrus wurde die »Arme Ritterschaft Christi vom Salomonischen Tempel« 1118/19 von Hugo von Payens gegründet, einem Edelmann aus der Champagne.[2] In Begleitung von acht Kameraden erschien Hugo von Payens eines Tages unaufgefordert im Palast Balduins I., des Königs von Jerusalem, dessen älterer Bruder, Gottfried von Bouillon, die Heilige Stadt zwanzig Jahre zuvor erobert hatte. Balduin scheint sie ebenso herzlich empfangen zu haben wie der Patriarch von Jerusalem, das religiöse Oberhaupt des neuen Königreichs und Bevollmächtigter des Papstes.

Das erklärte Ziel der Tempelritter, so Wilhelm von Tyrus, bestand darin, »nach Kräften für die Sicherheit von Straßen und Wegen zu sorgen . . ., ganz besonders aber für den Schutz der Pilger«.[3] Dem König erschien dieses Vorhaben so verdienstvoll, daß er den Rittern einen ganzen Flügel seines Palastes zur Verfügung stellte, in dem sich diese trotz des abgelegten Armutsgelübdes häuslich einquartierten. Nach einer alten Überlieferung war ihre Unterkunft auf den Grundmauern des Salomonischen Tempels erbaut worden, woraus der neugegründete Orden seinen Namen ableitete.

Neun Jahre lang sollen die neun Ritter keine neuen Anwärter in ihre Gemeinschaft aufgenommen haben. Angeblich lebten sie in völliger Armut. Ein offizielles Siegel zeigt zwei Ritter auf einem Pferd reitend, wodurch nicht nur Brüderlichkeit, sondern auch Mittellosigkeit zum Ausdruck gebracht werden sollte, die es nicht erlaubte, sich ein eigenes Pferd zu halten. Auch wenn das Gebot der Armut immer wieder als die hervorstechendste Tugend der Templer bezeichnet wurde, bleibt doch zu bezweifeln, ob sie überhaupt jemals in Armut gelebt haben.

Mehr als verwunderlich ist auch die Tatsache, daß ein vom König bestellter Chronist namens Fulcher von Chartres, der die Ereignisse jener Jahre aufzeichnete, in die die Gründung des Ordens fiel, Hugo von Payens und seine Ritter mit keinem Wort erwähnt. Das Schweigen, das die Frühzeit des Templerordens sowie seine Aktivitäten umgibt, ist in der Tat mehr als beredt. Belege für ihren Einsatz zum Schutz der Pilger existieren nicht — weder zeitgenössische noch spätere —, und man fragt sich unwillkürlich, wie eine Gruppe von neun

4 Die wichtigsten Burgen und Städte im Heiligen Land in der Mitte des 12. Jahrhunderts

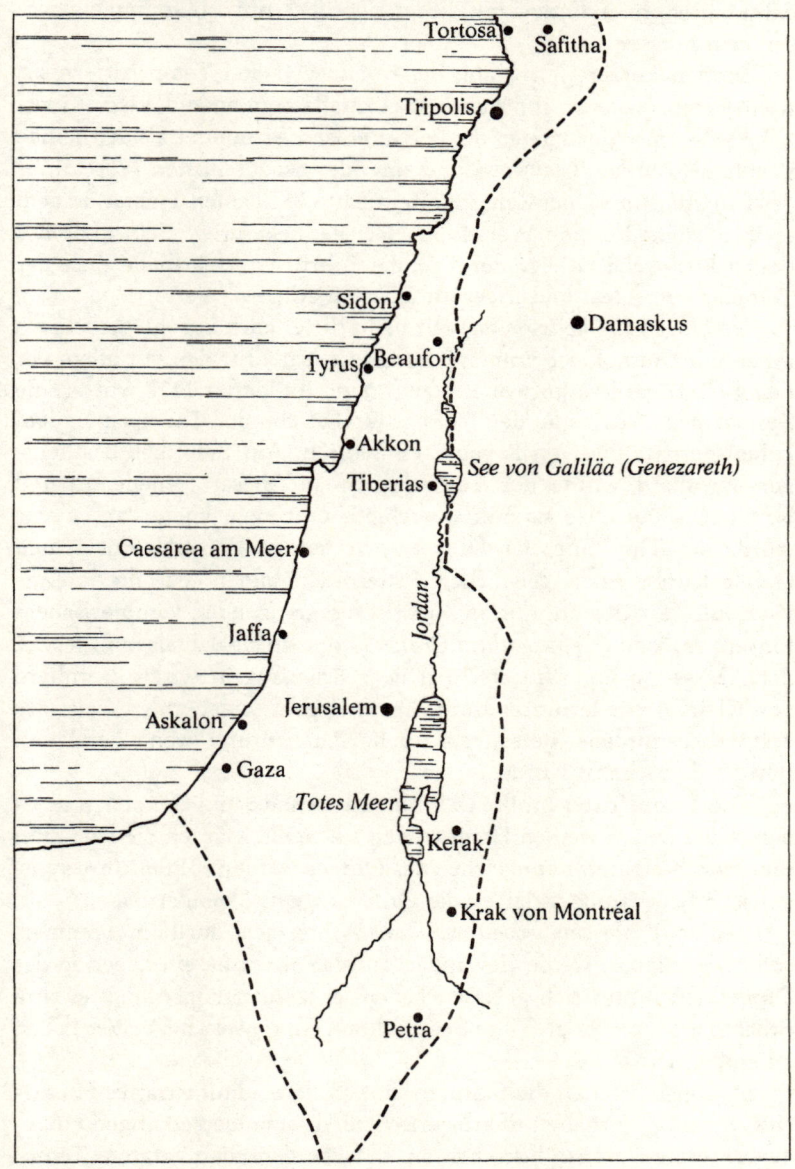

Tortosa
Safitha
Tripolis
Sidon
Damaskus
Tyrus Beaufort
Akkon
Tiberias
See von Galiläa (Genezareth)
Caesarea am Meer
Jordan
Jaffa
Askalon
Jerusalem
Gaza
Totes Meer
Kerak
Krak von Montréal
Petra

Männern eine solch umfangreiche Aufgabe hätte bewältigen sollen. Waren es wirklich nur neun? Und schützten sie alle Pilger? Wenn ja, dann hätten ihnen Ordensmitglieder eigentlich nur willkommen gewesen sein müssen.

Binnen kurzer Zeit drang die Kunde von den Tempelrittern bis nach Europa vor, wo ihr Ansehen ebenfalls zunehmend stieg. Kirchliche Würdenträger sangen ihr Lob, und kein geringerer als der heilige Bernhard, Abt von Clairvaux und einer der bedeutendsten Wortführer des Christentums jener Zeit, veröffentlichte 1128 einen Traktat, in dem er ihre Tugenden und Werke der Nächstenliebe pries. Sein »Lob der neuen Ritterschaft« — so der Titel der Schrift — erklärte die Ziele der Templer zum Ideal und Inbegriff aller christlichen Werte.

Im Jahre 1127 kehrten fast alle neun Ritter nach Europa zurück, wo ihnen ein triumphaler Empfang bereitet wurde, für den vor allem der heilige Bernhard verantwortlich zeichnete. Im Januar 1128 wurde eine Synode nach Troyes an den Hof des Grafen von der Champagne, dem Lehensherrn Hugo von Payens', einberufen. Auf Betreiben des heiligen Bernhard wurde der Tempelorden auf dieser Synode offiziell bestätigt, seine Ziele als militant religiös umrissen. Hugo von Payens wurde der Titel eines Großmeisters verliehen. Er sollte mit seinen Gefolgsleuten einen geistlichen Ritterorden bilden, der die strenge Disziplin des Klosters mit an Fanatismus grenzenden kämpferischem Einsatz verband — eine *militia Christi*, wie man sie damals nannte. Bei der Abfassung und Niederschrift der Ordensregeln wirkte Bernhard von Clairvaux federführend mit. Diese Regeln atmeten den Geist des Zisterzienserordens, dessen spirituelle Ausrichtung weitgehend von Bernhard bestimmt wurde.

Die Tempelritter mußten Armut, Keuschheit und Gehorsam geloben. Über einem weißen Habit trugen sie weiße Mäntel, die bald zum unverwechselbaren Kennzeichen des Ordens werden sollten. Ihre symbolische Bedeutung erklärten die Ordensregeln folgendermaßen:

»Allen Professen geben wir, im Winter wie auch im Sommer, sofern verfügbar, weiße Gewänder, auf daß jene, die ein Leben in der Dunkelheit hinter sich gelassen haben, erkennen mögen, daß es ihre Pflicht ist, dem Schöpfer ihre Seelen durch ein reines und weißes Leben zu empfehlen.«[4]

Ansonsten sahen die Statuten eine lockere administrative Hierarchie vor. Das Verhalten in kriegerischen Auseinandersetzungen hingegen unterlag strengen Vorschriften. In Gefangenschaft geratene Templer durften weder um Gnade bitten noch sich freikaufen lassen. Ihr Auftrag lautete, bis zum letzten Blutstropfen zu kämpfen. Den Rückzug anzutreten, galt als Verstoß gegen die Regeln, solange sich der Gegner nicht als mindestens dreifach überlegen erwies.

Im Jahre 1139[5] erließ Papst Innozenz II. — ein ehemaliger Zisterziensermönch von Clairvaux und Schüler des heiligen Bernhard — eine Bulle, die bestimmte, daß die Tempelritter keiner weltlichen oder kirchlichen Macht außer dem Papst Gehorsam schuldeten. Dem Orden wurde also volle Unabhängigkeit von allen Königen, Fürsten und Äbten und damit absolute Sicherheit vor jedweder Einmischung von seiten politischer oder kirchlicher Würdenträger garantiert. Das enthob ihn jeglicher regionaler Eingrenzung beziehungsweise Kontrolle und machte ihn zum Herrn über ein autonomes, internationales Reich.

In den zwei Jahrzehnten nach der Synode von Troyes expandierte der Orden außerordentlich stark und schnell. Als Hugo von Payens Ende 1128 nach England reiste, wurde er von König Heinrich I. »mit großer Verehrung« empfangen. Viele junge Adlige aus ganz Europa traten dem Orden bei, und aus allen Teilen der christlichen Welt flossen ihm reiche Schenkungen an Geld, Gütern und Ländereien zu. Hugo von Payens verschrieb dem Orden seinen gesamten Besitz — eine Handlung, zu der jeder neu in den Orden Eingetretene ebenfalls verpflichtet war.

Unter diesen Umständen kann es nicht verwundern, daß sich der Besitzstand der Tempelherren rapide vermehrte. Im Jahre 1129 verfügte der Orden bereits über ausgedehnte Ländereien in Frankreich, England, Schottland, Flandern, Spanien und Portugal. Zehn Jahre später besaß er außerdem Grund und Boden in Italien, Österreich, Deutschland, Ungarn und im Heiligen Land. Entgegen dem Armutsgebot häufte er Unmengen von Reichtümern an; jedes Geschenk wurde gerne in Empfang genommen. Gleichzeitig war es dem Orden jedoch verboten, über das Vermögen zu verfügen — nicht einmal zu dem Zweck, Lösegeld für seine Führer zu bezahlen. Daher mußte Hugo von Payens, als er 1130 mit einem für damalige Begriffe stattlichen Gefolge von dreihundert Rittern von Europa nach Palästina zurückkehrte, Ländereien von unvorstellbarem Ausmaß der Obhut anderer Templer anvertrauen.

Im Jahre 1146 übernahmen die Tempelritter das berühmte achtspitzige rote Kreuz, das Tatzenkreuz. Mit diesem Zeichen auf ihren Mänteln folgten die Ritter König Ludwig VII. von Frankreich zum

Zweiten Kreuzzug, in dessen Verlauf sie sich ihren Ruf als fanatische Kämpfer von geradezu tollkühnem Mut, aber auch von unbeschreiblicher Überheblichkeit erwarben. Im großen und ganzen aber traten sie äußerst diszipliniert auf — was man nicht gerade von allen Streitmächten jener Zeit behaupten konnte. Der französische König schrieb einmal, es sei nur den Tempelrittern zu verdanken, daß der falsch geplante und schlecht geführte Zweite Kreuzzug nicht in eine Katastrophe ausartete.

Im Laufe des folgenden Jahrhunderts wurden die Tempelritter zu einer einflußreichen Macht von internationalem Rang. In ganz Europa und im Heiligen Land wirkten sie als Diplomaten auf höchster Ebene und als Mittler zwischen Fürsten und Monarchen. In England zum Beispiel wurde der Meister des Tempels regelmäßig zu den Sitzungen des Parlaments eingeladen und als Oberhaupt aller kirchlichen Orden betrachtet. Dadurch waren ihm alle Priore und Äbte des Landes unterstellt. Die Templer, die gute Beziehungen sowohl zu Heinrich II. als auch zu Thomas Becket unterhielten, versuchten wiederholt, den Streit zwischen dem Monarchen und dem Erzbischof von Canterbury beizulegen. Spätere englische Könige, einschließlich König Johanns ohne Land, residierten des öfteren im Londoner Ordenshaus, und als der Monarch die »Magna Charta« unterzeichnete, stand der Meister des Ordens an seiner Seite.[6]

Die politische Tätigkeit des Ordens beschränkte sich nicht nur auf das westliche Abendland. Auch mit der islamischen Welt wurden enge Verbindungen geknüpft, und die Sarazenenführer zollten den Templern mehr Respekt als jedem anderen Europäer. Sogar zu den Assassinen, jener für ihre Militanz und ihren Fanatismus bekannten Sekte, die sozusagen das islamische Gegenstück zu den Templern darstellte, wurden Beziehungen unterhalten.

Auf nahezu allen politischen Ebenen traten die Tempelherren als offizielle Schiedsrichter bei Streitigkeiten auf, und selbst Könige erkannten ihre Autorität an. Heinrich III. von England wagte es jedoch 1252, ihnen mit der Beschlagnahmung von Ländereien zu drohen. »Ihr Templer . . . genießt so viele Freiheiten und Privilegien und verfügt über so große Besitztümer, daß ihr vor Stolz und Hochmut nicht mehr an euch zu halten vermögt. Was unbedachtsamerweise gegeben wurde, muß daher klüglich zurückgenommen werden; und was vorschnell zugestanden wurde, muß mit Bedacht widerrufen werden.« Der Ordensmeister erwiderte: »Was sagt Ihr da, o König? Möge es Euch fernliegen, daß Euer Mund so unfreundliche und törichte Worte äußert. Solange Ihr Gerechtigkeit übt, werdet Ihr regieren. Brecht Ihr das Recht, so werdet Ihr nicht länger König sein.«[7] Mit dieser geradezu ungeheuerlich kühnen Antwort nimmt der Templer für sich und seinen Orden ein Recht in Anspruch, das sich nicht einmal der Papst offen herauszunehmen unterstand: das Recht, Monarchen nach Belieben auf den Thron zu erheben oder zu stürzen.

Die Aktivitäten der Tempelritter beschränkten sich nicht nur auf Kriege, Diplomatie und politische Intrigen. Sie verliehen auch enorme Geldsummen an verarmte Monarchen und wurden so die Bankiers sämtlicher europäischer Königshäuser — ja, sogar einiger moslemischer Potentaten. Ihre Ordensniederlassungen in ganz Europa und im Nahen Osten nahmen außerdem — gegen eine geringe Gebühr — Geldüberweisungen für Kaufleute vor — einen Stand, der in zunehmendem Maße in Abhängigkeit von ihnen geriet. Auf diese Weise wurden die Tempelherren die wichtigsten Geldwechsler ihrer Epoche, und das Pariser Ordenshaus entwickelte sich zum Zentrum des europäischen Finanzwesens.[8] Wahrscheinlich hat der Orden auch den Scheck, wie wir ihn heute kennen, eingeführt.

Doch die Templer handelten nicht nur mit Geld, sondern sie vermittelten auch neue Ideen. Aufgrund seiner langen und fruchtbaren Kontakte zur islamischen und jüdischen Kultur entwickelte sich der Orden zu einem Umschlagplatz für neue Gedanken, neue Dimensionen des Erkennens und neue Wissenschaften. Er übte ein regelrechtes Monopol über die beste und fortgeschrittenste Technik seiner Zeit aus; er förderte die Entwicklung des Vermessungswesens, der Kartographie, des Straßenbaus und der Schiffahrt; er besaß eigene Häfen und Werften sowie eine Flotte, deren Schiffe zu den ersten gehörten, die mit Magnetkompassen ausgerüstet waren. Und da es ihr Kriegshandwerk notwendig machte, Verwundete zu pflegen und Kranke zu heilen, lernten die Templer, mit Arzneimitteln umzugehen. Der Orden unterhielt eigene Krankenhäuser mit eigenen Ärzten und Chirurgen. Diese machten sich die modernen Prinzipien der Hygiene und Sauberkeit zur Richtschnur und wußten offenbar auch um die Wirkung von Antibiotika, da sie Schimmelextrakte in ihrer medizinischen Praxis verwandten. Mit ihrer Einstellung zur Epilepsie, die sie nicht als Teufelswerk, sondern als beherrschbare Krankheit betrachteten, waren sie der Zeit ebenfalls weit voraus.[9]

Ihre Leistungen und Erfolge machten die Templer in Europa immer reicher, mächtiger und selbstgefälliger. Es ist daher nicht weiter erstaunlich, daß sie auch immer hochmütiger, brutaler und korrupter wurden. »Er säuft wie ein Templer«, lautete eine zeitgenössische Redensart. Und aus gewissen Quellen geht hervor, daß der Orden vorzugsweise Ritter aufnahm, die exkommuniziert worden waren.

Doch während es die Tempelritter in Europa zu Wohlstand und trauriger Berühmtheit brachten, verschlechterte sich die Lage im Heiligen Land zusehends. Im März 1185 starb König Balduin IV. von Jerusalem. In dem Gerangel um seine Nachfolge brach Gerhard von Ridefort, der Großmeister des Templerordens, seinen dem toten Herrscher geleisteten Eid und brachte damit die christliche Gemeinde in Palästina an den Rand des Bürgerkrieges. Und das war beileibe nicht die einzige Schandtat Rideforts. Die Anmaßung, mit der er den Sarazenen begegnete, führte zum Bruch der seit geraumer Zeit bestehenden Waffenruhe und ließ abermals Feindseligkeiten aufflammen. Und im Juli 1187 schließlich führte Ridefort seine Ritter zusammen mit dem Rest des christlichen Heeres überstürzt in eine schlecht vorbereitete Schlacht, die mit der katastrophalen Niederlage bei Hattin endete. Die christlichen Streitkräfte wurden völlig aufgerieben, und zwei Monate später befand sich das hundert Jahre zuvor eroberte Jerusalem wieder in den Händen der Sarazenen.

Im folgenden Jahrhundert wurde die Lage immer aussichtsloser. Ein Kreuzfahrerstaat nach dem anderen wurde von den Sarazenen erobert. Einzig Akkon konnte ihren Angriffen zunächst standhalten. Doch im Mai 1291 fiel auch diese letzte Festung der Christen im Heiligen Land, obwohl sie von den Tempelrittern wahrhaft heldenmütig verteidigt worden war. Selbst der Großmeister kämpfte – trotz schwerer Verwundungen – bis zum letzten Atemzug weiter. Da die Ordensgaleeren nicht genügend Platz boten, wurden nur die Frauen und Kinder evakuiert. Alle Ritter, ob gesund oder verwundet, blieben zurück. Der Untergang Akkons trug geradezu apokalyptische Züge: Die Mauern stürzten tosend ein und begruben Verteidiger wie Angreifer unter sich.

Zwar errichteten die Tempelritter auf Zypern einen neuen Hauptsitz, doch der Verlust des Heiligen Landes hatte sie praktisch ihrer *raison d'être* beraubt. Und da sich für sie in absehbarer Zeit keine Möglichkeit eröffnete, ein anderes Land für das Christentum zu erobern, wandten die Templer ihre Aufmerksamkeit stärker Europa zu, in der Hoffnung, dort eine Rechtfertigung für den Fortbestand des Ordens zu finden.

Gegen Ende des zwölften Jahrhunderts hatten die Tempelherren bei der Gründung eines anderen geistlichen Ritterordens Pate gestanden: des Deutschen Ordens. Dieser hatte sich nur mäßig an den Unternehmungen im Nahen Osten beteiligt und um die Mitte des dreizehnten Jahrhunderts seine ganze Aufmerksamkeit auf die nordöstlichen Grenzen der christlichen Welt gerichtet. Dort schuf er sich ein unabhängiges Fürstentum, den Deutschordensstaat, der fast das gesamte östliche Baltikum umfaßte und sich von Pommern bis zum Finnischen Meerbusen erstreckte. In diesem Gebiet übten die Deutschherrenritter, ohne an die Weisungen irgendeiner weltlichen oder kirchlichen Macht gebunden zu sein, ihre Herrschaft aus.

Seit Gründung des Ordensstaates hatten die Tempelritter den verwandten Orden um seine Unabhängigkeit und seine Privilegien beneidet. Nachdem sie aus dem Heiligen Land vertrieben worden waren, wurde der Wunsch nach einem eigenen Staat immer stärker. Ebenso wie der Deutsche Orden wollten die Tempelritter die uneingeschränkte Autorität über ein Land besitzen. Der unwirtlichen Wildnis Osteuropas konnten sie jedoch nichts abgewinnen; zu sehr waren sie an Luxus und Überfluß gewöhnt. Deshalb träumten sie von einer Staatsgründung in einer Gegend, die ihren Vorstellungen und Ansprüchen näher kam: im Languedoc.[10]

Zu den Katharern des Languedoc hatten die Tempelritter von jeher recht enge Beziehungen unterhalten. Viele reiche Landbesitzer, die entweder selbst Katharer waren oder mit diesen sympathisierten, hatten dem Orden große Ländereien geschenkt. Und Bertrand de Blanchefort, der vierte Großmeister des Ordens, entstammte einem katharischen Elternhaus. Mitglieder seiner Familie kämpften vierzig Jahre nach seinem Tod Seite an Seite mit anderen katharischen Edelleuten gegen die von Simon de Montfort angeführten Invasoren aus dem Norden.[11]

In den Albigenserkriegen verhielt sich der Templerorden zumindest nach außen hin neutral und beschränkte sich auf die Rolle des Beobachters. Doch machte der seinerzeit amtierende Großmeister des Ordens keinen Hehl daraus, daß ein richtiger Kreuzzug nur gegen die Sarazenen geführt werden könne. Außerdem läßt eine sorgfältige Prüfung zeitgenössischer Berichte erkennen, daß die Templer vielen katharischen Flüchtlingen Asyl gewährten.[12] Gelegentlich dürften sie sogar für die aus ihrer Heimat Vertriebenen zu den Waffen gegriffen haben. Ein Blick in die Mitgliederliste des Templerordens zu Beginn der Albigenserkriege zeigt einen beträchtlichen Zustrom von Katharern bis in die höchsten Ränge des Ordens hinein – die herauszufordern nicht einmal Simon de Montforts Kreuzfahrer wagten.[13] Im Languedoc gab es unter den höhergestellten Tempelrittern mehr Katharer als Katholiken. Darüber hinaus scheinen sich diese katharischen Adligen – im Gegensatz zu ihren katholischen Brüdern – hauptsächlich im Languedoc aufgehalten zu haben, so daß sich der Orden im Laufe der Zeit in dieser Region auf eine bewährte und stabile Basis stützen konnte.

Aufgrund ihrer Kontakte zum islamischen und jüdischen Kulturkreis hatten die Tempelritter Gedankengut in sich aufgenommen, das der orthodoxen katholischen Kirche mehr als fremd war. Auch kam es öfters vor, daß Tempelherren arabische Sekretäre bei sich beschäftigten, deren Sprache sie in der Gefangenschaft gelernt hatten und fließend beherrschten. Die finanziellen und wissenschaftlichen Interessen des Ordens schufen die Verbindungen zu jüdischen Gemeinden. Ihre kulturelle Toleranz, ihre intellektuelle Neugierde und ihre Aufgeschlossenheit dem Unbekannten gegenüber ließen die Templer Positionen einnehmen, die die römische Kurie eigentlich niemals gebilligt hätte. Zudem brachten sie die neuen katharischen Ordensbrüder mit den Ideen des gnostischen Dualismus in Berührung – falls ihnen diese überhaupt jemals fremd gewesen sein sollten.

Zu Beginn des vierzehnten Jahrhunderts reifte in Philipp IV., dem Schönen, von Frankreich der Plan heran, sein Königreich möglichst umgehend von den Templern zu säubern. Diese führten sich hochnäsig und ungebärdig auf. Gleichzeitig waren sie aber auch tüchtig und bestens ausgebildet, eine Streitmacht aus »Berufssoldaten«, schlagkräftiger und besser durchorganisiert als alles, was der König an Truppen hätte aufbieten können. Darüber hinaus bekleideten sie in ganz Frankreich wichtige Posten und entzogen sich vollkommen dem Zugriff Philipps. Der König schuldete ihnen Geld. Die Tatsache, daß er sich vor dem aufständischen Pariser Mob im Ordenshaus der Tempelherren in Sicherheit bringen mußte, hatte ihn zutiefst gedemütigt. Auch neidete er ihnen ihren unermeßlichen Reichtum, von dem er bei seinem zwangsweisen Aufenthalt in ihrem Palast einen Eindruck bekommen hatte. Sein Gesuch um Aufnahme in den Orden wurde abschlägig beschieden, was er als eine tiefe Schmach empfand. All diese Vorfälle verbunden mit der beunruhigenden Aussicht auf einen Templerstaat im Staate veranlaßten Philipp IV. zum Handeln. Und der Vorwurf der Ketzerei bot hierzu einen willkommenen Vorwand.

Als erstes mußte Philipp den Papst für seine Pläne gewinnen, dem die Tempelritter, zumindest theoretisch, nach wie vor Treue und Gehorsam schuldeten. Im Jahre 1305 war es ihm gelungen, die Wahl seines Kandidaten – des Erzbischofs von Bordeaux – auf den vakanten Stuhl Petri durchzusetzen. Der neue Pontifex maximus, Klemens V., war dem französischen König zu Dank verpflichtet und konnte dessen Forderungen kaum zurückweisen. Eine dieser Forderungen gipfelte darin, den Templerorden zu verurteilen und aufzulösen.

Philipp plante das weitere Vorgehen äußerst sorgfältig. Er ließ eine Liste von Anschuldigungen zusammenstellen, die zum Teil von seinen Spionen stammten, die er in die Reihen der Ordensbrüder eingeschleust hatte, und teilweise auf dem freiwilligen Geständnis eines übergelaufenen Tempelritters beruhten. Philipp sah den Zeitpunkt zum Handeln nun für gekommen. Mit geradezu tödlicher Präzision lief die von ihm vorbereitete Aktion ab. Der König sandte versiegelte und geheime Befehle an seine Seneschalle im ganzen Land. Die Siegel mußten überall gleichzeitig zu einer festgesetzten Stunde erbrochen und die Befehle unverzüglich ausgeführt werden. Danach waren im Morgengrauen des 13. Oktober 1307, an einem Freitag, alle Tempelritter in Frankreich zu verhaften, ihre Ordenshäuser königlicher Aufsicht zu unterstellen und ihre Güter zu beschlagnahmen. Obgleich Philipps Überraschungscoup vorderhand die gewünschten Ergebnisse zeigte, verfehlte er sein Hauptziel: Das immense Vermögen des Ordens, dem sein eigentliches Interesse galt, entging seinem Zugriff. Was später aus dem sagenhaften »Schatz der Templer« wurde, ist bis heute ein Geheimnis geblieben.

Tatsächlich ist zu bezweifeln, ob Philipps Vorgehen gegen den Orden so überraschend kam, wie er und viele Historiker nach ihm glaubten. Manches deutet darauf hin, daß die Templer eine Warnung erhalten hatten. So ließ der Großmeister, Jacques de Molay, kurz vor dem Verhaftungstermin viele Bücher und Dokumente des Ordens verbrennen. Und einem Ritter, der einige Tage vorher aus dem Orden ausschied, pflichtete der Schatzmeister bei, er habe eine »kluge« Entscheidung getroffen, denn eine Katastrophe stünde unmittelbar bevor. An alle Ordenshäuser in Frankreich ging ein offizielles Rundschreiben, in dem daran erinnert wurde, keinerlei Informationen über die Bräuche und Rituale des Ordens preiszugeben.

Wie dem auch sei, nachweislich wurden gewisse Vorsichtsmaßnahmen getroffen.[14] So ergaben sich die Ritter, die festgenommen wurden, ohne allen Widerstand — als handelten sie gleichsam auf Befehl. Es liegen aber auch unbezweifelbare Beweise dafür vor, daß eine Gruppe von Rittern um den Schatzmeister des Ordens systematisch ihre Flucht vorbereitete. Daher überrascht es nicht weiter, daß der Templerschatz mitsamt allen Dokumenten und Aufzeichnungen verschwand. Hartnäckigen, jedoch unbestätigten Gerüchten zufolge soll der Schatz in einer der Nächte vor der Razzia aus Paris herausgeschmuggelt, mit Wagen nach dem Hafen von La Rochelle transportiert und dort auf achtzehn Galeeren verladen worden sein, von denen man niemals je wieder etwas hörte. Den Fängen des Königs sind die Schiffe offenbar entkommen, denn es fehlen jegliche Berichte darüber, daß sie aufgebracht worden wären. Die Schiffe waren und blieben verschwunden — und mit ihnen alles, was sie an Bord hatten.[15]

Die gefangengenommenen Templer wurden vor Gericht gestellt, viele auch gefoltert. Dabei wurden merkwürdige Geständnisse zutage gefördert, und noch seltsamere Beschuldigungen erhoben. Man warf ihnen vor, sie hätten einen Teufel namens Baphomet verehrt. Bei ihren geheimen Zusammenkünften hätten sie sich vor einem bärtigen Männerkopf zu Boden geworfen, der zu ihnen gesprochen und ihnen okkulte Kräfte verliehen habe; unbefugte Zeugen dieser rituellen Handlungen seien beseitigt worden. Anderen, noch dubioseren Anschuldigungen zufolge hätten die Templer Kinder ermordet, Frauen zu Abtreibungen veranlaßt, neue Ordensmitglieder in unzüchtiger Weise geküßt und homosexuelle Beziehungen unterhalten. Schließlich beschuldigte man diese Streiter Christi, die für den Sohn Gottes gekämpft und ihr Leben eingesetzt hatten, sie hätten Christus geleugnet und das Kreuz mit Füßen getreten sowie bespuckt.

Das Schicksal der Tempelritter war damit — zumindest in Frankreich — besiegelt. Philipp IV. verfolgte sie erbarmungslos. Viele von ihnen wurden verbrannt, andere eingekerkert und gefoltert. Unterdessen ließ der König nicht ab, vom Papst immer einschneidendere Maßnahmen gegen die Tempelritter zu fordern. Diesem Drängen gab der Papst schließlich nach, und im Jahre 1312 wurde der Orden offiziell aufgelöst, ohne daß je auf seine Schuld oder Unschuld erkannt worden wäre. In Frankreich aber dauerten die Untersuchungen, Verhöre und Prozesse noch weitere zwei Jahre an. Ihren Höhepunkt erreichten sie im März 1314, als Jacques de Molay, der Großmeister, und Geoffroi de Charnay, Großpräzeptor der Normandie, bei lebendigem Leibe geröstet wurden. Mit beider Tod schienen die Tempelritter endgültig von der

Bühne der Geschichte abgetreten zu sein. Dennoch hörte der Orden nicht auf, zu existieren.

Philipp IV. hatte nichts unversucht gelassen, auch auf andere Herrscher dahingehend einzuwirken, daß sie die Tempelritter in ihren Ländern unnachgiebig verfolgten und bis zum letzten Mann ausrotteten. Dieser besessene Eifer des Königs ist schon fast verdächtig. Daß Philipp den Orden in Frankreich auszulöschen bestrebt war, kann man vielleicht noch verstehen. Sein Wunsch, dies jedoch auf die ganze christliche Welt auszudehnen, leuchtet hingegen weniger ein. Fürchtete er etwa die Rache des außerhalb Frankreichs noch intakten Ordens? Oder hatte er ganz andere Beweggründe?

Trotz allen Nachdrucks, mit dem Philipp seine diesbezüglichen Forderungen vortrug, zeitigten seine Bemühungen nur wenig Erfolg. Sein eigener Schwiegersohn, Eduard II. von England, ergriff zunächst Partei für den Orden, bevor er ziemlich halbherzig auf die von Papst und französischem König vertretene Linie einschwenkte. Nur wenige Templer wurden daraufhin verhaftet, und selbst diese wenigen erhielten in den meisten Fällen milde Strafen — so zum Beispiel einen mehrjährigen »Buß«-Aufenthalt in Abteien und Klöstern, wo sie im allgemeinen ein angenehmes Leben führten. Zwar wurde ihr Landbesitz an den Johanniterorden überschrieben, doch entgingen die englischen Templer den zum Teil bestialischen Verfolgungen, denen ihre französischen Brüder ausgesetzt waren.

In anderen Ländern begegnete Philipps Wunsch noch größeren Vorbehalten. Schottland zum Beispiel befand sich seinerzeit gerade im Kriegszustand mit England, und die chaotischen Verhältnisse boten nicht eben die beste Voraussetzung dafür, juristische Sonderwünsche durchzusetzen. So kam es, daß die päpstliche Bulle mit der Auflösungsverfügung des Templerordens in Schottland nie verkündet — und der Orden dort folglich auch nie aufgelöst wurde. Viele Tempelritter aus England und vermutlich auch aus Frankreich fanden in Schottland Zuflucht. Ein stattlicher Trupp von Flüchtlingen soll sogar 1314 mit dem schottischen König Robert Bruce in die Schlacht von Bannockburn gezogen sein. Gerüchte, nach denen der Orden in Schottland noch weitere vierhundert Jahre als Institution existiert haben soll, sind nicht ganz von der Hand zu weisen. 1688 verlor Jakob II. von England und Schottland seinen Thron an Wilhelm von Oranien. Die schottischen Anhänger des Stuartkönigs erhoben sich daraufhin, und 1689 kam es zur Schlacht von Killiecrankie, in der der Anführer der mit Jakob II.

verbündeten Truppen, John Claverhouse, Viscount of Dundee, den Tod fand. Bei der Bergung seiner Leiche stellte man fest, daß er das Großkreuz des Templerordens trug.[16]

Der Herzog von Lothringen war den Templern freundlich gesinnt. Nur einige wenige wurden vor Gericht gestellt und freigesprochen. Die meisten folgten dem Rat ihres Präzeptors, sich in Aussehen und Kleidung ihrer Umgebung anzupassen. Im übrigen Heiligen Römischen Reich drohten die Tempelritter damit, im Falle einer juristischen Verfolgung zu den Waffen zu greifen. Daraufhin sprachen sie die eingeschüchterten Richter frei. Als der Orden schließlich offiziell aufgelöst wurde, schlossen sich viele deutsche Tempelritter den Johannitern beziehungsweise dem Deutschen Orden an. Auch die spanischen Templer widersetzten sich der Verfolgung und fanden in anderen Orden Unterschlupf.

In Portugal wurden die Tempelherren durch einen Untersuchungsausschuß von jedem Verdacht freigesprochen und änderten 1318 ihren Namen: Aus dem Templerorden wurde nun der Christusorden. Unter dieser Bezeichnung bestand er bis weit ins sechzehnte Jahrhundert hinein und widmete sich vornehmlich der Seefahrt. Vasco da Gama war ein Ritter Christi, Prinz Heinrich der Seefahrer ein Großmeister des Ordens. Die Schiffe der Bruderschaft segelten unter dem bereits bekannten Tatzenkreuz, unter dem auch die drei Karavellen des Christoph Kolumbus 1492/93 den Atlantik überquert hatten. Kolumbus war mit der Tochter eines ehemaligen Ritters des Christusordens verheiratet, der ihm seine Seekarten und Logbücher zur Verfügung stellte.

Die Tempelritter — Die Geheimnisse. Dies ist die stark verkürzte Geschichte der Tempelritter, wie wir sie der von uns benutzten Literatur entnahmen. Bald jedoch entdeckten wir, daß wir nur die eine Seite der Ordensgeschichte kennengelernt hatten, während es auch noch eine viel schwerer faßbare, zu Spekulationen herausfordernde Dimension gab. Schon zu Zeiten seines Bestehens haftete dem Templerorden etwas Mystisches an. Man verdächtigte die Templer der Zauberei und vermutete in ihnen Hexenmeister und Alchimisten. Viele Zeitgenossen mieden sie in der Annahme, die Ordensbrüder stünden mit finsteren Mächten im Bunde. 1208, ein Jahr vor Ausbruch der Albigenserkriege, hatte Papst Innozenz III. den Orden bereits unchristlicher Umtriebe wegen zur Ordnung gerufen, wobei er ausdrücklich von Geisterbeschwörung sprach.

Die Aura des Mysteriösen, die die Templer umgab, überdauerte sogar die Auflösung des Ordens. Das letzte beurkundete Ereignis in seiner Geschichte war die Verbrennung des Großmeisters Jacques de Molay im März 1314. Kurz vor seinem Tod soll er noch eine Verwünschung ausgestoßen haben. Die Legende weiß zu berichten, er habe seinen Verfolgern — Papst Klemens V. und Philipp IV. von Frankreich — prophezeit, sie würden ihm binnen Jahresfrist folgen, um sich vor Gottes Thron zu verantworten. Der Nachfolger Petri erlag nur einen Monat später einem Leiden — angeblich der Ruhr. Philipp starb noch vor Jahresende, ohne daß man bis heute die genaue Todesursache kennen würde. Selbstverständlich ist es müßig, nach übernatürlichen Erklärungen zu suchen. Im Umgang mit Giften waren die Tempelherren sehr erfahren. Zweifelsohne gab es genügend Männer — geflohene Ritter, Sympathisanten des Ordens, Verwandte der verfolgten Brüder —, die bereit und willens waren, das Unrecht zu rächen. Dennoch erhielt der Glaube an geheime Kräfte des Ordens aufgrund der Tatsache, daß der Fluch des Großmeisters scheinbar in Erfüllung gegangen war, neue Nahrung. Dieser Fluch sollte die französischen Könige angeblich noch bis weit in die Zukunft hinein verfolgen. Die Gerüchte um geheime Kräfte der Templer verstummten jedenfalls zu keiner Zeit.

Noch im achtzehnten Jahrhundert beriefen sich verschiedene mehr oder weniger geheime Gesellschaften, wie zum Beispiel die Freimaurer, auf die Tempelritter als Vorläufer und Ahnherren ihrer eigenen mystischen Vorstellungswelt. So führten die Freimaurer einige ihrer »Riten« und »Zeremonien« auf den Templerorden zurück und betrachteten sich selbst als die Hüter seines Geheimwissens.

Bis zum Jahre 1789 hatte die Legendenbildung um den Orden geradezu sagenhafte Ausmaße erreicht und ließ die historische Wirklichkeit hinter einem Schleier düsterster Romantik verschwinden. Die Templer standen in dem Ruf, Anhänger des Okkultismus, begnadete Alchimisten, Magier und Weise zu sein — wahre »Supermänner«, die über ein geheimes Wissen und geheime Kräfte verfügten. Aber sie galten auch als Helden und Märtyrer sowie als Vorboten des antiklerikalen Zeitgeistes. Viele französische Freimaurer konspirierten nur deshalb gegen Ludwig XVI., um mit dazu beizutragen, daß der Fluch des sterbenden Jacques de Molay gegen das französische Königshaus in Erfüllung ging. Nachdem der König durch die Guillotine enthauptet worden war, soll ein Mann aufs Schafott gesprungen sein, seine

Hand in das Blut des toten Monarchen getaucht und sie der Menge mit den Worten gezeigt haben: »Jacques de Molay, du bist gerächt!«

Auch in der Zeit nach der Französischen Revolution verlor der Templerorden nichts von seinem mysteriösen Image. Selbst heutzutage existieren mindestens drei Vereinigungen, die sich als Templer bezeichnen und behaupten, eine Ahnentafel aus dem Jahre 1314 sowie gewisse Urkunden zu besitzen; deren Authentizität konnte allerdings nie nachgewiesen werden. Einige Freimaurerlogen haben sowohl den Grad eines »Templers« eingeführt als auch Rituale und Bezeichnungen, die vermutlich vom ursprünglichen Orden übernommen wurden. Gegen Ende des neunzehnten Jahrhunderts wurde in Deutschland und Österreich ein zwielichtiger »Orden der Neuen Templer« gegründet, der unter anderem das Hakenkreuz als Emblem führte. Persönlichkeiten wie Helena P. Blavatsky, Begründerin der Theosophie, und Rudolf Steiner, Begründer der Anthroposophie, sprachen von einer esoterischen »Tradition der Weisheit«, die über die Rosenkreuzer bis auf die Katharer und Templer zurückreiche.

Vor allem in Frankreich ist dieses Vermächtnis noch sehr lebendig. Die Tempelritter werden dort ähnlich vermarktet wie Glastonbury (König Artus) oder das Ungeheuer von Loch Ness in Großbritannien. In vielen Pariser Buchhandlungen findet sich historisches und dokumentarisches Schrifttum zum Orden. Dieses enthält zum Teil überzeugende Argumente, zum Teil aber auch geradezu wahnwitzige Hypothesen. Im Laufe der letzten fünfundzwanzig Jahre wurden den Templern einige recht ungewöhnliche Verdienste zugesprochen – möglicherweise nicht ganz zu Unrecht. So behaupteten manche Autoren, sie hätten jene genialen Kräfte freigesetzt beziehungsweise stimuliert, denen der Bau gotischer Kathedralen zu verdanken ist. Andere wiederum meinten, der Orden habe schon 1269 mit Nord- und Südamerika Handel getrieben und einen Großteil seines Vermögens mit mexikanischem Silber verdient. Häufig wurde die Ansicht geäußert, die Tempelritter hätten von einem Geheimnis Kenntnis gehabt, das mit dem Ursprung des Christentums in Zusammenhang stehe. Außerdem vermutete man, sie seien Gnostiker, Häretiker, zum Islam übergetreten und hätten auf eine Verschmelzung islamischen, christlichen sowie jüdischen Gedankenguts hingearbeitet. Und nach wie vor wird behauptet, die Tempelritter seien die Hüter des Heiligen Grals gewesen.

Vieles von dem, was man ihnen zuschreibt, ist schlichtweg lächerlich. Außer Frage steht jedoch, daß unzählige Geheimnisse die Templer umgeben, von denen einige dem zuzuordnen sind, was heute gemeinhin als »Esoterik« bezeichnet wird. Symbolistische Schnitzereien in Ordenshäusern zum Beispiel deuten darauf hin, daß höhergestellte Ordensmitglieder mit einer Reihe von Wissenszweigen vertraut waren — wie etwa der Astrologie, Alchimie, euklidischen Geometrie, Zahlenkunde und selbstverständlich auch der Astronomie, die im zwölften und dreizehnten Jahrhundert noch untrennbar mit der Astrologie verbunden war und als nicht weniger »esoterisch« galt.

Uns aber faszinierte etwas sehr viel Weltlicheres, sehr viel Prosaischeres: das Gewirr an Widersprüchen, Unwahrscheinlichkeiten und Verschleierungen in der anerkannten Geschichtsdarstellung. Mochten die Tempelritter ruhig ihre esoterischen Geheimnisse gehütet haben. Uns erschienen andere Dinge als wichtiger, Dinge, die in den religiösen und politischen Strömungen ihrer Epoche wurzelten und die sie sorgfältig verborgen gehalten hatten. Vor allem an diesem Punkt setzten wir mit unseren Nachforschungen an.

Wir rollten die Geschichte vom Ende her auf, beschäftigten uns zunächst mit den Beschuldigungen, die gegen den Orden erhoben worden waren, und mit seiner Auflösung. Über den möglichen Wahrheitsgehalt dieser Anwürfe sind schon viele Bücher geschrieben worden. Nach deren Lektüre gelangten wir — wie andere Forscher vor uns — zu der Überzeugung, daß sie nicht ganz und gar unbegründet sein konnten. So erwähnten zum Beispiel viele Ritter, von der Inquisition befragt, ein Etwas namens »Baphomet«. Die Tatsache, daß viele Ordensbrüder an verschiedenen Orten gleichzeitig davon sprachen, schließt die Vermutung aus, »Baphomet« sei lediglich die Erfindung einer Einzelperson oder eines Ordenshauses gewesen. Andererseits fanden wir keinerlei Hinweise darauf, worum es sich dabei handelte, was genau »Baphomet« darstellte und welche besondere Bedeutung ihm zukam. Allerdings scheint man ihm eine an Götzendienst grenzende Verehrung entgegengebracht zu haben. In einigen Untersuchungen wird sein Name im Zusammenhang mit jenen Skulpturen von Dämonen gesehen, die in verschiedenen Ordenshäusern gefunden wurden; in anderen bringt man ihn mit der Erscheinung eines bärtigen Hauptes in Verbindung. »Baphomet« könnte aber auch auf eine Verballhornung des arabischen Wortes *abufihamet* zurückgeführt werden, das im Spanien der Araberzeit *bufihimat* ausgesprochen wurde und soviel wie »Vater des Verstehens« oder »Vater der Weisheit« bedeutet. Im Arabischen wird der Begriff »Vater« auch im Sinne von »Quelle«

verwendet.[17] Sollte »Baphomet« seinen Ursprung tatsächlich im Arabischen haben, so bezöge er sich vermutlich auf ein übernatürliches oder göttliches Prinzip. Wodurch aber unterschied sich »Baphomet« von anderen übernatürlichen oder göttlichen Prinzipien? Wenn »Baphomet« für Gott oder Allah stand, warum hätten sich die Templer die Mühe machen sollen, ihn umzutaufen? Stand »Baphomet« jedoch weder für Gott noch für Allah — wer oder was war er dann?

Wie sich zeigte, war der Vorwurf nicht von der Hand zu weisen, zu Ehren eines nicht näher bezeichneten Hauptes hätten geheime Veranstaltungen stattgefunden. Denn in den Inquisitionsprotokollen ist immer wieder die Rede davon. Seine tiefere Bedeutung bleibt jedoch ebenso ungeklärt wie die des Namens »Baphomet«. Möglicherweise stand es in irgendeiner Beziehung zur Alchimie. So gab es im alchimistischen Verfahren eine Phase, die *caput mortuum* (Totenkopf) genannt wurde — der Zustand des *nigredo* (Schwärzung), der angeblich vor der Präzipitation des Steins der Weisen eintrat. Anderen Berichten zufolge handelte es sich bei dem fraglichen Haupt um den Kopf von Hugo von Payens, dessen Wappenschild bezeichnenderweise drei schwarze Köpfe auf goldenem Grund zeigte.

Ferner wäre ein Zusammenhang zwischen dem Kopf und dem Turiner Grabtuch denkbar, das sich von 1207 bis 1307 im Besitz der Tempelritter befunden haben soll. Faltet man dieses Tuch in einer bestimmten Weise zusammen, so kommt ein Kopf zum Vorschein. Für diese Annahme spräche auch die Tatsache, daß im Ordenshaus von Templecombe in Somerset (England) die Darstellung eines Kopfes gefunden wurde, die der des Turiner Grabtuchs verblüffend ähnelt. Erst vor kurzem laut gewordene Vermutungen wollen hingegen den Ursprung des von den Templern verehrten Kopfes in dem abgeschlagenen Haupt Johannes' des Täufers sehen. Manche Autoren sind nämlich der Meinung, daß die Lehren der Täuferbewegung oder der Mandäer zumindest partiell auch unter den Ordensmitgliedern Anhänger gefunden hätten. Diese Sekten bezeichneten Jesus als »falschen Propheten« und betrachteten statt dessen den Täufer als den wahren Messias.

Bei den Verhören, die sich den Verhaftungen von 1307 anschlossen, ergaben sich noch zwei weitere Anknüpfungspunkte. Wie aus den Prozeßakten hervorgeht, fand sich im Pariser Ordenshaus neben anderen konfiszierten Gegenständen das Kopfreliquiar einer Frau, das folgendermaßen beschrieben wurde: ». . . ein großer Kopf aus vergoldetem Silber, wunderschön gearbeitet und eine weibliche Büste darstellend. In ihm befanden sich zwei Schädelknochen, die in weißes Linnen eingewickelt und dann noch einmal in ein rotes Tuch eingeschlagen worden waren. Daran war ein Schild mit der Aufschrift befestigt *Caput LVIIIm*. Die Schädelknochen waren die einer ziemlich kleinen Frau.«[18] Eine sonderbare Reliquie – vor allem für einen geistlichen Ritterorden wie die Templer. Einer der Ritter, über diesen Frauenkopf befragt, erklärte, dieser stünde in keinerlei Beziehung zu dem bärtigen Männerkopf der Ordensrituale. *Caput LVIIIm* (Kopf 58m) ist und bleibt ein unlösbares Rätsel. Zu erwähnen wäre allenfalls noch, daß das »m« auch als das astrologische Zeichen für Jungfrau interpretiert werden könnte.[19]

Auch in einer anderen mysteriösen Geschichte, die von jeher mit den Templern in Verbindung gebracht und in verschiedenen Versionen erzählt wurde, spielt ein Kopf eine wesentliche Rolle. Eine dieser Varianten sei hier angeführt: »Ein Tempelritter, ein Herr von Sidon, liebte eine Dame aus Maraclea. Doch sie starb in jungen Jahren. In der Nacht nach ihrer Bestattung schlich sich der verruchte Liebhaber zu ihrem Grabe, grub ihre Leiche aus und schändete sie. Da hörte er auf einmal eine Stimme, die ihm befahl, in neun Monaten wiederzukommen, da er dann einen Sohn vorfinden würde. Er gehorchte, und als er zur gebotenen Zeit abermals das Grab öffnete, fand er einen Kopf auf den Oberschenkelknochen des Skeletts (Totenkopf über zwei gekreuzten Knochen). Die nämliche Stimme befahl ihm, ›den Kopf wohl zu hüten, denn er ist der Spender aller guten Dinge‹. Der Herr von Sidon nahm ihn daraufhin mit sich. Er wurde sein guter Geist, und wenn er seine Feinde vernichten wollte, brauchte er ihnen nur den magischen Kopf entgegenzuhalten. Zu gegebener Zeit gelangte der Kopf in den Besitz des Ordens.«[20]

Der Ursprung dieser Schauergeschichte läßt sich zumindest bis auf Walter Map, einen Dichter des späten zwölften Jahrhunderts, zurückverfolgen. Doch weder er noch ein anderer Sänger, der rund hundert Jahre später die gleiche Legende vortrug, bezeichnete den Leichenschänder als Tempelritter.[21] Dennoch war die Geschichte bis zum Jahre 1307 eng mit den Templern in Verbindung gebracht worden. Wiederholt taucht sie in den Vernehmungsprotokollen auf, mindestens zwei Ritter gaben zu, sie gekannt zu haben.

Dabei könnte es sich bei dieser Legende bis zu einem gewissen Grad um eine groteske Travestie der Jungfrauengeburt handeln. Zum Teil läßt sich darin aber auch eine verstümmelte, symbolische Wiedergabe

65

eines Initiationsritus erkennen, eine Art Metapher für Tod und Auferstehung. Einer der Chronisten nennt die Frau Yse – ein offensichtlich von Isis abgeleiteter Name. Selbstverständlich erinnert die Erzählung sowohl an die zahlreichen Sagen um Isis als auch um Tammuz oder Adonis, dessen Haupt ins Meer, und Orpheus, dessen Kopf in den Fluß der Milchstraße geschleudert wurde.

Welche Bedeutung man dem »Kopfkult« auch immer zuschreiben mag, die Inquisition nahm ihn ernst. In einer am 12. August 1308 erstellten Liste der Anklagepunkte finden wir unter anderem: Den Tempelrittern wird vorgeworfen, »daß sie in jeder Ordensprovinz Götzenbilder hatten, das heißt Köpfe, . . .; daß sie diese Götzenbilder anbeteten . . .; daß sie sagten, der Kopf könne sie erretten; daß er dem Orden alle Reichtümer gewähre . . .; daß er die Bäume zum Blühen und die Pflanzen zum Sprießen bringe. Es wird ihnen vorgeworfen, daß sie jedes der genannten Götzenhäupter mit kleinen Schnüren umwanden oder berührten, die sie auf der bloßen Haut trugen.«[22]

Die zuletzt erwähnte Schnur erinnert an die Katharer, von denen ebenfalls behauptet wurde, sie trügen geweihte Schnüre um den Körper. Am bemerkenswertesten aber sind die dem Kopf angedichteten Kräfte, Reichtümer zu schaffen, Bäume zum Blühen und Pflanzen zum Sprießen zu bringen. Sie stimmen auffallend mit jenen überein, die dem Heiligen Gral in der Dichtung zugeschrieben werden.

Die schwersten der gegen die Tempelritter erhobenen Anschuldigungen waren Blasphemie und Häresie: Sie hätten Christus geleugnet und das Kreuz mit Füßen getreten sowie bespuckt. Der tiefere Sinn dieses den Ordensbrüdern unterstellten Rituals ist unbekannt. Lehnten sie Christus oder nur die Kreuzigung ab? Niemand konnte diese Frage bislang befriedigend beantworten. Einer der verhörten Ritter zum Beispiel gab zu Protokoll, ihm sei bei seiner Aufnahme in den Orden gesagt worden: »Ihr habt den falschen Glauben, denn er [Christus] ist wirklich ein falscher Prophet. Glaubt nur an Gott im Himmel, nicht an ihn.«[23] Ein anderer Templer bekam zu hören: »Glaube nicht, daß jener Jesus, den die Juden in Outremer gekreuzigt haben, Gott sei und daß er dich retten könnte; . . .«[24] Einem dritten schließlich wurde ein Kruzifix gezeigt und gesagt: »Glaube nicht zu sehr daran, denn es ist erst vor kurzem geschehen.«[25]

Gleichlautende Aussagen gibt es häufig genug, um die Anschuldigungen glaubwürdig erscheinen zu lassen. Im übrigen sind diese relativ gemäßigt. Hätte die Inquisition nämlich Beweise erfinden wollen, so hätte sie sich leicht wesentlich schwerwiegendere, belastendere, ja vernichtendere Anklagepunkte ausdenken können. Es besteht also kaum ein Zweifel daran, daß die Einstellung der Tempelritter zu Christus keineswegs der offiziellen Lehrmeinung der römischen Kirche entsprach. Andererseits existieren keine Unterlagen, die Aufschluß über die tatsächliche Einstellung der Ordensbrüder in diesem Punkt geben könnten. Das den Templern zugeschriebene »Ritual« dürfte seit der Mitte des dreizehnten Jahrhunderts praktiziert worden sein, da es im Zusammenhang mit dem Sechsten Kreuzzug (1248–1254) Erwähnung findet.[26]

Die Tempelritter — Die verborgene Seite. Kam uns der Untergang des Templerordens schon mehr als geheimnisvoll vor, so fanden wir seine Gründung und frühe Geschichte noch entschieden verwirrender und rätselhafter. Eine ganze Reihe von Widersprüchen und Ungereimtheiten war uns bereits aufgefallen und ließ uns nicht mehr zur Ruhe kommen. Da waren die neun »armen« Ritter, die plötzlich aus dem Nichts auftauchten und — wie selbstverständlich — im königlichen Palast Quartier bezogen; neun »arme« Ritter, die fest entschlossen waren, auf Palästinas Straßen allein für Sicherheit zu sorgen. Und niemand, nicht einmal der Chronist des Königs, der auf alle Fälle von ihren Taten gehört haben müßte, weiß etwas über sie zu berichten. Wie etwa hätte Fulcher von Chartres, um nur ein Beispiel zu nennen, ihr Einzug in den Palast entgangen sein sollen? Das allgemeine Schweigen wird erst ein gutes halbes Jahrhundert später von Wilhelm von Tyrus durchbrochen. Was läßt sich daraus schließen? Daß die Ritter den löblichen Dienst an der Allgemeinheit, dem sie sich angeblich verschrieben hatten, in Wirklichkeit nie antraten? Daß sie statt dessen vielleicht einer heimlichen Tätigkeit nachgingen, über die nicht einmal der offizielle Chronist unterrichtet war? Oder hatte man Fulcher verboten, über gewisse Begebenheiten zu berichten? Das schien uns die glaubwürdigste Erklärung zu sein, zumal sich den Rittern bald zwei erlauchte Edelleute zugesellten, deren Anwesenheit unmöglich verborgen bleiben konnte.

Wilhelm von Tyrus zufolge wurde der Templerorden 1119 gegründet, bestand ursprünglich aus neun Rittern und nahm neun Jahre lang keine neuen Mitglieder auf. Dennoch ist belegt, daß Graf Fulko von Anjou — der Vater Gottfrieds V. Plantagenet — 1120 und der Graf von der Champagne — einer der reichsten Männer Europas jener Zeit —

1124 dem Orden beitraten. Irrt Wilhelm von Tyrus also, wenn er sagt, neun Jahre lang seien keine neuen Ritter aufgenommen worden? Oder hat er vielleicht doch recht, irrt sich aber im Gründungsjahr? Wenn der Graf von Anjou 1120 Tempelritter wurde und der Orden für den genannten Zeitraum nach seiner Gründung den Kreis der Brüder nicht erweiterte, dann müßte sie nicht 1118/19, sondern spätestens 1111 oder 1112 stattgefunden haben.

Für diese Annahme sprechen recht überzeugende Beweise. So beabsichtigte der Graf von der Champagne im Jahre 1114, eine Fahrt ins Heilige Land zu unternehmen. Kurz vor seiner Abreise erhielt er einen Brief des Bischofs von Chartres, in dem es unter anderem heißt: »Wir haben erfahren, daß Ihr vor Eurem Aufbruch nach Jerusalem gelobt habt, Euch der *militia Christi* anzuschließen, daß Ihr dieser dem Geist der Heiligen Schrift verpflichteten Kriegerschaft beizutreten wünscht.«[27] *Militia Christi* war die ursprüngliche Bezeichnung für den Templerorden, die auch der heilige Bernhard verwendet. Demnach kann sich die Beitrittsabsicht des Grafen auf keine andere Institution als die der Templer beziehen. Auch den Schluß, der Graf hätte einfach Kreuzfahrer werden wollen, läßt die ausdrückliche Erwähnung des Keuschheitsgelübdes nicht zu, das von gewöhnlichen Kreuzrittern nicht verlangt wurde. Folglich geht aus dem Schreiben des Bischofs klar und deutlich hervor, daß der Templerorden schon 1114 bestand beziehungsweise seine Gründung zumindest geplant war. Ein Historiker, der auf diesen Brief gestoßen war, gelangte zu dem überraschenden Ergebnis, der Bischof könne seine Worte nicht ernstgemeint haben.[28] Da der Orden erst 1118/19 gegründet worden sei, könne er sich unmöglich auf ihn bezogen haben. Möglicherweise sei dem Briefschreiber ein Fehler bei der Datierung seines Schreibens unterlaufen? Leider starb der Bischof im Jahre 1115. Wie hätte er also ein Jahr zuvor (1114) »versehentlich« etwas erwähnen können, das noch gar nicht existierte? Diese Frage läßt ganz offensichtlich nur eine einzige Antwort zu: Nicht der Bischof irrte, sondern Wilhelm von Tyrus — und mit ihm alle späteren Historiker, die in ihm eine unanfechtbare Autorität sahen.

Ein früheres Gründungsdatum braucht nicht unbedingt Zweifel in uns hervorzurufen. Andere Begebenheiten und Zufälle sollten es hingegen um so mehr tun. Zumindest drei der neun Ritter, die den Orden ins Leben riefen, einschließlich Hugo von Payens', kamen aus benachbarten Gegenden, waren miteinander verwandt und dienten ein und demselben Lehnsherrn als Vasallen. Dieser Lehnsherr war der Graf von der Champagne, der 1114 besagten Brief des Bischofs von Chartres erhielt, 1124 dem Templerorden beitrat und seinem eigenen Lehnsmann Gehorsam geloben mußte. Im Jahre 1115 stiftete er das Land, auf dem der heilige Bernhard die berühmte Zisterzienserabtei von Clairvaux errichten ließ. Anzumerken wäre an dieser Stelle nur noch, daß einer der neun Ritter der *militia Christi* André de Montbard war, ein Onkel Bernhards.

Eine weitere Denkwürdigkeit bildet die von dem berühmten Rabbi Raschi (1040–1105) gegründete Schule für talmudische und esoterische Studien, die seit 1070 am Hofe des Grafen von der Champagne bestand. Und auf der Synode von Troyes erfolgte 1128 die offizielle Anerkennung des Templerordens, für den die Stadt in den folgenden zwei Jahrhunderten sozusagen den strategischen Mittelpunkt darstellte. Nicht vergessen sei Chrétien de Troyes, der eine der ersten, wenn nicht die erste Gralsdichtung verfaßte.

In diesem Gewirr von Fakten glaubten wir, ein feines Netz von Zusammenhängen erkennen zu können, ein Schema, das nicht auf bloßem Zufall beruhte. Vorausgesetzt, ein solcher innerer Zusammenhang existierte, würde er unseren Verdacht nur bestätigen, daß die Templer in geheimnisvolle Angelegenheiten verwickelt waren. Dennoch konnten wir darüber nur Spekulationen anstellen. Einen ersten Anhaltspunkt für unsere Überlegungen bot uns die Unterkunft der Ordensritter im Flügel des königlichen Palastes (Tempelberg), der ihnen aus unerklärlichen Gründen zur Verfügung gestellt worden war. Dort hatte bis zum Jahre 70 nach Christus der Tempel des Herodes gestanden, der von den römischen Legionen unter Titus zerstört und dessen Schätze nach Rom gebracht worden waren. War aber womöglich in diesem Tempel etwas noch viel Wertvolleres versteckt gehalten worden als die von den Römern erbeuteten Gegenstände? Es wäre durchaus möglich, daß die Priester, als sie die römischen Soldaten in die Heiligtümer vordringen sahen, diesen die Beute zurückließen, die vorzufinden sie erwarteten. Anderes, Wichtigeres konnte leicht in der Nähe versteckt werden — zum Beispiel unterhalb des Tempels.

Von den in Qumrān gefundenen Schriftrollen wurde eine an der Universität Manchester 1955/56 entziffert. Dabei stellte sich heraus, daß sie genaue Angaben über große Mengen von Gold- und Silberbarren, heilige Gefäße und Schalen sowie nicht näher bezeichnete weitere Wertgegenstände und einen »Schatz« enthält. Auch werden vierundzwanzig verschiedene Stellen direkt unter dem Tempel angegeben, an denen alles vergraben wurde.[29]

Ein um die Mitte des zwölften Jahrhunderts aus dem Heiligen Land zurückkehrender Pilger berichtete, er habe unter anderem auch »Salomons Pferdeställe« besichtigt. Diese Ställe, die direkt unter dem Tempel gelegen sind, seien groß genug gewesen, so der Pilger, um zweitausend Pferde aufzunehmen, und wurden auch von den Templern in dieser Weise genutzt. Daneben dürften sie aber seit den Gründungstagen ihres Ordens eifrig mit Ausgrabungen unter dem Tempel beschäftigt gewesen sein. Derartige Grabungen könnten darauf hinweisen, daß die Ritter nach etwas Bestimmtem suchten. Es wäre sogar vorstellbar, daß sie mit dem ausdrücklichen Befehl ins Heilige Land geschickt worden waren, fündig zu werden. Angenommen, diese Vermutungen träfen zu, könnten sie verschiedene Ungereimtheiten erklären helfen – zum Beispiel die Aufnahme der Templer in den Königspalast oder das Stillschweigen des Chronisten. Doch wenn sie nach Palästina geschickt worden waren, wer hatte ihnen den Auftrag hierzu erteilt?

Im Jahre 1104 war der Graf von der Champagne mit einigen Mitgliedern des Hochadels zusammengekommen, unter denen sich zumindest einer befand, der gerade aus Jerusalem zurückgekehrt war.[30] Bei diesem Geheimtreffen waren Vertreter einflußreicher Familien – Brienne, Joinville und Chaumont – anwesend, die, wie sich später noch herausstellen sollte, eine wichtige Rolle in unserer Geschichte spielten. Außerdem war der Lehnsherr André de Montbards mit von der Runde.

Kurze Zeit nach dieser geheimen Versammlung reiste der Graf von der Champagne selbst ins Heilige Land, hielt sich vier Jahre dort auf und kehrte 1108 zurück. In der Absicht, sich der *militia Christi* anzuschließen, unternahm er 1114 eine zweite Reise nach Jerusalem, änderte dann jedoch seine Pläne und kam schon ein Jahr später wieder nach Europa zurück. Unmittelbar nach seiner Rückkehr überschrieb er, wie oben bereits geschildert, Land an den Zisterzienserorden, auf dem der heilige Bernhard die Abtei Clairvaux errichten ließ.

Der Zisterzienserorden, der um 1112 noch knapp vor dem geistigen und finanziellen Ruin gestanden hatte, machte unter Bernhards Führung eine in jeder Hinsicht erstaunliche Wandlung durch. In den darauffolgenden Jahren entstand ein halbes Dutzend neuer Abteien; 1153 zählte man schon mehr als dreihundert, von denen Bernhard

5 Jerusalem: der Tempelbezirk und der Berg Zion in der Mitte des 12. Jahrhunderts

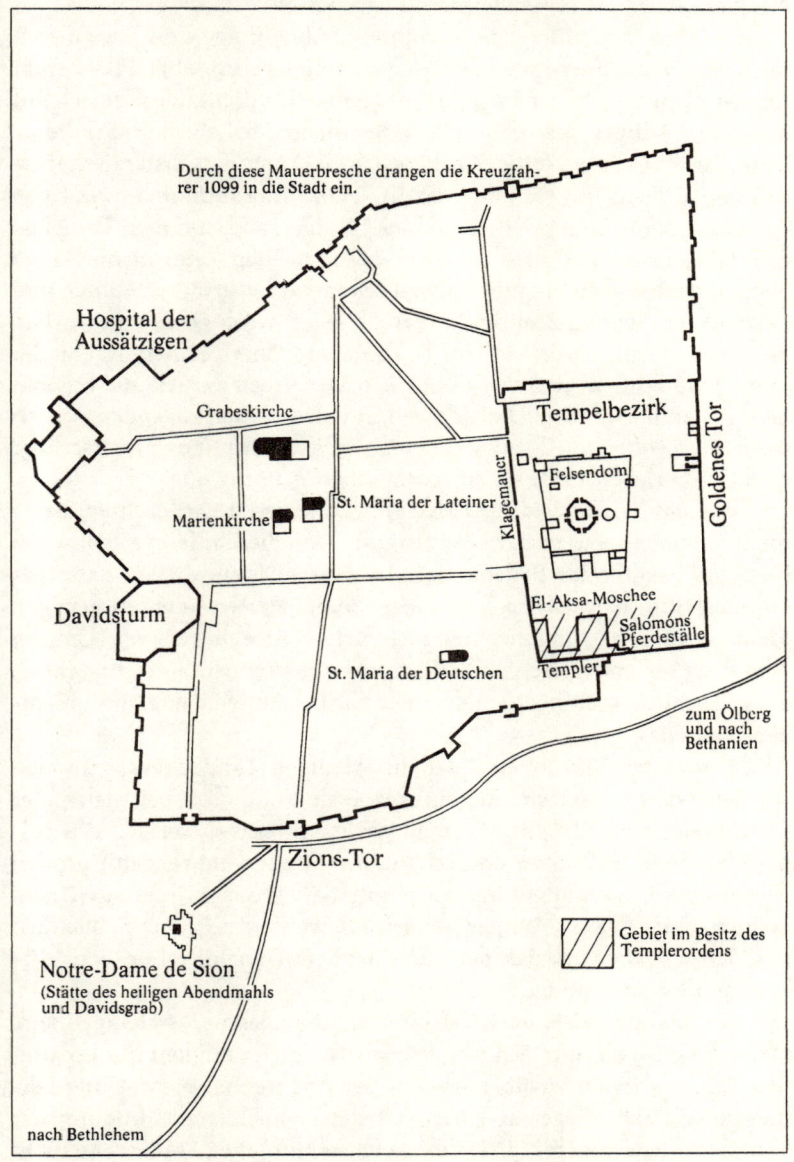

Durch diese Mauerbresche drangen die Kreuzfahrer 1099 in die Stadt ein.

Hospital der Aussätzigen

Grabeskirche

Tempelbezirk

Goldenes Tor

Felsendom

Klagemauer

Marienkirche

St. Maria der Lateiner

Davidsturm

El-Aksa-Moschee

Salomons Pferdeställe

St. Maria der Deutschen

Templer

zum Ölberg und nach Bethanien

Zions-Tor

Gebiet im Besitz des Templerordens

Notre-Dame de Sion
(Stätte des heiligen Abendmahls und Davidsgrab)

nach Bethlehem

allein neunundsechzig selbst gegründet hatte. Dieses Wachstum stand in seinem Tempo dem des Templerordens in nichts nach, der im gleichen Zeitraum ebenfalls kräftig expandierte.

Es lohnt der Mühe, diese komplizierte Abfolge von Ereignissen noch einmal genauer unter die Lupe zu nehmen. Im Jahre 1104 begibt sich der Graf von der Champagne ins Heilige Land, nachdem er sich mit mehreren Adligen getroffen hat, unter ihnen der Lehnsherr André de Montbards. Dessen Neffe Bernhard tritt 1112 in den Zisterzienserorden ein (Cîteaux). Zwei Jahre darauf, 1114, unternimmt der Graf von der Champagne eine zweite Fahrt ins Heilige Land, um dem Templerorden beizutreten. Dieser ist von seinem eigenen Lehnsmann (Hugo von Payens) zusammen mit André de Montbard gegründet worden und existiert zu diesem Zeitpunkt bereits oder wird gerade ins Leben gerufen, wie aus dem Brief des Bischofs von Chartres hervorgeht. Im Jahre 1115 schließlich kehrt der Graf nach Europa zurück und schenkt den Zisterziensern ein Stück Land. In den darauffolgenden Jahren werden sowohl die Zisterzienser als auch die Templer unvorstellbar reich und erleben beide einen stürmischen Aufschwung.

Je länger wir über diese Folge von Ereignissen nachdachten, desto mehr gelangten wir zu der Überzeugung, daß diesem feingesponnenen Netz ein bestimmtes Schema zugrunde liegen mußte. Wir hatten es offenbar mit den Überresten eines komplizierten und ehrgeizigen Planes zu tun, der im einzelnen nicht erhalten geblieben war. Um ihn detailliert rekonstruieren zu können, entwickelten wir eine Hypothese, ein »Szenario« sozusagen, in dem wir alle bekannten Fakten unterbringen wollten.

Wir gingen davon aus, daß im Heiligen Land etwas gefunden worden war, etwas von ungeheurer Bedeutung, das bei vielen der einflußreichsten Edelleute Europas großes Interesse weckte. Wir folgerten weiter, daß diese Entdeckung direkt oder indirekt mit großen Reichtümern zusammenhing sowie mit Geheimnissen, die nur einem kleinen Kreis hoher Adliger anvertraut werden durften. Schließlich nahmen wir auch an, daß der Fund bei dem Geheimtreffen von 1104 zur Sprache gekommen war.

Kurz darauf reiste der Graf von der Champagne ins Heilige Land, vielleicht deshalb, um sich persönlich von der Richtigkeit der erhaltenen Informationen zu überzeugen oder um irgendwelche Unternehmungen in die Wege zu leiten, zu denen auch die Gründung des Templerordens gehörte. Wie dem auch sei, im Jahre 1114, wenn nicht schon früher, war der Orden gegründet worden, woran der Graf maßgeblichen Anteil hatte. Nur ein Jahr später flossen bereits Gelder nach Europa, und zwar in die Schatzkammern der Zisterzienser, die, mit dem heiligen Bernhard an der Spitze, aus ihrer neugewonnenen Position der Stärke heraus den aufstrebenden Templerorden unterstützten und ihm Glaubwürdigkeit verliehen.

Bernhard von Clairvaux, Hugo von Payens, André de Montbard und der Graf von der Champagne — diese vier Männer bilden ein wichtiges Glied in der Beweiskette. Gleich Eisbergen ragen sie aus dem Meer der Geschichte und lassen vage die Strukturen eines wohlgehüteten und gutdurchdachten Geheimplanes erkennen. Natürlich kann ein solcher Plan, sollte er tatsächlich existiert haben, nicht vier Männern allein zugeschrieben werden. Vielmehr waren sie wohl auf die Hilfe anderer angewiesen sowie auf ein hohes Maß an sorgfältiger Organisation. Organisation — das könnte überhaupt der Schlüssel zu dem gesamten Komplex sein. Denn wenn unsere Hypothese stimmte, dann mußte diese Organisation selbst die Ausmaße eines Ordens angenommen haben, eines dritten und geheimen Ordens, der im Hintergrund der beiden bekannten und dokumentarisch belegten Orden der Zisterzienser und der Tempelritter stand. Beweise für die Existenz dieses dritten Ordens ließen nicht lange auf sich warten.

Zunächst richteten wir aber unser Augenmerk besonders auf den hypothetischen »Fund« im Heiligen Land, der die etwas schwankende Basis für unser »Szenario« abgab. Um was konnte es sich dabei gehandelt haben? Welches Geheimnis verband die Templer mit Bernhard von Clairvaux und dem Grafen von der Champagne? Nicht einmal das schreckliche Ende dieses Ordens veranlaßte sie preiszugeben, wo sich ihr Schatz befand und woraus er bestand. Sie ließen keinerlei Dokumente zurück. Hätte es sich um einen rein materiellen Schatz gehandelt — in Form von Goldbarren zum Beispiel —, hätten nicht alle Aufzeichnungen, Unterlagen und Archive versteckt beziehungsweise vernichtet zu werden brauchen. Die Vermutung liegt also nahe, daß die Templer etwas ganz anderes wie ihren Augapfel hüteten, ein Geheimnis, das sie sich selbst durch die Folter nicht entreißen ließen. Dieses Geheimnis mußte mit anderen Dingen verknüpft gewesen sein — etwa mit der Einstellung des Ordens zu Christus.

Am 13. Oktober 1307 wurden sämtliche Templer in ganz Frankreich von den Seneschallen Philipps des Schönen verhaftet. Eine simple Feststellung, die dennoch nicht ganz den Tatsachen entspricht. Zumindest die Ritter eines Ordenshauses schlüpften ohne weiteres durch die engen Maschen des königlichen Netzes: die des Ordenshauses auf dem Bézu unweit von Rennes-le-Château. Wie und warum konnten gerade sie entkommen? Um diese Frage zu beantworten, mußten wir die Ordensaktivitäten in der Gegend um den Bézu genauer untersuchen. Dabei stellte sich heraus, daß diese überaus umfangreich gewesen waren, denn in einem Gebiet von ungefähr zweiundfünfzig Quadratkilometern Größe hatte es immerhin sechs Niederlassungen gegeben.

Bertrand de Blanchefort, ein Adliger aus dem Languedoc, der mit den Katharern sympathisierte, wurde 1153 der vierte Großmeister des Templerordens. Er, der sein Amt bis 1170 ausübte, war unter allen Großmeistern wohl einer der bedeutendsten. Der innere Aufbau des Ordens und sein Verwaltungsapparat hatten sich bei seinem Amtsantritt in einem mehr oder weniger desolaten Zustand befunden. Erst Bertrand machte den Orden zu einer ausgezeichnet funktionierenden, gut organisierten und überaus disziplinierten hierarchischen Institution. Er war es, der das Engagement der Tempelritter auf den Gebieten der hohen Diplomatie und der Politik vorantrieb. Zuverlässigen Quellen zufolge hieß Bertrands Mentor – möglicherweise auch sein direkter Vorgänger im Amt des Großmeisters – André de Montbard.

Bertrand war dem neuen geistlichen Ritterorden nur wenige Jahre nach dessen Gründung beigetreten. Gleichzeitig überschrieb er ihm Landbesitz in der Umgebung von Rennes-le-Château und vom Bézu. 1156, zu seiner Zeit als Großmeister also, soll auf Veranlassung des Ordens eine Gruppe deutschsprachiger Bergleute ins Languedoc geholt worden sein, die einer strengen, militärähnlichen Disziplin unterworfen wurden. Darüber hinaus war es ihnen verboten, mit der einheimischen Bevölkerung zu fraternisieren. Angeblich bestand ihre Aufgabe darin, in den Minen an den Hängen bei Blanchefort Gold abzubauen. Allerdings hatten die Römer diese Goldminen bereits tausend Jahre zuvor vollständig ausgebeutet.[31]

Im siebzehnten Jahrhundert wurden Ingenieure mit der Untersuchung der mineralogischen Lagerstätten um Rennes-le-Château beauftragt, über deren Ergebnisse sie detaillierte Berichte vorzulegen hatten. Einer von ihnen, der Ingenieur César d'Arcons, war auf Spuren der Tätigkeit der deutschen Bergleute gestoßen. Danach erklärte er in seinem Bericht, seiner Ansicht nach hätten die Bergleute seinerzeit nichts abgebaut.[32] Was also hatten sie dort getan? César d'Arcons war sich nicht ganz sicher: Eisenerz eingeschmolzen oder verhüttet, Gegenstände aus Metall gefertigt, vielleicht sogar eine unterirdische Gruft ausgehoben und eine Art Safe angelegt.

Wie immer die Antwort auf dieses Rätsel lauten mag, fest steht, daß sich schon um die Mitte des zwölften Jahrhunderts Tempelritter in der Nähe von Rennes-le-Château aufgehalten haben. Nur wenige Kilometer vom Bézu entfernt, in Campagne-sur-Aude, bestand um 1285 ein größeres Ordenshaus. Trotzdem ließ Pierre de Voisins, Herr von Bézu und Rennes-le-Château, gegen Ende des dreizehnten Jahrhunderts eine Reihe von Templern aus der damals zu Aragón gehörenden Provinz Roussillon kommen.[33] Diese schlugen auf dem Gipfel des Bézu ihr Lager auf und errichteten dort einen Ausguck sowie eine Kapelle. Offiziell waren die Tempelritter angefordert und auf der Bergspitze postiert worden, um für die Sicherheit der Region zu sorgen und die Pilgerstraße zu schützen, die durch das Tal nach Santiago de Compostela in Spanien führte. Unklar bleibt jedoch, wozu diese Ritter in Wirklichkeit gebraucht wurden. Zum einen war ihre Zahl zu gering, um irgend etwas Entscheidendes ausrichten zu können; zum anderen standen genügend Tempelritter in der Umgebung von Rennes-le-Château zur Verfügung. Aus welchem Grund also beorderte Pierre de Voisins eine Extraabteilung von Ordensbrüdern aus dem Roussillon in seinen Herrschaftsbereich? Die Einheimischen vermuteten, sie seien gekommen, um zu spionieren beziehungsweise um einen nicht näher bekannten Schatz zu heben oder zu vergraben oder zu bewachen.

Worin ihre geheimnisvolle Mission auch immer bestanden haben mag, sie erfreuten sich offenbar besonderer Vorrechte. Denn unter allen Tempelrittern Frankreichs entgingen sie dem Schicksal ihrer Brüder, von den Seneschallen Philipps des Schönen ergriffen und inhaftiert zu werden. An jenem 13. Oktober 1307 befehligte nämlich ein Seigneur de Got die Templer auf dem Bézu.[34] Derselben Familie entstammte übrigens auch Bertrand de Got – der frühere Erzbischof von Bordeaux und zu diesem Zeitpunkt amtierende Papst Klemens V. Mehr noch: Die Mutter des Papstes hieß Ida de Blanchefort und war mit Bertrand de Blanchefort verwandt. War Klemens V. also Mitwisser eines Geheimnisses, das man der Obhut seiner Familie anvertraut hatte und das die Blancheforts bis zum achtzehnten Jahrhundert hüteten, als der Abbé Antoine Bigou, Curé von Rennes-le-Château und Beichtvater Marie de Blancheforts, jene Pergamente verfaßte, die Saunière fand? Traf diese Annahme zu, dann erschien es uns nicht als abwegig, daß der Papst beim französischen König Schonung für seinen Verwandten und die restlichen Templer auf dem Bézu erwirkt hatte.

Wir sahen uns mit einer ganzen Reihe von Zufällen konfrontiert, die uns aber aufgrund ihrer Häufigkeit gar nicht mehr so zufällig erscheinen wollten. Hatten wir es nicht eher mit einem weitverzweigten, doch planmäßig angelegten Geflecht von Zusammenhängen zu tun? Wenn ja, wer war dessen Urheber? Ein dermaßen vielschichtiges Denkmodell entsteht schließlich nicht von allein. Das uns vorliegende Material verriet derart sorgfältig ausgearbeitete Planung und Organisation, daß wir immer mehr zu der Ansicht gelangten, hinter den Kulissen müsse eine bestimmte Gruppe von Personen, möglicherweise eine Art Orden, am Werk gewesen sein. Nach einer Bestätigung für die Existenz eines solchen Ordens brauchten wir nicht lange zu suchen; sie drängte sich uns geradezu auf.

4. GEHEIME DOKUMENTE

Die Bestätigung unserer Hypothese, hinter Tempelrittern und Zisterziensern verberge sich noch ein weiterer Orden, wollten wir zuerst nicht so recht ernst nehmen. Schienen uns doch unsere Informationsquellen in ihren Angaben allzu ungenau und unzuverlässig zu sein.

Ab 1956 setzte in Frankreich eine wahre Flut von Veröffentlichungen über Bérenger Saunière und das Rätsel von Rennes-le-Château ein − Bücher, Zeitschriftenartikel, Broschüren und Dokumentationen −, die im Laufe der Jahre beständig angeschwollen und bis heute nicht verebbt ist. Diese unüberschaubare Menge an Literatur, vom Kosten- und Arbeitsaufwand für Produktion und Verteilung einmal ganz abgesehen, läßt auf Vorgänge von größter Bedeutung, wenngleich noch ungeklärter Tragweite schließen.

Daß Saunières Geschichte zahlreiche Freizeitforscher auf den Plan gerufen hat, die sich alle mit eigenen Publikationen hervortaten, ist nicht weiter verwunderlich. Stutzig macht eher die Beobachtung, daß das Originalmaterial einer einzigen Quelle zu entstammen scheint. Irgend jemand hat offenbar großes Interesse daran, Rennes-le-Château zu »propagieren«, die öffentliche Aufmerksamkeit auf es zu lenken und mit Hilfe der gewonnenen Publicity neue Nachforschungen zu veranlassen. Finanzielle Interessen scheinen der oder die Drahtzieher dabei nicht zu verfolgen. Es sieht − ganz im Gegenteil − nach einer Art von

Propaganda aus, die bestimmte Dinge in einem glaubwürdigeren Licht erscheinen lassen will. Wer immer die Verantwortlichen für diese Propaganda auch sein mögen, es ist ihnen gelungen, gewisse Details ins Rampenlicht der Aufmerksamkeit zu rücken, während sie ängstlich darauf bedacht waren, selbst im Hintergrund zu bleiben.

Seit 1956 ist nach und nach eine Menge einschlägigen Materials entweder systematisch oder auf Umwegen an die Öffentlichkeit gebracht worden. Die meisten dieser Informationsfetzen erwecken – mehr oder minder absichtlich – den Eindruck, sie stammten aus »wohlunterrichteten« Kreisen. Dabei ist ihr Neuigkeitswert zumeist so beschaffen, daß bereits Bekanntes ergänzt und gleichzeitig ein weiteres Steinchen in das große Puzzlespiel eingefügt wird. Sinn und Bedeutung dieses Spiels sind dadurch keineswegs klarer geworden. Vielmehr hat jeder neue Baustein das Seine dazu beigetragen, das Rätsel noch geheimnisvoller zu machen, als es ohnehin schon war. Mittlerweile ist es zu einem unübersehbaren Wirrwarr aus vielsagenden Anspielungen, zum Widerspruch verlockenden Andeutungen und suggestiven Querverweisen geworden. Die Allgegenwärtigkeit des Geheimnisses im Hintergrund wird dadurch nicht berührt, eines Geheimnisses von ungeahnter Tragweite und höchster Brisanz.

Ein Großteil des seit 1956 veröffentlichten Materials findet sich in Büchern von unterschiedlicher Qualität und Aufmachung, von denen einige populär geschriebene sogar zu Bestsellern wurden. Gérard de Sède hat eine ganze Reihe von Büchern über scheinbar so divergierende Themen wie Katharer, Tempelritter, Merowinger, Rosenkreuzer, Saunière und Rennes-le-Château geschrieben. In seinen Werken schlägt er häufig schelmische, spröde, bewußt mystifizierende und kokett ausweichende Töne an, die dem Leser den Eindruck vermitteln, der Autor wisse eigentlich mehr, als er ihm mitteilt – möglicherweise ein Kunstgriff de Sèdes, um zu verbergen, daß er gar nicht so viel weiß, wie er zu wissen vorgibt. Aber seine Bücher enthalten genügend nachprüfbare Einzelheiten, um eine Verbindung zwischen den einzelnen, von ihm behandelten Themen herzustellen.

Gleichzeitig wurden wir den Verdacht nicht mehr los, daß sich de Sède des öfteren auf Informationen bezieht, die ihm von einem Gewährsmann zur Verfügung gestellt wurden, was er auch mehr oder weniger unumwunden bestätigt hat. Rein zufällig brachten wir 1971 in Erfahrung, um wen es sich bei diesem Informanten handelt. Als wir nämlich unseren ersten BBC-Film über Rennes-le-Château (*The Lost*

Treasure of Jerusalem?) in Angriff nahmen, schrieben wir an de Sèdes
Verleger in Paris und baten ihn, uns diverses Bildmaterial für einige
Zeit zu überlassen. Umgehend erhielten wir die gewünschten Fotos,
von denen jedes einzelne auf der Rückseite mit dem Namen »Plantard«
gestempelt war. Dieser Name sagte uns damals noch nichts. Erst
allmählich fanden wir heraus, daß eben dieser Pierre Plantard bei
mehreren von de Sèdes Büchern mitgewirkt hatte. Und schließlich
entpuppte er sich als eine der tragenden Gestalten unserer Nachforschungen.

Nicht alle der seit 1956 erschienenen Schriften bedienten sich einer
so populären und eingängigen Darstellungsweise wie de Sède in seinen
Werken. Andere Autoren bereiteten ihre Informationen zum Beispiel
in gewichtigen, trockenen und wissenschaftlichen Ansprüchen genü-
genden Büchern auf, die de Sèdes journalistischer Betrachtungsweise
diametral entgegengesetzt sind. Eine dieser Publikationen stammt von
René Descadeillas, dem früheren Leiter der Städtischen Bibliothek von
Carcassonne. Das vollkommen unprätentiös daherkommende Buch,
das sich mit der Geschichte von Rennes-le-Château und seiner Umgebung beschäftigt, bietet eine Fülle von Daten über das soziale und
wirtschaftliche Leben der Gemeinde. Ausgewertet wurden vom Autor
die Geburten, Todesfälle, Eheschließungen, Einkünfte, Steuern und
öffentlichen Bauvorhaben der Jahre 1730 bis 1820.[1] Alles in allem
gesehen, könnte sich dieser Band nicht grundlegender von den in
Massenauflagen erscheinenden Büchern de Sèdes unterscheiden.

Daneben sind auch viele Artikel in Zeitungen und Zeitschriften
sowie Interviews mit verschiedenen Leuten veröffentlicht worden, die
alle behaupten, mit dem einen oder anderen Aspekt des Geheimnisses
vertraut zu sein. Ohne Zweifel am interessantesten sind jedoch die in
Dokumentationen und Broschüren ausgebreiteten Informationen. Der
größte Teil dieses Schrifttums, das meistens nur als Privatdrucke in
kleinen Auflagen erscheint und keinen größeren Leserkreis anspricht,
ist von der Bibliothèque Nationale in Paris archiviert worden. Diese auf
zum Teil billigste Weise hergestellten Dokumentationen und Broschüren erwecken – mehr noch als die von den Verlagen auf den Markt
geworfenen Bücher – den Eindruck, von ein und derselben Informa-
tionsquelle gespeist zu werden. Mit Hilfe von kryptischen Randbemer-
kungen und Fußnoten zu Saunière, Rennes-le-Château, Poussin, den
Merowingern usw. bestätigen, ergänzen oder korrigieren die jeweiligen
Autoren die Ausführungen anderer. Häufig verbergen sich die Urheber

dieser Produkte hinter zum Teil durchsichtigen, bisweilen aber auch scharfsinnigen Pseudonymen wie: Madeleine Blancassal, Nicolas Beaucéan, Jean Delaude oder Antoine l'Ermite. »Madeleine« bezieht sich natürlich auf Maria Magdalena, der die Kirche von Rennes-le-Château geweiht ist und nach der Saunière seinen »Bücherturm«, die Tour Magdala, benannt hat. »Blancassal« setzt sich aus dem Namen zweier Flüsse zusammen (Blanque und Sals), die bei Rennes-les-Bains ineinander münden. »Beaucéan« ist eine Verballhornung von »Beauséant«, dem alten Schlachtruf der Tempelritter. »Jean Delaude« steht für »Jean de l'Aude«, Jean aus dem Departement Aude, in dem Rennes-le-Château liegt. Und mit »Antoine l'Ermite« ist Antonius der Große gemeint, der Einsiedler in Ägypten, dessen Statue die Kirche von Rennes-le-Château ziert. Sein Gedenktag ist der 17. Januar − ein Datum, das sowohl im Leben von Marie de Blanchefort als auch von Bérenger Saunière eine Rolle spielte, wie wir bereits gehört haben.

Das Madeleine Blancassal zugeschriebene Werk trägt den Titel *Les descendants mérovingiens et l'énigme du Razès Wisigoth* (Die Nachkommen der Merowinger und das Rätsel des westgotischen Razès). Im Mittelalter hieß eine Grafschaft südlich von Carcassonne Razès. Der Titelseite ist zu entnehmen, daß das Buch ursprünglich in deutscher Sprache veröffentlicht worden war und von Walter Celse-Nazaire ins Französische übertragen wurde. (Bei dem Nachnamen handelt es sich ebenfalls um ein Pseudonym, das aus den Namen der beiden Heiligen Celsus und Nazarius gebildet wurde, denen die Kirche von Rennes-les-Bains geweiht ist.) Verlegt wurde der Band von der Schweizer Großloge Alpina. Da uns nicht ganz einleuchtete, warum eine Freimaurerloge sich für das Geheimnis um einen undurchsichtigen Pfarrer des neunzehnten Jahrhunderts und für die Geschichte seiner Gemeinde vor gut eineinhalb Jahrtausenden interessierte, sprachen zwei Kollegen von uns bei der Alpina vor, um Genaueres in Erfahrung zu bringen. Dort wurde ihnen erklärt, man wisse absolut nichts von dem Werk oder seiner Veröffentlichung; und das, obwohl ein anderer Forscher dagegenhielt, er habe mit eigenen Augen ein Exemplar des Werkes in der Alpina-Bibliothek gesehen.[2] Später entdeckten wir die Schweizer Großloge auch noch in den Impressen zweier anderer Broschüren.

Unter allen privat veröffentlichten Dokumentationen, die von der Bibliothèque Nationale gesammelt wurden, ist die wichtigste ein Konvolut von Papieren unter der Bezeichnung *Dossiers secrets* (Geheime Dossiers). Diese Sammlung mit der Katalognummer 4° lm¹ 249 ist mittlerweile auf Mikrofiche übertragen worden. Bis zum Zeitpunkt ihrer Verfilmung wurde sie in einer dünnen, unscheinbaren Mappe mit steifen Deckeln aufbewahrt und bestand aus einer größeren Anzahl offensichtlich zusammenhangloser Einzelstücke wie: Zeitungsausschnitten, auf Karten aufgeklebten Briefen, Broschüren, zahlreichen genealogischen Tafeln sowie losen Blättern, die aus anderen Büchern herausgerissen worden waren. Von Zeit zu Zeit verschwanden einzelne Blätter aus der Mappe und wurden durch andere ersetzt. Manche dieser Seiten enthielten handschriftlich eingefügte Zusätze und Korrekturen.

Ein Großteil der *Dossiers*, der aus Stammtafeln besteht, wird einem gewissen Henri Lobineau zugeschrieben, dessen Name auf der Titelseite erscheint. Zwei anderen, ebenfalls in der Mappe verwahrten Unterlagen ist jedoch zu entnehmen, daß auch der Name Henri Lobineau ein Pseudonym ist (vielleicht abgeleitet von der Rue Lobineau in der Nähe der Kirche Saint-Sulpice in Paris) und daß die Genealogien in Wahrheit von einem österreichischen Historiker und Antiquar namens Leo Schidlof erstellt wurden, der in der Schweiz gelebt haben soll und 1966 starb.

1978 gelang es uns, Leo Schidlofs Tochter in England ausfindig zu machen. Ihr Vater sei tatsächlich Österreicher gewesen, erklärte sie. Allerdings habe er weder als Ahnenforscher noch als Historiker, noch als Antiquar gearbeitet, sondern mit Miniaturen gehandelt und über dieses Thema auch zwei Bücher geschrieben. 1948 habe er sich in London niedergelassen und dort bis zu seinem Tod in Wien im Jahre 1966 gelebt.

Miss Schidlof versicherte mit allem Nachdruck, ihr Vater habe sich weder für Stammbäume noch für die Merowinger oder irgendwelche obskuren Vorgänge in Südfrankreich interessiert. Offenbar gebe es aber verschiedene Leute, die das einfach nicht glauben wollten. In den sechziger Jahren habe ihr Vater zum Beispiel zahllose Briefe und Telefonanrufe von Unbekannten aus Europa und den Vereinigten Staaten erhalten, die ihn besuchen und Dinge mit ihm besprechen wollten, von denen er absolut keine Ahnung gehabt hätte. Nach seinem Tod im Jahre 1966 seien wiederum Berge von Briefen eingetroffen, in den meisten Fällen Anfragen nach seinen hinterlassenen Unterlagen.

Die seltsame Affäre, in die Miss Schidlofs Vater ohne eigenes Zutun geraten war, schien in Amerika empfindlich vermerkt worden zu sein. Denn als Leo Schidlof 1946, ein Jahrzehnt vor dem angeblichen Erscheinungstermin der *Dossiers secrets*, ein Einreisevisum für die

Vereinigten Staaten beantragte, wurde ihm dies wegen Verdachts auf Spionage oder sonstige geheimdienstliche Tätigkeit verweigert. Schließlich scheint die Angelegenheit aber in Ordnung gebracht worden zu sein, und Leo Schidlof erhielt sein Visum. Vielleicht war das Ganze nur auf eine Verwechslung zurückzuführen, wie sie Bürokraten nicht selten unterläuft. Miss Schidlof war jedoch fest davon überzeugt, daß dieser Vorgang in irgendeiner Weise mit den heimlichen Aktivitäten zusammenhing, derer man ihren Vater immer wieder verdächtigte.

Miss Schidlofs Geschichte veranlaßte uns, eine Denkpause einzulegen. Die Verweigerung des Einreisevisums war wohl doch kein Zufall gewesen, denn in den *Dossiers secrets* fanden sich Hinweise, die Leo Schidlofs Namen mit internationaler Spionagetätigkeit in Verbindung brachten. Unterdessen war in Paris eine neue Broschüre veröffentlicht worden, deren Inhalt in den nächsten Monaten durch andere Quellen bestätigt wurde und derzufolge das Pseudonym Henri Lobineau keineswegs für Leo Schidlof stand, sondern für einen französischen Adligen bester Herkunft: für Graf Henri de Lénoncourt.

Die Frage der wahren Identität Lobineaus war nicht das einzige Rätsel im Zusammenhang mit den *Dossiers secrets*. So fanden wir unter anderem auch eine Notiz, in der von »Leo Schidlofs lederner Aktentasche« die Rede war. Diese Aktentasche enthielt angeblich mehrere Geheimdokumente zur Geschichte Rennes-le-Châteaus zwischen 1600 und 1800. Kurz nach Schidlofs Tod, so hieß es, sei die Aktentasche in die Hände eines Kuriers gelangt, eines gewissen Fakhar ul-Islam, der sich im Februar 1967 in Ostdeutschland mit einem »Agenten aus Genf« treffen und sie ihm übergeben sollte. Bevor die Transaktion jedoch stattfinden konnte, wurde Fakhar ul-Islam aus der DDR ausgewiesen und kehrte nach Paris zurück, »um weitere Instruktionen abzuwarten«. Am 20. Februar 1967 fand man seine Leiche am Bahnkörper bei Melun; er war aus dem fahrenden Schnellzug Paris — Genf hinausgestoßen worden. Die Aktentasche blieb verschwunden.

Die französischen Zeitungen berichteten in ihren Ausgaben vom 21. Februar ausführlich über den Fall, erwähnten aber weder den Namen Leo Schidlofs noch die lederne Aktentasche, noch irgend etwas sonst, das einen Zusammenhang mit dem Geheimnis von Rennes-le-Château hergestellt hätte.[3] Daraus ergaben sich für uns gleich mehrere Fragen. Auf der einen Seite war es durchaus möglich, daß Fakhar ul-Islams Tod etwas mit Rennes-le-Château zu tun hatte und die Notiz in den *Dossiers secrets* auf einer »Insider-Information« beruhte, die den

81

Zeitungen nicht zugänglich war. Andererseits konnte diese Notiz auch eine bewußte Irreführung darstellen. Doch wenn dem so war, welche Absicht steckte dahinter? Warum sollte jemand vorsätzlich einen Dunstkreis von Intrigen um Rennes-le-Château legen wollen? Was ließ sich dadurch erreichen? Und für wen?

Diese Fragen verwirrten uns um so mehr, als der Tod Fakhar ul-Islams kein Einzelfall blieb, wie sich noch herausstellen sollte. Kaum einen Monat später wurde erneut ein Privatdruck in die Bestände der Bibliothèque Nationale eingereiht. Der schmale Band hieß *Le serpent rouge* (Die rote Schlange) und war — symbolhaft und bedeutungsvoll — mit dem Datum des 17. Januar versehen. Die Titelseite nannte drei Autoren: Pierre Feugère, Louis Saint-Maxent und Gaston de Koker.

Le serpent rouge ist ein Werk besonderer Art. Es enthält eine Genealogie der Merowinger und zwei Karten des Frankenreichs unter diesem Königsgeschlecht sowie einen ergänzenden, jedoch nicht sehr ergiebigen Kommentar. Ferner enthält es einen Grundriß von Saint-Sulpice, dem die Anordnung der Kapellen zu entnehmen ist, die einzelnen Heiligen geweiht sind. In der Hauptsache besteht der Text aus dreizehn kurzen Prosagedichten von beachtlicher lyrischer Qualität. Sie umfassen jeweils nur einen Absatz, von denen jeder je einem Sternzeichen des Tierkreises zugeordnet ist — eines Tierkreises aus dreizehn Zeichen, wobei das dreizehnte, Ophiuchus (der Schlangenträger), zwischen Skorpion und Schütze eingefügt worden ist.

Die dreizehn Prosagedichte erzählen in der Ichform eine Art symbolischer oder allegorischer Pilgerfahrt, die mit dem Wassermann beginnt und mit dem Steinbock endet. Ausdrücklich wird von den Autoren darauf hingewiesen, daß der 17. Januar in das Zeichen des Steinbocks fällt. In den ansonsten recht kryptischen Texten finden sich zahlreiche Anspielungen, wie zum Beispiel auf die Familie Blanchefort, die Ausgestaltung der Kirche von Rennes-le-Château, auf einige der von Saunière dort angebrachten Inschriften, auf Poussin und sein Gemälde »Die Hirten in Arkadien« sowie auf die Grabinschrift »Et in Arcadia ego«. Und an einer Stelle ist die Rede von einer »in den Pergamenten erwähnten«, sich durch die Jahrhunderte windenden roten Schlange, worunter wohl nur eine »Blutlinie« oder Erbfolge zu verstehen ist. Der dem Tierkreiszeichen Löwe gewidmete Absatz ist in sich so voller Rätsel, daß er es verdient, an dieser Stelle ungekürzt zitiert zu werden:

»Von ihr, die zu befreien es mich verlangt, weht zu mir der süße Wohlgeruch, der die Grabstätte erfüllt. Einige nannten sie einst: ISIS, Königin aller wohltätigen Quellen. KOMMET ZU MIR ALLE, DIE IHR MÜHSELIG UND BELADEN SEID; ICH WILL EUCH ERQUICKEN. Anderen ist sie MAGDALENA von der berühmten Schale mit heilendem Balsam. Die Eingeweihten kennen ihren richtigen Namen: NOTRE-DAME DES CROSS.« [4]

Isis ist die ägyptische Muttergottheit, die Schutzherrin der Mysterien, die »Weiße Königin« in ihrer mildtätigen und die »Schwarze Königin« in ihrer mißgünstigen Erscheinungsform. Zahlreiche Wissenschaftler der verschiedensten Forschungszweige wie Mythologie, Anthropologie, Psychologie und Theologie haben den Muttergöttinnenkult der vorchristlichen Zeit untersucht und sind dabei zu dem Ergebnis gelangt, daß er im Christentum in der Gestalt der Jungfrau Maria fortlebt. Der heilige Bernhard nannte sie »Himmelskönigin«, eine Bezeichnung, die im Alten Testament auch für die Muttergottheit Astarte, das phönizische Gegenstück zu Isis, verwendet wurde. Aber nicht die Jungfrau Maria verkörperte die christliche Muttergottheit, sondern Maria Magdalena, wie dem Text in *Le serpent rouge* zu entnehmen ist. Aus welchem Grund sollte gerade Maria Magdalena als »Unsere liebe Frau« und gar als Muttergottheit verehrt werden? Nachdem Christus sie, die von sieben Teufeln besessen gewesen war, geheilt hatte, wurde sie seine Schülerin. Und da ihr der Auferstandene zuerst erschien, wird sie — vor allem in Frankreich — als Heilige verehrt, wohin sie mittelalterlichen Legenden zufolge den Heiligen Gral gebracht haben soll. Die »Schale mit heilendem Balsam« könnte dann durchaus als eine verschlüsselte Anspielung auf den Gral interpretiert werden. Maria Magdalena jedoch den üblicherweise der Jungfrau Maria vorbehaltenen Platz einzuräumen, kommt einer Häresie gleich.

Die Autoren der *Serpent rouge* — oder besser: die angeblichen Autoren — ereilte ein ebenso grauenhaftes Schicksal wie Fakhar ul-Islam zuvor. Am 6. März 1967 wurden Louis Saint-Maxent sowie Gaston de Koker und einen Tag darauf, am 7. März, Pierre Feugère erhängt aufgefunden.

Die Annahme, der Tod der drei Männer habe etwas mit der Veröffentlichung von *Le serpent rouge* zu tun, lag nahe. Doch ähnlich wie im Falle Fakhar ul-Islams war auch hier eine Erklärungsvariante nicht von der Hand zu weisen. Hatte irgend jemand den Wunsch, etwas mit einer Aura undurchdringlicher Geheimnisse zu umgeben, so ließ sich das relativ leicht bewerkstelligen. Man brauchte nur die Zeitungen durchzugehen, bis man auf einen unerklärlichen Todesfall stieß — in unserem Fall sogar auf drei. Der nächste Schritt bestand darin, die Titelseite einer selbstverfaßten Broschüre mit den Namen der Verstorbenen sowie einem vorgezogenen Datum (17. 1.) zu versehen und das Machwerk in der Bibliothèque Nationale abzugeben. Dieser Schwindel würde nicht nur den gewünschten Effekt erzielen, daß nämlich jedermann glaubte, beim Tode der Verfasser sei es nicht mit rechten Dingen zugegangen, er hätte gleichzeitig den Vorteil, daß er praktisch kaum aufzudecken war. Wozu ihn überhaupt inszenieren? Was konnte einer oder mehreren Personen an einer Atmosphäre voller Ranküne, Gewalt und Mord liegen? Bei hartnäckigen Forschern konnten derartige Tricks ohnehin nicht verfangen; die Herausforderung wäre für sie, ganz im Gegenteil, noch viel verlockender.

Lag aber gar kein Schwindel vor, so blieben immer noch verschiedene Fragen offen. Zu welcher Schlußfolgerung sollten wir zum Beispiel im Falle der drei Erhängten kommen? Daß sie Selbstmörder oder Mordopfer waren? Selbstmord erschien uns unter den gegebenen Umständen ebensowenig sinnvoll wie Mord. Mord wäre allenfalls einleuchtend, hätte man die drei an der Weitergabe brisanter Informationen hindern wollen. Aber die waren ja bereits allgemein zugänglich gemacht worden. War das Motiv für den dreifachen Mord, wenn es denn einer war, in einem Bedürfnis nach Bestrafung oder Vergeltung zu suchen? Oder sollte er lediglich dazu dienen, weitere Indiskretionen von vornherein zu unterbinden? Keiner dieser Erklärungsversuche ist sonderlich befriedigend. Wenn man sich über die Preisgabe geheimer Informationen ärgert oder weitere Enthüllungen im Keim ersticken möchte, lenkt man im allgemeinen nicht die öffentliche Aufmerksamkeit auf sich, indem man einen sensationellen dreifachen Mord begeht — es sei denn, man hat die begründete Gewißheit, daß allzu intensive Nachforschungen nicht zu erwarten sein werden.

Unsere eigenen Anstrengungen verliefen zwar weniger dramatisch, aber nicht minder verwirrend. So hatten wir unter anderem Kenntnis von dem Werk eines gewissen Antoine l'Ermite mit dem Titel *Un Trésor mérovingien à Rennes-le-Château* (Ein merowingischer Schatz in Rennes-le-Château) erhalten. Es erwies sich jedoch als ungewöhnlich schwierig, an dieses Buch, das zu den Beständen der Bibliothèque Nationale gehört, heranzukommen. Zwei Wochen lang füllten wir Tag für Tag einen entsprechenden Ausleihschein aus, der uns jedesmal mit dem Vermerk *communiqué* (nicht am Standort) zurückgegeben wurde. Schließlich baten wir einen Bibliothekar um Rat und erfuhren, daß das Buch noch für weitere drei Monate ausgeliehen sei — ein ganz und gar ungewöhnlicher Vorgang — und daß wir es nicht vorbestellen könnten.

Wieder in England hörten wir kurze Zeit später von einer Bekannten, sie wolle Ferien in Paris machen. Wir baten sie, zu versuchen, das Buch von Antoine l'Ermite auszuleihen und sich ein paar Notizen über den Inhalt zu machen. Doch alle ihre Bemühungen blieben erfolglos; sie erhielt nicht einmal ihre Ausleihscheine zurück.

Vier Monate später hielten wir uns abermals in Paris auf und unternahmen einen weiteren Versuch. Das Resultat: *communiqué*. Daraufhin verloren wir die Geduld! Kurz entschlossen machten wir uns im Katalogsaal an einen liebenswürdigen älteren Bibliothekar heran, dem wir uns als dümmliche englische Touristen mit minimalen Französischkenntnissen vorstellten. Wir erklärten ihm, daß wir ein bestimmtes Buch suchten, es aber nicht bekommen hätten — zweifellos aufgrund unser mangelhaften Kenntnis des Ausleihverkehrs.

Der Bibliothekar erklärte sich bereit, uns zu helfen, und verschwand im Magazin. Als er zurückkehrte, bat er um Entschuldigung und fügte hinzu, er könne uns leider nicht weiterhelfen, denn das Buch sei gestohlen worden — wahrscheinlich sogar von einer Landsmännin von uns. Nach einigem Drängen willigte er ein, uns ihren Namen zu nennen: Es war der unserer Bekannten!

Zurück in England, wandten wir uns an die Fernleihstelle der National Central Library in London, die sich sofort des Falls annahm. Sie schrieb an die Bibliothèque Nationale und ersuchte um eine Erklärung für diese offenbar nicht zufällige Behinderung unseres Forschungsvorhabens. Keine Antwort. Statt dessen erhielten wir kurze Zeit später eine Fotokopie des gewünschten Buches mit dem Vermerk, sie möglichst umgehend wieder zurückzugeben.

Der Text, der sich nun endlich in unseren Händen befand, erfüllte die mittlerweile hochgespannten Erwartungen in keiner Weise. Abgesehen von der Tatsache, daß im Impressum die Schweizer Großloge Alpina als Herausgeberin der Broschüre genannt wurde, erfuhren wir nichts Neues. Der Autor rekapitulierte lediglich die längst bekannte Geschichte der Grafschaft Razès, der Ortschaft Rennes-le-Château und das Leben Bérenger Saunières. Wir konnten uns einfach nicht vorstellen, aus welchem Grund uns dieses Werk so lange vorenthalten worden war. Noch mehr aber erstaunte uns der Umstand, daß es sich dabei nicht um eine Originalveröffentlichung handelte, sondern, von einigen wenigen Änderungen abgesehen, um den wortgetreuen Nachdruck eines Kapitels aus einem vielgelesenen Taschenbuch über verlorene Schätze in aller Welt. Dieser Bestseller war für ein paar Francs an jedem Zeitungskiosk erhältlich. Wer hier bei wem schamlos abgeschrieben hatte — Antoine l'Ermite beim Herausgeber des Taschenbuchs oder umgekehrt — konnten und wollten wir nicht herausfinden.

Solche Vorkommnisse sind typisch für das Klima der Täuschung und Irreführung, in dem seit 1956 das Material in Frankreich bruchstückhaft ans Tageslicht gelangt: Plausibel klingende Namen erweisen sich als Pseudonyme; Anschriften, einschließlich derer von Verlagshäusern und Organisationen, sind fingiert; manche Texte verweisen auf Bücher, die unseres Wissens kein Mensch je zu Gesicht bekommen hat; archivierte Unterlagen verschwinden, werden abgeändert oder ausgetauscht. Zuweilen fühlt man sich an einen großangelegten Schabernack erinnert. Wer immer diesen Schabernack ersonnen haben mag, scheut keine Mittel und Wege, ihn ins Werk zu setzen.

Unterdessen taucht permanent »neues Material« auf, in dem sattsam bekannte Themen leitmotivisch wiederkehren: Bérenger Saunière, Rennes-le-Château, Poussin, »Die Hirten in Arkadien«, die Tempelritter, Dagobert II., die Merowinger. Stark vertreten sind — vermutlich im Sinne von Allegorien — Anspielungen auf den Weinbau und das Pfropfen von Reben. Gleichzeitig werden immer neue Zusatzinformationen vermittelt wie zum Beispiel die Identifizierung Henri Lobineaus als Graf Henri de Lénoncourt. Oder die besondere Hervorhebung Maria Magdalenas, auf deren Bedeutung ohne Angabe von Gründen in zunehmendem Maße verwiesen wird. Mehrmals wurden die Namen zweier Orte erwähnt, die dadurch allmählich einen Rennes-le-Château vergleichbaren Status erlangt haben. Dabei handelt es sich zum einen um Gisors, eine Festung in der Normandie, die auf dem Höhepunkt der Kreuzzüge große strategische und politische Bedeutung besaß. Zum anderen um Stenay (Sathanagium) am Rande der Ardennen, die alte Hauptstadt der Merowinger, in deren Nähe Dagobert II. im Jahre 678 (679?) ermordet wurde.

Es ist unmöglich, sämtliches verfügbare Material an dieser Stelle eingehend darzustellen oder zu würdigen. Zu dicht, zu verwirrend und unzusammenhängend ist die Fülle — und vor allem zu weitschweifig.

Aus diesem stetig weiterwuchernden Gestrüpp an Informationen lassen sich jedoch bestimmte grundsätzliche Aussagen herausarbeiten, die eine Basis für weitere Nachforschungen bilden. Sie werden als unanfechtbare historische Wahrheiten vorgestellt und lassen sich wie folgt zusammenfassen:

1. Die Gründung des Templerordens erfolgte auf Initiative eines Geheimordens, der sich damit eine administrative und militärische Exekutive schuf. Dieser Geheimorden trat unter mehreren verschiedenen Bezeichnungen in Erscheinung, deren bekannteste »Prieuré de Sion« ist.

2. Der Prieuré de Sion stand eine ganze Reihe von Großmeistern vor, deren Namen zu den glänzendsten in der abendländischen Geschichte und Kultur zählen.

3. Von der Verfolgung und Auflösung des Templerordens zwischen 1307 und 1314 blieb die Prieuré de Sion vollkommen verschont. Trotz zeitweiliger interner Streitigkeiten und Flügelkämpfe übte sie ihre Funktion jahrhundertelang weiter aus. Als die große Unbekannte hinter den Kulissen nahm sie entscheidenden Einfluß auf gewisse kritische Entwicklungen in der westeuropäischen Geschichte.

4. Die Prieuré de Sion existiert noch immer, und der Bereich der Politik ist eines ihrer wichtigsten Betätigungsfelder. An der Ausgestaltung internationaler Beziehungen ist sie auf höchster Ebene ebenso beteiligt, wie sie sich auch in die inneren Angelegenheiten verschiedener europäischer Staaten einschaltet. Für die seit 1956 verbreiteten Informationen zeichnet sie zu einem erheblichen Teil verantwortlich.

5. Das erklärte Ziel der Prieuré de Sion besteht in der Wiedereinsetzung der merowingischen Dynastie und Erbfolge — und das nicht nur in Frankreich, sondern auch in anderen europäischen Staaten.

6. Die Wiedereinsetzung der Merowinger ist sowohl gesetzlich als auch moralisch sanktioniert und gerechtfertigt. Zwar ging das Geschlecht im achten Jahrhundert der Macht verlustig, aber es starb nicht aus. Im Gegenteil, es setzte sich in direkter Linie von Dagobert II. über seinen Sohn Sigibert IV. bis in unsere Tage fort. Aufgrund dynastischer Verschwägerungen sowie zahlreicher Heiraten zählen zu seinen Abkömmlingen nicht nur Gottfried von Bouillon, der 1099 Jerusalem eroberte, sondern auch verschiedene andere adelige und königliche Familien in Vergangenheit und Gegenwart: die Blancheforts, Gisors, Saint-Clairs (in England Sinclair), Montesquious, Montpézats, Pohers, Lusignans, Plantards und Habsburg-Lothringer. Jetzt

erhebt das Geschlecht der Merowinger wieder Anspruch auf sein rechtmäßiges Erbe.

Der in den von Bérenger Saunière entdeckten Pergamenten enthaltene Hinweis auf »Zion« sowie das seltsame »P.S.« auf einem der Pergamente und auf dem Grabstein Marie de Blancheforts könnten also ihre Erklärung in der sogenannten Prieuré de Sion finden.

Dessenungeachtet begegneten wir »historischen Verschwörungstheorien« — nicht anders als die meisten Menschen — mit äußerster Skepsis. Den größten Teil der oben angeführten Feststellungen hielten wir für unerheblich, unwahrscheinlich, ja für geradezu absurd. Doch daß sie von gewissen Leuten mit großer Konsequenz und allem Nachdruck propagiert wurden, war allerdings nicht zu leugnen. Den Wahrheitsgehalt dieser Behauptungen einmal unberücksichtigt gelassen, bestand zwischen ihnen und dem Geheimnis, das Rennes-le-Château und Saunière umgab, zweifelsohne ein Zusammenhang.

Daher machten wir uns auf, die »Prieuré-Dokumente«, wie wir sie ironisch nannten, und die Ansprüche, die sie enthielten, einer systematischen und überaus kritischen Prüfung zu unterziehen. Wir gingen voller Vorbehalte und mit einer gewissen Portion Zynismus ans Werk, waren wir doch überzeugt, daß schon eine oberflächliche Analyse ausreichen würde, um diese wunderlichen Geistesblüten binnen kurzem zu nichts verwelken zu lassen. Daß wir eine Überraschung erleben würden, die es in sich hatte, konnten wir zu diesem Zeitpunkt nicht ahnen.

ZWEITES BUCH

DIE GEHEIME GESELLSCHAFT

5. Der Orden hinter den Kulissen

Von allen in den »Prieuré-Dokumenten« angesprochenen Punkten schien uns die Behauptung, der Templerorden sei von der Prieuré de Sion ins Leben gerufen worden, am ehesten glaubwürdig, so daß wir hier mit unseren Recherchen begannen.

Die Prieuré de Sion war bereits 1962 von Gérard de Sède in einem seiner Bücher erwähnt worden – allerdings nur sehr am Rande. Den ersten direkten Hinweis auf die Brüdergemeinschaft entnahmen wir einem der losen Blätter in den *Dossiers secrets*, auf dem ein Zitat von René Grousset wiedergegeben ist. Grousset ist nicht nur einer der führenden Fachleute des zwanzigsten Jahrhunderts auf dem Gebiet der Kreuzzüge, sondern sein in den dreißiger Jahren erschienenes bahnbrechendes Werk *Histoire des croisades et du royaume franc de Jérusalem* gilt auch heute noch bei Historikern als grundlegend. Das Zitat bezieht sich auf Balduin I., den jüngeren Bruder Gottfrieds von Bouillon, Herzog von Niederlothringen und Eroberer des Heiligen Landes. Nach Gottfrieds Tod (1100) nahm Balduin die ihm angetragene Krone an und wurde der erste offizielle König von Jerusalem.

René Grousset zufolge war Balduin der erste eines »Königsgeschlechts«, das, da »auf dem Berg Zion begründet«[1], den Herrscherhäusern Europas »ebenbürtig« gewesen sei: den Dynastien der Kapetinger in Frankreich, der Anglo-Normannen (Plantagenet) in England, der Hohenstaufen und der Habsburger. Aber Balduin und seine Nachkommen waren Könige durch Wahl, nicht durch Geblüt. Wie kann also Grousset von einem »Königsgeschlecht« sprechen, das »durch Balduin begründet« worden sei? Warum soll dieses Königtum aufgrund seines Gründungsortes (»auf dem Berg Zion«) den bedeutendsten Dynastien Europas »ebenbürtig« gewesen sein? Auf beide Fragen gibt Grousset keine Antwort.

Dem Zitat aus Groussets Werk folgt eine Anspielung auf die geheimnisumwitterte Prieuré de Sion oder Ordre de Sion, wie sie damals offenbar genannt wurde. Dem Text ist zu entnehmen, daß Gottfried von Bouillon 1090 (nach anderen »Prieuré-Dokumenten« 1099) den Ordre de Sion gründete, der zwischen 1099 und 1187 in der Abtei von Notre-Dame du Mont de Sion residierte und dem sein Bruder Balduin »den Thron verdankte«.

Obwohl wir alle neueren Standardwerke über die Kreuzzüge zu Rate zogen, fanden wir einen Ordre de Sion nirgendwo erwähnt. Vor uns lag also die Aufgabe festzustellen, ob es einen solchen Orden je gegeben hat und wenn ja, ob er über die Machtmittel verfügte, Könige einzusetzen. Zu diesem Zweck sahen wir uns genötigt, Stapel vergilbter Papiere und Dokumente durchzustöbern. Neben eindeutigen Hinweisen auf diesen Orden suchten wir nach Spuren seiner einstigen Aktivitäten und seines Einflusses.

Im Süden Jerusalems erhebt sich der Zionsberg, auf dessen Gipfel sich im Jahre 1099, als die Kreuzfahrer unter Gottfried von Bouillon die Stadt erstürmten, die Ruine einer alten byzantinischen Basilika befand. Sie stammte vermutlich aus dem vierten Jahrhundert und wurde »Die Mutter aller Kirchen« genannt — eine vielsagende Bezeichnung. Zahlreichen noch erhaltenen Dokumenten und zeitgenössischen Berichten ist zu entnehmen, daß eben an dieser Stelle auf Geheiß Gottfrieds eine Abtei errichtet wurde. Mit ihren Mauern, Türmen und Zinnen muß sie ein imposantes Bauwerk gewesen sein und einer Festung geglichen haben: die Abtei von Notre-Dame du Mont de Sion.

Irgend jemand muß in dieser Abtei residiert haben. Vielleicht ein autonomer »Orden«, der seinen Namen vom Standort des Klosters herleitete? Könnten die Bewohner dieses Klosters mit dem Ordre de Sion identisch gewesen sein? Einige Anhaltspunkte sprechen für diese Annahme. Die Ritter und Mönche, die sich in der Grabeskirche einrichteten, schlossen sich mit Billigung Gottfrieds von Bouillon zu einem Orden zusammen: dem Ritterorden vom Heiligen Grab. Wäre es nicht denkbar, daß die Klosterinsassen auf dem Berg Zion nach demselben Prinzip verfuhren? Nach M. de Vogüé wurde die Abtei »von einem Kapitel von Augustinerchorherren bewohnt, die unter Leitung des Abtes den Dienst bei den heiligen Stätten versahen. Die Gemeinschaft nahm den Doppelnamen ›Sainte-Marie du Mont Syon et du Saint-Esprit‹ an.«[2] Ein anderer Historiker drückte sich Ende des siebzehnten Jahrhunderts noch klarer aus: »Während der Kreuzzüge gab es in Jerusalem . . . Ritter, die sich ›Chevaliers de l'Ordre de Notre-Dame de Sion‹ nannten.«[3]

Darüber hinaus entdeckten wir Originaldokumente, die Siegel und Unterschrift des einen oder anderen Priors von »Notre-Dame de Sion« trugen, zum Beispiel eine von einem Prior Arnaldus unterzeichnete und auf den 19. Juli 1116 ausgestellte Urkunde.[4] Auf einer anderen Urkunde vom 2. Mai 1125 erscheint Arnaldus' Name zusammen mit dem von Hugo von Payens.[5]

Damit war die Zuverlässigkeit der »Prieuré-Dokumente« erwiesen, so daß wir davon ausgehen konnten, daß zu Beginn des zwölften Jahrhunderts tatsächlich ein Ordre de Sion existiert hat. Eine andere Frage war, seit wann er bestand. Es gibt keine feststehende Regel, nach der sich bestimmen ließe, was zuerst da war, der Orden oder das Gebäude, das ihn beherbergte. Die Zisterzienser zum Beispiel nannten sich nach ihrem Mutterkloster Cîteaux. Die Franziskaner hingegen und die Benediktiner, um nur diese zwei Beispiele hier anzuführen, leiteten ihre Namen von dem jeweiligen Ordensgründer ab, ohne sich bereits an einem bestimmten Ort niedergelassen zu haben. Mit Bestimmtheit läßt sich daher nur folgendes sagen: Um 1100 existierte eine Abtei, die von einem Orden gleichen Namens bewohnt wurde, der eventuell schon zu einem früheren Zeitpunkt gegründet worden war.

Bekanntlich tauchte 1070, also rund zweieinhalb Jahrzehnte vor Ausrufung des Ersten Kreuzzugs, eine Gruppe von Mönchen aus Kalabrien in den südlichen Ausläufern der Ardennen auf, die zu Gottfried von Bouillons Besitzungen gehörten.[6] Nach de Sède führte diese Gruppe ein Mann namens »Ursus« an, den die »Prieuré-Dokumente« beharrlich mit der Merowingerdynastie in Verbindung bringen. Sofort nach ihrer Ankunft in den Ardennen versicherten sich die Mönche der Protektion der Markgräfin Mathilde von Tuszien, der Tante Gottfrieds, von der sie ein Stück Land in der Nähe von Orval erhielten. Hier wurde eine Abtei für sie errichtet, doch lange hielten sie sich nicht dort auf. Um 1100 waren sie auf geheimnisvolle Weise wieder verschwunden. Wie es heißt, sollen sie nach Kalabrien zurückgekehrt sein. 1132 wurde die Abtei von Orval ein Tochterkloster von Clairvaux.

Wie de Sède herausgefunden haben will, gehörte zu dieser Gruppe kalabrischer Mönche ein Mann, der in der Folgezeit unter dem Namen Peter (Petrus) von Amiens, genannt der Eremit, bekannt wurde. Das wäre, sollte es zutreffen, nicht ohne Bedeutung, da vielfach angenommen wird, Peter von Amiens sei der Erzieher Gottfrieds von Bouillon gewesen.[7] In der gesamten christlichen Welt berühmt wurde er, als er 1095 für den von Papst Urban II. ausgerufenen Kreuzzug predigte, mit dem den ungläubigen Muslimen das Grab Christi und das Heilige Land entrissen werden sollte. Heute gilt Peter von Amiens als einer der geistigen Väter der Kreuzzüge.

Die »Prieuré-Dokumente« enthalten Andeutungen, die uns zu der Frage veranlaßten, ob zwischen den Mönchen von Orval, Peter von Amiens und dem Ordre de Sion nicht ein verborgener Zusammenhang bestanden haben könnte. Die Mönche von Orval erweckten ganz den Eindruck, mehr zu sein als nur ein versprengtes Häuflein religiöser Eiferer. Sowohl ihr Auftauchen in den Ardennen als auch ihr mysteriöses Verschwinden lassen vielmehr auf einen gewissen Zusammenhalt, eine Art Organisation und vielleicht sogar auf eine unbekannte »Operationsbasis« schließen. Gesetzt den Fall, Peter von Amiens gehörte zu dieser Gruppe von Mönchen, dann könnte man davon ausgehen, daß seine Kreuzzugsaufrufe nicht zügellosem Fanatismus, sondern politischem Kalkül entsprangen. Und sollte er überdies tatsächlich Gottfrieds Erzieher gewesen sein, so läge es nahe, daß er seinen ehemaligen Zögling von der Notwendigkeit überzeugte, ins Heilige Land zu ziehen. Aus dem Verschwinden der Mönche muß nicht unbedingt gefolgert werden, sie seien nach Kalabrien zurückgekehrt. Ebensogut könnten sie sich in Jerusalem niedergelassen haben, vielleicht sogar in der Abtei Notre-Dame de Sion.

Das war natürlich reine Spekulation unsererseits, die jeglicher dokumentarischer Grundlage entbehrte. Doch wiederum fanden wir Indizien, die unsere Hypothese stützten. Es ist bekannt, daß Gottfried auf seiner Fahrt ins Heilige Land von anonym gebliebenen Männern begleitet wurde, die als seine persönlichen Berater fungierten. Außerdem wissen wir, daß Gottfrieds christlicher Heerbann nicht der einzige war, der nach Palästina in See stach. Mindestens drei weitere, jeder von einem bedeutenden und berühmten Adligen befehligt, brachen zur gleichen Zeit auf. Im Falle eines erfolgreichen Verlaufs des Ersten Kreuzzugs, d. h. nach Eroberung Jerusalems und der Errichtung eines Fränkischen Königreichs, wären alle vier Heerführer gleichermaßen geeignet gewesen, den Thron zu besteigen. Gottfried von Bouillon ging jedoch offenbar davon aus, daß die Wahl auf ihn fallen würde. Denn als einziger verzichtete er noch vor der Abreise auf seine Lehen, verkaufte seinen gesamten Besitz und gab somit klar zu erkennen, daß er fortan und bis zu seinem Lebensende über das Heilige Land zu herrschen gedachte.

Unmittelbar nach der Einnahme Jerusalems im Jahre 1099 fand eine geheime Beratung statt, deren Teilnehmer von der Geschichtsforschung bis heute nicht identifiziert werden konnten, wenngleich Wilhelm von Tyrus fünfundsiebzig Jahre später schrieb, der bedeutendste unter ihnen sei »ein Bischof aus Kalabrien« gewesen.[8] Der Zweck dieser Zusammenkunft war jedenfalls klar: Es ging um die Wahl eines Königs von Jerusalem. Nachdem Graf Raimund von Toulouse die ihm angetragene Königswürde abgelehnt hatte, boten die Wahlmänner prompt Gottfried von Bouillon die Krone an. Der wies — mit einer für ihn ganz und gar untypischen Bescheidenheit — den Königstitel ab und nannte sich statt dessen *Advocatus Sancti Sepulchri* (Verteidiger des heiligen Grabes). Gleichwohl war seine Herrschaft die eines Königs, und nach seinem Tode im Jahr darauf nahm sein Bruder Balduin ohne Bedenken auch den Titel an.

Könnte es sich bei dem mysteriösen Wahlmännergremium um die verschwundenen Mönche von Orval gehandelt haben — einschließlich Peters von Amiens, der sich zu jener Zeit im Heiligen Land aufhielt und beträchtliche Autorität besaß? Hat diese Zusammenkunft eventuell in der Abtei auf dem Zionsberg stattgefunden? Mit anderen Worten: Setzten sich diese drei scheinbar so unterschiedlichen Gruppen — nämlich die Mönche von Orval, die Wahlmänner und die Bewohner von Notre-Dame de Sion — möglicherweise aus ein und denselben Personen zusammen? Eine Vermutung, die sich weder beweisen noch ganz von der Hand weisen läßt. Träfe sie jedoch zu, so könnte nichts deutlicher die Macht des Ordre de Sion unter Beweis stellen — eine Macht, die ihn in die Lage versetzte, über Königsthrone zu verfügen.

Ludwig VII. und die Prieuré de Sion. Die »Prieuré-Dokumente« geben für den Zeitraum zwischen 1118/19, dem offiziellen Gründungsjahr des Templerordens, und 1152 keinen Aufschluß über irgendwelche Aktivitäten des Ordre de Sion. Während all dieser Jahre scheint er seinen Sitz im Heiligen Land beibehalten zu haben. Bemerkenswert ist jedoch, daß Ludwig VII. von Frankreich bei seiner Rückkehr vom Zweiten Kreuzzug fünfundneunzig Angehörige dieses Ordens mitnahm. Was den französischen König dazu veranlaßte, ist ebensowenig bekannt wie die Stellung, die die Ordensleute bei ihm innehatten. Geht man allerdings davon aus, daß der Ordre de Sion tatsächlich hinter dem Templerorden stand, böte sich folgende Erklärung dafür an: Ludwig VII. war den Templern für deren finanzielle und militärische Unterstützung sehr verpflichtet. Jedenfalls faßte der Ordre de Sion 1152 (abermals?) in Frankreich Fuß. Den Unterlagen zufolge ließen sich zweiundsechzig Ordensangehörige in der »Großen Priorei« von Saint-Samson in Orléans nieder, die sie durch Schenkung vom König erhalten hatten. Sieben schlossen sich den Tempelrittern an. Und sechsundzwanzig sollen in der »Kleinen Priorei vom Berg Zion« in Saint Jean le Blanc am Rande von Orléans eingezogen sein.[9]

94

Diese Angaben konnten wir anhand historischen Materials überprüfen. Denn die Urkunden, mit denen Ludwig VII. die Ansiedlung des
Ordre de Sion in Orléans genehmigte, sind noch im Original vorhanden und können im Stadtarchiv von Orléans eingesehen werden. Dort
befindet sich auch eine von Papst Alexander III. 1178 erlassene Bulle,
in der die Besitzungen des Ordens bestätigt werden. Diese umfaßten
Häuser und ausgedehnten Landbesitz in der Picardie, in Frankreich
(einschließlich Saint-Samsons in Orléans), in der Lombardei, in Kalabrien, auf Sizilien, in Spanien und selbstverständlich eine Reihe von
Gütern im Heiligen Land. Bis zum Zweiten Weltkrieg gab es im Archiv
von Orléans[10] nicht weniger als zwanzig Freibriefe, in denen der Ordre
de Sion namentlich erwähnt wurde, von denen jedoch nur drei die
Bombenangriffe des Jahres 1940 überstanden haben.

Die »gefällte Ulme« von Gisors. Schenkt man den »Prieuré-
Dokumenten« Glauben, dann war das Jahr 1188 sowohl für den Ordre
de Sion als auch für die Tempelritter von grundlegender Bedeutung.
Ein Jahr zuvor hatten die Sarazenen Jerusalem zurückerobert − nicht
zuletzt aufgrund der kurzsichtigen Handlungsweise des Großmeisters
des Templerordens, Gerhard von Ridefort. Der Text der *Dossiers
secrets* geht allerdings schärfer mit ihm ins Gericht. Hier ist nicht von
Unbeherrschtheit oder Unvernunft die Rede, sondern von seinem
»Verrat«. Worin dieser Verrat bestanden haben soll, wird nicht gesagt.
Der Fall Jerusalems dürfte aber auch das Schicksal der Abtei auf dem
Zionsberg besiegelt haben. Es wäre nicht weiter verwunderlich, hätten
die Ordensbrüder, ihres Wirkungsbereichs im Heiligen Land beraubt,
Zuflucht in Frankreich gesucht, wo eine neue Heimstätte schon bereit-
stand.

Die Ereignisse des Jahres 1187 scheinen die beiden Orden nachhaltig einander entfremdet zu haben. Die Ursachen dafür sind nicht ganz
klar. 1188 kam es jedoch, den *Dossiers secrets* zufolge, zu einem
entscheidenden Wendepunkt in den Geschicken der beiden Orden, und
eine formelle Trennung wurde vollzogen. Der Ordre de Sion wollte mit
seinen berühmten Schützlingen nichts mehr zu tun haben. Die Erinnerung an diesen Bruch soll durch ein Ritual, eine Art Zeremonie,
wachgehalten worden sein. In den *Dossiers secrets* und anderen
»Prieuré-Dokumenten« wird von der »Fällung der Ulme« gesprochen,
die in Gisors stattgefunden haben soll.

Die Berichte sind verzerrender und entstellender Natur, aber sowohl die Geschichtsforschung als auch die Überlieferung bestätigen, daß sich 1188 in Gisors etwas äußerst Seltsames ereignete, wozu auch die Fällung einer Ulme gehörte. An die Burg grenzte eine Rasenfläche, das *champ sacré* (heiliges Feld). Mittelalterlichen Chroniken ist zu entnehmen, daß dieser Ort schon in vorchristlichen Zeiten für heilig gehalten wurde. Im zwölften Jahrhundert hatten hier zahlreiche Begegnungen zwischen den englischen und französischen Königen stattgefunden. In der Mitte des heiligen Feldes stand eine uralte Ulme, die 1188, im Verlauf eines Treffens zwischen Heinrich II. von England und Philipp II. von Frankreich, aus unbekannten Gründen in den Mittelpunkt einer blutigen Auseinandersetzung geriet.

Einem Bericht zufolge gab es auf dieser Rasenfläche außer der Ulme nichts, was Schatten gespendet hätte. Angeblich war sie über achthundert Jahre alt und so dick, daß neun Männer kaum den Stamm umfassen konnten. Im Schatten dieses Baumes ließ sich Heinrich II. mit seinem Gefolge nieder, so daß der etwas später eintreffende französische Monarch in der prallen Sonne stehen bleiben mußte. Am dritten Verhandlungstag waren die Franzosen infolge der Hitze dermaßen überreizt, daß beleidigende Worte fielen, die mit einem Pfeil beantwortet wurden, der von einem von Heinrichs walisischen Söldnern abgeschossen worden war. Das hatte einen großangelegten Angriff der Franzosen zur Folge, die den Engländern zahlenmäßig weit überlegen waren. Letztere suchten Zuflucht in den Mauern von Gisors, während die wütenden Franzosen zur Vergeltung angeblich den Baum fällten. Höchst aufgebracht reiste Philipp II. nach Paris zurück und erklärte, er sei nicht nach Gisors gekommen, um dort den Holzfäller zu spielen.

Die Geschichte zeichnet sich durch typisch mittelalterliche Schlichtheit und Wunderlichkeit aus. Sie begnügt sich mit einer oberflächlichen Erzählung, während sie zwischen den Zeilen ein Geschehnis von viel größerer Tragweite andeutet. Jedwede Erklärung fehlt. Man könnte die ganze Geschichte als absurde Legende abtun, würde sie nicht, zumindest im großen und ganzen, durch andere Berichte bestätigt werden.

Einer anderen Chronik zufolge soll der französische König Heinrich II. von seiner Absicht unterrichtet haben, den Baum zu fällen. Daraufhin habe Heinrich den Stamm der Ulme mit Eisenbändern verstärken lassen. Tags darauf formierten sich die bewaffneten Franzosen zu einer Phalanx aus fünf Schwadronen. Verstärkt wurden sie von

Schleuderern sowie mit Äxten und Hämmern bewehrten Zimmerleuten, und allesamt rückten sie auf die Ulme vor. Ein wilder Kampf soll entbrannt sein, an dem auch Richard Löwenherz, Heinrichs ältester Sohn und Erbe, teilnahm, der versuchte, den Baum zu schützen, und dabei viel Blut vergoß. Als der Tag sich neigte, hatten die Franzosen den Sieg errungen, und der Baum wurde gefällt. Dieser zweite Bericht läßt auf mehr als nur ein unbedeutendes kleines Scharmützel schließen. Doch keiner von Richard Löwenherz' Biographen schenkt diesem Ereignis besondere Aufmerksamkeit.

Abermals wurden die Angaben in den »Prieuré-Dokumenten« sowohl durch historische Erkenntnisse als auch durch Überlieferung bestätigt. Zumindest insoweit, als 1188 in Gisors tatsächlich eine sonderbare Auseinandersetzung stattfand, in deren Verlauf eine Ulme gefällt wurde. Von dritter Seite ist dieser Vorfall weder mit den Tempelrittern noch mit dem Ordre de Sion in Verbindung gebracht worden. Doch wäre es gut denkbar, daß Templer in ihn verwickelt waren, da Richard I. häufig in ihrer Begleitung auftauchte.

Es ist also durchaus möglich, ja sogar wahrscheinlich, daß es mit dem Fällen der Ulme mehr — oder auch etwas anderes — auf sich hatte, als die für die Nachwelt bestimmten Berichte ahnen lassen.

Ormus. Nach 1188, so die »Prieuré-Dokumente«, waren die Tempelritter in jeder Hinsicht unabhängig und unterstanden weder der Befehlsgewalt des Ordre de Sion, noch fungierten sie als dessen militärische oder administrative Exekutive. Mithin konnten sie bis zur gewaltsamen Auflösung des Ordens ihre eigenen Ziele verfolgen. Zur gleichen Zeit, also ab 1188, soll sich der Ordre de Sion einer tiefgreifenden administrativen Reorganisation unterzogen haben.

Bis zum Jahre 1188 soll das Amt des Großmeisters beider Orden in Personalunion versehen worden sein. Demnach hätten etwa Hugo von Payens oder Bertrand de Blanchefort sowohl dem Ordre de Sion als auch dem Templerorden vorgestanden. Ab dem Jahr, in dem die Ulme gefällt wurde, habe sich der Ordre de Sion stets seinen eigenen Großmeister gewählt, deren erster den »Prieuré-Dokumenten« zufolge Johann von Gisors war.

Im gleichen Jahr soll der Ordre de Sion auch seinen bisherigen Namen aufgegeben und jenen angenommen haben, den er angeblich noch heute trägt: Prieuré de Sion. Als eine Art Untertitel soll er sich die sonderbare Bezeichnung »Ormus« zugelegt haben, deren man sich bis 1306 bediente. Das Zeichen für »Ormus« war ⟨☿⟩ und enthielt eine Art Akrostichon oder Anagramm, das sich aus mehreren Schlüsselwörtern und Symbolen zusammensetzte: *ours*, französisch für Bär, ist im Lateinischen *ursus* – ein Wort, auf das wir bei unseren Recherchen über Dagobert II. und die Dynastie der Merowinger noch stoßen sollten. *Orme* ist das französische Wort für Ulme; *or* heißt Gold; und das »M«, das die anderen Buchstaben wie ein Rahmen umschließt, ist nicht nur einfach »M«, sondern auch das astrologische Zeichen für Jungfrau (*virgo*).

Unsere Nachforschungen förderten weder einen Hinweis auf einen mittelalterlichen Orden namens »Ormus« zutage, noch fanden wir irgendeine Bestätigung für die Behauptungen der *Dossiers secrets*. Dagegen spielt der Begriff »Ormus« in zwei anderen voneinander vollkommen verschiedenen Bereichen eine Rolle: in der zarathustrischen Gedankenwelt und in gnostischen Texten, wo er als Synonym für das Prinzip des Lichts verwandt wird. Und er taucht wieder in den Ahnentafeln auf, die die Freimaurer zu Ende des achtzehnten Jahrhunderts für sich reklamierten. Nach freimaurerischer Vorstellung war »Ormus« der Name eines ägyptischen Weisen und Mystikers, eines Schülers der Gnosis, der in den ersten Jahren unserer Zeitrechnung in Alexandria gelebt haben soll. Im Jahre 46 wurde er zusammen mit sechs seiner Schüler von einem der Jünger Jesu – die meisten Berichte nennen den Evangelisten Markus – angeblich zum Christentum bekehrt. Dieser Bekehrung sei eine Sekte entsprungen, die die Glaubenssätze des frühen Christentums mit denen anderer, noch älterer Lehren der Mystik vermengt habe. Zwar konnten wir für diese Geschichte keine Bestätigung finden, aber sie klingt uns plausibel. Im ersten Jahrhundert unserer Zeitrechnung war Alexandria eine wahre Brutstätte für mystische Lehren, ein Schmelztiegel, in dem sich jüdische, mithräische, zarathustrische, pythagoräische, hermetische und neuplatonische Vorstellungen mit unzähligen anderen vermischten, deren jede ihre eigenen Lehrer und Verkünder hervorbrachte. Es wäre also nicht weiter erstaunlich, hätte sich einer dieser Adepten nach dem Prinzip des Lichts genannt.

Nach freimaurerischer Überlieferung soll »Ormus« im Jahre 46 seinem neugegründeten »Orden der Eingeweihten« ein Identifikationssymbol gegeben haben: ein rotes oder rosenfarbenes Kreuz. Gewiß, das rote Kreuz fand sich später im Wappen der Tempelritter wieder, aber die Aussage der *Dossiers secrets* und anderer »Prieuré-Dokumente« ist unzweideutig: Der Leser soll in »Ormus« den Ursprung der Rosenkreuzer erblicken. Und angeblich hat die Prieuré de Sion 1188 einen zweiten Untertitel angenommen. Sie soll sich auch »Ordre de la Rose-Croix Veritas« genannt haben.

Dies alles erschien uns als äußerst fragwürdig, und auf einmal kamen uns auch die »Prieuré-Dokumente« höchst suspekt vor. Die Rosenkreuzer unserer Tage in Kalifornien und ähnliche Organisationen, die ihre Herkunft bis weit in die Vergangenheit zurückverfolgen können und im nachhinein so gut wie alle großen Männer der Geschichte für sich in Anspruch nehmen, waren uns wohlbekannt. Ein »Orden vom Rosenkreuz«, der auf das Jahr 1188 zurückging, schien uns daher nicht weniger verdächtig.

Wie Frances Yates überzeugend nachgewiesen hat, lassen sich für die Rosenkreuzer — zumindest unter diesem Namen — vor dem frühen siebzehnten Jahrhundert keine Belege finden.[11] Der Mythos, der diese geheime Bruderschaft umgab, entstand um 1605. Rund zehn Jahre später erschienen anonym drei Aufsehen erregende Traktate zum Thema Rosenkreuzer. Diese Schriften, die 1614, 1615 und 1616 veröffentlicht wurden, enthüllten die Existenz einer geheimen Bruderschaft von »Illuminaten«, die angeblich von Christian Rosenkreutz (um 1378–1484) gegründet worden war. Christian Rosenkreutz und seine geheime Bruderschaft werden heute allgemein für frei erfunden angesehen, für ausgemachten Schwindel, dessen Entstehungsgrund gleichwohl bis jetzt noch niemand zufriedenstellend erklären konnte und der seinerzeit nicht ohne politische Auswirkungen blieb. Johann Valentin Andreä, ein Tübinger Theologe, verstand seine *Chymische Hochzeit Christiani Rosenkreutz, anno 1459* (1616) nach eigenen Angaben als *ludibrium*, als Scherz oder Komödie im Sinne Dantes. Der Schluß, Andreä oder einer seiner Freunde habe auch die beiden anderen Rosenkreuzer-Traktate verfaßt, liegt nahe, denn auf diese »Quellen« geht die Rosenkreuzerbewegung, wie sie sich heute versteht, zurück.

Waren die »Prieuré-Dokumente« jedoch zuverlässig, konnten wir das Ganze nicht nur als reinen Schwindel aus dem siebzehnten Jahrhundert abtun. Dann war eher an eine Art geheimer Gesellschaft oder Bruderschaft — nicht unbedingt mystischer, vermutlich aber weitgehend politischer Natur — zu denken. Allerdings müßte sie dann auch 425 Jahre existiert haben, bevor ihr Name bekannt wurde, und volle zweihundert, bevor ihr legendärer Gründer gelebt haben soll.

Beweise dafür fehlen. Gewiß, die Rose ist seit urdenklichen Zeiten ein mystisches Symbol, das sich im Mittelalter besonderer Beliebtheit erfreute. Erinnert sei nur an den überaus populären *Roman de la Rose* von Guillaume de Lorris und Jean de Meung oder an Dantes *Paradiso*. Auch das rote Kreuz war seit alters ein symbolisches Motiv. Es bildete nicht nur das Wappen der Tempelritter, sondern wurde später zum Georgskreuz und als solches Bestandteil des Hosenbandordens. Obwohl also an Symbolen in Form von Rosen und roten Kreuzen kein Mangel herrschte, fanden wir doch nicht den geringsten Anhaltspunkt für die Existenz einer Institution, eines Ordens oder gar einer Geheimgesellschaft.

Frances Yates hingegen vertritt die Meinung, es hätte schon lange vor den Rosenkreuzern des siebzehnten Jahrhunderts Geheimbünde gegeben, die sich zwar nicht als Rosenkreuzer bezeichnet hätten, doch ihrer politischen und philosophischen Einstellung nach solche gewesen wären.[12]

Im Jahre 1629, als das öffentliche Interesse an den Rosenkreuzern in Europa seinen Höhepunkt erreicht hatte, schrieb Robert Denyau, Pfarrer von Gisors, eine ausführliche Geschichte von Gisors und der Familie gleichen Namens. Darin weist er unter anderem ausdrücklich darauf hin, die Rosenkreuzer seien 1188 von Johann von Gisors gegründet worden. Mit anderen Worten: Die in den »Prieuré-Dokumenten« aufgestellten Behauptungen werden durch die Ausführungen von Denyau bestätigt. Auch wenn der Geistliche sein Werk mehr als vierhundert Jahre danach verfaßte, stellt es dennoch ein überaus wichtiges Beweisstück dar. Und die Tatsache, daß es ausgerechnet in Gisors entstanden ist, läßt es um so wichtiger erscheinen.[13]

Trotzdem sahen wir darin nur eine mögliche, keine absolut sichere Bestätigung. Andererseits hatten sich die »Prieuré-Dokumente« bis dato als überraschend zuverlässig erwiesen. Ihnen weiter keine Beachtung mehr zu schenken, wäre daher voreilig gewesen. Zwar waren wir nicht bereit, ihren Aussagen uneingeschränkt Glauben zu schenken, aber ein endgültiges Urteil wollten wir ebensowenig fällen.

Die Prieuré von Orléans. Daneben enthielten die »Prieuré-Dokumente« auch Informationen ganz anderer Art, nämlich Einzelheiten, die auf den ersten Blick so trivial und belanglos waren, daß sie uns zunächst gar nicht auffielen. Doch genau diese Belanglosigkeit sprach für ihre Glaubwürdigkeit. Mehr noch: Viele dieser Details erwiesen sich als richtig.

100

So erfuhren wir zum Beispiel, daß Abt Girard, der der »Kleinen Priorei« bei Orléans von 1239 bis 1244 vorgestanden hatte, dem Deutschen Orden ein Stück Land bei Akkon überlassen hätte. Warum diese Transaktion der Erwähnung bedurfte, ist nicht klar, aber sie läßt sich definitiv nachweisen. Die Urkunde aus dem Jahre 1239 ist erhalten geblieben und trägt Girards Unterschrift.

Eine ähnliche, wenngleich schwerwiegendere Information betrifft einen Mann namens Adam, 1281 Abt der »Kleinen Priorei«. Dieser trat im nämlichen Jahr, den »Prieuré-Dokumenten« zufolge, den Zisterziensermönchen von Orval ein Stück Land in der Nähe ihres Klosters ab. Wir konnten keine Aufzeichnungen über diese Weitergabe entdecken, aber sie schien uns durchaus glaubwürdig. Denn es gibt genügend andere Urkunden, in denen ähnliche Vorgänge schriftlich festgehalten wurden. Allerdings hatte es mit diesem Stück Land offenbar eine besondere Bewandtnis: Den »Prieuré-Dokumenten« entnahmen wir nämlich, die Klosterbrüder des Abtes seien über diese Schenkung dermaßen aufgebracht gewesen, daß sich Adam genötigt gesehen hätte, sein Amt zur Verfügung zu stellen. Wie in den *Dossiers secrets* nachzulesen, war Thomas de Sainville, Großmeister des Ordens der Hospitaliter vom heiligen Lazarus (Lazariten), bei der Abdankungszeremonie als offizieller Zeuge anwesend. Nur kurze Zeit später soll Adam nach Akkon gereist, nach der Einnahme der Stadt durch die Sarazenen geflohen und 1291 auf Sizilien gestorben sein.

Die Abdankungsurkunde konnten wir nicht ausfindig machen. Fest steht nur, daß Thomas de Sainville 1281 tatsächlich Großmeister des genannten Ordens war, dessen Mutterhaus nicht weit entfernt von Orval lag, und daß Adam nach Akkon reiste. Zwei von ihm dort unterzeichnete Briefe liegen vor: einer vom August 1281[14], der andere vom März 1289.[15]

Der »Kopf« der Templer. Trotz der 1188 offiziell vollzogenen Trennung scheinen lockere Beziehungen zwischen dem Ordre de Sion und den Tempelrittern auch weiterhin unterhalten worden zu sein. Denn »im Jahre 1307 erhielt Wilhelm von Gisors vom Templerorden den goldenen Kopf, Caput LVIII ♍ «.[16]

Auf diesen mysteriösen Kopf waren wir bereits bei unseren Recherchen über die Templer gestoßen. Daß er nun mit Zion und der einflußreichen Familie derer von Gisors in Verbindung gebracht wurde, nährte von neuem unsere Zweifel. Es schien, als seien die

»Prieuré-Dokumente« eigens daraufhin angelegt, zu Mutmaßungen anregende Zusammenhänge sichtbar werden zu lassen. Doch genau an dieser Stelle fanden wir ebenso stichhaltige wie faszinierende Beweise. Hier ein Auszug aus den offiziellen Inquisitionsprotokollen:

»Nach den Verhaftungen wurde ein Beamter des Königs mit Namen Guillaume Pidoyé zum Bewacher und Verwalter der Besitztümer des Tempels in Paris bestellt. Am 11. Mai 1308 erklärte er vor den Inquisitionsrichtern, er, sein Kollege Wilhelm von Gisors und Raynier Bourdon hätten den Auftrag gehabt, der Inquisition alle Skulpturen aus Metall oder Holz abzuliefern, derer sie bei der Festnahme der Tempelritter hätten habhaft werden können. Unter den Schätzen der Templer hätten sie einen großen Kopf aus vergoldetem Silber gefunden . . ., jenen Frauenkopf, den Guillaume am 11. Mai der Inquisition vorlegte. An diesem Kopf war ein Etikett mit der Aufschrift ›CAPUT LVIIIm‹ befestigt.«[17]

Wir waren nicht wenig überrascht, den Namen Wilhelms von Gisors im Zusammenhang mit der Verfolgung der Tempelritter in Frankreich erwähnt zu sehen. Aber er wird eindeutig als »Kollege« Guillaume Pidoyés bezeichnet. Mit anderen Worten: Er scheint den Templern ebenso feindlich gesonnen gewesen zu sein wie Philipp IV. und an dessen Feldzug gegen den Orden teilgenommen zu haben. Gleichzeitig war er jedoch auch Großmeister der Prieuré de Sion. Heißt das etwa, Wilhelm habe gemeinsame Sache mit dem französischen König gemacht? Mehrere »Prieuré-Dokumente« legen diesen Gedanken nahe. Danach habe Zion die Auflösung seines unbotmäßigen Schützlings selbst genehmigt und befehligt. Andererseits habe er aber auch seine schützende Hand über zumindest einige Tempelritter gehalten. Vorausgesetzt, dies träfe zu, ließe sich daraus folgern, daß Wilhelm von Gisors ein »Doppelagent« war, sozusagen das »Leck«, das die Pläne Philipps durchsickern ließ und die Templer warnte. Übte der Ordre de Sion trotz der formalen Trennung von 1188 nach wie vor geheime Kontrolle über den Tempel aus, so könnte Wilhelm von Gisors gewissermaßen auch für die systematische Vernichtung der Ordensdokumente sowie für das unerklärliche Verschwinden des Schatzes verantwortlich gewesen sein.

Die Großmeister der Templer. Außerdem finden sich drei Namenslisten in den *Dossiers secrets*. Die erste zählt lediglich die Namen jener Äbte auf, die zwischen 1152 und 1281 die Ländereien Zions in Palästina verwalteten. Unsere Untersuchungen bestätigten ihre Richtigkeit. Sie ist auch an anderer, leicht zugänglicher und über jeden Zweifel erhabener Stelle veröffentlicht worden.[18] Die zweite enthält eine Aufstellung aller Großmeister des Templerordens zwischen 1118/19 und 1190. Auf den ersten Blick war an dieser Liste nichts Besonderes oder Ungewöhnliches festzustellen. Doch als wir sie mit anderen Listen verglichen, zum Beispiel mit solchen von anerkannten Historikern, kamen sehr bald augenfällige Abweichungen zum Vorschein.

Alle uns bekannten Listen nennen für die Zeit zwischen 1118/19 und 1190 zehn Großmeister; die *Dossiers secrets* führen deren jedoch nur acht an. Den meisten anderen Listen zufolge war André de Montbard nicht nur einer der Mitbegründer des Ordens, sondern von 1153 bis 1156 auch dessen Großmeister. Nach den *Dossiers secrets* war er nie Großmeister, sondern wirkte stets nur hinter den Kulissen. Den uns zum Vergleich vorliegenden Listen ist zu entnehmen, daß Bertrand de Blanchefort als Nachfolger Andrés de Montbard im Jahre 1156 sein Amt als sechster Großmeister der Tempelritter antrat. Nach den *Dossiers secrets* ist Bertrand nicht der sechste, sondern der vierte Großmeister, dessen Amtszeit bereits im Jahre 1153 begann. Es fanden sich noch weitere Diskrepanzen und Widersprüche, ohne daß wir gewußt hätten, wie ernst sie zu nehmen waren. Sollten wir die Liste in den *Dossiers secrets* nur deshalb als falsch ansehen, weil sie nicht mit den Angaben renommierter Historiker übereinstimmte?

An dieser Stelle sei ausdrücklich darauf hingewiesen, daß eine verbindliche oder offizielle Liste der Großmeister der Tempelritter nicht existiert. Die Aufzeichnungen der Templer wurden vernichtet oder verschwanden, und die früheste uns bekannte Aufstellung datiert aus dem Jahre 1342. Die Historiker haben sich daher bei ihrer Arbeit auf zeitgenössische Chroniken gestützt, die bisweilen in einem Nebensatz die eine oder andere Persönlichkeit als »Meister« oder »Großmeister« des Tempels bezeichnen. Eine weitere Quelle stellen die Originaldokumente und Urkunden aus jener Zeit dar, in denen der eine oder andere Templer seiner Unterschrift den einen oder anderen Titel anfügte. Es ist also nicht weiter verwunderlich, wenn die Angaben zur Reihenfolge und Amtszeit der jeweiligen Großmeister von Autor zu Autor und von Bericht zu Bericht voneinander abweichen — zuweilen sogar in beträchtlichem Umfang.

Dennoch gab es gewisse entscheidende Punkte, wie die oben angeführten, in denen die »Prieuré-Dokumente« wesentlich von allen anderen Quellen abwichen. Das konnten wir nicht einfach ignorieren. Soweit es uns möglich war, mußten wir entscheiden, ob bei der Erstellung der Liste in den *Dossiers secrets* Nachlässigkeit oder Unwissen oder beides im Spiel gewesen war; oder ob sie auf Hintergrundinformationen beruhte, die Historikern nicht zugänglich waren, und folglich die einzig richtige war. Wenn der Ordre de Sion den Templerorden tatsächlich ins Leben gerufen und wenn er – oder zumindest seine Aufzeichnungen – bis zum heutigen Tag überlebt hatte, konnten wir mit Recht erwarten, daß der Orden über anderweitig nicht erhältliche Informationen verfügte.

Die meisten Diskrepanzen zwischen der Liste in den *Dossiers secrets* und den Listen in anderen Quellen lassen sich verhältnismäßig leicht aufhellen. Es würde zu weit führen, hier auf jede dieser Abweichungen im einzelnen einzugehen. Wie es dazu kommen konnte, soll anhand eines Beispiels illustriert werden. Der Templerorden hatte nicht nur einen Großmeister, sondern auch eine Vielzahl von Meistern auf regionaler Ebene (auch »Großprior« oder »Großpräzeptor« genannt) – zum Beispiel einen für England, die Normandie, für Aquitanien usw. Darüber hinaus gab es einen für den gesamten europäischen Raum verantwortlichen Meister und, dem Vernehmen nach, sogar einen Schiffahrtsmeister. Diese Provinzkomture pflegten ausnahmslos Dokumente und Urkunden mit *magister templi* (Meister vom Tempel) zu unterzeichnen. Der Großmeister verfuhr in den meisten Fällen ebenso, ob nun aus Bescheidenheit, Nachlässigkeit oder Gleichgültigkeit, sei dahingestellt. So konnte es passieren, daß beispielsweise André de Montbard, Meister von Jerusalem, auf einer Urkunde den gleichen Titel trägt wie der Großmeister Bertrand de Blanchefort.

Stützt man sich bei seiner Forschungsarbeit nur auf wenige Quellen, ohne diese gegenzukontrollieren, stellen sich Fehlinterpretationen beinahe zwangsläufig ein. Dann wird nicht nur Montbards wahrer Rang im Orden mißgedeutet, sondern es schleichen sich auch Fehler der Art ein, daß ein Mann namens Everard des Barres in vielen Listen als Großmeister geführt wird. Doch die Großmeister mußten, so schrieben es die Ordensregeln vor, in Jerusalem gewählt werden und dort auch ihren Wohnsitz nehmen. Unsere Nachforschungen ergaben, daß Everard des Barres Großpräzeptor einer Ordensprovinz in Frankreich war und erst sehr viel später seinen Fuß auf palästinensischen Boden setzte. Infolgedessen konnte er aus den Listen gestrichen werden; in den *Dossiers secrets* wurde er ohnehin nicht zu den Großmeistern gezählt.

Wir verbrachten über ein Jahr damit, verschiedene Listen der Großmeister des Templerordens zu untersuchen und miteinander zu vergleichen. Wir arbeiteten uns durch ganze Berge von Büchern hindurch, die jemals zum Thema Tempelritter veröffentlicht worden waren, und überprüften alte Chroniken — wie die des Wilhelm von Tyrus — sowie andere zeitgenössische Berichte. Wir zogen alle Urkunden heran, die wir finden konnten, und verglichen Unterschriften und Rangbezeichnungen auf Protokollen, Edikten, Verträgen und anderen Templer-Dokumenten. Der Lohn für unsere Anstrengungen war die Erkenntnis, daß auf die Liste in den *Dossiers secrets* mehr Verlaß war als auf jede andere — nicht nur bezüglich der Identität der Großmeister, sondern auch ihrer Amtszeit. Wenn überhaupt eine komplette Liste der Großmeister existierte, so fand sie sich in den *Dossiers secrets.*[19]

Da die *Dossiers secrets* sich in diesem kritischen Punkt so offensichtlich als zuverlässig erwiesen hatten, gewannen die gesamten »Prieuré-Dokumente« für uns an Glaubwürdigkeit. Das war gleichzeitig beruhigend und ermutigend. Ohne diese Gewißheit wären wir vermutlich über die dritte Liste in den *Dossiers secrets* — die der Großmeister der Prieuré de Sion — bedenkenlos hinweggegangen. Denn diese Liste erschien uns auf den ersten Blick absurd.

6. DIE GROSSMEISTER DER PRIEURÉ DE SION UND DER »VERBORGENE STROM«

Die *Dossiers secrets*[1] nennen für die Großmeister der Prieuré de Sion oder *Nautoniers,* wie der offizielle Terminus lautet, ein altfranzösisches Wort, das soviel wie »Steuermann« oder »Rudergast« bedeutet, folgende Namen und Amtszeiten: Johann von Gisors, 1188–1220; Marie von Saint-Clair, 1220–1266; Wilhelm von Gisors, 1266–1307; Eduard von Bar, 1307–1336; Johanna von Bar, 1336–1351; Johann von Saint-Clair, 1351–1366; Blanche von Evreux, 1366–1398; Nicolas Flamel, 1398–1418; René von Anjou, 1418–1480; Jolande von Anjou, 1480–1483; Alessandro di Mariano Filipepi (Sandro Botticelli), 1483–1510; Leonardo da Vinci, 1510–1519; Karl III., Herzog von Bourbon, 1519–1527; Ferdinand von Gonzaga, 1527–1575; Ludwig von Nevers, 1575–1595; Robert Fludd, 1595–1637; Johann Valentin

Andreä, 1637—1654; Robert Boyle, 1654—1691; Isaac Newton, 1691 bis 1727; Charles Radclyffe, 1727—1746; Karl Alexander Emanuel von Lothringen, 1746—1780; Maximilian Franz von Habsburg-Lothringen, 1780—1801; Charles Nodier, 1801—1844; Victor Hugo, 1844—1885; Claude Debussy, 1885—1918; Jean Cocteau, 1918—?

Als wir die Liste zum erstenmal zu Gesicht bekamen, rief sie spontan Skepsis in uns hervor. Auf der einen Seite enthält sie eine Reihe von Namen berühmter Persönlichkeiten mit bekanntermaßen »okkulten« und »esoterischen« Neigungen, die man in einer solchen Liste zu finden erwartet. Andererseits sind in ihr die Namen von Personen verzeichnet, von denen wir uns nicht vorstellen konnten, daß sie einer Geheimgesellschaft vorgestanden hätten. Viele der Namen aus neuerer Zeit sind aber auch genau jener Art, wie sie Organisationen des zwanzigsten Jahrhunderts häufig für sich in Anspruch zu nehmen versucht haben, um sich eines klangvollen, wenn auch verfälschten »Stammbaumes« rühmen zu können. So veröffentlicht beispielsweise die AMORC, der Dachverband der in Kalifornien beheimateten »modernen« Rosenkreuzer, Listen, die praktsich alle bedeutenden Gestalten aus Geschichte und Kultur aufzählen, deren Wertvorstellungen zufällig denen des Ordens entsprechen — und sei die Übereinstimmung auch noch so gering. Da erfährt man, daß Dante, Shakespeare, Goethe und unzählige andere ordentliche Mitglieder dieses Geheimbundes gewesen seien, die pünktlich ihre Beiträge gezahlt hätten.

Zu denken gab uns ferner die Tatsache, daß die Liste in den *Dossiers secrets* nicht nur allgemein geläufige Namen aufweist, sondern unter anderem auch die von Mitgliedern des europäischen Hochadels, die in den meisten Fällen weder dem interessierten Laien noch dem Fachhistoriker bekannt sind. So zum Beispiel Wilhelm von Gisors, dem nachgesagt wird, er habe 1306 die Prieuré de Sion in eine »hermetische Freimaurergesellschaft« umgewandelt. Oder seinen Großvater Johann von Gisors, der nach der Trennung vom Templerorden Zions erster unabhängiger Großmeister gewesen sein soll. Daß Johann von Gisors gelebt hat, ist urkundlich belegt. Außerdem war er zumindest nominell Herr der berühmten Burg in der Normandie, wo 1188 die Ulme gefällt wurde. Johann von Gisors scheint ein außerordentlich mächtiger und reicher Gutsbesitzer und bis zum Jahre 1193 Vasall des Königs von England gewesen zu sein. Er besaß Ländereien in Sussex (England).[2] Den *Dossiers secrets* zufolge lernte er 1169 Thomas Becket in Gisors kennen, der sich dort nachweislich aufhielt.[3] Über den

Anlaß zu dieser Begegnung sowie über den Inhalt der dabei geführten Gespräche konnten wir allerdings nichts Näheres in Erfahrung bringen.

Kurzum: Von einigen wenigen nichtssagenden Einzelheiten abgesehen, deutete nichts darauf hin, wodurch Johann von Gisors seinen Anspruch auf Ruhm begründet hätte oder seine Wahl zum Großmeister der Prieuré de Sion gerechtfertigt gewesen wäre. Wenn diese Liste angeblicher Großmeister authentisch war, welche Leistung, so fragten wir uns, hatte dem Herrn von Gisors dann das Amt eingetragen? War die Liste hingegen eine Fälschung jüngeren Datums, konnten wir uns keinen Reim darauf machen, warum ein so obskurer Name Eingang in sie gefunden hatte.

Es bot sich uns nur eine, wenn auch nicht sehr schlüssige Erklärung an: Sämtliche in der Liste der Großmeister aufgeführten Adelsnamen, einschließlich des von Johann von Gisors, tauchten auch in den komplizierten Genealogien auf, die an anderer Stelle in den »Prieuré-Dokumenten« wiedergegeben waren. Ihrer aller Herkunft verliert sich in ein und demselben Dickicht von Stammbäumen, deren Ursprung vermutlich in der merowingischen Dynastie zu suchen ist. Damit war es für uns offenkundig, daß es sich bei der Prieuré de Sion – zumindest weitgehend – um so etwas wie eine Familienangelegenheit handelte.

Die oben abgedruckte Liste vermittelt den Eindruck, das Großmeisteramt der Prieuré de Sion sei im wesentlichen stets an Angehörige zweier verschiedener Kreise vergeben worden: zum einen an überragende Persönlichkeiten aus den Bereichen der Esoterik, der Kunst und Wissenschaft; zum anderen an Mitglieder eines bestimmten, weitverzweigten Adelsgeschlechts, von denen manche sogar königlichen Geblüts waren. Nicht zuletzt aufgrund dieser buntgemischten Zusammensetzung gewinnt die Liste bis zu einem gewissen Grad an Glaubwürdigkeit. War sie in der Absicht erstellt worden, um sich eines eindrucksvollen Stammbaums rühmen zu können, so mußten die vielen unbekannten, längst vergessenen Namen von Adligen diesen Zweck verfehlen. Denn welchen Sinn hätte es zum Beispiel gehabt, einen Mann wie Karl Alexander von Lothringen in die Liste aufzunehmen, einen befähigten österreichischen Feldmarschall des achtzehnten Jahrhunderts, Schwager der Kaiserin Maria Theresia, der jedoch das Pech hatte, von Friedrich dem Großen ein um das andere Mal geschlagen zu werden?

In dieser Hinsicht kann man der Prieuré de Sion einen Blick für die

Realitäten nicht absprechen. Zumindest gibt sie nicht vor, ihre Großmeister seien geniale Übermenschen, Erleuchtete, Heilige oder gar
Unsterbliche gewesen. Die Liste stellt vielmehr eine Art repräsentati-
ven Querschnitts dar: Neben ein paar Genies finden sich Standesperso-
nen und ganz normale Durchschnittsmenschen, ja, sogar ein paar
Dummköpfe und ausgesprochene Nullen.

Warum, so fragten wir uns, sollte eine gefälschte oder frei erfundene Liste ein so breites Spektrum aufweisen? Warum enthielt sie zum
Beispiel einen relativ unbedeutenden Schriftsteller wie Charles Nodier
anstelle zeitgenössischer Größen wie Byron oder Puschkin? Warum
einen Exzentriker wie Cocteau statt Männer von internationalem Rang
wie André Gide oder Albert Camus? Und warum fehlte ausgerechnet
Poussin, von dem wir bereits wußten, daß er in das Geheimnis
verwickelt war? Solche und ähnliche Fragen gingen uns immer wieder
durch den Kopf und führten zu der Überzeugung, die Liste eingehend
prüfen zu müssen, bevor wir sie als Schwindel verwarfen.

Wir unterzogen uns also eines langwierigen und gründlichen
Studiums der angeblichen Großmeister, ihrer Biographien, ihrer Tätigkeit und Leistungen. Bevor wir jedoch an die Arbeit gingen, stellten wir
einige kritische Fragen zusammen, auf die wir, soweit möglich, bei der
Überprüfung eines jeden Falls besonders achten wollten:

1. Bestanden irgendwelche persönlichen Beziehungen zwischen
dem angeblichen Großmeister, seinem direkten Vorgänger und seinem
unmittelbaren Nachfolger?

2. Existierten irgendwelche Bande — etwa verwandtschaftlicher
Natur — zwischen dem angeblichen Großmeister und den in den
Genealogien der »Prieuré-Dokumente« genannten Familien, den Familien angeblich merowingischer Abkunft und insbesondere den Herzögen von Lothringen?

3. Hatte der angebliche Großmeister irgend etwas mit Rennes-le-
Château, Gisors, Stenay, Saint-Sulpice oder einem der anderen Orte zu
tun, auf die wir bei unseren Nachforschungen immer wieder gestoßen
waren?

4. Zeigten die einzelnen Großmeister, vorausgesetzt, Zion verstand sich tatsächlich als »hermetischer Freimaurerbund«, eine Nei-
gung zu hermetischem Gedankengut, oder unterhielten sie Beziehungen zu anderen Geheimgesellschaften?

Zwar war es schwierig, oft sogar unmöglich, Informationen über
die angeblichen Großmeister aus der Zeit vor 1400 zu erhalten. Doch

erbrachten unsere Recherchen über die Jahre danach einige überraschende Resultate. Die meisten der auf der Liste Genannten waren mit dem Hause Lothringen blutsverwandt oder auf andere Weise mit ihm verbunden. So gilt zum Beispiel Robert Fludd als Erzieher der Söhne des Herzogs von Lothringen. Seit Nicolas Flamel war ausnahmslos jeder auf der Liste von hermetischen Ideen durchdrungen, und viele pflegten Kontakte zu Geheimgesellschaften – selbst Männer wie Boyle oder Newton. Und mit einer einzigen Ausnahme hatte jeder der angeblichen Großmeister in Beziehung zu seinem Vorgänger beziehungsweise Nachfolger gestanden, sei es nun direkt oder aufgrund gemeinsamer Freunde. Soweit wir feststellen konnten, ist diese »Kette« von Großmeister zu Großmeister nur einmal an der Wende vom achtzehnten zum neunzehnten Jahrhundert unterbrochen worden – und selbst dieses eine Mal – zwischen Maximilian Franz von Habsburg-Lothringen und Charles Nodier – ist keineswegs schlüssig erwiesen.

Es würde den Rahmen dieses Kapitels sprengen, wollte man auf jeden der Großmeister ausführlich eingehen. Die unbedeutenderen unter ihnen sind nur vor dem Hintergrund ihres Zeitalters zu würdigen, wozu es langatmiger historischer Exkurse bedürfte; den bekannteren hingegen ist es unmöglich auf einigen wenigen Seiten gerecht zu werden. Daher haben wir das gesamte biographische Material über die angeblichen Großmeister in einem Anhang (vgl. S. 376) zusammengefaßt. Im vorliegenden Kapitel konzentrieren wir uns auf soziale und kulturelle Entwicklungen, bei denen mehrere angebliche Großmeister eine entscheidende Rolle spielten.

René von Anjou. Obwohl heute kaum noch bekannt, war René von Anjou – »der gute König René«, wie man ihn nannte – in den der Renaissance unmittelbar vorausgehenden Jahren eine der bedeutendsten Gestalten der europäischen Kultur. Der 1408 Geborene erwarb im Laufe seines Lebens eine stattliche Zahl von Titeln, wie etwa: Graf von Guise, Graf von Provence, Herzog von Bar, Herzog von Anjou, Herzog von Lothringen, Titularkönig von Neapel und Sizilien und – vielleicht der klangvollste von allen – Titularkönig von Jerusalem. Obwohl mit keinerlei Funktion und Macht verbunden, wurde der zuletzt genannte Titel dennoch von anderen europäischen Fürsten anerkannt. Er beschwor eine Kontinuität herauf, die bis auf Gottfried von Bouillon zurückzuverfolgen war. Eine der Töchter Renés, Margareta von Anjou, heiratete 1445 Heinrich VI. von England und spielte eine wichtige Rolle in den sogenannten Rosenkriegen.

Schon in jungen Jahren muß sich der Lebensweg Renés von Anjou auf geheimnisvolle Weise mit dem der Jeanne d'Arc gekreuzt haben. Jeanne wurde um 1410 in Domrémy an der Maas (Herzogtum Bar) geboren. Zum erstenmal lenkte sie die öffentliche Aufmerksamkeit im Jahre 1429 auf sich, als sie vor der Festung Vaucouleurs erschien. Dem Festungskommandanten teilte sie ihre »göttliche Mission« mit, Frankreich von den englischen Invasoren zu befreien und den Dauphin, den späteren König Karl VII., zur Krönung zu führen. Zur Erfüllung dieser Mission hätte sie sich an den Hof des Dauphins nach Chinon am Unterlauf der Vienne begeben müssen. Doch sie forderte vom Kommandanten von Vaucouleurs kein freies Geleit nach Chinon, sondern verlangte, zum Herzog von Lothringen vorgelassen zu werden, dem Schwiegervater und Großonkel Renés.

Ihr Wunsch wurde erfüllt und Jeanne in der Hauptstadt Nancy vom Herzog empfangen. Man weiß, daß René von Anjou sich dort aufhielt, als Jeanne d'Arc eintraf. Vom Herzog nach ihrem Begehren befragt, erklärte sie: »Euren [Schwieger] Sohn, ein Pferd und ein paar rechtschaffene Männer, die mich nach Frankreich bringen.«[4]

Seitdem sind die Spekulationen über die Art der Beziehung zwischen René von Anjou und Jeanne d'Arc nicht abgerissen. Tatsache ist jedenfalls, daß René anwesend war, als Jeanne ihre Mission antrat. Darüber hinaus, so berichten zeitgenössische Chronisten, habe er sie an den Hof des Dauphins in Chinon begleitet. Und die gleichen Chronisten behaupten, er hätte ihr auch bei der Belagerung von Orléans zur Seite gestanden.[5] In späteren Jahrhunderten scheint systematisch der Versuch unternommen worden zu sein, alle möglichen Spuren Renés von Anjou im Leben der Jungfrau von Orléans zu tilgen. Dennoch sind Renés Biographen nicht in der Lage, Auskunft darüber zu geben, was er in der Zeit zwischen 1429 und 1431 unternahm und wo er sich aufhielt – ein Zeitraum, der mit dem Höhepunkt von Jeannes Leben zusammenfällt.

Manches deutet darauf hin, daß René von Anjou Jeanne d'Arc tatsächlich nach Chinon begleitet hat, wo es zu jener Zeit eine bestimmende Persönlichkeit gab: Jolande von Anjou. Sie war es, die den Kampfgeist in dem willensschwachen Dauphin immer wieder aufs neue anfeuerte. Sie war es, die sich zu Jeannes offizieller Gönnerin und Schirmherrin aufwarf. Sie war es, die den Widerstand brach, mit dem der Hof dem visionären Mädchen begegnete, und ihr die Erlaubnis erwirkte, das Heer nach Orléans zu führen. Sie war es, die den Dauphin davon überzeugte, daß Jeanne d'Arc wahrhaftig die Retterin sein könnte, die sie zu sein behauptete. Und Jolande war es schließlich auch, die die Vermählung in die Wege leitete — die Vermählung des Dauphins mit ihrer eigenen Tochter Maria. Jolande war die Mutter Renés von Anjou.

Je tiefer wir in die Materie eindrangen, um so hartnäckiger drängte sich uns eine vage Vermutung auf: War es zum Beispiel nicht denkbar, daß die Rolle der Jungfrau von Orléans von unbekannten Akteuren hinter den Kulissen geschickt eingefädelt und gelenkt worden war? Waren diese mysteriösen Drahtzieher vielleicht in einer Geheimgesellschaft zu suchen, der René von Anjou zu jener Zeit als Großmeister vorstand?

René von Anjou und Arkadien. Im Gegensatz zu vielen seiner Zeitgenossen war René von Anjou eher ein Mann des Hofes als des Krieges und seinem ganzen Wesen nach ein Vorläufer der kultivierten italienischen Fürsten der Renaissance. Er war überaus belesen und ein ideenreicher und produktiver Schriftsteller, der seine Bücher selbst illustrierte. Er verfaßte sowohl Gedichte und mystische Allegorien als auch einen Leitfaden für Ritterspiele und war ein Förderer der Wissenschaften; zeitweilig nahm er sogar Christoph Kolumbus in seine Dienste. An seinem Hofe lebte ein jüdischer Astrologe, Kabbalist und Arzt namens Jean de Saint-Rémy. Dieser soll verschiedenen Berichten zufolge der Großvater Nostradamus' gewesen sein.

Darüber hinaus interessierte sich René auch für die Sagenwelt um König Artus und den Heiligen Gral; letzterer hatte es ihm besonders angetan. Auf eine herrliche Schale aus rotem Porphyr, die, wie er immer wieder behauptete, bei der Hochzeit in Kana verwendet worden sei, soll er sehr stolz gewesen sein. Er hatte sie in Marseille erstanden, in dessen Nähe nach der Überlieferung Maria Magdalena mit dem Gral an Land gegangen sein soll. Andere Chronisten erwähnen eine Schale (vielleicht die nämliche?), die sich ebenfalls in Renés Besitz befand und in deren Rand eine merkwürdige Inschrift eingraviert war:

»Qui bien beurra / Dieu voira. / Qui beurra tout d'une baleine / Voira Dieu et la Madeleine.« (Wer richtig trinkt / Wird Gott sehen. / Wer den Becher mit einem Schluck leert, / Wird Gott und Maria Magdalena sehen.)[6]

Nicht zuletzt aufgrund seiner zahlreichen Besitzungen auf der Apenninenhalbinsel verbrachte René von Anjou mehrere Jahre in Italien. Über seine enge Freundschaft mit den in Mailand und der Lombardei herrschenden Sforzas kam er auch mit den Medicis in Florenz in Kontakt. Es besteht guter Grund zu der Annahme, daß vornehmlich er es war, der Cosimo de' Medici veranlaßte, eine Reihe von ehrgeizigen Projekten in Angriff zu nehmen, die die weitere Entwicklung der europäischen Kultur entscheidend bestimmten.

Als sich René von Anjou 1439 in Italien aufhielt, begann Cosimo de' Medici damit, in der ganzen damals bekannten Welt alte Handschriften aufkaufen zu lassen. Fünf Jahre später (1444) gründete er im Kloster von San Marco die erste öffentliche Bibliothek Europas, mit der er der Kirche das uneingeschränkte Bildungsmonopol streitig zu machen versuchte. Darüber hinaus veranlaßte er Übersetzungen von platonischen, neuplatonischen, pythagoräischen, gnostischen und hermetischen Schriften, die dadurch leichter zugänglich gemacht wurden. Auch beauftragte er die Universität von Florenz, das Fach Griechisch wieder zu unterrichten. Außerdem schuf er eine Akademie für pythagoräische und platonische Studien, die Vorbildcharakter für zahlreiche Neugründungen ähnlicher Institute auf der ganzen italienischen Halbinsel hatte. Sie entwickelten sich in der Folgezeit zu Hochburgen esoterischer Überlieferung, von denen die Kultur der Renaissance ihren Ausgang nahm.

René von Anjou trug nicht nur bis zu einem gewissen Grad zum Entstehen dieser Akademien bei, er scheint sie auch zur Beschäftigung mit dem Thema Arkadien angeregt zu haben. Wir gehen bestimmt nicht fehl in der Annahme, daß mit René von Anjou das Arkadienmotiv erstmalig Eingang in die abendländische Kultur fand. Im Jahre 1449 zum Beispiel setzte er an seinem Hof in Tarascon eine Reihe von *pas d'armes* in Szene – seltsame Mischungen aus Turnier und Maskerade, in denen Ritter zum Kampf gegeneinander antreten, gleichzeitig aber auch eine Art Schauspiel aufführen. Eines seiner berühmtesten Stücke ist der *Pas d'armes de la bergère*. Die Schäferin, eine ausgesprochen arkadische Gestalt, in der sich bukolische Vorstellungen mit philosophischen verbinden, wurde von seiner damaligen Geliebten dargestellt. Sie steht einem Turnier vor, bei dem Wertgegensätze in allegorischer Weise durch die auftretenden Ritter verkörpert werden. Dieses höfische Fest war eine meisterlich komponierte Veranstaltung, bei der das Pastorale mit Elementen der ritterlichen Romantik zu einer gelungenen Einheit verschmolzen wurde.

Das Thema Arkadien taucht auch in anderen Werken Renés auf. Oft wird es nur durch eine Quelle oder einen Fluß angedeutet, die beide mit einem verborgenen Strom in Zusammenhang stehen. Dieser Strom, für gewöhnlich mit dem in Arkadien auf der Peloponnes entspringenden Fluß Alpheios gleichgesetzt, soll nach antiker Mythologie das Mittelmeer durchfließen und bei der Quelle Arethusa in Syrakus (Sizilien) wieder auftauchen. Der Alpheios gilt seit urdenklichen Zeiten als heilig. Sein Name leitet sich von dem ersten Buchstaben des griechischen Alphabets — Alpha — her, der soviel wie »Anfang« oder »Quelle« bedeutet.

Dieser verborgene Strom scheint für René von Anjou ein Motiv von außerordentlich symbolischer und allegorischer Kraft gewesen zu sein. Offenbar umfaßte es aber mehr als nur die esoterischen Überlieferungen pythagoräischen, gnostischen, kabbalistischen und hermetischen Denkens — nämlich ein sehr spezifisches, reales Wissen, eine Art Geheimnis, das von Generation zu Generation weitergegeben worden war. Und es schien eine offiziell nicht bestätigte und somit »untergründige« Erbfolge mit einzubeziehen.

Die italienischen Akademien haben das Bild des »verborgenen Stroms« mit all diesen Bedeutungsebenen in Verbindung gebracht, und zwar so häufig, daß sie selbst mitunter den Beinamen »arkadisch« erhielten. Im Jahre 1502 erschien der Schäferroman *Arcadia* von Jacopo Sannazaro. Ein gewisser Jacques Sannazar, vermutlich der Vater des Dichters, hatte Jahre zuvor zum italienischen Gefolge Renés von Anjou gehört. Das Werk wurde 1553 ins Französische übersetzt und interessanterweise dem Kardinal Lénoncourt gewidmet, einem Vorfahren jenes Grafen von Lénoncourt, der die Genealogien in den »Prieuré-Dokumenten« erstellt hat.

Unter den Künstlern des sechzehnten Jahrhunderts erfreuten sich das Arkadienthema und der »verborgene Strom« größter Beliebtheit. So wurde der Engländer Sir Philip Sidney von ihnen zu seinem bedeutendsten Werk, dem Roman *Arcadia* (1590), inspiriert.[7] Und in Italien beflügelten sie unter anderem die Phantasie Torquato Tassos, dessen 1588 erschienenes Epos *Apologia della Gerusalemme liberata* (Das befreite Jerusalem) die Eroberung der Heiligen Stadt durch Gottfried von Bouillon behandelt. Im siebzehnten Jahrhundert erreichte die Arkadien-Thematik mit Nicolas Poussins Gemälde »Die Hirten in Arkadien« einen Höhepunkt.

Je eingehender wir uns mit dem gesamten Komplex beschäftigten, um so mehr gelangten wir zu der Überzeugung, daß durch den »verborgenen Strom« irgend etwas — eine bestimmte Überlieferung, ein Werte- oder Normensystem oder vielleicht sogar ein Wissen ganz besonderer Art — tradiert wurde. Einige der herrschenden Fürstenhäuser jener Zeit, die von diesem Motiv regelrecht besessen gewesen zu sein scheinen, finden mehr oder minder direkt in den Genealogien der »Prieuré-Dokumente« Erwähnung. Sie waren es aber auch, die die von ihnen protegierten Hofkünstler mit diesem Motiv vertraut machten. Über René von Anjou haben italienische Familien wie die Medicis, die Sforzas, die Estes oder die Gonzagas Kenntnis davon erhalten. Der zuletzt genannten Adelsfamilie entstammten zwei Großmeister der Prieuré de Sion: Ferdinand von Gonzaga und sein Bruder Ludwig, Herzog von Nevers. Diesen Kunstmäzenen ist es zu verdanken, daß das Motiv des »verborgenen Stroms« Eingang in die Werke der berühmtesten Dichter und Maler jener Epoche, einschließlich Botticellis und Leonardo da Vincis, fand.

Die Manifeste der Rosenkreuzer. Mit vergleichbarer Dynamik breiteten sich im Deutschland des siebzehnten Jahrhunderts Ideen und Vorstellungen aus, die später auch auf England übergriffen. Wie bereits erwähnt, erschien im Jahre 1614 das erste der sogenannten »Rosenkreuzerischen Manifeste«, dem ein Jahr später ein weiteres folgte. Diese Manifeste sorgten für Furore. Sie veranlaßten die katholische Kirche und die Jesuiten zu massiven Drohungen und rissen eher aufgeklärte Teile des protestantischen Europa zu wahren Begeisterungsstürmen hin. Zu den rhetorisch geschultesten und einflußreichsten Exponenten des Rosenkreuzertums zählte Robert Fludd, sechzehnter Großmeister der Prieuré de Sion von 1595 bis 1637.

Die »Rosenkreuzerischen Manifeste«[8] machten unter anderem die Geschichte des legendären Christian Rosenkreutz bekannt. Sie versprachen die Umwandlung der Welt und des menschlichen Erkenntnisvermögens nach den esoterischen Prinzipien der Hermetik, dem »verborgenen Strom«, den René von Anjou zu einem der beherrschenden Themen der Renaissance gemacht hatte. Ferner kündigten sie eine neue Epoche geistiger Freiheit an, eine Epoche, in der sich der Mensch seiner Fesseln entledigen, brachliegende »Geheimnisse der Natur« entdecken und sein eigenes Geschick in Einklang mit harmonischen, alles durchdringenden universalen und kosmischen Gesetzen bestimmen würde. Gleichzeitig aber waren sie Manifeste des politischen Aufruhrs, ein wütender Angriff auf die katholische Kirche und das Heilige Römische Reich. Heute werden die Manifeste gemeinhin dem deutschen Theologen Johann Valentin Andreä zugeschrieben, den die Liste der Großmeister der Prieuré de Sion als Nachfolger von Robert Fludd nennt.

Die 1616 erschienene dritte Schrift, *Chymische Hochzeit Christiani Rosenkreutz, anno 1459*, ist eine vielschichtige hermetische Allegorie, die in der Folge zahlreiche Werke beeinflußt hat, darunter auch Goethes *Faust*. Nach Frances Yates enthält sie unverkennbare Anklänge an den englischen Esoteriker John Dee, dessen Spuren sich auch im Denken Robert Fludds nachweisen lassen. Außerdem spielen die Gralssagen und die Tempelritter in Andreäs Werk hinein, etwa wenn es heißt, Christian Rosenkreutz habe einen weißen Rock mit einem roten Kreuz auf der Schulter getragen. Im Verlauf der Erzählung wird ein Stück aufgeführt – eine Allegorie in der Allegorie. Darin geht es um eine Prinzessin nicht näher erklärter »königlicher« Herkunft, deren rechtmäßige Besitztümer die Mauren an sich gerissen haben und die selbst in einer Holzkiste ans Ufer geschwemmt wird. Der Rest des Stücks handelt von ihrem wechselvollen Schicksal und ihrer Vermählung mit einem Prinzen, der ihr hilft, wieder in den Besitz ihres Erbes zu gelangen.

Direkte Verbindungen zwischen Andreä und einer der in den Stammtafeln der »Prieuré-Dokumente« genannten Familien konnten wir nicht feststellen, ausgenommen vielleicht zu Kurfürst Friedrich V. von der Pfalz, dem »Winterkönig«. Friedrich war der Neffe von Henri de la Tour d'Auvergne, Vicomte de Turenne und Herzog von Bouillon, der im Dreißigjährigen Krieg erfolgreich auf seiten der Protestanten gekämpft hatte.

Im Jahre 1613 hatte Friedrich V. Elisabeth Stuart geheiratet, die Tochter Jakobs (VI.) I. von Schottland und von England, Enkelin Maria Stuarts und Urenkelin der Maria von Guise. Die Grafen von Guise waren eine Seitenlinie des Hauses Lothringen. Maria von Guise war zunächst mit dem Herzog von Longueville und nach dessen Tod mit Jakob V. von Schottland verheiratet gewesen. Diese Ehe schuf eine dynastische Verbindung zwischen den Häusern Stuart und Lothringen, und ab diesem Zeitpunkt tauchen die Stuarts, wenn auch nur am Rande, immer wieder in den Genealogien der »Prieuré-Dokumente« auf. Andreä sowie auch die drei angeblichen Großmeister, die ihm nachfolgten, bekundeten mehr oder minder großes Interesse am schottischen Königshaus. Zu dieser Zeit war das Haus Lothringen bereits im

Niedergang begriffen, und Zion könnte daher – zumindest teilweise und vorübergehend – seine Treuepflicht auf die einflußreicheren Stuarts übertragen haben.

Nach seiner Vermählung mit Elisabeth pflegte Friedrich V. von der Pfalz an seinem Hof in Heidelberg esoterische Ideen. Dazu Frances Yates: »In der Pfalz bildet sich eine Kulturform heraus, die unmittelbar der Renaissance entsprungen war, aber auch jüngere Strömungen in sich aufgenommen hatte, eine Kulturform, die man ohne weiteres als ›rosenkreuzerisch‹ bezeichnen könnte. Kurfürst Friedrich stand inmitten dieser geistigen Bewegungen, deren Exponenten sich eine politisch-religiöse Umsetzung ihrer Vorstellungen erhofften . . . und danach trachteten, hermetische Reformen mit einem ›echten Fürsten‹ im Zentrum zu verwirklichen . . .«[9]

Die anonymen Rosenkreuzer und ihre Anhänger scheinen Friedrich also mit einer Art geistiger und politischer Mission betraut zu haben. Und Friedrich hat die ihm »aufgezwungene« Rolle offenbar ebenso bereitwillig akzeptiert wie die Hoffnungen und Erwartungen, die sich daran knüpften. So nahm er 1618 die böhmische Krone an, die ihm die Stände anboten, wodurch er den Zorn des Papstes und des Heiligen Römischen Reiches auf sich lud und den Ausbruch des Dreißigjährigen Krieges beschleunigte. Nur zwei Jahre später wurde er mit Elisabeth ins holländische Exil geschickt und Heidelberg von katholischen Truppen besetzt. Für mehr als fünfundzwanzig Jahre war Deutschland der Schauplatz einer Auseinandersetzung, die bis zu den Weltkriegen des zwanzigsten Jahrhunderts die erbittertste, blutigste und kostspieligste bleiben sollte, die je in Europa gewütet hatte – ein Krieg, in dem es der Kirche beinahe gelungen wäre, ihre hegemoniale Stellung, die sie im Mittelalter innegehabt hatte, wiederherzustellen.

Inmitten dieser Wirren gelang es Andreä, ein Netz aus mehr oder minder geheimen Gesellschaften zu knüpfen, die als »christliche Bruderschaften« bekannt wurden. Nach Andreäs Vorstellungen sollte an der Spitze jeder Gesellschaft ein anonymer Fürst stehen, dem zwölf weitere assistierten, von denen sich jeder auf einem Gebiet ein Spezialwissen angeeignet hatte.[10] Das Ziel der Bruderschaften bestand ursprünglich darin, gefährdete wissenschaftliche Erkenntnisse zu retten, was vor allem die neuesten Entdeckungen betraf, die von der Kirche zum großen Teil als ketzerisch abgelehnt wurden. Gleichzeitig dienten die »christlichen Bruderschaften« aber auch als Zufluchtsort für von der Inquisition Verfolgte, die die einfallenden katholischen

Heere begleitete und darauf erpicht war, alle Spuren rosenkreuzerischen Denkens auszurotten. Zahlreiche Gelehrte, Wissenschaftler, Philosophen und Esoteriker konnten sich mit Hilfe von Andreäs Vereinigungen nach England in Sicherheit bringen, wo die Freimaurer gerade begannen, sich zu organisieren.

Unter den Flüchtlingen vom Kontinent befand sich auch eine ganze Reihe von Andreäs engen Freunden: Samuel Hartlib; Johannes Amos Komensky, besser unter dem Namen Comenius bekannt, mit dem Andreä ausgiebig korrespondierte; Theodor Haak, ein persönlicher Freund und Briefpartner von Elisabeth Stuart; und Dr. John Wilkins, ehemals Hofkaplan Friedrichs von der Pfalz und später Bischof von Chester.

In England schlossen sich diese Männer eng an Freimaurerkreise an. Sie standen in regem Kontakt zu Robert Moray, dessen Aufnahme in eine Freimaurerloge 1641 als eine der ersten historisch belegten gilt; zu Elias Ashmole, einem Antiquar und Experten auf dem Gebiet der Ritterorden, der 1646 aufgenommen wurde; und zu dem jungen, frühreifen Robert Boyle, der zwar kein Freimaurer, aber Mitglied einer anderen, noch verschlosseneren Geheimgesellschaft war.[11] Daß es sich dabei um die Prieuré de Sion handelte, kann nicht nachgewiesen werden. Aber immerhin wurde Boyle den »Prieuré-Dokumenten« zufolge Andreäs Nachfolger als Großmeister des Ordens.

Zur Zeit Oliver Cromwells bildeten diese dynamischen Geister, sowohl Engländer als auch Kontinentaleuropäer, eine Gruppe, die Boyle das »unsichtbare Kollegium« nannte. Mit der Wiedereinführung der Monarchie im Jahre 1660 wurde aus dem »unsichtbaren Kollegium« die Royal Society[12], als deren Gönner und Schirmherr König Karl II. aus dem Hause Stuart fungierte. Praktisch alle Gründungsmitglieder der Royal Society waren Freimaurer, so daß man mit einiger Berechtigung behaupten könnte, diese älteste englische Akademie der Wissenschaften sei zumindest in ihren Anfängen eine freimaurerische Institution gewesen, hervorgegangen aus der »unsichtbaren rosenkreuzerischen Bruderschaft«.

Das Haus Stuart. Den »Prieuré-Dokumenten« zufolge war Newtons Nachfolger im Amt des Großmeisters der Prieuré de Sion Charles Radclyffe, dessen Name uns zunächst kaum etwas sagte. Bei unseren Nachforschungen stellte sich jedoch heraus, daß er in der

Kulturgeschichte des achtzehnten Jahrhunderts eine beträchtliche, wenn auch nicht so ohne weiteres erkennbare Rolle gespielt hat.

Seit dem sechzehnten Jahrhundert waren die Radclyffes eine einflußreiche Familie in Northumbrien. Im Jahre 1688, kurz vor seiner Absetzung, hatte Jakob II. sie in den Grafenstand erhoben und zu Earls of Derwentwater ernannt. Charles Radclyffe selbst wurde 1693 geboren. Seine Mutter war eine illegitime Tochter Karls II. aus dessen Verbindung mit Moll Davies. Folglich war Radclyffe mütterlicherseits königlicher Abstammung und ein Enkel des vorletzten Herrschers aus dem Hause Stuart. Ferner war er ein Vetter von Karl Eduard Stuart (Bonnie Prince Charlie) und von George Lee, Earl of Lichfield, auch er ein unehelicher Enkel Karls II. Es ist daher nicht weiter verwunderlich, daß Radclyffe sich über viele Jahre hin eingehendst mit der Geschichte des Hauses Stuart beschäftigte.

Dessen Geschicke lagen 1715 in den Händen des »Alten Prätendenten« Jakob Eduard, der zu jener Zeit in Bar-le-Duc im Exil lebte und den besonderen Schutz des Herzogs von Lothringen genoß. Radclyffe und sein älterer Bruder James beteiligten sich am schottischen Aufstand jenes Jahres, wurden beide gefangengenommen und eingekerkert. Während James hingerichtet wurde, konnte Charles aus dem Newgate-Gefängnis entkommen und Zuflucht bei den Jakobiten in Frankreich finden. Einige Zeit später wurde er Privatsekretär des »Jungen Prätendenten« Karl Eduard.

Im Jahre 1745 landete dieser in Schottland und unternahm mit französischer Hilfe den Versuch, den Stuarts den britischen Thron zurückzugewinnen. Ein Jahr später erlitt der »Junge Prätendent« in der Schlacht von Culloden Moor eine vernichtende Niederlage. Charles Radclyffe, der zu seinen Anhängern zählte, wurde kurz darauf im Londoner Tower enthauptet.

Im französischen Exil setzten sich die Stuarts mit Nachdruck für die Verbreitung der Freimaurerei ein. Allgemein werden sie als Initiatoren des »Schottischen Ritus« angesehen. Die so orientierten Freimaurer führten höhere Erkenntnisgrade (»Schottengrad«) ein als die zur damaligen Zeit von anderen Freimaurerlogen praktizierten. Darüber hinaus suchten sie engere Kontakte zwischen der Freimaurerei und solchen Denkschulen herzustellen — der Alchimie, der Kabbalistik und der Hermetik zum Beispiel —, die gemeinhin als rosenkreuzerisch galten.

Sehr wahrscheinlich wurde die Freimaurerei nach »Schottischem

Ritus« ursprünglich von Charles Radclyffe verkündet, wenn nicht sogar von ihm erfunden. Jedenfalls soll er 1725 die erste Loge auf dem Kontinent in Paris gegründet haben. Im gleichen oder im folgenden Jahr scheint er als Großmeister aller französischen Logen bestätigt worden zu sein; dieses Amt soll er auch 1736 noch ausgeübt haben. Die Freimaurerei des achtzehnten Jahrhunderts hat Radclyffe letztlich mehr als jedem anderen ihre Ausbreitung zu verdanken, auch wenn er sich nach 1738 immer mehr zurückzog und vornehmlich der Dienste von Mittelsmännern bediente – unter anderen eines gewissen Chevaliers Andrew Ramsay[13], der sein wichtigstes und berühmtestes »Sprachrohr« war.

Ramsay, in den achtziger Jahren des siebzehnten Jahrhunderts in Schottland geboren, wurde als junger Mann Mitglied der Engelbrüder, einer halb freimaurerischen, halb rosenkreuzerischen Sekte. Auch zwei gute Freunde von Isaac Newton gehörten dieser Gesellschaft an. Ramsay, der Newton zutiefst bewunderte, sah in ihm denjenigen, der die in den alten Mysterien verborgenen ewigen Wahrheiten wiederentdeckt hatte.

Der Chevalier stand mit Newton auch noch auf anderen Ebenen in Verbindung. So verkehrte er beispielsweise mit Jean Desaguliers, einem von Newtons engsten Freunden, der gleich diesem wohlwollendes Interesse an den Ideen der Kamisarden bekundete, einer katharisch-häretischen Sekte, die im ausgehenden siebzehnten Jahrhundert in Südfrankreich verfolgt wurde.

Um 1710 hielt sich Ramsay in Cambrai auf, wo er vertraulichen Umgang mit dem Mystiker und Philosophen François Fénelon pflegte, dem früheren Curé von Saint-Sulpice. Wann genau Ramsay die Bekanntschaft mit Charles Radclyffe machte, ist nicht bekannt, doch in den zwanziger Jahren setzte er sich bereits voll für die Sache der Jakobiten ein. Eine Zeitlang war er sogar Erzieher von Karl Eduard Stuart.

Trotz seiner Beziehungen zu den Jakobiten kehrte Ramsay 1729 nach England zurück, wo er, ungeachtet seiner fehlenden Qualifikationen, in die Royal Society aufgenommen wurde. Außerdem wurde er Mitglied einer etwas obskuren Vereinigung, des »Gentleman's Club of Spalding«, zu dem auch Männer wie Desaguliers, Alexander Pope und Newton zählten.

Ab 1730 hielt sich Ramsay wieder in Frankreich auf, wo er in zunehmendem Maße für die Freimaurerei tätig wurde. Es ist bekannt, daß er den »Arbeiten« der Loge in Begleitung zahlreicher bedeutender Persönlichkeiten beiwohnte, so auch in der von Desaguliers. Zu seinen Gönnern zählten die Familie Tour d'Auvergne, die Vicomtes von Turenne und die Herzöge von Bouillon. Der zu jener Zeit regierende Herzog von Bouillon, ein Vetter von Karl Eduard Stuart, gehörte zu den prominentesten Förderern der Freimaurerei. Er schenkte Ramsay ein Landgut und ein Haus in Paris und betraute ihn überdies mit der Erziehung seines Sohnes.

Im Jahre 1737 hielt Ramsay seine berühmte »Festrede« über die Geschichte der Freimaurerei, die in der Folge zu einem grundlegenden Dokument für die »Bauhütten« wurde.[14] Aufgrund dieser Rede wurde Ramsay zum bedeutendsten Wortführer des Freimaurertums jener Epoche. Doch unsere Recherchen machten immer deutlicher, daß in Wirklichkeit die Stimme Charles Radclyffes aus Ramsay sprach. Radclyffe war übrigens auch der Meister vom Stuhl jener Loge, in der Ramsay seine Festrede gehalten hatte. Wenn aber Radclyffe hinter Ramsay stand, dann muß letzterer das Bindeglied zwischen Radclyffe und Newton gewesen sein.

Trotz Radclyffes frühzeitigem Tod im Jahre 1746 trug die Saat, die er in Europa gesät hatte, auch weiterhin Früchte. Zu Beginn der fünfziger Jahre des achtzehnten Jahrhunderts trat mit dem Reichsfreiherrn Karl Gotthelf von Hund ein neuer Botschafter der Freimaurerei auf den Plan. Hund behauptete, 1742 — also ein Jahr vor Ramsays und vier Jahre vor Radclyffes Tod — in den Orden der Freimaurer aufgenommen worden zu sein. Er erklärte, *superiores incogniti* (unbekannte Obere) hätten ihn bei seiner Initiation in ein neues System der Freimaurerei eingeweiht.[15] Diese »unbekannten Oberen« seien eng mit den Zielen der Jakobiten verbunden gewesen. Auch war Hund fest davon überzeugt, daß der Meister vom Stuhl, der sein Aufnahmeritual geleitet hatte, kein Geringerer als Karl Eduard Stuart gewesen sei. Und obwohl das nachweislich nicht zutraf, blieb Hund auch weiterhin davon überzeugt, die fragliche Persönlichkeit hätte mit dem »Jungen Prätendenten« in enger Beziehung gestanden. Die Vermutung, es habe sich dabei um Charles Radclyffe gehandelt, liegt nahe.

Das Hochgradsystem, in das Hund eingeweiht worden war und das eine Erweiterung des »Schottischen Ritus« darstellte, wurde in der Folge als »Strikte Observanz« bezeichnet. Der Name rührte von dem Gelübde her, das jeder Neuling abzulegen hatte und das ihn gegenüber den »unbekannten Oberen« zu absoluter Folgeleistung und bedingungslosem Gehorsam *(strictum observantiam)* verpflichtete. Einen zentralen Stellenwert nahm die Lehraussage ein, das System der »Strikten Observanz« sei unmittelbar von den Tempelrittern übernommen worden, von denen einige, wie es hieß, die blutigen Säuberungen zwischen 1307 und 1314 überlebt und ihren Orden in Schottland am Leben erhalten hätten.

Diese Behauptung war uns nicht neu, und aufgrund unserer eigenen Nachforschungen konnten wir ihr einen gewissen Wahrheitsgehalt nicht absprechen. Ein Kontingent von Tempelrittern hatte angeblich auf seiten von Robert Bruce in der Schlacht von Bannockburn gekämpft. Wie schon erwähnt, war die päpstliche Bulle mit der Auflösungsverfügung des Templerordens in Schottland nie verkündet und der Orden dort folglich auch nie aufgelöst worden. Wir selbst machten in Argyllshire einen, wie wir annahmen, Templer-Friedhof ausfindig. Die frühesten Grabsteine datierten aus dem dreizehnten, die letzten aus dem achtzehnten Jahrhundert. Während die frühen Steine eigenartige Symbole tragen, die man auch in Ordenshäusern in England und Frankreich gefunden hat, zeigen die späteren Grabmäler eine Kombination aus diesen Symbolen mit freimaurerischen Motiven. Der Schluß lag nahe, der Orden habe in der unwegsamen Wildnis von Argyllshire ein verborgenes Dasein geführt, sich allmählich säkularisiert und Freimaurerlogen angeschlossen.

Die von Hund für die »Strikte Observanz« reklamierte Ahnentafel schien uns vor diesem Hintergrund nicht ganz aus der Luft gegriffen zu sein. Doch gelang es dem Reichsfreiherrn nicht, sein System der Freimaurerei weiterzuentwickeln. Denn seine Zeitgenossen bezichtigten ihn des Scharlatanismus und warfen ihm vor, die Geschichte seiner Initiation, seiner Begegnung mit den »unbekannten Oberen« sowie seinen Auftrag, die »Strikte Observanz« zu verkünden, frei erfunden zu haben. Diesen Anschuldigungen konnte Hund lediglich entgegenhalten, daß seine »unbekannten Oberen« ihn aus unerfindlichen Gründen im Stich gelassen hätten. Sie hätten zwar versprochen, wieder Kontakt mit ihm aufzunehmen und ihm weitere Anweisungen zu erteilen, aber sie hätten ihr Wort nicht gehalten. Bis an sein Lebensende beteuerte er immer wieder die Rechtschaffenheit seines Auftrags.

Je mehr wir über Hunds Behauptungen nachdachten, desto einleuchtender schienen sie uns. Er dürfte, ohne daß dahinter eine vorsätzliche Täuschung gestanden hätte, das glücklose Opfer der sich ändernden Zeitläufte gewesen sein. Im Jahre 1742, als er nach eigener

Aussage in den Orden der Freimaurer aufgenommen wurde, bildeten die Jakobiten noch eine starke politische Kraft. Vier Jahr später starb Radclyffe. Tot waren auch viele seiner Gefährten, während andere im Gefängnis saßen oder im Exil lebten – einige sogar im fernen Amerika. Wenn also Hunds »unbekannte Obere« es verabsäumten, sich mit ihrem Schützling abermals in Verbindung zu setzen, muß dies keineswegs freiwillig geschehen sein. Die Tatsache, daß Hund unmittelbar nach der Machteinbuße der Jakobiten fallengelassen wurde, scheint seine Geschichte eher zu bestätigen.

Ein weiteres Beweisstück, das wir fanden, verleiht nicht nur Hunds Behauptungen, sondern auch den »Prieuré-Dokumenten« Glaubwürdigkeit. Dabei handelt es sich um eine Liste von Großmeistern des Templerordens, die Hund, wie er ausdrücklich versicherte, von den »unbekannten Oberen« erhalten hatte.[16] Über die Korrektheit der diesbezüglichen Angaben in den *Dossiers secrets* bestand bei uns kein Zweifel mehr. Mit um so größerem Erstaunen stellten wir fest, daß Hunds Liste mit einer einzigen unbedeutenden Abweichung mit der in den *Dossiers secrets* übereinstimmte. Mit anderen Worten: Der Begründer der »Strikten Observanz« war auf irgendeine Weise in den Besitz einer Liste der Großmeister der Tempelritter gelangt, die exakter war als jede andere damals bekannte – und dies zu einer Zeit, da die meisten jener Dokumente, auf die wir uns stützten (wie Urkunden, Proklamationen oder Verträge), vom Vatikan noch unter Verschluß gehalten wurden.

Trotz der gegen ihn erhobenen massiven Beschuldigungen erfuhr Hund nach dem Sturz der Jakobiten freundschaftliche Unterstützung durch den römisch-deutschen Kaiser Franz I. (als Herzog von Lothringen Franz Stephan). Dieser war durch seine Heirat (1736) mit Maria Theresia der Stammvater des Hauses Habsburg-Lothringen geworden. Und wie den »Prieuré-Dokumenten« zu entnehmen ist, trat der Bruder des Kaisers, Herzog Karl Alexander Emanuel von Lothringen, 1746 die Nachfolge von Charles Radclyffe als Großmeister der Prieuré de Sion an. Franz Stephan war der erste aus dem europäischen Hochadel, der Freimaurer geworden war und daraus überhaupt keinen Hehl machte. 1731 wurde er in Den Haag in den Orden aufgenommen. Die Initiation des Herzogs nahm übrigens der uns schon bekannte Jean Desaguliers vor. Kurze Zeit darauf wurde Franz Stephan anläßlich einer Englandreise auch Mitglied des »Gentleman's Club of Spalding«.

In den folgenden Jahren setzte sich der Lothringer mehr als jeder andere europäische Herrscher für die Verbreitung der Freimaurerei ein. Wien entwickelte sich in gewissem Sinne zur Hauptstadt des europäischen Freimaurertums und war darüber hinaus das Zentrum für ein weites Spektrum anderer esoterischer Bewegungen. Selbst Kaiser Franz I. richtete sich in der Wiener Hofburg ein alchimistisches Laboratorium ein. Als Großherzog von Toskana wandte er sich energisch gegen die Verfolgung der florentinischen Freimaurer durch die Inquisition.

Charles Nodier und sein Kreis. Charles Nodier wirkte, verglichen mit den ihm vorangegangenen Großmeistern von kulturellem und politischem Rang, eher wie eine Verlegenheitslösung. Uns war er kein ganz Unbekannter: ein Romancier und Literat der zweiten Garnitur, dessen Novellen deutlich den Einfluß von Romantikern wie E. T. A. Hoffmann oder Edgar Allan Poe verraten. Im Kulturleben seiner Zeit spielte er eine bedeutende Rolle und besaß enormen Einfluß. Darüber hinaus war er in mehrfacher Hinsicht in unser »Puzzle« verwickelt.

Im Jahre 1824 wurde Nodier, zu jener Zeit bereits eine literarische Berühmtheit, zum Leiter der Bibliothèque de l'Arsenal ernannt. Diese verfügte und verfügt auch heute noch über die größten Bestände mittelalterlicher und insbesondere okkulter Literatur in Frankreich. Zu ihren vielen Schätzen sollen die alchimistischen Werke Nicolas Flamels ebenso gezählt haben wie die gesamte Bibliothek Kardinal Richelieus, eine umfassende Sammlung von Werken zu den Themen Magie, Kabbalistik und Hermetik. Doch das waren noch längst nicht alle Kostbarkeiten, die diese Einrichtung beherbergte. Zu Beginn der Französischen Revolution waren landesweit sämtliche Klöster geplündert und alle Bücher sowie Handschriften nach Paris geschafft worden. Napoleon, vom Ehrgeiz getrieben, eine Weltbibliothek zu schaffen, konfiszierte 1810 fast die gesamten Archive des Vatikans und ließ sie in die französische Hauptstadt bringen. Das waren über dreitausend Kisten, die unter anderem auch sämtliche Templer-Dokumente enthielten. Obwohl ein Teil davon später zurückgegeben wurde, blieb das meiste doch in Frankreich. Und eben dieses Material ging durch die Hände von Nodier und seinen Mitarbeitern, die es systematisch sichteten, katalogisierten und studierten.

Zu Nodiers Kollegen zählten Eliphas Lévi und Christian Pitois, der auch unter dem Pseudonym Paul Christian veröffentlichte. Lévi und Pitois leiteten mit ihren Werken in den folgenden Jahren eine umfassende Renaissance esoterischer Lehren ein. Auf diese beiden Männer und ihren Mentor Charles Nodier läßt sich letztendlich die sogenannte »Wiederbelebung des Okkulten« im Frankreich des neunzehnten Jahrhunderts zurückführen. Pitois' *Histoire de la magie, du monde surnaturel et de la fatalité à travers les temps et les peuples* (Geschichte der Magie) avancierte gar zur Bibel der damaligen Studenten der Geheimwissenschaften.

Seine Pflichten in der Bibliothèque de l'Arsenal hinderten Nodier keineswegs, als Schriftsteller äußerst produktiv zu sein. Zu den wichtigsten seiner späten Werke wird ein vielbändiges, reich illustriertes und für die Altertumsforschung recht interessantes Opus gerechnet, in dem er sich mit geschichtsträchtigen Orten des alten Frankreich befaßt. Auffallend viel Platz räumt er darin der Epoche der Merowinger ein, was um so erstaunlicher ist, als seinerzeit niemand auch nur das geringste Interesse an dieser frühmittelalterlichen Dynastie bekundete. Außerdem finden sich langatmige Abschnitte über die Templer, aber auch ein Artikel über Gisors, wobei ein detaillierter Bericht über die Ereignisse des Jahres 1188 nicht fehlt.[17]

Charles Nodier, ein geselliger und egoistischer Mensch von schillerndem Charakter, liebte es, im Mittelpunkt des Interesses zu stehen. Sein Licht unter den Scheffel zu stellen, lag ihm ganz und gar fern. In den Räumen der Bibliothèque de l'Arsenal führte er einen literarischen Salon, der seinen Ruf als eine der einflußreichsten und angesehensten »Größen der Ästhetik« jener Zeit begründen half. Nodier war der geistige Anreger einer ganzen Generation von Künstlern und Schriftstellern gewesen, und viele seiner Schützlinge übertrafen ihn später an Ruhm und Leistung. So zum Beispiel Victor Hugo, ein Schüler und enger Freund Nodiers, der nach ihm, den »Prieuré-Dokumenten« zufolge, Großmeister Zions wurde. Nicht zu vergessen François René de Chateaubriand, der in Rom das Grab Poussins aufsuchte und dort einen Stein mit einem Relief der »Hirten in Arkadien« errichten ließ. Zu Nodiers Zirkel gehörten ferner Balzac, Delacroix, Dumas père, Lamartine, Musset, Théophile Gautier, Gérard de Nerval und Alfred de Vigny. Sie alle schöpften, gleich den Dichtern und Malern der Renaissance, häufig aus esoterischen und vor allem aus hermetischen Quellen beziehungsweise Überlieferungen. In ihren Werken ließen sie Motive, Themen, Hinweise und Anspielungen auf das Geheimnis anklingen, das mit Saunière und Rennes-le-Château in unseren Gesichtskreis getreten war. So erschien zum Beispiel 1832 ein Buch unter dem Titel

Voyage à Rennes-les-Bains (Eine Reise nach Rennes-les-Bains), das sich ausführlich mit einem legendären Schatz beschäftigt, der in einer gewissen Beziehung zu Blanchefort und Rennes-le-Château stehe. Der Autor, Auguste de Labouïsse-Rochefort, hat noch ein anderes Buch geschrieben, *Les Amours, à Eléonore* (Die Liebenden. Für Eléonore), auf dessen Titelseite kommentarlos das Motto »Et in Arcadia ego« steht.

Nodiers literarisches und esoterisches Wirken lag zweifellos in dem Rahmen, in dem sich unsere Untersuchungen bewegten. Doch gab es daneben einen weiteren Aspekt in seinem Leben, der womöglich noch beziehungsreicher zu sein versprach: Nodier war von klein auf mit Geheimgesellschaften in Berührung gekommen. Schon im Alter von zehn Jahren war er Mitglied einer Gruppe, die sich »Philadelphen« nannte.[18] Um 1793 gründete er eine eigene Vereinigung, der auch ein späterer Verschwörer gegen Napoleon angehörte. Eine Urkunde aus dem Jahre 1797 bezeugt die Gründung eines neuerlichen Kreises, der sich wieder »Philadelphen« nannte.[19] In der Bibliothek von Besançon befindet sich ein rätselhafter Essay, den einer von Nodiers besten Freunden verfaßt und vor dieser Gruppe vorgetragen hat, betitelt: *Le berger arcadien ou Premiers accents d'une flûte champêtre* (Der arkadische Hirte oder: Die ersten Töne einer ländlichen Flöte).[20]

Der zweiundzwanzigjährige Nodier berichtet 1802 von seiner Verbindung zu einer Geheimgesellschaft, die er als »biblisch und pythagoräisch« bezeichnet.[21] Anonym veröffentlichte er 1815 eines seiner bemerkenswertesten und (für damalige Begriffe) sensationellsten Werke: *Histoire des sociétés secrètes de l'armée et des conspirations militaires qui ont eu pour object la destruction du gouvernement de Bonaparte* (Geschichte der Geheimgesellschaften in der napoleonischen Armee). Ohne näher auf die Frage einzugehen, ob es sich bei diesem Buch um einen Roman oder ein historisches Sachbuch handelt, weist der Autor lediglich darauf hin, sein Werk sei eine kaum verhüllte Allegorie wahrer historischer Begebenheiten. Denn, so Nodier, es gebe eine große Zahl aktiver Geheimgesellschaften, die unter anderem maßgeblich am Sturz Napoleons beteiligt gewesen wären. Eine aber habe vor allen diesen Gesellschaften den Vorrang, und das seien die »Philadelphen«. Im gleichen Atemzug spricht er aber von dem »Eid, der mich an die Philadelphen bindet und es mir untersagt, ihren wahren Namen der Öffentlichkeit preiszugeben«.[22] Eine Anspielung auf Zion enthält eine Ansprache, die Nodier in seinem Werk zitiert und die angeblich von einem Verschwörer gegen Napoleon vor einer Versammlung von »Philadelphen« gehalten wurde. Der Redner spricht unter anderem von seinem neugeborenen Sohn:

»Er ist zu jung, um sich durch das Gelübde Hannibals an euch zu binden. Aber vergeßt nicht, daß ich ihm den Namen Eliacin gegeben habe und daß ich ihm das Amt des Hüters des Tempels und des Altars übertrage für den Fall, daß ich sterben sollte, ohne den letzten Unterdrücker Jerusalems vom Thron stürzen zu sehen.«[23]

Nodiers Buch kam zu einem Zeitpunkt auf den Markt, als die Furcht vor Geheimgesellschaften geradezu pathologische Ausmaße angenommen hatte. Häufig warf man ihnen vor, die Französische Revolution angezettelt zu haben. An allen Ecken und Enden sahen die Leute Verschwörer am Werk. Es wurden regelrechte Hexenjagden veranstaltet. Jedes öffentliche Ärgernis, jede auch noch so geringfügige Veränderung, jedes ungewöhnliche Vorkommnis wurde »subversiven Elementen« zugeschrieben, der Tätigkeit illegaler Organisationen, die heimtückisch hinter den Kulissen arbeiteten und Sabotage trieben, um bestehende Institutionen zu unterhöhlen. Diese Mentalität begünstigte repressive Maßnahmen, die ihrerseits wiederum echte subversive Akte verursachten. Selbst imaginäre Geheimgesellschaften riefen bei hohen Regierungsbeamten Wahnvorstellungen hervor, die häufig mehr Wirkung zeitigten, als es eine wirkliche Geheimgesellschaft je vermocht hätte. Ohne Zweifel spielte der Mythos der Geheimgesellschaften, wenn nicht der Geheimgesellschaften an sich, eine wichtige Rolle im Europa des neunzehnten Jahrhunderts. Und einer der Hauptarchitekten dieses Mythos war Charles Nodier.[24]

Debussy und die Rosenkreuzer. Die von den Geheimgesellschaften ausgehende Faszination und das wiedererwachte Interesse an allem Esoterischen nahmen im Laufe des neunzehnten Jahrhunderts deutlich zu und erreichten einen Höhepunkt im Paris des Fin de siècle − im Kreis um Claude Debussy, der 1891, als Bérenger Saunière die geheimnisvollen Dokumente in Rennes-le-Château entdeckte, angeblich Großmeister der Prieuré de Sion war.

Die Bekanntschaft mit Victor Hugo verdankte Debussy wahrscheinlich dem symbolistischen Dichter Paul Verlaine. In der Folge vertonte er einige von Hugos Werken. Engen Kontakt pflegte Debussy zu den französischen Symbolisten, die im ausgehenden neunzehnten Jahrhundert das Pariser Kulturleben bestimmten und in deren Kreisen auch der junge Kleriker Emile Hoffet und Emma Calvé verkehrten, durch die Debussy Saunière kennenlernte. Zu nennen wären in diesem Zusammenhang ferner der Symbolist Stéphane Mallarmé, dessen Dichtung *L'après-midi d'un faune* (Der Nachmittag eines Fauns) Debussy vertonte; der symbolistische Dramatiker Maurice Maeterlinck, dessen Drama *Pelléas et Mélisande* Debussy als Vorlage für eine Oper diente; der schillernde Graf Philippe-Auguste Villiers de L'Isle-Adam, dessen dramatisches Gedicht *Axël* zu einer Bibel für die gesamte symbolistische Bewegung wurde. Auch die Intellektuellen, die regelmäßig Mallarmés berühmte Dienstags-Soireen besuchten, zählten zu Debussys Freunden. So zum Beispiel Oscar Wilde, William Butler Yeats, Stefan George, Paul Valéry, der junge André Gide und Marcel Proust.

Debussy stand praktisch mit allen prominenten Persönlichkeiten der sogenannten »Okkulten Erneuerung« in Kontakt. Dazu gehörten der Marquis Stanislas de Guaita, ein Vertrauter von Emma Calvé und Gründer des *Ordre cabalistique de la Rose-Croix*, sowie Jules Bois, auf dessen Anregung hin Liddell MacGregor Mathers in Großbritannien die bedeutendste okkulte Gesellschaft jener Zeit ins Leben rief, den Orden der *Hermetic Students of the Rosicrucian Golden Dawn*.

Ein weiterer Okkultist im Bekanntenkreis Debussys war der Arzt Dr. Gérard Encausse, besser unter dem Namen Papus[25] bekannt. Unter diesem Pseudonym veröffentlichte er eines der klassischen Standardwerke über das Tarockspiel. Papus war nicht nur Mitglied zahlreicher esoterischer Orden und Gesellschaften, sondern auch ein Vertrauter des russischen Zaren Nikolaus II. und seiner Gemahlin Alexandra. Und zu Papus' besten Freunden zählte ein Mann, auf den wir im Verlauf unserer Recherchen schon einmal gestoßen waren: Jules Doinel. Doinel war 1890 Bibliothekar in Carcassonne geworden und hatte dort eine neo-katharische Kirche gegründet, in der er und Papus als Bischöfe fungierten. Darüber hinaus hatte sich Doinel selbst zum Bischof von Mirepoix, zu dem die Pfarrgemeinde von Montségur zählte, und von Alet-les-Bains ernannt, zu dem das Kirchspiel von Rennes-le-Château gehörte.

Die Weihe von Doinels Kirche soll von einem orthodoxen Bischof vorgenommen worden sein und bemerkenswerterweise in der Pariser Wohnung von Lady Caithness stattgefunden haben, der Gemahlin des Earl of Caithness, Lord James Sinclair. Aus heutiger Sicht betrachtet, dürfte diese Kirche kaum mehr als eine harmlose Sekte gewesen sein,

ein Kult, wie es deren viele im Fin de siècle gab. Seinerzeit löste sie jedoch heftige Reaktionen bei den Behörden aus. Für das *Sanctum Officium* wurde eine Studie über das »Wiederaufleben katharischer Tendenzen« erstellt, und der Papst verurteilte ausdrücklich Doinels Kirche, die er als neuerliche Manifestation der »alten albigensischen Ketzerei« anprangerte.

Einer von Debussys engsten Vertrauten unter den Okkultisten war Joséphin Péladan, der auch mit Papus und, wie könnte es anders sein, mit Emma Calvé befreundet war. Im Jahre 1889 unternahm Péladan eine Reise ins Heilige Land. Nach seiner Rückkehr behauptete er, die echte Grabstätte Jesu entdeckt zu haben – und zwar nicht in der Grabeskirche, sondern unter dem Felsendom (Omar-Moschee), der einst zum Tempelritter-Bezirk in Jerusalem gehört hatte. Péladans angebliche Entdeckung sei, nach den Worten eines überschwenglichen Bewunderers, »so erstaunlich, daß sie zu jeder anderen Zeit die katholische Welt in ihren Grundfesten erschüttert hätte«.[26] Doch weder Péladan noch seine Mitstreiter waren bereit, darzulegen, auf welche Weise sie Jesu Grabstätte so eindeutig hatten identifizieren können oder warum diese Entdeckung »die katholische Welt in ihren Grundfesten« hätte erschüttern sollen.

1890 hatte Péladan einen neuen Orden gegründet, den *Ordre de la Rose-Croix du Temple et du Graal, ou de la Rose Catholique,* der im Gegensatz zu anderen rosenkreuzerischen Institutionen der päpstlichen Verdammung entgangen war. Sein Hauptaugenmerk wandte Péladan nun den schönen Künsten zu. Der Künstler müsse seiner Ansicht nach »ein Ritter in voller Rüstung auf der symbolischen Suche nach dem Heiligen Gral« sein. Getreu diesem Axiom, eröffnete er einen wahren Kreuzzug gegen die zeitgenössische Kunst. Zu diesem Zweck veranstaltete er einmal im Jahr eine Ausstellung, den *Salon de la Rose + Croix,* dessen erklärtes Ziel es war, dem Materialismus im Bereich der Kunst ein Ende zu bereiten und statt dessen ihre Spiritualisierung zu propagieren. Diesem Programm fiel eine Reihe von Themen und Motiven zum Opfer, unter anderem »prosaische« Historienbilder, Gemälde patriotischen oder militärischen Inhalts, Darstellungen des Alltagslebens, Porträts, ländliche Szenen und »alle Landschaften, ausgenommen solche, die in der Manier Poussins gemalt sind«.[27]

Péladan war auch bestrebt, seine ästhetischen Vorstellungen in der Musik und im Theater durchzusetzen. Er gründete ein eigenes Theaterensemble, das ausschließlich Stücke über Themen wie Orpheus, die

Argonauten, den Raub des Goldenen Vlieses, das »Geheimnis des Rosenkreuzes« und das »Geheimnis des Grals« aufführte. Einer der Förderer und Gönner dieser Produktionen war Claude Debussy.

Zu dem Kreis um Debussy und Péladan gehörte auch Maurice Barrès, der sich als junger Mann zusammen mit Victor Hugo den Rosenkreuzern angeschlossen hatte. Im Jahre 1913 veröffentlichte Barrès seinen Roman *La colline inspirée* (Der erleuchtete Berg), in dem einige Kommentatoren eine kaum verhüllte Allegorie Bérenger Saunières und seiner Entdeckungen sahen. Gewiß gibt es Parallelen, aber Barrès' Roman spielt nicht in Rennes-le-Château oder im Languedoc. Der »erleuchtete Berg« ist vielmehr ein Berg in Lothringen, auf dessen Rücken ein Dorf liegt. Und diese Ortschaft ist ein altes Wallfahrtszentrum Zions.

Jean Cocteau. Daß ein Mann wie Jean Cocteau das Amt des Großmeisters einer einflußreichen Geheimgesellschaft innegehabt haben soll, kam uns noch unwahrscheinlicher vor als im Falle Radclyffes oder Nodiers. Cocteau, der einer Familie angesehener Juristen und Politiker entstammte, verließ mit Fünfzehn sein Elternhaus und stürzte sich in die Subkultur von Marseille. Als Zwanzigjähriger hatte er sich in der Bohème etabliert und verkehrte mit Proust, Gide und Barrès. Einer seiner Freunde war Victor Hugos Urenkel Jean, dessen spiritualistische und okkulte Vorlieben er teilte. Spätestens seit 1912 stand er in regem Kontakt mit Debussy, den er häufig, wenngleich unverbindlich, in seinen Tagebüchern erwähnt. Im Jahre 1926 entwarf Cocteau das Bühnenbild für eine Aufführung der Oper *Pelléas et Mélisande*, weil er, wie ein Zeitgenosse bemerkte, »der Versuchung nicht widerstehen konnte, seinen Namen für alle Zeiten mit dem Claude Debussys zu verbinden«.

Cocteau war ein notorisch unruhiger Geist, der seiner homosexuellen Affären sowie seiner zeitweiligen Drogenabhängigkeit wegen oftmals als unbeherrscht und verantwortungslos verurteilt wurde. In Wahrheit jedoch war er sich seiner Wirkung in der Öffentlichkeit stets deutlich bewußt und ließ sich durch seine Eskapaden niemals den Zugang zu den Mächtigen und Einflußreichen versperren. Er sehnte sich, wie er selbst einmal gestand, sein Leben lang nach öffentlicher Anerkennung, nach Ehrungen und allgemeiner Wertschätzung. Als Cocteau 1955 in die Académie Française aufgenommen wurde, ging für ihn ein langgehegter Wunsch in Erfüllung. Obwohl er nie politische

Interessen bekundet hatte, griff er während des Zweiten Weltkrieges die Vichy-Regierung heftig an und unterhielt, wie es hieß, Verbindungen zur Résistance.

Zwar pflegte Cocteau sein Leben lang mehr oder weniger intensiven Umgang mit katholischen royalistischen Kreisen, doch war der von ihm praktizierte Katholizismus reichlich unorthodox. Der Glaube scheint ihm eher ein ästhetisches als ein religiöses Anliegen gewesen zu sein, denn in seinen späteren Lebensjahren verwandte er viel Energie auf die künstlerische Neugestaltung alter Kirchen. Aber auch das führte zu Mißverständnissen. »Man hält mich für einen religiösen Maler, nur weil ich eine Kapelle ausgemalt habe. Es ist immer die gleiche Sucht, den Menschen mit einem Etikett zu versehen.«[28]

Gleich Saunière verwandte Cocteau zum Beispiel bei seinen für Kirchenräume bestimmten Arbeiten mitunter eigenartige und vieldeutige Motive, von denen einige in der Kirche Notre Dame de France in London zu bewundern sind. Die 1865 erbaute Kirche wurde 1940 durch Bomben zerstört und nach dem Krieg von französischen Künstlern restauriert und neu ausgestaltet. 1959 schuf Cocteau für dieses Gotteshaus eine Reihe von Wandgemälden, darunter auch eine höchst sonderbare Darstellung der Kreuzigung Christi. Die Sonne ist schwarz, und in der rechten unteren Ecke steht eine düstere, grün getönte, nicht weiter erkennbare Gestalt. Ein römischer Soldat trägt einen Schild mit der heraldischen Darstellung eines Vogels (eine Anspielung auf Horus?). Unter den wehklagenden Frauen und den würfelnden Zenturionen befinden sich zwei im Stil des zwanzigsten Jahrhunderts gekleidete Männer, von denen einer Cocteau selbst ist. Bemerkenswerterweise kehrt er dem Kreuz den Rücken zu. Am auffallendsten aber ist der Ausschnitt, den das Wandgemälde zeigt: Man sieht nur den unteren Teil des Kreuzes (bis zu den Knien des Gekreuzigten), ohne genau zu wissen, wer da ans Kreuz geschlagen wurde. Und zu Füßen des Unbekannten ist eine überdimensional große Rose am Kreuz befestigt. Kurzum: Das Gemälde ist eindeutig ein Sinnbild, und ein recht sonderbares zumal für eine katholische Kirche.

Zweimal Johannes XXIII. Die *Dossiers secrets*, in denen die Liste der angeblichen Großmeister der Prieuré de Sion veröffentlicht wurde, erschienen 1956. Cocteau starb 1963. Wir hatten also keinen Hinweis auf den Mann oder die Frau, der/die ihm nachgefolgt und jetzt Vorsitzende(r) der Prieuré de Sion sein könnte. Doch Cocteau warf vor seinem Tod eine Frage von grundlegender Bedeutung und allgemeinem Interesse auf.

Der erste unabhängige Großmeister Zions soll Johann von Gisors gewesen sein. Den »Prieuré-Dokumenten« zufolge nahm jeder neugewählte Großmeister bei seinem Amtsantritt den Namen Jean (Johann, Johannes) an — beziehungsweise, da auch vier Frauen darunter waren, Jeanne (Johanna). Demnach hätten Zions Großmeister von 1188 bis heute eine ununterbrochene Kette von Jeans und Jeannes gebildet. Offenbar sollte diese Aufeinanderfolge ein an esoterischen und hermetischen Denkweisen orientiertes Papsttum implizieren, das auf Johannes zurückzuführen ist — im Gegensatz (und vielleicht in bewußter Gegnerschaft) zu dem exoterischen Papsttum, das sich auf Petrus gründet.

Aber welcher Johannes war gemeint? Johannes der Täufer? Johannes der Evangelist, der »Lieblingsjünger« Jesu? Oder der nicht näher bekannte Verfasser der Offenbarung des Johannes? Da Johann von Gisors sich 1188 Großmeister Johann II. nannte, mußte es vor ihm einen Johann I. gegeben haben, den wir, so schlossen wir, unter diesen drei biblischen Personen zu suchen hatten.

Auf der Liste der angeblichen Großmeister Zions wird Jean Cocteau als Johannes XXIII. aufgeführt. Im Jahre 1958, als er, wie anzunehmen ist, sein Amt noch ausübte, starb Papst Pius XII., und das Konklave wählte Angelo Giuseppe Roncalli, Kardinal und Patriarch von Venedig, zum neuen Papst. Als er sich für den Papstnamen Johannes XXIII. entschied, rief dies einige Bestürzung hervor, die nicht ganz ungerechtfertigt war. Auf dem Namen »Johannes« lag so etwas wie ein unausgesprochener Bann, seit er zuletzt zu Beginn des fünfzehnten Jahrhunderts verwendet worden war. Der erste Johannes XXIII. wurde 1415 abgesetzt und gilt nur als Gegenpapst. (Anzumerken wäre lediglich noch, daß er vor seiner Wahl zum Papst [1410] Bischof von Aletles-Bains war.) Kardinal Roncallis Entscheidung, den gleichen Namen anzunehmen, war in der Tat ungewöhnlich.

1976 erschien in Italien ein kleines Buch — *Die Prophezeiungen Papst Johannes XXIII.* —, das bald darauf ins Französische übersetzt wurde. Es enthält eine Sammlung obskurer prophetischer Prosagedichte, deren Autor angeblich der 1963 verstorbene Papst war. Bei einem Großteil dieser Weissagungen handelt es sich um äußerst undurchschaubare Texte, die sich jeglichem Interpretationsversuch widersetzen. Auch wenn in der Einleitung behauptet wird, der Urheber dieser Gedichte sei Johannes XXIII., bleibt die Frage der Autorschaft ungeklärt. Darüber hinaus heißt es dort, der Apostolische Delegat Roncalli habe sich insgeheim 1935 in der Türkei den Rosenkreuzern angeschlossen.

Das klingt vollkommen unglaublich und läßt sich mit Sicherheit auch nicht beweisen. Trotzdem fragten wir uns, wozu eine derartige Behauptung dienen sollte? Entsprach sie am Ende doch den Tatsachen? Enthielt sie zumindest ein Körnchen Wahrheit? Wenn der spätere Papst Johannes XXIII. (Roncalli) tatsächlich einer Rosenkreuzer-Gesellschaft angehört haben sollte und diese mit der Prieuré de Sion identisch war, dann eröffneten sich ungeahnte Perspektiven. Denn das hieße zum Beispiel, daß Kardinal Roncalli nach seiner Wahl zum Papst den Namen seines geheimen Großmeisters angenommen hätte und daß der Stuhl Petri sowie das Großmeisteramt der Prieuré de Sion zur gleichen Zeit mit einem Johannes XXIII. besetzt gewesen wären. Ein außerordentlicher Zufall, der beileibe nicht der einzige war.

Im zwölften Jahrhundert soll der irische Erzbischof Malachias (1095−1148; 1190 heiliggesprochen) eine Reihe von Weissagungen in der Art des Nostradamus verfaßt haben. Die »Weissagungen des Malachias« nennen, beginnend mit Cölestin II. (1143/44), die Päpste, die bis zum Ende der Welt den Stuhl Petri besteigen werden, und charakterisieren sie jeweils durch kurze lateinische Sprüche. Die Eintragung unter Johannes XXIII. lautet, ins Französische übersetzt: *pasteur et nautonier* (Hirt und Steuermann).[29] Der offizielle Titel der angeblichen Großmeister Zions lautet ebenfalls »Nautonier«.

Was immer diesen sonderbaren Zufällen zugrunde liegen mag, es steht außer Frage, daß unter dem Pontifikat Johannes' XXIII. vor allem durch das Zweite Vatikanische Konzil eine Neuorientierung der katholischen Kirche eingeleitet wurde. Dieser Papst veranlaßte auch auf anderen Gebieten Veränderungen. So revidierte er zum Beispiel die Einstellung der Kirche zum Freimaurertum und brach mit einer zweihundert Jahre alten Tradition, indem er erklärte, daß ein Katholik durchaus auch Freimaurer sein könne. Und im Juni 1960 gab er ein wichtiges Apostolisches Sendschreiben[30] heraus, das sich eingehend mit dem »kostbaren Blut Jesu« beschäftigte, dem es eine überragende Bedeutung beimaß. In dieser Botschaft wurde das Leid Jesu als Mensch hervorgehoben und festgestellt, daß die Menschheit ihre Erlösung allein seinem Blutvergießen verdanke. Das heißt mit anderen Worten, daß der Passion Jesu und seinem Blutvergießen größeres Gewicht zufällt als der Kreuzigung und der Auferstehung.

In letzter Konsequenz sind die aus diesem Schreiben zu ziehenden Schlüsse von nicht unerheblicher Tragweite. Sie verändern nämlich im Grunde genommen die Basis der ganzen christlichen Glaubenslehre. Wenn Jesu vergossenes Blut die Erlösung der Menschen bewirkt hat, welchen Sinn hätten dann noch sein Tod und seine Auferstehung?

7. Verschwörung seit Jahrhunderten

Unsere kritischen Fragen zur Liste der angeblichen Großmeister der Prieuré de Sion waren damit weitgehend beantwortet: Die meisten der Genannten waren mehr oder minder mit den in den Stammtafeln der »Prieuré-Dokumenten« aufgeführten Familien, insbesondere mit dem Hause Lothringen, verbunden; die meisten hatten dem einen oder anderen Orden oder einer Geheimgesellschaft angehört; praktisch alle waren nicht nur mit esoterischem Gedankengut vertraut, sondern hatten auch enge Kontakte zu ihren Vorgängern beziehungsweise Nachfolgern unterhalten.

Doch so beeindruckend diese Übereinstimmungen auch sein mochten, sie lieferten keine zwingenden Beweise. Sie bewiesen zum Beispiel nicht, daß die Prieuré de Sion, deren Existenz wir für das Mittelalter nachgewiesen hatten, bis ins zwanzigste Jahrhundert fortbestand. Noch weniger bewiesen sie, daß die als Großmeister bezeichneten Persönlichkeiten dieses Amt auch tatsächlich ausgeübt hatten, zumal in einigen Fällen ihr Alter zum Zeitpunkt ihres Amtsantritts dagegensprach. Es ist durchaus möglich, daß Eduard von Bar im Alter von fünf oder René von Anjou im Alter von neun Jahren aufgrund eines erbrechtlichen Prinzips zu Großmeistern gewählt wurden. Dieses konnte jedoch beispielsweise nicht für Robert Fludd oder Charles Nodier gelten, die beide mit Einundzwanzig Großmeister wurden und damit wohl kaum die Zeit zur Verfügung gehabt haben dürften, sich »aus den unteren Gesellschaftsschichten nach oben emporzuarbeiten«. Diese Unregelmäßigkeit ergab keinen Sinn, es sei denn, man ginge davon aus, daß das Amt des Großmeisters häufig rein symbolhaften Charakter hatte und mit einem Strohmann besetzt wurde, der sich des ihm verliehenen Status möglicherweise gar nicht bewußt war.

Es schien uns nicht eben sinnvoll, auf der Basis der uns bis dahin vorliegenden Informationen weitere Spekulationen anzustellen. Wir wandten uns also wieder der Geschichte zu und suchten an anderer Stelle nach Spuren der Prieuré de Sion. Vor allen Dingen beschäftigten wir uns mit den Geschicken des Hauses Lothringen und einiger der Familien, die in den »Prieuré-Dokumenten« genannt werden. Ferner konzentrierten wir uns darauf, weitere Behauptungen aus diesen Dokumenten zu verifizieren und zusätzliche Beweise für die Existenz einer Geheimgesellschaft zu finden, die vorwiegend hinter den Kulissen agierte.

War diese Gesellschaft tatsächlich geheimgehalten worden, durften wir natürlich nicht damit rechnen, Hinweise auf die Prieuré de Sion unter ihrem eigentlichen Namen zu finden. Wenn sie die Jahrhunderte hindurch fortbestanden hatte, so gewiß unter einer Vielzahl von irreleitenden Bezeichnungen — wie zum Beispiel unter dem Namen »Ormus«, den sie einst angenommen, später aber wieder aufgegeben hatte. Sicherlich hätte sie dann auch nicht eine stets gleichbleibende Politik verfolgt. Wenn wir es also mit einer Organisation zu tun hatten, die neunhundert Jahre überdauert hatte, mußten wir ihr große Flexibilität und ein nicht zu unterschätzendes Maß an Anpassungsvermögen zubilligen. Denn ohne diese Fähigkeiten wäre die Prieuré de Sion zu einer leeren Form erstarrt und hätte jede wirkliche Macht eingebüßt. Kurzum, sie mußte gezwungen gewesen sein, sich selbst und ihre Ziele immer wieder nach den sich ändernden Zeitläuften auszurichten. Aufgrund dieser Strategie, sich der jeweiligen Epoche anzupassen und sich deren Technologie sowie Hilfsquellen zunutze zu machen beziehungsweise sie zu beherrschen, mußte Zion eine ähnliche Entwicklung durchlaufen haben wie ihre exoterische Rivalin, die römisch-katholische Kirche.

Die Prieuré de Sion in Frankreich. Den »Prieuré-Dokumenten« zufolge gebot Zion zwischen 1306 und 1480 über neun Komtureien, deren Zahl im Jahre 1481 angeblich auf siebenundzwanzig erhöht wurde. Die wichtigsten sind in der Liste aufgeführt und sollen sich in Bourges, Gisors, Jarnac, Mont-Saint-Michel, Montréval, Paris, Le Puy, Solesmes und Stenay befunden haben. Darüber hinaus gab es, wie einem Zusatz in den *Dossiers secrets* zu entnehmen ist, »ein Gewölbe namens Beth-Ania — Annas Haus — in Rennes-le-Château«.[1] Welche Aussage konkret sich dahinter verbirgt, ist nicht ganz klar — nur, daß Rennes-le-Château offenbar eine besondere Bedeutung beigemessen wurde. Und bestimmt ist es kein Zufall, daß Saunière seiner neuerbauten Villa den Namen »Bethania« gab.

Nach den *Dossiers secrets* wurde die Komturei in Gisors im Jahre 1306 in der Rue de Vienne errichtet. Sie soll durch einen unterirdischen Gang mit dem Friedhof und der unter der Festung gelegenen Sankt-Katharinen-Kapelle verbunden gewesen sein. Im sechzehnten Jahrhundert lagerten in dieser Kapelle angeblich die in dreißig Kisten verpackten Archivmaterialien der Prieuré de Sion.

Anfang 1944, während der deutschen Besatzungszeit, wurde von Berlin aus eine Sondereinheit nach Gisors mit dem Auftrag entsandt, unter der Festung Ausgrabungen vorzunehmen. Die Landung der Alliierten in der Normandie machte dieses Vorhaben jedoch zunichte; aber kurze Zeit später begann ein französischer Arbeiter namens Roger Lhomoy an der bezeichneten Stelle auf eigene Faust zu graben. 1946 teilte Lhomoy dem Bürgermeister von Gisors mit, er habe eine unterirdische Kapelle entdeckt, in der sich neunzehn steinerne Sarkophage und dreißig Behälter aus Metall befänden. Sein Gesuch, weitergraben und seine Entdeckung publik machen zu dürfen, fiel — fast möchte man meinen absichtlich — der Trägheit des sprichwörtlichen Amtsschimmels zum Opfer: Erst 1962 erhielt Lhomoy eine positive Antwort. Unter den Auspizien des damaligen französischen Kultusministers André Malraux konnte er seine Grabungen fortsetzen, ohne daß sie jedoch zu dem gewünschten Erfolg geführt hätten. Denn sowohl die Sarkophage als auch die Behälter waren spurlos verschwunden. Gegenüber den Medien, die die Entdeckung der unterirdischen Kapelle in Zweifel zogen, beharrte Lhomoy darauf, daß er sie zwar wiedergefunden hätte, ihr Inhalt aber in der Zwischenzeit weggeschafft worden sei. Wie auch immer, die Sankt-Katharinen-Kapelle findet in zwei alten Urkunden aus den Jahren 1375 und 1696 Erwähnung.[2]

Vor diesem Hintergrund klingt Lhomoys Geschichte zumindest ebenso plausibel wie die Behauptung, die Kapelle unter der Festung von Gisors habe zur Aufbewahrung der Archive Zions gedient. Unsere eigenen Nachforschungen brachten überzeugende Beweise dafür zutage, daß die Prieuré de Sion mindestens noch dreihundert Jahre nach den Kreuzzügen und der Auflösung des Templerordens bestanden hatte. So ist zum Beispiel belegt, daß sich gegen Ende des sechzehnten Jahrhunderts die Prieuré de Sion in Orléans den Unmut des Papstes und des französischen Königs zuzog. Den Ordensbrüdern wurde vorgeworfen, sie mißachteten die Regeln, lebten »individuell« anstatt »in

Gemeinschaft«, trieben Unzucht, wohnten außerhalb der Unterkünfte von Saint-Samson, blieben den Gottesdiensten fern und hätten es verabsäumt, die Mauern des Hauses instand zu setzen, das 1562 schwer beschädigt worden war. Im Jahre 1619 scheint die Obrigkeit schließlich die Geduld verloren zu haben: Die Prieuré de Sion wurde aus Saint-Samson ausgewiesen und das Kloster den Jesuiten übereignet.[3]

Die Existenz der Prieuré de Sion für das ganze siebzehnte Jahrhundert (nach 1619) nachzuweisen, erwies sich als überaus schwieriges Unterfangen, da alle Hinweise, auf die wir stießen, sie nicht namentlich erwähnten. Unsere »Beweise« sagten nichts über Zions eigentliche Tätigkeit, Ziele, Interessen oder das Ausmaß ihres Einflusses aus. Sie deuteten lediglich auf eine merkwürdige Bruderschaft von Mönchen oder religiösen Eiferern hin, deren Verhalten zwar unorthodox und vielleicht undurchsichtig, aber nicht eben besonders auffällig war. Es wollte uns einfach nicht gelingen, die scheinbar so pflichtvergessenen Bewohner von Saint-Samson mit den gefeierten und legendären Rosenkreuzern unter einen Hut zu bringen. Die »Prieuré-Dokumente« sprechen von Zion als von einer Organisation von weitreichendem Einfluß und Ansehen. Doch die Spur, die wir verfolgten, ließ auf nichts dergleichen schließen. Eine mögliche Erklärung bot die Überlegung, daß die Niederlassung in Orléans nur von untergeordneter Bedeutung war, da sie in der Liste von Zions wichtigen Komtureien in den *Dossiers secrets* überhaupt nicht erwähnt wird. Wir mußten also an anderer Stelle nach Spuren des Ordens fahnden.

Die Herzöge von Guise und Lothringen. Während des sechzehnten Jahrhunderts unternahmen das Haus Lothringen und seine Seitenlinie, das Haus Guise, gemeinsam vielfältige Anstrengungen, um das Haus Valois vom französischen Königsthron zu verdrängen und selbst an die Macht zu gelangen. Drei Generationen der Häuser Lothringen und Guise versuchten immer wieder, dieses Ziel zu erreichen. Am nächsten kamen sie ihm in den fünfziger und sechziger Jahren des sechzehnten Jahrhunderts unter der Führung von Karl von Guise, Kardinal von Lothringen, und seinem Bruder Franz I., Herzog von Guise. Sie waren sowohl mit den Fürsten Gonzaga in Mantua als auch mit Karl III., Herzog von Bourbon, verwandt, der in den *Dossiers secrets* als Großmeister der Prieuré de Sion genannt wird. Franz scheint bei seinen Intrigen gegen die Valois-Dynastie heimlich von Ferdinand von Gonzaga unterstützt worden zu sein.

6 Das Herzogtum Lothringen um die Mitte des 16. Jahrhunderts

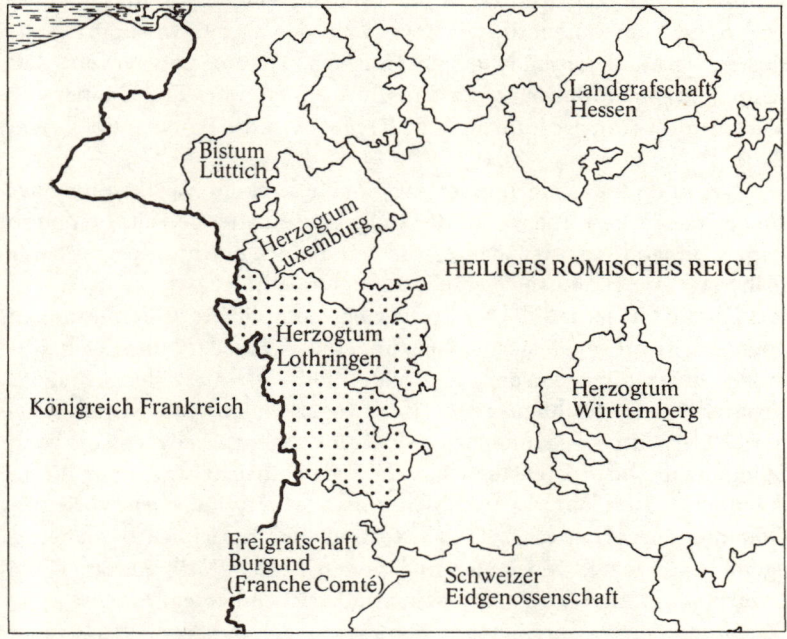

Der Herzog von Guise und sein jüngerer Bruder wurden später von Historikern als überaus bigotte, fanatische Katholiken gebrandmarkt und als brutal, blutrünstig und intolerant hingestellt. Manches deutet jedoch darauf hin, daß dieses Bild – zumindest, was ihren Katholizismus betrifft – nicht ganz den Tatsachen entspricht. Franz und Karl waren allem Anschein nach schamlose, wenn nicht äußerst gerissene Opportunisten, die um ihrer Ziele willen Katholiken wie Protestanten gleichermaßen hofierten.[4] 1562, auf dem Konzil von Trient, setzte der Kardinal von Lothringen zum Beispiel eine Kampagne mit dem Ziel in Gang, die Macht des Papsttums einzuschränken, den Bischöfen mehr Autonomie zu gewähren und die kirchliche Hierarchie in der gleichen Ordnung wiederherzustellen, wie sie zur Zeit der Merowinger bestanden hatte.

Franz von Guise war praktisch schon König, als er 1563 einer Mörderkugel zum Opfer fiel. Sein Bruder Karl starb elf Jahre später.

Damit war jedoch der Kampf gegen das herrschende französische Königshaus noch längst nicht beendet. Im Jahre 1584 unternahmen Heinrich I., Herzog von Guise, und sein Bruder Ludwig, Kardinal von Lothringen, einen neuerlichen Angriff auf den Thron, wobei ihr wichtigster Verbündeter Ludwig von Gonzaga, Herzog von Nevers, seit neun Jahren Großmeister der Prieuré de Sion war. Das Banner der Verschwörer trug das lothringische Kreuz, einst das Emblem Renés von Anjou.[5]

Gegen Ende des Jahrhunderts waren die direkten Nachkommen der Valois alle ausgestorben, aber das Haus Guise hatte die Fehde einen so hohen Blutzoll gekostet, daß es für den Thron, der nun in greifbarer Nähe lag, keinen Anwärter mehr aufbieten konnte.

Ob die Guise und die Lothringer bei ihren diversen Bemühungen von einer straff organisierten Geheimgesellschaft oder einem Geheimorden unterstützt wurden, ist schlechterdings nicht festzustellen. Zweifellos leistete ihnen ein weitverzweigtes Netz von Mittelsmännern, Gesandten, gedungenen Mördern, Agents provocateurs und Spionen nützliche Dienste. Nach de Sèdes Ansicht war einer dieser Agenten Nostradamus, eine Meinung, die von manchen »Prieuré-Dokumenten« erhärtet wird. Daß Nostradamus tatsächlich als Geheimagent für Franz I. von Guise und seinen Bruder Karl, Kardinal von Lothringen, tätig war, ist inzwischen hinreichend belegt.[6]

Unter dieser Voraussetzung hätte Nostradamus seine Auftraggeber nicht nur über die Pläne und Schachzüge ihres Gegners ins Bild setzen, sondern − in seiner Eigenschaft als Astrologe des französischen Hofes − auch in deren Privatleben, Eigenarten und Schwächen einweihen können. Und aufgrund seiner Vertrautheit mit den Horoskopen der Mitglieder des Königshauses wäre er sogar in der Lage gewesen, dessen Feinden günstige Zeitpunkte für Mordanschläge zu benennen. Demnach wäre es auch möglich, daß viele der Weissagungen des Nostradamus im engeren Wortsinne gar keine waren, sondern geheime Botschaften, Zeitpläne, Anweisungen und »Aktionsprogramme« darstellten.

Es besteht kein Zweifel, daß einige seiner Prophezeiungen sich deutlich auf die Vergangenheit bezogen: auf die Tempelritter, die Merowinger, die Geschichte des Hauses Lothringen und auf die Grafen von Razès. Und die zahlreichen Vierzeiler, die sich mit dem Kommen des »Großen Monarchen« beschäftigen, deuten darauf hin, daß dieser Herrscher letztlich aus dem Languedoc käme.

Unsere Nachforschungen brachten ein weiteres Indiz ans Licht, das Nostradamus noch unmittelbarer mit unserer Untersuchung verquickte. De Sède weist darauf hin[7], daß Nostradamus, bevor seine Karriere als Hofastrologe begann, lange Zeit in Lothringen lebte. Dahinter könnte man eine Art Probezeit vermuten, nach deren Absolvierung er in ein furchtbares Geheimnis »eingeweiht« wurde. Ihm soll ein mysteriöses altes Buch vorgelegt worden sein, das ihm als Grundlage seiner späteren Tätigkeit diente. Dies alles soll sich in der geheimnisumwitterten Abtei von Orval zugetragen haben, wo unseren Erhebungen zufolge die Prieuré de Sion ihren Ursprung gehabt haben könnte. Jedenfalls wurde Orval auch noch in den folgenden zweihundert Jahren immer wieder mit Nostradamus in Verbindung gebracht. Noch zu Zeiten der Französischen Revolution und Napoleons wurden in Orval Bücher herausgegeben, deren Weissagungen angeblich auf Nostradamus zurückgingen.

Das Ringen um Frankreichs Thron. Zwischen 1610 und 1643 war Ludwig XIII., Sohn Heinrichs IV., König von Frankreich. Doch die eigentliche Macht übte ab der Mitte der zwanziger Jahre der leitende Minister im Kabinett Ludwigs, Kardinal Richelieu, aus. Bei ihm, der allgemein als *der* Erz-Machiavellist und geschickteste Intrigant seiner Epoche bezeichnet wird, liefen sämtliche Fäden der Politik zusammen.

Während es Richelieu gelang, im Innern Frankreichs eine bis dahin ungekannte Stabilität herbeizuführen, wand sich das übrige Europa, vor allem Deutschland, im Todeskampf des Dreißigjährigen Krieges. In seinen Anfängen war dieser Krieg nicht ausschließlich ein Glaubenskampf, doch trat sehr bald eine starke religiöse Polarisierung ein. Auf der einen Seite standen die Heere der streng katholischen Mächte Österreich und Spanien, denen die protestantischen Armeen Schwedens und der kleinen deutschen Fürstentümer (einschließlich der Pfalz und des Rheinlandes) entgegentraten.

Ab 1635 begann Richelieu eine geradezu waghalsige Außenpolitik zu verfolgen: Er griff in den Dreißigjährigen Krieg ein, allerdings nicht auf der Seite, auf der man ihn erwartet hätte. Seine religiösen Verpflichtungen als Kardinal mußten hinter einer Reihe von staatsmännischen Erwägungen zurücktreten. Richelieu ging es hauptsächlich darum, Frankreich eine europäische Vormachtstellung zu verschaffen. Zu diesem Zweck mußte die mehr als hundertjährige spanische Hegemonie gebrochen werden − vor allem über das alte merowingische

Kernland in den Niederlanden und Teilen des heutigen Lothringen. Ferner waren Österreich und Spanien, die seit jeher eine Bedrohung für das französische Sicherheitsbedürfnis darstellten, zu neutralisieren. Aus diesen Überlegungen heraus ließ, zum Erstaunen ganz Europas, ein katholischer Kardinal katholische Truppen auf seiten der Protestanten kämpfen. Kein Historiker hat je die Vermutung geäußert, Richelieu könnte Rosenkreuzer gewesen sein. Und doch hätte dem Betreffenden von dieser Seite nichts größere Sympathie und größeren Beifall eingetragen.

Das Haus Lothringen blieb in der Zwischenzeit nicht untätig. Abermals machte es Anstalten, dieses Mal noch vorsichtiger als zuvor, die französische Königswürde zu erlangen. Die Rolle des Prätendenten fiel diesmal dem jüngeren Bruder Ludwigs XIII., Gaston von Orléans, zu. Gaston entstammte zwar nicht dem Hause Lothringen, hatte aber 1632 die Schwester des Herzogs von Lothringen, Prinzessin Margarete, geheiratet. Sein Erbe würde folglich mütterlicherseits lothringisches Blut in den Adern haben. Falls Gaston also den Thron bestieg, würde das Haus Lothringen schon eine Generation später über Frankreich herrschen. Zu jenen, die Gastons Nachfolgerechte anerkannten, zählte auch Karl von Guise, der von dem jungen Robert Fludd erzogen worden war. Er war mit Henriette von Joyeuse verheiratet, der Herrin von Couiza und Arques.

Gastons vielfältige Bemühungen, den König vom Thron zu verdrängen, blieben zunächst ohne Erfolg. Doch die Zeit schien für ihn beziehungsweise seine Nachkommen zu arbeiten, da die Ehe Ludwigs XIII. mit Anna von Österreich über viele Jahre kinderlos blieb. Gerüchte wollten wissen, der König sei homosexuell oder impotent. Erst nach dreiundzwanzigjähriger Ehe gebar Anna schließlich 1638 einen Sohn.

Dieser Thronerbe bedeutete einen empfindlichen Rückschlag für die Absichten Gastons von Orléans und des Hauses Lothringen. Nach Ludwigs XIII. Tod im Jahre 1643 (Richelieu war schon im Jahr zuvor gestorben) wurde eine ganze Reihe systematisch geplanter Versuche in die Wege geleitet, Richelieus Protegé und Nachfolger, Kardinal Mazarin, auszuschalten und den jungen Ludwig XIV. vom Thron fernzuhalten. Aber selbst der Aufstand der »Fronde« (1648–1653), den sich die Lothringer und ihre Anhänger für ihre Ziele zunutze zu machen suchten, scheiterte. Aus den Kämpfen gegen die Fronde ging das absolutistische Königtum als Sieger hervor: Nach seinem Regierungsantritt im September 1651 ruft Ludwig XIV. Mazarin aus dem Exil zurück und betraut ihn wieder mit den Regierungsgeschäften, die dieser bis zu seinem Tod (1661) wahrnimmt.

Die »Prieuré-Dokumente« lassen keinen Zweifel daran, daß Zion beziehungsweise einige angesehene, mit dem Orden aufs engste verbundene Adelsfamilien Mazarin energisch bekämpften. Hierzu zählten insbesondere die Lothringer, Gonzagas, Guises, der Herzog von Longueville, Frédéric-Maurice de la Tour d'Auvergne, Herzog von Bouillon, und Henri de la Tour d'Auvergne, Vicomte de Turenne. Die Annahme, daß wir die Prieuré de Sion lokalisiert und zumindest einige ihrer Mitglieder identifiziert hatten, lag also nahe. Traf sie zu, dann stand der Name Zion — jedenfalls für diesen Zeitraum — für eine Bewegung und Verschwörung, deren Existenz durch die Forschung seit langem bestätigt und dokumentiert worden war.

Die Compagnie du Saint-Sacrement. Die Fronde war nicht die einzige Opposition gegen Mazarin. Andere Gruppierungen waren noch lange Zeit nach der Niederschlagung dieser Erhebung aktiv. Die »Prieuré-Dokumente« verweisen wiederholt und nachdrücklich auf eine »Compagnie du Saint-Sacrement« (Gesellschaft vom heiligen Abendmahl), die, wie sie durchblicken lassen, mit Zion identisch oder ein vorgeschobener Posten Zions war, der unter anderem Namen operierte. Tatsächlich entsprach die »Compagnie« in ihrer Struktur und Organisation, ihrer Tätigkeit und ihrem Modus operandi genau dem Bild, das wir uns von der Prieuré de Sion machten.

Die »Compagnie du Saint-Sacrement« war eine straff organisierte und ausgezeichnet funktionierende Geheimgesellschaft, von deren Tätigkeit zahlreich überlieferte Aussagen von Zeitgenossen berichten. Darüber hinaus hat sich die Geschichtswissenschaft mit der »Compagnie« beschäftigt, und eine stattliche Anzahl von Dokumentationen, Büchern und Artikeln ist zu diesem Thema erschienen. In Frankreich ist die Gesellschaft zu einem modernen Mythos geworden.

Die »Compagnie« soll zwischen 1627 und 1629 von einem Adligen gegründet worden sein, der mit Gaston von Orléans in Verbindung stand. Ihre Politik wurde bestimmt und geprägt von Unbekannten, deren Identität bis auf den heutigen Tag nicht geklärt werden konnte. Lediglich die Namen von Mittelsmännern oder rangniederen »Compagnie«-Angehörigen sind bekannt, die sozusagen die Arbeit vor Ort leisteten und die Anweisungen von oben ausführten. Zu den Handlangern gehörten der Bruder der Herzogin von Longueville; außerdem Charles Fouquet, ein Bruder von Nicolas Fouquet, dem Oberintendanten der Finanzen Ludwigs XIV; ferner ein Onkel des Philosophen Fénelon; der 1737 heiliggesprochene Vinzenz von Paul; Nicolas Pavillon, Bischof in dem nur wenige Kilometer von Rennes-le-Château entfernten Alet-les-Bains; und schließlich Jean-Jacques Olier, der Gründer des Seminars an Saint-Sulpice. Letzteres gilt heute gemeinhin als die damalige »Operationsbasis der Compagnie«.[8]

In ihrem inneren Aufbau und in ihren Aktivitäten stellte die »Compagnie« ein Abbild des Templerordens und gleichzeitig eine Vorläuferin des Freimaurertums dar. Von Saint-Sulpice aus wurde ein engmaschiges Netz von Provinzniederlassungen oder Kapiteln geknüpft. Die Mitglieder im Landesinnern wurden über die Identität der Oberen im dunkeln gelassen. Selbst untereinander durften sie nur auf dem Umweg über Paris Kontakt miteinander aufnehmen, wodurch eine nahezu perfekte zentrale Kontrolle aller Vorgänge ermöglicht wurde. Nicht einmal den treuesten Gefolgsleuten in Paris gaben sich die Oberen zu erkennen. Die »Compagnie« war also ein vielarmiges Gebilde, das von einem unsichtbaren Kopf in Bewegung gesetzt und gelenkt wurde. Wer dieser Kopf war, konnte bis heute nicht herausgefunden werden. Man weiß nur, daß er ein schwerwiegendes Geheimnis aufs sorgsamste hütete. Eine erst viel später entdeckte Regel der Gesellschaft besagt nämlich: »Es ist das Geheimnis, das den Geist der Compagnie formt und lebenswichtig für sie ist.«[3]

Nach außen hin widmete sich die »Compagnie« karitativen Aufgaben. Vor allem in Gegenden, die in den Religionskriegen und später durch die Fronde verwüstet worden waren — die Picardie zum Beispiel, die Champagne oder Lothringen —, wurde sie in diesem Sinne aktiv. Heute nimmt man allerdings generell an, daß diese Mildtätigkeit nur eine zweckdienliche und klug erdachte Fassade war, die nichts mit der eigentlichen *raison d'être* der Gesellschaft zu tun hatte. Die wahren Ziele der »Compagnie« bestanden in der Bewältigung von zwei Aufgaben: Zum einen »fromme Spionage« zu betreiben und »nachrichtendienstliche Informationen« einzuholen; und zum anderen die wichtigsten Schaltstellen des Landes zu infiltrieren, einschließlich dem Thron nahestehender Kreise.

Der »Compagnie« scheint bei der Verfolgung beider Ziele beachtlicher Erfolg beschieden gewesen zu sein. So wurde zum Beispiel Vinzenz von Paul als Mitglied des königlichen Rates für kirchliche

Angelegenheiten (beziehungsweise des »Gewissensrates« der Königin) Beichtvater Ludwigs XIII. Er gehörte auch dem engeren Beraterkreis um Ludwig XIV. an, bis ihn seine Gegnerschaft zu Mazarin zwang, von seinem Amt zurückzutreten. Und die Königinmutter Anna von Österreich war in vieler Hinsicht eine willfährige Marionette in den Händen der »Compagnie«, der es — zumindest eine Zeitlang — gelang, sie gegen Mazarin einzunehmen. Aber die »Compagnie« intrigierte nicht ausschließlich in Hofkreisen. Um die Mitte des siebzehnten Jahrhunderts nahm sie Einfluß auf das politische Geschehen über die Aristokratie, das Parlament, die Justiz und die Polizei, dergestalt, daß diese Gruppen mehr als einmal gegen den König aufzubegehren wagten.

Bei unseren intensiven Studien fanden wir nicht einen Historiker — weder einen zeitgenössischen noch einen modernen —, der auf die Geschichte und die Rolle der »Compagnie du Saint-Sacrement« hinreichend eingegangen wäre. Die meisten Wissenschaftler beschreiben sie als militante, erzkatholische Organisation, die vornehmlich die Ausmerzung von Häresien auf ihre Fahnen geschrieben hätte. Aus welchem Grund aber hätte sie ausgerechnet im katholischen Frankreich eine derartige Geheimniskrämerei betreiben sollen? Und um welche Ketzer ging es dabei? Um die Protestanten? Die Jansenisten? Dann war es doch mehr als erstaunlich, daß sich in den Reihen der »Compagnie« zahlreiche Protestanten und Jansenisten fanden! Und wenn diese Organisation schon katholischen Interessen dienen sollte, hätte sie eigentlich auf seiten Mazarins stehen müssen. Trotzdem bekämpfte sie ihn, und zwar derart heftig, daß der Kardinal die Geduld verlor und sich vornahm, sie mit allen ihm zu Gebote stehenden Mitteln zu vernichten. Doch die »Compagnie« erregte auch in anderen religiösen Kreisen nachhaltig Unmut: Die Jesuiten zum Beispiel zogen erbittert gegen sie zu Felde. Andere wiederum beschuldigten *sie* der Häresie, die die »Compagnie« zu bekämpfen doch selbst vorgab. Der Bischof von Toulouse zieh sie 1651 »gottloser Praktiken« und verwies auf höchst ungehörige Vorgänge bei Initiationszeremonien.[10] Er drohte ihren Mitgliedern sogar mit Exkommunikation, aber die meisten von ihnen ignorierten diesen Einschüchterungsversuch schlichtweg — eine höchst ungewöhnliche Reaktion angeblich »frommer« Katholiken.

Die »Compagnie« war zu einem Zeitpunkt gegründet worden, als die Aufregung über die Rosenkreuzer die Gemüter noch immer bewegte. Man hielt die »unsichtbare Bruderschaft« für allgegenwärtig, was nicht nur Panik, sondern unvermeidlich auch Hexenjagden hervorrief. Zwar wurde kein einziger nachweislicher Rosenkreuzer in Frankreich entlarvt, doch blieb die Vereinigung Gegenstand der wildesten Phantasien im Volke. Oder entbehrten die Gerüchte doch nicht ganz jeder Grundlage? Wenn die Rosenkreuzer tatsächlich ein Interesse daran gehabt haben sollten, in Frankreich Fuß zu fassen, wo hätten sie einen geeigneteren Unterschlupf gefunden als bei einer Organisation, die sich ausgerechnet der Jagd auf die Rosenkreuzer verschrieben hatte? Mit anderen Worten: Die Rosenkreuzer könnten ihre Ziele gefördert und eine Anhängerschaft gewonnen haben, indem sie sich als ihre eigenen Erzfeinde gebärdeten.

Erst 1660, knapp ein Jahr vor Mazarins Tod, bezog Ludwig XIV. Stellung gegen die »Compagnie« und verfügte ihre Auflösung. Fünf Jahre lang ignorierte diese das königliche Edikt. Dann kam sie zu dem Schluß, »in der bestehenden Form« nicht weitermachen zu können. Alle die Gesellschaft betreffenden Dokumente und Urkunden wurden eingezogen und in Paris an einem sicheren Ort deponiert. Dieser Ort konnte zwar nie ausfindig gemacht werden, aber nach allgemeiner Überzeugung handelte es sich dabei um Saint-Sulpice.[11] Träfe dies zu, dann wären die Archive der »Compagnie« zweihundert Jahre später Männern wie dem Abbé Emile Hoffet zugänglich gewesen.

Wie dem auch sei, das Jahr 1665 bedeutete keineswegs das Ende in der Geschichte der »Compagnie du Saint-Sacrement«. Die Aufgabe »der bestehenden Form« hinderte sie nicht, nachweislich bis zu Beginn des folgenden Jahrhunderts tätig zu sein. Unbestätigten Überlieferungen zufolge existierte sie sogar noch bis weit ins zwanzigste Jahrhundert hinein.

Unter den bekannteren französischen Schriftstellern des siebzehnten Jahrhunderts hatte die »Compagnie« eine Reihe von Parteigängern. Zu diesen zählten unter anderen François de La Rochefoucauld und Jean de Lafontaine. Nach de Sède war Lafontaine nicht nur Mitglied der »Compagnie«, sondern seine scheinbar so harmlosen Fabeln waren in Wahrheit subtile allegorische Angriffe auf den König. Das klingt glaubhaft. Ludwig XIV. konnte Lafontaine nicht ausstehen und widersetzte sich seiner Aufnahme in die Académie Française. Zu den Gönnern und Schirmherren des Dichters gehörten der Herzog von Guise, die Herzogin von Bouillon, der Vicomte de Turenne und die Witwe von Gaston von Orléans.

Andererseits ließ die angeblich nichtexistente »Compagnie« Künstler, deren Werke ihr nicht genehm waren, ihre Macht spüren. Solches widerfuhr beispielsweise Molière, der sie in seinem 1667 erstmals öffentlich aufgeführten *Tartuffe* in einigen Passagen kaum verhüllt angriff. Die »Compagnie« revanchierte sich, indem sie das Stück absetzen ließ, ungeachtet der Tatsache, daß Molière sich der Gunst Ludwigs XIV. erfreute.

In der »Compagnie du Saint-Sacrement« hatten wir somit eine Geheimgesellschaft gefunden, die, nach außen hin katholisch, für ausgesprochen unkatholische Umtriebe verantwortlich zeichnete. Es bestanden enge Verflechtungen mit bestimmten Adelshäusern, vor allem mit solchen, die sich in der Fronde hervorgetan und deren Ahnentafel Eingang in die »Prieuré-Dokumente« gefunden hatten. Sie übte zeitweise beträchtlichen Einfluß aus und opponierte tatkräftig gegen den führenden Mann im Staat, Kardinal Mazarin. Kurzum, alles an dieser Geheimgesellschaft erinnerte uns bis in die winzigsten Details an die Prieuré de Sion, wie wir sie aus den »Prieuré-Dokumenten« kennengelernt hatten. Wenn Zion im siebzehnten Jahrhundert tatsächlich aktiv gewesen sein sollte, konnten wir billigerweise davon ausgehen, daß die beiden Bezeichnungen »Prieuré« und »Compagnie« Synonyme für ein und dieselbe Geheimgesellschaft waren.

Château de Barbarie. Wie wir den »Prieuré-Dokumenten« entnahmen, gab Zions feindseliges Verhalten gegenüber Mazarin dem Kardinal Anlaß zu peinlicher Vergeltung. Unter den Opfern dieser Rachemaßnahmen befand sich angeblich auch die Familie Plantard, die in direkter Linie von Dagobert II. und den Merowingern abstammte. Im Jahre 1548 hatte Johann von Plantard Marie von Saint-Clair geheiratet und somit eine weitere Verbindung zwischen seiner Familie und dem Haus Saint-Clair/Gisors geschaffen. Zu jener Zeit sollen die Plantards das Schloß Barbarie unweit von Nevers bewohnt haben. Etwas mehr als hundert Jahre später, am 11. Juli 1659, so die »Prieuré-Dokumente«, befahl Mazarin die völlige Zerstörung des Schlosses. Dabei sollen die Plantards ihren gesamten Besitz verloren haben.[12]

In keinem der eingeführten Geschichtsbücher und in keiner der Mazarin-Biographien findet sich eine Bestätigung für diese Ereignisse. Vergebens suchten wir auch im Nivernais nach einer Spur der Familie Plantard und nach Überresten von Schloß Barbarie. Und doch setzte Mazarin aus unbekannten Gründen alles daran, das Nivernais samt dem Herzogtum Nevers in seinen Besitz zu bringen. Schließlich erreichte er das Ziel seiner Wünsche und kaufte laut Vertrag vom

11. Juli 1659 (!) das genannte Gebiet sowie die Herzogswürde.[13] Das war für uns Anlaß genug, der Sache weiter nachzugehen. Bald wurden wir fündig und gruben einige wenige unzusammenhängende Beweisstücke aus, die zwar nicht ausreichten, um die Vorgänge zu erklären, aber die Glaubwürdigkeit der »Prieuré-Dokumente« bezeugten. In einer 1506 datierten Aufstellung von Besitztümern und Pachtgütern im Nivernais war der Name Barbarie tatsächlich erwähnt. Und eine Urkunde aus dem Jahre 1575 bezog sich auf einen Flecken im Nivernais, der Les Plantards hieß.[14]

Dann stellte sich heraus, daß die Existenz von Schloß Barbarie bereits eindeutig nachgewiesen worden war. In den Jahren 1874/75 hatten Mitglieder der Gesellschaft für Literatur, Kunst und Wissenschaft von Nevers Ausgrabungen bei bestimmten Ruinen in ihrer Region vorgenommen. Es war ein schwieriges Unterfangen, denn die Ruinen waren fast unkenntlich, die Steine vom Feuer verschlackt und der ganze Platz dicht mit Bäumen bestanden. Aber schließlich kamen die Reste einer Stadtmauer und eines Schlosses zum Vorschein. Vor seiner Zerstörung scheint der Besitz, der mittlerweile als Barbarie identifiziert ist, aus dem Schloß und einer kleinen befestigten Stadt bestanden zu haben.[15] Und er befindet sich in geringer Entfernung von dem alten Flecken Les Plantards.

Bei unseren weiteren Überlegungen konnten wir also davon ausgehen, daß es ein Schloß Barbarie tatsächlich einmal gegeben hatte und daß es durch eine Feuersbrunst zerstört worden war. Etwas eigenartig kam es uns jedoch vor, daß es keinerlei Aufzeichnungen über das genaue Datum seiner Zerstörung sowie den dafür Verantwortlichen gab. Wenn es Mazarin war, hatte er sich alle erdenkliche Mühe gegeben, sämtliche Spuren zu verwischen. Es sah ganz danach aus, als ob der systematische Versuch unternommen worden wäre, Schloß Barbarie von der Landkarte auszuradieren und aus der Geschichte zu streichen. Unsinnig, einen solchen Feldzug der Vernichtung zu unternehmen, es sei denn, es hätte etwas zu verbergen gegeben.

Nicolas Fouquet. Neben anderen zählte Nicolas Fouquet, der 1653 Oberintendant der Finanzen Ludwigs XIV. geworden war, zu den entschiedensten Gegnern Mazarins. Binnen weniger Jahre stieg der begabte, ehrgeizige Fouquet zu einem der reichsten und mächtigsten Männer des Königreiches auf und wurde oft als »der wahre König Frankreichs« bezeichnet. Unbestätigten Gerüchten zufolge wollte er die

Bretagne zu einem unabhängigen Herzogtum und sich selbst zum Herzog machen.

Fouquets Mutter, sein Bruder Charles, Erzbischof von Narbonne, und sein jüngerer Bruder Louis, auch er ein Mann der Kirche, waren allesamt prominente Mitglieder der »Compagnie du Saint-Sacrement«. Aus unbekannten, wenngleich nicht unbedingt mysteriösen Gründen schickte Nicolas Fouquet Louis 1656 nach Rom. Von dort aus schrieb Louis jenen rätselhaften Brief, von dem bereits im ersten Kapitel die Rede war — jenen Brief, in dem er über seine Begegnung mit Poussin berichtet und ein Geheimnis andeutet, »das ihm abzuringen selbst Königen schwerfallen würde«. Doch Poussin verriet keine weiteren Details; sein persönliches Siegel trug die Inschrift »Tenet Confidentiam« (Er besitzt Selbstvertrauen).

Auf Befehl Ludwigs XIV. wurde Nicolas Fouquet 1661 verhaftet. Die Anklagepunkte waren nebulös und sehr allgemein gefaßt. In vage gehaltenen Formulierungen warf man ihm Veruntreuung öffentlicher Gelder und aufrührerische Agitation vor. Sein gesamter Besitz wurde daraufhin unter Zwangsverwaltung gestellt, wobei der König seinen Beamten jedoch strengstens untersagte, Dokumente und Briefe des bisherigen Finanzministers anzurühren. Er bestand vielmehr darauf, alle Unterlagen selbst zu sichten.

Der nun folgende Prozeß zog sich über vier Jahre hin. Nicolas' Mutter und sein älterer Bruder Charles mobilisierten die »Compagnie du Saint-Sacrement«, zu deren Mitgliedern auch einer der vorsitzenden Richter zählte. Die »Compagnie« setzte sich voll für Nicolas Fouquet ein und tat alles, um Gericht und Volksmeinung in ihrem Sinn zu beeinflussen. Aber Ludwig XIV. — an sich kein blutrünstiger Mann — bestand darauf, er müsse zum Tode verurteilt werden. Der Gerichtshof ließ sich hiervon nicht einschüchtern und verhängte lebenslängliche Verbannung. Wütend entließ der König die widerborstigen Richter und ersetzte sie durch gefügigere. Im Jahre 1665 wurde Fouquet schließlich zu lebenslangem Freiheitsentzug verurteilt. Auf Befehl des Königs kam er in Einzelhaft. Aus Angst, er könne sich mit der Außenwelt in Verbindung setzen, nahm man ihm alle Schreibutensilien weg. Und Soldaten der Wachmannschaft, die sich mit ihm unterhielten, wurden angeblich auf Galeeren verbannt oder sogar gehängt.

Bleibt anschließend noch anzumerken, daß Fouquets Sturz und Verurteilung keinerlei Konsequenzen für seine Nachkommen hatte. Um die Mitte des achtzehnten Jahrhunderts war Fouquets Enkel Charles-Louis-Auguste Fouquet, Marquis de Belle-Ile, zu einem der wichtigsten Männer in Frankreich aufgestiegen. Schon 1718 hatte er Belle-Ile, eine befestigte Insel vor der bretonischen Küste, der Krone überlassen. Im Gegenzug erhielt er dafür einige interessante Besitztümer. Eines davon war Longueville, auf dessen frühere Herzöge und Herzoginnen wir im Laufe unserer Recherchen schon mehrmals gestoßen waren. Ein anderes war Gisors. Im Jahre 1718 wurde der Marquis de Belle-Ile Graf, 1742 Herzog und sechs Jahre später sogar Großherzog von Gisors.

Nicolas Poussin. Poussin wurde am 15. Juni 1594 in Villers bei Les Andelys, nur wenige Kilometer von Gisors entfernt, geboren. 1624 ließ er sich in Rom nieder, wo er den Rest seines Lebens verbrachte. Nur einmal noch (1640–1642) kehrte er nach Frankreich zurück. Kardinal Richelieu und Ludwig XIII. hatten ihn nach Paris eingeladen, um ihn mit einem bestimmten Auftrag zu betrauen.

Obwohl er an der Politik keinen aktiven Anteil nahm und nur wenige Kunsthistoriker seine politischen Interessen erwähnen, unterhielt Poussin in Wahrheit recht lebhafte Beziehungen zur Fronde. Zwar verließ er sein römisches Refugium nicht, aber seine Korrespondenz verrät, daß er sich weitgehend mit den Zielen der gegen Mazarin gerichteten Erhebung identifizierte und mit einer Reihe einflußreicher *frondeurs* auf überraschend vertrautem Fuß stand.[16]

An einem früheren Punkt unserer Untersuchung hatten wir bereits die Motive des »verborgenen Stroms« Alpheios, Arkadiens und der arkadischen Hirten bis zu René von Anjou zurückverfolgt. Jetzt machten wir uns auf die Suche nach einem Vorbild für die Inschrift auf Poussins Gemälde »Et in Arcadia ego«. Dieses um 1630 entstandene Werk zeigt einen antiken Sarkophag mit einem Totenschädel darauf. Im Vordergrund ruht, in mürrisches Brüten versunken, ein bärtiger Mann: der Flußgott Alpheios. Das Gemälde entstand ungefähr zehn bis fünfzehn Jahre vor dem bekannteren »Die Hirten in Arkadien«.

Die erste bildliche Wiedergabe des »Tod-in-Arkadien-Themas« enthielt das Gemälde »Et in Arcadia ego« (um 1618–1623) von Giovanni Francesco Barbieri, genannt Guercino – ein Bild, das die Grundlage für Poussins Werk darstellt: Zwei arkadische Hirten stoßen auf ihrer Wanderung in einer Lichtung auf einen großen menschlichen Totenkopf. Dieser liegt auf einem verfallenen Mauersockel, der die uns schon bekannte Inschrift trägt. Von der symbolischen Bedeutung seines Werkes einmal abgesehen, wirft auch Guercinos Person eine Reihe von Fragen auf. Er war offenbar nicht nur in esoterischem Gedankengut bestens bewandert, sondern auch mit dem überlieferten Wissen geheimer Gesellschaften vertraut. Einige seiner Bilder — so zum Beispiel »Die Auferstehung des Herrn«[17] — weisen Themen spezifisch freimaurerischen Charakters auf, und das rund zwanzig Jahre, bevor sich Logen in England und Schottland zu etablieren begannen.

In den »Prieuré-Dokumenten« heißt es, »Et in Arcadia ego« sei spätestens seit der Heirat zwischen Johann VI. von Plantard und Idoine von Gisors im Jahre 1156 die offizielle Devise der Plantards gewesen. Nach einer anderen, in den Geheimpapieren zitierten Quelle wurde der Wahlspruch in dieser Form erstmals 1210 von einem Abt Robert von Mont-Saint-Michel erwähnt.[18] Leider waren uns die Archive von Mont-Saint-Michel nicht zugänglich, so daß wir diese Anmerkung nicht verifizieren konnten. Allerdings stellte sich heraus, daß die Zeitangabe vollkommen falsch war: Im Jahre 1210 amtierte auf dem Mont-Saint-Michel kein Abt unter dem angegebenen Namen. Andererseits war dort ein gewisser Robert de Torigny Abt von 1154 bis 1186, von dem bekannt ist, daß er sich leidenschaftlich gern mit Geschichte befaßte und daß das Sammeln von Wahlsprüchen, Wappen und Wappenschildern adeliger Familien zu seinen Hobbys gehörte.[19]

Ungeachtet ihres Ursprungs scheint die Wendung »Et in Arcadia ego« für Guercino wie Poussin mehr als nur eine Zeile elegischer Poesie gebildet zu haben. Es lag auf der Hand, daß sich dahinter eine geheime Bedeutung verbarg, die nur Eingeweihten zugänglich war, ähnlich einem freimaurerischen Zeichen oder Losungswort. Und in eben diesem Sinn definieren die »Prieuré-Dokumente« das Wesen symbolischer und allegorischer Kunst:

»Der Vorzug allegorischer Werke besteht darin, daß ein einziges Wort genügt, um Zusammenhänge anzudeuten, die nicht jedermann ohne weiteres begreift. Solche Werke sind zwar aller Welt zugänglich, aber ihre Bedeutung erschließt sich nur einer Elite. Sender und Empfänger der Botschaft verstehen einander. Der unerklärliche Erfolg bestimmter Werke entspringt dem Wesensmerkmal der Allegorie, die keineswegs eine kurzlebige Mode, sondern eine Form esoterischer Kommunikation darstellt.«[20]

Diese Aussage bezieht sich auf das Schaffen Poussins. Wie Frances Yates nachgewiesen hat, läßt sie sich ebensogut auf die Werke Leonardos, Botticellis und anderer Renaissance-Künstler anwenden, aber auch auf Persönlichkeiten späterer Epochen wie etwa Nodier, Hugo, Debussy, Cocteau und ihre jeweiligen Kreise.

Die Rosslyn-Kapelle und Shugborough Hall. Wir hatten schon zahlreiche Verbindungen zwischen den angeblichen Großmeistern Zions und den europäischen Freimaurern im siebzehnten und achtzehnten Jahrhundert feststellen können. Nun fanden wir auch noch wiederholt Hinweise auf die Sinclairs, die schottische Linie des Hauses Saint-Clair/Gisors. Ihr Anwesen bei Rosslyn lag nur wenige Kilometer entfernt von der ehemaligen Niederlassung der schottischen Tempelritter, und die zwischen 1446 und 1486 errichtete Rosslyn-Kapelle wird schon seit langem sowohl mit den Freimaurern als auch den Rosenkreuzern in Zusammenhang gebracht. In einer vermutlich 1601 ausgestellten Urkunde werden die Sinclairs sogar als »erbliche Großmeister der schottischen Freimaurer« bezeichnet.[21] Nach freimaurerischen Quellen wurde den Sinclairs das Großmeisteramt jedoch erst von König Jakob II. verliehen, der von 1685 bis 1688 regierte.

Ein weiteres, noch mysteriöseres Teilchen unseres Puzzles förderten wir ebenfalls in Großbritannien zutage – diesmal in Staffordshire, das im frühen und mittleren siebzehnten Jahrhundert eine Hochburg der Freimaurerei gewesen war. Als Charles Radclyffe 1714 aus dem Newgate-Gefängnis ausbrach, gelang ihm dies mit Hilfe seines Vetters, des Earl of Lichfield. Noch im gleichen Jahrhundert erlosch das Geschlecht der Lichfields. Zu Beginn des neunzehnten Jahrhunderts wurde der Adelstitel von der Familie Anson erworben, die ihren Stammsitz Shugborough Hall, eine ehemalige Bischofsresidenz, bereits 1697 gekauft hatte. Im achtzehnten Jahrhundert lebte dort der Bruder von George Anson, dem berühmten Admiral und Weltumsegler. Als letzterer 1762 starb, wurde im Parlament ein elegisches Gedicht vorgetragen, in dem es unter anderem heißt:

»Richte deinen Blick auf jenen sagenumwobenen Marmor . . ./ Selbst in Arkadiens elysischen Gefilden, / Voll lachender Nymphen und tändelnder Verehrer, / Klingt die festliche Freude mit schmerzlicher Anmut ab, / und Mitleid malt sich auf noch lächelnden Gesichtern; / Wo jetzt Tanz und Laute das Hochzeitsfest begleiten / Und Leidenschaft in der Liebenden Busen brennt, . . . / Weist der Finger der Vernunft schon auf das Grab!«[22]

Das klingt wie eine deutliche Anspielung auf Poussins Gemälde

und die Inschrift »Et in Arcadia ego«. Und im Park von Shugborough
befindet sich ein imposantes Marmorrelief, das zwischen 1761 und
1767 im Auftrag der Familie Anson errichtet wurde: eine seitenverkehrte Kopie von Poussins Werk »Die Hirten in Arkadien«. In den
Sockel ist eine rätselhafte Inschrift eingemeißelt, die bis zum heutigen
Tag nicht entschlüsselt werden konnte:

O · U · O · S · V · A · V · V

D ·   M ·

Der geheime Brief des Papstes. Im Jahre 1738 erließ der Papst
Klemens XII. (1730–1740) eine Bulle, in der er alle Freimaurer, die er
als »Feinde der römischen Kirche« bezeichnete, verdammte und
exkommunizierte. Warum er dies tat, wo doch viele von ihnen – wie
etwa seinerzeit die Jakobiten – sich zum katholischen Glauben bekann-

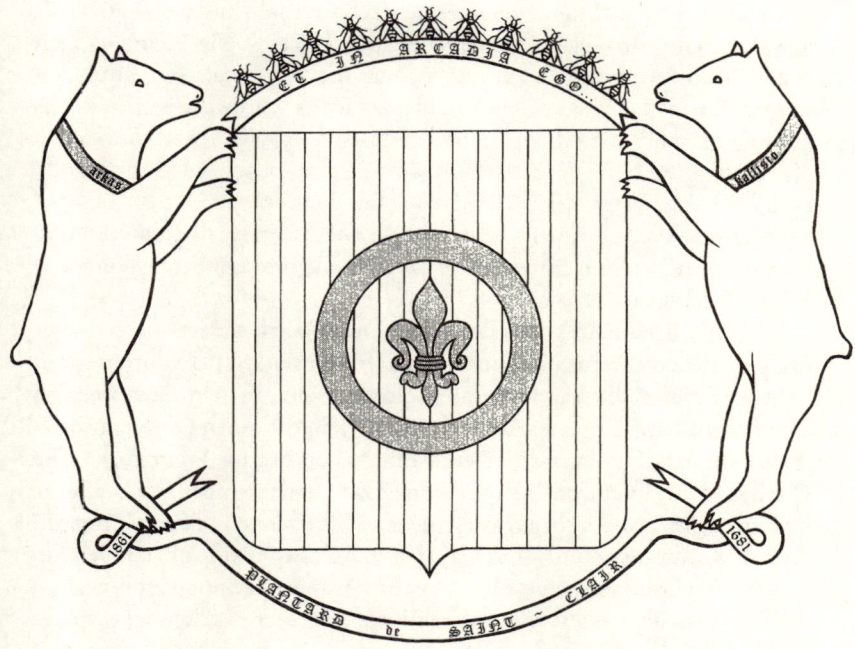

Fig. 1   Helmzier der Familie Plantard

ten, konnte bis heute nicht aufgedeckt werden. Licht in die Angelegenheit könnte ein Brief bringen, der 1962 überhaupt erst freigegeben und veröffentlicht wurde. In diesem Schreiben an einen unbekannten Empfänger äußert Klemens XII. die Überzeugung, die Freimaurerei beruhe auf einer Häresie: nämlich der Leugnung der Gottessohnschaft Jesu. Darüber hinaus behauptet er, die führenden »Köpfe« dieses Männerbundes seien mit jenen identisch, die die Reformation in Deutschland angezettelt hätten.[23] Mag sein, daß der Papst unter Wahnvorstellungen litt, aber es sei deutlich darauf hingewiesen, daß er nicht von irgendwelchen verschrobenen Gedankengängen oder vagen Überlieferungen spricht. Vielmehr ist ausdrücklich von einer gutorganisierten Gruppe die Rede – einer Sekte, einem Orden, einer Geheimgesellschaft –, die über die Jahrhunderte hin nur ein Ziel verfolgt habe, das Gebäude des Katholizismus niederzureißen.

Der Stein von Zion. Ende des achtzehnten Jahrhunderts, als zahllose Freimaurerlogen der verschiedensten Systeme wie Pilze aus dem Boden schossen, wurde auch der sogenannte »Orientalische Ritus von Memphis« ins Leben gerufen.[24] In diesem Ritus wurde unseres Wissens zum erstenmal offiziell der Begriff Ormus verwandt, jener Name, den die Prieuré de Sion angeblich in der Zeit zwischen 1188 und 1307 geführt hatte. Nach dem Memphis- oder Menesritus war Ormus ein ägyptischer Weiser, der um das Jahr 46 nach Christus heidnische und christliche Mysterien miteinander verschmolz und auf diese Weise das Rosenkreuz schuf.

Andere Freimaurerriten des achtzehnten Jahrhunderts weisen wiederholt auf den »Stein von Zion« hin. Diesen hatten wir bis dahin stets mit dem Berg Zion südlich von Jerusalem gleichgesetzt, auf dem Gottfried von Bouillon bekanntlich eine Abtei errichten ließ, die jenen Orden aufnehmen sollte, aus dem dann die Prieuré de Sion hervorging. Freimaurerische Quellen schreiben dem »Stein von Zion« jedoch noch eine andere Bedeutung zu, wobei sie auf verschiedene Bibelzitate Bezug nehmen. In diesem Zusammenhang ist der »Stein von Zion« nicht nur einfach ein hoher Hügel, sondern vielmehr ein ganz bestimmter Stein, der beim Bau des Tempels übersehen oder schlichtweg vergessen worden war, später wiedergefunden und in das Bauwerk als eine Art Schlußstein eingefügt werden mußte. In Psalm 118, Vers 22, heißt es zum Beispiel: »Der Stein, den die Bauleute verwarfen, er ist zum Eckstein geworden.«

Im Neuen Testament finden sich zahlreiche Anspielungen auf

diesen Stein. So etwa bei Matthäus (21,42), wo Jesus die Hohenpriester und Pharisäer fragt: »»Habt ihr nie in den Schriften gelesen: Der Stein, den die Bauleute verworfen haben, der ist zum Schlußstein geworden?‹« Im Römerbrief des Paulus (9,33) findet sich ein weiterer, allerdings doppelsinniger Hinweis: » . . . , von dem geschrieben steht: ›Siehe, ich setze in Zion einen Stein des Anstoßes und einen Fels des Ärgernisses; und wer an ihn glaubt, wird nicht zuschanden werden.‹«

In der Apostelgeschichte (4,10−11) läßt sich der »Stein von Zion« als Metapher für Jesus interpretieren: »› . . . , so sei euch allen und dem ganzen Volk Israel kundgetan: Durch den Namen Jesu Christi, den ihr gekreuzigt habt, den Gott aber von den Toten auferweckt hat, . . . steht dieser Mann gesund vor euch. Dieser ist der Stein, der von euch Bauleuten verworfen ward und der zum Eckstein geworden ist.‹« Im Epheserbrief (2,20) wird diese Gleichsetzung von Paulus aufgegriffen: » . . . , aufgebaut auf der Grundmauer der Apostel und Propheten, während Christus Jesus selber der Eckstein ist.« Und im ersten Petrusbrief (2,3−8) schließlich kann man lesen: »Ihr habt ja schon verkostet, wie gut der Herr ist. Zu ihm kommet als zu dem lebendigen Stein, der von den Menschen verworfen, bei Gott aber auserwählt und kostbar ist, und laßt euch selbst als lebendige Steine aufbauen als geistiges Haus zu einer heiligen Priesterschaft, um geistige Opfer darzubringen, die Gott wohlgefällig sind, durch Jesus Christus. Darum steht in der Schrift: ›Siehe da, ich lege in Zion einen auserwählten, kostbaren Eckstein; und wer an ihn glaubt, der soll nicht zuschanden werden.‹ Euch nun, die ihr gläubig vertrauet, ist er köstlich; den Ungläubigen aber ist der Stein, den die Bauleute verworfen haben, der zum Eckstein geworden ist, ein Stein des Anstoßes und ein Fels des Ärgernisses; denn sie stoßen sich daran, weil sie an das Wort nicht glauben, wozu sie auch bestimmt sind.«

Schon im folgenden Vers wird ein Themenbereich angesprochen, dessen tieferen Sinn wir zu diesem Zeitpunkt noch nicht verstanden. Dort ist nämlich die Rede von einem Geschlecht von Priesterkönigen, die geistliche und weltliche Führer zugleich sind: »Ihr aber seid ein auserwähltes Geschlecht, eine königliche Priesterschaft, ein heiliger Stamm, ein zu eigen erworbenes Volk, . . .«

Wie sollten wir diese Textstellen verstehen? Wie sollten wir aus dem »Stein von Zion« klug werden, dem Grundstein des Tempels, der als ein Sinnbild Jesu gilt und gleichzeitig eines der zentralsten Geheimnisse der Freimaurer darstellt? Was sollten wir mit dem »Königsgeschlecht« anfangen, das, da auf dem Berg Zion oder auf Jesus selbst begründet, den während der Zeit der Kreuzzüge in Europa herrschenden Dynastien »ebenbürtig« war?[25]

Die katholische Bewegung des Modernismus. Im Jahre 1833, als Christian Pitois Beamter im französischen Kultusministerium war, nahm diese Behörde ein ehrgeiziges Projekt in Angriff: Alle bis dahin unter Verschluß gehaltenen Dokumente zur Geschichte Frankreichs sollten freigegeben und veröffentlicht werden.[26] Es wurden zwei Ausschüsse zur Überwachung des Unternehmens gebildet, denen neben anderen Victor Hugo, Jules Michelet und Emmanuel-Guillaume Rey, eine Kapazität auf dem Gebiet der Kreuzzüge, angehörten.

Zu den in der Folge unter der Schirmherrschaft des Kultusministeriums veröffentlichten Arbeiten zählt auch Michelets zweibändiges Werk *Procès des Templiers,* eine erschöpfende Zusammenstellung der Inquisitionsakten zu den Prozessen gegen die Tempelritter. Unter den gleichen Voraussetzungen publizierte Baron Rey eine Reihe von Werken, die sich mit den Kreuzzügen und dem fränkischen Königreich von Jerusalem beschäftigten. In diesen Büchern wurden zum erstenmal Originaldokumente der Prieuré de Sion abgedruckt. Reys Untersuchungen waren typisch für eine neue Form historiographischer Methodik, die damals in Europa, und vornehmlich in Deutschland, aufkam und eine ernstzunehmende Herausforderung für die Kirche darstellte. Denn die Verbreitung darwinistischen Gedankenguts und agnostizistischer Lehren hatte bereits zu einer »Glaubenskrise« geführt, die nun durch die neue Arbeitsweise der Geschichtswissenschaft noch verschärft wurde. Es war nur mehr eine Frage der Zeit, bis die von deutschen Gelehrten entwickelten Forschungsmethoden auch auf die Bibel Anwendung fänden. Die Kirche aber, darauf angewiesen, daß ihre Dogmen nicht in Frage gestellt werden, war sich wohlbewußt, daß die Heilige Schrift einer solcherweise durchgeführten kritischen Prüfung nicht standhielte. Hatte Ernest Renan in seinem überaus erfolgreichen und umstrittenen Buch *Vie de Jésus* (Das Leben Jesu) nicht schon mit für Rom äußerst unangenehmen Resultaten die positivistische Arbeitsmethodik auf das Neue Testament angewandt?

Die katholische Bewegung des Modernismus entstand ursprünglich als Reaktion auf diese Herausforderung. Sie hatte sich zum Ziel gesetzt, eine Generation theoretisch geschulter Geistlicher heranzubilden, die in der Lage waren, die Wahrheit der Bibel Wort für Wort mit den Waffen der kritischen Wissenschaft zu verteidigen. Ein kluger Plan, der sich jedoch als Bumerang erwies. Denn je eifriger sich die jungen Kleriker ihr Rüstzeug aneigneten, desto rascher wurden sie der Sache abtrünnig. Die kritische Durchleuchtung des Buchs der Bücher offenbarte eine Vielzahl von Unvereinbarkeiten und Widersprüchen mit den Dogmen der katholischen Kirche. Zu Ende des neunzehnten Jahrhunderts waren aus der »Elitestoßgruppe« der Modernisten Überläufer und angehende Häretiker geworden, die die größte Gefahr bildeten, mit der sich die Kirche seit den Tagen Martin Luthers konfrontiert sah.

Die Keimzelle des Modernismus war — wie schon bei der »Compagnie du Saint-Sacrement« — Saint-Sulpice in Paris und eine ihrer vernehmlichsten Stimmen Jean-Baptiste Hogan, der dem Seminar von 1852 bis 1854 vorstand. Ausgehend von Saint-Sulpice fand diese Bewegung rasch zahllose Anhänger in Frankreich, Italien und Spanien. Vor allem der zunehmenden Zentralisierung der kirchlichen Macht sagten die Modernisten den Kampf an, wie sie ihrer Meinung nach zum Beispiel im Dogma von der Unfehlbarkeit des Papstes zum Ausdruck kam.[27] Binnen kurzem setzten sich nicht nur intellektuelle Kleriker, sondern auch zahlreiche bekannte Schriftsteller für die Ideen des Modernismus ein. Unter diesen befanden sich in Frankreich Roger Martin du Gard und in Spanien Miguel de Unamuno.

Die Kirche reagierte, wie vorauszusehen, schnell und drastisch. Sie beschuldigte die Modernisten der Freimaurerei, suspendierte oder exkommunizierte zahlreiche ihrer Anhänger und setzte ihre Schriften auf den Index. Im Jahre 1907 verurteilte Papst Pius X. per Dekret formell die katholische Bewegung des Modernismus. Drei Jahre später führte er einen von allen katholischen Geistlichen zu leistenden Eid gegen den Modernismus ein *(Antimodernisteneid)*.

Trotz des päpstlichen Verbots erfreute sich der Modernismus bis zum Ausbruch des Ersten Weltkrieges regen Zulaufs. Als ein Schelm besonderer Art erwies sich ein modernistisch eingestellter Theologe namens Turmel, der sein Lehramt in der Bretagne nach außen hin vollkommen korrekt versah, nebenher jedoch eine ganze Reihe von Büchern unter nicht weniger als vierzehn verschiedenen Pseudonymen veröffentlichte. Sie kamen allesamt auf den Index; daß der Abbé Turmel ihr Autor war, stellte sich allerdings erst 1929 heraus. Daraufhin wurde er sofort exkommuniziert.

Unterdessen hatte der Modernismus auch in England Fuß gefaßt.

Die anglikanische Kirche billigte nicht nur den Inhalt seiner Lehren, sondern sie förderte auch deren Verbreitung. So meinte einmal William Temple, der spätere Erzbischof von Canterbury: »Die meisten Gebildeten bekennen sich heute schon zum Modernismus.«[28] Zu Temples Freunden zählte der Kanonikus Lilley, der seinerseits wiederum mit jenem anglikanischen Priester bekannt war, von dem wir den Brief mit dem Hinweis auf einen »unwiderlegbaren Beweis« erhalten hatten, daß Jesus nicht am Kreuz gestorben sei.

Lilley hatte einige Jahre in Paris gelebt, wo er auch den Abbé Emile Hoffet kennenlernte, der auf Grund seiner historischen, linguistischen und esoterischen Kenntnisse ein typisch modernistischer Gelehrter seiner Zeit war. Seine Ausbildung hatte Hoffet allerdings nicht in Saint-Sulpice, sondern im Seminar Notre-Dame de Sion in Lothringen erhalten: *La colline inspirée*.[29]

Die Protokolle von Zion. Eines der beeindruckendsten Zeugnisse für die Existenz der Prieuré de Sion datiert aus dem späten neunzehnten Jahrhundert. Es besitzt zwar großen Bekanntheitsgrad, wird jedoch als Beweismittel nicht anerkannt. Darüber hinaus wurde es zur Legitimation verbrecherischer Ziele herangezogen, gleichzeitig aber auch, wie unsere Nachforschungen ergaben, gründlich mißverstanden.

Die Rolle, die Rasputin am Zarenhof spielte, ist hinlänglich bekannt. Weniger geläufig ist hingegen, daß es schon lange vor Rasputin überaus einflußreiche esoterische Kreise am russischen Hof gab. Zwischen 1890 und 1900 bildete sich einer dieser Zirkel um einen gewissen Monsieur Philippe und seinen Mentor, der dem kaiserlichen Hof in St. Petersburg regelmäßige Besuche abstattete. Hinter diesem Mentor verbarg sich kein geringerer als der uns schon bekannte französische Esoteriker Papus (alias Dr. Gérard Encausse), der enge Beziehungen zu Jules Doinel, Joséphin Péladan, Emma Calvé und Claude Debussy unterhielt.[30] Kurz gesagt, Vertreter der französischen »Okkulten Erneuerung« genossen das Privileg, Vertraute von Zar Nikolaus II. und der Zarin Alexandra zu sein.

Die Stellung des esoterischen Kreises um Monsieur Philippe und Papus war keineswegs unangefochten. So versuchte die Großfürstin Elisabeth immer wieder, ihre eigenen Favoriten in unmittelbarer Thronnähe zu plazieren. Unter diesen befand sich ein recht anrüchiges Individuum, das der Nachwelt nur unter dem Pseudonym Sergej A. Nilus bekannt ist. Um 1903 legte Nilus dem Zaren ein höchst umstrittenes Dokument vor, mit dessen Hilfe eine gefährliche Verschwörung aufgedeckt werden sollte. Doch wenn Nilus mit der Dankbarkeit des Zaren gerechnet hatte, muß er arg enttäuscht worden sein. Denn der Zar erklärte, das Dokument sei eine empörende Fälschung, und befahl, sämtliche vorhandenen Exemplare zu vernichten. Gleichzeitig wurde Nilus vom Hof verbannt.

Natürlich wurde der Anordnung des Zaren nicht überall Folge geleistet, und das Dokument blieb zumindest in einem Exemplar erhalten. Nachdem es 1903 in mehreren Folgen in der Petersburger Zeitung »Snamja« abgedruckt worden war, ohne allerdings das geringste Interesse hervorzurufen, erschien es abermals 1905 als Anhang zu einem Werk des bekannten Philosophen und Mystikers Wladimir S. Solowjew. Nun fing es an, allgemeine Aufmerksamkeit zu erregen, und entwickelte sich in den folgenden Jahren zur größten Infamie des zwanzigsten Jahrhunderts.

Das Dokument, von dem hier die Rede ist, war ein Traktat oder – um genau zu sein – eine Art sozialen und politischen Programms. Es ist unter einer Vielzahl ähnlichlautender Titel veröffentlicht worden, deren bekanntester ist: *Die Protokolle der Weisen von Zion.*[31] Es hieß, die *Protokolle* stammten vorwiegend aus jüdischen Quellen, was seinerzeit zahllose Antisemiten zum Anlaß nahmen, in ihnen den Beweis für eine »internationale Verschwörung des Judentums« zu sehen. 1919 wurden sie an die Soldaten der Weißrussischen Armee verteilt, die daraufhin in den folgenden zwei Jahren über sechzigtausend Juden umbrachten, die sie für den Ausbruch der Oktoberrevolution verantwortlich machten. Alfred Rosenberg, einer der ideologischen Wegbereiter der NSDAP, brachte sie zu Propagandazwecken in Deutschland in Umlauf. Auch Adolf Hitler bediente sich ihrer in *Mein Kampf* zur Untermauerung seiner rassistischen Vorurteile, ohne die Authentizität der *Protokolle* auch nur einmal kritisch zu hinterfragen. Er war nicht der einzige, der dies unterließ. Sogar die *Times* nahm die *Protokolle* 1921 zunächst ernst, bevor sie später ihren Irrtum zugab. Heute ist man der einhelligen Meinung, daß es sich bei den *Protokollen* – zumindest in ihrer vorliegenden Form – um eine gemeine und bösartige Fälschung handelt. Dessenungeachtet bedient man sich ihrer nach wie vor, um antisemitische Hetzkampagnen zu rechtfertigen.[32]

Die *Protokolle der Weisen von Zion* enthalten einen detaillierten Plan, wie die absolute jüdische Weltherrschaft durch eine Gruppe machtbesessener Individuen erlangt werden kann, die eine allumfassende neue Ordnung errichten und selbst – gleich Despoten – die uneingeschränkte Macht ausüben. Zur Erreichung dieses Ziels sind alle Mittel recht. Mit Hilfe von Konspiration, Agitation und Anarchie sollen bestimmte Regierungen gestürzt, der Freimaurerorden und ähnliche Organisationen unterwandert und schließlich die totale Kontrolle über die sozialen, wirtschaftlichen sowie politischen Institutionen der ganzen zivilisierten Welt übernommen werden. Ausdrücklich weisen die anonymen Autoren der *Protokolle* darauf hin, daß sie »nach einem politischen Plan, von dem jahrhundertelang niemand auch nur etwas geahnt hat«, die Geschicke ganzer Völker lenkten.[33]

Heutigen Lesern mögen die *Protokolle* wie eine Ausgeburt der phantastisch-teuflischen Organisationen aus einem der James-Bond-Filme erscheinen. Bei ihrer Erstveröffentlichung wurde jedoch das Gerücht ausgestreut, sie seien von dem ersten Zionistischen Weltkongreß, der 1897 in Basel tagte, ausgearbeitet worden. Diese Unterstellung konnte mittlerweile entkräftet werden, da man zum Beispiel weiß, daß die ersten Ausgaben der *Protokolle* in Französisch abgefaßt waren und daß andererseits kein einziger französischer Delegierter an der Basler Tagung teilgenommen hat. Außerdem ist bekannt, daß ein Exemplar dieses Machwerks bereits um 1884 in Umlauf war und einem Mitglied jener Freimaurerloge in die Hände fiel, der auch Papus angehörte und deren Meister vom Stuhl er später wurde.

Neuere Forschungen haben ergeben, daß der 1864 anonym in Brüssel erschienene *Dialogue aux enfers entre Machiavel et Montesquieu ou la politique de Machiavel au XIXe siècle* (Gespräche in der Unterwelt zwischen Machiavelli und Montesquieu) den Verfassern der *Protokolle* als Vorlage diente. Der Autor dieser Streitschrift, der Pariser Anwalt und Schriftsteller Maurice Joly, greift darin unter anderem Napoleon III. an, womit er sich eine Gefängnisstrafe einhandelte. Ob Joly Mitglied eines Rosenkreuzer-Ordens war oder nicht, ist nicht verbürgt. Sicher ist nur, daß er mit Victor Hugo befreundet war und dessen Antipathie gegen den französischen Kaiser teilte.

Wenn die *Protokolle* erwiesenermaßen nicht vom Zionistischen Weltkongreß in Basel herausgegeben worden sind, wem verdanken sie dann ihre Existenz? Die Wissenschaft hat sie als Falsifikat entlarvt, das von Antisemiten ausgeheckt wurde, um das Judentum in Verruf zu bringen. Allerdings sprechen die *Protokolle* selbst gegen eine solche Schlußfolgerung. Denn sie enthalten eine Reihe rätselhafter Querverweise, die nicht jüdischen Ursprungs sind. Kein Antisemit, der auch nur einen Funken Verstand besessen hat, hätte sich derartige Verweise ausgedacht, um damit die Judenheit zu diskreditieren, weil sonst möglicherweise Zweifel an ihrer Authentizität aufgekommen wären.

So enden die *Protokolle*, um nur dieses Beispiel anzuführen, mit der Formulierung: »Unterzeichnet von den Vertretern Zions des 33. Grades.«[34] Zu welchem Zweck hätte sich ein antisemitischer Fälscher gerade diese Formulierung einfallen lassen sollen? Warum klagte er statt aller Juden nur die wenigen »Vertreter Zions des 33. Grades« an? Lag es nicht näher, zu behaupten, die *Protokolle* seien von den Teilnehmern des zionistischen Kongresses unterschrieben worden? Die »Vertreter Zions des 33. Grades« sind schwerlich mit dem Judentum oder einer »internationalen Verschwörung des Judentums« in Verbindung zu bringen, sondern vielmehr mit dem freimaurerischen System der »Strikten Observanz« des Reichsfreiherrn Hund.

Die *Protokolle* weisen aber noch auffälligere Ungereimtheiten auf. So ist im Text wiederholt die Rede vom Kommen eines »freimaurerischen Königreichs« und von einem »König aus dem Hause Zion«, der über dieses Reich herrschen wird. Dieser zukünftige König werde »dem Geschlecht Davids« entstammen und der »wahre Papst« sowie der »Patriarch einer internationalen Kirche« sein.[35]

Daß diese Prophezeiungen jüdischen Ursprungs sein sollen, ist absoluter Unsinn. Denn seit biblischen Zeiten gibt es in der jüdischen Tradition keinen König mehr, und das monarchische Prinzip an sich ist völlig irrelevant geworden. Diese Tatsache kann auch einem Fälscher nicht entgangen sein. Unseres Erachtens sind die zitierten Weissagungen eher christlicher als jüdischer Herkunft. Im Verlauf der letzten zweitausend Jahre war Jesus nämlich der einzige »König der Juden«, der, dem Neuen Testament zufolge, »dem Geschlecht Davids« entstammte. Wenn man also schon ein solches Dokument erstellt und es einer jüdischen Verschwörung zuschreibt, warum werden dann so augenfällige Bestandteile der christlichen Lehre darin aufgenommen? Warum wird von einer so spezifischen Institution wie dem Papsttum, weshalb von einer »internationalen Kirche« gesprochen und nicht von einer internationalen Synagoge oder einem internationalen Tempel?

Aufgrund weiterer intensiver Recherchen und unserer eigenen Überlegungen kamen wir bezüglich der *Protokolle der Weisen von Zion* zu folgenden Schlüssen:

1. Die veröffentlichte Version der *Protokolle* basiert auf einem Originaltext, der keine Fälschung, sondern authentisch war. Allerdings

handelte er nicht im geringsten vom Judentum oder einer »internationalen Verschwörung des Judentums«. Vermutlich wurde er von einer freimaurerischen Organisation oder einer vergleichbaren Geheimgesellschaft herausgegeben, die das Wort »Zion« in den Text einfügte.

2. Der Originaltext muß nicht notwendigerweise provokatorischen oder aufrührerischen Inhalts gewesen sein. Gleichwohl mag er ein Programm enthalten haben, in dem dargelegt wurde, wie Machtbastionen zu gewinnen, wie die freimaurerische Bewegung zu infiltrieren und die sozialen, wirtschaftlichen sowie politischen Institutionen zu kontrollieren waren. Ein solches Programm hätte durchaus im Einklang mit den Zielen der Geheimbünde der Renaissance wie auch der »Compagnie du Saint-Sacrement« oder den Organisationen Andreäs und Nodiers gestanden.

3. Der Originaltext fiel Sergej A. Nilus in die Hände, der ursprünglich gar nicht die Absicht hatte, das Judentum in Mißkredit zu bringen. Vielmehr wollte er die Stellung des esoterischen Kreises um Monsieur Philippe und Papus am Zarenhof untergraben. Sehr wahrscheinlich hatte er stilistische Änderungen an dem Text vorgenommen, um ihn bösartiger und aufrührerischer klingen zu lassen, und in dieser Form veröffentlichte er ihn schließlich auch. Zwar scheiterte der Versuch, Monsieur Philippe und Papus zu kompromittieren, aber das Elaborat konnte ebensogut für ein anderes Ziel herhalten: die Förderung des Antisemitismus. Denn für die Juden hegte Nilus genausowenig Sympathien wie für die Esoteriker um Zar Nikolaus II. und seine Gemahlin Alexandra.

4. Der »offizielle« Wortlaut der *Protokolle* ist daher nicht frei erfunden, sondern beruht auf einer drastisch veränderten Vorlage. Spuren des Originals sind wie in einem Palimpsest in den erwähnten Hinweisen auf einen König, einen Papst, eine internationale Kirche oder Zion zu erkennen. Vermutlich konnte Nilus nichts mit ihnen anfangen, weshalb sie seinen stilistischen Eingriffen entgangen sind. Diese Hinweise waren zwar im Hinblick auf das Judentum ohne Aussagekraft, sie gewannen aber an Bedeutung, wenn es um eine Geheimgesellschaft ging. Wie wichtig sie tatsächlich waren, sollten wir noch in Erfahrung bringen.

Der Hiéron du Val d'Or. Im Laufe unserer Nachforschungen waren kontinuierlich neue »Prieuré-Dokumente« erschienen, von denen einige als Privatdrucke verlegt wurden, die uns Freunde in Frankreich oder die Bibliothèque Nationale zugänglich machten. Andere erschienen im Buchhandel. Diesen Arbeiten entnahmen wir zum Teil neue Informationen über das ausgehende neunzehnte Jahrhundert und vor allem über Bérenger Saunière. So konnten wir in einem auf den neuesten Stand gebrachten Bericht lesen, daß der Pfarrer von Rennes-le-Château die Dokumente in seiner Kirche keineswegs zufällig entdeckt haben soll. Im Gegenteil: Emissäre der Prieuré de Sion hätten ihn bei einem Besuch in dem Pyrenäendörfchen als Handlanger in ihre Dienste genommen und angeblich auf das Versteck hingewiesen. Ende 1916 soll Saunière Streit mit seinen Auftraggebern bekommen haben.[36] Wenn das stimmt, erschiene sein plötzlicher Tod im Januar 1917 in einem anderen Licht als bisher. Denn zehn Tage vor seinem Tod, als er sich nach Aussage von Augenzeugen noch bester Gesundheit erfreute, war bereits ein Sarg für ihn bestellt worden. Die Quittung für diesen Sarg ist auf den 12. Januar 1917 und auf den Namen von Saunières langjähriger Haushälterin und Vertrauter Marie Denarnaud ausgestellt.

Nach einer anderen, ebenfalls erst kürzlich erschienenen Publikation war Saunière wenig mehr als eine Marionette; seine Rolle im Geheimnis von Rennes-le-Château sei überbewertet worden. Die treibende Kraft hinter den Ereignissen soll demnach in Wahrheit Saunières Freund und Amtsbruder, der Abbé Henri Boudet, gewesen sein.[37] Von diesem soll der Pfarrer von Rennes-le-Château das viele Geld bekommen haben – zwischen 1887 und 1915 insgesamt dreizehn Millionen Francs. Und Boudet soll darüber hinaus Saunière auch zur Durchführung der öffentlichen und privaten Bauvorhaben angeregt haben. Erinnert sei an den Bau einer modernen Straße ins Dorf, der Tour Magdala oder der Villa Bethania. Auch schreibt man ihm zu, die Restaurierung der Kirche von Rennes-le-Château und die Vorlage zu dem wunderlichen Kreuzweg selbst entworfen zu haben.

Nach dieser jüngsten »Prieuré-Veröffentlichung« wäre Saunière mehr oder weniger in Unkenntnis des großen Geheimnisses gelassen worden, dessen Hüter er war, bis Boudet es ihm auf dem Sterbebett im März 1915 anvertraut habe. Ferner heißt es dort, Marie Denarnaud sei Boudets Agentin gewesen, die ihrem Herrn dessen Instruktionen übermittelt habe. Alle Gelder wurden an sie zahlbar gestellt. Besser gesagt, das meiste Geld. Denn zwischen 1885 und 1901 soll Boudet 7 655 250 Francs an den Bischof von Carcassonne gezahlt haben, an jenen Würdenträger, der Saunière auf eigene Kosten mit den Pergamenten nach Paris geschickt hatte. Der Bischof in Diensten Boudets? Zweifellos eine ungewöhnliche Situation, daß ein Bischof der bezahlte Handlanger eines kleinen Dorfpfarrers war. Und dieser Geistliche selbst? Für wen arbeitete er und wessen Interessen vertrat er? Auf welche Weise hatte er das wohlwollende Stillschweigen der Kirchenoberen erreicht? Von wem erhielt er diese unbeschränkten Geldmittel zur Verfügung gestellt? Eindeutig lassen sich diese Fragen nicht beantworten, doch drängt sich eine Antwort regelrecht auf: die Prieuré de Sion.

Ein weiteres, vor einiger Zeit publiziertes Werk, dessen Autor offenbar ebenfalls Zugang zu »nicht öffentlichen« Informationsquellen besaß, brachte zusätzliches Licht in das Dunkel dieser ganzen Angelegenheit. Es handelt sich dabei um *Le trésor du triangle d'or* (Der Schatz des goldenen Dreiecks) von Jean-Luc Chaumeil. Chaumeil zufolge unterhielten mehrere in das Geheimnis von Rennes-le-Château verwickelte Geistliche — Saunière, Boudet, Hoffet, dessen Onkel sowie der Bischof von Carcassonne — enge Kontakte zu einer Freimaurerloge nach »Schottischem Ritus«. Diese Loge, so der Verfasser, habe sich von den meisten anderen dadurch unterschieden, daß sie »christlich, hermetisch und aristokratisch« gewesen sei und nicht vornehmlich aus Freidenkern oder Atheisten bestanden habe. Vielmehr scheint sie tiefreligiös orientiert gewesen zu sein und den Glauben an eine unantastbare soziale und politische Hierarchie, an eine göttliche Ordnung und an einen allem zugrunde liegenden kosmischen Plan besonders betont zu haben. Die höchsten Grade dieser Loge entsprachen den niedrigsten der Prieuré de Sion.[38]

Das freimaurerische System nach schottischem Ritus hätte sich — trotz päpstlicher Verurteilung — für fromme Katholiken — ob Jakobiten des achtzehnten oder französische Priester des neunzehnten Jahrhunderts — ohne weiteres mit ihrem Glauben vereinbaren lassen. Auch wenn Rom eine scharf ablehnende Haltung einnahm, scheinen sich die Betroffenen nicht nur weiterhin als gute Christen und Katholiken betrachtet zu haben, sondern die von ihnen erfahrene Stärke ihres Glaubens hat ihnen darüber hinaus das Gefühl vermittelt, bessere Christen als der Papst zu sein.

Die Ausführungen von Chaumeil gleichen auf weiten Strecken einem beredten Schweigen, doch läßt er deutlich durchblicken, daß die Loge, der Boudet und Saunière angehörten, kurz vor 1914 mit einer anderen Geheimgesellschaft vereinigt wurde. Bot sich an dieser Stelle eventuell ein Zugang zu den rätselhaften Hinweisen auf einen König in den *Protokollen der Weisen von Zion,* wenn, wie Chaumeil andeutet, die Prieuré de Sion ebenfalls hinter dieser Organisation stand?

Diese andere Gesellschaft hieß »Der Hiéron du Val d'Or« — eine Anspielung auf den Ort Orval? — und war eine Art politischer Geheimbund, der um 1873 gegründet worden war.[39] Er scheint mit anderen esoterischen Vereinigungen jener Zeit vieles gemeinsam gehabt zu haben, so zum Beispiel die charakteristische Betonung der Heiligkeit der Geometrie oder verschiedener heiliger Orte; ferner das Beharren auf der Existenz einer mystischen oder gnostischen Wahrheit, die mythologischen Motiven zugrunde liegt; oder die intensive Beschäftigung mit dem Ursprung der Menschheit, der Rassen, Sprachen und Symbole der theosophischen Lehre. Wie viele andere vergleichbare Sekten auch war der »Hiéron du Val d'Or« sowohl christlich als auch »über-christlich«. Besonderes Gewicht legte er auf die Verehrung des Herzen Jesu. Gleichzeitig stellte er eine Verbindung zwischen ihm und anderen vorchristlichen Symbolen her, wobei vor allem druidische Denkmodelle eine zentrale Rolle spielten, die man — wie viele moderne Forscher auch — zumindest teilweise auf pythagoräische Einflüsse zurückführte.

Aufgrund seiner Formulierung dessen, was Chaumeil »esoterische Geopolitik« und »ethnarchische Weltordnung« nannte, gewann der »Hiéron du Val d'Or« im Zusammenhang mit unseren Untersuchungen zunehmend an Bedeutung. Damit war, um es verständlicher auszudrücken, die Errichtung eines neuen Heiligen Römischen Reiches im Europa des neunzehnten Jahrhunderts gemeint, eines weltlichen Staates, der alle Völker zusammenschloß und sich letztendlich mehr auf geistige denn auf wirtschaftliche, soziale oder politische Fundamente gründete. Im Gegensatz zu dem alten Heiligen Römischen Reich sollte das neue von Grund auf »heilig« und »römisch« sein, im wahrsten Sinne des Wortes eine Weltmacht. In diesem Idealstaat hätte sich der jahrhundertealte Menschheitstraum von einem »Reich Gottes auf Erden« verwirklicht, einem irdischen Eben- oder Spiegelbild der universellen Harmonie, der kosmischen Ordnung und der in ihr begründeten Hierarchie. Die Zeitumstände im Europa des ausgehenden neunzehnten Jahrhunderts wären für die Realisierung eines solchen Planes durchaus günstig gewesen.

Nach diesem Plan sollte zuvörderst eine Theokratie errichtet werden, »in der die Nationen nur mehr Provinzen und ihre Führer Prokonsuln im Dienst der okkulten Weltregierung einer Elite wären.

163

Europa brächte diese Herrschaft des ›Großen Königs‹ eine zweifache Hegemonie des Papsttums und des Reiches, des Vatikans und der Habsburger, die dessen rechte Hand wären.«[40]

Seit der Heirat Maria Theresias mit Franz Stephan von Lothringen waren die Begriffe Habsburger und Lothringer Synonyme für ein und dasselbe Herrscherhaus. Mit der Inthronisation eines »Großen Königs« wären also nicht nur die Prophezeiungen des Nostradamus in Erfüllung gegangen, sie hätte in gewissem Sinne auch dem in den *Protokollen der Weisen von Zion* dargelegten dynastischen Plan entsprochen. Allerdings hätte die Verwirklichung eines so grandiosen Unternehmens eine Vielzahl von Veränderungen zur Folge gehabt. Der Vatikan in Rom zum Beispiel wäre mit dem bestehenden nicht mehr identisch gewesen, und die Habsburger wären zu mehr als nur kaiserlichen Staatsoberhäuptern avanciert: Sie wären praktisch zu einer Dynastie von Priesterkönigen geworden, ähnlich den ägyptischen Pharaonen. Oder gleich dem von den Juden zu Beginn der christlichen Zeit erwarteten Messias. Es ist jedoch leider nicht bekannt, ob und inwieweit das Haus Habsburg selbst an diesen ehrgeizigen Plänen beteiligt gewesen war. Lediglich der Besuch Johann Salvators von Habsburg in Rennes-le-Château könnte auf ein gewisses Interesse an solchen Überlegungen schließen lassen.

Im Kontext unserer Entdeckungen ergaben die Zukunftsvisionen der »Hiéron du Val d'Or« — beziehungsweise der Prieuré de Sion — einen gewissen logischen Sinn. Sie warfen ein neues Licht auf die *Protokolle der Weisen von Zion* und stimmten mit den erklärten Zielen diverser Geheimgesellschaften überein, einschließlich jener Charles Radclyffes und Charles Nodiers. Vor allem aber standen sie mit den politischen Absichten, die das Haus Lothringen seit Jahrhunderten verfolgte, in Einklang.

Woher, so fragten wir uns, sollten die Habsburger jedoch ein Recht ableiten können, um als Dynastie von Priesterkönigen zu herrschen? Solange sie nicht auf die überwältigende Zustimmung des Volkes zählen konnten, hätten sie einen solchen Rechtsanspruch wohl kaum gegenüber der französischen Regierung geltend machen können, von den in Rußland, Deutschland oder England regierenden Häusern ganz zu schweigen. Auf welche Weise aber sollten sie die nötige Zustimmung im Volk erlangen?

Vor dem Hintergrund der politischen Konstellationen des neunzehnten Jahrhunderts leuchtete uns ein derartiges Vorhaben unter dem

Aspekt der Logik zwar ein, erschien uns ansonsten aber reichlich abwegig. Vielleicht hatten wir die Intentionen des »Hiéron du Val d'Or« falsch gedeutet. Oder waren sie einfach nicht ganz ernstzunehmen?

Solange wir nicht genauer Bescheid darüber wußten, blieb uns nichts anderes übrig, als die ganze Angelegenheit vorläufig zur Seite zu legen. In der Zwischenzeit wandten wir unsere Aufmerksamkeit der Gegenwart zu und gingen der Frage nach, ob die Prieuré de Sion noch existierte oder nicht. Wie wir sehr bald herausfanden, existierte sie noch immer, und ihre Mitglieder waren alles andere als verschrobene Spinner. Sie verfolgten ein Programm, das sich im wesentlichen nicht von dem unterschied, das der »Hiéron du Val d'Or« im vergangenen Jahrhundert verfolgt hatte.

8. Die geheime Gesellschaft heute

»25. Juni 1956. Anmeldung bei der Unterpräfektur von Saint-Julien-en-Genevois. Prieuré de Sion. Ziel: Studium und gegenseitiger Beistand der Mitglieder untereinander. Sitz: Sous-Cassan, Annemasse (Haute-Savoie).«

Dieser Eintrag, der unter der Nummer 167 am 20. Juli 1956 im *Journal officiel* veröffentlicht wurde (einem wöchentlich erscheinenden amtlichen Mitteilungsblatt aller eingetragenen Vereine, Gesellschaften und Organisationen Frankreichs), war uns Beweis genug, daß die Prieuré de Sion auch in unseren Tagen noch existierte, auch wenn wir uns etwas darüber wunderten, daß eine angebliche Geheimgesellschaft in dieser Form an die Öffentlichkeit trat. Allerdings war sie in keinem einzigen französischen Telephonbuch zu finden. Die bei der Polizei hinterlegte Adresse war zu ungenau, um eine Straße, ein Gebäude oder auch nur ein Büro zu identifizieren. Die Beamten der Unterpräfektur teilten uns mit, sie hätten bereits mehrere gleichlautende Anfragen erhalten, aber es sei, soweit sie wüßten, noch niemandem gelungen, die exakte Anschrift in Erfahrung zu bringen. Das gab uns zu denken. Unter anderem fragten wir uns, wie es gewisse Leute geschafft hatten, eine fiktive oder gar nicht existierende Adresse bei der Polizei registrieren zu lassen, ohne sich um eventuelle Konsequenzen zu kümmern. War die Polizei tatsächlich so saumselig und uninteressiert, wie sie nach außen hin tat? Oder hatte sich die Prieuré de Sion ihrer Kooperation und Diskretion versichert?

Auf unseren Wunsch hin stellte uns die Unterpräfektur eine Fotokopie der Statuten der Prieuré de Sion zur Verfügung. Das Dokument, das aus einundzwanzig Artikeln bestand, war in sich weder widersprüchlich noch besonders aufschlußreich. Die Ziele der Gesellschaft waren nicht näher definiert. Auch fanden wir keinen Hinweis auf ihren Einfluß, ihre Mittel oder die Zahl ihrer Mitglieder. Die Statuten legten unter anderem fest, daß die Aufnahme in den Orden keinem Bewerber aufgrund seiner Sprache, Herkunft oder politischen Ansichten zu verwehren sei. An einer anderen Stelle heißt es, Katholiken über einundzwanzig Jahre könnten beitreten. Alles in allem schienen dies die Statuten einer frommen, ja sogar glühend katholischen Institution zu sein, wohingegen die bisherige Geschichte der Prieuré, soweit wir sie hatten überprüfen können, kaum von besonders orthodoxem Katholizismus zeugte. Selbst die erst jüngst publizierten »Prieuré-Dokumente«, von denen viele zur gleichen Zeit wie die Statuten veröffentlicht worden waren, waren weniger katholisch als vielmehr hermetisch, wenn nicht gar auf ketzerische Weise gnostisch orientiert. Wir standen vor einem scheinbar unüberwindlichen Widerspruch, es sei denn, Zion forderte – wie schon der Templerorden oder die »Compagnie du Saint-Sacrement« – den Katholizismus als exoterische Voraussetzung, um ihn dann innerhalb des Ordens zu überwinden. Wie dem auch sei, die Prieuré setzte bei ihren Mitgliedern einen Gehorsam voraus, dem alle anderen Verpflichtungen, ob nun weltlicher oder geistiger Natur, uneingeschränkt unterzuordnen waren. »Der Kandidat«, so Artikel VII der Statuten, »muß seine Persönlichkeit aufgeben, um sich in den Dienst eines hohen moralischen Apostolats zu stellen.«

Den Statuten ist außerdem zu entnehmen, daß die Prieuré de Sion ihren Namen durch einen Zusatz ergänzte: »Chevalerie d'Institution et Règles Catholiques d'Union Indépendante et Traditionaliste« (Ordensritterschaft und katholische Regeln der unabhängigen und traditionalistischen Union). Die Abkürzung lautet C.I.R.C.U.I.T., die gleichzeitig als Titel einer ordensinternen Zeitschrift dient.[1]

In den *Dossiers secrets* stießen wir auf ein vor 1956 veröffentlichtes Dokument, in dem es heißt, die Prieuré zähle 1093 Mitglieder, die in sieben, nach oben pyramidenförmig zulaufende Grade eingeteilt seien. An der Spitze stehe der Großmeister oder »Nautonier«, dem drei »Princes noachites de Notre-Dame« und denen wiederum neun »Croisés de Saint-Jean« folgten. Jeder weitere Grad in absteigender Linie war

Fig. 2 Titelgraphik des allegorischen Romans »Circuit« von Philippe de Chérisey

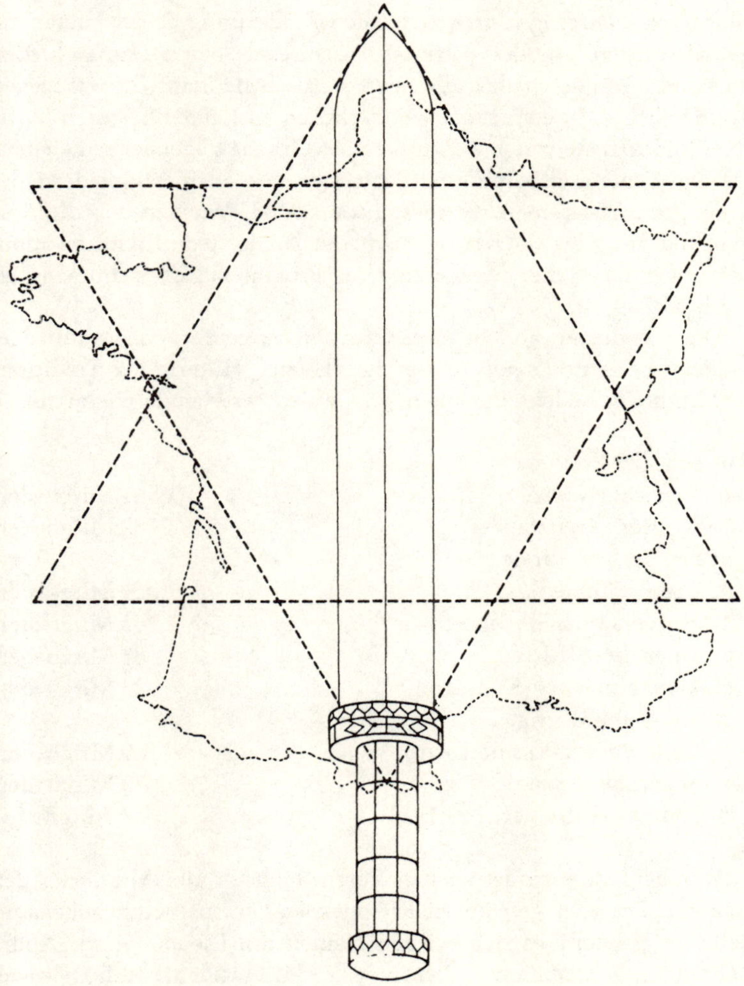

dreimal so stark wie der vorhergehende, also 27, 81, 243, 729 usw. Die drei höchsten Grade, der Großmeister sowie die zwölf ihm unmittelbar Untergeordneten, bildeten die »dreizehn Rosenkreuzer«.

Den Statuten vom Mai 1956 zufolge umfaßte die Prieuré de Sion 9841 Mitglieder. Die Ordensstruktur war im großen und ganzen beibehalten, allerdings durch zwei neue Grade am Ende der Hierarchie ergänzt worden. Die drei »Princes noachites de Notre-Dame« hießen nun einfach »Seneschalle«, die neun »Croisés de Saint-Jean« dagegen »Konnetabeln«. In dem etwas wunderlichen Jargon der Statuten (Artikel XI und XII) stellt sich der Aufbau des Ordens folgendermaßen dar:

»Die Generalversammlung setzt sich aus allen Mitgliedern der Vereinigung zusammen. Sie besteht aus: 729 Provinzen, 27 Komtureien und einer als ›Kyria‹ bezeichneten Arche. Jede Komturei muß, ebenso wie die Arche, aus vierzig, jede Provinz aus dreizehn Mitgliedern bestehen.

Die Mitglieder sind in zwei Gruppen eingeteilt: in die mit dem Apostolat betraute Legion und in die Phalanx, Hüterin der Tradition. Die Mitglieder bilden eine aus neun Graden bestehende Hierarchie:

a) in den 729 Provinzen
   1. Novices (Novizen)   6561 Mitglieder
   2. Croisés (Kreuzfahrer)   2187 Mitglieder
b) in den 27 Komtureien
   3. Preux (Helden)   729 Mitglieder
   4. Ecuyers (Schildknappen)   243 Mitglieder
   5. Chevaliers (Ritter)   81 Mitglieder
   6. Commandeurs (Komture)   27 Mitglieder
c) in der Arche ›Kyria‹
   7. Connétables (Konnetabeln)   9 Mitglieder
   8. Sénéchaux (Seneschalle)   3 Mitglieder
   9. Nautonier (Steuermann)   1 Mitglied.«[2]

Wie bei jedem eingetragenen Verein bildeten vier Mitglieder den Vorstand. Drei der genannten Personen waren uns völlig unbekannt (vielleicht handelte es sich bei den Namen um Pseudonyme): André Bonhomme, geboren am 7. Dezember 1934, Präsident; Jean Deleaval, geboren am 7. März 1931, Vizepräsident; Armand Defagot, geboren am 11. Dezember 1928, Schatzmeister. Nur einem Namen waren wir schon einmal begegnet: dem Pierre Plantards, geboren am 18. März

kkh1920, Generalsekretär. Einer anderen Quelle zufolge war sein offiziel
ler Titel der eines »Generalsekretärs der Abteilung Dokumentation«,
was den Schluß nahelegt, daß es auch noch andere Abteilungen gibt.

Alain Poher. Zu Beginn der siebziger Jahre erfreute sich die Prieuré
de Sion in gewissen Kreisen und bei den Medien einiger Aufmerksamkeit. So brachte beispielsweise der *Midi Libre* in seiner Ausgabe vom
13. Februar 1973 einen ausführlichen Beitrag über Zion, Saunière und
das Geheimnis von Rennes-le-Château. Darin wurde die Prieuré mit
einem möglichen Fortbestand des merowingischen Geschlechts bis ins
zwanzigste Jahrhundert in Verbindung gebracht. Der Artikel ließ auch
durchblicken, daß sich unter den Nachkommen der Merowinger ein
echter »Anwärter auf den französischen Thron« befand, der als Alain
Poher identifiziert wurde.[3]

Alain Poher, der im Ausland keinen so großen Bekanntheitsgrad
besitzt wie in Frankreich, hat das Amt eines Interimspräsidenten
zweimal bekleidet. Zuerst nach dem Rücktritt von General de Gaulle
im Jahre 1969 (28. April bis 19. Juni) und dann wieder nach dem Tod
von Georges Pompidou 1974 (2. April bis 27. Mai). Er wurde mit der
»Médaille de la Résistance« und dem »Croix de guerre 1939–1945«
ausgezeichnet. Als besagter Artikel 1973 im *Midi Libre* erschien, war
Alain Poher Präsident des französischen Senats.

Soviel wir wissen, hat sich Monsieur Poher kein einziges Mal über
seine angeblichen Verbindungen zur Prieuré de Sion oder zu seinen
merowingischen Vorfahren geäußert. Den Genealogien in den
»Prieuré-Dokumenten« konnten wir entnehmen, daß ein gewisser
Arnaud, Graf von Poher, zwischen 894 und 896 in die Familie Plantard
einheiratete, die angeblich in direkter Linie von Dagobert II.
abstammte. Der Enkel des Grafen, Alain IV. »Barbetorte«, erlangte im
Jahre 937 die Herzogswürde der Bretagne. Ob Alain Poher die Prieuré
de Sion geläufig ist oder nicht – feststeht, daß Zion ihn zumindest als
Nachfahre der Merowinger anerkennt.

Der verlorene König. Angesichts der bei den »Prieuré-Dokumenten« verfolgten »Informationspolitik« stellten wir uns immer wieder
die Frage, wer welches Interesse daran hatte, daß dieses Netz aus
historischem Wissen, Geheimniskrämerei, Fehlinformation, Bluff und
Nervenkitzel immer weiter geknüpft wurde, ohne daß jemals ein Ende
in Sicht gewesen wäre. Woher kamen die Informationen und wer

bestimmte die jeweilige Dosis, in denen sie an das Licht einer eingeweihten, verschworenen »Öffentlichkeit« gelangen durften? Wenn, wie wir annahmen, aus der Veröffentlichung der Dokumente kein Kapital geschlagen wurde, welchem Zweck diente sie dann?

Für dieses Vorgehen gab es unseres Erachtens nur eine einzige mögliche Erklärung: Es galt, die allgemeine Aufmerksamkeit zu wekken und auf gewisse Dinge zu lenken, sie glaubwürdig zu machen, um dann ein psychologisches Klima, eine Atmosphäre zu schaffen, in der die Menschen mit angehaltenem Atem auf neue Enthüllungen warten. Mit anderen Worten: Die »Prieuré-Dokumente« bereiteten Schritt um Schritt eine sensationelle Enthüllung vor, die in irgendeiner Weise mit den Merowingern zu tun hatte, mit dem Fortbestand ihrer Dynastie bis auf den heutigen Tag und mit einem geheimen Königtum. In diesem Zusammenhang ist auch ein Artikel in der Zeitschrift *Le Charivari* erwähnenswert, der vermutlich von einem Mitglied der Prieuré de Sion verfaßt worden war und der lakonisch feststellt: »Ohne die Merowinger gäbe es keine Prieuré de Sion, wie umgekehrt das Geschlecht der Merowinger ohne die Prieuré de Sion ausgestorben wäre.«

Und weiter heißt es dort:

»Der König *ist* Schäfer und Hirte zugleich. Hin und wieder sendet er seinem an der Macht befindlichen Vasallen einen hochbegabten Botschafter, sein Faktotum, einen Menschen, der das Glück hat, sterblich zu sein. Botschafter wie René von Anjou, Karl III., Herzog von Bourbon, Nicolas Fouquet . . . und zahlreiche andere hatten immer wieder das gleiche Schicksal zu erleiden, daß nämlich ihre erstaunlichen Erfolge stets von unerklärlichem Unglück abgelöst wurden; denn diese Emissäre sind gleichermaßen schrecklich wie verwundbar. Hüter des Geheimnisses, die sie sind, kann man sie nur preisen oder vernichten. Der Weg von Menschen wie Gilles de Rais [Gilles de Laval, Baron von Retz], Leonardo da Vinci, Joseph Balsamo [Alessandro, Graf von Cagliostro], der Herzöge von Nevers und Gonzaga ist in einen magischen Duft getaucht, einen Duft, in dem sich der Geruch von Schwefel und Weihrauch mischt — den Duft der Magdalena.

Wenn sich König Karl VII. beim Eintritt Jeanne d'Arcs in den Festsaal seines Schlosses in Chinon im Gedränge seiner Höflinge verbarg, geschah dies nicht aus Jux und Tollerei — was wäre auch witzig daran? —, sondern weil er bereits wußte, wessen Botschafterin sie war. Und daß er vor ihr kaum mehr war als ein Höfling unter vielen. Das Geheimnis, das sie ihm unter vier Augen anvertraute, war in diese Worte gefaßt: ›Edler Herr, ich komme im Auftrag des Königs.‹«[4]

Aus dieser Textpassage lassen sich zumindest drei interessante Schlüsse ziehen: Erstens, daß der König — der »verlorene König«, vermutlich aus dem Geschlecht der Merowinger — einfach kraft seiner Person de facto nach wie vor regiert. Zweitens, und das ist vielleicht noch erstaunlicher, daß Herrscher, die dem Gesetz der Zeit unterworfen sind, von seiner Existenz wissen, ihn anerkennen, respektieren und fürchten. Und drittens, daß der Großmeister der Prieuré de Sion oder ein anderer Ordensangehöriger als Botschafter zwischen dem »verlorenen König« und seinen jeweiligen Bevollmächtigten oder Stellvertretern fungiert.

Seltsame Flugschriften in der Bibliothèque Nationale. Im Jahre 1966 kam es zu einem merkwürdigen Briefwechsel über den Tod Leo Schidlofs — jenes Mannes, von dem es hieß, er hätte unter dem Pseudonym Henri Lobineau einige der Genealogien in den »Prieuré-Dokumenten« erstellt. Der erste Brief vom 22. Oktober erschien in der *Semaine catholique genevoise* und war von einem gewissen Lionel Burrus unterzeichnet, der vorgibt, im Namen der »Christlichen Jugend der Schweiz« zu sprechen. Als erstes teilt der Briefschreiber seinen Lesern mit, daß Leo Schidlof am 17. Oktober d. J. in Wien gestorben sei. Dann nimmt er den Verstorbenen vehement gegen einen, wie er sagt, verleumderischen Angriff in Schutz, der kurz zuvor in einem katholischen Mitteilungsblatt erschienen war. Außerdem erwähnt er, daß Schidlof 1956 unter dem Namen Lobineau »eine bemerkenswerte Studie ... über die Genealogie der Merowingerkönige und das Geheimnis von Rennes-le-Château« verfaßt habe.

Obwohl der Vatikan, so Burrus, ein umfassendes Dossier über die Person Schidlofs und seine Aktivitäten angelegt habe, hätte man es zu seinen Lebzeiten nicht gewagt, ihn öffentlich zu attackieren. Aber selbst jetzt noch, nach seinem Tode, fänden die merowingischen Interessen Unterstützung. Als Beweis für seine These erinnert Burrus an das Markenzeichen der Firma Antar, einer der führenden französischen Mineralölgesellschaften, das, wenn auch in karikaturistischer Weise, so doch deutlich erkennbar, einen Merowingerkönig mit der Lilie darstelle. Dieses Markenzeichen sei ein Indiz dafür, daß auch weiterhin wirkungsvolle Propaganda für die Merowinger gemacht werde. Nicht einmal der französische Klerus, fährt Burrus ohne inneren Zusammenhang fort, tanze immer nach der Pfeife des Vatikans. Seinen Nachruf auf Leo Schidlof beschließt er mit den Worten: »Henri Lobineau war ein großer Suchender, ein guter und loyaler Mensch, dem alle, die ihn kannten, ein ehrendes Andenken bewahren werden. Uns gilt er als der Inbegriff eines ›maître parfait‹, den man respektiert und verehrt.«[5]

Ein verschrobener und mehr als sonderbarer Brief! Noch verwunderlicher aber ist der Angriff auf Schidlof in besagtem katholischen Mitteilungsblatt, aus dem Burrus großzügig zitiert. Darin wird Schidlof unter anderem beschuldigt, »prosowjetisch und freimaurerisch eingestellt zu sein und als aktiver Wegbereiter einer volksnahen Monarchie in Frankreich in Erscheinung zu treten«.[6] Dies stellt einen einzigartigen und darüber hinaus noch widersprüchlichen Katalog von Vorwürfen dar. Denn gemeinhin sind Sympathien für die Sowjets nicht mit Versuchen gekoppelt, eine Monarchie zu errichten. Doch werden in diesem Blatt angeblich noch ausgefallenere Anschuldigungen erhoben:

»Die Nachkommen der Merowinger standen seit eh und je hinter allen ketzerischen Bewegungen, von den Arianern über die Katharer und Tempelritter bis zu den Freimaurern. Im Juli 1659, zu Beginn der protestantischen Reformation, ließ Kardinal Mazarin ihr Schloß Barbarie, das aus dem zwölften Jahrhundert stammte, dem Erdboden gleichmachen. Denn die betreffende Familie hat jahrhundertelang nichts als heimliche Aufwiegler gegen die Kirche hervorgebracht.«[7]

Da Burrus zu der Quelle, der er dieses Zitat entnommen haben will, keine genaueren Angaben macht, konnten wir es auch nicht auf seinen Wahrheitsgehalt hin überprüfen. Aber seine Authentizität einmal vorausgesetzt, wäre es eine Bestätigung für die Zerstörung von Schloß Barbarie und implizierte darüber hinaus eine halbwegs glaubwürdige *raison d'être* der Prieuré de Sion. Schon zu einem früheren Zeitpunkt waren wir zu der Überzeugung gelangt, daß die Prieuré und die ihr verbundenen Familien zu ihrem eigenen Nutzen nach der Macht strebten, wobei wiederholte Zusammenstöße mit der Kirche unvermeidlich waren. Doch nach dem oben wiedergegebenen Zitat zu urteilen, scheint die Gegnerschaft zur Kirche keine Frage des Zufalls oder der jeweiligen Umstände gewesen zu sein. Die Prieuré dürfte vielmehr eine kontinuierliche Politik verfolgt haben. Daraus ergab sich für uns ein neuerlicher Widerspruch: Waren die Statuten der Prieuré de Sion, zumindest nach außen hin, nicht die einer gut katholischen Organisation?

Kurz nach der Veröffentlichung seines Briefes kam Lionel Burrus zusammen mit sechs anderen Personen bei einem Autounfall ums Leben. Noch zu seinen Lebzeiten hatte seine Zuschrift eine Antwort hervorgerufen, die als Privatdruck unter dem Namen S. Roux verlegt worden war und dem Burrusschen Schreiben an Kuriosität in nichts nachstand.[8]

Nachdem Roux seinen Kontrahenten Burrus des jugendlichen Übereifers, der Verantwortungslosigkeit und Geschwätzigkeit im Falle Leo Schidlofs bezichtigt hat, bestätigt er dessen Angaben und behandelt sie sogar noch eingehender. Demnach sei Leo Schidlof Mitglied der Schweizer Großloge Alpina gewesen und habe »aus seinen freundschaftlichen Gefühlen für den Ostblock nie einen Hehl« gemacht.[9] Zu Burrus' Bemerkungen über die Kirche meint Roux:

»Man kann nicht behaupten, die Kirche wisse nichts vom Geschlecht derer von Razès, wobei man jedoch nicht übersehen darf, daß die Nachkommen Dagoberts ohne Ausnahme als Geheimagenten gegen das französische Königshaus und die Kirche tätig waren und den Ursprung aller Häresien bildeten. Die Rückkehr eines merowingischen Nachfahren an die Macht hätte in Frankreich die Ausrufung einer mit der UdSSR verbündeten volksnahen Monarchie und den Triumph der Freimaurerei zur Folge gehabt. Gleichzeitig wäre die bislang praktizierte Religionsfreiheit aufgehoben worden.«[10]

Am meisten verblüfften uns jedoch die Schlußfolgerungen, die Roux am Ende seiner Ausführungen dem Leser unterbreitet:

»Was die merowingische Propaganda in Frankreich betrifft, so weiß doch alle Welt, daß das Markenzeichen der Firma Antar, der Merowingerkönig, der eine Lilie und einen Kreis hält, einen öffentlichen Appell darstellt, die Merowinger wieder an die Macht gelangen zu lassen. Außerdem fragt man sich, was Lobineau zum Zeitpunkt seines Ablebens in Wien zu erledigen hatte, am Vorabend eines grundlegenden Wandels in Deutschland. Entspricht es vielleicht nicht den Tatsachen, daß Lobineau in Österreich ein Abkommen mit Frankreich vorbereitete, die Basis für einen späteren französisch-russischen Vertrag?«[11]

War das, was da unter dem Namen S. Roux erschien, überhaupt ernstzunehmen oder gleich als kompletter Blödsinn abzutun? Wie stellte sich der Autor ein Zusammengehen zwischen zwei so unterschiedlichen Systemen wie der sowjetischen Hegemonialmacht und einer volksnahen Monarchie in Frankreich vor? Diese »Kooperationsthese« war ja schon einmal in dem katholischen Mitteilungsblatt vorgetragen worden, mit dessen Ausfällen gegen Leo Schidlof sich Burrus bereits auseinandergesetzt hatte. Klang es nicht reichlich absurd, hinter dem Markenzeichen einer Mineralölgesellschaft eine subtile Form merowingischer Propaganda zu vermuten? Worauf bezog sich der Hinweis, in Deutschland stünden tiefgreifende Veränderungen bevor? Und was hat es mit jenem französisch-russischen Vertrag auf sich, der offenbar kurz vor dem Abschluß stand?

Auf den ersten Blick schien uns dieses Pamphlet keinen Sinn zu ergeben. Aber eine genauere Prüfung führte uns zu der Erkenntnis, daß es sich dabei um nichts anderes handelte als um ein weiteres »Prieuré-Dokument«, das bewußt darauf angelegt war, zu täuschen, zu verwirren, Tatbestände zu verschleiern und auf Bedeutsames beziehungsweise Unheilvolles anzuspielen. Wenn Roux' Behauptungen zutrafen, mußte sich unsere Untersuchung nicht auf die Aktivitäten eines schwer zu fassenden, aber letztlich harmlosen Ordens beschränken. Dann war das weitere Ziel unserer Recherchen irgendwo in den obersten Rängen der internationalen Politik angesiedelt.

Die katholischen Traditionalisten. Im Jahre 1977 erschien mit dem sechsseitigen Artikel *Le cercle d'Ulysse* (Der Kreis des Odysseus) von Jean Delaude ein neues und überaus bedeutsames »Prieuré-Dokument«. Neben zur Genüge Bekanntem finden sich darin auch einige neue Details über die Prieuré de Sion:

»Im März 1117 mußte Balduin I. in Saint-Léonard-d'Acre nach den Instruktionen der Prieuré de Sion die Verfassung des Templerordens ausarbeiten. 1118/19 wurde dann der Orden von Hugo von Payens ins Leben gerufen. Von 1118/19 bis 1188 hatten die Prieuré und die Tempelritter stets einen gemeinsamen Großmeister. Von 1188 bis zum heutigen Tag zählte die Prieuré de Sion siebenundzwanzig Großmeister. Die letzten waren: 1801–1844: Charles Nodier; 1844–1885: Victor Hugo; 1885–1918: Claude Debussy; 1918–1963: Jean Cocteau; seit 1963: Abbé Ducaud-Bourget.

Welches die nächsten Ziele der Prieuré de Sion sind? Ich weiß es nicht, aber sie verkörpert eine Macht, die durchaus in der Lage wäre, in Zukunft einmal dem Vatikan die Stirn zu bieten. Monsignore Lefebvre ist ein sehr reger und gefürchteter Kämpfer, dem man die Worte zutraut: ›Mach mich zum Papst, und ich kröne dich zum König.‹«[12]

Dieser Auszug enthält zwei für unsere Forschungsarbeit wesent-

174

liche Informationen. Zum einen wird darin eine Verbindung zwischen der Prieuré de Sion und Erzbischof Marcel Lefebvre unterstellt. Lefebvre, der Anführer des extrem konservativen Flügels innerhalb der römisch-katholischen Kirche, bezog lauthals Stellung gegen Papst Paul VI. Der ihm in den Jahren 1976/77 angedrohten Exkommunikation begegnete er mit einer Kaltschnäuzigkeit, die um ein Haar zu einem Schisma geführt hätte. Wie aber sollten wir einen militanten, »radikalen« Katholiken wie Lefebvre mit einer Bewegung in Einklang bringen, die eher hermetisch, wenn nicht gar häretisch ausgerichtet war? Für diesen Widerspruch schien es keine Erklärung zu geben, es sei denn, man betrachtete Lefebvre als einen modernen Vertreter jener freimaurerischen Bewegung, die mit der »Hiéron du Val d'Or« liiert war und die sich selbst für päpstlicher als der Papst hielt.

Die zweite grundlegende Information dieses Auszugs aus dem *Cercle d'Ulysse* besteht natürlich in der Identifizierung des gegenwärtigen Großmeisters der Prieuré de Sion: des Abbé Ducaud-Bourget.

François Ducaud-Bourget wurde 1897 geboren und absolvierte seine theologischen Studien im Priesterseminar an Saint-Sulpice. Zu jener Zeit dürfte er mit zahlreichen Modernisten, darunter auch Emile Hoffet, bekannt gewesen sein. Nach der Priesterweihe arbeitete er als Kaplan beim Malteser-Ritterorden. Ausgezeichnet mit der »Médaille de la Résistance« und dem »Croix de guerre 1939–1945«, ist Ducaud-Bourget heute ein bekannter *Homme de lettres*, Mitglied der Académie Française, Biograph bedeutender katholischer Schriftsteller, wie Paul Claudel und François Mauriac, und selbst ein hochgeschätzter Dichter.

Mit Marcel Lefebvre verbindet François Ducaud-Bourget sehr vieles: Ebenso wie der Erzbischof griff er mit großer Vehemenz Papst Paul VI. an, forderte die Wiedereinführung des Meßopfers nach tridentinischem Ritus und bezeichnete sich selbst gleich seinem Amtsbruder als »Traditionalisten«, der jegliche liturgische Reform und jeden Versuch, die römisch-katholische Kirche zu »modernisieren«, entschieden ablehnt. Am 22. Mai 1976 wurde ihm verboten, die Sakramente zu spenden. Aber ebenso wie Lefebvre trotzte er dem Interdikt.

Die beiden traditionalistischen Querköpfe scheinen jedoch nicht nur dem rechten Flügel innerhalb der katholischen Kirche zuzurechnen zu sein. Es ist anzunehmen, daß sie politisch ebenso weit rechts stehen. Vor dem Zweiten Weltkrieg sympathisierte Lefebvre mit der *Action Française* – zu jener Zeit die extreme Rechte der französischen Politik, die gewisse Auffassungen mit dem deutschen Nationalsozialismus gemeinsam hatte. Und erst vor kurzem gelangte der »rebellische Erzbischof« wieder einmal zu trauriger Berühmtheit, als er sich rückhaltlos für die argentinische Militärjunta aussprach. Aufgefordert, die Gründe für seine Einstellung näher zu erläutern, gestand er, sich geirrt und statt Argentiniens Chile gemeint zu haben! Ganz so extrem scheinen die politischen Ansichten des Abbés Ducaud-Bourget nicht zu sein. Immerhin bezeugen die beiden Orden seine patriotische Haltung während des Krieges. Dessenungeachtet hat er eine gewisse Sympathie für Mussolini gehegt und auch der Hoffnung Ausdruck verliehen, daß Frankreich »unter Führung eines neuen Napoleon seine alte Wertordnung wiederfinden« werde.[13]

Zunächst hatten wir den Verdacht, Lefebvre und Ducaud-Bourget hätten nichts mit der Prieuré de Sion zu tun. Eher erweckte es den Anschein, als wolle jemand die beiden absichtlich in eine peinliche Lage bringen, indem er sie genau jenen Kräften zuordnete, denen sie theoretisch eigentlich hätten ablehnend gegenüberstehen müssen. Wenn man sich allerdings den Namenszusatz noch einmal ins Gedächtnis ruft, den sich die Prieuré de Sion laut Statuten selbst gegeben hat, »Chevalerie d'Institution et Règles Catholiques d'Union Indépendante et Traditionaliste«, ist es durchaus vorstellbar, daß in einer Organisation dieses Namens Platz für Persönlichkeiten wie Marcel Lefebvre und François Ducaud-Bourget war.

Es bot sich aber auch noch eine zweite, zugegebenermaßen weit hergeholte Erklärung an: Wäre es nicht möglich, daß die beiden Erzkonservativen Lefebvre und Ducaud-Bourget gar nicht waren, was sie zu sein vorgaben? Waren sie in Wirklichkeit vielleicht nicht Agents provocateurs, deren Aufgabe darin bestand, unter dem Vorwand des Traditionalismus systematisch Verwirrung zu stiften, Unstimmigkeiten zu schüren und ein sich abzeichnendes Schisma zu beschleunigen, um die Stellung Papst Pauls VI. innerhalb der römisch-katholischen Kirche zu untergraben? Eine solche Strategie stünde im Einklang mit den Zielen der von Charles Nodier beschriebenen Geheimgesellschaften, aber auch mit den in den *Protokollen der Weisen von Zion* formulierten politischen Absichten. In letzter Zeit haben sowohl Journalisten als auch Vertreter der Kirche wiederholt den Verdacht geäußert, Lefebvre werde von anderen manipuliert oder arbeite gar in deren Auftrag.[14]

Unsere Hypothese entbehrte, unvoreingenommen betrachtet, nicht einer gewissen Logik. Wenn man in Papst Paul VI. »den Feind«

sah und ihm eine liberalere Position aufzwingen wollte, wie mußte man da vorgehen? Indem man ihn in den Ruf eines Liberalen brachte, was den Papst in seinem Konservativismus nur noch bestärkt hätte? Auf gar keinen Fall! Was aber, wenn man in aller Öffentlichkeit eine noch konservativere Haltung einnahm als der Papst? Müßte ihn das nicht zunehmend ins liberale Lager treiben? Und genau das erreichten Erzbischof Lefebvre und seine Parteigänger: nämlich den Papst als Liberalen hinzustellen.

Ob unsere Schlußfolgerungen letztlich zutrafen oder nicht, eines schien klar: Wie so viele andere, mit denen wir uns im Laufe unserer Nachforschungen beschäftigt hatten, war auch der Erzbischof in ein folgenschweres und brisantes Geheimnis eingeweiht. Der einzige mögliche Ausweg aus dieser permanenten Herausforderung, die Lefebvre für den Vatikan darstellte, lag in seiner Exkommunikation. Und obwohl 1976 jedermann beinahe tagtäglich mit einer solchen Entscheidung rechnete, konnte sich Papst Paul VI. im letzten Moment doch nicht dazu durchringen. Warum? Eine Antwort auf diese Frage findet sich vielleicht in einem Artikel, der am 30. August 1976 im *Guardian* erschien. Dort heißt es unter anderem:

»Die englischen Parteigänger des Erzbischofs . . . glauben, daß ihrem Oberhaupt in seiner Auseinandersetzung mit dem Vatikan noch eine scharfe Waffe zur Verfügung steht. Es sind zwar noch keine näheren Angaben zu dieser Waffe an die Öffentlichkeit gedrungen, aber Pater Peter Morgan, der Wortführer dieser Gruppe, . . . bezeichnet sie als ›welterschütternd‹.«[15]

Welche »welterschütternde« Geheimwaffe, welches Damoklesschwert über dem Haupt des Papstes hätte den Vatikan dermaßen einschüchtern können, daß er von Sanktionen gegenüber dem Erzbischof absah? Wie Jean Delaude zu Recht bemerkte, schien Marcel Lefebvre tatsächlich eine Macht zu verkörpern, »die durchaus in der Lage war, dem Vatikan die Stirn zu bieten«.

An wen aber richtete er oder wird er die Worte richten: »Mach mich zum Papst, und ich kröne dich zum König«?

Der Konvent von 1981 und die Statuten Jean Cocteaus. Erst kürzlich hat sich das Dunkel, das die Person François Ducaud-Bourgets umgibt, ein wenig gelichtet. Das mag unter anderem auf die Publizität zurückzuführen sein, deren sich die Prieuré de Sion seit Ende 1980 in Frankreich erfreut.

Im August 1980 veröffentlichte eine vielgelesene französische Zeitschrift einen umfangreichen Artikel über das Geheimnis von Rennes-le-Château und die Prieuré de Sion, in dem sowohl Erzbischof Lefebvre als auch der Abbé Ducaud-Bourget ausdrücklich mit der Prieuré in Verbindung gebracht wurden. Beide hätten erst kurz zuvor einem der geheiligten Orte der Prieuré einen Besuch abgestattet, nämlich dem Dorf Sainte-Colombe im Nivernais. Diese Gegend gehörte ursprünglich zum Besitz der Familie Plantard, bevor Schloß Barbarie auf Veranlassung von Kardinal Mazarin zerstört wurde.

Bei einem Treffen zwischen Abbé Ducaud-Bourget und uns zeigte sich der Geistliche zwar liebenswürdig und aufgeschlossen, aber in seinen Antworten wich er unseren Fragen mehr oder weniger aus. Er stellte nicht nur uns gegenüber jede Verbindung zur Prieuré de Sion in Abrede, sondern leugnete auch in einem Leserbrief an die Zeitschrift *Bonne Soirée*, den die kurz nach unserem Gespräch veröffentlichte, mit einer Organisation dieses Namens je etwas zu tun gehabt zu haben.

Fünf Monate später, am 22. Januar 1981, erschien in einer anderen französischen Zeitschrift[16] folgender kurzer Artikel:

»Die Prieuré de Sion, ein echter Geheimbund mit 121 Würdenträgern, der 1099 von Gottfried von Bouillon in Jerusalem gegründet wurde und dem so bedeutende Persönlichkeiten wie Leonardo da Vinci, Victor Hugo und Jean Cocteau als Großmeister vorgestanden haben, ist am 17. Januar 1981 in Blois zu ihrem Konvent zusammengetreten. (Der letzte Konvent fand am 5. Juni 1956 in Paris statt.)

Auf diesem Konvent in Blois ist Pierre Plantard de Saint-Clair im dritten Wahlgang mit 83 von 92 gültig abgegebenen Stimmen zum neuen Großmeister des Ordens gewählt worden.

Die Wahl dieses Großmeisters stellt einen entscheidenden Schritt in der Entwicklung der ideellen und geistigen Haltung des Ordens gegenüber der Welt dar, denn die 121 Würdenträger der Prieuré de Sion sind allesamt graue Eminenzen der Hochfinanz und internationaler politischer und philosophischer Gesellschaften. Pierre Plantard ist — über Dagobert II. — ein direkter Abkömmling der Merowingerkönige. Seine Herkunft belegen jene Pergamente der Königin Blanca von Kastilien, die der Curé Saunière 1891 in seiner Kirche in Rennes-le-Château (Aude) entdeckte.

1965 wurden diese Dokumente von der Nichte des Priesters an Captain Ronald Stansmore und Sir Thomas Frazer verkauft und danach in einem Safe der Lloyds Bank Europe Ltd. in London deponiert.«[17]

Kurz vor Erscheinen dieses Artikels hatten wir an Philippe de Chérisey geschrieben, dessen Name im Zusammenhang mit der Prieuré de Sion mindestens ebenso häufig erwähnt wurde wie der Pierre Plantards. Auf unsere Anfrage teilte er uns mit, François Ducaud-Bourget sei von einem beschlußunfähigen Gremium zum Großmeister gewählt worden. Zudem habe der Abbé öffentlich jede Verbindung zum Orden geleugnet. Seinem Schreiben fügte de Chérisey eine Abschrift der angeblich echten Statuten der Prieuré de Sion bei, die aus dem Lateinischen übersetzt worden waren. Schon früher hatte uns Jean-Luc Chaumeil darauf aufmerksam gemacht, daß die Statuten gefälscht seien, die uns die Unterpräfektur von Saint-Julien zur Verfügung gestellt hatte und die dann 1973 von einer französischen Zeitschrift[18] veröffentlicht worden waren. Die Statuten, die uns de Chérisey mitschickte, trugen die authentische Unterschrift Jean Cocteaus, es sei denn, ein außergewöhnlich begabter Fälscher wäre am Werk gewesen. Wir sahen jedoch keinen Grund, an der Echtheit der Unterschrift zu zweifeln, zumal mehrere Schriftvergleiche alle Bedenken ausgeräumt hatten. Folglich gingen wir auch von der Echtheit des gesamten Dokuments[19] aus, dessen zweiundzwanzig Artikel im folgenden im vollen Wortlaut wiedergegeben werden sollen:

»Art. I: Die Unterzeichner der vorliegenden Statuten und jene Personen, die in Zukunft Mitglieder und die folgenden Bedingungen erfüllen werden, bilden einen Ritterorden, dessen Bräuche und Gepflogenheiten auf jenen Grundlagen beruhen, die Gottfried VI., genannt der Fromme, Herzog von Bouillon, im Jahre 1099 in Jerusalem geschaffen hat und die im Jahre 1100 anerkannt wurden.

Art. II: Der Orden heißt *Sionis Prioratus* oder ›Prieuré de Sion‹.

Art. III: Die Prieuré de Sion hat den Fortbestand des traditionalistischen Ritterordens zum Ziel, . . .

Art. IV: Die Existenz der Prieuré de Sion ist von unbegrenzter Dauer.

Art. V: Die Prieuré de Sion richtet ihre Amtsräume am Wohnsitz des vom Konvent bestimmten Generalsekretärs ein. Sie ist keine Geheimgesellschaft. Alle ihre Beschlüsse, Aufzeichnungen und Ernennungen werden in lateinischer Sprache abgefaßt und sind der Öffentlichkeit frei zugänglich.

Art. VI: Die Prieuré de Sion umfaßt 121 Mitglieder. Innerhalb dieser Grenzen steht sie allen Erwachsenen offen, die ihre Ziele anerkennen und die die in diesen Satzungen niedergelegten Verpflichtungen auf sich zu nehmen bereit sind. Mitglied kann jeder ohne Ansehen des Geschlechts, der Volkszugehörigkeit, philosophischer, religiöser oder politischer Vorstellungen werden.

Art. VII: Für den Fall, daß ein Mitglied eines seiner Kinder schriftlich zu seinem Nachfolger bestimmt, wird der Konvent diesem Ersuchen stattgeben. Sollten sich die Konventsmitglieder jedoch nicht mehrheitlich für einen solchen Antrag aussprechen, wird die Prieuré unter allen Umständen die Erziehung des Designierten übernehmen.

Art. VIII: Zu seiner Aufnahme in den untersten Grad hat das neue Mitglied auf eigene Kosten eine weiße Robe mit einem Gürtel mitzubringen. Mit der Aufnahme in den Orden erhält das Mitglied Stimmrecht. Gleichzeitig muß es schwören, dem Orden unter allen Umständen treu zu dienen und für die Erhaltung des Friedens sowie für die Achtung des menschlichen Lebens einzutreten.

Art. IX: Bei seiner Aufnahme muß das Mitglied zur Bestätigung der eingegangenen Verpflichtungen einen finanziellen Beitrag leisten, wobei die Höhe der Summe seinem Gutdünken vorbehalten bleibt. Außerdem muß es jährlich dem Orden zu Händen des Generalsekretärs eine Spende in beliebiger Höhe zugute kommen lassen.

Art. X: Zu seiner Aufnahme muß das neue Mitglied seine Geburtsurkunde mitbringen und seine Unterschrift hinterlegen.

Art. XI: Die Pflichten und Rechte eines Mitglieds der Prieuré de Sion können suspendiert werden, wenn es von einem Gericht rechtskräftig verurteilt worden ist. Darüber hinaus kann das Mitglied in einem solchen Fall aber auch seiner Mitgliedschaft für verlustig erklärt werden.

Art. XII: Die Generalversammlung der Mitglieder heißt Konvent. Eine Beratung dieses Gremiums gilt als nicht rechtswirksam, wenn die Zahl der anwesenden Mitglieder unter 81 liegt. Die Abstimmung ist geheim und erfolgt durch weiße und schwarze Kugeln. Ein Antrag gilt als angenommen, wenn er mindestens 81 weiße Kugeln auf sich vereinigt. Alle Anträge, die bei einer Abstimmung weniger als 61 weiße Kugeln erhalten haben, dürfen nicht wieder vorgelegt werden.

Art. XIII: Nur der Konvent der Prieuré de Sion ist befugt, mit einer Mehrheit von 81 Stimmen bei 121 Mitgliedern über Änderungen der Statuten und des ordensinternen Zeremoniells zu entscheiden.

Art. XIV: Über jede Aufnahme entscheidet der ›Rat der dreizehn Rosenkreuzer‹. Titel und Ämter werden vom Großmeister der Prieuré verliehen bzw. vergeben. Mitglieder werden auf Lebenszeit in ihre

Ordensfunktion berufen. Ihre Titel fallen in vollem Umfang an eines ihrer Kinder, das sie selbst und ohne Rücksicht auf dessen Geschlecht ausgesucht haben. Dieses Kind kann auf seine Rechte verzichten, jedoch nicht zugunsten eines Bruders, einer Schwester, eines Verwandten oder irgendeiner anderen Person. Es kann danach nicht wieder in die Prieuré de Sion aufgenommen werden.

Art. XV: Zwei Ordensmitglieder sind gehalten, innerhalb von siebenundzwanzig vollen Tagen Kontakt mit einem zukünftigen Mitglied aufzunehmen, um dessen Einwilligung oder Verzichterklärung einzuholen. Wird die Einwilligung nicht binnen einer Bedenkzeit von einundachtzig vollen Tagen erteilt, verfällt jeder Anspruch auf eine Mitgliedschaft, und der entsprechende Platz wird als vakant angesehen.

Art. XVI: Die Nachfolgeregelung sieht vor, daß auf einen neuen Großmeister der Prieuré de Sion sämtliche Rechte und Pflichten seines Vorgängers im Amt übergehen. Ist das Amt des Großmeisters vakant und kein direkter Nachfolger vorhanden, muß der Konvent innerhalb von einundachtzig Tagen eine Wahl durchführen.

Art. XVII: Alle Verordnungen müssen vom Konvent mit Stimmenmehrheit verabschiedet und durch das Siegel des Großmeisters in Kraft gesetzt werden. Der Generalsekretär wird vom Konvent auf die Dauer von drei Jahren bestellt; seine Amtszeit kann stillschweigend verlängert werden. Er muß dem dritten Grad (Komtur) angehören und versieht seine Aufgaben ehrenamtlich.

Art. XVIII: Die Prieuré de Sion setzt sich aus fünf Graden zusammen:

1. Nautonier (Steuermann)	1 Mitglied ⎫	Der Rat der
2. Croisés (Kreuzfahrer)	3 Mitglieder ⎬	dreizehn
3. Commandeurs (Komture)	9 Mitglieder ⎭	Rosenkreuzer
4. Chevaliers (Ritter)	27 Mitglieder ⎫	Die neun Komtureien des Tempels
5. Ecuyers (Schildknappen)	81 Mitglieder ⎭	
	121 Mitglieder	

Art. XIX: Der Orden umfaßt ferner 243 Freibrüder, *Preux* (Helden) oder — seit 1681 — *Enfants de Saint Vincent* (Kinder des heiligen Vinzenz) genannt, die weder an Abstimmungen noch an Konventen teilnehmen, die jedoch gemäß dem Erlaß vom 17. Januar 1681 gewisse Rechte und Privilegien genießen.

Art. XX: Die Einkünfte der Prieuré de Sion setzen sich aus Schenkungen und Mitgliedsbeiträgen zusammen. Ein Fond, »Patrimonium des Ordens« genannt, steht dem Rat der dreizehn Rosenkreuzer zur alleinigen Verfügung. Diese Reserve darf allerdings nur im äußersten Notfall und bei größter Gefahr für die Prieuré sowie ihre Mitglieder angegriffen werden.

Art. XXI: Der Konvent wird vom Generalsekretär einberufen, wenn der Rat der Rosenkreuzer dies für sinnvoll erachtet.

Art. XXII: Wer grundlos und ohne in Gefahr zu sein öffentlich und schriftlich seine Mitgliedschaft in der Prieuré de Sion leugnet, wird durch den Konvent ausgeschlossen.

Text der Statuten in XXII Artikeln, entsprechend dem Original und den vom Konvent vom 5. Juni 1956 festgelegten Änderungen.

Unterschrift des Großmeisters:

JEAN COCTEAU.«

In Einzelheiten weichen diese Statuten sowohl von jenen ab, die wir von der französischen Polizei in Saint-Julien erhalten hatten, als auch von den betreffenden Informationen in den »Prieuré-Dokumenten«. Während letztere von 1093 Mitgliedern sprechen, geben jene eine Zahl von 9841 an. Nach den oben zitierten Artikeln beträgt sie einschließlich der 243 »Kinder des heiligen Vinzenz« nur 364. In den »Prieuré-Dokumenten« ist von sieben Graden die Rede, wohingegen sich die Hierarchie in den Statuten vom Mai 1956 aus neun Graden zusammensetzt. Die von Jean Cocteau unterzeichneten Artikel kennen nur fünf Grade.

Diese Widersprüche könnten auf eine Art Schisma innerhalb der Prieuré um das Jahr 1956 hindeuten, als nämlich die ersten »Prieuré-Dokumente« in der Bibliothèque Nationale auftauchten. In einem vor ein paar Jahren erschienenen Artikel[20] spielt Philippe de Chérisey auf ein solches Schisma zwischen 1956 und 1958 an, das beinahe die Ausmaße der Spaltung zwischen der Prieuré und dem Templerorden von 1188 erreicht haben soll. Nur dem diplomatischen Geschick Pierre Plantards sei es zu verdanken gewesen, daß schlimmes Unheil von der Prieuré de Sion abgewendet wurde. Auf dem Konvent von 1981 zeigte sich der Orden wieder in voller Eintracht.

Falls François Ducaud-Bourget jemals Großmeister der Prieuré gewesen sein sollte, so ist er es gegenwärtig bestimmt nicht mehr. Wie wir schon von de Chérisey erfahren hatten, sei der Abbé von einem beschlußunfähigen Gremium gewählt worden. Heißt das eventuell, daß die angehenden Schismatiker ihn in der Führungsposition des Ordens sehen wollten? War Ducaud-Bourget der Anlaß zur Formulierung des Artikels XXII der Statuten oder dessen erstes Opfer? Wie dem auch sei, wir glauben davon ausgehen zu können, daß zwischen ihm und der Prieuré de Sion heute keine Verbindungen mehr bestehen.

Auf jeden Fall geht aus den Statuten das Prinzip hervor, nach dem die Großmeister gewählt wurden und werden. Verständlicher wird jetzt auch, wie es dazu kommen konnte, daß Fünf- oder Achtjährige dieses Amt versahen, und warum es nicht ausnahmslos den Nachkommen eines bestimmten Geschlechts zufiel. Denn grundsätzlich ist das Amt wohl erblich und wurde auch über lange Zeiträume hinweg an eine Reihe untereinander versippter Familien weitergegeben, die sich allesamt ihrer merowingischen Herkunft rühmten. War jedoch kein akzeptabler Anwärter zur Hand oder schlug der designierte Kandidat das ehrende Angebot aus, wurde das Amt des Großmeisters einem auserwählten Außenseiter übertragen. Auf diese Weise dürften Persönlichkeiten wie Leonardo da Vinci und Newton, Nodier und Cocteau auf die Liste der Großmeister der Prieuré de Sion geraten sein.

Pierre Plantard de Saint-Clair. Unter den Namen, die sich immer wieder an prominenter Stelle in den »Prieuré-Dokumenten« fanden, war auch der der Familie Plantard. Schenkt man den Angaben in den Genealogien der »Dokumente« Glauben, dann ist Pierre Plantard de Saint-Clair[21] nicht nur ein direkter Nachkomme König Dagoberts II. und der Merowingerdynastie, sondern auch der früheren Besitzer von Schloß Barbarie.

Nicht minder unbedeutend muß sein Wissen um das Geheimnis von Rennes-le-Château und Bérenger Saunière sein. Denn so ziemlich alle Informationen, die in den letzten fünfundzwanzig Jahren zu diesem Thema an die Öffentlichkeit drangen, stammten in irgendeiner Weise von ihm. Als er beispielsweise im Jahre 1960 von de Sède interviewt wurde, sprach er unter anderem von einem in Gisors verborgenen »internationalen Geheimnis«.[22] In den darauffolgenden zehn Jahren dürfte er eine der wichtigsten Informationsquellen für de Sèdes Bücher über Gisors und Rennes-le-Château gewesen sein.[23] Wie sich mittlerweile herausstellte, war Plantards Großvater mit Bérenger Saunière bekannt, und er selbst besaß Ländereien in der Nähe von Rennes-le-Château und Rennes-les-Bains, wozu auch der Hügel von

Blanchefort gehörte. Von einem betagten Antiquar in Stenay erfuhren wir, daß auch der Grund, auf dem die Kirche des heiligen Dagobert stand, zu seinem Besitz zählte. Bekanntlich war Pierre Plantard Generalsekretär der Prieuré de Sion.

Aus einem anderen Interview, das Plantard 1973 einer französischen Zeitschrift gab, geht ebensowenig Neues hervor. Seine Ausführungen sind eher vage und ausweichend, bisweilen auch provokativ, werfen im Grunde genommen aber mehr Fragen auf, als sie beantworten. So erklärte er, auf das Geschlecht der Merowinger angesprochen, zum Beispiel: »Sie müssen die Herkunft bestimmter großer Familien Frankreichs erforschen, und Sie werden verstehen, warum eine Persönlichkeit wie Henri de Montpézat eines Tages König werden könnte.«[24] Nach den Zielen der Prieuré de Sion befragt, antwortete er, wie nicht anders zu erwarten, ebenso ausweichend: »Das kann ich Ihnen nicht sagen. Die Gesellschaft, der ich angehöre, ist sehr alt. Ich folge anderen nach, bin nur ein Glied in einer langen Kette. Wir sind Bewahrer gewisser Dinge, ohne große Publizität zu entfachen.«[25]

Dieselbe französische Zeitschrift veröffentlichte auch ein Charakterbild von Pierre Plantard, das seine erste Frau Anne Lea Hisler verfaßt hatte, die 1971 starb. Darin lesen wir unter anderem:

»Vergessen wir nicht, daß dieser Psychologe mit so unterschiedlichen Persönlichkeiten befreundet war wie dem Grafen Israël Monti, einem der Brüder der heiligen Feme, Gabriel Trarieux d'Egmont, eines der dreizehn Mitglieder der Rosenkreuzer, Paul Lecour, der über Atlantis philosophierte, . . . dem Abbé Hoffet, Mitarbeiter des Dokumentationszentrums des Vatikans, Th. Moreux, Direktor des Konservatoriums von Bourges, und vielen anderen. Erinnern wir uns ferner daran, daß er während der deutschen Besatzungszeit verhaftet und von der Gestapo gefoltert wurde und viele Monate als politischer Gefangener interniert war. Als Doktor der Wissenschaften lernte er den Wert von Geheiminformationen kennen, was dazu führte, daß ihm von zahlreichen hermetischen Gesellschaften der Doktortitel honoris causa verliehen wurde. All diese Erfahrungen und Prüfungen haben ihn zu einem einzigartigen Menschen geformt, einem Mystiker des Friedens, einem Apostel der Freiheit und einem Asketen, dessen Ideal es ist, dem Wohlergehen der Menschheit zu dienen. Kann es da noch überraschen, daß er eine der grauen Eminenzen wurde, bei denen sich die Großen dieser Welt Rat holen? Im Jahre 1947 folgte er einer Einladung der Schweizer Regierung und lebte längere Zeit in der Nähe des Genfer

Sees, wo zahlreiche *chargés de mission* und Delegierte aus der ganzen Welt residieren.«[26]

Zweifellos verfolgte Anne Hisler mit ihrem Beitrag keine andere Absicht, als ein strahlendes Porträt ihres Gatten zu zeichnen. Ihre ungenaue und übertriebene Ausdrucksweise läßt jedoch eher das Bild eines Sonderlings entstehen, ganz abgesehen davon, daß die Leute, die sie als distinguierte Freunde Pierre Plantards anführt, eine – milde ausgedrückt – reichlich seltsame Gesellschaft darstellen. Andererseits sprechen die Schwierigkeiten, die er mit der Gestapo hatte, nur für ihn. Wir gingen der Sache nach und fanden heraus, daß Pierre Plantard zwischen Oktober 1943 und Februar 1944 von der Gestapo inhaftiert worden war, weil er seit 1941 in Paris die Widerstandszeitschrift *Vaincre* herausgegeben hatte.[27]

Und schließlich zählten bekanntere Persönlichkeiten als die von Madame Hisler genannten zu Pierre Plantards Freunden – André Malraux etwa und Charles de Gaulle. Seine Verbindungen reichten also bis in die höchsten Etagen der Macht. 1958, während des Militäraufstands in Algerien, suchte General de Gaulle offenbar um Hilfe bei Monsieur Plantard nach, der daraufhin zusammen mit André Malraux und mehreren anderen die sogenannten »Comités de Salut Public« (Komitees für öffentliche Sicherheit) ins Leben rief. Diese spielten bei der Rückkehr de Gaulles in den Elysée-Palast eine entscheidende Rolle. In einem Brief vom 29. Juli 1958 dankte der General Pierre Plantard persönlich für seine tatkräftige Unterstützung. Fünf Tage später bat de Gaulle Monsieur Plantard in einem zweiten Schreiben, die Komitees, die ja nun ihren Zweck erfüllt hätten, aufzulösen, was auch umgehend veranlaßt wurde.[28]

Bedarf es noch einer besonderen Erwähnung, daß der Wunsch, Pierre Plantard persönlich kennenzulernen, immer stärker in uns wurde? Dieses Vorhaben erwies sich jedoch mehr als schwierig, und für Privatpersonen schien es keine Möglichkeit zu geben, ihn zu besuchen. Im Frühjahr 1979, als wir unseren zweiten Film über Rennes-le-Château in Angriff nahmen, gelang es uns schließlich mit Hilfe der Beziehungen der BBC, Kontakt mit Pierre Plantard und der Prieuré de Sion aufzunehmen.

Erste Erkundigungen zog zu diesem Zweck eine englische Journalistin ein, die in Paris lebt, schon an mehreren Projekten der BBC mitgearbeitet hatte und eine Unmenge von Leuten in Frankreich kannte, mit deren Hilfe sie Näheres über die Prieuré de Sion in

Erfahrung zu bringen hoffte. Bei ihrer Suche, die sie zunächst durch Freimaurerlogen und die esoterische Subkultur von Paris führte, stieß sie erwartungsgemäß auf eine Mauer des Schweigens, der Widersprüche und der Mystifikation. Einer ihrer Kollegen etwa orakelte, daß jeder, der sich zu eingehend mit der Prieuré befasse, früher oder später umgebracht würde. Ein anderer Kollege wußte zu berichten, daß die Prieuré wohl im Mittelalter existiert habe, heute aber keine Rolle mehr spiele. Andere behaupteten das genaue Gegenteil.

Vollkommen mutlos wandte sich unsere Landsmännin an Jean-Luc Chaumeil, der Pierre Plantard bereits für eine Zeitschrift interviewt hatte und mit unserem Thema bestens vertraut war. Er sei zwar kein Mitglied der Prieuré, versicherte er, wolle aber dennoch versuchen, für uns ein Treffen mit Plantard zu arrangieren. In der Zwischenzeit versah er die Journalistin mit weiteren »Informationshäppchen«.

Die Prieuré de Sion sei strenggenommen, so Chaumeil, keine Geheimgesellschaft. Sie wünsche nur, daß Fragen ihrer Existenz und Tätigkeit sowie die Zahl ihrer Mitglieder mit Diskretion behandelt würden. Der Eintrag im *Journal officiel* sei eine von gewissen »abweichlerischen Elementen« lancierte Falschmeldung. Das gleiche gelte übrigens auch für die bei der Polizei in Saint-Julien registrierten Statuten.

Jean-Luc Chaumeil bestätigte andererseits unsere Vermutungen, die Prieuré de Sion trage sich mit ehrgeizigen politischen Plänen für die nahe Zukunft. In wenigen Jahren käme es zu einer grundlegenden Wende in der französischen Regierung – einer Wende, die einer volksnahen Monarchie mit einem Merowinger an der Spitze den Weg bereite. Hinter diesem politischen Wechsel stünde die Prieuré de Sion ebenso wie bei zahlreichen früheren Veränderungen auch. Nach Chaumeil ist die Prieuré antimaterialistisch eingestellt und strebt eine Wiederherstellung der »wahren Werte« an – Werte geistiger, möglicherweise esoterischer Natur. In letzter Konsequenz seien es vorchristliche Werte, trotz der scheinbar christlichen Orientierung der Prieuré und trotz des in den Statuten so nachdrücklich betonten Katholizismus.

Die Ziele der Prieuré de Sion, betonte Chaumeil, erschöpften sich jedoch nicht mit der Wiedereinführung der merowingischen Dynastie. In diesem Zusammenhang machte er gegenüber unserer Kollegin eine wahrlich kuriose Aussage: Nicht alle Mitglieder der Prieuré seien Juden. Wieder sahen wir uns mit einem verwirrenden Widerspruch konfrontiert. Selbst wenn man davon ausging, daß die Statuten nicht echt waren, wie war dann ein Orden, dessen Mitglieder sich vielleicht größtenteils zur mosaischen Religion bekannten, mit einem Großmeister — François Ducaud-Bourget zum Beispiel — unter einen Hut zu bringen, der einem extrem traditionalistischen Katholizismus anhängt und zu dessen engsten Freunden ein Mann wie Marcel Lefebvre gehört, der für Erklärungen bekannt ist, die an Antisemitismus grenzen?

Das war aber nicht die einzige verwunderliche Erklärung, die Chaumeil abgab. So sprach er ferner von einem »Fürsten von Lothringen«, der dem Geschlecht der Merowinger entstamme und dessen »heilige Mission daher augenfällig« sei. Diese Behauptung klingt um so erstaunlicher, als es heute keinen Fürsten von Lothringen mehr gibt, nicht einmal einen Titular-»Fürsten«. Lebte dieser Fürst vielleicht irgendwo inkognito? Oder verwandte Chaumeil den Begriff »Fürst« im weitesten Sinne und meinte damit »Abkömmling eines Herrscherhauses«? Dann müßte er Dr. Otto von Habsburg, Titularherzog von Lothringen, gemeint haben.

Alles in allem warfen die Antworten, die Jean-Luc Chaumeil der Journalistin gab, eine ganze Reihe neuer Fragen auf. Was für unser Anliegen aber noch wichtiger war, sie konnte Chaumeil dazu bewegen, Monsieur Plantard anzurufen und einen Gesprächstermin zwischen ihm und uns zu vereinbaren.

Pierre Plantard erwies sich als würdevoller, höflicher Mann von dezent aristokratischer Haltung, eine charmante, lebhafte Persönlichkeit mit gepflegter Ausdrucksweise. Er ließ umfassende Bildung und eindrucksvolle geistige Beweglichkeit erkennen. Seine Entgegnungen waren witzig und schlagfertig, aber in keiner Weise verletzend. Häufig lag ein leicht belustigtes, nachsichtiges Lächeln in seinen Augen. Doch trotz seines bescheidenen Auftretens wurde ihm von seiner Umgebung größter Respekt entgegengebracht. Ihn umgab eine Aura von Askese und Nüchternheit, da er keinerlei Reichtum zur Schau trug. Seine Kleidung war konservativ und geschmackvoll, aber weder auffallend elegant noch augenscheinlich teuer.

Schon bei dieser ersten Begegnung, der noch zwei weitere folgen sollten, machte Pierre Plantard uns klar, daß er sich zu den gegenwärtigen Unternehmungen und Zielen der Prieuré de Sion nicht äußern werde. Statt dessen erbot er sich, alle Fragen zu beantworten, die sich auf die Geschichte des Ordens bezogen. Aber seine Weigerung, offizielle Erklärungen über zukünftige Ereignisse abzugeben, hinderte ihn

187

nicht, im Gespräch hie und da einige wenige Andeutungen einfließen zu lassen. So gab er uns zum Beispiel zu verstehen, daß die Prieuré de Sion im Besitz des verlorengeglaubten Schatzes aus dem Tempel in Jerusalem sei. Diese Gegenstände würden »zur gegebenen Zeit an Israel zurückgegeben«. Jegliche historische, archäologische oder gar politische Bedeutung des Schatzes tat Monsieur Plantard als nebensächlich ab. Der wahre Schatz, so erklärte er mit Nachdruck, sei »spirituell« und berge ein Geheimnis in sich, das auf nicht näher bezeichnete Weise weitreichende gesellschaftliche Veränderungen in die Wege leiten werde. Schon bald werde eine dramatische soziale Umwälzung in Frankreich stattfinden, keine Revolution, sondern eine radikale Umwandlung sämtlicher öffentlicher Einrichtungen, die der Wiedererrichtung einer Monarchie vorausgehe. Eine in ihrem Kern ungeheuerliche Behauptung, die Pierre Plantard jedoch ohne jegliche Theatralik aufstellte. Im Gegenteil, er trug sie vollkommen ruhig, ja nüchtern, aber mit großer Bestimmtheit vor.

Eine gewisse terminologische Inkonsequenz kennzeichnete die Ausführungen Monsieur Plantards. Bisweilen benutzte er das Pronomen »wir«; dann schien er gleichsam im Namen der Prieuré zu sprechen. Mitunter rückte er offenbar jedoch vom Orden ab. In diesen Fällen sprach er von sich selbst, von sich als merowingischem Prätendenten, als potentiellem König, von der Prieuré de Sion aber als seiner Verbündeten. Wir glaubten zwei verschiedene Stimmen zu hören: einmal die des Generalsekretärs der Prieuré und zum anderen die eines inkognito auftretenden Königs, der »herrscht, aber nicht regiert«, und der Zion als eine Art Staatsrat betrachtete.

Nach drei Gesprächen mit Pierre Plantard waren wir nicht viel klüger als zuvor. Abgesehen von den »Komitees für öffentliche Sicherheit« und den Briefen des Generals, wußten wir nichts von dem politischen Einfluß oder der Macht der Prieuré beziehungsweise davon, wie ihre Mitglieder eine Umwandlung der französischen Regierung und der öffentlichen Einrichtungen bewerkstelligen wollten. Auch die Frage, aus welchem Grund die Ansprüche der Merowingernachkommen ernster zu nehmen wären als die diversen Restaurationsversuche anderer Herrscherhäuser, war unbeantwortet geblieben. Immerhin gibt es zahlreiche Anwärter auf vakante Throne in Europa, und die Häuser Bourbon, Habsburg, Hohenzollern und Romanow sind keineswegs erloschen. Warum sollten deren Ansprüchen weniger Berechtigung zukommen als denen der Merowinger?

Wieder einmal fragten wir uns, ob die Prieuré de Sion nicht einfach aus lauter Spinnern bestand und wir einem ausgemachten Schwindel aufgesessen waren. Wir hatten jedoch durch unsere eigenen Recherchen den Nachweis erhalten, daß der Orden einst enorme Macht besessen hatte und in »internationale« politische Angelegenheiten verwickelt war. Selbst heutzutage war mehr an der Sache, als sich auf den ersten Blick erkennen ließ. Nachdenklich stimmte uns vor allem, daß sie in keiner Weise kommerziell ausgebeutet wurde. Es wäre Monsieur Plantard ohne Zweifel ein leichtes gewesen, die Prieuré zu einem einträglichen Geschäft zu machen, wobei er sich nur an gewissen »neuzeitlichen« Kulten und Sekten ein Beispiel hätte nehmen müssen. Statt dessen wurden fast alle gewinnträchtigen »Prieuré-Dokumente« als Privatdrucke verlegt und kein einziger neuer Anhänger geworben, wie dies zum Beispiel die Freimaurerlogen normalerweise machen. Unseres Wissens blieb die Zahl der Mitglieder konstant, und Neuaufnahmen fanden nur statt, wenn ein Platz vakant geworden war. Nach unserem Dafürhalten läßt ein solchermaßen ausgeprägtes »Exklusivitätsdenken« unter anderem auf ein außerordentliches Selbstvertrauen schließen, auf die Gewißheit, wonach es der Orden nicht nötig hat, aus finanziellen oder anderen Erwägungen heraus seine Mitgliederzahl zu erhöhen. Ohne groß die Werbetrommel zu rühren, verfügte die Prieuré offenbar auch ohnedies über eine gewisse Anziehungskraft, die selbst Männer wie Malraux oder de Gaulle auf ihre Seite gezogen zu haben schien. War aber allen Ernstes anzunehmen, daß Persönlichkeiten wie die genannten die Wiedereinsetzung der Merowingerdynastie für wünschenswert hielten?

Die Politik der Prieuré de Sion. Im Jahre 1973 veröffentlichte der Schweizer Journalist Mathieu Paoli ein Buch mit dem Titel *Les dessous d'une ambition politique* (Die Unterströmungen einer politischen Ambition). Darin schildert er seine vielfältigen Bemühungen, genauere Informationen über die Prieuré de Sion in Erfahrung zu bringen. Ebenso wie uns war es Paoli nach einiger Zeit gelungen, mit einem Vertreter des Ordens, dessen Namen er allerdings nicht preisgibt, in Verbindung zu treten. Im Gegensatz zu uns stand ihm jedoch nicht das Prestige der BBC zu Gebote, so daß sein Gesprächspartner, der in der Ordenshierarchie offenbar einen niedrigeren Rang bekleidete, weitaus weniger mitteilsam war als Pierre Plantard. Andererseits konnte Paoli aufgrund seines Wohnsitzes auf dem Kontinent gewisse Spuren schnel-

189

ler verfolgen als wir und nötigenfalls »vor Ort« recherchieren. Sein Werk eröffnete nicht nur zahlreiche neue Einblicke in die Materie, sondern enthielt darüber hinaus so viele unbekannte Informationen, daß wir es bedauerten, daß Paoli keinen Fortsetzungsband geschrieben hatte. Wie wir später erfuhren, soll er 1977 oder 1978 in Israel als Spion erschossen worden sein, weil er angeblich Geheiminformationen an die Araber zu verkaufen versucht hätte.[29]

In vielen Fällen glich die Vorgehensweise Paolis bei seinen Nachforschungen unserer eigenen. Auch er hatte zunächst Kontakt mit Leo Schidlofs Tochter in London aufgenommen und von ihr erfahren, daß ihr Vater, soweit sie wisse, rein gar nichts mit Geheimgesellschaften, der Freimaurerei oder merowingischen Genealogien zu tun gehabt hätte. Auch Paoli hatte sich dann an die Großloge Alpina gewandt und mit deren Kanzler ein Treffen arrangiert, in dessen Verlauf dieser jedoch abstritt, je einen Mann namens Lobineau oder Schidlof gekannt zu haben. Auf die verschiedenen Publikationen angesprochen, in deren Impressen der Name der Großloge genannt werde, erklärte der Kanzler kategorisch, daß es sie nicht gäbe. Ein persönlicher Freund Paolis, der Mitglied der Alpina war, behauptete jedoch steif und fest, die fraglichen Schriften in der Bibliothek der Loge mit eigenen Augen gesehen zu haben. Dazu Paoli:

»Es gibt nur zwei Möglichkeiten: In Anbetracht des besonderen Charakters der Werke von Henri Lobineau wünscht die Großloge Alpina, die ihren Mitgliedern übrigens jede politische Betätigung in- und außerhalb der Schweiz untersagt, ihre Beteiligung an dieser Angelegenheit nicht publik werden zu lassen. Oder eine andere Organisation hat sich des Namens der Großloge bedient, um ihre eigenen Aktivitäten zu tarnen.«[30]

Die aufregendste Entdeckung im Laufe seiner Nachforschungen machte Mathieu Paoli jedoch in der Bibliothek von Versailles. Dort stieß er auf vier Nummern der Zeitschrift *Circuit*.[31] Obwohl ihr Titel mit dem der Prieuré-Zeitschrift identisch war und Pierre Plantard als Herausgeber im Impressum genannt wurde, erweckte diese Publikation durchaus nicht den Eindruck, als bestünde ein Zusammenhang mit der Prieuré de Sion. Dem Untertitel war vielmehr zu entnehmen, daß es sich dabei um ein offizielles Organ einer »Förderation französischer Streitkräfte« handelte. Der volle Untertitel samt Adresse lautet: »Publication périodique culturelle de la Fédération des Forces Françaises, 116, rue Pierre-Jouhet, Aulnay-sous-Bois (Seine-et-Oise). Tel.: 929–72–49«.

Paoli überprüfte diese Anschrift und fand heraus, daß dort noch nie eine Zeitschrift verlegt worden war. Auch die Telefonnummer stimmte nicht. Alle seine Bemühungen, eine »Föderation französischer Streitkräfte« ausfindig zu machen, schlugen fehl. Dagegen dürfte es wohl kein Zufall sein, daß sich die Zentrale der »Komitees für öffentliche Sicherheit« ebenfalls in Aulnay befunden hatte.[32] Bestand am Ende ein Zusammenhang zwischen der Föderation und den Komitees? Für diese Hypothese spricht einiges, denn in Heft 2 von *Circuit* fand Paoli eine Notiz, die sich auf einen Brief de Gaulles an Pierre Plantard bezieht, in dem er sich für erwiesene Dienste bedankt. Diese Dienste waren, wie wir bereits wußten, von den »Komitees für öffentliche Sicherheit« unter Leitung von Pierre Plantard organisiert und erbracht worden.

Die meisten Artikel im *Circuit* beschäftigen sich, so Paoli, mit esoterischen Themen und stammten von Pierre Plantard (unter seinem eigenen Namen und unter dem Pseudonym »Chyren«), von Anne Lea Hisler und anderen, die wir bereits kannten. Paoli entdeckte jedoch auch Beiträge ganz anderer Art. Da ging es zum Beispiel um eine Geheimwissenschaft vom Weinbau, wobei vor allem dem Pfropfen der Weinstöcke eine besondere Bedeutung beigemessen wurde. War darin nicht vielleicht eine Allegorie zu sehen, in der die Weinstöcke beziehungsweise der Weinbau für Stammbäume und dynastische Verschwägerungen standen?

Andere Artikel offenbaren einen glühenden Nationalismus. So behauptet zum Beispiel ein gewisser Adrian Sevrette in seinem Beitrag, es werde keine Lösung der anstehenden Probleme geben, »es sei denn mittels neuer Methoden und neuer Männer, denn die Politik ist tot. Sonderbarerweise wollen die Menschen das nicht wahrhaben. Sie beschäftigen sich nur noch mit Wirtschaftsfragen. Gibt es denn keine Männer mehr, die an *Frankreich* denken können, so wie während der deutschen Besatzungszeit, als sich Patrioten und Widerstandskämpfer nicht um die politischen Ansichten ihrer Kampfgefährten kümmerten?«[33]

Und an anderer Stelle heißt es: ». . . , denn vor allem sind wir Franzosen, wir sind jene Kraft, die auf diese oder eine andere Weise dafür kämpft, ein geläutertes und neues Frankreich zu schaffen.«[34] Es folgt ein detailliertes Regierungsprogramm, dessen Ziel es ist, Frankreich seinen verlorenen Glanz wiederzugeben. Voraussetzung hierzu sei, so der Autor, daß die Départements (»ein System der Willkür«) beseitigt und die alten Provinzen wiederhergestellt würden: »Die

Provinz . . . ist ein lebendiger Teil Frankreichs, . . . die Grundlage unserer Nation. Sie hat ihre eigene Folklore, ihre Sitten und Bräuche, ihre Denkmäler, häufig auch ihre regionale Mundart, die wir kultivieren und verstehen wollen.«[35]

Die Durchsetzung dieses Regierungsprogramms würde in Frankreich bestimmt auf keinen großen Widerstand stoßen, klammert sein Text doch sorgfältig die heiklen oder strittigen Fragen aus. Zudem läßt es sich keiner bestimmten politischen Kategorie zuordnen – es ist weder links noch rechts, weder liberal noch konservativ, radikal oder reaktionär. Insgesamt gesehen wirkt es ziemlich harmlos, und unwillkürlich fragt man sich, wie es Frankreich den verlorenen Glanz wiedergeben soll. Wie Paoli schreibt: »Die Vorschläge . . . sind nicht revolutionär. Sie basieren jedoch auf einer realistischen Einschätzung der gegenwärtigen Strukturen des französischen Staates und zeichnen sich durch gesunden Menschenverstand aus.«[36] Mit keiner Silbe wird in diesem Regierungsprogramm jedoch die Grundlage erwähnt, auf der es letztlich aufbaut: die Restauration einer volksnahen Monarchie unter einem Merowinger. Für die Leser des *Circuit* scheint dies offenbar eine Selbstverständlichkeit zu sein, die keiner weiteren Erwähnung bedarf.

In diesem Zusammenhang stellt Paoli in seinem Buch eine entscheidende Frage, die auch uns beschäftigt hatte:

»Auf der einen Seite haben wir eine verschwiegene Nachkommenschaft der Merowinger, auf der anderen eine geheime Bewegung, die Prieuré de Sion, deren Ziel es ist, die Restauration der Merowinger in einer volksnahen Monarchie zu beschleunigen . . . Aber man müßte wissen, ob sich diese Bewegung mit esoterisch-politischen Spekulationen zufriedengibt . . . , oder ob sie voll aktiv ist.«[37]

Paoli erörtert diese Frage ausführlich und zieht dann folgende Schlüsse:

»Zweifellos verfügt die Prieuré de Sion über weitreichende Beziehungen. Normalerweise ist es doch so, daß jede Vereinsgründung erst nach einer Art Voruntersuchung durch den Innenminister genehmigt wird. Diese Bestimmung gilt auch für eine Zeitschrift oder einen Verlag. Aber diese Leute können ungehindert publizieren: unter Pseudonymen, mit falschen Adressen, in nicht-existenten Verlagen. Sie geben Bücher und Schriften heraus, die weder in der Schweiz noch in Frankreich im Handel erhältlich sind. Da gibt es nur zwei Möglichkeiten: Entweder die Behörden vernachlässigen ihre Pflichten, oder aber. . .«[38]

Paoli spricht seine zweite Erklärungsvariante nicht aus, läßt aber durchblicken, daß er sie für die wahrscheinlichere hält. Das heißt, er ist der Meinung, daß Regierungsbeamte sowie zahlreiche einflußreiche Persönlichkeiten entweder Mitglieder der Prieuré oder aber ihr zumindest treu ergeben sind. Wenn das zutrifft, muß Zion wahrhaftig eine mächtige Organisation sein.

Aufgrund seiner Recherchen über die Prieuré hält Paoli den merowingischen Anspruch auf den französischen Thron für berechtigt. Insofern erschienen ihm, wie er gesteht, die Ziele der Prieuré auch sinnvoll. Rätselhaft fände er nur, was über diesen Punkt hinausgehe. In wessen Interesse, fragt er sich, liege heute die Restauration der Merowingerdynastie, deren letzter Vertreter doch vor rund 1300 Jahren abgesetzt worden sei? Inwiefern sollte sich eine heutige merowingische Regierung von anderen modernen Regierungen unterscheiden? Und warum? Was zeichnete die Nachkommen Dagoberts II. gegenüber ihren Zeitgenossen aus? Auch wenn ihren Ansprüchen eine gewisse Berechtigung nicht abgesprochen werden könne, seien sie in unserer Zeit nicht doch irrelevant? Warum sollten so viele intelligente und einflußreiche Leute, heute wie früher, sie nicht nur ihrer Aufmerksamkeit, sondern sogar ihrer Treue für würdig erachten?

Wir stellten uns natürlich genau die gleichen Fragen. Auch uns war unerklärlich, warum die Wiederherstellung einer Dynastie nach 1300 Jahren von so grundlegender Bedeutung für so viele bekannte und hochgeachtete Leute sein sollte. Es sei denn, wir hatten etwas unberücksichtigt gelassen. Es sei denn, die Merowinger erhoben noch andere Ansprüche als nur den auf den französischen Thron. Es sei denn, zwischen den Merowingern und anderen Dynastien gab es einen fundamentalen Unterschied. Es sei denn, die Merowinger waren von ganz besonderem Geblüt.

9. DIE KÖNIGE MIT DEN LANGEN HAAREN

Das Rätsel um die Merowinger ist noch undurchdringlicher als das um die Katharer oder die Tempelritter. Wir hatten längere Zeit darauf verwandt, die ineinander verflochtenen Stränge von Geschichte und Mythos zu entwirren. Aber allen unseren Bemühungen zum Trotz konnten auch wir den Schleier des Geheimnisses nicht lüften.

Die merowingische Dynastie leitet sich von den Sugambrern her, einem germanischen Stamm. Zwischen dem fünften und siebten Jahrhundert herrschten die Merowinger über weite Teile des heutigen Frankreich und Deutschland. Ihr Aufstieg fiel in die Epoche des sagenhaften König Artus, dessen Hof den szenischen Hintergrund für Gralssagen bildete. Es ist die Zeit, über die nur wenig bekannt ist und die deshalb gerne als finster bezeichnet wird. Daß sie nicht wirklich so finster gewesen war, sondern absichtlich verfinstert wurde, fanden wir sehr bald heraus. Da die römisch-katholische Kirche das uneingeschränkte Monopol auf Bildung, Wissen und schriftliche Überlieferung besaß, spiegeln die wenigen Aufzeichnungen, die erhalten geblieben sind, nur ganz bestimmte Interessen wider. Vieles ist verlorengegangen oder fiel der Zensur zum Opfer. Mit Hilfe der auf uns gekommenen Zeugnisse läßt sich eine höchst interessante Wirklichkeit rekonstruieren, die in vielem der allgemeinen Auffassung zuwiderläuft.

Die Legenden um die Merowinger. Für gewöhnlich versteht man unter einer Dynastie eine Familie oder ein Haus, das nicht nur einfach ein anderes Herrscherhaus ablöst, wenn dieses zum Beispiel ausgestorben ist, sondern die Vorgänger gewaltsam absetzt oder verdrängt. So markierten in England die Rosenkriege den Wechsel von einer Dynastie zur nächsten. Etwa hundert Jahre später bestiegen die Stuarts den englischen Thron, nachdem das Haus Tudor erloschen war. Die Stuarts ihrerseits wurden von den Häusern Oranien und Hannover abgesetzt.

Im Fall der Merowinger gab es jedoch keinen gewaltsamen Übergang, keine Absetzung, kein Erlöschen einer vorhergehenden Dynastie. Das Geschlecht der sogenannten Merowinger (diese Bezeichnung wurde erst später eingeführt) scheint vielmehr schon über die Franken geherrscht zu haben. Sie waren anerkannte und rechtmäßige Könige. Einer von ihnen, dessen Name auf das gesamte Geschlecht übertragen wurde, scheint vor allen anderen ausgezeichnet gewesen zu sein.

Die historische Wirklichkeit dieses Merowech (Mérovée oder Meroveus) ist vollkommen von der Legende überlagert. Angeblich war er halb übernatürlicher Herkunft, eine Gestalt wie aus einem klassischen Mythos. Schon sein Name deutet dies an, erinnert er doch an die französischen Worte für Mutter *(mère)* und Meer *(mer)*.

Der Überlieferung zufolge wurde Merowech von zwei Vätern gezeugt. Danach ging Merowechs Mutter, bereits von ihrem Gatten, König Chlodio, schwanger, im Meer baden, wo sie von einem nicht näher beschriebenen Seeungeheuer — *bestia Neptuni Quinotauri similis* (einer Bestie Neptuns, ähnlich einem Quinotaurus) – überwältigt wurde. Allem Anschein nach empfing die Königin ein zweites Mal. Als Merowech geboren wurde, floß in seinen Adern eine Mischung aus dem Blut eines fränkischen Herrschers und dem eines geheimnisvollen Geschöpfes aus den Tiefen des Ozeans.

Nicht nur das Altertum kannte solche Legenden, auch dem mittelalterlichen Menschen waren sie vertraut. Zumeist sind sie keine ausgesprochenen Phantasiegebilde, sondern symbolisch oder allegorisch gemeint, mit versteckten Hinweisen auf konkrete historische Ereignisse. Die Erzählung von Merowechs Ursprung könnte darauf hindeuten, daß durch seine Mutter eine fremde Ahnenreihe in die Ehe eingebracht beziehungsweise daß zwei dynastische Linien miteinander verschmolzen wurden, wobei sich die Franken blutsmäßig mit einem anderen Volksstamm verbanden. Woher kam dieses Volk? Von jenseits des Meeres vielleicht? Wenn ja, dann nahm es in der späteren mündlichen Überlieferung allmählich, aber ohne erfindlichen Grund die Gestalt eines Meerungeheuers an.

Merowech jedenfalls verfügte dank seiner Herkunft über übermenschliche Kräfte. Wie immer die historische Wirklichkeit beschaffen gewesen sein mag, ab diesem Zeitpunkt war die Dynastie der Merowinger wie von einem Schleier aus Magie und Übernatürlichem umgeben, dessen sie sich im Laufe der Geschichte nie wieder entledigen konnte. Schenkt man der Überlieferung Glauben, waren die Merowingerkönige Schüler des Okkultismus und mit esoterischen Lehren vertraut. Man nannte sie oft »Zauberer« oder »wundertätige Könige«, da sie – der Legende zufolge – imstande gewesen sein sollen, durch Handauflegung zu heilen. Den Troddeln an den Säumen ihrer Gewänder schrieb man schmerzlindernde Kräfte zu. Außerdem hieß es, sie seien aufgrund hellseherischer und telepathischer Fähigkeiten in der Lage gewesen, sich mit den Tieren und der ganzen übrigen Natur zu verständigen, und hätten magische Halsketten getragen, die sie vor allem Unheil beschützt und ihnen ein langes Leben geschenkt hätten. Zumindest was den letzten Punkt betrifft, hielt sich die Realität nicht an die Prophezeiungen. Angeblich besaßen alle Merowinger ein Muttermal, das sie von anderen Sterblichen unterschied und ihre halb göttliche Abstammung bezeugte. Das Muttermal hatte die Form eines roten Kreuzes und befand sich entweder über dem Herzen – eine zufällige Vorwegnahme des Templerwappens? – oder zwischen den Schulterblättern.

Die Merowinger wurden auch »die Könige mit den langen Haaren«

genannt. Gleich Samson weigerten sie sich, ihre Haare schneiden zu lassen, da in ihnen das Geheimnis ihrer übernatürlichen Kräfte begründet lag. Der Glaube an diese Legende scheint noch im Jahre 751 lebendig gewesen zu sein, als Childerich III. von Pippin III., dem Jüngeren, abgesetzt und eingekerkert wurde. Auf ausdrücklichen Wunsch des Papstes beraubte man ihn seiner Haartracht.

So unwahrscheinlich die Legenden auch klingen, die sich um die Merowinger ranken, sie scheinen doch nicht jeder Grundlage zu entbehren. Tatsache ist, daß die Merowinger nicht als Könige im heutigen Sinne des Wortes betrachtet wurden, sondern als Priesterkönige, als Inkarnation des Göttlichen, vergleichbar den ägyptischen Pharaonen. Sie herrschten nicht einfach von Gottes Gnaden, sondern ihnen kam ein Status zu, den das Christentum sonst ausschließlich Jesus zugesteht. Die von ihnen gepflegten Rituale sprechen eher für ein Priester- denn ein Königtum. So weisen zum Beispiel die aufgefundenen Schädel merowingischer Herrscher einen rituellen Einschnitt am Scheitel auf — ähnliche Beobachtungen konnten übrigens auch an Schädeln von Lamas des frühen tibetanischen Buddhismus gemacht werden —, um der Seele den Austritt aus dem Körper des Toten und die Rückkehr zu Gott zu ermöglichen.

Im Jahre 1653 wurde das Grab Childerichs I. in Tournai entdeckt, des Sohns Merowechs und Vaters Chlodwigs I., des berühmtesten und mächtigsten aller Merowinger. Es enthielt Waffen, Schätze und Insignien, wie man sie in einer königlichen Grabstätte zu finden erwartet. Andere Grabbeigaben wie der Kopf eines Stieres aus Gold oder eine Kristallkugel sind eher dem Bereich der Magie und Zauberei zuzurechnen.[1]

Das Symboltier der Merowinger war die Biene (Zikade?). In König Childerichs Grab fand man nicht weniger als dreihundert aus Gold gefertigte Exemplare dieses Insekts, die mitsamt den übrigen Grabfunden dem damaligen Statthalter der Österreichischen Niederlande und Bruder Kaiser Ferdinands III., Leopold Wilhelm von Habsburg, übergeben wurden.[2] Später gelangte ein Großteil des Grabschatzes in französische Hände. Anläßlich seiner Kaiserkrönung im Jahre 1804 schmückte Napoleon seinen Krönungsornat mit den merowingischen Goldbienen.

Napoleons Interesse an den Merowingern beschränkte sich aber nicht nur auf deren Symboltier. Um sich selbst eine dynastische Legitimation zu verschaffen, ließ er den Abbé Pichon Genealogien erstellen und der Frage nachgehen, ob das Geschlecht der Merowinger den Sturz der Dynastie überlebt hatte oder nicht. Übrigens basiert ein Großteil der Stammtafeln in den »Prieuré-Dokumenten« auf diesen vom französischen Kaiser in Auftrag gegebenen Genealogien.[3]

Der arkadische Bär. Die Legenden um die Merowinger standen wie eine entmutigende Barriere zwischen uns und der historischen Realität, der wir uns nähern wollten. Doch erwies sich jene Zeit, nachdem wir einen gewissen Zugang zu ihr über die wenigen, erhalten gebliebenen Dokumente gewonnen hatten, als ganz anders, als den Legenden zu entnehmen war, ohne jedoch etwas von ihrem geheimnisvollen, außergewöhnlichen und aufregenden Charakter einzubüßen.

Leider fanden wir zur Herkunft der Merowinger nur wenig nachprüfbares Material. Sie selbst sahen ihren Ursprung in Noah, den sie — mehr noch als Moses — für die Quelle aller biblischen Weisheit hielten; eine bemerkenswerte Sicht, die tausend Jahre später wieder in der Freimaurerei eine Rolle spielen sollte. Die Merowinger behaupteten aber auch, aus dem alten Troja abzustammen. Moderne Historiker — einschließlich der Autoren der »Prieuré-Dokumente« — haben sich bemüht, ihre Spuren bis ins antike Griechenland zurückzuverfolgen, insbesondere in die Gegend von Arkadien. Diesen Forschungen zufolge sollen Verbindungen zwischen den Vorfahren der Merowinger und dem arkadischen Königshaus bestanden haben. Etwa zu Beginn der christlichen Zeitrechnung seien sie die Donau und den Rhein entlanggezogen und hätten sich im Gebiet zwischen Mosel, Rhein und Maas niedergelassen.

Ob der Ursprung der Merowinger nun in Troja oder in Arkadien lag, ist letztlich unerheblich, und die beiden Theorien schließen einander ja auch nicht unbedingt aus. Nach Homer nahm ein stattliches Kontingent arkadischer Truppen an der Belagerung der Stadt Troja teil. Griechischen Sagen zufolge wurde Troja sogar von arkadischen Siedlern gegründet. Erinnert sei in diesem Zusammenhang auch daran, daß der Bär im alten Arkadien als heiliges Tier verehrt wurde — ein Totem, dem geheimnisvolle Kulte geweiht waren und dem rituelle Opfer dargebracht wurden.[4] Schon der Name »Arkadien« leitet sich von *arcades* ab, was soviel bedeutet wie »Volk des Bären«.

Bei den fränkischen Sugambrern, Vorfahren der Merowinger, stand der Bär in ähnlich hohem Ansehen; sie verehrten ihn als Symbol der Diana Arduinna, Göttin der Ardennen. Der dieser Göttin geweihte

Kult erhielt sich bis ins Mittelalter, und eines seiner Zentren war die Stadt Lunéville in der Nähe von Stenay und Orval. Noch bis ins Jahr 1304 erließ die römisch-katholische Kirche Anordnungen, in denen die Verehrung der heidnischen Göttin untersagt wurde.[5]

In Anbetracht der magischen und totemistischen Bedeutung des Bären im Gebiet der Ardennen, dem Kernland der Merowinger, kann es nicht verwundern, daß der Begriff *ursus* (lat. Bär) in den »Prieuré-Dokumenten« mit der Merowingerdynastie in Verbindung gebracht wird. Erstaunlicher ist da schon die Tatsache, daß das walisische Wort für Bär *arth* lautet, von dem sich die Namen Arthur und Artus ableiten.

Die Sugambrer ziehen nach Gallien. Zu Beginn des fünften Jahrhunderts löste der Einfall der Hunnen in Europa die germanische Völkerwanderung aus. Im Zuge dieser umfangreichen Wanderungsbewegung überschritten die Sugambrer den Rhein und zogen in großer Zahl nach Gallien, wo sie sich im Gebiet des heutigen Belgien und Nordfrankreich niederließen. Das von ihnen besiedelte Territorium nannten sie rund hundert Jahre später Königreich Austrien, in dessen Zentrum das heutige Lothringen lag.

Die sugambrischen Einwanderer dürfen wir uns jedoch nicht als eine Horde wildgewordener Barbaren vorstellen, die das Land westlich des Rheins sengend und brennend überrannten. Vielmehr ging alles recht friedlich und zivilisiert zu, und die Integration der Neuankömmlinge in die ortsansässige Bevölkerung verlief ohne die sonst üblichen Komplikationen. Jahrhundertelang hatten die Sugambrer enge Verbindungen zu den Römern unterhalten, kannten deren Sitten und Gebräuche und waren darüber hinaus mit dem römischen Verwaltungsapparat vertraut. Einige von ihnen hatten hohe Ämter im kaiserlichen Heer bekleidet, andere waren sogar römische Konsuln geworden. So verlief der Zustrom der Sugambrer weniger in der Art einer feindlichen Invasion als vielmehr in Form einer friedlichen Inbesitznahme. Als das Weströmische Reich gegen Ende des fünften Jahrhunderts endgültig zusammenbrach, füllten die Sugambrer das daraus resultierende Machtvakuum auf. Gewaltanwendung war dazu nicht vonnöten; von einigen kleinen Änderungen abgesehen, behielten sie ihre alten Bräuche bei. Sie übernahmen lediglich den bereits bestehenden, jetzt jedoch verwaisten Verwaltungsapparat.

Merowech und seine Nachkommen. Da es zwei historische Gestalten mit Namen Merowech gibt, ist nicht ganz klar, welchem von beiden die Legende die Abstammung von einem Seeungeheuer zuschreibt. Der ältere Merowech lebte um 417. Er war fränkischer Stammesführer sugambrischer Herkunft, kämpfte unter den Römern und starb um 438. Es ist nicht auszuschließen, daß dieser Merowech Rom besucht hat und dort mit seinen langen blonden Haaren in den Mittelpunkt der allgemeinen Aufmerksamkeit geriet.

Im Jahre 448 wurde der jüngere Merowech, der Sohn des Vorhergehenden, in Tournai zum König der Franken ausgerufen und regierte neun Jahre lang bis zu seinem Tod. Er war der erste König, der über ein geeintes Franken herrschte. Auf diesen Umstand mag die Tatsache zurückzuführen sein, daß die Dynastie, die er begründete, nach ihm benannt wurde.

Unter Merowechs Nachkommen erlebte das Königreich der Franken eine wahre Blütezeit. Seine kulturellen Leistungen sind in mancherlei Hinsicht mit der byzantinischen Hochkultur zu vergleichen. Unter den Merowingern wurde geistige Bildung weitaus stärker gefördert als zum Beispiel fünfhundert Jahre später am Ausgang des Mittelalters. So ließ König Chilperich I. (561–584) nicht nur in Paris und Soissons weiträumige und großzügig ausgestattete Amphitheater im römischen Stil erbauen, er war auch ein vollendeter Dichter, der mit Recht stolz auf seine Kunst sein konnte. Er war aber auch ein begabter und rhetorisch geschulter Redner, der aufgrund seines Wissens Streitgespräche mit Vertretern der Kirche stets glänzend bestand. Eigenschaften, die man bei einem König dieser Epoche kaum erwartet.[6]

Zwar verhielten sich die merowingischen Franken oft rauh und brutal, waren ihrer Natur oder Veranlagung nach jedoch nicht eigentlich ein kriegerisches Volk, wie etwa die Wikinger, Hunnen, Vandalen oder Westgoten. Sie betätigen sich vornehmlich in Landwirtschaft und Handel. Ihre besondere Aufmerksamkeit galt dem Seehandel, den sie in erster Linie im Mittelmeerraum betrieben. Die von ihnen angefertigten Gebrauchsgegenstände zeugen von einem hohen Grad an Kunstfertigkeit. Die Reichtümer, die die Merowingerkönige im Laufe der Jahrhunderte anhäuften, waren, selbst wenn man die Maßstäbe späterer Zeiten anlegt, von unvorstellbarem Wert. Ein Großteil davon bestand aus Goldmünzen bester Qualität, die in königlichen Münzstätten – wie etwa dem heutigen Sion (Sitten) in der Schweiz – geschlagen wurden. Siebenunddreißig solcher Goldmünzen wurden 1939 im Schiffsgrab von Sutton Hoo (Suffolk/England) gefunden und sind nun im British Museum ausgestellt. Auf den meisten Münzen ist ein Kreuz mit vier gleichlangen Balken zu erkennen, das mit dem Wappenkreuz des fränkischen Königreichs Jerusalem zur Zeit der Kreuzzüge identisch ist.

Das königliche Geschlecht. Die Merowingerkönige waren nicht, wie wir bereits sahen, mit anderen Herrschern ihrer Zeit zu vergleichen. Schon zu ihren Lebzeiten umgab sie ein Nimbus aus Geheimnis und Legende, Magie und Überirdischem. Auch wenn sich Lebensstil, Brauchtum und Wirtschaftssystem der merowingischen Welt nicht merklich von anderen unterschieden, zeichneten sich die Mitglieder dieses Königshauses doch in einem wesentlichen Punkt gegenüber allen anderen Dynastien aus.

Die Söhne merowingischen Blutes wurden nicht zu Königen »erhoben«, sondern galten spätestens mit Erreichen des dreizehnten Lebensjahres automatisch als solche. Öffentliche Zeremonien wie Salbung oder Krönung waren unbekannt, denn die Königswürde und die damit verbundene Macht wurden jedem durch heiliges Recht zuteil. Der König bildete zwar die höchste Autorität in seinem Reich, doch war er keineswegs verpflichtet – und niemand hätte das auch ernstlich von ihm erwartet –, sich in die praktischen Niederungen des Regierens hinabzubegeben. Im wesentlichen war er ein Priesterkönig, dessen Aufgabe nicht darin bestand, etwas zu *tun*, sondern vielmehr etwas zu *sein*. Sämtliche Regierungsgeschäfte, die Aufsicht über die Verwaltung und die Organisation des Heeres wurden dem Vorstand der königlichen Hofhaltung, dem sogenannten Hausmeier, übertragen, der nicht der Königsfamilie entstammen durfte. Die Rollenverteilung in einigen modernen konstitutionellen Monarchien weist gewisse Parallelen zum Reich der Merowinger auf.

Gleich den Patriarchen des Alten Testaments lebten die Merowingerkönige auch nach ihrem Übertritt zum Christentum polygam und unterhielten häufig genug prunkvolle Harems nach orientalischem Vorbild. Selbst als der Adel sich unter dem Druck der Kirche der Monogamie zuwandte, blieb das Königshaus von dieser Entwicklung ausgenommen – trotz der zum Teil heftigen Proteste der Kirche. Dazu ein jüngerer englischer Autor:

»Warum wurde sie [die Polygamie] selbst von den Franken stillschweigend hingenommen? Wir könnten es hier mit den seit urdenklichen Zeiten bestehenden polygamen Gepflogenheiten einer königlichen Familie zu tun haben, die von so hohem Rang ist, daß ihr Blut weder durch eine vorteilhafte Verbindung geadelt noch durch das Blut von Sklaven besudelt werden konnte . . . Es war vollkommen gleichgültig, ob eine Königin von königlichem Geblüt war oder aus dem Kreis der Kurtisanen erwählt wurde. . . Die Geschicke der Dynastie beruhten auf ihrem Blut und wurden von allen geteilt, in deren Adern dieses Blut floß.«[7]

Und weiter: »Es wäre möglich, daß es sich bei den Merowingern um eine Dynastie germanischer Heerkönige handelt, die sich von einer königlichen Familie der Völkerwanderungszeit herleitet.«[8]

Doch wie viele Familien hatten im Verlauf der gesamten Geschichte einen den Merowingern vergleichbaren Status eingenommen? Warum fiel diese herausgehobene Rolle ausgerechnet ihnen zu? Warum wurde gerade ihrem Blut eine überdurchschnittliche Bedeutung beigemessen? Fragen, die uns nicht mehr losließen, da wir so gar keine Antwort auf sie fanden.

Chlodwigs Pakt mit der Kirche. Der berühmteste aller Merowingerkönige ist Merowechs Enkel Chlodwig I., der von 481 bis 511 regierte. Unter seiner Herrschaft wurden die Franken zum Christentum bekehrt, und ihm hatte es Rom zu verdanken, daß es die ersten Schritte tun konnte, die unbestrittene Vorherrschaft in Westeuropa zu erlangen, die ein Jahrtausend lang unangefochten bleiben sollte.

Im Laufe des vierten und fünften Jahrhunderts geriet die katholische Kirche in eine immer prekärere Lage, die ihre Existenz ernstlich bedrohte. Heftige Auseinandersetzungen um den Primatanspruch des Bischofs von Rom stellten sie ebenso vor immer neue Zerreißproben wie zahlreiche Schismen und theologische Streitigkeiten um die wahre Lehre. Bewegungen wie zum Beispiel die des Arianismus, der einen überaus ernstzunehmenden Faktor innerhalb des Christentums darstellte, machten deutlich, daß der Führungsanpruch Roms noch längst nicht gefestigt war. Wollte die römische Kirche überleben und ihre Autorität ausweiten und stabilisieren, mußte sie sich der kraftvollen Unterstützung einer mächtigen weltlichen Persönlichkeit versichern, die für sie und ihre Anliegen einzutreten bereit war. Sollte sich das Christentum ausschließlich im Sinne der römischen Lehre weiterentwickeln, mußte diese durch eine starke weltliche Macht verbreitet und nötigenfalls auch aufgezwungen werden, um allen rivalisierenden

christlichen Glaubensrichtungen ein für allemal ein Ende zu bereiten. In dieser Situation wandte sich die römische Kirche an
Chlodwig.

Bis 486 hatte Chlodwig den merowingischen Besitz bedeutend
erweitert. Er hatte den engeren Bereich der Ardennen verlassen,
mehrere gegnerische Stämme besiegt und eine Anzahl anrainender
Kleinstaaten und Fürstentümer annektiert. Viele bedeutende Städte
— wie zum Beispiel Troyes, Reims oder Amiens — wurden dadurch
seinem Reich einverleibt. Chlodwig befand sich somit auf dem
besten Wege, der mächtigste Herrscher Westeuropas zu werden.

Die Tatsache, daß Chlodwig zum römisch-katholischen Glauben
konvertierte und sich taufen ließ, war für unsere Nachforschungen
von entscheidender Bedeutung, da um die gleiche Zeit ein ausführlicher Bericht darüber angefertigt wurde. Diese Aufzeichnungen
unter dem Titel *Das Leben des heiligen Remigius* wurden allerdings
mit Ausnahme einiger weniger Blätter zweihundertfünfzig Jahre später vernichtet. Alle Anzeichen sprechen dafür, daß dies vorsätzlich
geschah. Aber auch die erhalten gebliebenen Teile legen ein beredtes
Zeugnis von den damaligen Ereignissen ab.

Der Überlieferung zufolge war die Bekehrung Chlodwigs nicht
zuletzt das Verdienst seiner Gemahlin Clodhilde. Bei diesen Bemühungen soll sie, die später heiliggesprochen wurde, ihr Beichtvater,
Bischof Remigius, beraten und tatkräftig unterstützt haben. Doch
hinter dieser Überlieferung verbirgt sich eine konkrete historische
Realität. Nachdem Chlodwig zum römischen Glauben übergetreten
und somit der erste katholische König der Franken geworden war,
hatte er mehr zu gewinnen als die Zuneigung seiner Frau und als
das ferne, wenig handfeste Himmelreich.

Heute weiß man, daß im Jahre 496 mehrere geheime Zusammenkünfte zwischen Chlodwig und dem später heiliggesprochenen
Bischof Remigius stattfanden. Kurz darauf wurde ein Abkommen
zwischen dem Merowingerkönig und der römischen Kirche unterzeichnet. Für Rom stellte dieser Geheimpakt einen bedeutenden politischen Sieg dar, sicherte er doch den Fortbestand der Kirche und
machte sie zur höchsten geistlichen Autorität im Westen — gleichrangig mit der griechisch-orthodoxen Kirche im Osten. Er sollte den
Status Roms festigen, seine Hegemonie begründen und sich als wirksame Waffe im Kampf gegen die vielköpfige Hydra der Ketzerei
erweisen. Bei all diesen Vorhaben diente Chlodwig sozusagen als

Mittel zum Zweck: Er bildete den weltlichen Arm der römischen Kirche, die unmißverständliche Manifestation ihrer Macht.

Als Gegenleistung wurde Chlodwig der Titel eines »Neuen Konstantins« *(Novus Constantinus)* verliehen. Das hieß, daß er fortan über ein geeintes Reich herrschen sollte, ein »Heiliges Römisches Reich«, das an die Stelle des von Konstantin geschaffenen und von den Vandalen und Goten zerstörten treten sollte. Vor seiner Taufe wurde Chlodwig, so ein moderner Historiker, »gestärkt . . . von Visionen eines Imperiums, das in der Nachfolge des römischen stand und zum Erbe des merowingischen Geschlechts werden sollte«.[9] Einem anderen Historiker zufolge erhob dieser Titel »Chlodwig zu einer Art Kaiser über den Westen, sozusagen zu einem Patriarchen aller westgermanischen Stämme, der über alle Völker und Könige herrschte, ohne jedoch zu regieren«.[10]

Der Pakt zwischen Chlodwig und der Kirche war also von enormer Tragweite. Er wirkte sich nicht nur auf das Christentum des sechsten Jahrhunderts aus, sondern sollte auch in entscheidendem Maße die folgenden tausend Jahre prägen. Chlodwigs Taufe war dazu bestimmt, die Geburt eines neuen römischen Reiches zu markieren — eines christlichen Reiches auf der Grundlage der Kirche, das auf weltlicher Ebene von den Merowingern verwaltet wurde. Zur Bestätigung dieses Bündnisses zwischen Kirche und weltlicher Macht ließ sich Chlodwig 496 von Remigius in Reims taufen. Auf dem Höhepunkt der Zeremonie sprach der Bischof die berühmt gewordene Formel: *Mitis depone colla, Sicamber, adora quod incendisti, incendi quod adorasti.* (Beuge demütig dein Haupt, Sigambrer, bete an, was du verbrannt hast, und verbrenne, was du angebetet hast.)

In diesem Zusammenhang sei darauf hingewiesen, daß Chlodwigs Taufe keine Krönung war. Die Kirche hat also den Merowinger nicht zum König gemacht, denn das war er ja bereits, sondern lediglich seine Würde bestätigt. Aufgrund dieses Akts verband sie sich übrigens nicht nur mit Chlodwig, sondern auch mit seinen Nachfolgern — nicht mit einer Einzelperson, sondern mit einem ganzen Geschlecht. In dieser Hinsicht glich der Bund jenem, den Gott mit König David eingegangen war, ein Bund, der, wie im Falle Salomons, zwar modifiziert, aber nie widerrufen, gebrochen oder gar aufgehoben werden konnte. Diese Parallelität verloren die Merowinger zu keiner Zeit aus den Augen.

Bis zu seinem Lebensende war sich Chlodwig der hochgespannten Erwartungen voll bewußt, die Rom in ihn setzte. Mit bewundernswerter Gründlichkeit wurde der Glaube durch das Schwert verbreitet. Mit Zustimmung der Kirche dehnte er das Königreich der Franken nach Osten und Süden hin aus, bis es den größten Teil des heutigen Frankreich und weite Gebiete Deutschlands umfaßte. Unter den zahlreichen Gegnern Chlodwigs waren die Westgoten die hartnäckigsten; ihr Reich erstreckte sich nördlich der Pyrenäen bis in die Gegend von Toulouse, und sie bekannten sich zum Arianismus. Wiederholt zog der Merowingerkönig gegen sie zu Felde, bis er sie 507 in der Schlacht von Vouillé (bei Poitiers) endgültig und entscheidend schlagen konnte. Bald darauf fielen auch Toulouse und Aquitanien den Franken in die Hände. Das Westgotenreich nördlich der Pyrenäen brach unter dem fränkischen Ansturm vollkommen zusammen. Aus Toulouse vertrieben, zogen sich die Westgoten nach Carcassonne zurück. Zu ihrer Hauptstadt und letzten Bastion machten sie schließlich Rhedae (Rennes-le-Château).

Dagobert II. Nach Chlodwigs Tod (511) wurde das Reich der Franken entsprechend merowingischem Brauch unter seinen vier Söhnen aufgeteilt. Über hundert Jahre lang herrschte die Dynastie der Merowinger über mehrere ungleich große, einander oft bekriegende Königreiche. Die in der Person Chlodwigs einst vereinte Macht verlor zunehmend an Konturen, nahm immer rudimentärere Formen an; die allgemeine Ordnung geriet in Verfall. Kriege, Intrigen, Entführungen und politischer Mord waren an der Tagesordnung. Die Hausmeier, ursprünglich Beamte in königlichen Diensten, konzentrierten immer mehr Machtbefugnisse auf sich, ein Umstand, der wesentlich zum Sturz der Merowinger beitragen sollte.

Die späten merowingischen Könige werden gerne, da ihnen alle Macht und jegliches politisches Durchsetzungsvermögen fehlten, als »Schattenkönige« *(rois fainéants)* bezeichnet. Die Nachwelt hat sie als schwache, unfähige und verweichlichte Monarchen gebrandmarkt, die von ihren intelligenten und durchtriebenen Ratgebern wie Wachs in den Händen geknetet worden seien. Dieses Urteil geht in seiner Rigorosität bestimmt zu weit. Ohne Zweifel sind infolge der zahlreichen Kriege, Familienfehden und tödlichen Auseinandersetzungen eine Reihe von merowingischen Prinzen schon in sehr jungen Jahren auf den Thron gelangt, wo sie von ihrer Umgebung leicht beeinflußt werden konnten. Jene aber, die das Mannesalter erreicht hatten, erwiesen sich als ebenso stark und entscheidungsfreudig wie ihre Vorfahren. Das läßt sich mit Sicherheit von Dagobert II. sagen.

7 Die Königreiche der Merowinger

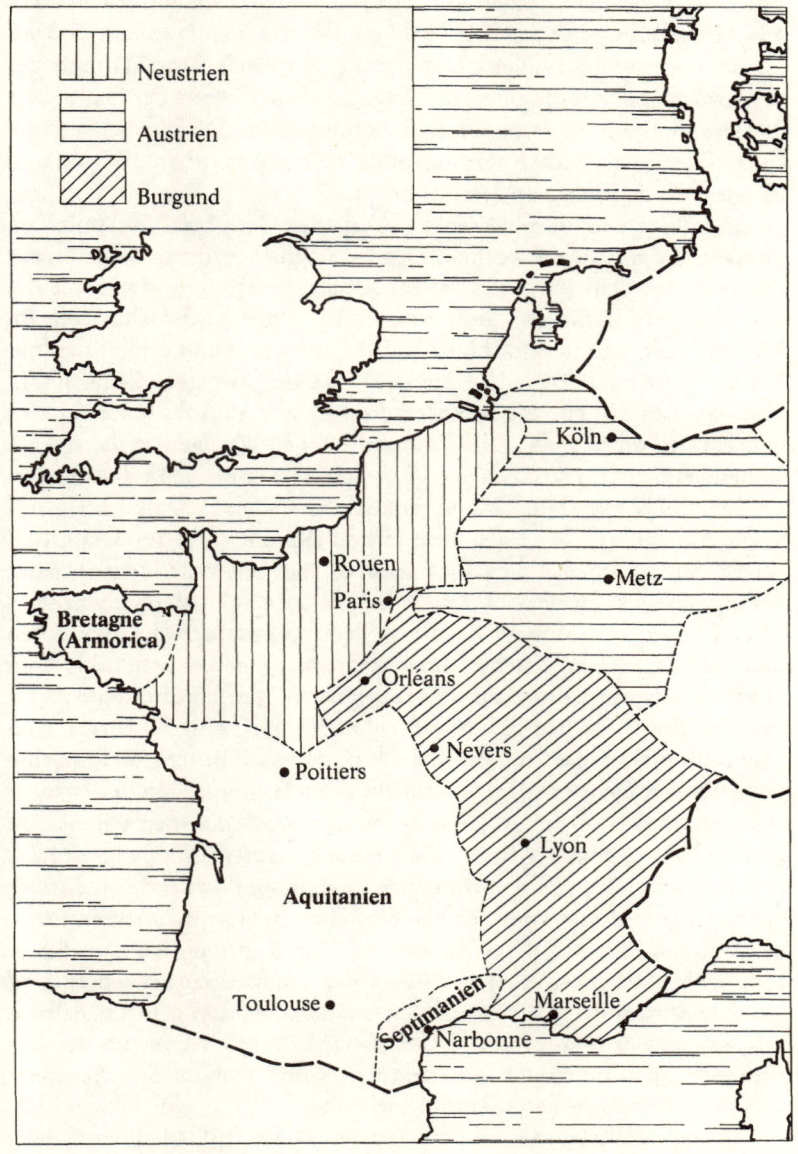

Neustrien

Austrien

Burgund

Köln

Rouen

Paris

Metz

Bretagne
(Armorica)

Orléans

Nevers

Poitiers

Lyon

Aquitanien

Toulouse

Septimanien

Marseille

Narbonne

Dagobert II., 651 als austrischer Kronprinz geboren, wurde nach dem Tod seines Vaters (um 656) von dem Hausmeier Grimoald entführt.[11] Alle Anstrengungen, den fünfjährigen Knaben wiederzufinden, schlugen fehl, und es war Grimoald ein leichtes, den Hof vom Tod des Gesuchten zu überzeugen. Unter dem Vorwand, dem Wunsch des verstorbenen Königs Sigibert III. Folge zu leisten, setzte der Hausmeier die Thronbesteigung seines eigenen Sohnes durch. Die List gelang, und sogar Dagoberts Mutter Hymnegilde hielt ihren Sohn für tot und beugte sich dem ehrgeizigen Grimoald.

Dagobert war unterdessen heimlich der Obhut des Bischofs von Poitiers überantwortet worden. Der Geistliche scheint es jedoch nicht über sich gebracht zu haben, das Kind töten zu lassen, und schickte ihn deshalb nach Irland in die Verbannung. Dort wuchs Dagobert im Kloster Slane[12], unweit Dublins, zum Mann heran und erhielt darüber hinaus eine Erziehung, wie er sie zu Hause nie hätte genießen können. In dieser Zeit soll er die Bekanntschaft dreier northumbrischer Prinzen gemacht haben, die ebenfalls in Slane erzogen wurden. Im Jahre 666, wahrscheinlich immer noch in Irland, heiratete er die keltische Prinzessin Mechtilde (Mathilde). Bald darauf übersiedelte er zusammen mit seiner Gemahlin nach England und ließ sich in York, im Königreich Northumbrien, nieder. Er schloß Freundschaft mit Wilfrid, dem später heiliggesprochenen Bischof von York, der auch sein Mentor wurde.

Zu jener Zeit bestand noch ein Schisma zwischen der römischen und der keltischen Kirche, denn letztere weigerte sich, sich dem Führungsanspruch Roms zu unterwerfen. Auf der berühmten Synode von Whitby (664) war es Wilfrid gelungen, die keltische Kirche dem Schoß Roms wieder zuzuführen. Vor diesem Hintergrund mochte seine Freundschaft mit Dagobert nicht ohne Hintergedanken geschlossen worden sein. Denn zu jener Zeit stand es mit der merowingischen Treuepflicht gegenüber Rom, wie sie der zwischen Chlodwig und der Kirche geschlossene Pakt vorsah, nicht zum besten. Wilfrid, ein eifriger Gefolgsmann Roms, war jedoch bestrebt, die römische Suprematie nicht nur in England, sondern auch auf dem Kontinent zu konsolidieren. Sollte Dagobert einst ins Reich der Franken zurückkehren und seine legitimen Ansprüche auf den austrischen Königsthron geltend machen, so war es angebracht, sich seiner Loyalität zu versichern. Die Annahme, Wilfrid habe den verbannten König als künftigen Schwertarm der Kirche gesehen, liegt mithin nahe.

Im Jahre 670 starb Dagoberts Gemahlin Mechtilde bei der Geburt ihrer dritten Tochter. Wilfrid beeilte sich, eine zweite Heirat zu vermitteln, wobei dynastische Überlegungen eine wichtige Rolle spielten. Nur ein Jahr nach dem Tod seiner ersten Frau vermählte sich Dagobert mit Gisela von Razès, Tochter Béras II., Graf von Razès, und Enkelin Tulcas, König der Westgoten.[13] Durch diese Eheschließung war die Dynastie der Merowinger fest mit dem Geschlecht der Westgoten verbunden worden. Außerdem barg sie die Möglichkeit in sich, ein Reich zu schaffen, das sich von den Ardennen im Norden bis zu den Pyrenäen im Süden erstreckt und somit die Gestalt des heutigen Frankreich vorweggenommen hätte. Ein solches Reich hätte überdies die Westgoten, die noch dem Arianismus anhingen, fest an Rom gebunden.

Die Hochzeit zwischen Dagobert und Gisela fand 671 in Rhedae statt, der Residenz der jungen Gräfin von Razès. Aus seiner ersten Ehe hatte Dagobert drei Töchter, aber keinen männlichen Erben. Gisela schenkte ihm weitere zwei Töchter, bevor sie ihm 676 einen Thronerben gebar, Sigibert IV. Zum Zeitpunkt der Geburt seines Sohnes war Dagobert auch wieder König.

Etwa drei Jahre lang, von 671 bis 674, scheint Dagobert in Rhedae den richtigen Augenblick abgewartet zu haben, um sein Königreich wieder in Besitz zu nehmen. Im Jahre 674 bot sich ihm diese Chance. Mit Unterstützung seiner Mutter und deren Ratgebern zog der so lange Verbannte gen Norden, forderte sein Reich zurück und wurde offiziell zum König von Austrien ausgerufen. Sowohl Wilfrid von York als auch der heilige Amatus, Bischof von Sion (Sitten), über den die Quellen nur wenig zu berichten wissen, waren Dagobert bei der Wiedererlangung der austrischen Königskrone behilflich.[14]

König Dagobert II. war alles anders als ein *roi fainéant*, sondern erwies sich als würdiger Nachfolger Chlodwigs. Unverzüglich ging er daran, seine Autorität zu festigen, den in weiten Teilen Austriens herrschenden anarchischen Zuständen ein Ende zu bereiten und eine allgemeinverbindliche Ordnung wiederherzustellen. Er regierte mit fester Hand und bezwang verschiedene aufständische Adlige, die aufgrund ihrer militärischen und wirtschaftlichen Macht dem Thron hätten gefährlich werden können. Rhedae diente Dagobert, wie es heißt, als eine Art von Schatzkammer. Mit den dort gehorteten Reichtümern sollte die Rückeroberung Aquitaniens[15] finanziert werden, das sich ungefähr vierzig Jahre zuvor von den Merowingern losgesagt hatte und nun ein unabhängiges Herzogtum bildete.

Wenn Wilfrid von York darauf gebaut hatte, der neue König von Austrien werde die Rolle des unerschrockenen Schwertarms der Kirche übernehmen, sah er sich getäuscht. Denn Dagobert dachte überhaupt nicht daran, sich für irgendwelche Interessen der Kirche einspannen zu lassen, sondern machte vielmehr Anstalten, ihren Expansionsgelüsten in seinem Reich Grenzen zu setzen, womit er sich den Zorn Roms zuzog. In einem erhalten gebliebenen Brief an Wilfrid führt ein aufgebrachter fränkischer Prälat Klage über Dagobert, weil er Steuern erhebe und »die Kirchen Gottes samt ihren Bischöfen zum Gespött«[16] mache.

Auch in anderer Hinsicht scheint es Reibungspunkte zwischen Dagobert und Rom gegeben zu haben. Durch seine Heirat mit Gisela von Razès hatte er ausgedehnte Ländereien im heutigen Languedoc seinem Besitz einverleibt. Und nicht nur das. Über seine westgotische Frau scheint Dagobert mit den Lehren des Arianismus näher in Berührung gekommen zu sein, als Rom lieb sein konnte. Denn die Westgoten verhielten sich nur nach außen hin loyal gegenüber der katholischen Kirche. Innerhalb der Königsfamilie jedoch war das arianische Gedankengut noch sehr stark verbreitet.

In den wenigen Jahren nach seiner Thronbesteigung hatte sich Dagobert eine Menge weltlicher und geistlicher Feinde zugezogen. An erster Stelle mehrere Adlige, deren Autonomiebestrebungen er energisch unterbunden hatte; dann die Kirche, deren Wünschen er nicht zu Willen war. Durch den Aufbau einer zentralistischen und effektiv arbeitenden Verwaltung hatte er den Neid und zugleich Angstgefühle anderer fränkischer Herrscher hervorgerufen, die über angrenzende Königreiche geboten. Einige dieser Potentaten hatten Verbündete und Agenten am austrischen Königshof. Zu seinen Gegnern zählte unter anderen auch Dagoberts eigener Hausmeier Pippin II., der Mittlere (Pippin von Heristal), der sich heimlich mit Dagoberts Feinden verbündete und weder vor Verrat noch vor Mord zurückschreckte.

Wie die meisten merowingischen Herrscher hatte Dagobert mindestens zwei Hauptstädte, von denen zu seiner Zeit Stenay in den Ausläufern der Ardennen die bedeutendste war. Unweit des Königspalastes erstreckte sich ein dicht bewaldetes Gebiet, in dem Dagobert am 23. Dezember 679 gejagt haben soll. Während einer Rast wurde der König von einem von Pippin gedungenen Mörder — angeblich sein eigener Patensohn — heimtückisch mit einer Lanze erstochen. Wahrscheinlich wurden anschließend die übrigen Mitglieder der Königsfamilie ebenfalls ermordet. Auch wenn uns der Ablauf der Ereignisse nicht im einzelnen bekannt ist, so besteht doch kein Zweifel, daß die Herrschaft Dagoberts II. und seiner Familie ein abruptes und blutiges Ende fand. Die Kirche fühlte sich dazu veranlaßt, um den Ermordeten zu trauern; im Gegenteil, die Tat fand ihre Zustimmung. In dem schon erwähnten Brief des fränkischen Prälaten an Wilfrid von York wird sogar versucht, den Königsmord zu rechtfertigen.

Der Leichnam Dagoberts wurde in der königlichen Kapelle des heiligen Remigius in Stenay beigesetzt. Rund zweihundert Jahre später ließ ihn Karl II., der Kahle, exhumieren und in die Kirche des heiligen Dagobert überführen, denn der ermordete König war im gleichen Jahr (am 10. September 872) von einem erzbischöflichen Konklave in Douzy heiliggesprochen worden. Der Papst beanspruchte dieses Privileg übrigens erst seit 1159 ausschließlich für sich. Die Gründe für Dagoberts Heiligsprechung liegen im dunkeln. Wie einer Quelle zu entnehmen ist, nahm man sie vor, weil man der Überzeugung war, Dagoberts Gebeine hätten Stenay vor den Überfällen der Wikinger bewahrt. Warum seine irdischen Reste jedoch solche Kräfte besessen haben sollen, bleibt ungeklärt. Seitens der Kirche wird zu diesem Thema immer noch absolutes Stillschweigen gewahrt. Man findet sich lediglich zu der Erklärung bereit, Dagobert sei aus unbekannten Gründen Mittelpunkt eines Kultes geworden und hätte seinen eigenen Gedenktag am 23. Dezember, seinem Todestag, gehabt.[17] Warum Dagobert in dieser Weise verehrt wurde, darauf weiß die Kirche keine Antwort zu geben. Es ist durchaus vorstellbar, daß sie sich angesichts der Rolle, die sie bei der Ermordung des Königs gespielt hatte, schuldig fühlte und mit der Heiligsprechung Wiedergutmachung leisten wollte. Bestand jedoch wirklich Anlaß zu einer solchen Geste, und wenn ja, warum hat man sich zweihundert Jahre Zeit damit gelassen?

Stenay, der Kirche des heiligen Dagobert und vielleicht auch seinen in ihr ruhenden Gebeinen galt in den folgenden Jahrhunderten die besondere Aufmerksamkeit einer Reihe berühmter Persönlichkeiten. So stellte beispielsweise 1069 der Herzog von Lothringen, Gottfried von Bouillons Großvater, die Kirche unter seinen besonderen Schutz und vertraute sie der Obhut des nahe gelegenen Klosters Gorze an. Einige Jahre später ging sie in den Besitz eines ortsansässigen Adligen über. Im Jahre 1093 schließlich belagerte Gottfried von Bouillon Stenay, wie es scheint allein zu dem Zweck, die Kirche zurückzugewinnen und sie abermals der Aufsicht des Klosters Gorze zu unterstellen.

In der Französischen Revolution wurde das Gotteshaus zerstört, und die Reliquien des heiligen Dagoberts wurden in alle Winde zerstreut. Ein Schädel mit einem rituellen Schnitt, von dem man annimmt, er sei der des Merowingerkönigs, wird heute in einem Kloster in Mons aufbewahrt. Mitte des neunzehnten Jahrhunderts tauchte dann plötzlich ein höchst merkwürdiges Schriftstück auf. Es handelt sich dabei um eine einundzwanzig Strophen umfassende Litanei mit dem Titel *De sancto Dagoberto martyre prose*, der zu entnehmen ist, Dagobert habe aus einem ganz bestimmten Grund den Märtyrertod erlitten. Dieser Text, der allem Anschein nach aus dem Mittelalter stammt, wurde interessanterweise in der Abtei von Orval gefunden.[18]

Die Karolinger kommen an die Macht. Dagobert II. war, entgegen landläufiger Meinung, nicht der letzte Merowinger auf dem Thron. Weitere fünfundsiebzig Jahre behielten die Merowinger, wenn auch nur nominell, ihren Status als Monarchen. Doch trifft die Bezeichnung »Schattenkönige« auf diese letzten Herrscher voll zu. Viele von ihnen waren bei ihrer Inthronisation noch sehr jung und daher oft schwache, hilflose Marionetten in den Händen der Hausmeier, unfähig, sich Autorität zu verschaffen oder eigenständig Entscheidungen zu treffen. Im übrigen entstammten die letzten Merowingerkönige nicht der Hauptlinie, die sich von Merowech und Chlodwig herleitete, sondern Nebenlinien. Die Hauptlinie der Merowinger war mit Dagobert II. erloschen. An dieser Tatsache ändert auch die Absetzung Childerichs III. im Jahre 751 nichts.

Der Prozeß, in dessen Verlauf die Macht den Merowingern nach und nach entglitt und auf ihre Hausmeier überging, hatte schon vor dem Regierungsantritt Dagoberts eingesetzt. Im Amt des fränkischen Hausmeiers folgte auf Pippin II., der an der Ermordung Dagoberts maßgeblich beteiligt war, sein unehelicher Sohn, der berühmte Karl Martell. Dieser gilt in den Augen der Nachwelt als eine der großen Heldengestalten der fränkischen Geschichte. Aufgrund seines Sieges über die arabischen Invasoren in der Schlacht von Poitiers (732) wurde er sowohl zum »Verteidiger des Glaubens« als auch zum »Retter des Christentums«. Verwunderlich ist nur, daß dieser überaus mächtige Maiordomus nie nach der fränkischen Königskrone griff, die für ihn doch zweifellos in greifbarer Nähe lag. Er scheint ihr mit einer gewissen abergläubischen Scheu gegenübergestanden und sie als spezifisch merowingisches Vorrecht betrachtet zu haben. Seine Nachfolger legten diese inneren Vorbehalte jedoch rasch ab und gaben sich alle nur erdenkliche Mühe, ihre Legitimität durch Heiraten mit merowingischen Prinzessinnen zu untermauern.

Zehn Jahre nach Karl Martells Tod (741) versicherte sich sein Sohn Pippin III., der Jüngere, Hausmeier König Childerichs III., der Unterstützung des Papstes, als er offiziell Anspruch auf den fränkischen Thron erhob. »Wer soll König sein?« fragten die Abgesandten Pippins den Papst. »Derjenige, der tatsächlich die Macht ausübt, oder der, der sich zwar König nennt, aber überhaupt keine Macht besitzt?« Papst Zacharias entschied zu Pippins Gunsten und verfügte kraft seiner apostolischen Autorität, daß Pippin zum König der Franken gekrönt wurde, was einen eindeutigen Bruch des Vertrages bedeutete, der zweihundertfünfzig Jahre zuvor mit Chlodwig geschlossen worden war. Mit dem römischen Plazet konnte Pippin es 751 wagen, Childerich III. abzusetzen, ihn in ein Kloster zu verbannen und ihm zum äußeren Zeichen seiner Entmachtung sein geheiligtes Haupthaar abschneiden zu lassen. Kurze Zeit darauf starb Childerich.[19]

Ein Jahr zuvor war ein Dokument aufgetaucht, dessen Inhalt den Lauf der abendländischen Geschichte in ganz entscheidendem Maße beeinflussen sollte: die sogenannte Konstantinische Schenkung *(Constitutum Constantini)*. Auch wenn heute feststeht, daß es sich dabei um eine geschickt ausgeführte Fälschung handelt, hielt man das Schriftstück Mitte des achten Jahrhunderts für echt — und die Auswirkungen waren enorm.

Die Konstantinische Schenkung sei, so wurde behauptet, anläßlich des Übertritts Konstantins des Großen zum Christentum im Jahre 312 erfolgt. Dabei habe der spätrömische Kaiser dem Bischof von Rom alle seine Herrschaftszeichen übertragen, die dadurch in den Besitz der Kirche übergegangen seien. Ferner habe Konstantin den Bischof von Rom zum erstenmal als »Statthalter Christi auf Erden« angesprochen und in den Rang eines Imperators erhoben. In seiner Eigenschaft als »Statthalter Christi« habe der Bischof angeblich die kaiserlichen Insignien wieder an Konstantin zurückgegeben, der sie fortan sozusagen mit kirchlicher Erlaubnis und Billigung weiter trug.

Der Urkundentext sanktionierte aber nicht nur den Primat des römischen Stuhles, sondern übertrug ihm auch die Herrschaft über Rom, Italien und die Provinzen des westlichen Reiches. Damit erhielt der Bischof von Rom praktisch den Rang eines päpstlichen Kaisers, der seine Macht nach Belieben delegieren konnte und das unbestreitbare Recht besaß, Könige zu erheben beziehungsweise abzusetzen. Von dieser Schenkungsurkunde leitete die Kirche in der Folge ihre Machtbefugnisse in weltlichen Angelegenheiten ab.

Nicht zuletzt unter Berufung auf die Konstantinische Schenkung machte die Kirche ihren Einfluß zugunsten Pippins III. geltend. Mittels einer eigenen Zeremonie (Salbung und Krönung) konnte die Kirche auch nach außen hin dokumentieren, daß sie es war, die Königen ihre Würde verlieh, und seien sie als Usurpatoren an die Macht gelangt. An Pippins Krönung durften erstmals auch Bischöfe teilnehmen; und es ging dabei nicht mehr nur um die Anerkennung des Königs oder um ein Abkommen mit ihm, sondern schlicht und einfach darum, ihn zu küren.

In ähnlicher Weise wurde auch der Sinn der Salbungszeremonie neu definiert. War die Salbung bis dahin eine zeremonielle Geste gewesen, ein Akt der Anerkennung und Bestätigung, so wandelte sie sich zu einer Handlung, durch die einem Herrscher göttliche Gnade zuteil wurde. Indem der Papst diese Handlung vornahm, machte er sich zum höchsten Mittler zwischen Gott und den weltlichen Fürsten. Durch den Akt der Salbung maßte sich die Kirche das Recht an, Könige einzusetzen. Das Geblüt war von nun an dem Salböl untergeordnet ebenso wie die Könige dem Papst.

751/52 wurde Pippin III., der Jüngere, in Soissons von dem Legaten Bonifatius zum König gesalbt. Als König Pippin I. begründete er die Dynastie der Karolinger. Dieser Name leitet sich von Karl Martell ab und nicht, wie häufig fälschlicherweise angenommen wird, von dem berühmtesten Herrscher dieses Geschlechts, von Karl dem Großen. Am Weihnachtstag des Jahres 800 wurde Karl der Große in Rom zum Römischen Kaiser gekrönt, ein Titel, der nach dem dreihundert Jahre zuvor zwischen Chlodwig und der Kirche geschlossenen Vertrag ausschließlich den Merowingern zugestanden hätte. Nun war Rom endgültig der Sitz eines Reiches, das die ganze abendländische Welt umspannte und dessen Herrscher nur mit Billigung des Papstes regieren konnte.

Im Jahre der Taufe Chlodwigs hatte sich die Kirche auf immer dem Geschlecht der Merowinger verpflichtet. Indem sie den Mord an König Dagobert II. guthieß, indem sie Pippins Anspruch auf den fränkischen Thron protegierte, indem sie den Zeremonien der Salbung und der Krönung einen neuen Sinn verlieh, hatte sie das Abkommen auf hinterhältige Weise gebrochen. Durch die Krönung Karls des Großen wurde dieser Betrug nicht nur offenkundig, sondern gleichzeitig ein Fait accompli geschaffen. Dazu ein moderner Autor:

»Bislang konnte noch nicht eindeutig geklärt werden, in welcher Absicht die Salbung der Karolinger mit Chrisam vorgenommen wurde. Um dadurch den Verlust der durch die langen Haare symbolisierten Zauberkräfte des Geblüts auszugleichen? Wenn sie überhaupt etwas kompensieren sollte, so vermutlich den Vertrauensverlust, den die Kirche erfahren hatte, weil sie einen Treueid auf so hanebüchene Weise gebrochen hatte.«[20]

Karl dem Großen scheinen die Hintergründe dieses Verrats im Zusammenhang mit seiner Krönung schmerzlich bewußt gewesen zu sein. Nach zeitgenössischen Berichten nahm der Papst dieses Ereignis zum Anlaß, um hinter dem Rücken des fränkischen Herrschers ein sorgsam inszeniertes Spektakel vorzubereiten. Karl soll ebenso überrascht wie bestürzt gewesen sein. Man hatte ihn, wie es heißt, nach Rom gelockt und dazu überredet, an einer besonderen Messe teilzunehmen. In deren Verlauf setzte ihm der Papst vollkommen unvermutet eine Krone auf das Haupt, während ihn das Volk als »Carolus Augustus, den von Gott gekrönten, großen und friedliebenden Römischen Kaiser« feierte. Ohne die schriftlichen Zeugnisse aus jener Zeit wüßten wir heute nicht mehr, wie Kaiser Karl all diese Vorkommnisse aufnahm. »Karl der Große machte deutlich, er hätte die Kathedrale an diesem Tag nie und nimmer betreten . . . , wenn er gewußt hätte, was der Papst im Schilde führte.«[21]

Obwohl dies alles rund 1200 und mehr Jahre zurückliegt, geriet der von der Kirche begangene Verrat zumindest bei der Prieuré de Sion nicht in Vergessenheit. Alle unsere Nachforschungen deuteten darauf hin, daß diese Ereignisse die Prieuré auch heute noch lebhaft beschäftigen. Mathieu Paoli gelangte zu einem ähnlichen Schluß:

»Für sie [die Prieuré de Sion] ist der Adel westgotisch-merowingischen Ursprungs der einzige authentische Adel. In ihren Augen sind die Karolinger und alle, die ihnen folgten, nichts als Usurpatoren. Die, die als Beamte des Königs mit der Verwaltung der Besitztümer betraut waren, rissen, sobald sie das Recht auf dieses Amt vererben konnten, schlicht und einfach die Macht an sich. Durch die Krönung Karls des Großen im Jahre 800 wurde die Kirche eidbrüchig, denn bei Chlodwigs Taufe hatte sie einen Bund mit den Merowingern geschlossen, durch den das Reich der Franken zur ältesten Tochter der Kirche geworden war.«[22]

Der ungeliebte König. Mit dem Mord an Dagobert II. war, wie wir bereits gesehen haben, die Dynastie der Merowinger praktisch zu Ende gegangen. Mit dem Tod Childerichs III. (um 754) schienen die Merowinger endgültig von der Bühne der Geschichte abgetreten zu sein. Den »Prieuré-Dokumenten« zufolge starb das Geschlecht jedoch keineswegs aus, sondern lebte weiter und besteht über Sigibert IV., den Sohn Dagoberts aus seiner zweiten Ehe mit Gisela von Razès, bis zum heutigen Tage.

Daß Sigibert tatsächlich lebte und daß er der Erbe Dagoberts war, darüber besteht überhaupt kein Zweifel. Abgesehen von den »Prieuré-Dokumenten« ging jedoch aus keiner der von uns zu Rate gezogenen Quellen hervor, was später mit ihm geschah. Wurde er zusammen mit seinem Vater und anderen Mitgliedern der Königsfamilie in Stenay ermordet? Einem sehr zweifelhaften Bericht zufolge starb Sigibert schon ein oder zwei Jahre vor der Ermordung seines Vaters bei einem Jagdunfall. Diese Annahme ist mehr als unwahrscheinlich, weil Sigibert zu jenem Zeitpunkt nicht viel älter als drei Jahre gewesen wäre.

Über Sigiberts Leben und Tod existieren keinerlei Aufzeichnungen, so daß man mehr oder weniger auf die in den »Prieuré-Dokumenten« gesammelten Informationen und Beweise angewiesen ist. Daß sonst nichts über Sigiberts Schicksal bekannt geworden ist, nimmt nicht wunder, gab es doch bis ins siebzehnte Jahrhundert hinein nicht einmal über Dagobert allgemein zugängliche Quellen. Irgendwann im Mittelalter wurde allem Anschein nach systematisch der Versuch unternommen, Dagobert aus der Geschichte zu eliminieren, seine Existenz zu leugnen. Die Tatsache, daß beinahe alle modernen Konversationslexika einen Artikel zu Dagobert II. enthalten, sollte nicht vergessen lassen, daß er bis 1646 ein vollkommen Unbekannter war.[23] Jede der vor diesem Jahr erschienene Genealogie französischer Herrscher überging ihn einfach und sprang − trotz der dadurch entstehenden zeitlichen Lücke − von Dagobert I. (gest. 639) zu Dagobert III. (gest. 715), einem der letzten Merowingerkönige. Erst 1655 wurde der ungeliebte König wieder in die offizielle Liste der fränkischen Könige aufgenommen. War es angesichts des Totschweigens Dagoberts noch verwunderlich, daß auch über seinen Sohn Sigibert keine Informationen vorhanden sind? Wir konnten uns nur mit der Vermutung »trösten«, daß alles Material absichtlich unterschlagen worden war.

Warum aber, so fragten wir uns, wurde Dagobert II. aus der Geschichte ausgelöscht? Was sollte dadurch verheimlicht werden?

Warum leugnete man seine bloße Existenz? Eine naheliegende Erklärung wäre, daß damit auch die Existenz seiner Nachkommen negiert werden sollte. Aus welchem Grund aber wurde bis ins siebzehnte Jahrhundert in Abrede gestellt, daß Sigibert überhaupt je gelebt hatte? Doch wohl nur, weil er tatsächlich am Leben geblieben war und man seine Nachkommen als Bedrohung empfand.

Ganz offenbar waren hier Kräfte und Interessengruppen am Werk, denen an nichts mehr lag, als das Geheimnis um den Sohn Dagoberts ungelüftet zu lassen, und die dem Glauben Vorschub leisten wollten, auch er habe die Ermordung der Königsfamilie 679 nicht überlebt. In der Zeit zwischen dem neunten Jahrhundert und den Kreuzzügen kämen hierfür eigentlich nur die katholische Kirche und das französische Königshaus in Frage. Warum sollte diese Angelegenheit aber auch noch zur Zeit des Sonnenkönigs von Bedeutung gewesen sein, nachdem sich in der Zwischenzeit drei Dynastien auf dem französischen Königsthron abgelöst hatten und der Hegemonie Roms durch den Protestantismus Grenzen gesetzt worden waren? Die Merowinger stellten also faktisch gesehen keine Bedrohung mehr dar; es sei denn, mit ihrem Blut hatte es etwas Besonderes auf sich, etwas, das seine Brisanz auch dadurch nicht eingebüßt hatte, daß die abergläubischen Vorstellungen von der Zauberkraft des Blutes längst keine Beachtung mehr fanden.

Wilhelm von Orange, Graf von Razès. Den »Prieuré-Dokumenten« zufolge wurde Sigibert IV. nach der Ermordung seines Vaters von seiner Schwester geborgen und nach Süden in die Stammlande seiner Mutter in Sicherheit gebracht. Er soll im Jahre 681 im Languedoc eingetroffen sein und kurz danach den Titel seines Onkels, Herzog von Razès und Graf von Rhedae, angenommen und geerbt haben. Außerdem habe er sich den Bei- oder Spitznamen »Plant-Ard« (später Plantard) – eine Anspielung auf die Bezeichnung des Merowingerstammes als *rejeton ardent* (feuriger Sprößling) – beigelegt. Unter diesem Namen und den von seinem Onkel ererbten Titeln soll seine Familie weitergelebt und im folgenden Jahrhundert mit einem gewissen Bernard Plantevelue, dessen Sohn der erste Herzog von Aquitanien wurde, ihren Höhepunkt erreicht haben. Unter den wenigen, erhalten gebliebenen Dokumenten fanden wir eine Urkunde aus dem Jahre 718, die sich auf die Stiftung des nur wenige Kilometer von Rennes-le-Château entfernten Klosters Saint-Martin d'Albières durch »Sigibert, Graf von Rhedae, und seine Gemahlin Magdala« bezieht.[24] Ansonsten werden die Namen derer von Rhedae und Razès in keinem anderen Dokument des achten Jahrhunderts genannt. Später tauchen sie jedoch in höchst bemerkenswerten Zusammenhängen wieder auf.

Um die Mitte des achten Jahrhunderts gab es in Südfrankreich ein völlig autonomes Staatsgebilde, von dem die einen behaupten, es sei ein Herzogtum gewesen, während andere es für ein richtiges Königreich halten. Über diesen Staat ist so gut wie nichts bekannt, außer daß er von Karl dem Großen und seinen Nachfolgern, vom Kalifen von Bagdad und der islamischen Welt offiziell, von der Kirche aber nur widerstrebend anerkannt wurde. Sie mußte ihn jedoch zur Kenntnis nehmen, da ihre dortigen Besitztümer zum Teil eingezogen worden waren. Dieses Staatswesen existierte bis zum Ende des neunten Jahrhunderts.

Zwischen 759 und 768 wurde der Herrscher über diesen Staat, der auch den Razès und Rennes-le-Château einschloß, zum König ernannt und als solcher — gegen den Willen Roms — von den Karolingern anerkannt, denen er den Vasalleneid schwor. In den meisten Berichten aus jener Zeit findet er unter dem Namen Theuderich Erwähnung. Seine merowingische Abstammung könnte sich von Sigibert V. herleiten, was bedeutete, daß er der Bruder von Béra III. war.[25] Außer Frage steht, daß Theuderichs Sohn Wilhelm von Orange 790 den Titel eines Grafen von Razès führte.

Wilhelm von Orange war einer der berühmtesten Männer seiner Zeit, so berühmt, daß — wie im Falle Karls des Großen oder Gottfrieds von Bouillon — die Legende die historische Wirklichkeit weitgehend in den Hintergrund drängte. Seinem Leben und seinen Taten sind nicht weniger als sechs große, in der Zeit vor den Kreuzzügen entstandene Dichtungen (*chansons de geste*) gewidmet. Dante verewigte ihn in seiner *Göttlichen Komödie*, und Wolfram von Eschenbach diente seine Person als literarischer Vorwurf zu dem zu Beginn des dreizehnten Jahrhunderts begonnenen und Fragment gebliebenen *Willehalm*. Einen indirekten Hinweis auf Wilhelm von Orange hatten wir bereits in Wolframs *Parzival* gefunden, wo es heißt, daß die Gralsburg in jener Gegend der Pyrenäen gelegen sei, die zu Wilhelms Besitzungen gehörte.

Wilhelm von Orange verbanden enge persönliche und verwandtschaftliche Beziehungen mit Karl dem Großen; seine Schwester war mit einem der Söhne des Kaisers verheiratet. Wilhelm, einer der ruhmreichsten Heerführer Karls im Kampf gegen die Mauren, nahm im Jahre 803 Barcelona ein, erweiterte damit sein eigenes Territorium und dehnte seinen Einfluß auf das Gebiet südlich der Pyrenäen aus. Aus Dank für seine Dienste wandelte Karl der Große das Wilhelm gewährte Lehen in einen erblichen Besitz um.

Historiker, die detaillierte Genealogien zur Familie Wilhelms erarbeitet haben[26], geben jedoch keinerlei Hinweise auf seine Vorfahren, mit Ausnahme seines Vaters Theuderich. Allgemein zeigt man sich verwundert über das rätselhafte, plötzliche Auftauchen eines so bedeutenden Geschlechts. Sicher ist nur, daß jener Bernard Plantevelue, der das Herzogtum Aquitanien begründete, zu Wilhelms Nachfahren zählte. Das heißt mit anderen Worten, daß die Nachkommenschaft Wilhelms in ein und derselben Person kulminierte wie — den »Prieuré-Dokumenten« zufolge — die Familie Sigiberts IV.

Wir waren natürlich versucht, bereits jetzt gewisse Schlüsse zu ziehen und auf der Grundlage der Stammtafeln in den »Prieuré-Dokumenten« die von der anerkannten Geschichte hinterlassenen Lücken zu schließen. Nur zu gerne wären wir von der Annahme ausgegangen, bei den so schwer identifizierbaren Vorfahren Wilhelms von Orange handele es sich um Dagobert II. und Sigibert IV., also um die Hauptlinie der Merowingerdynastie, die in den »Prieuré-Dokumenten« unter dem Namen Plant-Ard beziehungsweise Plantard fortgeführt wird.

In Anbetracht der uns zugänglichen Unterlagen verbot sich jedoch eine solche Vorgehensweise, da nicht eindeutig festzustellen war, welche Verbindung zwischen beiden Familien bestand. Vielleicht waren sie identisch; vielleicht vereinigten sie sich aber auch erst in der Person Bernard Plantevelues.

Obwohl sie in Schreibweise und Datierung nicht immer genau übereinstimmten, erwiesen sich die auf Wilhelm von Orange aufbauenden Genealogien als unabhängige Bestätigungen der Ahnentafeln in den »Prieuré-Dokumenten«. Auf dieser Basis gingen wir von der Hypothese aus, daß das Geschlecht der Merowinger in der Weise fortbestanden hat, wie es die »Prieuré-Dokumente« behaupteten. Ferner nahmen wir an, daß Sigibert IV. den Mord an seinem Vater überlebt, den Familiennamen Plantard angenommen und als Graf von Razès sein Geschlecht fortgepflanzt hatte.

Prinz Ursus. Bis zur Mitte des neunten Jahrhunderts war der »feurige Sprößling« der Merowinger zu einem stattlichen und weitverzweigten Stammbaum erblüht. Einen Ast bildeten Bernard Plantevelue und die Herzöge von Aquitanien. Aus den »Prieuré-Dokumenten« geht hervor, daß einer von Sigiberts IV. Nachfahren, Sigibert VI., auch Prinz Ursus genannt, zwischen 877 und 879 zum »König Ursus« gekürt wurde. Mit Unterstützung von Bernard d'Auvergne und des Marquis de Gothie soll er, um sein rechtmäßiges Erbe zurückzugewinnen, einen Aufstand gegen den fränkischen König Ludwig II. unternommen haben.

Als Kopf dieser Erhebung wird Sigibert VI. zwar nicht explizit genannt, aber es gibt eindeutige Hinweise auf einen »Prinzen Ursus«, der im übrigen an einer Zeremonie in Nîmes teilgenommen haben soll, in deren Verlauf fünfhundert versammelte Kleriker das Te Deum anstimmten.[27] Dabei könnte es sich um eine Krönung gehandelt haben, möglicherweise um die von Prinz Ursus, von der in den »Prieuré-Dokumenten« berichtet wird.

Den »Prieuré-Dokumenten« und anderen Quellen zufolge scheiterte der Aufstand, und Prinz Ursus sowie seine Gefolgsleute wurden in einer Schlacht bei Poitiers 881 geschlagen. Nach dieser Niederlage sollen die Plantards ihre südfranzösischen Besitzungen verloren, jedoch an den nur mehr nominellen Titeln eines Herzogs von Razès und Grafen von Rhedae festgehalten haben. Wie es heißt, starb Prinz Ursus in der Bretagne, während seine Linie sich durch Heirat mit dem bretonischen Herzogshaus verband. Somit floß gegen Ende des neunten Jahrhunderts merowingisches Blut in den Adern der Herzogsfamilien der Bretagne und Aquitaniens.

Zu Anfang des zehnten Jahrhunderts veranlaßten die normannischen Einfälle in die Bretagne die Familie Plantard zu fliehen und in England Zuflucht zu suchen. Dort begründete sie einen englischen Zweig mit dem Namen »Planta«. Den »Prieuré-Dokumenten« zufolge hat ein Mitglied der englischen Nebenlinie, Béra VI., den Spitznamen »der Architekt« erhalten. Er und seine Nachkommen, die in England unter dem besonderen Schutz König Athelstans standen, sollen »die Kunst des Bauens« ausgeübt haben. Dieser Hinweis verliert seinen scheinbar rätselhaften Charakter, wenn man bedenkt, daß freimaurerische Quellen den Beginn ihrer Bewegung in England auf die Zeit König Athelstans zurückdatieren.[28] Konnte es sein, so fragten wir uns, daß die Merowinger nicht nur Anspruch auf den französischen Thron erhoben, sondern auf irgendeine Weise auch etwas mit dem Ursprung der Freimaurerei zu tun hatten?

Die Gralsfamilie. Das Mittelalter ist ebenso reich an Mythen wie das klassische Griechenland oder das antike Rom. Ein Teil dieser Erzählungen rankt sich um historische Persönlichkeiten wie Artus, Roland, Karl den Großen oder Rodrigo Díaz de Vivar, besser bekannt als El Cid. Andere Mythen, wie zum Beispiel die Gralssagen, scheinen dagegen auf weniger gesicherten Fundamenten zu stehen.

Zu den bekanntesten Gestalten der mittelalterlichen Sagenwelt gehört ohne Zweifel Lohengrin, der »Schwanenritter«. Seine Nähe zu den Gralssagen einerseits und konkreten historischen Begebenheiten andererseits machen Lohengrin zu einer einzigartigen Mischung aus Phantasie und Tatsachen. Die Thematik hat bis heute nichts von ihrer Faszination eingebüßt, was die anhaltenden Erfolge von Richard Wagners gleichnamiger romantischer Oper beweisen.

Nach mittelalterlicher Überlieferung war Lohengrin ein Sproß der sagenhaften »Gralsfamilie«. Denn er ist der Sohn Parzivals, des höchsten »Gralsritters«, dem Wolfram von Eschenbach sein berühmtestes Epos widmete. In der Gralsburg Munsalvaesche soll Lohengrin eines Tages die Glocke der Kapelle gehört haben, die ohne menschliches Zutun läutete, ein Zeichen dafür, daß seine Hilfe irgendwo in der Welt gebraucht würde. Diejenige, die ihn rief, war nach manchen Quellen Herzogin Elsa von Brabant[29], nach anderen die Herzogin von Bouillon. Lohengrin eilte ihr in einem von einem Schwan gezogenen Kahn zu Hilfe. Er besiegte Elsas Peiniger und heiratete sie. Bei der Hochzeit bat er sich jedoch aus, sie dürfe ihn nie nach seinem Woher und Wohin befragen. Einige Jahre lang hielt sich seine Gemahlin an das gegebene Versprechen, konnte aber, den Einflüsterungen ihrer Umgebung erliegend, ihre Neugierde letztlich nicht bezwingen. Daraufhin mußte Lohengrin sie verlassen. Zurück blieb ein Kind ungewisser Abkunft. Verschiedene Berichte sehen in diesem Kind entweder den Großvater oder den Vater Gottfrieds von Bouillon.

In unseren Tagen ist es nur schwer nachvollziehbar, wie tief Gottfrieds Leben und Wirken im Bewußtsein des Volkes verankert war – nicht nur zu seinen Lebzeiten, sondern auch bis ins siebzehnte Jahrhundert hinein. Wenn heute von den Kreuzzügen die Rede ist, denkt man gewöhnlich zuerst an Richard Löwenherz, König Johann, vielleicht an Ludwig IX. (den Heiligen) oder an Friedrich Barbarossa.

Bis in die jüngste Vergangenheit genoß jedoch keiner von ihnen Gottfrieds Ansehen und die Bewunderung, die ihm entgegengebracht wurde. Gottfried war es, der im Juli 1099 Jerusalem von den Sarazenen befreite und den »Ungläubigen« das Grab Christi entriß. In der Vorstellung der Menschen verband gerade er die Ideale ritterlicher Tugenden mit tiefer christlicher Frömmigkeit. So verwundert es nicht weiter, daß Gottfried zum Mittelpunkt eines regelrechten Kultes wurde, der noch lange nach seinem Tod Bestand hatte.

Aufgrund dieser herausragenden Stellung ist es nur zu verständlich, daß ihm nicht nur eine mythische Herkunft nachgesagt wurde, sondern daß auch Wolfram von Eschenbach und andere mittelalterliche Dichter ihn unmittelbar mit dem Gral in Verbindung brachten beziehungsweise in ihm einen direkten Abkömmling der geheimnisvollen Gralsfamilie sahen. Dieser mythische Hintergrund rührt wohl nicht zuletzt daher, daß Gottfried von Bouillons wahre Abkunft weitgehend unbekannt ist.[30]

Den »Prieuré-Dokumenten« entnahmen wir die plausibelste aller uns bisher bekannt gewordenen Genealogien Gottfrieds. Soweit sie sich verifizieren ließ, stimmte sie. Wir fanden keine Indizien, die ihr widersprochen hätten, aber vieles, das ihre Angaben bestätigte. Darüber hinaus schloß sie eine Reihe von historischen Lücken.

Danach war Gottfried von Bouillon durch seine Urgroßmutter Agnes, die 1009 Hugo von Plantard geheiratet hatte, ein direkter Nachkomme der Plantards und somit von merowingischem Blut, ein Abkömmling Dagoberts II., Sigiberts IV. und der merowingischen »verlorenen Könige« (*les roi perdus*). Vier Jahrhunderte hindurch pulsierte dieses Blut, bildlich gesprochen, in zahlreichen knorrigen Stammbäumen, um am Ende eines langwierigen Prozesses in Gottfried von Bouillon, Herzog von Niederlothringen, eine ganz außerordentliche Frucht hervorzubringen. Mit dem Hause Lothringen nahm ein neues Geschlecht seinen Anfang.

Diese Entdeckung warf zugleich ein völlig neues Licht auf die Kreuzzüge, in denen wir nun aufgrund der veränderten Perspektive etwas anderes sahen als eine bloße symbolische Geste zur Rückeroberung des Heiligen Grabes. Denn in seinen eigenen Augen sowie in denen seiner Anhänger war Gottfried von Bouillon mehr als nur Herzog von Niederlothringen. Sie betrachteten ihn vielmehr als rechtmäßigen König, als legitimen Anwärter auf den französischen Thron und als Erben der Merowingerdynastie. Seiner Ansprüche ungeachtet, war er ein König ohne Königreich. Die von der römischen Kirche protegierten Kapetinger hatten ihre Herrschaft damals nämlich schon so weit gefestigt, daß sie nicht mehr gestürzt werden konnten.

Da ihm die Realisierung seiner dynastischen Vorstellungen in Europa nicht möglich war, orientierte sich Gottfried von Bouillon nach Palästina, dem Heiligen Land, in dem Jesus gelebt hatte. Konnte sich der Herrscher über ein solches Königreich nicht ohne weiteres mit jedem anderen abendländischen Regenten messen? Würde er als Gebieter über diesen geheiligten Boden Rache üben können an jener Kirche, die vierhundert Jahre zuvor wortbrüchig geworden war?

Das Geheimnis. Allmählich ergaben die Mosaiksteinchen ein Bild. Wenn in Gottfrieds Adern merowingisches Blut floß, dann fügten sich eine Reihe bislang unzusammenhängender Teile plötzlich lückenlos zu einem Ganzen. Jetzt verstanden wir auf einmal auch, warum auf scheinbar auseinanderliegende Dinge wie die Merowingerdynastie und die Kreuzzüge, Dagobert II. und Gottfried von Bouillon, Rennes-le-Château, die Tempelritter, das Haus Lothringen und die Prieuré de Sion immer so großer Nachdruck gelegt worden war. Wir konnten die merowingische Linie sogar bis in die Gegenwart verfolgen, bis zu Alain Poher, zu Henri de Montpézat (Prinzgemahl der dänischen Königin), zu Pierre Plantard de Saint-Clair und zu Otto von Habsburg.

Doch noch immer fehlte uns die Antwort auf die wirklich entscheidenden Fragen: Warum spielten die Merowinger auch in unserer Zeit noch eine so wichtige Rolle? Wodurch war eine volksnahe Monarchie mit einem Merowingerkönig an der Spitze zu rechtfertigen, so legitim sie theoretisch auch sein mochte? Aus welchem Grund haben sich zu allen Zeiten prominente Männer und Frauen in den Dienst an dieser Idee gestellt? Offenbar fehlte uns in unserem Puzzle noch ein wichtiger Baustein.

10. EIN STAMM IN DER VERBANNUNG

Daraufhin gingen wir die »Prieuré-Dokumente« und vor allem die so grundlegend wichtigen *Dossiers secrets* noch einmal durch. Wir lasen Passagen, die uns bisher nichts gesagt hatten, ein zweites und drittes Mal. Jetzt ergaben sie zwar einen Sinn, doch der Lösung des Geheimnisses brachten sie uns nicht näher. Andere Passagen öffneten sich noch immer nicht unserem Verständnis, aber sie gaben unseren Gedanken eine neue Richtung, was sich schließlich als entscheidend herausstellen sollte.

Die Merowinger leiteten nach eigener Aussage, wie wir bereits oben sahen, ihre Herkunft vom alten Troja her. Einigen »Prieuré-Dokumenten« zufolge reicht die merowingische Ahnenreihe jedoch in die Zeit vor der Belagerung Trojas zurück und ließ sich bis ins Alte Testament zurückverfolgen.

Die Stammtafeln in den *Dossiers secrets* enthielten zahlreiche Fußnoten und Anmerkungen, von denen sich ein Großteil auf einen der zwölf Stämme des alten Israel bezog, nämlich auf den Stamm Benjamin. In einem dieser Zusätze wurden drei Bibelstellen zitiert: Deuteronomium, Kapitel 33, Josua, Kapitel 18, und Richter, die Kapitel 20 und 21.

Das Buch Deuteronomium (33,12) enthält den Segen, den Moses den Söhnen Israels erteilte. Über Benjamin sagt Moses: »Der Liebling des Herrn wohne in Sicherheit. Alle Zeit wacht über ihn der Höchste, und zwischen seinen Schultern wohne er.« Was bedeuten diese Worte? Beinhalten sie nicht, daß Gott dem Stamm Benjamin eine bevorzugte Stellung zugedachte und dies durch sein Ruhen zwischen dessen Schultern zum Ausdruck brachte? Bestand zwischen dieser Zusage und dem legendären merowingischen Muttermal, dem roten Kreuz zwischen den Schultern, irgendein Zusammenhang? Diese kühne Hypothese wurde noch durch augenfälligere Parallelen zwischen dem alttestamentarischen Stamm und dem Gegenstand unserer Untersuchungen abgestützt. Für die Benjaminiter war nach Robert von Ranke-Graves der 23. Dezember[1] ein geheiligter Tag, der zugleich der Gedenktag des heiligen Dagobert ist.

Die zweite angegebene Bibelstelle handelt von der Ankunft der Israeliten im Gelobten Land und von dessen Aufteilung unter den zwölf Stämmen. Nach Josua 18,28 umfaßte das den Benjaminitern zugesprochene Land unter anderem die Städte »Zela, Elef, Jebus, das ist Jerusalem, Gibea und Kirjat: vierzehn Städte nebst ihren Dörfern. Das ist das Erbe der Söhne Benjamins nach ihren Sippen.«

Die dritte in den *Dossiers secrets* zitierte Bibelstelle bezieht sich auf eine etwas verwickelte Aufeinanderfolge von Ereignissen. Ein Levit, der sich auf dem Heimweg befindet und in der Stadt Gibea übernachtet, wird überfallen und seine Nebenfrau von den Angreifern so lange mißbraucht, bis sie stirbt. Daraufhin kommen Abgesandte der zwölf

8 Der einzige Fluchtweg für den Stamm Benjamin aus Judäa

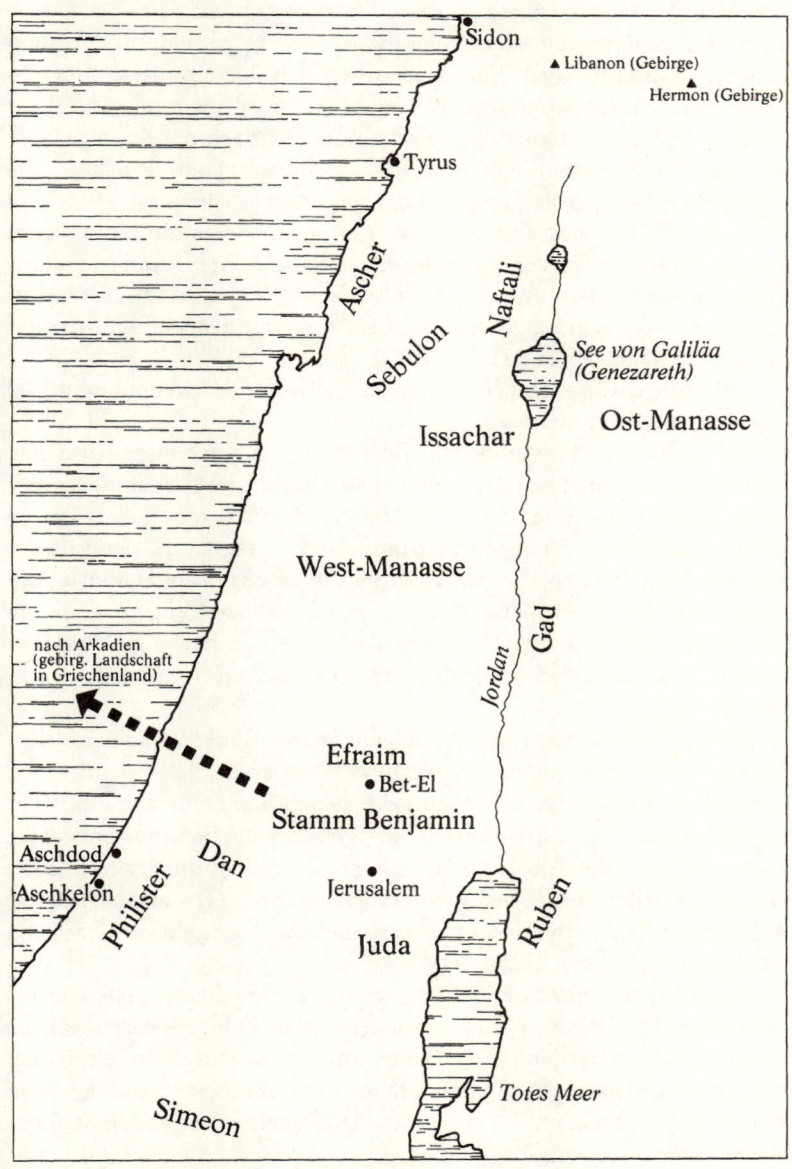

Sidon

▲ Libanon (Gebirge)

▲ Hermon (Gebirge)

Tyrus

Ascher

Naftali

Sebulon

*See von Galiläa
(Genezareth)*

Ost-Manasse

Issachar

West-Manasse

Gad

Jordan

nach Arkadien
(gebirg. Landschaft
in Griechenland)

Efraim

● Bet-El

Stamm Benjamin

Aschdod ●

Dan

Philister

● Jerusalem

Ruben

Aschkelon

Juda

Totes Meer

Simeon

Stämme Israels zusammen und fordern die Benjaminiter auf, umgehend die Übeltäter zur Rechenschaft zu ziehen. Doch die Benjaminiter weigern sich, dem Verlangen Folge zu leisten. Statt dessen rüsten sie sich, um die ruchlosen Männer mit Waffengewalt zu schützen. Es kommt zu einem erbitterten und blutigen Kampf zwischen den Benjaminitern und den anderen elf Stämmen, in dessen Verlauf letztere schwören, keine ihrer Töchter mehr nach Benjamin zu verheiraten. Doch als der Krieg zu Ende ist und die Benjaminiter praktisch ausgerottet sind, bedauern die siegreichen Israeliten ihren in Mizpa geleisteten Schwur:

»›Keiner von uns darf seine Tochter einem Benjaminiter zur Frau geben.‹ Nun kam das Volk nach Bet-El; sie saßen dort bis zum Abend vor Gott, jammerten laut und klagten sehr. Sie sagten: ›Warum, Herr, Gott Israels, mußte das in Israel geschehen, daß heute ein ganzer Stamm Israels fehlt?‹« (Richter 21,1—3)

Über ihrem Wehklagen vergessen die Sieger das weitere Schicksal Benjamins jedoch nicht:

»Das Volk hatte Mitleid mit Benjamin; denn der Herr hatte eine Lücke in die Stämme Israels gerissen. Die Ältesten der Gemeinde sagten: ›Wie können wir den übrigen Männern Frauen verschaffen, da in Benjamin die Frauen ausgerottet sind?‹ Und sie sagten: ›Der Besitz der übriggebliebenen Benjaminiter ist ja noch immer da. Kein Stamm darf in Israel ausgelöscht werden. Von unseren Töchtern können wir ihnen jedoch keine als Frauen geben; denn die Israeliten haben geschworen: Verflucht sei, wer den Benjaminitern eine Frau gibt.‹« (Richter 21,15 bis 18)

In dieser Situation erinnern sich die Stammesältesten eines jährlich begangenen Festes in Schilo, nördlich von Bet-El, das sie auf einen Gedanken bringt. Den am Leben gebliebenen Benjaminitern raten sie: »Geht hin und legt euch in den Weinbergen dort auf die Lauer! Wenn ihr dann seht, wie die Töchter Schilos herauskommen, um im Reigen zu tanzen, dann kommt aus den Weinbergen hervor, und jeder von euch soll sich von den Töchtern Schilos eine Frau rauben. Dann geht heim ins Land Benjamin!« (Richter 21,20—21)

Weshalb schenken die *Dossiers secrets* gerade dieser Textstelle aus dem Alten Testament so große Aufmerksamkeit? Liegt es daran, daß die Benjaminiter in der biblischen Geschichte eine wichtige Rolle spielten, daß sie trotz der kriegsbedingten Zerstörungen rasch wieder an Ansehen und Einfluß gewannen — oder daran, daß Israels erster König Saul aus ihrem Stamm hervorging?

1 *Oben:* Blick auf Rennes-le-Château. Die ursprünglich keltische Siedlung Rhedae lag in dem Tal links von dem Bergrücken.

2 *Unten:* Château d'Hautpoul de Blanchefort in Rennes-le-Château, das sich heute im Besitz der Familie Fatin befindet. Seine Fundamente sind westgotischen Ursprungs.

3 *Links oben:* Bérenger Saunière, Pfarrer von Rennes-le-Château (stehend, Mitte).

4 *Links unten:* Bérenger Saunière und seine Haushälterin Marie Denarnaud im Garten vor der Villa Bethania. Im Hintergrund die Dorfkirche.

5 *Links:* Westgotischer Träger aus der Kirche von Rennes-le-Château, in dem Saunière 1891 die verschlüsselten Dokumente fand.

6 *Unten:* Inschrift auf dem Kalvarienberg im Kirchhof von Rennes-le-Château. Das Kürzel A.O.M.P.S. steht wahrscheinlich für *Antiquus Ordo Mysticusque Prioratus Sionis.*

7 Die Tour Magdala, die Bérenger Saunière in Rennes-le-Château für seine Bibliothek errichten ließ.

8 Die Katharer-Festung auf dem Montségur (Languedoc),
die im März 1244 von den nordfranzösischen Kreuzfahrern
eingenommen wurde. Lange Zeit war sie der bedeutendste
Zufluchtsort für die Katharer.

Tribus ruben

geth m.

Mors oliueti

Galgala vbi
ppo iste transire et dane diu morabant

loca vbi decapitata
fuit Jacobi minor

Bethania
Bethphage

Monesyon domg vgis mari

Palacu q̈
pilacti erp

Cenaclm i quo
xp̄ cena fecit et
pm sm imsit
sp̈ mathias elec
tus fuit in aplm
mlta alia in
rest fca

Sepultura
regmoz

domg anne

sepulc

Sepulchrm elizei

Castelor

acobia n̄
duo satur

CIVITAS · IHER

Vallis iosaphat

loca vbi sti tho-
mas aptm accpit diu
vgo maria assumt in celum

Spelucca vbi xp̄

assa siue ioppe portꝰ vbi peregrini
applicant ad terra santu demari

Pars occidentis

Nota · q̄ vbicūq̄ repit duplex ✝ crux signans
s̈ vo loco est plenaria remissio oim peccatorum ·
Vbi vero sīpula ✝ crux ꝗbi est Indulgetia septent
ann tondem carens ·

9 Jerusalem nach einem holländischen Druck aus dem
15. Jahrhundert. In der Mitte der Tempelbezirk und in
der linken oberen Ecke Notre-Dame du Mont de Sion.

10 *Oben:* Das Davidsgrab und die Stätte des heiligen Abend-
mahls in Jerusalem. Beide bildeten zusammen während der
Zeit der Kreuzzüge die Abtei von Notre-Dame du Mont de
Sion. In ihr residierte zwischen 1099 und 1187 der
von Gottfried von Bouillon gegründete Zionsorden.
(Aufnahme aus dem 19. Jahrhundert)

11 *Unten:* Der Tempelbezirk in Jerusalem. Im Zentrum der
Felsendom, links davon die El-Aksa-Moschee.

12 *Unten:* Blick auf den achteckigen Bergfried der Burg von Gisors (Frankreich), dem Hauptsitz der Prieuré de Sion nach 1188.

13 *Ganz unten:* Die dem Mittelmeer zugewandte Außenmauer des Pilgerschlosses Athlith in Palästina. 1218 von den Tempelrittern erbaut, mußte es 1291 nach dem Fall von Akkon aufgegeben werden.

14 Die Kirche der Tempelritter in London. Der Rundbau wurde im Jahre 1185 durch den Patriarchen von Jerusalem konsekriert.

15 Inneres der Templer-Kirche in London. Die Grab-
platten datieren aus dem 13. Jahrhundert, zeigen aber
nicht nur Tempelritter.

16 Siegel der Abtei von Notre-Dame du Mont de Sion (Jerusalem) vom 2. März 1289 mit einer Darstellung des Pfingstwunders.

17 Siegel der englischen Tempelritter von 1303. Es zeigt den englischen Löwen, das Tatzenkreuz und die Mondsichel mit Sternen als Sinnbild für die Gottesmutter Maria.

18 *Rechts:* Grabmal in der Nähe von Arques, das Nicolas Poussin wahrscheinlich als Vorlage für sein Gemälde »Die Hirten in Arkadien« diente.

19 *Unten:* Die Ruinen der Abbaye d'Orval (Belgien), die gegen Ende des 11. Jahrhunderts von einer geheimnisumwitterten Gruppe kalabrischer Mönche gegründet wurde.

ET IN ARCADIA

20 *Links oben:* »La Fontaine de Fortune« von René von Anjou, 1457. Die Inschrift besagt, Vergil habe durch Zauber die Quelle zum Sprudeln gebracht. Die Zeitgenossen des Herzogs assoziierten mit Vergil Arkadien. In dieser Buchminiatur aus dem »Liebentbrannten Herzen« wird zum erstenmal in der abendländischen Kunst der verborgene Strom Arkadiens, Alpheus, thematisiert.
(Wien, Österreichische Nationalbibliothek)

21 *Links unten:* »Et in Arcadia ego« von Guercino, um 1618—23, die erste bildliche Wiedergabe dieser Wendung.
(Rom, Galleria Nazionale d'Arte Antica)

22 *Links:* »Et in Arcadia ego« von Nicolas Poussin, um 1630.
(Chatsworth, Devonshire Collection)

23 *Unten:* »Die Hirten in Arkadien« von Nicolas Poussin, um 1640—45. (Paris, Musée National du Louvre)

24 »The Shepherds' Monument«, Shugborough Hall,
Staffordshire (England). Es handelt sich dabei um eine
seitenverkehrte Kopie des Poussin-Gemäldes »Die Hirten in Arkadien«. Die Inschrift konnte bislang nicht
entschlüsselt werden.

25 Grab eines Freimaurers aus dem 17. Jahrhundert. Der
Schädel über zwei gekreuzten Oberschenkelknochen bedeutet,
daß der Begrabene Meister vom Stuhl war. Weitere Grab-
funde dieser Art legen den Schluß nahe, daß die erste Großloge von England bereits vor 1717 gegründet wurde.

26 Silberreliquiar mit dem Schädel Dagoberts II., der am
23. Dezember 678 (679?) bei Stenay ermordet wurde. Der
Schädel wird heute in einem Kloster in Mons aufbewahrt.

27 Pierre Plantard de Saint-Clair, amtierender Großmeister
der Prieuré de Sion. Das Foto wurde 1982 in Paris aufgenommen.

28 *Unten:* Vergoldeter Schwertgriff (links) und granatbesetzte Scheide aus dem Grab Childerichs I.

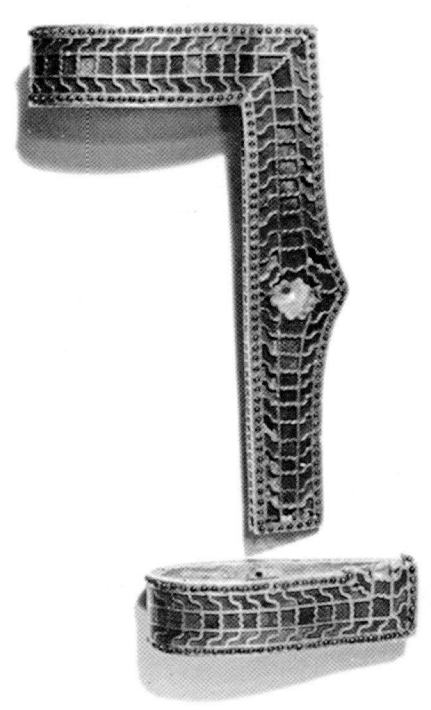

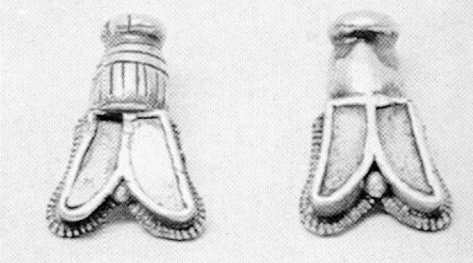

29 *Oben:* Zwei Goldbienen – der bescheidene Rest von ursprünglich dreihundert in Childerichs Grab gefundenen.

30 *Links:* Kristallkugel aus dem Grab Childerichs I. Ähnliche Stücke fanden sich auch in anderen Merowinger-Gräbern. Ihr Verwendungszweck ist nicht bekannt.

31 *Unten:* Die Templer-Kirche in Garway, Herefordshire (England). Der Vorgängerbau war rund, wurde jedoch abgebrochen und zu einem späteren Zeitpunkt in der jetzigen Form wiederaufgebaut.

32 *Ganz unten:* Graffiti über der Piscina in der südlichen Kapelle der Kirche von Garway. Sie zeigen eine geflügelte Pyramide mit dem Ordenskreuz der Templer in einem Kreis, einen Fisch und eine Schlange.

33 *Links:* Jüdische Münze aus der Regierungszeit Antiochos'
VII., um 138−129 v. Chr., mit einer stilisierten Lilie. Dieses
Wahrzeichen Judäas war vielleicht ein Vorläufer der fran-
zösischen Lilie.

34 *Rechts:* »Die Legende von der französischen Lilie« in einer
Buchillustration des 15. Jahrhunderts. Dargestellt ist der göttliche Ursprung dieses heraldischen Zeichens: Chlodwig I.
erhält aus den Händen seiner Gemahlin Clodhilde das Lilien
banner.

35 *Unten:* Fenster in der Kathedrale von Alet-les-Bains in der
Form des Davidsterns.

Comment nix seig' par son ange enuopa les trois fleurs de lis au roy en vn escu disant au roy clouis.

36 »Gottfried von Bouillon zieht der Königskrone
Jerusalems die Dornenkrone vor« von Claude Vignon,
um 1623. Gemälde für Claude de Lorraine, dessen
Wappen rechts abgebildet ist.
(Paris, St-Roch)

All dieser Leistungen und Erfolge ungeachtet, stellten die Auseinandersetzungen mit den elf Stämmen Israels offenbar einen einschneidenden Wendepunkt in der Stammesgeschichte Benjamins dar. Wie einem Vermerk in den *Dossiers secrets* zu entnehmen ist, verließen viele Benjaminiter im Zuge der kriegerischen Ereignisse das Land und gingen ins Exil:

»EINES TAGES VERLIESSEN DIE NACHKOMMEN BENJAMINS IHR LAND; EINE BEGRENZTE ANZAHL BLIEB ZURÜCK; ZWEITAUSEND JAHRE SPÄTER WURDE GOTTFRIED VI. [VON BOUILLON] KÖNIG VON JERUSALEM UND GRÜNDETE DEN ORDRE DE SION.«[2]

Zunächst sahen wir keinen Zusammenhang zwischen den Nachkommen Benjamins und unseren bisherigen Untersuchungsergebnissen. Doch als wir die verschiedenen fragmentarischen Verweise in den *Dossiers secrets* neu ordneten, kristallisierte sich eine gewisse Logik in der Abfolge der Ereignisse heraus. Demnach ließen sich die ausgewanderten Benjaminiter in Arkadien, im Herzen der Peloponnes, nieder, wo sie sich vermutlich mit dem arkadischen Königsgeschlecht verbanden. Zu Beginn der christlichen Zeitrechnung sollen sie dann die Donau entlang und rheinabwärts gewandert sein, in bestimmte germanische Stämme eingeheiratet und schließlich die sugambrischen Franken, die direkten Vorfahren der Merowinger, hervorgebracht haben. Das hieße, daß die Merowinger und ihre Nachkommen — zum Beispiel die Plantards oder das Haus Lothringen — letztlich semitischer oder israelitischer Herkunft waren. Unter dieser Voraussetzung gewinnt die Beteiligung Gottfrieds von Bouillon am Ersten Kreuzzug eine neue Dimension: Da Jerusalem den Benjaminitern zugesprochen worden war, hätte der Herzog von Niederlothringen, als er gegen die Heilige Stadt zog, nur sein rechtmäßiges Erbe zurückgefordert.

Die in den »Prieuré-Dokumenten« enthaltenen Informationen, die wir natürlich nicht weiter auf ihren Wahrheitsgehalt hin überprüfen konnten, was die Frage betrifft, ob die Merowinger nun von den Benjaminitern abstammten oder nicht, hatten weder Einmaligkeitscharakter noch besonderen Neuigkeitswert. Vielmehr tauchten sie auch an verschiedenen anderen Stellen in Form von Gerüchten und fragwürdigen Überlieferungen immer wieder auf. So fanden sie zum Beispiel Eingang in das Werk von Marcel Proust, und der Gegenwartsschriftsteller Jean d'Ormesson spielt auf die jüdische Herkunft bestimmter Familien des französischen Hochadels an. Roger Peyrefitte schließlich, der sich für unkonventionelle Äußerungen noch nie zu schade war, behauptete ,in einem 1965 erschienenen Roman, daß der gesamte französische und ein Großteil des europäischen Adels letztlich von Juden abstamme.

Diese Hypothese ist, so unbeweisbar sie auch sein mag, nicht ganz von der Hand zu weisen. Ähnliches gilt auch für das Exil und die Wanderungen des Stammes Benjamin, wie sie in den »Prieuré-Dokumenten« beschrieben werden. Dort heißt es, der Stamm Benjamin habe die Waffen im Namen Belials ergriffen, einer Verkörperung der Muttergottheit, die häufig zusammen mit einem Stier oder einem Kalb dargestellt wird. Man kann davon ausgehen, daß die Benjaminiter die gleiche Gottheit verehrten, ja, es könnte sogar sein, daß der Tanz um das Goldene Kalb nach dem Auszug aus Ägypten (Thema eines Gemäldes von Nicolas Poussin) ein spezifisch benjaminitisches Ritual war.

Jenen Benjaminitern, die nach den Kämpfen mit den elf Stämmen Israels Judäa auf dem schnellsten Weg verlassen und sich ins Exil begeben wollten, bot sich eine Flucht über die phönizischen Hafenstädte an. Die Phönizier besaßen nicht nur entsprechend große Schiffe, die in der Lage gewesen wären, den Auswandererstrom aufzunehmen, sie waren auch so etwas wie natürliche Verbündete der Benjaminiter, da sie dieselbe Muttergottheit in Gestalt der Astarte anbeteten.

Vorausgesetzt, eine beträchtliche Zahl von Benjaminitern hat Palästina tatsächlich verlassen, dann stand zu hoffen, daß sich irgendwo Spuren dieser Emigration finden ließen. Wir stießen in der griechischen Mythologie auf sie. Erinnert sei in diesem Zusammenhang an die Sage von König Danaos, dem Sohn des Belos, der zusammen mit seinen fünfzig Töchtern (den Danaiden) auf einem Schiff nach Griechenland floh. Dort sollen diese Töchter den Kult der Muttergöttin eingeführt haben, der später zum offiziellen Kult Arkadiens wurde. Nach Ranke-Graves enthält der Danaos-Mythos unter anderem auch einen Hinweis auf die Ankunft von »Kolonisten aus Palästina« auf der Peloponnes.[3] Er ist ferner der Ansicht, König Belos sei in Wahrheit niemand anderes als Baal (Bel) oder vielleicht sogar Belial aus dem Alten Testament. Sicher trug eine der Sippen des Stammes Benjamin nicht von ungefähr den Namen Bela.

Im Gegensatz zum übrigen Griechenland hielt sich in Arkadien der Kult der Muttergöttin nicht nur länger, er vermischte sich dort auch mit den Mysterien der Demeter und später mit dem Kult der Artemis, die unter dem Namen Diana Arduinna die Schutzgöttin der Ardennen wurde. Ihre Gefährtin Kallisto, von der Göttin in eine Bärin verwandelt und von Zeus an den Himmel verbannt, wurde zum Sternbild des Großen Bären. Kallisto war die Mutter des Bärenjungen Arkas, der zum Stammvater der Bewohner von Arkadien werden sollte. Es könnte also mehr als nur ein Zufall sein, daß der Begriff »Ursus« des öfteren von Mitgliedern der Merowingerdynastie als Beiname verwandt wurde.

Abgesehen von der Mythologie gibt es noch weitere Indizien, die auf eine jüdische Einwanderung in Arkadien hindeuten. In der Antike gehörte dieser Landstrich zu Sparta. Die Spartaner nahmen viel von der älteren arkadischen Kultur auf, und der legendäre Arkadierkönig Lykaon könnte mit Lykurgos, dem sagenhaften Begründer der Verfassung von Sparta, identisch sein. Auch die Spartaner schrieben ihrem Haar magische Bedeutung zu, das sie gleich den Merowingern lang trugen. Die Länge der Haare wurde für sie zum Ausdruck körperlicher Kraft, und deshalb hielten sie es für heilig.[4]

Schließlich weisen die apokryphen Schriften der Makkabäer auf die Verbindung zwischen Spartanern und Juden hin. Im zweiten Buch der Makkabäer (5,9) wird von Jason erzählt: »Und wie er [der Bürgerkrieg in Jerusalem] viele Menschen aus ihrem Vaterland in die Fremde getrieben hatte, so kam er selbst in der Fremde um, nämlich bei den Spartanern, zu denen er übers Meer gefahren war, um bei ihnen Schutz zu finden; die Spartaner waren ja mit den Juden verwandt.« Und das erste Buch der Makkabäer (12,21) stellt ausdrücklich fest: »In einer Schrift über die Spartaner und Juden fand sich die Nachricht, daß sie Brüder sind und beide von Abraham abstammen.«

Für die Annahme, jüdische Flüchtlinge hätten sich auf der Peloponnes niedergelassen, spricht auch der semitische Einfluß auf die fränkische Kultur, der sich anhand von eindrucksvollen archäologischen Funden nachweisen läßt. Phönizische beziehungsweise semitische Handelsrouten verliefen durch ganz Südfrankreich, so zum Beispiel von Bordeaux nach Marseille und Narbonne sowie die Rhône aufwärts. Zwischen 700 und 600 vor Christus bestanden phönizische Siedlungen nicht nur entlang der Mittelmeerküste, sondern auch im Landesinnern, etwa im heutigen Carcassonne oder in Toulouse. Viele der dort gefundenen Artefakte sind semitischen Ursprungs. Das ist nicht weiter erstaunlich, da im neunten Jahrhundert vor Christus Ehen zwischen den phönizischen Königen von Tyrus und den Königshäusern von Israel und Juda geschlossen worden waren, womit dynastische Verbindungen geschaffen wurden, die enge Kontakte zwischen den Völkern nach sich zogen.

Die Plünderung Jerusalems und die Zerstörung des Tempels im Jahre 70 führten zu einem massiven Auszug von Juden aus dem Heiligen Land. So existierte zum Beispiel in der Stadt Pompeji, die im Jahre 79 durch einen Ausbruch des Vesuv verschüttet wurde, eine jüdische Gemeinde. Zur gleichen Zeit nahmen mehrere südfranzösische Städte wie Arles, Lunel oder Narbonne zahlreiche jüdische Flüchtlinge auf.

Der Zustrom von Juden nach Europa und vor allem nach Gallien hatte jedoch schon vor dem Fall der Stadt Jerusalem, ja, sogar vor Beginn der christlichen Zeitrechnung eingesetzt. Zwischen 106 und 48 vor Christus entstand eine jüdische Kolonie in Rom, und nicht viel später wurde eine andere Kolonie in Köln gegründet. Zu mehreren römischen Legionen gehörten verschiedene Abteilungen jüdischer Sklaven, die ihren Herren durch ganz Europa folgten, später auf irgendeine Weise aus der Sklaverei entlassen wurden und eigene Gemeinden gründeten.

Viele französische Ortsnamen sind semitischen Ursprungs, und einige finden sich auch im alten merowingischen Stammland. Etwa das Dorf Baalon, das nur wenige Kilometer von Stenay entfernt an den Ausläufern des Waldes von Wœvre liegt, wo Dagobert II. ermordet wurde, oder das Städtchen Avioth zwischen Stenay und Orval; ferner der Berg Zion in Lothringen – *la colline inspirée* –, der ursprünglich Semita-Berg hieß.[5]

Wieder einmal konnten wir die in den »Prieuré-Dokumenten« aufgestellten Behauptungen weder nachprüfen noch unberücksichtigt lassen. Aufgrund der Beweislage erscheinen sie uns zumindest einleuchtend.

Die Merowinger und ihre Nachfahren konnten demnach durchaus semitischer Herkunft sein. Aber war das alles, woraus das sie umgebende Geheimnis bestand? Nur eine Legende mehr um einen verlorenen Stamm? Aus welchem Grund, so fragten wir uns immer wieder, sollte ein Geheimnis dieser Dimension etwas mit der Abstammung von einem alttestamentarischen Stamm zu tun haben? Warum bestand es, wenn es doch vorrangig um spezifisch semitische oder jüdische Interessen ging, aus so vielen Komponenten ausgesprochen christlichen Charakters?

Die Beschäftigung mit der möglicherweise jüdischen Herkunft der Merowinger hatte uns wesentliche Einblicke verschafft. Doch gelangten wir zu der Einsicht, daß der Kern des Geheimnisses, dem all unsere

Nachforschungen galten, nicht im Judaismus des Alten Testaments zu suchen war, sondern vielmehr aufs engste mit dem Christentum zusammenhängen mußte. Der Stamm Benjamin war bestimmt eine nützliche Komponente in unserem Puzzle, nur führte sie uns im Augenblick nicht weiter. Wir mußten also an einem anderen Punkt erneut ansetzen.

DRITTES BUCH

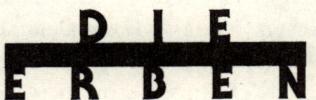

DIE
ERBEN

11. Der Heilige Gral

Bislang war uns der Zugang zu dem Geheimnis, dem wir auf der Spur waren, verwehrt geblieben. Hatten wir ein Detail übersehen, und wenn ja, welches? Hatten wir an der falschen Stelle gesucht und etwas aus Unwissenheit nicht zur Kenntnis genommen, etwas, das über alles dokumentarisch Belegbare hinausging? Ein Thema, vielmehr ein Gegenstand, war uns seit Anbeginn unserer Recherchen immer wieder begegnet und hatte uns aufgrund seines sagenhaften Charakters fasziniert, ohne allerdings die entsprechende Neugierde und Aufmerksamkeit in uns hervorzurufen. Doch jetzt gingen uns die Augen auf, und wir sahen den Schlüssel vor uns, mit dessen Hilfe wir endlich dem Geheimnis auf den Grund zu gelangen hofften: den Heiligen Gral.

Von den Katharern zum Beispiel nahmen ihre Zeitgenossen an, sie hätten den Gral in ihrem Besitz. Auch die Tempelritter wurden häufig als Hüter des Grals angesehen; schließlich hatten die Gralssagen ihren Ausgang vom Schloß des Grafen von der Champagne genommen, der maßgeblich an der Gründung des Templerordens beteiligt gewesen war. Als die Tempelritter zu Anfang des vierzehnten Jahrhunderts in Frankreich verfolgt wurden, sagte man den bizarren Köpfen, die sie angeblich anbeteten, viele der Attribute nach, die man traditionsgemäß dem Gral zuschrieb. Aber nicht nur im Mittelalter waren wir im Zusammenhang mit der Lohengrin-Sage, Gottfried von Bouillon oder Wilhelm von Orange kontinuierlich auf den Gral gestoßen, auch im neunzehnten Jahrhundert spielte er noch eine eminent wichtige Rolle in den okkulten Kreisen um Joséphin Péladan und Claude Debussy.

Was also hatte es mit dem Gral auf sich? War seine Allgegenwart in den Jahrhunderten der Geschichte, mit denen wir uns bisher beschäftigt hatten, rein zufällig, oder gab es vielleicht nicht so etwas wie einen roten Faden, der unsere Nachforschungen, ohne das wir es beabsichtigt hätten, immer wieder in Richtung auf den Gral lenkte? War dieses kostbare Gefäß vielleicht doch mehr als ein reines Phantasiegebilde? Hatte es ihn womöglich wirklich gegeben? Oder diente er als Symbol für etwas anderes? Um nicht in unhaltbare Spekulationen zu verfallen, widmeten wir zunächst unsere Aufmerksamkeit den Gralssagen, die uns ihrerseits wiederum eine ganze Reihe erstaunlicher Rätsel aufgaben.

Seine Bedeutung gewinnt der Gral im Zusammenhang mit Jesus. In manchen Überlieferungen gilt er als die Schale (der Kelch?), aus der

Jesus und seine Jünger beim Letzten Abendmahl tranken, in anderen als das Gefäß, in dem Joseph von Arimathia Jesu Blut unter dem Kreuz auffing. Wiederum anderen Quellen zufolge wurde er bei beiden Anlässen benutzt. Doch wenn der Gral so eng mit Jesus verknüpft war, warum hatte es dann über tausend Jahre lang nicht den geringsten Hinweis auf seine Existenz gegeben? Wie ist es zu erklären, daß er in der Frühzeit weder in der Literatur noch im Volksglauben, noch in der mündlichen Erzähltradition auch nur die geringste Rolle spielte? Warum sollte ein Gegenstand von solch unmittelbarem Belang für das Christentum über einen derart langen Zeitraum verborgen geblieben sein?

Am meisten interessierte uns jedoch die Frage, warum der Gral ausgerechnet zu dem Zeitpunkt wieder ins Gespräch kam, da die Kreuzzüge ihren Höhepunkt erreicht hatten. War es Zufall, daß dieser rätselhafte Gegenstand, von dem man ein ganzes Jahrtausend lang nichts gehört hatte, in dem Augenblick von sich reden machte, als das fränkische Königreich Jerusalem im Zenit seines Ruhms stand, die Tempelritter den Gipfel ihrer Macht erreichten und die katharische Häresie eine Stoßkraft entwickelte, die den römischen Glauben zu verdrängen drohte? Wirklich alles nur Zufall? Oder standen diese Phänomene alle in einem inneren, uns bislang nicht bekannten Zusammenhang? Antworten auf unsere Fragen erwarteten wir uns von den Gralsdichtungen.

Die Gralssagen. Innerhalb der Wissenschaft geht man heutzutage davon aus, daß die Gralssagen aus einem heidnischen Ritual hervorgegangen sind, das mit dem Wechsel der Jahreszeiten, mit Tod und Wiedergeburt des Jahres zusammenhängt und vermutlich auf einen uralten Fruchtbarkeitskult zurückgeht. In der keltisch-irischen Mythologie spielen Tod, Wiedergeburt und Erneuerung eine ebenso große Rolle wie Fruchtbarkeit beziehungsweise Unfruchtbarkeit des Landes. Diesem Thema ist eine im vierzehnten Jahrhundert anonym erschienene Dichtung unter dem Titel *Sir Gawayne and the Grene Knyght* (Sir Gawain und der Grüne Ritter) gewidmet. Und im *Mabinogion*, einer Sammlung walisischer Sagen, die etwa zur gleichen Zeit wie die Artussage entstand, wird von einem geheimnisvollen »Wiedergeburtskessel« berichtet, aus dem tote Krieger, die bei Sonnenuntergang hineingeworfen wurden, am nächsten Morgen »auferstehen«. Oft wird dieser Kessel mit einem Helden von riesenhafter Statur namens Bran in

257

Verbindung gebracht. Dieser Koloß von einem Mann besaß darüber hinaus eine Schüssel, von der es heißt: »Welche Speise auch immer man sich darin wünschte, sie war sogleich zur Stelle« — eine Eigenschaft, die auch dem Gral zugeschrieben wurde. Gegen Ende seines Lebens wurde Bran angeblich enthauptet und sein Kopf als eine Art Talisman in London zur Schau gestellt. Dort entfaltete er eine Reihe magischer Kräfte, indem er unter anderem für die Fruchtbarkeit des Bodens sorgte und feindliche Eindringlinge abwehren half.

Viele dieser Motive sind auch in den Gralssagen enthalten. Ohne Zweifel dürften Brans Kessel und Schüssel später als Vorbilder für spätere Varianten der Gralssage gedient haben. Die magischen Kräfte seines Hauptes sollen auch dem Gral sowie den angeblich von den Tempelrittern angebeteten Köpfen zueigen gewesen sein.

In der zweiten Hälfte des zwölften Jahrhunderts durchlief die ursprünglich heidnische Vorlage der Gralssagen einen höchst bedeutsamen und subtilen Wandlungsprozeß, in dessen Verlauf der Gral mit dem Christentum in Verbindung gebracht wurde. Die Verschmelzung von heidnischen Elementen und christlicher Tradition führte dazu, daß der Gral von diesem Zeitpunkt an Jesus zugeordnet wurde.

Der Gral, der auf diese Weise zum mystischen Andenken an Jesu Leiden geworden war, initiierte zahlreiche, diesem Thema gewidmete Sagen und Epen, die selbst heute noch die Phantasie entzünden. Die Gralserzählungen erlebten, kirchlicher Mißbilligung ungeachtet, eine Blütezeit von fast einhundert Jahren, die sich bemerkenswerterweise ziemlich genau mit dem Weiterbestehen des Templerordens nach seiner Trennung (1188) von der Prieuré de Sion deckte. Die erste Phase dieser literarischen Gattung endete zwischen 1291 (Verlust des Heiligen Landes) und 1307—1314 (Auflösung des Templerordens). Ende des fünfzehnten Jahrhunderts griff Sir Thomas Malory in seinem Werk *La Morte d'Arthur* (Artus' Tod) erneut den Stoff auf; seitdem ist er immer wieder bearbeitet worden, und das beileibe nicht nur im literarischen Rahmen. So ließen zum Beispiel einige hochgestellte deutsche Nationalsozialisten, die von der Existenz des Grals überzeugt waren, während des Krieges in Südfrankreich Grabungen nach ihm durchführen.[1]

Als Malory seine Sagen um König Artus niederschrieb, wurde der Gral bereits als die Schale interpretiert, die Jesus und seine Jünger beim Letzten Abendmahl benutzten und in der Joseph von Arimathia dann das Blut aus Jesu Seitenwunde auffing. Manchen Berichten zufolge brachte Joseph den Gral später nach Glastonbury in England. Anderen Quellen ist zu entnehmen, daß ihn Maria Magdalena mit nach Frankreich nahm, wo sie nach ihrer Flucht aus Palästina in der Nähe von Marseille an Land gegangen sein soll. Im fünfzehnten Jahrhundert interessierte sich vor allem René von Anjou für den Gral, den er in seinen Besitz bringen wollte.

In den Legenden aus dem vierten Jahrhundert, die um die Flucht Maria Magdalenas entstanden sind, ist stets vom Gral, nie von einer Schale die Rede. Das heißt, daß die Gleichsetzung von Gral und Schale erst später vorgenommen worden sein muß. Malory hat sie geschickt aufgegriffen, und seitdem gilt sie als unumstößliche Wahrheit. Es ist jedoch kein Geheimnis, daß Malory sehr freizügig mit seinen Quellen umgegangen ist. In seinem Werk reduziert er den Gral auf ein Gefäß ohne jegliche mystische oder symbolische Eigenschaften und stellt statt dessen ritterliche Tugenden in den Vordergrund.

Der erste Roman, in dem das Gralsthema verarbeitet wurde, war der um 1188 erschienene *Perceval le Gallois ou Le conte du Graal* (Perceval, der Walliser oder Die Erzählung vom Gral) von Chrétien de Troyes. Außer daß Chrétien am Hof des Grafen von der Champagne in Troyes lebte und seine frühen Werke der Gräfin Marie widmete, ist nur wenig über sein Leben bekannt. Mit seinen Werken — darunter *Lancelot ou Le chevalier de la charrete* (Lancelot oder Der Karrenritter) und *Yvain ou Le chevalier au lion* (Yvain oder Der Ritter mit dem Löwen) — hatte sich Chrétien bereits einiges literarisches Ansehen verschafft, so daß man hätte erwarten können, daß er in der gewohnten Weise weiterschrieb. Hinzu kommt, daß Chrétien in keinem seiner Werke vor dem *Perceval* den Gral auch nur mit einem Wort erwähnt hatte. Trotzdem wandte er sich kurz vor seinem Lebensende, er starb um 1190, einem neuen, bis dahin literarisch noch nie behandelten Themenbereich zu. Auf diese Weise fand der Heilige Gral, wie wir ihn heute kennen, Eingang in die Kultur und Vorstellungswelt des Abendlandes.

Gleich zu Beginn seiner Gralserzählung, die er ausnahmsweise nicht Marie von der Champagne, sondern Philippe d'Alsace, Graf von Flandern, widmete[2], erklärt Chrétien, er habe das Werk auf ausdrücklichen Wunsch Philipps verfaßt und sei über ihn auch zum ersten Mal überhaupt mit der Geschichte in Berührung gekommen. Der Held des Romans heißt Perceval (Parzival) und wird als Sohn einer Witwe vorgestellt.

Perceval verläßt bald seine Mutter und begibt sich an den Hof König Artus', um zum Ritter geschlagen zu werden. Der jugendliche Held besteht eine ganze Reihe von Aventiuren, bevor er eines Tages einem mysteriösen Fischer, »dem reichen Fischerkönig«, begegnet, der ihn einlädt, die Nacht auf seiner Burg zu verbringen. Perceval nimmt dankend an. An diesem Abend erscheint der Gral, der aber an keiner einzigen Stelle der Erzählung in einen Bezug zu Jesus gestellt wird. Der Leser erfährt noch nicht einmal, was der Gral eigentlich ist und was es mit ihm auf sich hat. Chrétien stellt lakonisch fest, daß der Gral von einer schönen, edlen und wohlgeschmückten Jungfrau hereingetragen wird, aus reinem, feinem Gold gearbeitet und reich mit Edelsteinen besetzt ist. Am nächsten Morgen verläßt Perceval die Burg, ohne die alles entscheidende Frage nach dem Gral, nach seiner Herkunft und seiner *raison d'être* gestellt zu haben: »Wen bedient man mit dem Gral?« Diese Frage, die zu stellen man von Perceval erwartete, ist in sich zweideutig: Ist der Gral eine Schale, so läßt sie sich in dem Sinne »Wer soll daraus essen?« interpretieren. Andererseits könnte man sie aber auch so verstehen: »Wem dient man (im ritterlichen Sinne), indem man dem Gral dient?« Wie dem auch sei, Perceval zieht weiter und erfährt unterwegs, daß er selbst ein Mitglied der Gralsfamilie sei und daß sich hinter dem geheimnisvollen »Fischerkönig«, der vom Gral »ernährt« wird, niemand anderes als sein Oheim verberge.

Chrétien de Troyes starb, bevor er seinen Gralsroman vollenden konnte. Eine Handschrift seines Werkes ist nicht erhalten geblieben. Falls je eine existiert haben sollte, so ist sie, wie es heißt, einem Brand zum Opfer gefallen, der 1188 in Troyes wütete. Verschiedentlich wurde schon die Vermutung geäußert, diese Brandkatastrophe habe sich nicht zufällig zur gleichen Zeit ereignet wie das Ableben des Dichters.

Chrétiens *Perceval* übte einen nicht zu unterschätzenden Einfluß aus. Während der nächsten fünfzig Jahre verbreitete sich das Thema gleich einem Lauffeuer über ganz Europa. Neue Varianten und Interpretationen entstanden, wobei sich die Verfasser der späteren Gralsdichtungen nicht ausschließlich des *Percevals* als Vorlage bedienten, sondern aus zumindest einer weiteren Quelle geschöpft haben, die älter war als Chrétiens Text. Je öfter die Gralsgeschichte bearbeitet wurde, desto enger wurde sie mit König Artus, der bei Chrétien de Troyes nur eine Nebenrolle gespielt hatte, und vor allem mit Jesus verknüpft.

Unter den zahlreichen Gralserzählungen, die auf Chrétiens Fassung folgten, schienen uns drei besonders bedeutsam zu sein. An erster Stelle der zu Ende des zwölften Jahrhunderts entstandene *Roman de l'estoire del Graal* (Der Roman von der Geschichte des Gral) von Robert de Boron. Die Umdeutung des Grals zu einem spezifisch christlichen Symbol wurde durch diesen Autor vollzogen, der selbst angibt, sein Wissen aus einer älteren, von Chrétien unabhängigen Quelle bezogen zu haben. In diesem Zusammenhang verweist er auf ein »großes Buch«, dessen Geheimnisse ihm offenbart worden seien.[3]

Wurde diese »Christianisierung« des Grals durch Robert de Boron oder bereits durch einen früheren Erzähler vorgenommen? Die Forschung neigt heute allgemein zu letzterer Annahme, ohne allerdings die Verdienste Roberts in Abrede stellen zu wollen, als erster eine genaue Definition des Grals geliefert zu haben. Danach war der Gral die Schale, die beim Letzten Abendmahl benutzt wurde und dann in die Hände Josephs von Arimathia gelangte, der bei der Kreuzabnahme das Blut des Erlösers darin auffing. Von diesem heiligen Blut bezieht der Gral seine magischen Kräfte. Nach der Kreuzigung wurden Joseph von Arimathia und die Seinen zu Hütern des Grals. Die wechselnden Schicksale und Abenteuer dieser Familie bildeten, so Robert de Boron, den Hintergrund aller Gralserzählungen. Von Galaad sagt er, er sei der Sohn Josephs von Arimathia gewesen, und von Bron, dem Schwager Josephs, er habe den Gral nach England gebracht und sei dort selbst »Fischerkönig« geworden. Wie bei Chrétien ist Parzivals Mutter verwitwet und ihr Sohn der Enkel, nicht der Neffe, des »Fischerkönigs«. Im Gegensatz zu Chrétiens *Perceval* ist Robert de Borons Erzählung chronologisch klar aufgebaut, und der Ort der Handlung befindet sich in England zur Zeit Josephs von Arimathia.

Gegen Ende des zwölften Jahrhunderts erschien außer dem *Roman de l'estoire del Graal* auch noch ein Versroman unter dem Titel *Perlesvaus*, dessen Autor es allerdings – ganz gegen die damaligen Gepflogenheiten – vorzog, anonym zu bleiben. Angesichts des Ansehens, in dem Dichter standen, wirkt sein Entschluß mehr als befremdlich, es sei denn, er gehörte einem Mönchs- oder Ritterorden an; dort hätte man eine literarische Betätigung auf diesem Gebiet weniger gerne gesehen. Doch konnte anhand von Textanalysen nachgewiesen werden, daß der Autor des *Perlesvaus* tatsächlich Tempelritter war.[4] Indizien zur Erhärtung dieser These sind reichlich vorhanden. Wir wissen zum Beispiel, daß der Deutschritterorden Dichter in seinen Reihen, die allerdings anonym blieben, ermutigte und förderte, was durchaus auf einen Präzedenzfall bei den Tempelrittern zurückzuführen sein könnte. Darüber hinaus zeugen zahlreiche Passagen des Versromans von der ungewöhnlich detaillierten Kenntnis des Autors über das Kriegshandwerk, über Rüstung und Waffen sowie über Strategie und Taktik. Die anschauliche Beschreibung von Wunden läßt auf Erfahrungen schließen, die der Verfasser auf dem Schlachtfeld gesammelt hat.

Der *Perlesvaus* stellt zum erstenmal eine Verbindung her zwischen Gral und Tempelrittern. Auch wenn diese nicht namentlich erwähnt werden, so sind die Andeutungen und Hinweise doch deutlich genug, um vom Leser in der richtigen Weise interpretiert zu werden. Perceval gelangt auf seiner Wanderung auf eine Burg, die nicht den Gral beherbergt, sondern wo eine Versammlung von »Eingeweihten« stattfindet, die aber offenbar mit dem Gral vertraut sind. Perceval wird von zwei »Meistern« empfangen, die in die Hände klatschen, worauf sich ihnen dreiundreißig Männer zugesellen. »Sie waren in weiße Gewänder gekleidet. Jeder von ihnen hatte ein rotes Kreuz mitten auf der Brust, und sie schienen alle gleichen Alters zu sein.«[5] Einer dieser geheimnisvollen »Meister« erzählt Perceval, er habe den Gral mit eigenen Augen gesehen – eine Ehre, die nur wenigen zuteil werde. Außerdem bekennt er, mit Percevals Herkunft und Familie genauestens vertraut zu sein.

Der Dichter des *Perlesvaus* mißt der Frage der Abstammung ebensoviel Gewicht bei wie Chrétien de Troyes und Robert de Boron. Percevals Ahnen werden mehrfach als »geheiligt« bezeichnet, und an einer anderen Stelle wird ausdrücklich darauf hingewiesen, daß Perceval »ein Nachfahre Josephs von Arimathia« sei und daß »dieser Joseph seiner [Percevals] Mutter Onkel war, der Pilatus sieben Jahre als Soldat gedient hatte«.[6]

Dennoch spielt der *Perlesvaus* nicht zur Zeit Josephs, sondern ebenso wie Chrétiens Gralsroman zu Zeiten des Königs Artus. Daß das Heilige Land bereits in die Hände der »Ungläubigen« gefallen ist, was in Wirklichkeit erst zweihundert Jahre nach Artus geschah, ist ein weiterer gravierender Anachronismus. Schließlich wird das Heilige Land mit Camelot, Artus' sagenhafter Burg, gleichgesetzt.

Weitaus stärker als bei Chrétien oder Robert ist im *Perlesvaus* der Aspekt der Magie betont. Zusätzlich zu seiner Kenntnis des Kriegshandwerks offenbart der anonyme Autor dabei eine für seine Zeit überraschend große Vertrautheit mit magischen Anrufungs- und Beschwörungsformeln. Daneben finden sich zahlreiche Hinweise auf den Bereich der Alchimie, so zum Beispiel auf zwei »aus Kupfer durch Nekromantie geschaffene Menschen«.[7] Einige dieser Hinweise erinnern an das Geheimnis, das die Tempelritter umgibt. Und einer der »Meister« sagt zu Perceval: »Dort sind die in Silber und die in Blei gefaßten Häupter sowie die Leiber, zu denen diese Häupter gehören. Ich sage Euch, Ihr müßt die Häupter des Königs und der Königin dorthin bringen lassen.«[8]

Auch an häretischen und heidnischen Bezügen ist der *Perlesvaus* reich. Er enthält Anspielungen auf ein sanktioniertes Ritual der Königsopferung, was in einem angeblich christlichen Epos höchst befremdlich anmutet. Mancherorts ist die Rede von Kindern, die gebraten und verzehrt werden — ein Verbrechen, dessen man auch die Tempelritter gern und häufig beschuldigte. Darüber hinaus wird Perceval Augenzeuge eines jeder christlichen Überzeugung hohnsprechenden Rituals: In einem Wald steht ein rotes Kreuz, vor dem ein wunderschönes Tier von Hunden zerfleischt wird. Dann kommen ein Ritter und eine Jungfrau mit Goldgefäßen, die die Fleischfetzen einsammeln und, nachdem sie das Kreuz geküßt haben, zwischen den Bäumen verschwinden. Nun kniet auch Perceval vor dem Kreuz nieder und küßt es:

»Von dem Kreuz und dem Orte ging ein Wohlgeruch aus, dessen Süße mit keinem anderen zu vergleichen war. Er blickt auf und sieht zwei Priester zu Fuß aus dem Wald kommen. Der erste ruft ihm zu: ›Herr Ritter, ziehet Euch vom Kreuz zurück, denn Ihr dürft ihm nicht nahen!‹ Perceval tut, wie ihm befohlen. Daraufhin kniet der Priester vor dem Kreuz nieder und verehrt es; er beugt sich vor und küßt es mehr denn zwanzigmal, wobei er das höchste Entzücken äußert. Nun kommt der zweite Priester herbei, der eine lange Gerte in der Hand hält, und drängt den ersten gewaltsam beiseite. Er schlägt von allen Seiten auf das Kreuz ein und vergießt dabei heiße Tränen.

Perceval nimmt dies alles mit großer Verwunderung wahr und sagt zu ihm: ›Herr, Ihr scheint mir nichts weniger als ein Priester zu sein! Warum begehet Ihr solche Gemeinheit?‹ — ›Herr Ritter‹, erwidert der Priester, ›Euch geht's nichts an, was wir hier tun, Ihr sollt's von uns auch nicht erfahren!‹ Wäre er nicht ein Priester, Perceval wäre bestimmt sehr erzürnt gewesen. Aber er war nicht willens, ihm ein Leid zuzufügen.«[9]

Diese Kreuzesschändung läßt unwillkürlich an die Beschuldigungen denken, wie sie im Laufe der Prozesse gegen die Templer von der

Inquisition erhoben wurden. Darüber hinaus spiegelt sie dualistisches und gnostisches Gedankengut wider, wie wir es bereits im Falle der Katharer kennengelernt hatten, die ebenfalls das Kreuz ablehnten. In gewissem Sinne schließt diese Geisteshaltung auch den Gral mit ein, der im *Perlesvaus* eine vollkommen neue Deutung erfährt und auf geheimnisvolle Weise mit Jesus verknüpft ist. Nur wenige Auserwählte sind in dieses Geheimnis eingeweiht. So wird Ritter Gawain von einem Priester gewarnt: »Es ziemt sich nicht, die Geheimnisse des Erlösers zu ergründen, und für die, welchen sie anvertraut sind, schickt es sich, sie zu hüten.«[10]

Als Gawain schließlich den Gral zu Gesicht bekommt, »vermeint er, inmitten des Grals eine Kindergestalt zu erkennen . . . Er blickt auf und glaubt, den wirklichen Gral zu schauen. Über diesem erblickt er, wie er vermeint, einen gekrönten und an ein Kreuz geschlagenen König.«[11] Kurz darauf erscheint der Gral »bei der heiligen Wandlung in fünffacher Gestalt, die niemand beschreiben darf, da die heiligen Geheimnisse nur der aussprechen darf, dem Gott dazu die Vollmacht gegeben. König Artus schaute alle Wandlungen, deren letzte die Wandlung zum Kelch war.«[12]

Im *Perlesvaus* nimmt der Gral verschiedene Gestalt an. Die erste ist ein gekrönter und gekreuzigter König; die zweite ein Kind; die dritte ein Mann mit einer Dornenkrone und mit blutenden Wunden an der Seite, Händen und Füßen[13]; die vierte Manifestation wird nicht beschrieben; die fünfte schließlich ist ein Kelch. Jede einzelne Transformation vollzieht sich, begleitet von Wohlgeruch und in gleißendes Licht getaucht.

Dieser Darstellung zufolge umfaßt der Gral mehrere Bedeutungsebenen gleichzeitig. Unter profanem Aspekt könnte er als ein Gefäß interpretiert werden: als ein Becher, eine Schale oder ein Kelch. Im übertragenen Sinne könnte er auch ein Stammbaum sein oder für bestimmte Abkömmlinge dieses Stammbaums stehen. Ganz offensichtlich scheint er jedoch eine Erfahrung besonderer Art zu vermitteln, eine gnostische Erleuchtung, wie sie von den Katharern und anderen gnostischen Sekten jener Zeit immer wieder angestrebt wurde.

Wolfram von Eschenbachs »Parzival«. Das bekannteste und literarisch bedeutendste Gralsepos ist der zwischen 1197 und 1210 entstandene *Parzival* Wolframs von Eschenbach. Zunächst fürchteten wir, der Umstand, daß Wolfram bayrisch-fränkischer Herkunft war, könne ihn sein Thema allzu distanziert behandeln lassen. Aber wir merkten rasch, daß unsere Bedenken grundlos waren: Wenn überhaupt einer Wesentliches zum Gral zu sagen hatte, so war das Wolfram.

Am Ende seines *Parzivals* stellt Wolfram selbstbewußt fest, seine Gralserzählung sei im Gegensatz zu der von Chrétien de Troyes die einzig authentische, da sie sich auf alle verfügbaren Informationen stütze, die er, Wolfram, von Kyot de Provence erhalten habe. Kyot seinerseits sei von einem gewissen Flegetanis über diese Geschichte unterrichtet worden. Dazu Wolfram wörtlich:

»»Wer mich vorher danach fragte und mich schalt, weil ich es ihm nicht sagte, hat sich selbst in eine peinliche Lage gebracht. Kyot bat mich, Stillschweigen zu bewahren, denn die Aventüre gebot ihm, nichts darüber verlauten zu lassen, bis der Gang der Erzählung näheren Aufschluß erforderlich machte. Kyot, der berühmte Meister der Dichtkunst, fand in Toledo in einer unbeachteten arabischen Handschrift die Erstfassung dieser Erzählung. Zuvor mußte er die fremde Schrift lesen lernen, allerdings ohne die Zauberkunst zu studieren. Ihm kam zustatten, daß er getauft war, sonst wäre die Erzählung bis heute unbekannt geblieben. Keine heidnische Wissenschaft reicht nämlich aus, das Wesen des Grals zu entschlüsseln und in seine Geheimnisse einzudringen. Einst lebte ein Heide mit Namen Flegetanis, der für seine Gelehrsamkeit hoch berühmt war. Dieser Naturforscher stammte von Salomon ab und war aus altem israelischem Geschlecht. Seine Abstammung läßt sich zurückverfolgen bis in die Zeit vor der Menschwerdung Christi, als die Taufe unser Schutz vor dem Höllenfeuer wurde. Dieser Mann zeichnete die Geschichte des Grals auf. Väterlicherseits war Flegetanis ein Heide und erwies einem Kalb göttliche Ehre. Wie konnte der Teufel ein verständiges Volk zu so schmählichem Tun verführen, daß es sich nicht einmal durch die Allmacht und Weisheit Gottes davon abbringen ließ! Der Heide Flegetanis besaß Kenntnisse über die Bahnen der Sterne und ihre Umlaufzeit. Mit dem Kreislauf der Sterne ist aber das Geschick der Menschen eng verbunden. So entdeckte der Heide Flegetanis in der Konstellation der Gestirne verborgene Geheimnisse, von denen er selbst nur mit Scheu erzählte. Er erklärte, es gebe ein Ding, das ›der Gral‹ hieße; diesen Namen las er klar und unzweideutig in den Sternen. ›Eine Schar von Engeln ließ ihn auf der Erde zurück, bevor sie hoch über die Sterne emporschwebte und vielleicht, von ihrer Schuld befreit, wieder in den Himmel gelangte. Seither müssen ihn

Christen mit ebenso reinem Herzen hüten. Wer zum Gral berufen wird, besitzt höchste menschliche Würde.‹

Dies schrieb Flegetanis darüber. Kyot, der gelehrte Meister, suchte nun überall in lateinischen Büchern nach Hinweisen, wo es ein Volk gegeben habe, das dank seiner Reinheit zum Schutz des Grals berufen wurde. Er durchforschte die Chroniken von Britannien, Frankreich, Irland und anderen Ländern. Schließlich fand er die gesuchte Kunde in Anjou. Er las die authentische und ausführliche Geschichte von Mazadan und den Schicksalen seines Geschlechts.‹«[14]

Diese Textpassage enthält zumindest vier Stellen, die weiterer Aufklärung bedürfen. Nicht nur, daß eine gewisse Familie Mazadan mit der Gralserzählung in Verbindung gebracht wird, auch das Haus Anjou spielt offenbar in ihrer Überlieferung eine entscheidende Rolle. Darüber hinaus scheint die ursprüngliche Fassung dieser Geschichte aus dem arabischen Spanien zu stammen, von wo aus sie über die Pyrenäen nach Westeuropa gelangte. Ein ernstzunehmender Hinweis, da Toledo als Zentrum jüdischer sowie mohammedanischer Esoterik galt. Schließlich die wichtigste Stelle innerhalb des ganzen Zitats, die besagt, daß die Gralsgeschichte letztendlich jüdischen Ursprungs sei. Wenn dem Gral gerade seitens des Christentums der Charakter eines Mysteriums zugeschrieben wird, warum sollte sein Geheimnis ausgerechnet durch jüdische Eingeweihte weitergegeben worden sein? Auf welche Weise konnten jüdische Autoren an christliche Quellen gelangen, von denen das Christentum selbst nichts wußte?

Die Forschung hat viel Zeit und Energie darauf verwandt, um festzustellen, ob Kyot und Flegetanis historische oder fiktive Personen sind. Die Identität Kyots läßt sich ohne große Mühe feststellen: Er dürfte mit Guiot de Provins identisch sein, einem Mönch und Troubadour, der in der Provence lebte und Liebeslieder, Schmähschriften gegen die Kirche, Lobpreisungen auf den Tempel und satirische Verse verfaßte. Anläßlich der pfingstlichen Ritterspiele im Jahre 1184, bei denen Kaiser Friedrich Barbarossa seine Söhne in den Ritterstand aufnahm, weilte Guiot in Mainz. Unter den zahlreichen Dichtern und Vaganten, die an diesem Fest teilnahmen, dürfte sich mit größter Wahrscheinlichkeit auch Wolfram von Eschenbach befunden haben, so daß man davon ausgehen kann, daß er mit Guiot zusammentraf. Gelehrte Herren waren damals nichts Alltägliches. Es wäre also durchaus denkbar, daß Guiot in Wolfram eine verwandte Seele fand, der er, wenn auch unter dem Mantel der Symbolik, gewisse Gralsgeheimnisse anvertraute. Vorausgesetzt, Kyot de Provence war niemand anderes als Guiot de Provins, dann dürfen wir mit einiger Berechtigung davon ausgehen, daß Flegetanis ebenfalls gelebt hat. Sollte es ihn in Wirklichkeit jedoch nicht gegeben haben, müßten Wolfram und Guiot ihn aus gewichtigen Gründen sozusagen als Kunstperson ins Leben gerufen und ihn mit dem Hintergrund und der Herkunft ausgestattet haben, von denen im *Parzival* die Rede ist.

Das Interesse am Templerorden, das Wolfram offenbar mit Guiot teilte, schlägt sich im *Parzival* in der Weise nieder, daß die Hüter des Grals sowie die Gralsfamilie Templer sind. Handelt es sich dabei um einen der Phantasie entsprungenen Anachronismus, um einen freien Umgang mit der historischen Wirklichkeit, wie er zu jener Zeit häufig von Dichtern gepflogen wurde? Wahrscheinlich nicht, denn von Wolfram ist bekannt, daß er in diesen Dingen sehr sorgfältig zu Werke ging. Erinnert sei auch an die zahlreichen Anspielungen auf die Templer im *Perlesvaus*. Sollten sich der Verfasser des *Perlesvaus* und der des *Parzival* des gleichen Kunstgriffs bedient haben? Das wäre nicht auszuschließen. Andererseits könnte Wolfram, da er die Verbindung zwischen Gral und Tempelrittern so augenfällig hervorhebt, etwas ganz Bestimmtes zum Ausdruck gebracht haben wollen: daß der Gral nämlich nicht nur zur Zeit von König Artus' Tafelrunde, sondern auch noch zur Zeit der Kreuzzüge existierte, als die Gralsromane niedergeschrieben wurden.

Der zeitgenössische Hintergrund, vor dem Wolframs Epos spielt, ist folglich genauso wichtig wie die Dichtung selbst. Sowohl die Rolle der Tempelritter als auch die Identität von Kyot und Flegetanis könnten ein Schlüssel zu dem Geheimnis sein, das den Gral umgibt. Bedauerlicherweise trägt der Text des *Parzival* nur wenig zur Klärung dieser Probleme bei. Dafür wirft er jedoch eine ganze Menge anderer auf.

Wolframs Festellung, sein *Parzival* sei im Gegensatz zu Chrétiens *Perceval* die einzig authentische Gralserzählung, da sie auf dem Wissen von Eingeweihten beruhe, läßt den Schluß zu, daß sich hinter dem Gralsgeheimnis mehr verbirgt, als auf den ersten Blick wahrzunehmen ist. Wiederholt weist Wolfram in seinem Werk darauf hin, daß der Gral neben allen ihm zugeschriebenen Bedeutungen in erster Linie das Sinnbild eines Mysteriums sei. Deshalb fordert er seine Leser immer wieder auf, zwischen den Zeilen zu lesen. Gleichzeitig ermahnt er sie aber auch, strengstes Stillschweigen darüber zu bewahren: »Den Gral kann allein erringen, wer im Himmel bekannt genug ist, zum Gral berufen zu werden.«[15] Und weiter heißt es: »So blieben die Geheimnisse des Grals gewahrt; nur die wissen von ihnen, die nach Munsalwäsche in die Gralsgemeinschaft berufen wurden.«[16]

Was versteht Wolfram von Eschenbach nun letztendlich unter dem Gral? Die erste Erwähnung des Grals anläßlich Parzivals Aufenthalt auf der Burg des »Fischerkönigs« läßt keine weiteren Rückschlüsse zu. Wolframs Darstellung ist ebenso ausführlich wie ungenau. Immerhin gibt es eine Reihe von Überschneidungen mit der vagen Beschreibung Chrétiens:

»Jetzt endlich erschien die Königin. Ihr Antlitz strahlte so hell, daß alle meinten, der neue Tag sei angebrochen. Ihr Gewand war aus arabischer Seide, und auf grünem Seidentuch trug sie den Inbegriff paradiesischer Vollkommenheit, Anfang und Ende allen menschlichen Strebens! Dieser Gegenstand wurde ›Gral‹ genannt und übertraf alle Vorstellungen irdischer Glückseligkeit. Die Edelfrau, die allein den Gral herbeitragen durfte, hieß Repanse de Schoye. Mit dem Gral hatte es nämlich folgende Bewandtnis: Wer ihn hütete, mußte unberührt und makellos sein.«[17]

Unter anderem scheint der Gral auch eine Art »Füllhorn irdischer Köstlichkeiten« zu sein:

»Und hört noch weiter: Hundert Knappen mußten vor dem Gral ehrfurchtsvoll das Brot aufheben und auf weißes Linnen legen, um sich danach zu den Speisetafeln zu begeben. Man hat mir versichert — und ich wiederhole es bei eurem Eid, so daß ihr mit mir lügt, wenn ich die Unwahrheit sage —, daß vor dem Gral alles bereitstand, wonach man nur verlangte. Man fand dort warme und kalte Speisen, bekannte und unbekannte Gerichte, Fleisch von Haustieren und Wildbret. Vielleicht wird der eine oder andere einwenden, das sei unmöglich. Er tut aber unrecht daran; der Gral war wirklich ein Hort des Glücks, ein Füllhorn irdischer Köstlichkeiten, so daß man ihn fast mit der Herrlichkeit des Himmelreichs vergleichen könnte.«[18]

Das alles klingt recht weltlich, um nicht zu sagen prosaisch. Später jedoch, in der Erzählung des Einsiedlers Trevrizent, Parzivals Onkel, werden die Kräfte des Grals als viel mächtiger in ihrer Wirkung dargestellt. In seiner Definition des Grals kommt eine unverkennbar gnostische Denkweise zum Vorschein:

»›Mir ist bekannt, daß in Munsalwäsche beim Gral viele wehrhafte Ritter leben, die häufig auf Abenteuer ausreiten. Diese Tempelherren sehen im Kampf, ob er Niederlage oder Ruhm bringt, eine Buße für ihre Sünden. Dort wohnt also eine tapfere Schar, und ich will Euch auch erzählen, wovon sie leben: Sie erhalten Speise und Trank von einem makellos reinen Stein, und wenn Ihr bisher noch nichts von ihm gehört habt, wird er Euch jetzt beschrieben. Er heißt Lapsit exillis. Die Wunderkraft des Steines läßt den Phönix zu Asche verbrennen, aus der er zu neuem Leben hervorgeht. Das ist die Mauser des Phönix, und er erstrahlt danach ebensoschön wie zuvor. Erblickt ein todkranker Mensch diesen Stein, dann kann ihm in der folgenden Woche der Tod nichts anhaben. Er altert auch nicht, sondern sein Leib bleibt wie zu der Zeit, da er den Stein erblickte. Ob Jungfrau oder Mann: wenn sie, in der Blüte ihres Lebens stehend, den Stein zweihundert Jahre lang ansehen, ergraut lediglich ihr Haar. Der Stein verleiht dem Menschen solche Lebenskraft, daß der Körper seine Jugendfrische bewahrt. Diesen Stein nennt man auch den Gral.‹‹[19]

Bis heute gibt es jedoch keine überzeugende Deutung des Namens des Grals (*Lapsit exillis*). *Lapsit exillis* könnte eine Verballhornung von *lapis ex caelis* (Stein vom Himmel) sein oder von *lapsit ex caelis* (es fiel vom Himmel) oder von *lapis lapsus ex caelis* (ein vom Himmel gefallener Stein), schließlich aber auch von *lapis elixier* – dem vielzitierten »Stein der Weisen« der Alchimisten. Wie überhaupt nicht nur die hier zitierte Textpassage, sondern das gesamte Epos Wolframs zahlreiche alchimistische Symbole enthält. So ist zum Beispiel der Phönix ein bekanntes alchimistisches Synonym für Auferstehung und Wiedergeburt; in der frühmittelalterlichen Ikonographie wurde er als Sinnbild des wiederauferstandenen Christus verwandt.

Dieses alte Symbol für Christus greift Wolfram auf, ergänzt es implizit aber noch durch die Gleichsetzung des Gottessohnes mit einem Stein. Der allegorische Gebrauch des Begriffes Stein hat eine lange Tradition. Petrus etwa wird als der »Felsen« (Stein) bezeichnet, auf dem Jesus seine Kirche aufbauen will. Von diesem heißt es im Neuen Testament, wie wir bereits gehört haben, er sei »zum Eckstein geworden«, den die Bauleute verworfen hätten, zum Grundstein des Tempels, zum Stein von Zion. Da das von Gottfried von Bouillon ausgehende Königsgeschlecht auf diesem Stein (Berg) von Zion begründet worden war, war es den in Europa herrschenden Dynastien »ebenbürtig«.

In der weiteren Erzählung des Einsiedlers, die unmittelbar an das obige Zitat anschließt, wird der Gral direkt zum Karfreitagsgeschehen, also zur Kreuzigung, in Beziehung gesetzt:

»›Am heutigen Tag senkt sich auf ihn [den Gral] eine Botschaft, auf der seine Wunderkraft beruht. Heute haben wir Karfreitag, und an diesem Tag kann man sehen, wie eine Taube vom Himmel herabfliegt und eine kleine weiße Oblate zum Stein trägt. Nachdem sie die Oblate auf den Stein gelegt hat, kehrt die blendendweiße Taube zum Himmel zurück. Wie gesagt: Jedes Jahr am Karfreitag legt sie eine solche Oblate auf den Stein, die ihm die Wunderkraft verleiht, die köstlichsten Getränke und Speisen dieser Erde in überströmender Fülle darzubieten, alles, was die Erde hervorbringt, auch alles Wildbret unter dem Himmel, ob es fliegt, läuft oder schwimmt. Die Wunderkraft des Grals sichert das Dasein seiner ritterlichen Bruderschaft.‹«[20]

Schließlich erfährt der Leser auch noch aus dem Munde Trevrizents, wie diejenigen berufen werden, die zu den Auserwählten der Gralsgemeinschaft zählen:

»›Vernehmt nun, wie bekannt wird, wer zum Gral berufen ist. Am oberen Rand des Steins erscheint eine geheimnisvolle Inschrift. Sie kündet Namen und Geschlecht der Mädchen oder Knaben, die für die heilbringende Fahrt zum Gral bestimmt sind. Man braucht die Inschrift nicht zu entfernen, denn sobald man sie gelesen hat, verschwindet sie von selbst vor den Augen. Wer heute als erwachsener Mensch beim Grale lebt, ist als Kind zu ihm berufen worden. Jede Mutter kann sich glückselig schätzen, wenn ihr Kind zum Dienst beim Gral berufen wird. Arme und Reiche sind glücklich, wenn sie aufgefordert werden, ihr Kind in die Gralsgemeinschaft zu entsenden. Aus vielen Ländern werden ihre Mitglieder geholt, und sie bleiben beim Gral ihr Leben lang frei vom Makel der Sünde. Später erwartet sie reicher Lohn im Himmel. Geht ihr Leben auf Erden zu Ende, dann finden sie im Himmel höchste Erfüllung.‹«[21]

Während die Tempelritter Bewacher des Grals sind, scheinen seine eigentlichen Hüter Angehörige einer bestimmten Familie zu sein. Diese Familie besitzt zahlreiche, über die ganze Welt verstreute Seitenlinien, von denen einige sich ihrer wahren Identität häufig gar nicht bewußt sind. Andere Familienmitglieder bewohnen die Gralsburg Munsalvaesche, als deren Vorbild die sagenhafte Katharerburg Montsalvat gedient haben könnte, die nach Otto Rahn mit der Festung auf dem Montségur identisch ist.[22] Auf Munsalvaesche leben unter anderen Repanse de Schoye (Repanse de Joie), die den Gral verwahrt und tragen darf, sowie Anfortas, der »Fischerkönig« und Herr der Burg, der an den Geschlechtsteilen verletzt ist und weder ein Kind zeugen noch sterben kann. Er ist, wie schon bei Chrétien de Troyes, Parzivals Onkel. Gegen Ende des Epos wird Anfortas von seinem Fluch befreit und kann endlich sterben. Daraufhin tritt Parzival seine Nachfolge als Herr der Gralsburg an.

Diejenigen, die dem Gral dienen, müssen zunächst in eine Art Mysterium eingeweiht werden. Die Auserwählten werden vom Gral aber auch in die Welt hinausgesandt, um in seinem Namen tätig zu werden und um manchmal einen Thron zu besteigen:

»›Gott hat bestimmt, daß beim Gral Jungfrauen dienen sollen; der Gralsdienst ist eine hohe Auszeichnung. So dürfen ihn nur Ritter verrichten, die keusch und enthaltsam sind. Steigen die Sterne auf ihrer Bahn empor, dann überkommt das Gralsvolk tiefer Gram. Zu lange währt schon Gottes Zorn! Wie könnten sie da fröhlich sein?

Neffe, jetzt will ich dir noch etwas erzählen, was du gern glauben darfst. Das Gralsvolk nimmt und gibt zugleich. So nehmen sie Kinder von vornehmer Geburt und körperlicher Schönheit bei sich auf. Erlischt aber andererseits in der Welt ein Herrschergeschlecht und wünscht das Volk des verwaisten Landes in Ehrfurcht vor Gott einen Herrscher aus der Gralsgemeinschaft, dann wird dieser Wunsch erfüllt. Sie müssen ihm aber untertänig dienen, denn auf ihm ruht Gottes Segen.‹«[23]

Ist dieser Passus so zu verstehen, daß die Gralsfamilie irgendwann einmal den Zorn Gottes auf sich gezogen hat? Oder ist der göttliche Ingrimm als ein Nachklang auf zahlreiche mittelalterliche Äußerungen über die Juden zu deuten? Gleichzeitig erinnert er aber auch an den Titel einer mysteriösen Schrift, die Nicolas Flamel zugeschrieben wird: *Das Heilige Buch von Abraham dem Juden, Fürsten, Priester, Leviten, Astrologen und Philosophen jenes Stammes der Juden, der durch den Zorn Gottes unter die Gallier zerstreut wurde.* Flegetanis, der Autor der ursprünglichen Fassung des Gralsromans, stammt, wenn man den Worten Wolframs Glauben schenken darf, von Salomon ab. Wäre es nicht denkbar, daß die Gralsfamilie unter diesen Umständen womöglich jüdischen Ursprungs ist?

Worin der Fluch auch immer bestanden haben mag, mit dem die Gralsfamilie einst belegt wurde, zur Zeit Parzivals erfreute sie sich wieder der Gunst Gottes in hohem Maß und verfügte über große Macht. Dennoch ist sie gehalten, ihre Identität unter keinen Umständen preiszugeben.

Dieses Gebot galt in erster Linie für die männlichen Mitglieder der

Gralsgemeinschaft: Im Gegensatz zu den Frauen, denen es gestattet ist, ihre Herkunft und Identität zu offenbaren, wenn sie zur Erde geschickt werden, müssen die Männer darüber absolutes Stillschweigen wahren. Nicht nur, daß sie keinerlei Frage nach ihrem Herkommen beantworten dürfen, sie müssen obendrein sogar noch darauf bestehen, daß diese Frage überhaupt nie gestellt wird. Am Schluß seines Werkes erinnert Wolfram noch einmal nachdrücklich an diese Vorschrift:

»Zugleich erschien am Gral eine Inschrift, die folgendes besagte: Beruft die Allmacht Gottes einen Tempelherrn zum Herrscher eines fremden Volkes, dann ist er verpflichtet, im Lande für Recht und Gerechtigkeit zu sorgen; er muß aber jede Frage nach seinem Namen und seinem Geschlecht verbieten. Wird er dennoch gefragt, dann kann er nicht länger im Lande bleiben.«[24]

Parzivals Sohn Lohengrin widerfuhr dieses Schicksal, als er von seiner Frau Elsa von Brabant nach seiner Herkunft befragt wurde. Wozu aber diese strenge Geheimhaltung? Was galt es aus einem zwingenden Grund zu verbergen? Vielleicht den Makel der jüdischen Abstammung? Falls die Vorfahren der Gralsfamilie tatsächlich Juden waren, könnte das − zumindest für die Zeit, in der Wolfram lebte − eine Erklärung sein. So trägt der Held in den verschiedenen Fassungen der Lohengringeschichte nicht immer denselben Namen: Manchmal heißt er Helios, dann aber auch wieder Elie oder Eli.[25]

In Robert de Borons Versroman sowie im *Perlesvaus* stammt Perceval vom »heiligen Geschlecht« Josephs von Arimathia ab; in Wolframs Epos ist dieser Umstand eher von untergeordneter Bedeutung. Für ihn stehen nicht so sehr die Ahnen seines Helden, als vielmehr die Mittel im Vordergrund, durch die er sich ihrer würdig erweist. Parzival muß, so will es sein Autor, bestimmten Anforderungen genügen, die in seinem Geblüt begründet liegen.

Denn zweifellos mißt Wolfram einem ganz bestimmten Geschlecht überdurchschnittlich hohe Bedeutung bei. Das beherrschende Thema aller seiner Werke, nicht nur des *Parzivals,* ist nicht so sehr der Gral als vielmehr die Gralsfamilie. Ihr und ihrer Genealogie widmet er weit mehr Aufmerksamkeit als dem geheimnisvollen Gegenstand, dessen Hüter sie ist.

Die Stammtafel der Gralsfamilie läßt sich aufgrund der Angaben im *Parzival* zunächst relativ leicht rekonstruieren: Der Held der Erzählung ist der Neffe des »Fischerkönigs« Anfortas; Anfortas' Vater heißt Frimutel und sein Großvater Titurel. Von diesem Punkt an wird die

Ahnenreihe etwas undurchschaubarer, führt aber schließlich zu einem gewissen Laziliez zurück. Dessen Eltern, die Begründer der Gralsfamilie, sind Mazadan und die Fee Terdelaschoye (Terre de la Joie). Der Name Mazadan könnte sich von dem zarathustrischen *Ahura-Mazda*, dem dualistischen Prinzip des Lichtes, ableiten.

Die Namen, die Wolfram von Eschenbach den Angehörigen der Gralsfamilie gibt, lassen zwar viele Interpretationen, aber keinerlei Rückschlüsse auf irgendeinen historischen Hintergrund zu. Wir wußten zwar, daß die Gralsfamilie angeblich mit Gottfried von Bouillon den Zenit ihres Ruhms erreicht hatte, aber das sagte kaum etwas über Gottfrieds mythische oder wirkliche Ahnen aus, die ja bekanntlich keinen Ton über ihren Ursprung hatten verlauten lassen dürfen. Wolfram zufolge fand Kyot eine Niederschrift der Gralsgeschichte in den Archiven des Hauses Anjou, und Parzival selbst ist angevinischen Geblüts gewesen. Das Haus Anjou spielt aber auch in anderer Hinsicht noch eine bedeutende Rolle: Fulk von Anjou, »ehrenhalber« zum Tempelherrn ernannt, heiratete im Jahre 1129 Melisende von Jerusalem, die Tochter König Balduins II., und wurde zwei Jahre später selbst zum König von Jerusalem gekrönt. So entstand, den »Prieuré-Dokumenten« zufolge, die Verbindung zwischen dem Haus Anjou — der Familie Plantagenet — und den Nachkommen der Merowinger.

Wo aber spielt nun Wolframs *Parzival*? Nachdem wir aus den von ihm verwandten Namen nur wenige Erkenntnisse hatten gewinnen können, unterzogen wir die geographischen Angaben einer genaueren Betrachtung. Schauplatz des Geschehens ist vorwiegend Frankreich. Im Gegensatz zu späteren Autoren von Gralsepen verlegt er sogar die Artusburg Camelot nach Nantes in Frankreich. Diese bretonische Stadt bildete ehedem, als die Merowinger den Höhepunkt ihrer Macht erklommen hatten, den westlichsten Punkt ihres Reiches.[26]

In einer Handschrift von Chrétien de Troyes erklärt Perceval, er sei in »Scaudone« oder »Sinadon« inmitten einer gebirgigen Landschaft geboren. Laut Wolfram von Eschenbach stammt Parzival aber aus »Waleis«. Die meisten Forscher vertreten die Meinung, »Waleis« stünde für Wales und »Sinadon« für Snowdon oder Snowdonia, woraus sich allerdings ein unüberwindliches Problem ergäbe: Die handelnden Personen reisen ständig zwischen »Waleis«, Nantes und anderen französischen Orten hin und her, ohne je ein Gewässer zu überqueren. Sie reisen also ausschließlich über Land und kommen durch Gegenden, deren Bewohner französisch sprechen. Waren Wolframs Geographiekenntnisse dermaßen mangelhaft? Oder steht »Waleis« am Ende gar nicht für Wales? Ist damit vielleicht die ehemalige Grafschaft Valois in der Île-de-France gemeint? Diese Annahme ist aber ebenso unzutreffend, da es im Valois keine Berge gibt und Wolframs Landschaftsbeschreibungen mit den dortigen Gegebenheiten überhaupt nicht übereinstimmen. Eine weitere Möglichkeit wäre, »Waleis« mit dem eidgenössischen Wallis (franz. Valais), östlich des Genfer Sees am Oberlauf der Rhône gelegen, zu identifizieren. Das Wallis ist eine gebirgige Gegend, die auch mit den anderen topographischen Angaben Wolframs übereinstimmt und deren Bewohner tatsächlich französisch sprechen. In diesem Falle wäre Parzivals Heimat weder Wales noch Valois, sondern das Wallis, und sein Geburtsort nicht Snowdon (Snowdonia), sondern Sedunum, das heute Sitten (franz. Sion) heißt und die Hauptstadt des Kantons Wallis ist.

Bis dahin hatten wir dem *Parzival* Wolframs entnehmen können, wo sich die Artusburg befand und der wahrscheinliche Geburtsort des Helden lag. Über die Gralsfamilie und die Gralsburg hüllt sich dieses Werk jedoch mehr oder weniger in Schweigen. Mehr Aufschluß über die Genealogie der Gralsfamilie erhielten wir durch den in zwei Fragmenten überlieferten *Titurel*, in dem sich Wolfram ausführlich mit dem Leben Titurels, des Vaters von Anfortas und Erbauers der Gralsburg, beschäftigt. Bautechnische Einzelheiten wie Maße, benutzte Materialien, innere und äußere Gestaltung der Gralsburg bot ein um 1270 entstandenes Epos, *Der jüngere Titurel*, dessen anonymer Autor auf Wolframs unvollendet gebliebenes Werk zurückgriff und die darin angelegte Erzählung beträchtlich erweiterte. Wie bei Wolfram liegt die Burg in den Pyrenäen.

Wolfram von Eschenbach hinterließ noch ein weiteres, ebenfalls Fragment gebliebenes Epos, den *Willehalm*. Sein Protagonist ist Wilhelm von Orange, jener Merowingergraf, der in der zweiten Hälfte des achten Jahrhunderts über ein Staatswesen gebot, das sich von Südfrankreich über die Pyrenäen bis nach Spanien erstreckte. Von ihm wird behauptet, er sei mit der Gralsfamilie verbunden gewesen.[27] Damit wäre er die einzige Figur in Wolfram von Eschenbachs Werken, deren historische Identität sich nachweisen läßt. Doch auch in seiner Behandlung nicht identifizierbarer Personen geht Wolfram erstaunlicherweise peinlich genau zu Werke. Je aufmerksamer man seine Dichtungen liest, desto mehr gelangt man zu der Überzeugung, daß sie sich nicht auf eine mythische oder frei erfundene Familie beziehen, sondern auf echte

Menschen, die wirklich gelebt haben. Eine Schlußfolgerung, die um so logischer scheint, als Wolfram selbst zugibt, daß seine Epen mehr seien als einfache Ritterromane: Er versteht sie als eine Art Leitfaden für einen Hort von Geheimnissen.

Der Gral und die Kabbalistik. Der anonyme Autor des *Perlesvaus* beschreibt den Gral als eine Erfahrung. Auch Wolfram scheint in seinen Exkurs über die Heilkräfte und die Fähigkeit des Grals, Menschenleben zu verlängern, etwas ebenso Empirisches wie Symbolisches einzubeziehen – eine Geisteshaltung oder eine Daseinsform. Zweifellos stellt der Gral eine Art Einweihungserfahrung dar, die man in heutiger Terminologie mit »Transformation« oder »Bewußtseinsveränderung« umschreiben würde. Mit ebenso viel Berechtigung könnte man diesen Vorgang aber auch als »gnostisches« oder »mystisches Erlebnis«, als »Erleuchtung« oder »Einssein mit Gott« bezeichnen. Diese verschiedenen Stufen der Versenkung und Ekstase waren zentrale Bestandteile kabbalistischen Denkens. Die Kabbala erfreute sich zu Beginn des dreizehnten Jahrhunderts, also in der Blütezeit der Gralsromane, größten Zuspruchs. So verfügte Toledo zum Beispiel über eine berühmte kabbalistische Schule, und ähnliche Einrichtungen entstanden in rascher Folge in Montpellier und anderen südfranzösischen Städten. Bestimmt war es kein Zufall, daß auch Troyes eine solche Schule hatte, die 1070 gegründet worden war und von einem der bedeutendsten mittelalterlichen Kabbalisten geleitet wurde: von Rabbi Schelomo Jizchaki (genannt Raschi).

Im Rahmen dieses Buches ist es natürlich nicht möglich, der kabbalistischen Gedankenwelt auch nur einigermaßen gerecht zu werden. Dennoch bedürfen einige Punkte der Erläuterung, damit der Zusammenhang zwischen Kabbalistik und Gralsdichtung sichtbar wird. Man könnte die Kabbalistik als »esoterischen Judaismus« bezeichnen, als angewandte Psychologie, die grundlegende Bewußtseinsveränderungen bewirkt und einzig und allein jüdischen Ursprungs ist. Ähnliche Ziele, das heißt durch mystische Versenkung zu einer geistigen Transformation zu gelangen, werden auch im Hinduismus, Buddhismus, Taoismus sowie bei gewissen Arten des Yoga und des Zen verfolgt.

Die kabbalistische Initiation umfaßt eine Reihe von Ritualen, eine organisch gegliederte Folge von Einweihungserlebnissen, die den Neuling stufenweise zu höherem Bewußtsein und tieferem Erkenntnisvermögen führen. Auch wenn die Bedeutung solcher Veränderungen unterschiedlich interpretiert werden kann, so steht doch außer Frage, daß sie sich stets auf ein und denselben Hintergrund bezieht. Im *Tiferet*, einem der wichtigsten Stadien innerhalb der kabbalistischen Initiation, gelangt das Individuum über die Welt der Form hinaus in die des Formlosen; es transzendiert also sein Ego. Symbolisch ausgedrückt beinhaltet der *Tiferet* eine Art Opfertod — nämlich das Absterben des Ichs, der Individualität und der Isolierung, die sie mit sich bringt — sowie eine Wiedergeburt oder Auferstehung in einer anderen Dimension, die von allumfassender Einheit und Harmonie ist. Christliche Adaptionen der Kabbalistik assoziierten daher Jesus mit dem *Tiferet*.

In der mittelalterlichen Kabbalistik ist die Initiation in den *Tiferet* mit ganz bestimmten Symbolen verbunden. Dazu gehören ein Eremit — ein geistiger Führer oder weiser alter Mann —, ein König, ein Kind und ein geopferter Gott.[28] Mit der Zeit kamen weitere Symbole hinzu: eine abgestumpfte Pyramide, ein Würfel sowie ein Rosenkreuz. Die Beziehung dieser Symbole zu den Gralsromanen ist augenfällig. In jeder Gralserzählung gibt es einen weisen alten Einsiedler, der stets als Onkel Percevals (Parzivals) und als geistiger Führer auftritt. Die Gleichsetzung des Grals mit einem »Stein« in Wolframs *Parzival* könnte dem Würfelsymbol entsprechen. Und die verschiedenen Manifestationen des Grals im *Perlesvaus* sind fast haargenaue Entsprechungen der Initiation im *Tiferet*.[29]

Spiel mit den Worten... Der Zusammenhang, den wir zwischen Gral und Kabbalistik hergestellt hatten, verlieh der Gralsgeschichte ein weiteres jüdisches Element, das nicht so recht zu ihrem angeblich christlichen Charakter passen wollte. Hinzu kamen weitere Aspekte historischer und genealogischer Natur, die wir nicht ignorieren konnten.

Alle Gralsepen enthalten die gleichen, ausgesprochen unmystischen und diesseitigen Grundzüge: Ein unerfahrener junger Ritter unterzieht sich verschiedenen Prüfungen, bis er sich als »würdig« erweist, in ein bedeutungsträchtiges Geheimnis eingeweiht zu werden. Dieses Geheimnis wird stets von einer Art Ritterorden gehütet und steht mit einer bestimmten Familie in Zusammenhang. In allen Texten wird der Held — sei es durch Einheirat in diese Familie oder durch eigene Herkunft oder aufgrund von beidem — Herr des Grals. Zumindest auf dieser Ebene schienen wir es also mit handfesten historischen

Gegebenheiten zu tun zu haben. Politische Macht läßt sich ebenso vererben wie der Besitz von Grund und Boden, von Gebäuden und Reichtümern; niemand kann jedoch Herr oder Erbe einer ganz bestimmten Erfahrung werden.

Was hatte es also zu bedeuten, so fragten wir uns, daß in den Gralsromanen vor allem auf Fragen der Herkunft und Genealogie, auf Vor- und Nachfahren, auf Haupt- und Nebenlinien sowie auf deren Erben in solchem Maße abgehoben wurde? Immer wieder konnten wir feststellen, daß sich genealogische Angaben in den Gralserzählungen mit unseren eigenen Nachforschungen überschnitten, die wir, um nur drei Beispiele zu nennen, zu dem Haus Anjou, zu Wilhelm von Orange oder Gottfried von Bouillon angestellt hatten. Stand das Geheimnis, das sowohl Rennes-le-Château wie die Prieuré de Sion umgab, am Ende in irgendeinem Bezug zu dem ebenso geheimnisvollen Heiligen Gral?

Alles, was wir bislang herausgefunden hatten, sprach eigentlich für eine solche Annahme, die noch durch eine andere Beobachtung zusätzliche Bestätigung erfuhr: In vielen frühen Handschriften von Gralsdichtungen wird dieser als »Sangraal« oder — wie bei Malory — als »Sangreal« bezeichnet. Vermutlich war eine dieser Formen die ursprüngliche, die man später jedoch falsch trennte, so daß aus »Sang Raal« beziehungsweise »Sang Real« irrtümlicherweise »San Graal« beziehungsweise »San Greal« wurde. In heutiger Schreibweise ist »Sang Réal« nichts anderes als »Sang Royal« (königliches Blut).

Ein solches Wortspiel mag inspirierend sein, beweiskräftig ist es aber noch lange nicht. Stellt man es jedoch in einen direkten Zusammenhang mit den genealogischen Aspekten, denen in den Epen ein so überragender Stellenwert zuerkannt wird, so bleibt für Zweifel wenig Raum. Der Gral schien also nicht nur ein Gefäß gewesen zu sein, in dem das Blut Jesu Christi aufgefangen worden war, sondern war ganz offensichtlich an das Geblüt eines Geschlechts gebunden. Worauf sich ganz selbstverständlich die Frage erhebt: wessen Geblüt und welches Geschlecht?

Die verlorenen Könige und der Gral. Im ausgehenden zwölften und zu Beginn des dreizehnten Jahrhunderts erschien neben den Gralsdichtungen eine Reihe anderer bedeutender literarischer Werke — so zum Beispiel von Hartmann von Aue oder Gottfried von Straßburg. Diese Epen, in denen der Gral überhaupt nicht erwähnt wird, spielen aber ebenso wie die Gralsromane in der mythisch-historischen Welt von

König Artus' Tafelrunde. Soweit sich überhaupt irgendwelche geschichtlichen Daten zu diesem sagenhaften König feststellen lassen, lebte Artus an der Wende vom fünften zum sechsten nachchristlichen Jahrhundert, zur gleichen Zeit also, da die Merowinger den Gipfel ihrer Macht erklommen hatten. Das heißt, daß Artus ein Zeitgenosse Chlodwigs war.

Das Zeitalter der Merowinger scheint die Phantasie der Dichter der Kreuzzugsepoche so stark angeregt zu haben, daß sie es als Vorwurf auch für jene Werke benutzten, die mit König Artus oder der Gralsgeschichte gar nichts zu tun hatten. Hierzu zählt das *Nibelungenlied*, aus dessen Stoff Richard Wagner seinen *Ring des Nibelungen* formte. Beide, das musikalische Werk und das Epos, auf dem es beruht, werden gemeinhin als reine Phantasieprodukte abgetan. Die Nibelungen hat es jedoch wirklich gegeben; sie waren ein germanischer Stamm, der gegen Ende des merowingischen Zeitalters lebte. Überdies sind die meisten Namen im *Nibelungenlied* — wie Siegmund, Siegfried, Sieglinde, Brünhild (Brunechilde) und Kriemhild — eindeutig merowingischen Ursprungs.

Fast möchte man annehmen, daß der Grund für die intensive Beschäftigung der Dichter des zwölften und dreizehnten Jahrhunderts mit der Zeit der Merowinger darin zu suchen ist, daß sie über Kenntnisse verfügten, auf die spätere Schriftsteller und Historiker nicht mehr zurückgreifen konnten. Daß sich die Gralsromane sowie das *Nibelungenlied* auf das merowingische Zeitalter beziehen, ist heute keine Frage mehr. Die zwischen 1215 und 1230 entstandene *Queste del Saint Graal* (Suche nach dem Heiligen Gral) weist ausdrücklich darauf hin, daß der Inhalt der Gralsgeschichte sich genau 454 Jahre nach der Auferstehung Christi zugetragen habe.[30] Wenn wir davon ausgehen, daß Jesus im Jahre 33 starb, dann hätten sich die in der Gralssage geschilderten Geschehnisse im Jahre 487 ereignet — zur Zeit der ersten Blüte der Merowinger, knapp neun Jahre vor der Taufe Chlodwigs.

Es lag also nichts Außergewöhnliches darin, wenn wir die Gralsdichtungen mit dem merowingischen Zeitalter in Verbindung brachten. Hatten nicht schon Wolfram von Eschenbach und andere Zeitgenossen in ihren Werken wiederholt darauf hingewiesen, daß sich König Artus' Hof in Nantes befand und ihre Dichtungen im Frankenreich spielten? Uns war in diesem Punkt aufgrund der englandzentrierten Überlieferung der Artus-Sage der Blick für mögliche Alternativen bislang versperrt gewesen. Auch jene mittelalterlichen Überlieferungen, denen zufolge der Gral nicht nach England, sondern von Maria Magdalena mit in die Nähe von Marseille gebracht worden war, gaben uns zu denken. Aufgrund dieser Denkanstöße gelangten wir immer mehr zu der Überzeugung, daß der Gral, das »königliche Blut« *(sang réal)*, als eine eindeutige Anspielung auf das merowingische Geblüt zu verstehen war, dem man ja auch nachsagte, es sei geheiligt und mit übernatürlichen Kräften ausgestattet.

Unter dieser Voraussetzung könnte man in den Gralsepen symbolische oder allegorische Darstellungen von bestimmten Ereignissen der merowingischen Zeit sehen, auf die wir im Laufe unserer Nachforschungen möglicherweise schon gestoßen waren: Eine Einheirat in eine bestimmte Familie zum Beispiel, die die Legenden hervorgebracht hatte, die sich um den zweifachen Ursprung Merowechs rankten; oder die Gralsfamilie als verklausulierten Hinweis darauf, daß die Merowingerdynastie — *les rois perdus* (die verlorenen Könige) — in den Bergen und Höhlen des Razès beziehungsweise im englischen Exil im späten neunten und frühen zehnten Jahrhundert überlebt hatte; oder die geheimen dynastischen Verbindungen, durch die der merowingische Weinstock, gleich dem der Gralsfamilie, in Gestalt von Gottfried von Bouillon und dem Hause Lothringen zur höchsten Blüte gelangt war. War Artus (»der Bär«) womöglich nicht mit »Ursus« identisch, den die Autoren der höfischen Epen unter Heranziehung von Geoffrey of Monmouths *Historia regum Britannaie* (Geschichte der Könige Britanniens) nur deshalb zu jenem sagenhaften keltischen beziehungsweise gallo-römischen Stammesfürsten umgedeutet hatten, um in seiner Person eine völlig andere und geheime Überlieferung zu begründen? Wenn dem so war, dann wurde auch verständlich, warum die Tempelritter, deren Orden die Prieuré de Sion zum Schutz des merowingischen Geschlechts gegründet hatte, in gleicher Funktion zu Wächtern des Grals und der Gralsfamilie berufen worden waren. Mit anderen Worten, wenn die Gralsfamilie mit der Merowingerdynastie gleichzusetzen war, dann hätten die Templer tatsächlich das Amt der Wächter über den Gral ausgeübt — übrigens zur gleichen Zeit, da die Gralsromane entstanden. Insofern wäre auch die Tatsache, daß sie Eingang in die damalige Literatur fanden, kein Anachronismus.

Eine äußerst bestechende Hypothese, die allerdings eine schwerwiegende Frage aufwarf: Die Gralsepen mochten zwar zeitlich und inhaltlich in den Jahren der Merowingerherrschaft angesiedelt sein, aber sie brachten dieses Gefäß aller »irdischen Köstlichkeiten« eindeutig mit Jesus, mit Joseph von Arimathia und mit Maria Magdalena in Verbindung. In Robert de Borons Werk wird Galaad als Sohn Josephs bezeichnet, wobei freilich die Identität der Mutter unklar bleibt. Der anonyme Autor der *Queste del Saint Graal* geht noch einen Schritt weiter, indem er Galaad einen Sproß des Hauses Davids nennt und ihn mit Jesus gleichsetzt. Wie wir der Einleitung zur »Suche nach dem Heiligen Gral« entnehmen konnten, leitet sich der Name Galaad von Gilead her, einer mystischen Bezeichnung für Jesus.[31]

Wenn der Gral nun aber mit der merowingischen Dynastie zu identifizieren war, worin bestand dann seine Verbindung zu Jesus? Wie ließ sich die zeitliche Kluft zwischen den beiden angenommenen Fixpunkten erklären? Bestand irgendein Zusammenhang zwischen der Tatsache einerseits, daß Maria Magdalena angeblich ein Gefäß nach Gallien mitgenommen haben soll, und dem merowingischen Zeitalter andererseits, zu dem der Gral in enge Beziehung gesetzt wird?

Eine erste, wenn auch noch vorläufige Antwort, hatten uns die Gralsromane gegeben: Sie alle heben die Bedeutung des Blutes Jesu Christi hervor und stellen gleichzeitig ein bestimmtes Geschlecht in den Vordergrund des Geschehens. Wo aber lag der Berührungspunkt zwischen diesen beiden scheinbar so unverbundenen Teilen? Etwa darin, daß Jesus und die Merowinger desselben Geblüts waren? Wann und wo hatte sich das Geschlecht, das mit dem Gral aufs engste verbunden und kurz nach Jesu Kreuzigung das Heilige Land verlassen und nach Europa geflohen war, mit dem der Merowinger vereinigt?

Synthese als Prinzip. In diesem Stadium unserer Untersuchungen sichteten wir erneut das uns vorliegende Beweismaterial. Unwillkürlich stellte sich uns dabei die Frage, weshalb sich eigentlich noch nie ein Historiker seiner bedient hatte. Schließlich stand es seit langem zu jedermanns Verfügung. Warum hatte es bislang niemand gewagt, die einzelnen Teilchen dieses aufregenden Puzzlespiels zusammenzusetzen und die doch ziemlich augenfälligen, wenn auch spekulativen Schlüsse daraus zu ziehen? Gewiß, noch vor ein paar hundert Jahren wären solche Schlußfolgerungen tabu gewesen und ihre Urheber streng bestraft worden; aber diese Gefahr bestand schon seit mindestens zweihundert Jahren nicht mehr.

Wir kamen zu dem Schluß, daß die Begründung dafür in unserem eigenen Zeitalter zu suchen war. Seit der »Aufklärung« des achtzehnten Jahrhunderts sind Kultur und Bewußtsein Europas und der Neuen

Welt eher analytisch als synthetisch orientiert. Demzufolge prägt unsere Gegenwart eine ständig zunehmende Spezialisierung, von der alle Bereiche des öffentlichen Lebens betroffen sind. Auch Forschung und Lehre konnten sich diesem Druck nicht entziehen und legen heute übermäßiges Gewicht auf die Aufteilung des Wissens in verschiedene »Disziplinen«. Daher waren die verschiedenen Bereiche, die wir in unsere Nachforschungen einbezogen, traditionsgemäß in voneinander getrennte Fächer aufgespalten. In jedem dieser Forschungsgebiete war das einschlägige Material von Experten untersucht und ausgewertet worden, aber nur sehr wenige dieser Fachleute haben sich um Kontakte zwischen ihrer eigenen und anderen Disziplinen bemüht. Denn interdisziplinärer Forschung hängt heutzutage oft noch der Ruf des Eklektizismus an. Aus diesem Grund wird sie nicht selten mit der Begründung verurteilt, sie sei — unter anderem — zu spekulativ.

Dieses zugegebenermaßen leicht überspitzte Bild der gegenwärtigen Forschungssituation traf auch auf unser eigenes Untersuchungsgebiet zu. In den letzten Jahren und Jahrzehnten wurden zahlreiche Abhandlungen über die Gralsepik, ihren Ursprung und ihre Entwicklung, ihren Einfluß auf die Kultur und ihre literarischen Qualitäten vorgelegt. Darüber hinaus gibt es eine Vielzahl von Studien über die Tempelritter und die Kreuzzüge. Aber nur wenige Experten auf dem Gebiet des höfischen Epos waren Historiker, und noch weniger haben auch nur irgendein Interesse an der zuweilen komplizierten Geschichte gezeigt, die sich hinter den Tempelrittern und Kreuzzügen verbirgt. Denjenigen, der es wagt, einem Historiker gegenüber auch nur andeutungsweise die Vermutung zu äußern, die Gralsromane seien nicht nur der Imagination der jeweiligen Autoren entsprungen, sondern spiegelten eine Reihe von historisch verifizierbaren Ereignissen wider, wird bald der Bannstrahl »Häresie!« treffen. Hat aber nicht Heinrich Schliemann, wie es heißt, Troja vor rund einhundert Jahren nur deshalb entdeckt, weil er »seinen« Homer wörtlich nahm?

Soweit uns bekannt ist, gibt es bis heute keine einzige ernstzunehmende historische Untersuchung, die den Versuch unternommen hätte, Tempelritter und Gral in einen Zusammenhang zu stellen. Die Tempelritter gelten als historisches Faktum, während man den Gral in das Reich der Phantasie verbannt, woraus folgt, daß eine Verbindung zwischen beiden nicht möglich ist.

Sind schon Historiker nicht gewillt oder nicht in der Lage, unkonventionelle Forschungswege zu beschreiten, so sind es Bibelexperten noch viel weniger. Seit Beginn des zwanzigsten Jahrhunderts wurden zahlreiche Überlegungen darüber angestellt, ob Jesus ein Pazifist, ein Essener, ein Mystiker, ein Buddhist, ein Zauberer, ein Revolutionär oder ein Homosexueller gewesen sein könnte. Trotz des reichen Materials über Jesus und den historischen Kontext des Neuen Testaments hat unseres Wissens bisher noch kein einziger Autor die Frage nach dem Gral auch nur angeschnitten. Der Gedanke, die Gralsromane könnten die Rätsel um das Neue Testament erhellen, scheint für die Fachleute nicht nachvollziehbar zu sein.

Doch Wirklichkeit, Geschichte und Wissen lassen sich nicht in Abschnitte aufteilen und nach dem willkürlichen Ablagesystem des menschlichen Intellekts in Aktenordner einheften. Schriftliche Beweise mögen zwar schwer zugänglich sein, aber es versteht sich von selbst, daß Überlieferungen tausend Jahre überdauern können, um dann als Schriftstücke wieder aufzutauchen, mit deren Hilfe sich Vergangenes zumindest teilweise rekonstruieren läßt. So verraten uns zum Beispiel bestimmte irische Sagen eine ganze Menge über den Übergang von der matriarchalischen zur patriarchalischen Gesellschaft im alten Irland. Und aus Leo Tolstois Roman *Krieg und Frieden*, den er rund ein halbes Jahrhundert nach den dargestellten Ereignissen niedergeschrieben hat, erfahren wir mehr über das Rußland zur Zeit Napoleons als aus den meisten Geschichtsbüchern – und ganz gewiß mehr als aus offiziellen Dokumenten.

Vonnöten ist also eine interdisziplinäre Betrachtungsweise, eine flexible und aufgeschlossene Einstellung, die es dem Forschenden ermöglicht, sich frei und ungehindert zwischen verschiedenen Disziplinen zu bewegen. Man muß imstande sein, Verbindungslinien zwischen Menschen, Geschehnissen und gewissen Erscheinungen herzustellen, die zeitlich und räumlich weit auseinanderliegen. Zu dieser Arbeitsweise gehört es auch, im Notfall vom dritten ins zwölfte oder vom siebten ins achtzehnte Jahrhundert zu springen und dabei aus einem vielfältigen Spektrum von Quellen zu schöpfen: aus dem Neuen Testament ebenso wie aus Gralsepen, merowingischen Chroniken oder aus den Schriften der Freimaurer. Kurz, man muß synthetisch verfahren, denn nur aufgrund einer übergreifenden Betrachtungsweise ist eine dem historischen Prozeß zugrunde liegende Kontinuität, ein zusammenhängendes Gefüge wahrzunehmen. Im Grunde genommen ist ein solches Vorgehen weder besonders neu noch außergewöhnlich. Es ist, als bediene man sich des Lehrsatzes eines neueren Dogmas der römisch-katholischen Kirche — der Unbefleckten Empfängnis zum Beispiel oder des Zölibats —, um weitere Erkenntnisse über das frühe Christentum zu gewinnen. In ganz ähnlicher Weise lassen sich die Gralsepen dazu heranziehen, um bislang unbekannte Aspekte des Neuen Testaments und vor allem der Person und des Lebens Jesu aufzuhellen.

Schließlich genügt es nicht, sich ausschließlich auf Fakten zu beschränken. Man muß auch die weitreichenden Auswirkungen von Tatsachen im Auge behalten, die oft in Form von Sagen und Legenden viele Jahrhunderte lang erhalten bleiben. Natürlich ist es nicht auszuschließen, daß die Fakten im Laufe dieses Prozesses verzerrt werden, vergleichbar etwa mit dem Echo, das zwischen Klippen widerhallt. Doch wenn die Stimme selbst sich nicht orten läßt, kann unter Umständen auch ein verzerrtes Echo den Weg zu ihr weisen. Tatsachen sind wie Kieselsteine, die man in den Teich der Geschichte wirft. Oft verschwinden sie, ohne eine Spur zu hinterlassen; die Wellen jedoch, die sie schlagen, ermöglichen es dem Beobachter, genau festzustellen, wo der Kiesel hineingefallen ist.

Allmählich wurde uns klar, daß alles, was wir im Laufe unserer Nachforschungen untersucht hatten, nur Wellen gewesen waren, die uns, wenn wir sie genau beobachteten, zu jenem Stein führen konnten, der vor zweitausend Jahren in den Teich der Geschichte geworfen worden war.

Unsere Hypothese. Maria Magdalena hatte bei unseren bisherigen Recherchen eine herausragende Rolle gespielt. Sie war es, die mittelalterlichen Legenden zufolge den Heiligen Gral — das »königliche Blut« — nach Gallien gebracht hatte. Der Gral ist in engem Zusammenhang sowohl mit Jesus als auch mit dem Blut eines bestimmten Geschlechts zu sehen. Zahlreiche Dichtungen, die diesem Thema gewidmet sind, spielen in der Zeit der Merowinger und wurden genau zu dem Zeitpunkt niedergeschrieben, nachdem Gottfried von Bouillon — angeblich ein Mitglied der Gralsfamilie und Nachfahre der Merowinger — König von Jerusalem geworden war, ohne diesen Titel jedoch offiziell zu führen.

Hätten wir es nicht mit einer historischen Person wie Jesus zu tun gehabt, wir hätten bestimmt nicht gezögert, bereits an dieser Stelle jene Schlußfolgerungen zu ziehen, die sich uns aufgrund der Beweise und unserer eigenen Überlegungen geradezu aufdrängten. Trotz aller möglichen Bedenken und Einwände, die gegen diese Schlüsse vorgebracht werden können, benutzten wir sie doch als Arbeitshypothese. Unsere Aufgabe bestand nun darin, sie auf ihre Brauchbarkeit hin zu überprüfen. Zunächst jedoch unsere Hypothese:

Maria Magdalena war mit Jesus verheiratet. Dieser Ehe entsprangen ein oder mehrere Kinder. Unmittelbar nach der Kreuzigung Jesu floh Maria Magdalena mit ihrer Nachkommenschaft nach Gallien, wo sie bei den dort existierenden jüdischen Gemeinden wahrscheinlich einen Unterschlupf gefunden haben dürfte. Auf diese Weise faßten die direkten Nachkommen Jesu in Gallien Fuß, und das *sang réal,* das unschätzbare »königliche Blut«, pflanzte sich im geheimen und ohne Unterbrechung etwa vierhundert Jahre lang fort. Während dieser Zeit wurden nicht nur Verbindungen mit anderen jüdischen Familien eingegangen, sondern auch mit Römern und Westgoten. Im fünften Jahrhundert vereinigte sich das Geschlecht Jesu mit dem der Franken und brachte so die Dynastie der Merowinger hervor.

Vorausgesetzt, diese hypothetischen Vermutungen trafen zu, fand eine ganze Reihe von Fragen, die bisher unbeantwortet geblieben waren, eine Erklärung: so zum Beispiel die Verehrung, die Maria Magdalena zur Zeit der Kreuzzüge entgegengebracht wurde, oder die hervorgehobene Stellung der Merowinger; die legendäre Geburt Merowechs oder das Abkommen zwischen der römischen Kirche und Chlodwig. Wäre übrigens ein Pakt mit den direkten Nachkommen Jesu nicht selbstverständlich für eine Kirche, die in seinem Namen gegründet worden war? Unsere Hypothese böte auch eine Erklärung für die Rehabilitation Dagoberts II. nach seiner Ermordung. Denn eine Kirche, die bei diesem Verbrechen die Hand im Spiel hatte, hätte sich nicht nur des Königsmordes, sondern sogar einer Form von Gottesmord schuldig gemacht. Verständlicher wurden aber auch sowohl der Versuch, Dagobert aus der Geschichte zu eliminieren, als auch das Bestreben der Karolinger, sich dadurch als Kaiser des Heiligen Römischen Reiches zu legitimieren, indem sie wiederholt auf eine merowingische Abkunft pochten.

Ein von Jesus über Dagobert II. reichendes Geblüt konnte auch die Gralsfamilie in den höfischen Epen erklären: das sie umgebende Geheimnis; ihre betont hervorgehobene Stellung; den impotenten und kranken »Fischerkönig«, der zum Regieren unfähig ist; die Art und Weise, wie Perceval (Parzival) Herr über die Gralsburg wird. Schließlich fände auch die geheimnisvolle Herkunft Gottfrieds von Bouillon eine Erklärung: Sohn oder Enkel Lohengrins, Enkel oder Urenkel Parzivals sowie Mitglied der Gralsfamilie. Vor diesem Hintergrund gewann Gottfrieds triumphaler Einzug in Jerusalem im Jahre 1099 eine ganz neue, weitreichende Bedeutung: Stammte Gottfried tatsächlich von Jesus ab, dann war seine Rückeroberung der Heiligen Stadt aus den Händen der »Ungläubigen« nicht nur einfach ein glänzender militärischer Sieg, sondern in erster Linie die Wiedererlangung seines rechtmäßigen Erbes.

Die häufigen Hinweise auf den Weinbau, auf die wir im Laufe unserer Nachforschungen gestoßen waren, hatten wir stets als symbolische Umschreibungen dynastischer Verbindungen gedeutet. Folgte man unserer Hypothese, so stand das Bild des Weinbaus für die Fortpflanzung und Erhaltung des Geschlechts Jesu. Schon in der Heiligen Schrift findet sich mehrfach der Vergleich des Sohnes Gottes mit einem Rebstock. Wie zur Bestätigung unserer Annahme entdeckten wir durch Zufall in Sitten (Sion) eine geschnitzte Holztür, auf der Jesus in Gestalt einer Weintraube dargestellt war.

Unsere Schlußfolgerungen entbehrten weder einer logischen Folgerichtigkeit noch einer gewissen Faszination. Trotz alledem enthielten sie zu viele Lücken und Widersprüchlichkeiten, die noch der Klärung bedurften. Bevor wir sie ernstlich in Erwägung ziehen konnten, mußten wir herausfinden, ob es noch irgendwelche Argumente gab, die wir zur Stützung unserer Hypothese heranziehen konnten, beziehungsweise ob noch Beweismaterial vorhanden war, das sie in Frage stellte. Zu diesem Zweck unterzogen wir die Evangelien, den historischen Kontext des Neuen Testaments sowie die Schriften der frühen Kirchenväter einer genaueren Analyse.

12. DER PRIESTERKÖNIG, DER NIE REGIERTE

Gemeinhin spricht man vom Christentum heute in der Weise, als handle es sich dabei um eine einzige zusammenhängende, unverbrüchlich homogene Gemeinschaft. Doch nichts von alldem trifft zu. Jedermann weiß, daß es von den Katholiken über die Anglikaner, Orthodoxen bis hin zu den verschiedenen protestantischen Kirchen zahllose Bekenntnisse und Sekten gibt, die sich zwar alle auf Christus berufen, sich aber ansonsten in vielen Kleinigkeiten voneinander unterscheiden, so daß es schwerfällt, eine knappe, alle Glaubensgemeinschaften umfassende Definition zu geben. Als einziger gemeinsamer Nenner dieser ansonsten so unterschiedlich ausgerichteten Glaubensbekenntnisse bietet sich das Neue Testament an und vor allem die besondere Stellung, die es Jesus, seiner Kreuzigung und Wiederauferstehung beimißt.

Die vier Evangelien des Neuen Testaments gelten vielen Christen als in ihren Aussagen logisch und unanfechtbar, als Summe und Quelle all dessen, woran sie glauben. Von klein auf wird schon den Kindern beigebracht, daß die Geschichte von Jesus, wie sie die biblischen Texte der vier Evangelisten wiedergeben, wenn nicht von Gott inspiriert ist, so doch eine weiter nicht hinterfragbare Wahrheit darstellt. Doch den meisten, die sich selbst als Christen bezeichnen, entgeht dabei eine bemerkenswerte Tatsache: Die scheinbar gleichlautenden Evangelien weisen zum Teil erhebliche Abweichungen voneinander auf, die daher rühren, daß ihre Verfasser einzelne Ereignisse anders oder gar nicht wiedergeben beziehungsweise in ihrer Bedeutung unterschiedlich akzentuieren.

Das fängt schon bei der Geburt und der Herkunft Jesu an: Nur zwei der Evangelisten (Matthäus und Lukas) kommen auf dieses Thema, wenn auch widersprüchlich, zu sprechen. Matthäus zufolge ist Jesus von vornehmer Herkunft, da er von David und Salomon abstammt, und somit ein rechtmäßiger und legitimer König. Bei Lukas ist Jesus zwar auch ein Abkömmling des Hauses David, aber von weniger hoher Herkunft. Von diesen beiden Darstellungen weicht die entsprechende Stelle im Markusevangelium erheblich ab, da nicht zuletzt durch sie die Legende vom »armen Zimmermann« entstand.

Lukas zufolge wurde Jesus bei seiner Geburt von Schäfern besucht; bei Matthäus sind es jedoch Könige. Im Evangelium nach Lukas lebt die Familie Jesu in Nazareth, von wo aus sie anläßlich einer Volkszählung nach Bethlehem zieht; dort wird Jesus in einer ärmlichen Krippe geboren. Im Gegensatz hierzu kann man bei Matthäus nachlesen, daß die Familie Jesu recht wohlhabend gewesen sei und schon immer in Bethlehem gewohnt habe, wo Jesus in einem Haus zur Welt kam. Erst im Anschluß an die Flucht der Familie nach Ägypten, die durch den von Herodes angeordneten Kindermord verursacht wurde, habe sie sich in Nazareth niedergelassen.

Beide Berichte sind präzise abgefaßt, in sich durchaus stimmig und weichen doch erheblich voneinander ab. Da die Widersprüche zwischen beiden Texten sich nicht wegdiskutieren lassen, muß man der Tatsache ins Auge sehen, daß entweder Lukas oder Matthäus oder sogar beide falsche Angaben machen. In Anbetracht einer so zwingenden Schlußfolgerung kann man die Evangelien nicht mehr als unwiderlegbar betrachten.

Das sind aber noch längst nicht alle Widersprüche. So gibt es zum Beispiel auch Abweichungen in der Datierung der Kreuzigung: Nach Johannes fand sie am Tag *vor* Passah — nach Matthäus, Markus und Lukas am Tag *danach* statt. Auch die Charakterisierung, die die vier Evangelien von Jesus geben, sind in sich unterschiedlich. Gleicht er bei Lukas einem Lamm, das sanftmütig die Rolle des Erlösers auf sich nimmt, so zeichnet ihn Matthäus als eine imposante und mächtige Erscheinung, die »nicht gekommen ist, um Frieden zu bringen, sondern das Schwert« (10,34). Verschiedene Wendungen sind auch in bezug auf Jesu letzte Worte am Kreuz bezeugt. Heißt es bei Matthäus und Markus: »Mein Gott, mein Gott, warum hast du mich verlassen?« (Mt 27,46; Mk 15,34), so bei Lukas: »Vater, in deine Hände lege ich meinen Geist.« (Lk 23,46). Nach Johannes rief Jesus nur: »Es ist vollbracht!« (Joh 19,30)

Ferner sollte man nicht vergessen, daß die Bibel, so wie wir sie heute kennen, durchaus nicht alle jene Texte enthält, die ursprünglich zum Korpus der biblischen Schriften zählten. Denn die Evangelien wurden immer wieder redigiert, umgeschrieben, gekürzt, umgestellt — und zensiert. Die Bibel stellt, und das betrifft sowohl das Alte wie auch das Neue Testament, nur eine willkürliche Auswahl von Schriften dar, da eine ganze Reihe von Texten mit Absicht ausgeschieden wurde. So stellte Bischof Athanasius von Alexandrien im Jahre 367 eine Liste von Texten zusammen, die ins Neue Testament aufgenommen werden sollten. Diese Auswahl wurde durch die Synoden von Hippo (393) und Karthago (397) verabschiedet und durch weitere Texte ergänzt, woraus dann das Neue Testament hervorging. Nach welchen Kriterien entschied diese Versammlung von Kirchenmännern »unfehlbar« darüber, welche Texte in die Heilige Schrift zu gehören hatten und welche nicht? Aus welchen Gründen wurden Bücher verworfen, die historisch eindeutig zu verifizieren waren?

Damit noch nicht genug. Im Jahre 1958 entdeckte Professor Morton Smith von der Columbia University in einem Kloster bei Jerusalem einen Brief, der einen fehlenden Teil des Markusevangeliums enthielt. Dieser Passus war offenbar auf Betreiben, wenn nicht auf ausdrücklichen Befehl von Bischof Klemens von Alexandria entfernt worden.

Wie es scheint, hatte Klemens zuvor ein Schreiben seines Schülers Theodorus erhalten, in dem dieser von Auseinandersetzungen mit den Karpokratianern, einer gnostischen Sekte, berichtete. Die Anhänger dieser Sekte dürften gewisse Passagen des Markusevangeliums in einer Weise ausgelegt haben, die nicht den Vorstellungen des Bischofs und seines Schülers entsprachen. Der von Professor Smith gefundene Brief enthält die Antwort Klemens' an Theodorus:

»Ihr habt gut daran getan, der Ausbreitung der verwerflichen Lehren der Karpokratianer entgegengetreten zu sein. Denn diese sind die ›wandernden Sterne‹, von denen im Buch der Propheten die Rede ist, die vom engen Pfad der Gebote abkommen und in einen Sumpf der fleischlichen Sünden stürzen. Denn während sie sich eines Wissens ›um die verborgenen [Seiten] Satans‹ brüsten, merken sie nicht, daß sie sich der ›unteren Welt der Finsternis‹ und der Lüge ausliefern. Sie rühmen sich zwar, frei zu sein, sind aber in Wirklichkeit Sklaven knechtischer Begierden geworden. Solchen [Menschen] ist unbedingt entgegenzutreten. Selbst wenn sie etwas Wahres äußern sollten, sollte der, der die Wahrheit liebt, ihnen unter keinen Umständen beipflichten. . .

[Was nun] Markus betrifft, so schrieb er damals, als sich Petrus in Rom aufhielt, [einen Bericht über] die Taten des Herrn, ohne jedoch alle anzuführen oder die geheimen zu erwähnen. Statt dessen traf er eine Auswahl aus jenen, die er für die geeignetsten zur Unterweisung der Gläubigen hielt. Nachdem Petrus den Märtyrertod gestorben war, kam Markus nach Alexandria und brachte sowohl seine eigenen Aufzeichnungen als auch die des Petrus mit. Von diesen Notizen übertrug er diejenigen in sein früheres Buch, die dienlich sein konnten, um auf dem Weg zur wahren Erkenntnis [Gnosis] Fortschritte zu machen. [Auf diese Weise] entstand ein überaus spirituelles Evangelium zum Gebrauch für jene, die ihrer Vervollkommnung entgegensahen. Dessenungeachtet enthüllte er aber weder die Dinge, die nicht bekannt gemacht werden durften, noch die hierophantische Lehre des Herrn. Vielmehr fügte er den schon vorhandenen Geschichten andere hinzu, die er überdies mit gewissen Aussprüchen versah, von denen er wußte, daß ihre Lektüre den Leser in der Art eines Mystagogen in das innerste Heiligtum jener Wahrheit führen würde, die von sieben [Schleiern] verhüllt wird. . . Dieses Werk hinterließ Markus nach seinem Tod der Kirche in Alexandria, wo es noch heute aufs sorgfältigste gehütet und nur denen vorgelesen wird, die bereits in die großen Geheimnisse eingeweiht sind.

Da die bösen Geister aber stets auf die Vernichtung der Menschheit sinnen, machte sich Karpokrates mit Hilfe magischer Künste einen Presbyter der Kirche in Alexandria so gefügig, daß er von diesem eine Abschrift des geheimen Evangeliums erhielt. Diese Schrift legte er gemäß seiner blasphemischen und verworfenen Lehre aus und besudelte sie noch darüber hinaus, indem er den reinen und heiligen Worten die schamlosesten Lügen beimengte. . .

Ihnen [den Karpokratianern] darf man daher, wie ich oben schon sagte, nie nachgeben. Sollten sie sich einmal mit ihren Fälschungen hervortun, dann muß man, und sei es unter Eid, leugnen, daß das geheime Evangelium von Markus stammt. Denn ›nicht alles Wahre muß allen Menschen mitgeteilt werden‹ . . .

Ich werde deshalb nicht zögern, Euch Eure [Fragen] zu beantworten und die Fälschungen mit den Worten des Evangeliums zu widerlegen. [Das geheime Evangelium] bringt zum Beispiel nach ›Sie waren auf dem Weg nach Jerusalem‹ und weiter bis ›am dritten Tag wird er auferstehen‹ folgende Textstelle:

›Sie kamen nach Bethanien, wo eine Frau auf sie zutrat, deren Bruder gestorben war. Sie warf sich vor Jesus nieder und sagte zu ihm: Sohn Davids, erbarme dich meiner! Die Jünger wiesen sie jedoch zurück. Darüber war Jesus sehr erzürnt, und er ging mit der Frau dorthin, wo ihr Bruder begraben lag. Plötzlich hörte man einen lauten Schrei aus dem Grab. Jesus trat näher, rollte den Stein vom Eingang des Grabes hinweg und ging hinein. Er ergriff die Hand des Jünglings und richtete ihn auf. Dieser aber liebte Jesus vom ersten Augenblick an und flehte ihn an, mit ihm gehen zu dürfen. Gemeinsam verließen sie das Grab und begaben sich in das Haus des Jünglings, denn er war reich. Nach sechs Tagen sagte ihm Jesus, was er tun solle. Am Abend dieses Tages kam der Jüngling zu Jesus, nur mit einem leinenen Tuch bekleidet. Er blieb diese Nacht bei ihm, und Jesus lehrte ihn das Geheimnis des Reiches Gottes. Dann verließ er den Ort und kehrte auf die andere Seite des Jordans zurück.‹‹«[1]

Diese Episode taucht zwar in keiner offiziellen Fassung des Markusevangeliums auf, thematisch ist sie jedoch mit der Auferweckung des Lazarus im Johannesevangelium identisch. Mit Ausnahme von einigen wenigen Abweichungen zeigen die beiden Texte den gleichen Handlungsablauf. So ist in der hier zitierten Version im Gegensatz zu Johannes ein »lauter Schrei« zu hören, noch bevor Jesus den Stein vom Eingang des Grabes weggerollt oder den Jüngling aufgefordert hat, die Grabstätte zu verlassen. Daraus könnte man schließen, daß der junge Mann gar nicht tot war, wodurch der Vorgang jeglicher Wundertätigkeit entkleidet würde. Zudem scheint es bei der Lazarusgeschichte um mehr zu gehen, als die anerkannten Berichte vermuten lassen. Ohne Zweifel deutet der Inhalt des obigen Zitats auf eine besondere Beziehung hin zwischen dem »Toten« und demjenigen, der ihn wieder »zum Leben erweckte«. Es wäre durchaus denkbar, daß die Karpokratianer, die die Transzendierung der Sinne durch deren Übersättigung anstrebten, diese Geschichte in einem eindeutig homosexuellen Sinn interpretierten. Professor Smith vertritt jedoch die Ansicht, daß es in diesem Text von Markus vorrangig gar nicht um die Geschichte des Lazarus gehe, sondern daß darin eine Initiation zu sehen sei, ein symbolisches Ritual von Tod und Wiedergeburt, wie es in den verschiedensten Formen zu jener Zeit im Nahen Osten praktiziert wurde.

Da die Erzählung von der Auferweckung des Lazarus sich einzig und allein im Johannesevangelium findet, kann man wohl davon ausgehen, daß der Rat des Bischofs von Alexandria nicht nur von seinem Schüler Theodorus, sondern auch von anderen kirchlichen Kreisen befolgt wurde: Die Lazarusgeschichte wurde ganz einfach aus dem Markusevangelium entfernt.

Wurde das Markusevangelium auf der einen Seite drastisch von unliebsamen Textpassagen »gesäubert«, so trug man andererseits kein Bedenken, es nachträglich mit Zusätzen zu versehen. Die Urfassung endet mit der Kreuzigung, dem Begräbnis und der leeren Gruft; von einer Auferstehung oder einem Wiedersehen mit den Jüngern ist hingegen keine Rede. In heutigen Bibelausgaben endet das Markusevangelium mit dem bekannten, konventionellen Schluß, der auch die Auferstehung Christi enthält. Dabei handelt es sich jedoch nachgewiesenermaßen um einen späteren Zusatz, der gegen Ende des zweiten Jahrhunderts an die Originalfassung angehängt wurde.[2]

Diese zwei Beispiele aus dem Markusevangelium waren für uns ein ausreichendes Indiz dafür, daß nicht nur hier, sondern wohl auch bei den anderen Texten des Neuen Testaments Korrekturen, Kürzungen sowie Ergänzungen am ursprünglichen Wortlaut vorgenommen worden waren.

Als zuverlässige Quellen der Wahrheit kamen die Evangelien folglich nicht in Betracht. Dennoch mußten wir sie in unsere Untersuchungen mit einbeziehen, da sie gewiß nicht vollständig frei erfunden waren und darüber hinaus einige wesentliche Informationen darüber

290

enthielten, was sich vor zweitausend Jahren im Heiligen Land zugetragen hat. Wir machten uns also daran, diese Informationen mit größter Sorgfalt auf ihren Kern und ihre Aussagekraft hin abzuklopfen, wobei wir vor allem bestrebt waren, sämtliche mythischen Elemente von den historischen Fakten zu trennen. Dabei erwies es sich als unumgänglich, daß wir uns zunächst mit den historisch-politischen Gegebenheiten in Palästina zu Beginn der christlichen Zeitrechnung vertraut machten. Denn ebensowenig wie andere historische Dokumente — wie etwa die Handschriften von Qumrān, die Dichtungen Homers und Vergils oder die Gralsepen — sind die Evangelien aus dem Nichts geschöpft worden. Ihre Entstehung war nicht nur in eine bestimmte Epoche und eine genau festzulegende Umgebung eingebunden, sondern sie sind zur gleichen Zeit ein getreues Abbild des kulturellen Entwicklungsstandes eines Volkes sowie einer ganzen Reihe anderer historischer Faktoren.

Palästina zur Zeit Jesu. Während des ersten Jahrhunderts wurde Palästina wiederholt von dynastischen Auseinandersetzungen, blutigen Unruhen und gelegentlich auch von Kriegen erschüttert. Im zweiten vorchristlichen Jahrhundert war ein mehr oder weniger geeintes jüdisches Königreich errichtet worden. Doch schon im Jahre 63 vor Christus befand sich das Heilige Land wieder in einem fortgeschrittenen Zustand der Anarchie und des Aufruhrs, der zu Eroberungsfeldzügen geradezu einlud.

Diese Situation machte sich Pompeius ungefähr ein halbes Jahrhundert vor Jesu Geburt zunutze: Seine Truppen besetzten das Land, und Palästina wurde der römischen Provinz Syrien angegliedert. Rom war zu jener Zeit jedoch zu sehr mit eigenen Angelegenheiten beschäftigt, als daß es den für eine ordentliche Regierung nötigen Verwaltungsapparat in dem besetzten Land hätte schaffen können. Es setzte daher ein Geschlecht von arabischen Vasallenkönigen ein, die seinem Oberbefehl unterstanden und weisungsgebunden waren. Der erste aus dem Geschlecht des Herodes, der im Jahre 63 vor Christus den Thron Palästinas bestieg, war Antipater. Ihm folgte im Jahre 37 sein Sohn Herodes I., der Große, der bis zum Jahre 4 vor unserer Zeitrechnung regierte. Die Situation in Palästina glich der in jedem anderen besetzten Land: An der Spitze ein vollkommen abhängiges Königshaus, das sich nur aufgrund der militärischen Unterstützung Roms an der Macht halten konnte. Zwar durften die Landesbewohner ihre Lebensweise und religiösen Gebräuche beibehalten, aber überall war die Gegenwart der Eroberer zu spüren, die mit allen Mitteln versuchten, ihre Autorität durchzusetzen – und sei es mit Hilfe von militärischer Gewalt.

Im Jahre 6 vor Christus spitzte sich die Lage nicht zuletzt deshalb zu, weil das Land verwaltungsmäßig in eine Provinz und zwei Tetrarchien neu aufgeteilt wurde. Während Herodes Antipas als Tetrarch über Galiläa und Philippus als Tetrarch über Nordtransjordanien herrschten, wurde Judäa, das spirituelle und weltliche Zentrum Palästinas, Rom direkt unterstellt und von einem römischen Prokurator mit Sitz in Caesarea verwaltet. Die ersten Maßnahmen der neuen römischen Machthaber waren nicht dazu geeignet, sich die Sympathien der einheimischen Bevölkerung zu gewinnen: Dreitausend Menschen wurden im Schnellverfahren gekreuzigt, viele gefoltert, der Tempel geplündert und geschändet sowie hohe Steuern eingeführt. Viele Menschen begingen aus Verzweiflung Selbstmord. Diese Situation verschärfte sich sogar noch, als Pontius Pilatus im Jahre 26 nach Christus das Amt des römischen Prokurators von Judäa antrat, das er zehn Jahre lang innehatte. Im Gegensatz zu dem Bild, das die biblischen Texte von ihm zeichnen, war Pilatus ein grausamer und korrupter Mann, der das Terrorregime seines Vorgängers nicht nur fortsetzte, sondern noch verstärkte. Um so mehr überrascht es einen – zumindest auf den ersten Blick –, daß in den Evangelien keine Kritik an Rom geübt, ja, daß das schwere und bedrückende Joch nicht einmal erwähnt wird.

Die Juden, die zu jener Zeit im Heiligen Land lebten, waren in mehrere größere und kleinere Sekten gespalten. An erster Stelle wären die Sadduzäer zu nennen, aus deren Reihen zahlreiche Priester des jüdischen Volkes hervorgingen und die in politischen und religiösen Fragen einen konservativen Standpunkt einnahmen; zum Ärger ihrer Landsleute arbeiteten sie mit den Römern zusammen; dann die Pharisäer, die streng am Wortlaut des Mosaischen Gesetzes festhielten, der römischen Besatzungsmacht jedoch mit passivem Widerstand begegneten; schließlich die Essener, eine streng mystisch orientierte Sekte, deren Lehren weiter verbreitet waren und die mehr Einfluß ausübten, als man gemeinhin annimmt. Zu den kleineren Religionsgemeinschaften zählten die Nasiräer, zu denen Jahrhunderte zuvor Samson gehört hatte, die aber auch noch zu Zeiten Jesu existierten, sowie die Nazoräer oder Nazarener, ein Begriff der als Beiname für Jesus und seine Jünger verwandt wurde. In der ursprünglich griechischen Fassung des Neuen Testaments wird Jesus als »der Nazarener« bezeichnet.

Im Rahmen unserer Nachforschungen interessierten wir uns

9 Palästina zur Zeit Jesu von Nazareth

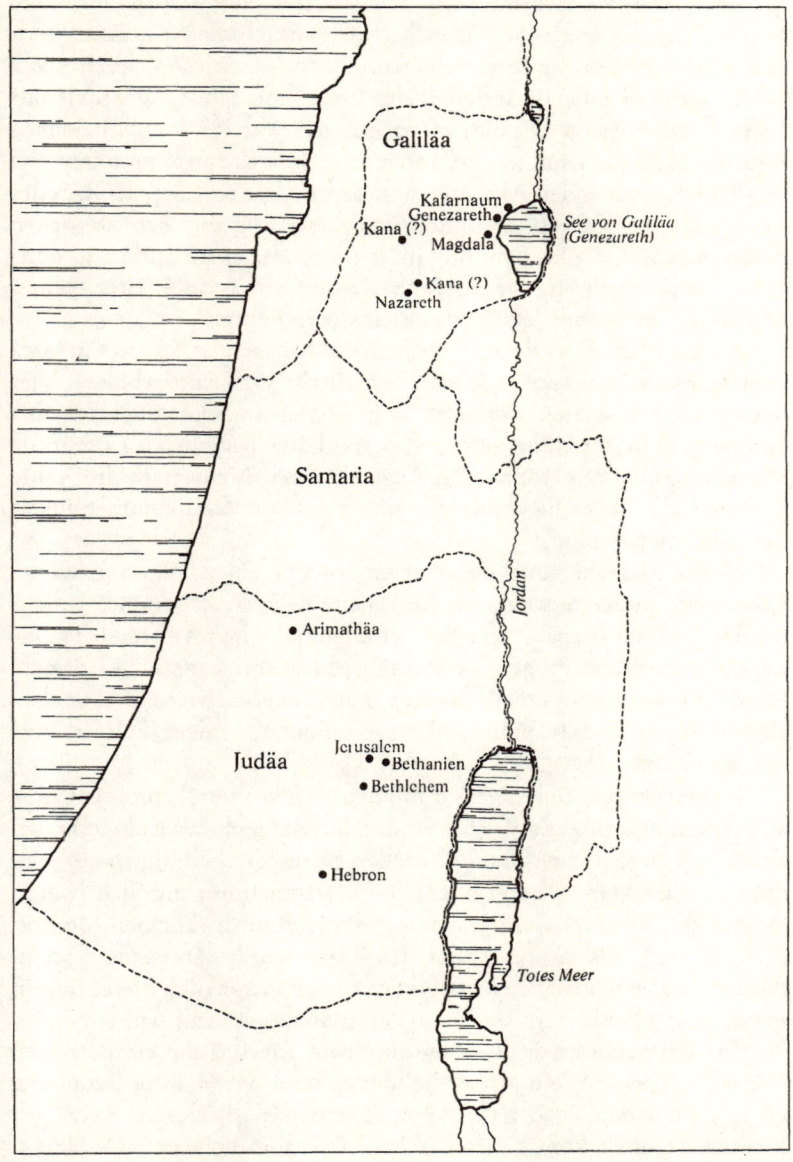

Galiläa

Kafarnaum
Genezareth
Kana (?)
Magdala
See von Galiläa
(Genezareth)

Kana (?)
Nazareth

Samaria

Jordan

Arimathäa

Judäa

Jerusalem
Bethanien
Bethlehem

Hebron

Totes Meer

besonders für eine der damaligen Gruppen: die Zeloten. Nachdem Rom die Macht über Judäa an sich gerissen hatte, gründete im gleichen Jahr ein Pharisäerrabbi namens Judas der Galiläer eine äußerst militante Nationalpartei, deren Anhängerschaft sich vornehmlich aus Pharisäern und Essenern rekrutierte. Strenggenommen waren die Zeloten keine Sekte, sondern eine römerfeindliche Bewegung, die zu der Zeit, als Jesus seine Mission begann, als politische Kraft eine entscheidende Rolle im Heiligen Land spielte. Lange nach Jesu Kreuzigung setzten sie ihre Unruhe stiftenden Aktivitäten unvermindert fort, was früher oder später zu einer bewaffneten Auseinandersetzung mit der römischen Besetzungsmacht führen mußte. Im Jahre 66 war es schließlich so weit: Ganz Judäa erhob sich gegen Rom. Es war ein verzweifelter, zäher, ungleicher und somit letztlich aussichtsloser Kampf.

Rom ließ die Unterlegenen seine Macht spüren: Allein in Caesarea wurden zwanzigtausend Juden auf bestialische Weise umgebracht. Vier Jahre später besetzten römische Truppen Jerusalem, plünderten den Tempel und machten ihn dem Erdboden gleich. Lediglich die Bergfeste Masada konnte dem römischen Ansturm noch für weitere drei Jahre Widerstand leisten; sie wurde von einem direkten Nachkommen Judas' des Galiäers befehligt.

Die Niederschlagung des Aufstandes zog einen ersten größeren Exodus von Juden aus dem Heiligen Land nach sich. Dennoch kam es rund sechzig Jahre später zu einem zweiten jüdischen Aufstand (132 bis 135), der mit der völligen Zerstörung Jerusalems endete. Auf Befehl Kaiser Hadrians wurden alle Juden aus Judäa vertrieben und Jerusalem als heidnische Stadt (Colonia Aelia Capitolina) mit einem Jupitertempel neu aufgebaut.

Das Leben Jesu fiel ungefähr mit dem ersten Viertel eines Aufruhrs zusammen, der insgesamt rund einhundertvierzig Jahre andauerte und all die psychologischen und kulturellen Begleiterscheinungen aufwies, die der Widerstand gegen eine Tyrannei gemeinhin mit sich bringt. Eine dieser Begleiterscheinungen war die Hoffnung auf einen Messias, der sein Volk aus der Knechtschaft erlösen würde. Nur einem historischen und semantischen Zufall ist es zu verdanken, daß dieser Begriff später ausschließlich mit Jesus in Verbindung gebracht wurde.

Die Zeitgenossen Jesu hätten in einem Messias nie ein göttliches Wesen gesehen. Allein schon die Vorstellung davon wäre ihnen erst gar nicht in den Sinn gekommen. Denn das griechische Wort für Messias lautet *christos* (Christ) und bedeutet soviel wie »der Gesalbte«;

meistens bezog es sich auf einen König. Als David zum König gesalbt wurde, erhielt er automatisch den Beinamen »Messias« oder »Christ«, und jeder weitere jüdische König aus dem Hause Davids trug den gleichen Titel. Selbst während der römischen Besatzungszeit Judäas nannte man den von den neuen Machthabern eingesetzten Hohenpriester »Priester-Messias« oder »Priester-Christ«.[3]

In den Augen der Zeloten und aller anderen Gegner Roms galt dieser Hohepriester als »falscher Messias«. Der »wahre« und von ihnen erwartete Messias war für sie etwas ganz anderes: nämlich der rechtmäßige *roi perdu*, der unbekannte Abkömmling aus dem Hause Davids, der das Volk Israels vom Joch der Unterdrückung befreite. Die Ungeduld, mit der der verheißene Erlöser erwartet wurde, grenzte schon zu Jesu Lebzeiten beinahe an Massenhysterie und erhielt sich auch noch nach seinem Tod. Es steht außer Frage, daß die Erhebung vom Jahre 66 von den Zeloten vor allem mit dem propagandistischen Hinweis auf die unmittelbar bevorstehende Ankunft des Messias in die Wege geleitet wurde.

Der Ausdruck »Messias«, der in der damaligen Zeit aller göttlichen Bezüge entbehrte, war in erste Linie ein politischer Begriff und hatte überhaupt nichts mit der späteren christlichen Vorstellung vom »Gottessohn« zu tun. In diesem weltlich-politischen Sinn bezeichnete man Jesus ursprünglich als »Jesus der Messias« oder — auf griechisch — als »Jesus der Christ«. Dieser rein funktionelle Titel wurde erst später, wie gesagt, zu »Jesus Christus« verfälscht und für einen Eigennamen gehalten.

Die Geschichte der Evangelien. Allgemein geht man heute davon aus, daß die vier Evangelien in der Zeit zwischen den beiden großen Aufständen in Judäa (66—70 und 132—135) entstanden sind, wenngleich bei ihrer Abfassung höchstwahrscheinlich auf frühere Berichte zurückgegriffen wurde. Falls diese älteren Quellen in schriftlicher Form vorgelegen haben sollten, so dürften sie der allgemeinen Zerstörung bei der Niederschlagung der ersten Erhebung ebenfalls zum Opfer gefallen sein. Man darf jedoch annehmen, daß die mündliche Überlieferung, wenn auch entstellt, übertrieben oder sonstwie verändert, die Unruhen überdauert hat und möglicherweise durch Zeitgenossen von Jesus, die ihn vielleicht sogar noch persönlich gekannt hatten, genährt beziehungsweise weitergegeben wurde.

Als ältestes Evangelium wird heute das des Markus angesehen, das, mit Ausnahme der Auferstehungsgeschichte, die man wohl erst viel später hinzufügte, um 70 nach Christus verfaßt wurde. Markus, der vermutlich aus Jerusalem stammte, gehörte nicht zu dem Kreis der zwölf Jünger Jesu. Wahrscheinlich war er ein Gefährte und Mitarbeiter des Apostels Paulus, denn seine Texte sind unverkennbar von paulinischem Denken geprägt. Nach altkirchlicher Überlieferung (Klemens von Alexandria) schrieb Markus sein Evangelium in Rom nieder und wandte sich damit an ein griechisch-römisches Publikum, woraus sich einige Schlüsse ziehen lassen: Zur gleichen Zeit, da der Evangelist an seinem Buch arbeitete, befand sich Judäa in Aufruhr, und Tausende von Juden wurden hingerichtet, weil sie sich gegen die römische Herrschaft aufgelehnt hatten. Wenn Markus also beabsichtigte, daß sein Evangelium von einem römischen Publikum gehört und aufgenommen wurde, konnte er Jesus weder als eine Art politischen Agitators noch als einen ausgesprochenen Gegner der römischen Fremdherrschaft in Palästina hinstellen. Darüber hinaus mußte er, sollte seine Botschaft eine Überlebenschance haben, Rom von jeder Schuld am Tod des Messias freisprechen und statt dessen gewisse jüdische Kreise dafür verantwortlich machen. Dieser List bedienten sich nicht nur die Verfasser der Evangelien, sondern alle Urchristen. Bei dieser Strategie handelte es sich nicht um eine Frage des Glaubens, sondern schlichtweg um eine Existenzfrage.

Die Entstehungszeit des Lukasevangeliums datieren Bibelwissenschaftler auf die Zeit um 80 nach Christus. Lukas, der der Überlieferung zufolge Arzt war, wandte sich mit seinem Werk an die interessierte Öffentlichkeit von Caesarea, in jenen Tagen die römische Hauptstadt Palästinas. Um nicht den Unwillen der Römer auf sich zu ziehen, war Lukas — wie schon Markus vor ihm — gezwungen, diese zu beschwichtigen und die Schuld am Tode Jesu anderen anzulasten. Als dann das Matthäusevangelium um 85 nach Christus abgefaßt wurde, hatte sich diese Praxis der Schuldzuweisung offenbar allgemein durchgesetzt und wurde fraglos hingenommen. Der nicht näher bekannte Verfasser dieses Evangeliums, der mit dem Zöllner von Kafarnaum identisch sein könnte, bediente sich weitgehend des Markusevangeliums als Vorlage und schrieb seine Texte auf Griechisch nieder. Zudem spiegelt sein Buch eine unverkennbar hellenistische Denkweise wider, was darauf zurückzuführen sein mag, daß Matthäus auch noch eine andere griechische Vorlage benutzte.

Die ersten drei Evangelien (Matthäus, Markus und Lukas) werden, da sie sich in Inhalt, Aufbau und Sprache sehr ähnlich sind, auch die »synoptischen« Evangelien genannt. Diese formalen und stilistischen Überschneidungen rühren wohl vor allem daher, daß ihnen ein und dieselbe Quelle zugrunde lag – was sie vom Johannesevangelium, das einen gänzlich anderen Ursprung verrät, grundlegend unterscheidet.

Über den Verfasser des vierten Evangeliums existieren so gut wie keine Zeugnisse; man weiß nicht einmal, ob er tatsächlich Johannes hieß. Da der Name, von Johannes dem Täufer abgesehen, an keiner Stelle im Evangelientext auftaucht, nimmt man an, daß die Autorschaft eines Johannes auf eine später entstandene Tradition zurückgeht. Das Evangelium nach Johannes ist das jüngste im Neuen Testament und wurde zu Ende des ersten Jahrhunderts in der Nähe der griechischen Stadt Ephesus abgeschlossen. Es weist eine ganze Reihe charakteristischer Merkmale auf.

Schon bei der ersten Lektüre offenbart es sich als entschieden mystischer, mit gewissen gnostischen Einschlägen, als die Texte der drei anderen Evangelien. So wird zum Beispiel auf eine Darstellung der Geburt Jesu vollkommen verzichtet; und während sich die drei früheren Evangelien vornehmlich mit Leben und Wirken Jesu in Galiläa beschäftigen, wohingegen das südliche Palästina mehr oder weniger ausgeklammert bleibt, geht Johannes ausführlich auf die Ereignisse in Judäa und Jerusalem ein und läßt seinerseits den Beginn von Jesu öffentlichem Wirken im Norden unerwähnt. Im Gegensatz zu Matthäus, Markus und Lukas könnte man von seiner Schilderung der Kreuzigung annehmen, sie beruhe auf dem Bericht eines Augenzeugen. Überdies enthält das Johannesevangelium eine Anzahl von Episoden und Geschichten, die sich in den anderen Evangelien nicht finden: etwa die Hochzeit in Kana, das Gespräch mit Nikodemus oder die Auferweckung des Lazarus. Diese Beobachtungen haben eine Reihe von Kommentatoren dazu bewogen, das Johannesevangelium trotz seiner späten Abfassung als das authentischste von allen vier Büchern anzusehen. In viel stärkerem Maße als die synoptischen Evangelien bezieht es neben Überlieferungen, die den Zeitgenossen Jesu vertraut waren, auch Quellen in seinen Text mit ein, die den anderen Autoren unbekannt waren. Darüber hinaus lassen die exakten und detaillierten Kenntnisse der Stadt Jerusalem vor der Erhebung des Jahres 66 darauf schließen, daß Johannes sie sich persönlich »vor Ort« angeeignet hat. So vermutet ein jüngerer Forscher: »Hinter dem vierten Evangelium steht eine alte, von den anderen Evangelien unabhängige Überlieferung.«[4] Er ist nicht der einzige, der diese Meinung vertritt. So schreibt ein anderer Autor: »Auch wenn das Johannesevangelium viel später entstanden ist und sich beispielsweise mit dem chronologischen Rahmen des Buches von Markus nicht deckt, scheint es sich jedoch, was Jesus betrifft, auf authentische historische Überlieferungen zu stützen.«[5]

Wir gelangten zu derselben Auffassung. Zwar war davon auszugehen, daß auch am Text des Johannesevangeliums gewisse Modifikationen vorgenommen worden waren, doch schien es den tatsächlichen Ereignissen nach wie vor am nächsten zu kommen. In diesem Evangelium fanden wir außerdem aber auch die überzeugendsten Beweise für unsere immer noch nicht vollständig abgesicherte Hypothese.

Der Familienstand Jesu. Es lag uns fern, die Evangelien in Mißkredit zu bringen. Wir verfolgten lediglich die Absicht, sie auf Aussagen hin zu durchforsten, die einen wahren Kern enthalten mochten, den wir herausschälen und von allem schmückenden Beiwerk befreien wollten. Insbesondere waren wir auf der Suche nach Textstellen, die als Beleg für eine Ehe zwischen Jesus und Maria Magdalena gelten konnten. Daß das nirgendwo klar ersichtlich geschrieben stand, war uns von vornherein bewußt. Wir mußten also zwischen den Zeilen lesen, Lücken schließen und Erklärungen für gewisse Auslassungen, Einschnitte sowie Anspielungen finden. Es ging also nicht nur darum, Beweise für eine eheliche Verbindung aufzuspüren, sondern auch um die Klärung der Umstände, die möglicherweise zu einer Heirat geführt hatten. Unseren weiteren Nachforschungen legten wir eine Reihe eng miteinander verknüpfter Fragen zugrunde, von denen die naheliegendste und wichtigste die folgende war:

Enthalten die vier Evangelien offensichtliche oder verschlüsselte Hinweise darauf, daß Jesus tatsächlich verheiratet war?

Nirgendwo im Neuen Testament findet sich auf diese Frage eine eindeutig positive Antwort; andererseits enthält es aber auch keine ausdrückliche Bestätigung des Gegenteils. Diese Tatsache ist erstaunlicher und aufschlußreicher, als es zunächst den Anschein hat. Dazu Dr. Geza Vermes von der Universität Oxford: »Die Evangelien lassen absolut nichts über den Familienstand Jesu verlauten. . . Das ist eine im antiken Judentum so ungewöhnliche Erscheinung, daß sie weitere Untersuchungen rechtfertigt.«[6] Aus den Evangelien wissen wir auch, daß eine große Zahl der Jünger Jesu − wie zum Beispiel Petrus −

verheiratet war und daß Jesus selbst die Ehelosigkeit keineswegs befürwortete. So lesen wir im Matthäusevangelium: »Habt ihr nicht gelesen, daß der Schöpfer die Menschen am Anfang als Mann und Frau geschaffen hat und daß er gesagt hat: ›Darum wird der Mann Vater und Mutter verlassen und sich an seine Frau binden, und die zwei werden ein Fleisch sein?‹« (Mt 19,4–5) Wenn Jesus den Zölibat schon nicht predigte, warum sollte er ihn dann selbst gelebt haben? Nach jüdischem Brauch war es zu jener Zeit für einen jungen Mann nicht nur üblich, sondern geradezu obligatorisch, daß er heiratete. Ehelosigkeit wurde, von bestimmten Essenergemeinden abgesehen, allgemein streng verurteilt. Gegen Ende des ersten Jahrhunderts ging ein jüdischer Autor sogar so weit, sie mit Mord zu vergleichen; und er scheint nicht der einzige gewesen zu sein, der so dachte. Ein jüdischer Vater hatte nicht nur dafür zu sorgen, daß sein Sohn ordnungsgemäß beschnitten wurde, er war auch verpflichtet, eine passende Frau für ihn zu finden.

Daraus läßt sich folgern: Wenn Jesus unverheiratet geblieben wäre, wäre das seinen Zeitgenossen nicht nur verdächtig vorgekommen, sie hätten darin auch einen Bruch der jüdischen Tradition gesehen, wodurch er sozusagen nur unangenehm aufgefallen wäre. Ein Leben als Junggeselle hätte Jesus also weitgehend von seiner Umgebung isoliert. Hätte in diesem Falle nicht wenigstens einer der Evangelisten ein so eklatant abweichendes Verhalten von allgemein gültigen Normen erwähnen müssen? Da sich ein Hinweis darauf jedoch nirgendwo finden läßt, betrachteten wir dies als ein Indiz dafür, daß Jesus den damals herrschenden Konventionen genügte und verheiratet war. In dieser Schlußfolgerung sahen wir die einzig einleuchtende Erklärung für das Stillschweigen der Evangelisten in diesem speziellen Punkt. Ein heute lebender Theologe hat diese Überlegungen folgendermaßen zusammengefaßt:

»Vor diesem kulturellen Hintergrund . . . ist es höchst unwahrscheinlich, daß Jesus nicht schon lange vor Beginn seines öffentlichen Wirkens verheiratet war. Seine Ehelosigkeit hätte bestimmt Aufsehen erregt und eine Reaktion verursacht, deren Spuren man heute noch identifizieren könnte. Wenn also in den Evangelien jeder Hinweis auf eine Eheschließung Jesu fehlt, so ist das ein wichtiges Argument nicht gegen, sondern für eine hypothetisch angenommene Ehe. Denn in der jüdischen Welt jener Zeit wäre ein freiwilliges Zölibat etwas dermaßen Außergewöhnliches gewesen, daß es allgemeine Aufmerksamkeit auf sich gezogen und zu kritischen Kommentaren Anlaß gegeben hätte.«[7]

Der Titel »Rabbi«, mit dem Jesus in den Evangelien häufig angesprochen wird, stützte unsere Hypothese weiter ab. Zwar war es möglich, daß die Bezeichnung »Rabbi« im weitesten Sinne des Wortes auch auf jeden selbsternannten Lehrer angewandt wurde, doch der hohe Bildungsstand Jesu, wie er sich zum Beispiel in dem Streitgespräch des Zwölfjährigen mit den Schriftgelehrten im Tempel offenbart, macht eine solche Annahme unwahrscheinlich und läßt eher darauf schließen, daß er eine ordentliche Ausbildung erhalten hatte und offiziell den Titel »Rabbi« führen durfte. Das stünde auch mit der Überlieferung im Einklang, derzufolge Jesus als Rabbi im strengen Wortsinn bezeichnet wurde. Unter dieser Voraussetzung war es nicht nur unwahrscheinlich, sondern praktisch sogar unmöglich, daß Jesus unverheiratet blieb. Denn das jüdische Gesetz der *Mischna* schreibt eindeutig vor: »Ein unverheirateter Mann kann kein Lehrer sein.«[8]

Im Johannesevangelium findet sich die Schilderung einer Hochzeitsfeier, die uns zwar allen bekannt ist, die aber dennoch eine Reihe von Fragen aufwirft.

Die »Hochzeit in Kana« ist ein kaum erwähnenswertes Ereignis, eine typische Dorfhochzeit, und die Namen von Braut und Bräutigam werden noch nicht einmal genannt. Zu diesem Fest werden Jesus und seine Jünger ausdrücklich »eingeladen«, was insofern erstaunlich ist, als Jesus erst am Beginn seines öffentlichen Wirkens steht. Noch merkwürdiger ist die Anwesenheit seiner Mutter, eine Tatsache, die als ganz selbstverständlich vorausgesetzt und in keiner Weise erklärt wird.

Aber das ist noch nicht alles. Maria ist es, die ihrem Sohn aufträgt, für Wein zu sorgen. Sie benimmt sich ganz so, als sei sie die Gastgeberin und Hausfrau: »Als der Wein ausging, sagte die Mutter Jesu zu ihm: ›Sie haben keinen Wein mehr.‹ Jesus erwiderte ihr: ›Was willst du von mir, Frau? Meine Stunde ist noch nicht gekommen.‹« (Joh 2,3 bis 4) Maria aber ignoriert die Antwort ihres Sohnes und trägt den Dienern auf: »Was er euch sagt, das tut!« (Joh 2,5) Die Dienerschaft gehorcht ohne Murren — ganz so, als sei sie es gewohnt, von Jesus und Maria Befehle zu empfangen.

Trotz Jesu ablehnender Haltung setzt sich seine Mutter schließlich durch, und er vollbringt sein erstes Wunder, indem er Wasser in Wein verwandelt. Damit stellt Jesus seine übernatürlichen Fähigkeiten zum erstenmal unter Beweis, und für Maria gibt es eigentlich keinen Grund anzunehmen, er besäße sie. Doch selbst wenn sie davon gewußt haben sollte, bleibt offen, warum ihr Sohn diese einzigartige und heilige Gabe bei einem letztlich so profanen Anlaß einsetzte. Aus welchem Grund könnte Maria ihren Sohn um diesen Gefallen gebeten haben? Schließlich sind beide, schenkt man den Worten des Evangelisten Glauben, geladene Gäste bei einer Hochzeitsfeierlichkeit. Es ist also nicht ihre Aufgabe, für die Getränke zu sorgen, sondern nach altem Brauch die des Gastgebers. Es sei denn, die Hochzeit in Kana ist nicht irgendeine beliebige Hochzeit, sondern Jesu eigene. In diesem Fall fände sein Eingreifen bei der Beschaffung des Weins eine Erklärung.

Die Ehefrau Jesu. Vorausgesetzt, Jesus war tatsächlich verheiratet — geben die Evangelien dann irgendwelche Hinweise auf die Identität seiner Ehefrau?

Neben Maria, seiner Mutter, sind es vor allem zwei Frauen, die in den Evangelien wiederholt im Zusammenhang mit Jesus erwähnt werden. Zum einen ist dies Maria Magdalena (eigentlich Maria aus Magdala in Galiläa), die in allen vier Evangelien eine seltsam vieldeutige Rolle spielt. In den Büchern des Matthäus und Markus tritt sie namentlich erstmals zum Zeitpunkt der Kreuzigung Jesu in Erscheinung und wird dem Kreis seiner Jünger zugerechnet. Bei Lukas gehört sie zu jenen Frauen, die Jesus bei seinem Wirken in Galiläa begleiteten und mit ihm nach Judäa zogen. Allein diesen wenigen Hinweisen ist schon zu entnehmen, daß Maria Magdalena verheiratet gewesen sein muß, war es doch im Palästina jener Zeit einfach undenkbar, daß eine ledige Frau unbegleitet umherreiste oder gar zum Gefolge eines durch die Lande ziehenden Rabbi gehörte. Manche Überlieferungen haben diese Tatsache peinlich berührt aufgenommen und dahingehend umgedeutet, Maria Magdalena sei mit einem der Jünger Jesu verheiratet gewesen. Das wiederum hätte sie und Jesus aufgrund des engen Verhältnisses, das zwischen ihnen beiden bestand, dem Verdacht beziehungsweise dem Vorwurf des Ehebruchs ausgesetzt.

· Entgegen weitverbreitetem Volksglauben wird Maria Magdalena in keinem der Evangelien als Dirne bezeichnet. Bei Lukas wird sie als eine Frau beschrieben, »aus der sieben Dämonen ausgefahren waren« (Lk 8,2). Das heißt, sie war von bösen Geistern besessen, von denen sie Jesus durch Exorzismus heilte. Wäre es nicht denkbar, daß die »sieben Dämonen« für einen heidnischen Kult stehen, dessen Initiation sich aus sieben Stufen zusammensetzte? Eine solche siebenfache Steigerung der Aufnahmeriten ist zum Beispiel vom Muttergöttinnenkult der Astarte her bekannt. Maria Magdalena könnte also, bevor sie eine Ehe mit Jesus einging, Anhängerin dieses oder eines ähnlichen Kults gewesen sein. Die von Jesus vorgenommene Teufelsaustreibung wäre dann als eine Art Umkehrverfahren der sieben Initiationsstufen zu verstehen.

Im siebten Kapitel berichtet Lukas von einer Frau, die Jesu Füße mit »wohlriechendem Öl« (Lk 7,37) salbt, und Markus schildert eine ähnliche Szene mit einer Unbekannten. Keiner der beiden Evangelisten identifiziert diese Frau mit Maria Magdalena; Lukas nennt sie jedoch eine »Sünderin«. In der Folge setzte sich immer mehr die Gewohnheit durch, in der Sünderin und in Maria Magdalena ein und dieselbe Person zu sehen, da die sieben Dämonen sie ja in einen sündhaften Zustand versetzt hatten. Mußte nicht die Tatsache, daß Maria Magdalena einem heidnischen Kult gedient hatte, sie in den Augen des Evangelisten und späterer Autoren zur »Sünderin« stempeln?

Maria Magdalena war alles andere als eine »gewöhnliche Dirne«, sondern vielmehr eine begüterte Frau, die mit der Gattin eines hohen Beamten am Hofe des Herodes befreundet war. Lukas weiß zu berichten, daß sie beide gemeinsam mit anderen Frauen Jesus und seine Jünger finanziell unterstützten. Auch die unbekannte »Sünderin«, die Jesu Füße salbte, muß bemittelt gewesen sein, denn im Markusevangelium wird besonders die Kostbarkeit des von ihr benutzten Nardenöls hervorgehoben.

Warum aber wird gerade der Fußsalbung innerhalb des Lebens Jesu eine dermaßen große Bedeutung beigemessen? Unseres Erachtens handelt es sich dabei nicht um die spontane Geste einer impulsiven Frau, sondern um ein sorgfältig vorbereitetes Ritual. Die Salbung war, um dies noch einmal in Erinnerung zu rufen, das traditionelle Vorrecht der Könige und des »wahren«, das heißt des »gesalbten Messias«. Daraus folgt, daß Jesus erst aufgrund der Salbung zum echten Messias wurde und daß die Frau, die ihn in diese Würde erhob, kaum eine Randfigur gewesen sein konnte.

Das Ansehen, das Maria Magdalena am Ende von Jesu öffentlichem Wirken genoß, kann gar nicht hoch genug eingeschätzt werden. In den drei synoptischen Evangelien wird ihr Name stets an erster Stelle von allen Frauen genannt, die den Meister auf seinen Reisen begleiteten. Zusammen mit anderen Frauen entdeckte sie das leere Grab, und ihr erschien der Auferstandene »am frühen Morgen des ersten Wochentages« (Mk 16,9) als erster.

Maria Magdalena war jedoch nicht die einzige, die als Ehefrau Jesu in Betracht kam. Auch von Maria von Bethanien, die im Johannesevangelium eine wichtige Rolle spielt und die Schwester des Lazarus und der

Martha war, konnten wir uns gut vorstellen, daß sie mit dem Meister verheiratet war. Sie und ihre Familie waren offenbar näher mit Jesus bekannt. Ihr Reichtum ermöglichte es ihnen, in einem eleganten Vorort von Jerusalem ein Haus zu bewohnen, das groß genug war, um Jesus und all seine Jünger aufzunehmen. Zu diesem Haus gehörte eine Grabgruft — ein außergewöhnlicher Luxus in jenen Tagen und gleichzeitig ein Statussymbol, das sich nur die allerwenigsten leisten konnten.

Zum Zeitpunkt von Lazarus' Erkrankung hat Jesus Bethanien auf einige Tage verlassen und hält sich mit seinen Jüngern im Gebiet östlich des Jordans auf. Erst zwei Tage, nachdem er davon erfahren hat, was seinem Freund Lazarus zugestoßen ist, kehrt Jesus nach Judäa zurück. Der Bruder Marias und Marthas ist in der Zwischenzeit jedoch gestorben und liegt schon seit vier Tagen in der Gruft. Martha läuft Jesus entgegen und sagt zu ihm: »Herr, wärst du hier gewesen, dann wäre mein Bruder nicht gestorben.« (Joh 11,21) Besonders auffallend an dieser kleinen Episode ist, daß Martha allein kommt, um Jesus zu begrüßen. Statt ihre Schwester zu begleiten, bleibt Maria im Haus und kommt erst, als Jesus sie durch Martha rufen läßt. Das geheime Markusevangelium, von dem bereits an früherer Stelle die Rede war, liefert für diesen zunächst rätselhaften Sachverhalt eine Erklärung. Dort heißt es nämlich, Maria habe das Haus verlassen, bevor sie von Jesus gerufen worden sei. Prompt wird sie wegen ihres Verhaltens von den Jüngern gerügt, aber Jesus befiehlt ihnen zu schweigen.

Daß Maria im Haus blieb, während Martha dem Herrn entgegeneilte, wäre damit zu erklären, daß sie nach jüdischem Brauch *Schiveh* saß, das heißt, daß sie sieben Tage um den toten Lazarus trauerte. In diesem Fall wäre es ihr vom jüdischen Gesetz her untersagt gewesen, das Haus zu verlassen, es sei denn, ihr Gatte hätte sie ausdrücklich dazu aufgefordert. Insofern entspricht das Verhalten Jesu und Marias von Bethanien vollkommen dem Betragen eines jüdischen Ehepaares, wie es ihnen die Konventionen vorschrieben.

Einen weiteren Hinweis auf eine mögliche eheliche Verbindung zwischen Jesus und Maria fanden wir im Lukasevangelium:

»Sie zogen zusammen weiter, und er kam in ein Dorf. Eine Frau namens Martha nahm ihn freundlich auf. Sie hatte eine Schwester, die Maria hieß. Maria setzte sich dem Herrn zu Füßen und hörte seinen Worten zu. Martha aber war ganz davon in Anspruch genommen, für ihn zu sorgen. Sie kam zu ihm und sagte: ›Herr, kümmert es dich nicht, daß meine Schwester die ganze Arbeit mir allein überläßt? Sag ihr doch, sie soll mir helfen!‹ Der Herr antwortete: ›Martha, Martha, du machst dir viele Sorgen und Mühen. Aber nur eines ist notwendig. Maria hat das Bessere gewählt, das soll ihr nicht genommen werden.‹« (Lk 10,38—42)

Marthas an Jesus gerichtete Bitte läßt vermuten, daß dieser eine gewisse Autorität über Maria besitzt. Seine höchst bemerkenswerte Antwort würde man in jedem anderen Zusammenhang als Hinweis auf ein eheliches Verhältnis deuten. Auf jeden Fall wird aus ihr ersichtlich, daß Maria von Bethanien eine ebenso begeisterte Jüngerin Jesu war wie Maria Magdalena.

Wie wir bereits gesehen haben, spricht vieles dafür, in Maria Magdalena und der Frau, die Jesu Füße salbte, ein und dieselbe Person zu sehen. Könnte, so fragten wir uns immer wieder, diese Frau nicht auch mit Maria von Bethanien identisch sein? Wäre es nicht denkbar, daß diese drei Frauen, die in den Evangelien in verschiedenen Zusammenhängen in Erscheinung treten, letztlich eine einzige Person sind? Die mittelalterliche Kirche war zumindest dieser Ansicht, und auch im Volksglauben unserer Zeit ist diese Vorstellung noch lebendig.

In den Evangelien nach Matthäus, Markus und Johannes ist zwar Maria Magdalena bei der Kreuzigung Jesu zugegen, nicht aber Maria von Bethanien. Wenn die Schwester des Lazarus, wie geschildert, dem Herrn tatsächlich so treu ergeben war, dann wäre ihr Fernbleiben in dieser Situation mehr als unverständlich. Sollte ausgerechnet sie es unterlassen haben, Jesus am Ende seines Lebens beizustehen? Oder war sie in Wirklichkeit doch anwesend — unter dem Namen der Maria Magdalena? Wenn beide Frauen ein und dieselbe Person sind, würde das die Abwesenheit Marias von Bethanien bei der Kreuzigung erklären.

Maria Magdalena kann aber nicht nur mit Maria von Bethanien gleichgesetzt werden, sondern auch mit der Frau, die Jesu Füße salbte. So heißt es bei Johannes, daß Maria, die Schwester des Lazarus, es war, die Jesu Füße mit kostbarem »Nardenöl« salbte. Der Verfasser des vierten Evangeliums läßt keinen Zweifel daran:

»»Ein Mann war krank, Lazarus aus Bethanien, dem Dorf, in dem Maria und ihre Schwester Martha wohnte. Maria ist die, die den Herrn mit Öl gesalbt und seine Füße mit ihrem Haar abgetrocknet hat; deren Bruder Lazarus war krank.‹« (Joh 11,1—2)

Im folgenden Kapitel lesen wir:

»Sechs Tage vor dem Passahfest kam Jesus nach Bethanien, wo Lazarus war, den er von den Toten auferweckt hatte. Dort bereiteten sie ihm ein Mahl; Martha bediente, und Lazarus war unter denen, die mit Jesus bei Tisch waren. Da nahm Maria ein Pfund echtes, kostbares Nardenöl, salbte Jesus die Füße und trocknete sie mit ihrem Haar. Das Haus wurde vom Duft des Öls erfüllt.« (Joh 12,1—3)

Aus diesen Textstellen ergibt sich ohne Zweifel, daß Maria von Bethanien und jene Frau, die die Salbungszeremonie vornahm, ein und dieselbe Person sind, die wiederum allem Anschein nach mit Maria Magdalena identisch ist. Wenn Jesus also tatsächlich verheiratet gewesen sein sollte, dann nur mit dieser Frau, die in den Evangelien wiederholt genannt wird und unter drei verschiedenen Namen beziehungsweise Rollen auftritt.

Der Lieblingsjünger Jesu. Vorausgesetzt, Maria Magdalena und Maria von Bethanien sind ein und dieselbe Person und diese die Gattin Jesu, dann wäre Lazarus sein Schwager gewesen. Finden sich in den Evangelien irgendwelche Hinweise, die diese Annahme untermauern?

In den Schriften nach Matthäus, Markus und Lukas wird die Auferweckung des Lazarus mit keinem Wort erwähnt. Wie wir bereits weiter oben gesehen haben, enthielt der Bericht des Markus ursprünglich die Schilderung einer solchen Szene, die jedoch durch Klemens von Alexandria unterdrückt wurde. Daher kennt die Nachwelt die Geschichte des Lazarus ausschließlich aus dem Johannesevangelium. Jesus behandelt ihn nicht nur bevorzugt, sondern Lazarus scheint ihm auch näher gestanden zu haben als die anderen Jünger, ohne allerdings selbst zu diesen zu zählen.

Im Gegensatz zum engeren Kreis der Jünger gerät Lazarus in eine bedrohliche Lage. Denn die Hohenpriester beschließen, nicht nur Jesus, sondern auch ihn umbringen zu lassen (Joh 12,10). Wenn Lazarus den Meister, wie die Textstelle aus dem Johannesevangelium (12,10—11) vermuten läßt, auf seinen Wanderungen durch Palästina begleitete und bei der Verkündigung seiner Lehre unterstützte, warum wird er dann nirgendwo als Jünger Jesu bezeichnet? Warum war dieser Mann, der doch Jesus im wahrsten Sinne des Wortes sein Leben verdankte, nicht bei dessen Kreuzigung zugegen? Gewiß, angesichts der gegen ihn erhobenen Beschuldigungen könnte er sich versteckt gehalten haben, aber es ist doch sonderbar, daß er in den

Evangelien nie wieder in Erscheinung tritt. Oder doch? Wir beschlossen, den Sachverhalt genauer zu durchleuchten.

Nach dreimonatigem Aufenthalt in Bethanien begibt sich Jesus mit seinen Jüngern »jenseits des Jordans«. Hier erreicht ihn die Nachricht, daß Lazarus krank sei. Doch nennt der Bote keinen Namen, sondern beschränkt sich auf die Mitteilung: »Herr, dein Freund ist krank.« (Joh 11,3) Jesus reagiert recht sonderbar auf diese Neuigkeit. Statt dem Mann, den er angeblich liebt, sofort zu Hilfe zu eilen, meint er eher hinhaltend: »Als Jesus das hörte, sagte er: ›Diese Krankheit wird nicht zum Tod führen, sondern dient der Verherrlichung Gottes: Durch sie soll der Sohn Gottes verherrlicht werden.‹« (Joh 11,4) Trotz der alarmierenden Nachricht, die er erhalten hat, läßt Jesus noch weitere zwei Tage verstreichen und entschließt sich erst dann, nach Bethanien zurückzukehren. Worauf er seiner früheren Erklärung widerspricht, indem er seinen Jüngern mitteilt, Lazarus sei tot. Er zeigt sich jedoch keineswegs verstört: »Lazarus, unser Freund, schläft; aber ich gehe hin, um ihn aufzuwecken.« (Joh 11,11) Vier Verse weiter gibt er praktisch zu, daß die ganze Sache sorgfältig geplant und inszeniert worden ist: »Und ich freue mich für euch, daß ich nicht dort war; denn ich will, daß ihr glaubt. Doch wir wollen zu ihm gehen.« (Joh 11,15) So verwunderlich sein Verhalten auch sein mag, das seiner Jünger ist es nicht minder: »Da sagte Thomas, genannt Didymus (Zwilling), zu den anderen Jüngern: ›Dann laßt uns mit ihm gehen, um mit ihm zu sterben.‹« (Joh 11,16) Was heißt das? Haben die Jünger etwa die Absicht, kollektiv Hand an sich zu legen, um sich im Tod mit Lazarus zu vereinen? Was soll man von der Sorglosigkeit, ja, von der Gleichgültigkeit Jesu halten, mit der er die Nachricht von der Erkrankung des Lazarus aufnimmt?

Professor Morton Smith vertritt die Ansicht, bei diesem zunächst unverständlichen Vorgang handle es sich um eine Einweihung in eine »Mysterienschule«. Solche Initiationen und die sie begleitenden Rituale waren, so Professor Smith, zur Zeit Jesu in Palästina nichts Außergewöhnliches. Dazu gehörten oft ein symbolischer Tod mit Wiedergeburt – der Neuling wird in eine Gruft eingeschlossen, die zum Schoß für seine Wiedergeburt wird; ferner ein Ritus, den wir heute Taufe nennen – symbolisches Untertauchen im Wasser; sowie ein Becher Wein – Symbol für das Blut des Propheten oder Magiers, der die Zeremonie vornimmt. Indem er aus einem solchen Becher trank, vollzog der Täufling eine symbolische Vereinigung mit seinem

Lehrer. Interessanterweise erklärt der Apostel Paulus den Zweck der Taufe mit eben diesen Worten.

Wie Professor Smith weiter ausführt, unterscheidet sich der Lebensweg Jesu kaum von dem anderer Magier, Heilkundiger und Wundertäter jener Tage.[9] In allen vier Evangelien trifft er sich immer wieder insgeheim mit Gläubigen, die er heilen will, und unterhält sich mit ihnen. Im Anschluß an solche Begegnungen äußert er in den meisten Fällen die Bitte, Stillschweigen darüber zu bewahren. Soweit es die Öffentlichkeit betrifft, spricht er für gewöhnlich nur in Allegorien und Gleichnissen.

Es ist also nicht auszuschließen, daß sich Lazarus während Jesu Aufenthalt am Jordan einem typischen Einweihungsritus unterzog, der am Ende zu symbolischer Auferstehung und Wiedergeburt führte. In diesem Lichte besehen, wird der Wunsch der Jünger, »mit ihm [Lazarus] zu sterben«, durchaus verständlich, wie auch die andernfalls unerklärliche Gleichgültigkeit, mit der Jesus reagiert. Maria und Martha scheinen hingegen über sein Fernbleiben ehrlich bestürzt zu sein, aber sie können den Sinn der Übung auch mißverstanden oder falsch ausgelegt haben. Vielleicht war die Initiation nicht so wie vorgesehen verlaufen, was durchaus häufiger vorkam. Möglicherweise war die ganze Geschichte auch nur geschickt aufgezogenes Theater, dessen wahrer Zweck lediglich einigen wenigen bekannt war.

Wenn sich hinter dieser ganzen Episode tatsächlich eine rituelle Einweihung verbirgt, wird Lazarus ohne Zweifel eine bevorzugte Behandlung zuteil. Allem Anschein nach wird er noch vor allen anderen Jüngern initiiert, was dazu führt, daß diese ihm seine privilegierte Stellung mißgönnen. Warum aber sollte dieser bisher unbekannte Mann aus Bethanien als erster einer Prozedur unterzogen worden sein, auf die die Jünger so erpicht waren? Warum sollten späterhin mystisch orientierte Häretiker wie die Karpokratianer so viel Aufhebens davon machen? Und warum wurde die ganze Episode aus dem Markusevangelium gestrichen? Weil der Meister Lazarus mehr liebte als die anderen Jünger? Oder vielleicht deshalb, weil Lazarus ein besonderes Verhältnis zu Jesus hatte, zum Beispiel das eines Schwagers? Vielleicht trifft auch beides zu. Es ist möglich, daß Jesus Lazarus kennen- und liebenlernte, eben weil er sein Schwager war. Auf dieses herzliche Einvernehmen wird mehrmals hingewiesen. Als Jesus nach Bethanien zurückkehrt und den Tod des Lazarus beweint, äußern die Umstehenden: »Seht, wie lieb er ihn hatte!« (Joh 11,36)

Der Verfasser des Johannesevangeliums nennt sich nie beim Namen. Spricht er von sich, so von »dem geliebten Jünger« oder »dem, den Jesus liebhatte«, womit er zu verstehen gibt, daß er im Vergleich zu seinen Gefährten eine bevorzugte Stellung innehat. Das wird vor allem beim Letzten Abendmahl deutlich, bei dem Jesus nur ihm allein anvertraut, wer der Verräter sein wird.

»Einer von den Jüngern lag an der Seite Jesu; es war der, den Jesus liebte. Simon Petrus nickte ihm zu, er solle fragen, von wem Jesus spreche. Da lehnte sich dieser zurück an die Brust Jesu und fragte ihn: ›Herr, wer ist es?‹ Jesus antwortete: ›Der ist es, dem ich den Bissen Brot, den ich eintauche, geben werde.‹ Dann tauchte er das Brot ein, nahm es und gab es Judas, dem Sohn des Simon Ischarioth.« (Joh 13,23—26)

Wer ist nun dieser Lieblingsjünger Jesu, auf dessen Zeugnis das vierte Evangelium beruht? Alles deutet darauf hin, daß Lazarus und der »geliebte Jünger« ein und dieselbe Person sind und daß Lazarus sich hinter »Johannes« verbirgt. Eine andere Schlußfolgerung zu ziehen, scheint fast ausgeschlossen. Auch Professor William Brownlee, ein führender Bibelwissenschaftler und einer der bedeutendsten Experten auf dem Gebiet der Funde von Qumrān, kommt zu dem Ergebnis: »Dem vierten Evangelium immanente Beweise . . . lassen darauf schließen, daß der geliebte Jünger mit Lazarus von Bethanien identisch ist.«[10]

Wenn diese Annahme zutrifft, erklärten sich daraus einige Ungereimtheiten, wie zum Beispiel das geheimnisvolle Verschwinden des Lazarus aus dem Neuen Testament oder seine angebliche Abwesenheit bei der Kreuzigung. Denn wenn Lazarus der »Lieblingsjünger« war, hätte er Jesus in seiner letzten Stunde beigestanden, und ihm hätte der Gekreuzigte aufgetragen, sich um seine Mutter zu kümmern. Die Wortwahl Jesu läßt durchaus den Schluß zu, daß er sich an seinen Schwager wendet: »Als Jesus seine Mutter sah und bei ihr den Jünger, den er liebte, sagte er zu seiner Mutter: ›Frau, siehe, dein Sohn!‹ Dann sagte er zu dem Jünger: ›Siehe, deine Mutter!‹ Und von jener Stunde an nahm sie der Jünger zu sich.« (Joh 19,26—27)

Der letzte Satz dieses Zitats ist besonders aufschlußreich, denn im Unterschied zu den anderen Jüngern, die ihre Heimat Galiläa verlassen haben, besitzt Lazarus ein Haus in Bethanien, in dem sich Jesus selbst gewöhnlich aufhielt.

Nachdem die Hohenpriester seinen Tod beschlossen haben, wird

Lazarus nicht mehr unter seinem eigentlichen Namen genannt. Setzt man jedoch voraus, daß er mit dem »geliebten Jünger« identisch ist, verschwindet er keineswegs aus dem Neuen Testament, im Gegenteil: Seine Schritte und Taten lassen sich bis zum Ende des vierten Evangeliums verfolgen. Dort findet sich eine weitere merkwürdige Episode, die nähere Betrachtung verdient. Jesus sagt den Tod Petri voraus und weist ihn an, ihm »nachzufolgen«:

»Petrus wandte sich um und sah, wie der Jünger, den Jesus liebte, [diesem] folgte. Es war der Jünger, der sich bei jenem Mahl an die Brust Jesu gelehnt und ihn gefragt hatte: ›Herr, wer ist es, der dich verraten wird?‹ Als Petrus diesen Jünger sah, fragte er Jesus: ›Herr, was wird denn mit ihm?‹ Jesus antwortete ihm: ›Wenn ich will, daß er bis zu meinem Kommen bleibt, was geht das dich an? Du aber folge mir nach!‹ Da verbreitete sich unter den Brüdern die Meinung: Jener Jünger stirbt nicht. Doch Jesus hatte zu Petrus nicht gesagt: ›Er stirbt nicht‹, sondern: ›Wenn ich will, daß er bis zu meinem Kommen bleibt, was geht das dich an?‹

Dieser Jünger ist es, der all das bezeugt und der es aufgeschrieben hat; und wir wissen, daß sein Zeugnis wahr ist.« (Joh 21,20–24)

Trotz der doppeldeutigen Formulierungen scheint der Inhalt dieser Textpassage klar zu sein: Der »geliebte Jünger« wird aufgefordert, auf Jesu Rückkehr zu warten. Der Text selbst betont ausdrücklich, daß diese Rückkehr nicht symbolisch im Sinne einer »Wiederkunft Christi als Weltenrichter« aufzufassen ist. Er läßt vielmehr durchblicken, daß Jesus, nachdem er die anderen Jünger in die Welt hinausgeschickt hat, sich bald mit einem besonderen Auftrag an den Lieblingsjünger wenden wird.

Wenn der »geliebte Jünger« mit Lazarus identisch ist, dürfte eine solche Absprache zwischen Jesus und ihm, ohne daß die anderen Jünger davon wußten, nicht neu gewesen sein. In der der Kreuzigung voraufgehenden Woche trifft Jesus Vorbereitungen zu seinem triumphalen Einzug in Jerusalem, bei dem er, um den Prophezeiungen des Alten Testaments, die einen »Messias« ankündigen, Genüge zu tun, auf einem Esel reiten muß (Zach 9,9–10). Also muß ein Esel her. Im Lukasevangelium schickt Jesus zwei Jünger nach Bethanien, wo sie, wie er ihnen versichert, einen Esel finden werden, der dort für ihn bereitsteht. Sie werden angewiesen, dem Besitzer des Tieres zu sagen: »Der Herr braucht ihn.« (Lk 19,31) Alles trägt sich so zu, wie es Jesus vorausgesagt hat, und jedermann glaubt daraufhin an ein Wunder.

Aber ist daran wirklich etwas Besonderes? Deutet es nicht eher auf einen sorgfältig ausgearbeiteten Plan hin? Könnte es nicht Lazarus gewesen sein, der Jesus den Esel besorgte?

Zu diesem Schluß kommt jedenfalls Hugh Schonfield.[11] Anhand eindeutiger Argumente weist er nach, daß Lazarus mit den Vorbereitungen für den Einzug in Jerusalem betraut worden war und daß die anderen Jünger keine Kenntnis davon hatten. Das spräche für die Existenz eines inneren Kreises von Anhängern Jesu, eines festen Kerns von Mitverschwörern oder Familienangehörigen, die als einzige das Vertrauen ihres Herrn genossen. Möglicherweise war Bethanien das Zentrum eines Kultes, ein Ort, an dem unter Vorsitz Jesu in ihrer Art einzigartige Rituale abgehalten wurden. Damit ließe sich das Rätsel erklären, weshalb wir im Laufe unserer Nachforschungen immer wieder auf Bethanien gestoßen waren. Die Prieuré de Sion hatte ihre »Arche« in Rennes-le-Château »Béthanie« genannt. Und es dürfte bestimmt kein Zufall sein, daß Saunière der von ihm errichteten Villa den Namen »Bethania« gab.

Eine geheime Absprache könnte auch dem rätselhaften Ende des Johannesevangeliums zugrunde liegen, wo Jesus dem »geliebten Jünger« aufträgt, auf seine Rückkunft zu warten. Es sieht ganz danach aus, als hätten beide gemeinsame Pläne zu verwirklichen, und es ist anzunehmen, daß diese Pläne auch die Zukunft der Familie Jesu einbezogen. Schon bei der Kreuzigung hatte Jesus seine Mutter der Obhut des »geliebten Jüngers« anvertraut. Wenn Jesus Frau und Kinder gehabt hat, hat er sie vermutlich ebenfalls unter dessen Obhut gestellt.

Eine spätere Tradition gibt an, die Mutter Jesu sei im Exil in Ephesus gestorben, wo das vierte Evangelium angeblich entstanden sein soll. Nichts deutet jedoch darauf hin, daß sich der »geliebte Jünger« bis an ihr Lebensende um sie gekümmert hätte. Hugh Schonfield meint überdies, das Johannesevangelium sei nicht in Ephesus verfaßt, sondern lediglich umgearbeitet und herausgegeben worden, und zwar von einem griechischen Kirchenältesten, der es seinen eigenen Vorstellungen angepaßt habe.[12]

Was aber wurde aus dem »geliebten Jünger«? Wenn er und Lazarus ein und derselbe waren, ist die Frage leicht zu beantworten, denn auf den weiteren Lebensweg des Lazarus geht die Überlieferung ausführlich ein. Frühkirchlichen Autoren zufolge wurden Lazarus, Maria Magdalena, Martha, Joseph von Arimathia und mehrere andere mit dem Schiff in die Nähe von Marseille gebracht.[13] Von dort aus soll

Joseph nach England weitergereist sein, wo er in Glastonbury eine Kirche errichtete, während Lazarus und Maria Magdalena in Gallien blieben. Der Überlieferung zufolge starb Maria Magdalena in einer Grotte bei Aix-en-Provence, die seitdem Sainte-Baume genannt wird, und Lazarus in Marseille, nachdem er dort die erste Diözese begründet hatte.

Die Dynastie Jesu. Wenn wir davon ausgehen, daß Jesus tatsächlich mit Maria Magdalena verheiratet war – konnte diese Ehe eine Art dynastische Allianz voller politischer Implikationen und Auswirkungen sein? Hätte ihre Nachkommenschaft mit Recht behaupten können, »königlichen Geblüts« zu sein?

Das Matthäusevangelium stellt ausdrücklich fest, daß Jesus königlicher Herkunft war – ein echter König und direkter Nachkomme Salomons und Davids. In diesem Falle hätte Jesus einen legitimen Anspruch auf den Thron eines vereinigten Palästina gehabt. Unter diesem Gesichtspunkt wäre die Kreuzesinschrift nicht nur aus höhnischem Sadismus entstanden, denn Jesus wäre in der Tat »König der Juden« gewesen. Und er mußte auf eben die Gegnerschaft stoßen, die die Rolle, die er spielte, schließlich hervorrief: die Gegnerschaft Roms und die des Herodes, die beide in einem Priesterkönig, der womöglich das Land und das Volk der Juden einen wollte, eine ernste Bedrohung sehen mußten.

Wiederholt wurde in letzter Zeit die Meinung vertreten, der berüchtigte Bethlehemische Kindermord habe nie beziehungsweise nicht in dem uns von den Evangelien überlieferten Umfang stattgefunden. Doch allein die Tatsache, daß sich diese Geschichte hartnäckig am Leben erhalten hat, deutet darauf hin, daß Herodes zutiefst beunruhigt gewesen sein dürfte und Angst hatte, gestürzt zu werden. Gewiß, seine Herrschaft war ohnehin äußerst unsicher, zumal Herodes von seinen Untertanen gehaßt und nur durch die römischen Kohorten an der Macht gehalten wurde. Doch wie prekär seine Lage auch gewesen sein mag, sie kann nicht ernstlich bedroht gewesen sein von Gerüchten über einen geistlichen Erlöser – Gerüchte, wie sie damals in Hülle und Fülle im Heiligen Land kursierten. Wenn Herodes sich also fürchtete, dann gewiß vor einer konkreten politischen Gefahr, vor einem Herrn, der einen legitimen Anspruch auf den Thron besaß und sich großer Beliebtheit im Volk erfreute.

Zu behaupten, daß Jesus einen politischen Anspruch erhob, heißt gleichzeitig, die weitverbreitete Vorstellung vom »armen Zimmermann aus Nazareth« in Frage zu stellen. Dafür gibt es einleuchtende Gründe. Erstens steht es, wie bereits dargestellt, keineswegs fest, daß Jesus aus Nazareth kam; zweitens ist zu bezweifeln, daß die Stadt zu Lebzeiten Jesu überhaupt schon existierte. Sie taucht auf keiner römischen Landkarte, in keinem Dokument und in keiner Aufzeichnung auf; sie ist weder im Talmud noch in den Schriften des Apostels Paulus erwähnt, die ja noch vor den Evangelien verfaßt wurden; ebensowenig findet sie Erwähnung bei Josephus Flavius, dem bedeutendsten Geschichtsschreiber jener Epoche, der in Galiläa Truppen befehligte und Listen der Provinzstädte anlegte. Eine Stadt Nazareth dürfte somit erst nach dem Aufstand der Jahre 66 bis 70 existiert haben und der Name Jesu nur durch eine semantische Verwirrung mit ihr in Verbindung gebracht worden sein.

Auch die Legende vom »armen Zimmermann« ist nicht stichhaltig.[14] Keines der Evangelien stellt Jesus als solchen dar, eher ist schon das Gegenteil der Fall. Er scheint eine gute Erziehung genossen und sich einer Ausbildung zum Rabbi unterzogen zu haben. Außerdem dürfte er sich ebenso häufig mit armen wie mit wohlhabenden und einflußreichen Leuten umgeben haben, und auch die Hochzeit in Kana legt für die gesellschaftliche Stellung Jesu Zeugnis ab.

Bei näherer Betrachtung war diese Feier wohl eine aufwendige Festlichkeit der besitzenden Stände. Selbst wenn es nicht Jesu eigene Hochzeit war, so weisen seine Anwesenheit und die seiner Mutter darauf hin, daß sie der gleichen gesellschaftlichen Schicht angehörten. Das allein könnte den Gehorsam erklären, den die Dienerschaft ihnen entgegenbrachte.

Wenn Jesus von vornehmer Herkunft und mit Maria Magdalena verheiratet war, ist anzunehmen, daß auch sie eine vergleichbare gesellschaftliche Stellung einnahm wie er. Wie wir schon wissen, zählte sie die Frau eines hohen Beamten am Hofe des Herodes zu ihren Bekannten. Aber sie selbst könnte noch höher gestellt gewesen sein.

Jerusalem, die Heilige Stadt und Hauptstadt von Judäa, hatte sich ursprünglich im Besitz des Stammes Benjamin befunden. In ihrem Krieg gegen die anderen Stämme Israels wurden die Benjaminiter stark dezimiert, und viele gingen ins Exil, wenngleich einige, wie die »Prieuré-Dokumente« behaupten, in Palästina blieben. In seinem *Brief an die Römer* (11,1) hebt der Apostel Paulus ausdrücklich hervor, ein Nachkomme jener Benjaminiter zu sein, die seinerzeit nicht ausgewandert seien.

Trotz seines Konflikts mit den anderen Stämmen Israels scheint der Stamm Benjamin eine besondere Stellung eingenommen zu haben. Aus ihm ging sowohl Israels erster König, der vom Propheten Samuel gesalbte Saul, als auch sein erstes Königshaus hervor. Doch schließlich wurde Saul von David aus dem Hause Juda entthront. David beraubte die Benjaminiter nicht nur ihres Anspruchs auf den Thron. Indem er Jerusalem zu seiner Hauptstadt machte, nahm er ihnen auch ihr rechtmäßiges Erbe.

Alle Berichte des Neuen Testaments zählen Jesus zur Linie Davids, das heißt, er war Angehöriger des Stammes Juda. Aus benjaminitischer Sicht könnte ihn das in einem gewissen Sinne zum Usurpator gestempelt haben, doch dieser Vorbehalt hätte sich durch eine eheliche Verbindung mit einer Frau benjaminitischer Herkunft leicht ausräumen lassen. Eine solche Heirat wäre eine wichtige dynastische Allianz von großer politischer Tragweite gewesen. Sie hätte Israel nicht nur einen mächtigen Priesterkönig geschenkt, sondern auch Symbolcharakter für die Rückgabe Jerusalems an seine rechtmäßigen Besitzer gehabt.

Im Neuen Testament findet sich kein Hinweis auf die Herkunft Maria Magdalenas. In späteren Überlieferungen heißt es jedoch, sie sei königlichen Geblüts gewesen; anderen Legenden zufolge gehörte sie dem Stamm Benjamin an.

Allmählich zeichnete sich ein kohärentes Historiengemälde ab, das auch politisch einen Sinn ergab: Jesus mußte ein Priesterkönig aus dem Geschlecht Davids gewesen sein, der einen legitimen Anspruch auf den Thron besaß. Er mußte seine Position durch eine dynastisch wichtige Eheschließung von symbolischer Bedeutung festigen, um in der Lage zu sein, das Land zu einen, das Volk zu mobilisieren, die Unterdrücker zu verjagen, den von ihnen eingesetzten König zu entthronen und den Glanz des Hauses Salomon wiederherzustellen. Ein solcher Mann wäre wahrhaftig »König der Juden« gewesen.

Die Kreuzigung. Ein geistiger Führer kann, verfügt er über genügend Rückhalt im Volk, durchaus eine Bedrohung für ein herrschendes Regime darstellen. Ein verheirateter Mann jedoch, ausgestattet mit dem rechtmäßigen Anspruch auf den Thron und mit Kindern, die ihn in die Lage versetzen, eine Dynastie zu begründen, ist um vieles ernster zu nehmen. Können die Evangelien belegen, daß die Römer eine derartige Bedrohung in Jesus sahen?

In seinem Gespräch mit Pilatus wird Jesus wiederholt mit »König der Juden« tituliert; und der römische Prokurator von Judäa läßt eine gleichlautende Inschrift auf Jesu Kreuz anbringen. Im Markusevangelium wendet sich Pilatus, nachdem er Jesus verhört hat, an die versammelten Würdenträger mit den Worten: »Was soll ich dann mit dem tun, den ihr den König der Juden nennt?« (Mk 15,12) Das deutet darauf hin, daß zumindest einige Juden Jesus tatsächlich als ihren König ansahen. Darüber hinaus besteht kein Grund zu der Annahme, daß Pilatus, indem er Jesus diesen Titel einräumt, Verachtung oder Geringschätzung ausdrücken will. Im vierten Evangelium hält er beharrlich daran fest und läßt sich auch durch einen Sturm des Protestes nicht davon abbringen. Mehr noch: In den drei synoptischen Evangelien bestätigt Jesus selbst seinen Anspruch auf den Thron: »Pilatus fragte ihn: ›Bist du der König der Juden?‹ Er antwortete ihm: ›Du sagst es.‹« (Mk 15,2)

Die Evangelien wurden, daran sei nochmals erinnert, für ein griechisch-römisches Publikum geschrieben und entstanden während und nach der Revolte von 66 bis 70, die dem Judentum als organisierte gesellschaftliche, politische und militärische Kraft praktisch ein Ende setzte. Rom hatte soeben einen erbitterten und kostspieligen Krieg gegen die Juden geführt, weshalb es nur konsequent war, diesen die Rolle des Bösewichts zuzuweisen. Unmittelbar nach dem jüdischen Aufstand konnte man Jesus unmöglich als politische Figur zeichnen — eine Figur, die für die Agitation stand, die durch einen Krieg niedergeschlagen worden war. Natürlich mußte auch die Rolle, die die Römer beim Prozeß und bei der Kreuzigung Jesu gespielt hatten, beschönigt werden, um sie so sympathisch wie möglich zu präsentieren. Aus diesem Grund ist Pilatus in den Evangelien ein anständiger, verantwortungsbewußter und toleranter Mann, der der Kreuzigung nur widerwillig zustimmt.[15]

Den Evangelien zufolge wird Jesus zunächst vom Sanhedrin — dem Hohen Rat — verurteilt, der ihn zu Pilatus bringen läßt und den Prokurator beschwört, sich gegen ihn auszusprechen. Historisch gesehen ist das blanker Unsinn. In den drei synoptischen Evangelien wird Jesus in der Nacht zum Passah verhaftet und vom Sanhedrin verurteilt. Nach jüdischem Gesetz durfte der Hohe Rat jedoch während des Passahfestes nicht zusammentreten.[16] Er durfte weder nachts noch in

Privathäusern, noch sonstwo außerhalb des Tempelbezirks zusammenkommen. Nach den Evangelien war er auch nicht berechtigt, Todesurteile auszusprechen, und das ist offenbar der Grund, weshalb Jesus vor Pilatus gebracht wird. In Wirklichkeit aber hatte der Sanhedrin sehr wohl das Recht, Todesurteile auszusprechen – allerdings zum Tod durch Steinigung, nicht durch Kreuzigung. Somit hätte der Sanhedrin, wenn ihm daran gelegen war, sich Jesu zu entledigen, ihn kraft eigener Machtvollkommenheit zum Tod durch Steinigung verurteilen können. Es wäre gar nicht nötig gewesen, Pilatus zu bemühen.

Die Evangelisten haben noch zahlreiche weitere Versuche unternommen, Schuld und Verantwortung von Rom abzuwälzen. Einer davon ist Pilatus' angebliches Angebot, einen von der Menge zu bestimmenden Gefangenen freizusprechen. In allen vier Evangelien heißt es, das sei zum Passahfest ein Gewohnheitsrecht der Juden gewesen, was jedoch keineswegs zutrifft.[17] Moderne Autoren stimmen darin überein, daß eine derartige Politik von den Römern nie betrieben wurde und daß das Angebot, entweder Jesus oder Barabbas freizulassen, reine Erfindung sei. Als ebenso fiktiv ist auch das Zögern des Pilatus zu sehen, ein Urteil über Jesus zu sprechen, sowie seine nur widerwillig getroffene Entscheidung, dem aggressiven Drängen der Volksmenge nachzugeben. In Wirklichkeit wäre es für einen römischen Prokurator – noch dazu für einen so skrupellosen wie Pilatus – undenkbar gewesen, sich dem Druck der Straße zu beugen. Auch hier wird der Zweck der Verschleierung deutlich: Die Römer sollen entlastet, die Schuld den Juden in die Schuhe geschoben und Jesus den Lesern der Evangelien als »annehmbare« Person vorgestellt werden.

Es ist natürlich möglich, daß nicht alle Juden schuldlos waren. Selbst wenn die römische Verwaltung einen Priesterkönig mit legitimem Anspruch auf den Thron fürchtete, so hieß das noch lange nicht, daß sie sich Provokationen leisten wollte, die eine großangelegte Rebellion auslösen konnten. Gewiß wäre es für Rom vorteilhafter gewesen, wenn der Priesterkönig von seinem eigenen Volk verraten worden wäre. Es ist daher denkbar, daß sich die Römer einiger Sadduzäer als Agents provocateurs bedienten. Doch selbst dann ist nicht zu leugnen, daß Jesus das Opfer römischer Verwaltung, römischer Gerichtsbarkeit, römischer Militärmacht und römischer Hinrichtungspraxis wurde – einer Hinrichtungsart, die ausschließlich den Feinden Roms vorbehalten war. Jesus wurde nicht gekreuzigt, weil er sich gegen das Judentum vergangen hatte; er wurde gekreuzigt, weil ihn Rom als Verbrecher betrachtete.[18]

Wer war Barabbas? In den Evangelien ist zwar nirgendwo ausdrücklich vermerkt, daß Jesus Kinder hatte, aber deutet doch nicht Verschiedenes auf das Gegenteil hin?

Wenn Jesus Rabbi war, mutet seine angebliche Kinderlosigkeit höchst seltsam an. Denn bei einem Rabbi setzte man ganz selbstverständlich voraus, daß er gleichzeitig Familienvater war. Das ist zugegebenermaßen nur ein Argument und noch kein Beweis. Doch gibt es in der Tat konkretere Beweise — und zwar in der Person jener etwas mysteriösen Figur, die in den Evangelien Barabbas heißt oder, um genau zu sein, Jesus Barabbas. Zumindest tritt er unter diesem Namen in einer früheren Handschrift des Matthäusevangeliums auf. Die Forschung ist sich bislang über den Ursprung und die Bedeutung von »Barabbas« noch nicht schlüssig; »Jesus Barabbas« könnte jedoch eine Korrumpierung von »Jesus Berabbi« sein. *Berabbi* war ein den höchsten und angesehensten Rabbis vorbehaltener Titel, der dem eigentlichen Namen nachgestellt wurde.[19] »Jesus Berabbi« könnte sich daher auf Jesus selbst beziehen.

»Jesus Barabbas« könnte aber auch ursprünglich *Jesus bar Rabbi* gelautet haben — »Jesus, Sohn des Rabbi«. Hinweise darauf, daß Jesu Vater Rabbi war, existieren nicht; hätte aber Jesus einen Sohn gehabt, der nach ihm benannt wurde, wäre dieser Sohn *Jesus bar Rabbi* gewesen. Eine weitere Möglichkeit ist, daß »Jesus Barabbas« sich von *Jesus bar Abba* ableitet. Da *abba* auf Hebräisch »Vater« heißt, wäre »Barabbas« mit »Sohn des Vaters« zu übersetzen — eine recht einfallslose Bezeichnung, es sei denn, es handelte sich bei diesem Vater um etwas Besonderes. Ist der »himmlische Vater« gemeint, könnte sich »Barabbas« auf Jesus selbst beziehen; ist aber Jesus der »Vater«, würde sich »Barabbas« wiederum auf seinen Sohn beziehen.

Was immer der Name bedeuten mag, Barabbas ist eine äußerst denkwürdige Figur. Je eingehender man sich mit ihr beschäftigt, desto augenfälliger wird, daß hier Unehrlichkeit und Vertuschung im Spiel sind. Zunächst scheint Barabbas — wie schon Maria Magdalena — systematischer Verleumdung zum Opfer gefallen zu sein; denn die Überlieferung, die Maria Magdalena zur Hure stempelt, macht Barabbas zum Straßenräuber und Mörder. Wenn Barabbas aber auch nur annähernd das ist, was sein Name impliziert — nämlich Jesu Sohn oder

Jesus selbst —, ist es geradezu absurd anzunehmen, er sei eine finstere Gestalt gewesen. Weshalb ihn aber verleumden? Das ergäbe allenfalls dann einen Sinn, wenn Barabbas etwas ganz anderes darstellte, etwas, worüber die Verfasser des Neuen Testaments die Nachwelt im unklaren lassen wollten.

In den Evangelien nach Markus und Lukas ist Barabbas ein politischer Gefangener, ein Rebell, der des Mordes und Aufruhrs angeklagt wird. Bei Matthäus jedoch wird er als »besonderer« Gefangener bezeichnet, und im vierten Evangelium (in der griechischen Fassung) als *laestai* (Joh 18,40). Dieses Wort läßt sich mit »Räuber« oder »Bandit« übersetzen, doch im historischen Kontext bedeutet es etwas ganz anderes. *Laestaes* war nämlich der Name, mit dem die Römer für gewöhnlich die Zeloten belegten, die militant nationalistischen Revolutionäre, die eine Zeitlang zum Aufstand gegen Rom aufriefen.[20] Da sowohl Markus als auch Lukas Barabbas als Aufrührer bezeichnen, Matthäus dem andererseits nicht widerspricht, dürfen wir mit einiger Sicherheit davon ausgehen, daß Barabbas ein Zelot war.

Aber das ist noch längst nicht alles, was wir über Barabbas erfahren. Lukas zufolge war er in einen »Aufstand« in Jerusalem verwickelt. Die Geschichtsschreibung erwähnt keine Unruhen zu dieser Zeit, wohl aber berichten die Evangelien von einem Tumult, der sich wenige Tage vor dem Passahfest zutrug, als Jesus mit seinen Jüngern die Tische der Geldwechsler im Tempel umstieß. War das der Aufstand, in den Barabbas verwickelt war? Wurde er deswegen ins Gefängnis geworfen? In diesem Fall ist es nur logisch, daraus zu schließen, daß Barabbas zu Jesu Gefolge gehörte.

Wenn Barabbas wirklich ein gemeiner Verbrecher war, ist nicht einzusehen, weshalb das Volk lauthals von Pilatus forderte, ihm das Leben zu schenken. War er hingegen ein Revolutionär, ist es höchst unglaubhaft, daß sich der römische Prokurator der Gefahr ausgesetzt haben sollte, ihn frei herumlaufen zu lassen — an Stelle eines harmlosen Visionärs, der ohnehin bereit war, »dem Kaiser zu geben, was des Kaisers ist«. Daß die Wahl ausgerechnet auf Barabbas gefallen sein soll, ist wohl die verblüffendste und unerklärlichste von allen Widersprüchlichkeiten, die die Evangelien aufweisen. Eine so plumpe und offensichtliche Lüge kann nicht grundlos lanciert worden sein.

Eine hochinteressante und einleuchtende Lösung des Rätsels bietet ein jüngerer Autor an. Er vermutet, Jesus sei ein legitimer König und Barabbas sein Sohn gewesen.[21] Wenn das zutrifft, ist die Episode in einem ganz neuen Licht zu betrachten; dann erscheint es mit einem Male ganz vernünftig, daß sich die Menge für Barabbas entscheidet. Man muß sich das vorstellen: Ein unterdrücktes Volk, das sich mit der unmittelbar bevorstehenden Beseitigung seines geistigen und politischen Führers konfrontiert sieht, des Messias, dessen Kommen zu so großen Hoffnungen Anlaß gegeben hat. Hätte unter diesen Umständen nicht die Erhaltung der Dynastie Vorrang vor dem einzelnen? Zöge es ein Volk, das eine so furchtbare Wahl zu treffen hat, nicht vor, seinen König zu opfern, um dessen Nachkommen das Überleben zu sichern? Wenn das Geschlecht nicht erlosch, erlosch auch nicht die Hoffnung auf die Zukunft.

Daß Barabbas Jesu Sohn war, ist gewiß nicht auszuschließen. Nach allgemeinem Dafürhalten wurde Jesus etwa im Jahre 6 vor Christus geboren, die Kreuzigung fand nicht später als 36 nach Christus statt. Das heißt, Jesus wäre zweiundvierzig Jahre alt geworden. Doch selbst wenn er mit dreiunddreißig Jahren gestorben wäre, hätte er durchaus einen Sohn haben können. Damals war es nämlich üblich, schon im Alter von sechzehn oder siebzehn Jahren zu heiraten. Bei seinem Tode hätte Jesus also durchaus einen erwachsenen Sohn haben können, selbst wenn er bei seiner Heirat schon zwanzig und der Junge demnach höchstens dreizehn Jahre alt war. Nach jüdischem Brauch galten Dreizehnjährige bereits als Männer. Dieser Sohn muß nicht das einzige Kind Jesu gewesen sein, und es ist auch nicht auszuschließen, daß Jesus noch wenige Tage vor seiner Kreuzigung ein Kind zeugte.

Überlebte Jesus das Kreuz? Wenn Jesus die Kreuzigung überlebt hatte, war es gut denkbar, daß er auch danach noch Kinder gezeugt hat. Ließen sich im Neuen Testament irgendwelche ernstzunehmenden Belege dafür finden, daß Jesus gar nicht den Tod am Kreuz gestorben war? War die Kreuzigung am Ende womöglich gar ein ausgemachter Schwindel?

Der Eindruck, den die Evangelien von Jesus vermitteln, läßt es nicht gerade als wahrscheinlich erscheinen, daß er überhaupt gekreuzigt worden sein sollte. Den Evangelien ist zu entnehmen, daß er ein Feind gewisser jüdischer Kreise in Jerusalem war. Deren Vertreter hätten ihn ohne Rücksprache mit Rom jederzeit steinigen lassen können. Andererseits ist uns durch die Evangelien kein Vorfall überliefert, daß Jesus irgendwelche Streitigkeiten oder Auseinandersetzungen mit der römischen Besatzungsmacht gehabt oder römisches Gesetz verletzt hätte. Dennoch wurde er von Repräsentanten der damaligen Weltmacht nach römischem Gesetz zum Tod durch Kreuzigung verurteilt, eine Hinrichtungsart, die ausschließlich bei jenen vollzogen wurde, die sich eines Verbrechens gegen das Reich schuldig gemacht hatten. Jesus kann also, wenn er wirklich gekreuzigt wurde, so unpolitisch nicht gewesen sein, wie ihn die Evangelien hinzustellen versuchen. Im Gegenteil: Er muß nachgerade den Zorn der Römer entfacht haben.

Worin immer die Vergehen bestanden haben mögen, derer man Jesus anklagte, sein Tod am Kreuz steckt voller Unvereinbarkeiten. Es gibt nämlich ganz einfach keinen Grund zu der Annahme, daß die Kreuzigung, wie sie die Evangelien schildern, tödlich ausgegangen sein soll. Die Kreuzigungspraxis der Römer verlief nach genau festgelegten Regeln.[22] Nach der Urteilsverkündung wurde der Delinquent ausgepeitscht, was aufgrund des Blutverlusts zu einer Schwächung führte. Dann wurden seine ausgestreckten Arme — für gewöhnlich mit Riemen, manchmal aber auch mit Nägeln — an einem schweren Holzbalken befestigt, den man ihm über Nacken und Schultern legte. Mit diesem Balken wurde er zur Hinrichtungsstätte geführt. Dort wurde der Balken mit dem Opfer hochgehoben und an einen senkrechten Pfosten genagelt.

Einem dergestalt an den Händen Aufgehängten war es unmöglich zu atmen, es sei denn, auch seine Füße wurden am Kreuz fixiert, so daß der Gekreuzigte Halt fand und der Druck auf seine Brust sich verminderte. Allen Qualen zum Trotz konnte ein gesunder Mann in guter körperlicher Verfassung im allgemeinen noch ein oder zwei Tage am Leben bleiben. Manchmal dauerte es eine ganze Woche, bis das Opfer starb — an Erschöpfung, an Durst oder, wenn Nägel verwendet wurden, an Blutvergiftung. Seine Qualen verkürzten sich, wenn man ihm die Beine oder Knie brach, was die Henker im Neuen Testament schon tun wollten, doch dann bemerkten sie, »daß er bereits tot war«. Das entsprang nicht einmal sadistischen Motiven. Eher war es ein *coup de grâce*, ein Akt des Erbarmens, der sehr schnell zum Tode führte, denn ohne den Halt seiner Füße wurde der Druck auf die Brust des Gekreuzigten so unerträglich, daß er nach kurzer Zeit erstickte.

Heutzutage sind die Wissenschaftler einhellig der Ansicht, daß nur das Johannesevangelium auf einem Augenzeugenbericht der Kreuzigung beruht. Dort heißt es, daß die Füße Jesu am Kreuz festgemacht und seine Beine nicht gebrochen worden seien. Demnach müßte er theoretisch noch gute zwei, drei Tage gelebt haben; dennoch wird er schon nach wenigen Stunden für tot erklärt. Dem Markusevangelium zufolge zeigt sich selbst Pilatus erstaunt über die Schnelligkeit, mit der der Tod eingetreten ist (Mk 15,44).

Was kann die Todesursache gewesen sein? Gewiß nicht die Lanze in seiner Seite, denn bei Johannes heißt es, daß Jesus schon tot war, als ihm diese Wunde zugefügt wurde (Joh 19,33—34). Es gibt nur eine Erklärung: Verschiedene Faktoren wie Erschöpfung, Mattigkeit, genereller Schwächezustand und das Trauma der Geißelung sind hier zusammengetroffen. Doch selbst diese außergewöhnliche Konstellation hätte nicht so schnell zum Tode führen brauchen. Natürlich kann ein Mensch, ungeachtet aller physiologischen Gesetze, auch an einem relativ harmlosen Schlag sterben. Trotzdem kam uns das alles ein wenig verdächtig vor. Wie im vierten Evangelium zu lesen, wollten die Soldaten Jesus schon die Beine brechen, um seinen Tod zu beschleunigen. Wozu die Mühe, wenn er doch schon beinahe tot war?

Den Evangelien zufolge stirbt Jesus in einem Moment, der allzu günstig ist, um nicht absichtlich gewählt zu wirken — nämlich eben noch rechtzeitig, um zu verhindern, daß ihm die Beine gebrochen werden. Dadurch wird außerdem eine Prophezeiung des Alten Testaments erfüllt. Es gibt nicht wenige Stimmen, die übereinstimmend die Meinung vertreten, Jesus habe seine Lebensführung unverfroren auf Weissagungen abgestimmt, die das Kommen eines Messias ankündigten. Aus diesem Grunde hatte er den Esel, auf dem er seinen triumphalen Einzug in Jerusalem hielt, eigens aus Bethanien herbeischaffen lassen. Auch der Kreuzigungsvorgang vermittelt den Eindruck, daß er nach einer sorgfältigen Planung ablief, die die Prophezeiungen des Alten Testaments verwirklichte.[23]

Das opportune »Hinscheiden«, das Jesus im letzten Moment vor dem sicheren Tod bewahrt und gleichzeitig eine Prophezeiung erfüllt, wirkt ziemlich verdächtig. Die perfekte zeitliche Abstimmung kann kein reiner Zufall sein. Wenn der betreffende Text nicht später eingefügt wurde, muß tatsächlich ein sorgfältig ausgearbeiteter Plan vorgelegen haben, worauf eine ganze Reihe von Indizien schließen läßt.

Im Evangelium nach Johannes sagt Jesus am Kreuz: »Mich dürstet.« (Joh 19,28) Darauf wird ihm ein in Essig getauchter Schwamm gereicht, was gemeinhin als weitere sadistische Verhöhnung gewertet wird. Aber war es das wirklich? Essig wirkt, ähnlich wie Riechsalz, zeitweilig stimulierend und wurde damals häufig zur Belebung erschöpfter Galeerensklaven verwandt. Auch Verwundeten spendet der

Geruch oder Geschmack des Essigs vorübergehend neue Energie. Bei Jesus zeigt er jedoch genau die gegenteilige Wirkung: Kaum hat er den Essig eingeatmet oder geschmeckt, spricht er seine letzten Worte und gibt »seinen Geist auf«. Diese Reaktion ist physiologisch unerklärlich. Wohl aber wäre sie vereinbar mit einem Schwamm, der nicht in Essig, sondern in ein Betäubungsmittel getaucht wurde. Opium oder Belladonna zum Beispiel, im Nahen Osten damals viel verwendet. Wozu ihm aber ein Schlafmittel verabreichen, wenn es nicht, wie alle anderen Komponenten der Kreuzigung, Teil einer komplexen und klug ersonnenen List war — einer Strategie mit dem Ziel, einen totenähnlichen Zustand herbeizuführen, während das Opfer in Wirklichkeit am Leben blieb. Dieser Trick hätte nicht nur Jesus das Leben gerettet, sondern auch die Prophezeiungen des Alten Testaments erfüllt.

Andere Widersprüchlichkeiten um Kreuzigung und Tod Jesu deuten ebenfalls auf die Anwendung einer List. Den Evangelien zufolge wird Jesus an einem Ort namens Golgatha (Schädelstätte) gekreuzigt. Nach späteren Überlieferungen soll Golgatha ein öder, mehr oder weniger schädelförmiger Hügel im Nordwesten Jerusalems gewesen sein. Das Johannesevangelium jedoch sagt: »An dem Ort, wo man ihn gekreuzigt hatte, war ein Garten, und in dem Garten war ein neues Grab, in dem noch niemand bestattet worden war.« (Joh 19,41) Demzufolge wurde Jesus also nicht auf einem öden, schädelförmigen Hügel gekreuzigt und ebensowenig an einer »öffentlichen Hinrichtungsstätte«. Gruft und Garten waren — nach Matthäus 27,60 — persönliches Eigentum Josephs von Arimathia, der, wie die vier Evangelisten übereinstimmend berichten, ein wohlhabender Mann und heimlicher Anhänger Jesu war.

Joseph von Arimathia ist aber auch derjenige, der Pilatus um den Leichnam Jesu bittet. Hier ist es angebracht, sich das seltsame Verhalten des Pilatus noch einmal ins Gedächtnis zu rufen: Pilatus erkennt Jesu Anspruch auf den Titel »König der Juden« ausdrücklich an; er wundert sich, oder tut zumindest so, über den raschen Tod seines Delinquenten; und schließlich überläßt er, was wohl am schwersten ins Gewicht fällt, Joseph von Arimathia auf dessen bloße Bitte hin die »Leiche« Jesu.

Vor allem diese Tatsache läßt darauf schließen, daß Pontius Pilatus, wenn nicht in den Schwindel eingeweiht, so doch darin verwickelt war. Denn das geltende römische Recht verweigerte Gekreuzigten die Bestattung.[24] Es war sogar üblich, Wachtposten aufzustellen, die Verwandte und Freunde des Toten daran hindern sollten, ihn vom Kreuz abzunehmen. Gemeinhin blieb er einfach am Kreuz hängen – den Elementen ausgesetzt, den Aasgeiern zum Fraß. Im Falle Jesu aber begeht Pilatus eindeutig einen Rechtsbruch, indem er die »Leiche« Joseph von Arimathia übergibt.

Über die Motive, die ihn dazu bewogen haben mögen, äußern sich die Evangelisten nicht. Ein Anhaltspunkt dafür läßt sich eher in seinem historisch verbürgten Charakter denn in dem verzeichneten Bild des Neuen Testaments finden. Daß Pilatus grausam und herrschsüchtig war, ist kein Geheimnis. Darüber hinaus war er aber auch korrupt und einer angemessenen Bestechungssumme niemals abgeneigt. Es ist daher durchaus denkbar, daß Pilatus sich bereit erklärte, den Schwindel gegen eine gewisse Zahlung – und möglicherweise gegen die bindende Zusage Jesu, sich künftig jeder politischen Agitation zu enthalten – zu decken. Diese Vermutung erfährt indirekte Bestätigung durch das griechische Original des Markusevangeliums. In der deutschen Übersetzung wirkt die Geschichte relativ einfach und logisch: Joseph bittet Pilatus um Jesu Leichnam, Pilatus wundert sich über dessen schnellen Tod, läßt ihn von einem Hauptmann bestätigen und willigt erst dann ein, Joseph den Toten zu überlassen. Im griechischen Original sieht die Sache allerdings ein wenig komplizierter aus. Joseph benutzt bei seiner Bitte das Wort *sōma*, das überwiegend für lebende Körper verwendet wurde. Pilatus gibt seinem Ersuchen statt, gebraucht aber dabei den Begriff *ptōma*, der ausschließlich »Leichnam« bedeutet.[25]

Wenn wir uns vor Augen halten, daß es verboten war, Gekreuzigte zu bestatten, ist es schon recht sonderbar, daß Joseph überhaupt eine Leiche überlassen wird. Wieso eigentlich? Und welchen Anspruch soll er ausgerechnet auf Jesu Leichnam erheben? Selbst wenn er ein heimlicher Jünger war, kann er kaum ein Anrecht geltend machen, ohne sich selbst zu verraten, es sei denn, Pilatus wußte ohnehin schon darüber Bescheid. Möglicherweise sprach aber auch ein ganz anderer Aspekt zu Josephs Gunsten.

Wir wissen wenig über Joseph von Arimathia. Aus den Evangelien geht lediglich hervor, daß er ein heimlicher Jünger Jesu sowie sehr wohlhabend war und dem Hohen Rat angehörte. Vor allem aus letzterem läßt sich schließen, daß er ein einflußreicher Mann war. Darauf deuten auch seine Abmachungen mit Pilatus und die Tatsache hin, daß er über einen Grundbesitz verfügte, auf dem sich sogar eine Privatgruft befand.

Mittelalterliche Überlieferungen stellen Joseph von Arimathia als Hüter des Grals dar; von Parzival wird behauptet, er sei ein Abkömmling aus seinem Geschlecht. Späteren Traditionen zufolge ist Joseph blutsverwandt mit Jesus und dessen Familie. Wenn das stimmt, ließe sich sein Anspruch auf den Leichnam Jesu unschwer rechtfertigen. Pilatus, der den Toten wohl kaum einem Wildfremden überlassen hätte, mag angesichts des Einflußreichtums Josephs, dessen Verwandtschaft mit Jesus und — nicht zuletzt — einer ansehnlichen Bestechungssumme durchaus ein Auge zugedrückt haben. Und wenn Joseph, ein reicher Mann und Mitglied des Hohen Rats, tatsächlich mit Jesus verwandt war, wäre das ein weiteres Indiz für Jesu vornehme Herkunft. Josephs Verbindung mit dem Heiligen Gral — dem »königlichen Blut« — erschiene dann um so logischer.

Das Szenario. Die Hypothese, die wir aufgestellt hatten, ging davon aus, daß Jesus Nachkommen hatte. Nun bemühten wir uns darum, unsere Hypothese weiter auszubauen und entscheidende Details — wenn auch nur provisorisch — in unser Gesamtbild einzufügen, das dadurch zunehmend an Logik gewann.

Immer deutlicher wurde uns bewußt, daß Jesus ein Priesterkönig gewesen sein mußte — ein adliger und legitimer Anwärter auf den Thron Palästinas —, der den Versuch unternahm, sein rechtmäßiges Erbe anzutreten. Er stammte aus Galiläa, wo die Auflehnung gegen die römische Herrschaft schon eine gewisse Tradition hatte. Gleichzeitig aber dürfte er zahlreiche vornehme, wohlhabende und einflußreiche Anhänger in ganz Palästina, einschließlich Jerusalems, gehabt haben, von denen einer sogar ein einflußreiches Mitglied des Hohen Rats war und überdies mit Jesus verwandt gewesen sein mag. Hinzu kommt, daß in der Jerusalemer Vorstadt Bethanien das Haus seiner Frau oder das ihrer Familie stand; dort wohnte der aufstrebende Priesterkönig vor seinem triumphalen Einzug in Jerusalem, dort richtete er das Zentrum seines Mysterienkults ein, und hier vergrößerte er seine Anhängerschaft durch rituelle Initiationen, die seines Schwagers eingeschlossen.

Ein derart zielstrebiger Priesterkönig mußte zwangsläufig eine mächtige Opposition hervorrufen — mit Sicherheit bei der römischen Administration und vermutlich auch bei den Sadduzäern, die die konservativen jüdischen Interessen vertraten. Wahrscheinlich bemühten sich beide Parteien, seinen Thronanspruch zunichte zu machen, wobei ihnen jedoch der erhoffte Erfolg versagt blieb. Denn des Priesterkönigs hochgestellte Freunde hatten offenbar – mit Bewilligung des leicht zu bestechenden römischen Prokurators – eine Kreuzigung in Szene gesetzt, die er überlebte. Sein »Leichnam« wurde in der Abenddämmerung in eine günstig gelegene Gruft gleich in der Nähe gebracht, von wo er ein oder zwei Tage später wieder verschwand.

Die Frage, wohin Jesus sich anschließend begab, spielte für unsere Hypothese über seine Dynastie keine große Rolle mehr. Dennoch waren wir neugierig. Islamischen und indischen Sagen zufolge starb er hochbetagt im Osten, und zwar in Kaschmir, wie häufig behauptet wird. Ein australischer Journalist dagegen stellte die interessante und nicht ganz unbegründete Behauptung auf, Jesus habe auf der Felsenfeste Masada im Süden Palästinas den Tod gefunden, als sie im Jahre 73 von den Römern gestürmt wurde. Nach dieser Theorie wäre er knapp achtzig Jahre alt geworden.

Dem uns zugegangenen Brief nach zu urteilen, enthielten die von Bérenger Saunière in Rennes-le-Château aufgefundenen Dokumente den »unwiderlegbaren Beweis«, daß Jesus im Jahre 45 noch gelebt hat, aber keinen Hinweis auf den Ort, an dem er sich aufhielt. Es könnte Alexandria gewesen sein, wo zur gleichen Zeit Ormus angeblich den Rosenkreuzerorden gründete. Es wurde sogar gemunkelt, die mumifizierte Leiche Jesu werde irgendwo in der Umgebung von Rennes-le-Château verborgen gehalten, was die verschlüsselte Botschaft in Saunières Pergamenten »IL EST LA MORT« (Dort liegt er tot) erklären würde.

Ob Jesus seine Familie nach Gallien begleitete oder nicht, können wir nicht mit Sicherheit bestätigen, zumal die Umstände eher dagegen sprechen. Er kann kaum in einer Verfassung gewesen sein, die ihm erlaubt hätte, eine längere Reise anzutreten; möglicherweise hätte seine Teilnahme an diesem Unternehmen nur seine Familie in Gefahr gebracht. Es ist durchaus denkbar, daß es ihm wichtiger schien, im Heiligen Land zu bleiben und dort – gleich seinem Bruder Jakob – seine Ziele weiterzuverfolgen.

Für unsere folgenden Untersuchungen war Jesu Schicksal unerheblich – ganz im Gegensatz zu dem der Heiligen Familie und insbesondere dem seines Schwagers samt Frau und Kindern. Wenn unser Szenario stimmte, wurden sie mit Joseph von Arimathia und einigen anderen per Schiff aus dem Heiligen Land geschmuggelt. Und wenn sie in der Nähe von Marseille an Land gesetzt wurden, hat Maria Magdalena tatsächlich das Sangraal – das »königliche Blut« – nach Gallien gebracht.

Wir waren uns natürlich der Tatsache bewußt, daß unser Szenario mit der herrschenden christlichen Lehre nicht übereinstimmte. Doch je weiter wir unsere Forschungen vorantrieben, desto klarer erkannten wir, daß diese Lehre nur ein höchst willkürliches Sammelsurium von Fragmenten darstellt, das einschneidenden Streichungen und Korrekturen unterworfen worden war. Mit anderen Worten: Das Neue Testament zeichnete ein Bild von Jesus und seiner Zeit, das den Wünschen, Absichten und Interessen gewisser Gruppen und Personen diente, die einiges zu gewinnen oder zu verlieren hatten und, bis zu einem gewissen Grad, heute noch haben. Alles, was diese Interessen gefährden konnte — wie zum Beispiel das »geheime« Markusevangelium — wurde rücksichtslos unterdrückt. Es wurde in der Tat so vieles unterdrückt, daß eine Art Vakuum entstand. Um dieses Vakuum zu füllen, ist es nicht nur notwendig, sondern sogar gerechtfertigt, Spekulationen anzustellen.

Wenn Jesus ein legitimer Anwärter auf den Thron war, wurde er wahrscheinlich, zumindest in der ersten Zeit, von einem relativ kleinen Prozentsatz der Bevölkerung unterstützt: von seiner Familie in Galiläa, Angehörigen seiner Gesellschaftsklasse sowie einigen wenigen, strategisch über Judäa und Jerusalem verteilten »Repräsentanten«. Diese Anhängerschaft dürfte kaum genügt haben, ihn der Verwirklichung seiner Ziele näher und letztendlich auf den verwaisten Thron zu bringen. Um das zu erreichen, mußte er seine Anhängerschaft konsequent erweitern, was bedeutete, daß er sich auch in anderen Gesellschaftsschichten nach Gefolgsleuten umtun mußte.

Wie kommt man zu einer ansehnlichen Anhängerschaft? Indem man eine Botschaft verkündet, die darauf zugeschnitten ist, sich ihre Ergebenheit und Unterstützung zu sichern. Sie muß nicht unbedingt von dem Zynismus geprägt gewesen sein, der in der modernen Politik gang und gäbe ist. Im Gegenteil, sie mag durchaus in gutem Glauben und aus glühendem Idealismus heraus verkündet worden sein. Trotz der eindeutig religiösen Orientierung Jesu muß sein Hauptziel das gleiche gewesen sein wie das der heutigen Politik: die Menge für sich zu gewinnen. Und genau darauf zielt seine Botschaft ab: Den Unterdrückten, Getretenen und Entrechteten neue Hoffnung zu geben. Es war eine ebenso moralische wie politische Botschaft. Aus politischen Erwägungen heraus richtete sie sich an einen bestimmten Teil der

Bevölkerung, denn nur bei den besagten Unterdrückten, Getretenen und Entrechteten konnte er hoffen, eine größere Anhängerschaft zu gewinnen. Die Sadduzäer, die mit der römischen Besatzung ihren Frieden gemacht hatten, waren nicht geneigt, sich von ihrem Besitz zu trennen oder ihre Sicherheit und Position aufs Spiel zu setzen.

Die Botschaft Jesu, wie sie die Evangelien wiedergeben, ist weder absolut neu noch absolut einzigartig. Wahrscheinlich war er Pharisäer, denn seine Lehre enthält eine Anzahl Elemente der pharisäischen Lehre und darüber hinaus, wie die Handschriften von Qumrān belegen, wichtige Aspekte essenischen Denkens. Jesu Botschaft mag also nicht eben originell gewesen sein, seine Verkündigung hingegen war es zweifellos. Er muß ein enormes Charisma ausgestrahlt haben. Möglich, daß er auch eine Gabe für »Heilungen« und ähnliche »Wunder« besaß. Ganz gewiß aber besaß er die Gabe, seine Ideen in bildhaften, lebensnahen Gleichnissen mitzuteilen, zu deren Verständnis seine Zuhörerschaft keiner großen Bildung bedurfte. Im Gegensatz zu seinen essenischen Vorläufern hatte Jesus es nicht nötig, das Kommen eines Messias vorauszusagen. Er konnte behaupten, selbst dieser Messias zu sein, was seinen Worten noch zusätzliche Glaubwürdigkeit verlieh.

Es steht außer Frage, daß Jesus bei seinem Einzug in Jerusalem bereits über eine beträchtliche Anhängerschaft verfügte. Sie dürfte sich jedoch aus zwei grundverschiedenen Gruppen zusammengesetzt haben: Auf der einen Seite der kleine Kreis der »Eingeweihten« wie Familienmitglieder, Adlige aus der Umgebung sowie wohlhabende und einflußreiche Männer, deren Hauptziel es war, ihren Kandidaten auf dem Thron zu sehen; auf der anderen Seite das wesentlich größere Gefolge von »kleinen Leuten«, das »Fußvolk« der Bewegung, das vor allem die Botschaft und das darin enthaltene Versprechen erfüllt sehen wollte.

Nachdem das ganze Unternehmen gescheitert war, muß sich diese labile Allianz aufgelöst haben. Die Familie muß angesichts der drohenden Vernichtung nur noch ein einziges Ziel, das seit eh und je in allen Königshäusern absoluten Vorrang hatte, vor Augen gehabt haben: die Erhaltung der Dynastie um jeden Preis, wenn nötig, auch um den Preis der Verbannung. Den Anhängern der Botschaft hingegen dürfte das Schicksal der Familie ziemlich gleichgültig gewesen sein: Ihre Sorge hatte vor allem der Erhaltung und Weiterführung der Botschaft zu gelten.

Das Christentum ist seit seiner frühesten Entwicklung bis hin zu seiner heutigen Gestalt im wesentlichen das Produkt jener »Anhänger der Botschaft«. Die Geschichte seiner Entwicklung und Verbreitung wurde schon so oft nachvollzogen, daß an dieser Stelle nicht näher darauf eingegangen werden muß. Es sei lediglich darauf hingewiesen, daß die Botschaft Jesu mit dem Apostel Paulus ihre endgültige Formulierung erhielt, die schließlich zum Fundament wurde, auf dem das Christentum seine Kirche errichtete. Die grundlegenden Lehrsätze der neuen Religion waren zu der Zeit, da die Evangelien geschrieben wurden, praktisch schon ausformuliert.

Die neue Religion zielte vornehmlich auf eine römische oder römisch orientierte Öffentlichkeit ab. Daß deshalb die Rolle, die Rom bei Jesu Verurteilung gespielt hatte, beschönigt werden mußte, haben wir schon dargelegt. Das war jedoch nicht die einzige Freiheit, die man sich im Umgang mit den historischen Fakten erlaubte. Da die Römer gewohnt waren, ihren Herrschern göttliche Ehren zu erweisen – Caesar war schon offiziell zum Gott erklärt worden –, mußte Jesus, den bis dahin niemand als Gott betrachtet hatte, mit ihnen konkurrieren und folglich den gleichen Status verliehen bekommen. Diese Aufgabe war bei Paulus in guten Händen.

Bevor sich die neue Lehre in Palästina, Syrien, Kleinasien, Griechenland, Ägypten, Rom und Westeuropa erfolgreich ausbreiten konnte, mußten die Völker dieser Gebiete entsprechend vorbereitet werden. Außerdem mußte sie sich gegen die jeweiligen älteren Religionen behaupten können. Der neue Gott mußte dem, den er ersetzen sollte, an Macht, Majestät und Wunderwirksamkeit ebenbürtig sein. Wenn Jesus in der von Rom unterworfenen Welt Fuß fassen sollte, mußte er unbedingt zu einem vollendeten Gott werden – nicht zum Messias im herkömmlichen Sinn des Wortes, nicht zum Priesterkönig, sondern zu einem Gott in Menschengestalt, der gleich seinen syrischen, phönizischen, ägyptischen Pendants die Unterwelt durchquert, die Qualen der Hölle erlitten und sich mit dem Frühjahr erneuert hatte. Dem Auferstehungsgedanken maß die junge christliche Kirche also aus gutem Grund so entscheidende Bedeutung zu: Jesus mußte Göttern wie Tammuz, Adonis, Attis, Osiris ebenbürtig werden, das heißt all jenen Göttern, deren Auferstehungskult im Bewußtsein der damaligen Zeit fest verankert war. Aus dem gleichen Grund wurde der Lehrsatz von der Unbefleckten Empfängnis verkündet.

Die Existenz einer Familie des »Gottes« hatte in dem zu schaffenden Mythos ebensowenig Platz wie die dynastischen und politischen

Implikationen. Sie hätten, da an eine bestimmte Zeit und einen genau umgrenzten Raum gebunden, seinem Anspruch auf Universalität nur Abbruch getan. Aus diesem Grund wurden alle politischen und dynastischen Elemente, wie etwa Hinweise auf Zeloten und Essener, aus Jesu Lebensgeschichte ausgemerzt. Sich in eine komplizierte, kurzlebige politische Verschwörung verwickeln zu lassen, schickte sich nicht für einen Gott, zumal, wenn sie peinlicherweise auch noch gescheitert war. So blieb schließlich nur noch übrig, was in den Evangelien zu lesen steht: Ein nüchterner Bericht über Ereignisse, die sich rein zufällig im römisch besetzten Palästina zugetragen hatten, verfaßt in schlichtem Stil und vor allem im immerwährenden Perfekt aller Mythen.

Die Familie Jesu scheint unterdessen nicht müßig geblieben zu sein. Julius Africanus, der im dritten Jahrhundert lebte, berichtet in seiner *Chronik*, daß sich die Nachkommen Jesu bitter über die Herodianer beklagten, weil diese sämtliche Genealogien des jüdischen Adels und damit alle Beweise vernichtet hätten, mit denen sie ihren Anspruch auf den Thron hätten untermauern können. Von denselben Nachkommen heißt es, sie seien »durch die Welt gezogen« und hätten Stammtafeln im Gepäck gehabt, die der Vernichtung während des Aufstandes von 66 bis 70 entgangen seien.[1]

Den Herolden des neuen Glaubens muß die Existenz der Familie Jesu bald mehr als peinlich gewesen sein, denn solch unmittelbare Zeugen der wirklichen Ereignisse konnten jederzeit die Glaubwürdigkeit des Mythos erschüttern. Infolgedessen mußte die Kirche von Anfang an darauf bedacht sein, jeden Hinweis auf eine königliche Familie mit politischen oder dynastischen Ambitionen zu unterdrücken, ja, die Nachkommenschaft selbst nach Möglichkeit zu beseitigen. Diese Gefahr wiederum zwang die Familie Jesu zu absoluter Geheimhaltung — und die ersten Kirchenväter zu absoluter Intoleranz gegenüber jeder Abweichung von der Rechtgläubigkeit, die sie durchsetzen wollten.

Die letzte Konsolidierungsphase der katholischen Orthodoxie setzte im zweiten Jahrhundert ein. Maßgeblich beteiligt daran war der Bischof von Lugdunum (Lyon), Irenäus, der es besser als jeder andere Kirchenvater der Frühzeit verstand, der christlichen Lehre eine einheitliche und festgefügte Form zu geben. Dies gelang ihm vor allem mit seinem umfangreichen Werk *Libros Adversus Haereses* (Fünf Bücher gegen die Häresien), in dem er alle Abweichungen vom »rechten

Glauben« aufzählt und aufs schärfste verurteilt. Es gebe nur eine einzige rechtgläubige Kirche, postuliert er, und nur von ihr komme das Heil.

Von den zahlreichen verschiedenen Ausprägungen des frühchristlichen Glaubens war es vor allem der Gnostizismus, der Irenäus' Zorn erregte. Der Gnostizismus strebte nach persönlicher Erkenntnis, persönlicher Vereinigung mit dem Göttlichen, was in Irenäus' Augen die Autorität der Bischöfe und Priester untergrub und deren Bemühungen um Vereinheitlichung der Lehre behinderte. Zur Unterdrückung des Gnostizismus mußte jeder selbständige Denkansatz im Kern erstickt, statt dessen aber der Glaube an ein starres Dogma gefördert werden, das keine individuelle Interpretation zuließ. Folgerichtig beharrte Irenäus auf dem Anspruch der Kirche, die einzige »katholische« – das heißt universelle – zu sein, die sich auf die Nachfolge Petri und die Heilige Schrift berief. Er erkannte, daß diese Kirche zu ihrer Vollendung eines Kanons bedurfte, einer Liste, die genau festlegte, welches Schrifttum als maßgebend zu gelten hatte. Irenäus' erster neutestamentarischer Kanon stimmt im wesentlichen noch mit dem heutigen überein.

Es versteht sich von selbst, daß derartige Maßnahmen die Verbreitung von Häresien nicht unterbinden konnten. Mit Irenäus jedoch gewann die orthodoxe Lehre das logische Gerüst, dem sie ihren Fortbestand und letztendlich ihren Sieg zu verdanken hat. Ja, man könnte den Bischof von Lyon sogar als Wegbereiter für ein Ereignis bezeichnen, das sich unter Konstantin dem Großen und unmittelbar nach dessen Tod vollzog: die Verwandlung des römischen Reiches in ein christliches Reich.

Die Rolle, die Konstantin in Geschichte und Entwicklung des Christentums gespielt hat, wurde verfälscht, mißdeutet und mißverstanden. Dennoch wird behauptet – nicht ganz ohne Berechtigung –, die Kirche habe ihm ihren entscheidenden Sieg zu verdanken. Wir mußten uns daher etwas eingehender mit ihm befassen, wobei wir herausfanden, daß manche der ihm zugeschriebenen Leistungen und Eigenschaften nichts anderes als Ausgeburten der Phantasie sind.

Einer später entstandenen kirchlichen Überlieferung zufolge soll Konstantin I. eine christenfreundliche Einstellung von seinem Vater »geerbt« haben. In Wirklichkeit dürfte sie purer Berechnung entsprungen sein. Denn im Kampf gegen seinen Thronrivalen Maxentius war Konstantin auf jede erdenkliche Hilfe angewiesen. Maxentius wurde

312 in der Schlacht an der Milvischen Brücke vernichtend geschlagen. Unmittelbar vor dieser entscheidenden Auseinandersetzung soll Konstantin im Traum ein leuchtendes Kreuz gesehen haben, das die Inschrift *In hoc signo vinces* (In diesem Zeichen wirst du siegen) trug. Danach ließ Konstantin eiligst das christliche Monogramm — die griechischen Buchstaben *chi* und *rho* für Christus — auf den Schilden seiner Soldaten anbringen, und so kam es, daß die Niederlage des Maxentius wie durch ein Wunder zum Triumph des Christentums über das Heidentum wurde.

So weit die kirchliche Überlieferung, derzufolge heute gemeinhin angenommen wird, Konstantin habe das römische Reich dem Christentum zugeführt. In Wirklichkeit hat er nichts dergleichen unternommen.

Zunächst einmal scheint Konstantins »Bekehrung« — wenn dies überhaupt das richtige Wort dafür ist — keineswegs eine christliche, sondern eine in jeder Hinsicht heidnische gewesen zu sein. Seinen angeblichen Traum hatte er im Bezirk eines heidnischen Tempels des gallischen Apollo entweder in den Vogesen oder in der Nähe von Autun. Nach einem Augenzeugenbericht war es eine Vision des Sonnengottes, jener Gottheit, die bestimmte Kulte unter dem Namen »Sol Invictus« (der unbesiegte Sonnengott) verehrten. Es gibt Beweise dafür, daß Konstantin kurz vor seiner Vision in den Sol-Invictus-Kult aufgenommen worden war. Jedenfalls ließ der römische Senat nach der Schlacht an der Milvischen Brücke im Kolosseum einen Triumphbogen errichten, dessen Inschrift besagt, zu Konstantins Sieg habe »das Eingreifen der Gottheit« beigetragen. Doch diese Gottheit war nicht Jesus, sondern Sol Invictus, der heidnische Sonnengott.[2]

Entgegen der Überlieferung machte Konstantin das Christentum nicht zur offiziellen Religion in seinem Reich. Wenn Rom überhaupt so etwas wie eine Staatsreligion hatte, so die heidnische Sonnenanbetung, deren Oberpriester Konstantin war. Man nannte seine Herrschaft sogar ein Sonnenkaiserreich. Er selbst wurde erst 337 getauft, als er auf dem Sterbebett lag und offenbar zu schwach oder zu apathisch war, um dagegen zu protestieren. Auch das Chi-Rho-Monogramm ist nicht seine Erfindung. Eine Inschrift mit diesem Zeichen wurde auf einem Grabmal in Pompeji gefunden, das im Jahre 79 verschüttet wurde.[3]

Der Kult des Sol Invictus war syrischen Ursprungs und wurde den Römern von ihren Kaisern schon hundert Jahre vor Konstantin aufgezwungen. Er enthielt zwar Elemente des Baal- sowie des Astartekults, war jedoch im wesentlichen monotheistisch, da er den Sonnengott mit sämtlichen Attributen aller anderen Götter ausstattete, so daß in ihm alle potentiellen Rivalen vereinigt waren.

Für Konstantin war der Kult des Sol Invictus ganz einfach zweckdienlich. Sein Hauptziel, das er geradezu besessen verfolgte, hieß Einheit: Einheit der Politik, der Religion und des Territoriums. Ein Kult, der alle anderen Kulte einschloß, konnte der erstrebten Einheit nur dienlich sein, und so kam es, daß das Christentum seine Stellung unter den Auspizien des heidnischen Sol Invictus festigte.

Christentum und Sol-Invictus-Kult hatten einiges gemeinsam. Nicht nur, daß der Kult dem Monotheismus der christlichen Lehre Vorschub leistete, er erleichterte auch seine Weiterverbreitung, die er gleichzeitig modifizierte. Zum Beispiel verfügte Konstantin 321 die Schließung der Gerichte am »verehrungswürdigen Tag der Sonne« und erklärte ihn zum Ruhetag. Bis dahin hatte das Christentum den jüdischen Sabbat, den Sonnabend, geheiligt. Die Christen paßten sich an und verlegten ihren geheiligten Tag auf den Sonntag. Damit konnten sie nicht nur ein weiteres Unterscheidungsmerkmal zu ihren jüdischen Ursprüngen etablieren, sondern gleichzeitig den Beweis für ihre Staatstreue liefern. Ein weiteres Beispiel: Bis zum vierten Jahrhundert war der Geburtstag Jesu am 6. Januar gefeiert worden; für den Sol-Invictus-Kult jedoch war der 25. Dezember der wichtigste Tag des des Jahres — das Fest der Geburt (oder Wiedergeburt) der Sonne, wenn die Tage länger zu werden beginnen. Auch in dieser Hinsicht fiel es dem Christentum nicht schwer, sich der herrschenden Meinung anzupassen.

Der Sol-Invictus-Kult ähnelte stark dem des Mithras, so stark sogar, daß beide häufig miteinander verwechselt werden.[4] Beide verehrten die Sonne, beiden war der Sonntag heilig und beide feierten am 25. Dezember ein großes Geburtsfest. Und da der Mithraskult außerdem die Unsterblichkeit der Seele, ein jüngstes Gericht sowie die Auferstehung von den Toten lehrte, ließen sich um so mehr Parallelen zum Christentum ziehen.

In seinem Streben nach Einheit ließ Konstantin ganz bewußt die Grenzen zwischen Christentum, Mithras- und Sol-Invictus-Kult verschwimmen. Er tolerierte den vergöttlichten Jesus als irdische Manifestation des Sol Invictus. Er ließ gleichzeitig eine christliche Basilika in Konstantinopel und Statuen der Muttergöttin Kybele und des Sol Invictus errichten — letztere trug seine eigenen Gesichtszüge. Kurzum, in Konstantins Augen war der Glaube eine politische Angelegenheit, und jeder Glaube, der der Einheit nützte, wurde toleriert.

In seinem Bemühen um Einigkeit und Vereinheitlichung ging Konstantin – wiewohl selbst kein Christ – sogar so weit, die Position der christlichen Orthodoxie zu stärken. Im Jahre 325 berief er das Konzil von Nizäa ein, das einen einheitlichen Ostertermin festsetzte. Außerdem wurden Richtlinien geschaffen, die die Autorität der Bischöfe genau definierten und somit späterer Machtkonzentration in den Händen der Kirche den Weg ebneten. Vor allem aber wurde durch Abstimmung[5] beschlossen, Jesus sei kein sterblicher Prophet, sondern ein Gott gewesen – eine Entscheidung, die Konstantins Vereinheitlichungsplänen sehr entgegenkam; denn ein göttlicher Jesus ließ sich leichter an Sol Invictus anpassen. Die christliche Orthodoxie gab sich also zu einer politisch erwünschten Fusion mit der offiziellen heidnischen Religion her und erhielt dafür Konstantins Unterstützung.

Schon ein Jahr nach dem Konzil verfügte der Imperator die Konfiszierung und Vernichtung all jener Schriften, die der orthodoxen Lehre widersprachen – eine Sanktion, die nicht nur heidnische Autoren betraf, die über Jesus geschrieben hatten, sondern auch christliche »Häretiker«. Gleichzeitig trug er Sorge dafür, daß der Kirche feste Einkünfte zuflossen, und brachte den Bischof von Rom im Lateran unter.[6] Im Jahre 331 schließlich gab er den Auftrag, neue Abschriften der Bibel herzustellen, womit er einen Stein ins Rollen brachte, der die Entwicklung des Christentums ganz entscheidend beeinflussen sollte. Denn dieser Auftrag bot den orthodoxen Kräften eine einmalige Chance.

Knapp dreißig Jahre zuvor, im Jahre 303, hatte der römische Kaiser Diokletian eine Christenverfolgung in Gang gesetzt, die bis 311 dauerte und in deren Verlauf praktisch alle christlichen Dokumente verschwanden, insbesondere in Rom. Konstantins Auftrag ermöglichte es nun den Hütern der Orthodoxie, das ihnen verbliebene Material ihren Lehrsätzen anzupassen. Bei dieser Gelegenheit dürften wohl die wichtigsten Änderungen am Neuen Testament vorgenommen und Jesus der einzigartige Status verliehen worden sein, den er bis heute innehat.

Die Bedeutung, die dem Konstantinischen Auftrag zukommt, darf nicht unterschätzt werden. Von den fünftausend frühen Abschriften des Neuen Testaments, die bis heute erhalten geblieben sind, ist keine einzige vor dem vierten Jahrhundert entstanden.[7] Das Neue Testament, so wie wir es kennen, ist im wesentlichen das Produkt von Schriftgelehrten des vierten Jahrhunderts — den Wächtern der Orthodoxie, die ganz bestimmte Interessen zu wahren hatten.

Die Zeloten. Die Entwicklung, die das Christentum nach Konstantins Tod nahm, ist bekannt und hinreichend dokumentiert. Daß sie im Triumph der Orthodoxie gipfelte, bedarf keiner besonderen Erwähnung. Doch obgleich die »Botschaft« zum Grundpfeiler der westlichen Kultur wurde, blieb sie nicht gänzlich unangefochten. Die Anziehungskraft, die die Familie Jesu noch aus dem unbekannten Exil heraus allein schon durch ihre Existenz ausstrahlte, scheint so stark gewesen zu sein, daß sie des öfteren eine echte Bedrohung für die römische Kirche darstellte.

Das orthodoxe Christentum stützt sich im wesentlichen auf die Bücher des Neuen Testaments. Darüber hinaus gibt es jedoch noch eine Vielzahl anderer Schriften, die vor dem Neuen Testament in seiner heutigen Form entstanden sind und von denen einige die anerkannten Berichte in ein ganz neues Licht rücken. Beispielsweise die verschiedenen Bücher, die nicht in die Bibel aufgenommen wurden und die in den sogenannten Apokryphen zusammengefaßt sind. Gewiß, manche von ihnen sind erst im sechsten Jahrhundert entstanden; andere waren jedoch schon im zweiten Jahrhundert bekannt und können den gleichen Anspruch auf Glaubwürdigkeit erheben wie die Original-Evangelien.

Eines dieser Bücher ist das Petrusevangelium, von dem erst 1886 eine Abschrift in einem Tal am Oberlauf des Nils entdeckt wurde, obwohl es der Bischof von Antiochia bereits im Jahre 180 erwähnt hatte. Diesem »apokryphen« Buch zufolge war Joseph von Arimathia ein enger Freund des Pontius Pilatus, was, wenn es der Wahrheit entspricht, eine fingierte Kreuzigung noch wahrscheinlicher macht. Jesu Grab, heißt es außerdem, habe in »Josephs Garten« gelegen. Besonders verblüffend aber sind die letzten Worte Jesu am Kreuz: »Meine Kraft, meine Kraft, warum hast du mich verlassen?« (Petrusevangelium 5,5)

Auch die »Kindheitsevangelien« sind ein interessantes apokryphes Buch, das spätestens im zweiten Jahrhundert, möglicherweise jedoch schon früher entstand. Darin wird Jesus als hochbegabtes Kind mit ganz normalem menschlichem Verhalten geschildert — vielleicht sogar ein wenig allzu menschlich: unbeherrscht, gewalttätig, zu schockierenden Wutausbrüchen neigend. Einmal schlägt er ein Kind zu Boden, das ihn beleidigt hat; ein andermal einen selbstherrlichen Erzieher. Derartige Vorfälle sind zweifellos erfunden, legen jedoch beredtes Zeugnis darüber ab, auf welche Weise Jesus damals dargestellt werden mußte, wenn seine Anhängerschaft in ihm einen Gott sehen sollte.

In den Kindheitsevangelien findet sich auch folgende seltsame und möglicherweise bedeutungsvolle Episode: Bei Jesus Beschneidung eignet sich eine unbekannte alte Frau seine Vorhaut an und legt sie in eine Alabasterschale, in der für gewöhnlich Nardenöl aufbewahrt wird. »Das ist die Alabasterschale«, heißt es, »aus der Maria, die Sünderin, Öl träufelte und unserem Herrn Jesus Christus Haupt und Füße salbte.« (Kindheitsevangelien 2,4)

Auch hier also, wie in den anerkannten Evangelien, eine Salbung, mit der offenbar ein wichtiges Ritual vollzogen wird, das in diesem Fall jedoch lange im voraus und gut vorbereitet wurde. Die ganze Episode deutet auf eine nicht genauer bezeichnete Verbindung zwischen Maria Magdalena und der Familie Jesu hin, die schon bestand, als der dreißigjährige Jesus seine Mission antrat. Schließlich ist kaum anzunehmen, daß Jesu Eltern seine Vorhaut der erstbesten alten Frau überließen, die zufällig darum bat – nicht einmal dann, wenn an dieser Bitte überhaupt nichts Ungewöhnliches gewesen wäre. Die alte Dame muß also entweder sehr einflußreich oder sehr gut bekannt mit den Eltern Jesu gewesen sein. Daß sich die seltsame Reliquie beziehungsweise die Schale später im Besitz Maria Magdalenas wiederfindet, läßt vermuten, daß zwischen ihr und der alten Dame eine Verbindung besteht.

Bestimmte Passagen in den Apokryphen mußten der orthodoxen Kirche zweifellos peinlich sein, ebenso peinlich, wie sie heutzutage den meisten Christen wären. Man darf jedoch nicht vergessen, daß die Apokryphen ebenso wie die anerkannten Bücher des Neuen Testaments von Anhängern der Botschaft verfaßt wurden, die Jesus zum Gott machen wollten. Es ist daher nicht anzunehmen, daß sie Aussagen aufnahmen, die die Botschaft ernstlich kompromittieren konnten, wie es von jeder Erwähnung der politischen Aktivitäten oder gar dynastischen Ambitionen Jesu garantiert zu erwarten gewesen wäre. Wir waren also, wollten wir uns über derartige Widersprüche Klarheit verschaffen, gezwungen, anderweitig nach Gründen zu suchen.

Zu Jesu Zeiten war die jüdische Bevölkerung des Heiligen Landes in eine verwirrende Vielfalt der unterschiedlichsten Parteien, Sekten, Gruppen und Grüppchen gespalten. Die Evangelien erwähnen nur zwei davon, die Pharisäer und die Sadduzäer, und drängen beide in die Rolle

des Schurken im Spiel. Diese Rolle hätte jedoch allenfalls den Sadduzäern zugestanden, die mit der römischen Verwaltung kollaborierten.
Die Pharisäer hingegen waren und blieben unbeugsame Gegner Roms,
und Jesus orientierte sich — wenn er nicht sogar selbst Pharisäer war —
im wesentlichen an ihren Traditionen.[8]

Wie bereits dargelegt, sahen sich die Evangelisten gezwungen,
Rom von jeder Schuld freizusprechen und diese statt dessen den Juden
zuzuschieben. Aus diesem Grund mußten die Pharisäer falsch dargestellt und gemeinsam mit ihren wirklich schuldigen Landsleuten, den
Sadduzäern, angeprangert werden. Warum aber wurden ausgerechnet
die Zeloten mit keinem Wort erwähnt, die militant nationalistischen
»Freiheitskämpfer« und Revolutionäre, die die Römer nur allzu gerne
in der Schurkenrolle gesehen hätten? Dazu Professor Brandon: »Das
Stillschweigen, das die Evangelien über die Zeloten wahren, . . . deutet
zweifellos darauf hin, daß zwischen Jesus und diesen Patrioten eine
Beziehung bestand, die die Evangelisten lieber für sich behielten.«[9]

Außer Frage steht jedenfalls, daß Jesus gekreuzigt wurde, weil man
ihn für einen Zeloten hielt, zumal auch die beiden Männer, die zur
gleichen Zeit ans Kreuz geschlagen wurden, als *lestai* bezeichnet
werden. Daß Jesus selbst Zelot war, ist zu bezweifeln, wenngleich der
aggressive Militarismus, der hie und da aus ihm spricht, durchaus dem
eines solchen Revolutionärs würdig ist. Ein berühmt-berüchtigter
Textbeleg dafür findet sich bei Matthäus (10,34): »Ich bin nicht
gekommen, um Frieden zu bringen, sondern das Schwert.« Nach Lukas
(22,36—38) empfiehlt er seinen Jüngern, Schwerter zu kaufen, und in
dem Evangelium nach Johannes (18,10) zieht Simon Petrus bei Jesu
Verhaftung ein Schwert. Ein Jesus, der seine Jünger in Waffen gehen
läßt, ist schwerlich mit der althergebrachten Vorstellung vom friedfer-
tigen, sanftmütigen Erlöser in Einklang zu bringen.

Wenn Jesus auch selbst kein Zelot war, so geben die Evangelisten
doch — anscheinend unfreiwillig — seine Verbindung zu dieser militanten Bewegung preis. Daß der *lestai* Barabbas mit Jesus assoziiert
werden kann, haben wir bereits dargelegt. Jüngeren Autoren zufolge
leitet sich Judas Ischariot (Iskariot) von »Judas der Sikarier« ab, und
»Sikarier« war eine andere Bezeichnung für *lestai* — Zelot. Tatsächlich
scheinen die Sikarier eine Elitetruppe der Zeloten, ein Stoßtrupp aus
professionellen Mördern gewesen zu sein. Im griechischen Original des
Markusevangeliums trägt der Jünger Simon den Beinamen *Kananaios*,
eine Transliteration des aramäischen Wortes für Zelot, und im Lukas-

evangelium wird Simon eindeutig als Zelot bezeichnet (Lk 6,15). Mindestens einer der Jünger Jesu scheint also zweifelsfrei Zelot gewesen zu sein.

Gleichermaßen auffällig wie die Aussparung der Zeloten in den Evangelien ist die der Essener, die nicht minder wichtig waren als die Pharisäer und die Sadduzäer. Es ist schlechthin unvorstellbar, daß Jesus keinerlei Kontakt zu ihrer Sekte unterhalten haben sollte. Der neutestamentarischen Beschreibung nach scheint Johannes der Täufer Essener gewesen zu sein. Der Grund für die Nichterwähnung der Essener dürfte der gleiche sein wie im Falle der Zeloten: Vermutlich war Jesu Verbindung zu beiden Gruppierungen allzu eng und bekannt, um geleugnet werden zu können. Sie konnte allenfalls totgeschwiegen werden.

Den Werken damaliger Geschichtsschreiber ist zu entnehmen, daß die Essener eigene Gemeinden im ganzen Heiligen Land und möglicherweise auch außerhalb unterhielten. Sie traten schon um das Jahr 150 vor Christus in Erscheinung und stützten sich auf das Alte Testament, das sie jedoch eher als Allegorie denn als historische Wahrheit betrachteten. Den konventionellen Judaismus ersetzten sie durch eine Art gnostischen Dualismus, der Elemente der Sonnenanbetung und pythagoräische Gedankengänge enthalten zu haben scheint. Sie besaßen große Erfahrungen auf dem Gebiet der Heilkunde, lebten in strenger Askese und waren an ihrer schlichten weißen Kleidung leicht zu erkennen.

Die meisten Forscher vertreten die Ansicht, die bei Qumrān gefundenen Handschriften seien hauptsächlich essenischen Ursprungs, und es steht außer Frage, daß die in Qumrān lebenden Asketen stark von essenischem Gedankengut geprägt waren. Sie bekannten sich zum Glauben an einen Messias — einen Gesalbten —, der aus dem Hause Davids kommen sollte.[10] Sie lebten nach ihrem eigenen Kalender, in dem das Passahfest nicht am Freitag, sondern, wie im vierten Evangelium beschrieben, am Mittwoch gefeiert wurde. Vieles deutet darauf hin, daß Jesus von der Gemeinde in Qumrān wußte und zumindest bis zu einem gewissen Grade seine Lehren mit denen der Essener in Einklang brachte.

Selbst wenn sich Jesus keiner formalen essenischen Ausbildung unterzogen hatte, war er doch mit essenischem Denken vertraut. Viele seiner Lehren sind ein Echo derer, die den Essenern zugeschrieben werden, und seine Heilkunst läßt essenischen Einfluß erkennen. Eine nähere Betrachtung der Evangelien offenbart jedoch, daß die Essener möglicherweise eine weitaus wichtigere Rolle im Leben Jesu gespielt haben, als bisher vermutet.

Die weiße Kleidung der Essener war, ungeachtet vieler bekannter Gemälde und Filme, im Heiligen Land weit weniger gebräuchlich, als allgemein angenommen wird. Im »geheimen« Markusevangelium spielt eine weiße Leinenrobe eine wichtige rituelle Rolle, die sogar auch in der anerkannten Fassung wieder auftaucht. Wenn Jesus in Bethanien oder anderswo tatsächlich Initiationen in ein Mysterium vornahm, müssen sie wohl, wie die weiße Leinenrobe andeutet, essenischen Charakters gewesen sein. Darüber hinaus ist das Motiv in alle vier Evangelien des Neuen Testaments übernommen worden. Nach Jesu Kreuzigung verschwindet sein Leichnam »auf wunderbare Weise« aus der Gruft, in deren Nähe dann eine oder mehrere weißgekleidete Gestalten erscheinen. Bei Matthäus ist es ein Engel in einem Gewand, das so »weiß wie Schnee« (Mt 28,3) war, bei Markus ein junger Mann, »der mit einem weißen Gewand bekleidet war« (Mk 16,5); Lukas berichtet von »zwei Männern in leuchtenden Gewändern« (Lk 24,4) und das vierte Evangelium von »zwei Engeln in weißen Gewändern« (Joh 20,12). Zwei der Evangelisten sprechen den Gestalten − oder der Gestalt − keinerlei übernatürlichen Status zu. Vermutlich handelt es sich um ganz normale Sterbliche, die den Jüngern allerdings unbekannt sind. Sie für Essener zu halten, ist naheliegend, vor allem, wenn man berücksichtigt, wie berühmt die Essener für ihre Fähigkeiten auf dem Gebiet der Heilkunde waren. Denn selbstverständlich mußte Jesus, wenn er die Kreuzabnahme tatsächlich überlebt hatte, dringend ärztlich versorgt werden. Die Anwesenheit eines Heilkundigen wäre aber auch einleuchtend, wenn Jesus nicht überlebt hätte − als letzte Hoffnung sozusagen. Und angesehenere Heilkundige als die Essener gab es im ganzen Heiligen Land nicht.

Kommen wir auf unser Szenario zurück: Einige Anhänger Jesu fingierten − im geheimen Einverständnis mit Pontius Pilatus − die Kreuzigung. Diese Anhänger waren wohl kaum Anhänger der Botschaft, sondern Anhänger der Dynastie, kurzum Familienangehörige oder Mitglieder eines inneren Kreises. Diese Gruppe kann durchaus enge Verbindungen zu den Essenern unterhalten haben, die den oder die Heilkundigen zu Jesu Grab sandten. Von dieser List durften die Anhänger der Botschaft selbstverständlich nichts erfahren.

Zur Erklärung der leeren Gruft wurde ein Sendbote benötigt, dem die Aufgabe zufiel, die ahnungslosen Anhänger der Botschaft zu beruhigen, als Mittelsmann zwischen Jesus und seinen Gefolgsleuten zu fungieren und alle Pläne, die Römer des Leichenraubs und der Grabschändung zu beschuldigen, was unnötigen Aufruhr hervorgerufen hätte, im Keim zu ersticken. Dieser Sendbote durfte den Anhängern der Botschaft unter keinen Umständen bekannt sein.

Uns schien klar, daß Jesus mit den Essenern ebenso eng verbunden war wie mit den Zeloten. Das klingt im ersten Moment etwas seltsam, da im allgemeinen angenommen wird, Essener und Zeloten seien nicht miteinander ausgekommen. Die Zeloten waren aggressiv, gewalttätig und Mord und Terror nicht abgeneigt. Die Essener hingegen werden oft als sanftmütige und friedliebende Menschen geschildert, die mit der Politik nichts zu schaffen haben wollen. In Wahrheit aber gab es zahlreiche Essener in den Reihen der Zeloten, denn die Zeloten waren keine Sekte, sondern eine politische Bewegung, und als solche wurde sie nicht nur von den Rom feindlich gesinnten Pharisäern, sondern auch von den Essenern unterstützt, die ebenso aggressive Nationalisten sein konnten wie andere auch.

Die Verbindung zwischen Zeloten und Essenern geht besonders klar aus den Schriften des Josephus Flavius hervor, dem wir einen großen Teil der Informationen über das Palästina jener Zeit zu verdanken haben. Joseph Ben Matthias wurde um das Jahr 37 in Jerusalem geboren. Beim Ausbruch des Aufstandes im Jahre 66 wurde er zum Gouverneur von Galiläa ernannt und übernahm das Kommando der gegen die Römer kämpfenden Truppen. Als Kommandant scheint er bemerkenswert unfähig gewesen zu sein und wurde prompt vom damaligen römischen Konsul und späteren Kaiser Vespasian gefangengenommen. Er nahm den römischen Namen Josephus Flavius an, wurde römischer Bürger, ließ sich von seiner Frau scheiden, heiratete eine reiche römische Erbin und erhielt großzügige Geschenke vom Kaiser — einschließlich einer Privatwohnung im Kaiserpalast und konfiszierter Ländereien in Palästina. Er starb um das Jahr 100, etwa zur gleichen Zeit, da seine Werke zu erscheinen begannen.

In seinem *Bellum Judaicum* (Geschichte des jüdischen Krieges) gibt Josephus einen ausführlichen Bericht über den Aufstand von 66 bis 70. Er enthält außerdem den einzigen Bericht über den Fall der Bergfestung Masada im Jahre 73.

Ähnlich wie zwölfhundert Jahre später der Montségur wurde die Bergfeste Masada zum Symbol für Ausdauer, Heldenmut und Martyrium im Kampf für eine verlorene Sache. Ihre Besatzung verteidigte sich noch drei Jahre lang, nachdem jeder organisierte Widerstand längst zusammengebrochen war. Im Jahre 73 wurde die Lage der Festung unhaltbar. Unablässiger Beschuß mit schweren Belagerungsmaschinen eröffnete den Römern schließlich die Möglichkeit, eine Rampe zu errichten, mit der es ihnen gelang, das Verteidigungswerk zu durchbrechen. In der Nacht zum 15. April trafen sie ihre Vorbereitungen, die Festung zu erstürmen. In der gleichen Nacht begingen die 960 Männer, Frauen und Kinder in der Feste gemeinsam Selbstmord. Als die Römer am nächsten Morgen eindrangen, fanden sie nur noch Leichen in den Flammen.

Josephus begleitete die römischen Truppen, die am 16. April das ausgebrannte Masada besetzten. Er behauptet, mit drei Überlebenden gesprochen zu haben, mit einer Frau und zwei Kindern, die sich angeblich im Aquädukt der Festung versteckt gehalten hatten, während die restliche Bevölkerung Selbstmord beging. Von diesen Überlebenden will Josephus einen ausführlichen Bericht über die Ereignisse der vorhergehenden Nacht erhalten haben. Diesem Bericht zufolge war der Kommandant ein Mann namens Eleazar, der die Verteidiger mit charismatischer Eloquenz zu ihrem grauenvollen Entschluß überredete. In seiner Chronik gibt Josephus die Reden Eleazars wieder, wie er sie von den Überlebenden gehört zu haben behauptet. Diese Reden sind außerordentlich interessant. Die Geschichte lehrt uns, daß Masada von militanten Zeloten verteidigt wurde; Josephus selbst benutzt abwechselnd die Ausdrücke »Zeloten« und »Sikarier«. Doch die Reden des Eleazar sind nicht einmal konventionell jüdischen Charakters, ganz im Gegenteil: Sie sind unverwechselbar essenisch, gnostisch und dualistisch.

»Seit der ersten Regung unseres Bewußtseins wurde uns durch väterliche und göttliche Überlieferung die Lehre eingeprägt, die unsere Vorfahren durch Taten und Gesinnungen auch bekräftigten, daß nicht der Tod, sondern das Leben für die Menschen ein Unglück ist. Denn der Tod gibt den Seelen die Freiheit und eröffnet ihnen den Zugang zu dem ihnen eigenen und reinen Ort, wo sie kein Leid mehr treffen soll. Solange sie aber noch in einem sterblichen Leib gefangen und von seinen Gebrechen angesteckt sind, muß man sie in Wahrheit als tot bezeichnen; denn die Verbindung von Göttlichem und Sterblichem ist unnatürlich. Freilich kann die Seele auch Großes vollbringen, während sie noch dem Körper innewohnt, indem sie ihn zum Werkzeug der

Empfindung macht, unsichtbar ihn bewegend zu Taten, die über seine sterbliche Natur hinausgehen. Aber erst wenn sie frei von der sie zur Erde ziehenden Schwere ihre wahre Heimat erreicht hat, wird sie einer glücklichen Wirksamkeit und allseits ungehemmten Kraft teilhaftig und bleibt, wie Gott selbst, dem menschlichen Auge unsichtbar. Allerdings kann sie auch, solange sie sich noch im Körper befindet, nicht geschaut werden: Ungesehen kommt sie, und niemand wird ihrer gewahr, wenn sie wieder geht, und wiewohl sie selbst ihrer Natur nach eins und unveränderlich ist, wird sie doch die Ursache von Veränderungen des Körpers. Denn womit die Seele sich verbindet, das lebt und gedeiht; wovon sie sich aber trennt, das verwelkt und stirbt ab – so groß ist die Fülle der ihr innewohnenden Unsterblichkeit . . .

Diese edlen Männer ertragen das Leben nur widerwillig als einen notwendigen Dienst, den sie der Natur schulden, und beeilen sich, die Seele aus den Banden des Körpers zu lösen. Ohne daß ein Leid sie drückt oder quält, nur aus Sehnsucht nach dem unsterblichen Zustand, kündigen sie den anderen an, daß sie gesonnen sind, von der Welt zu scheiden. «[11]

Es ist unverständlich, warum, soweit uns bekannt, noch kein einziger Gelehrter bis zum heutigen Tag diese Reden kommentiert hat, werfen sie doch eine Vielzahl interessanter Fragen auf. So spricht zum Beispiel der orthodoxe Judaismus niemals von einer »Seele« und schon gar nicht von ihrer »Unsterblichkeit« oder »Unveränderlichkeit«; diese Begriffe sind dem jüdischen Denken und der jüdischen Tradition fremd. Das gleiche gilt für die Überlegenheit des Geistes über die Materie, die Vereinigung mit Gott im Tod und die Verdammnis des Lebens als Übel. Diese Geisteshaltung ist gnostischer und dualistischer Natur – und, im Kontext mit Masada gesehen, typisch essenisch.

Manche dieser Gedanken lassen sich in gewissem Sinne sogar als »christlich« bezeichnen. Nicht unbedingt in dem Sinne, den das Wort in der Folge erlangt hat, aber vielleicht in der Bedeutung, die sie für die Jünger Jesu hatte – jene zum Beispiel, die, wie im vierten Evangelium berichtet, sich mit Lazarus im Tod zu vereinen wünschten. Während des Aufstandes gab es zahlreiche »Christen«, die nicht weniger tapfer gegen die Römer kämpften als die Juden. Es besteht kein Zweifel daran, daß viele Zeloten das waren, was man heute »Frühchristen« nennen würde, und es ist sehr wahrscheinlich, daß viele von ihnen Masada verteidigten.

Man hätte erwartet, daß Josephus, der eine Geschichte Palästinas im ersten Jahrhundert schrieb, auch Jesus erwähnte. Zwar enthalten spätere Ausgaben seines Werkes Hinweise auf Jesus, beziehen sich jedoch auf den »Christus« der etablierten Orthodoxie. Die meisten modernen Forscher tun sie als Verfälschungen ab, die frühestens aus der Zeit Konstantins stammen. Im neunzehnten Jahrhundert aber wurde in Rußland eine Josephus-Ausgabe entdeckt, die sich grundlegend von den anderen unterscheidet; der ins Altrussische übersetzte Text ist um 1261 entstanden. Der Mann, der ihn kopierte, war offenbar kein orthodoxer Jude, denn er behielt viele »christliche« Bezüge bei. Und doch ist Jesus in dieser Fassung des Josephus ein Mensch, ein politischer Revolutionär und ein »König, der nicht herrschte«.[12]

Gelehrte haben viel Papier und Energie darauf verschwendet, die Authentizität des sogenannten »slawischen Josephus« in Zweifel zu ziehen. Nach reiflicher Überlegung neigten wir dazu, das Opus für mehr oder weniger echt zu halten, wofür es einige zwingende Gründe gibt. Wenn der slawische Josephus eine Fälschung war, wem hätte sie genützt? Eine Darstellung Jesu als König wäre für eine jüdische Gemeinde des dreizehnten Jahrhunderts wohl kaum annehmbar gewesen. Außerdem hätte das Christentum des dreizehnten Jahrhunderts wenig Gefallen an der Darstellung Jesu als Mensch gefunden. Hinzu kommt, daß Origenes, ein Kirchenvater des frühen dritten Jahrhunderts, von einer Fassung des Josephus spricht, die das Messiasamt Jesu leugnet.[13] Diese Fassung hätte die authentische gewesen sein und als Unterlage für den slawischen Josephus dienen können.

Die gnostischen Schriften. Dem Aufstand von 66 bis 70 schloß sich rund sechzig Jahre später ein zweiter an, der von 132 bis 135 dauerte. Nach der Niederschlagung dieses Aufruhrs wurden alle Juden offiziell aus Judäa vertrieben und Jerusalem eine römische Stadt. Man weiß jedoch, daß zahlreiche Juden im Heiligen Land zurückblieben, wenn auch außerhalb Jerusalems. Das gleiche gilt für eine Anzahl Christen. Ferner gab es eine jüdische Sekte, die Ebioniten (die Armen), die auch weiterhin ihren religiösen Vorstellungen anhingen, gleichzeitig aber auch Jesus verehrten − allerdings nur als sterblichen Propheten.

Dennoch zog der Geist des Judentums und des Christentums aus dem Heiligen Land. Die Mehrheit der jüdischen Bevölkerung zerstreute sich in einer Diaspora wie jener siebenhundert Jahre zuvor, als Jerusalem den Babyloniern in die Hände gefallen war. In ähnlicher Weise begann die Wanderung des Christentums quer über den Erdball

— nach Kleinasien, Griechenland und Rom, nach Gallien, Britannien und Nordafrika. Daß in der ganzen Welt widersprüchliche Berichte über die Vorgänge im Jahre 33 zu zirkulieren begannen, kann nicht überraschen. Diese offiziell als Irrlehren verdammten Berichte fielen, allen Bemühungen Klemens' von Alexandria, Irenäus' und ihresgleichen zum Trotz, auf fruchtbaren Boden. Einige gingen zweifellos auf Wissen aus erster Hand zurück; sie wurden von frommen Juden und Sekten wie den Ebioniten weitergegeben. Andere beruhten vermutlich auf Legenden, Gerüchten oder einer Mischung aus ägyptischen, hellenistischen und Mithras-Überlieferungen. Aus welchen Quellen auch immer sie sich herleiten mochten, sie erfüllten die »Anhänger der Botschaft«, die sich festigende Orthodoxie, die ihre Position zu konsolidieren trachtete, mit großer Unruhe.

Informationen über diese frühen Häresien sind nur in geringem Umfang vorhanden. Was wir heute darüber wissen, stammt vornehmlich aus den Angriffen ihrer Gegner, die natürlich ein verzerrtes Bild zeichneten. Im großen und ganzen aber scheinen die frühen »Häretiker« Jesus auf zwei verschiedene Weisen gesehen zu haben: Für die einen war er ein regelrechter Gott ohne irgendwelche menschlichen Attribute; für die anderen ein sterblicher Prophet — wie etwa Buddha oder, ein halbes Jahrtausend später, Mohammed.

Einer der bedeutendsten unter den frühen Häretikern war Valentinus aus Alexandria, der die zweite Hälfte seines Lebens (135/140—160) in Rom verbrachte. Valentinus war ein sehr einflußreicher Mann und zählte Ptolemäus zu seinen Freunden. Er gab an, eine Sammlung »geheimer Lehren« Jesu zu besitzen, und weigerte sich, die römische Autorität anzuerkennen. Wie nicht anders zu erwarten, dienten Valentinus und seine Anhänger bevorzugt als Zielscheibe für den Zorn des Irenäus.

Eine andere Zielscheibe war Markion, ein reicher Reeder, der um 140 nach Rom kam und vier Jahre später exkommuniziert wurde. Markion postulierte einen grundlegenden Unterschied zwischen »Gesetz« und »Liebe«, die er mit den Alten beziehungsweise dem Neuen Testament gleichsetzte. Einige seiner Ideen tauchten tausend Jahre später in Werken wie dem *Perlesvaus* wieder auf. Markion war der erste Schriftsteller, der einen Kanon biblischer Schriften zusammenstellte — in dem das Alte Testament jedoch ausgespart blieb. Darauf reagierte Irenäus mit seinem Kanon, der die Grundlage für die Bibel abgab, wie wir sie heute kennen.

Der dritte bedeutende Häretiker jener Zeit war Basileides, ein alexandrinischer Gelehrter, der zwischen 130 und 140 wirkte. Basileides war sowohl mit hebräischen Schriften als auch mit den christlichen Evangelien vertraut. Er soll nicht weniger als vierundzwanzig Kommentare zu den Evangelien geschrieben haben. Wenn man Irenäus glauben darf, verkündete Basileides eine wahrhaft schändliche Ketzerei: Er behauptete, die Kreuzigung sei ein Schwindel gewesen, Jesus nicht am Kreuz gestorben, und ein Ersatzmann — Simon aus Zyrene — habe seinen Platz eingenommen.[14] Eine bizarre Hypothese, die sich jedoch als außergewöhnlich dauerhaft und hartnäckig erwies. Noch im siebten Jahrhundert hat der Koran die gleiche Behauptung aufgestellt.[15] Bekanntlich sprach ja auch der Geistliche, von dem wir den im ersten Kapitel erwähnten geheimnisvollen Brief erhalten hatten, von einem »unwiderlegbaren Beweis«, daß die Kreuzigung Jesu eine arglistige Täuschung gewesen sei.

Wenn es ein Land gab, wo die frühen Irrlehren auf besonders fruchtbaren Boden fielen, so war das Ägypten. Vor allem Alexandria, damals die zweitgrößte Stadt des römischen Reiches, wurde aufgrund ihrer Weltoffenheit zum Zentrum einer verwirrenden Vielfalt von religiösen Bekenntnissen, Lehren und Traditionen. Nach den beiden Aufständen in Judäa erwies sich das Land am Nil als die am leichtesten erreichbare Freistätte für jüdische und christliche Flüchtlinge. Das erklärt auch, warum wir in Ägypten die überzeugendsten Beweise für die Richtigkeit unserer Hypothese fanden. Wir entdeckten sie in den dreizehn sogenannten »gnostischen Evangelien« — genauer gesagt, in den bei Nag Hammadi gefundenen Papyrus-Codices.

Als ein ägyptischer Bauer im Dezember 1945 nahe der oberägyptischen Stadt Nag Hammadi nach weicher und fruchtbarer Erde grub, fand er einen roten Tonkrug, der dreizehn in Leder gebundene Papyrusrollen enthielt. Ohne sich der Bedeutung seines Fundes bewußt zu sein, verwendeten der Bauer und seine Frau einige der Codices zum Feuermachen. Der Rest erweckte dann aber doch das Interesse von Fachleuten. Eine der Rollen wurde aus Ägypten herausgeschmuggelt und auf dem schwarzen Markt zum Kauf angeboten. Von der »C. G. Jung Foundation« erworben, zeigte sich, daß dieser »Codex Jung« das heute berühmte Thomasevangelium enthielt.

Inzwischen hatte die ägyptische Regierung 1952 den Rest der Nag-Hammadi-Sammlung zum staatlichen Besitz erklärt, aber erst dann begann ein internationales Team von Fachleuten, das ganze Material zu kopieren und zu übersetzen. Die erste deutsche Teilübersetzung erschien 1959.

Die Nag-Hammadi-Codices sind eine Sammlung von Bibeltexten vorwiegend gnostischer Natur, die wahrscheinlich zu Ende des vierten oder Anfang des fünften Jahrhunderts geschrieben wurden. Es handelt sich dabei um Abschriften; die Originale dürften viel früher entstanden sein. Einige davon – zum Beispiel das Thomasevangelium, das Evangelium der Wahrheit oder das Evangelium der Ägypter – werden schon von den frühesten Kirchenvätern, wie Klemens von Alexandria, Irenäus und Origenes, erwähnt. Man geht mittlerweile davon aus, daß mehrere, wenn nicht sogar die meisten Texte nicht später als 150 nach Christus entstanden sind. Zumindest einer der Texte könnte Material enthalten, das älter ist als die vier anerkannten Evangelien des Neuen Testaments.[16]

Insgesamt gesehen stellt die Nag-Hammadi-Sammlung eine unschätzbare Auswahl frühchristlicher Dokumente dar. Besonders erfreulich ist, daß sie der Zensur und Überarbeitung durch die römische Kirche entgangen sind. Darüber hinaus wurden sie nicht für ein römisches, sondern für ein ägyptisches Publikum verfaßt, weshalb anzunehmen ist, daß sie nicht mit Rücksicht auf die Römer Tatsachen verzerren oder verdrehen. Nicht auszuschließen ist auch die Möglichkeit, daß ihnen Berichte von Augenzeugen zugrunde liegen – von Juden, die aus dem Heiligen Land geflohen waren, vielleicht sogar von persönlichen Bekannten oder Anhängern Jesu, die ihre Geschichten mit einer historischen Genauigkeit erzählten, die sich die Evangelisten nicht leisten konnten.

In den Nag-Hammadi-Codices finden sich zahlreiche Textstellen, die der Orthodoxie glatt widersprechen. In der zweiten Abhandlung über den Großen Seth – ein undatierter Codex – wird Jesus beispielsweise genau dargestellt wie in der häretischen Lehre des Basileides. Im folgenden Auszug spricht Jesus in der ersten Person:

»Ich unterlag ihnen nicht, wie sie es erhofft hatten . . . Und ich starb nicht wirklich, ich tat nur so, denn ich wollte mich von ihnen nicht beschämen lassen . . . Der Tod, den sie mir zugedacht hatten, traf einen der ihren . . . Es war ein anderer, ihr Vater, der die Galle trank und den Essig; nicht ich war es. Sie schlugen mich mit Ruten; es war ein anderer, Simon, der das Kreuz auf seinen Schultern trug. Ein anderer war es, dem sie die Dornenkrone aufsetzten . . . Ich jedoch lachte über ihre Unwissenheit.«[17]

Andere Schriften der Nag-Hammadi-Sammlung legen Zeugnis von einem heftigen und andauernden Streit zwischen Petrus und Maria Magdalena ab, der die Spaltung zwischen den »Anhängern der Botschaft« und den »Anhängern der Dynastie« widerzuspiegeln scheint. Im Marienevangelium zum Beispiel wendet sich Petrus wie folgt an Maria Magdalena: »Schwester, wir wissen, daß der Erlöser dich mehr liebt als die anderen Frauen. Wiederhole uns die Worte des Erlösers, die du in Erinnerung behalten hast, die du kennst, und wir nicht.«[18] Ein wenig später fragt Petrus entrüstet die anderen Jünger: »Hat er wirklich unter vier Augen mit einer Frau gesprochen und nicht offen mit uns? . . . Hat er sie uns vorgezogen?« Einer der Jünger antwortet Petrus: »Sicher kennt der Erlöser sie gut. Darum liebt er sie mehr als uns.«[19]

Das Evangelium des Philippus bietet eine Erklärung für den Streit. Dort wird zum Beispiel immer wieder das Bild des Brautgemachs hervorgehoben. Diesem Evangelium zufolge »ist der Herr überall: in einem Mysterium, in einer Taufe, in einer Firmung, in einer Eucharistie, in einer Erlösung und in einem Brautgemach«.[20] Zugegeben, das Brautgemach mag auf den ersten Blick symbolisch oder allegorisch gemeint sein, aber das Evangelium des Philippus wird deutlicher: »Es waren drei, die stets mit dem Herrn wandelten: Maria, seine Mutter, ihre Schwester und Maria Magdalena, die man seine Gefährtin nannte.«[21] Nach Meinung eines Gelehrten muß das Wort für »Gefährtin« mit »Gattin« übersetzt werden.[22] Anscheinend nicht ohne Grund, denn im Evangelium des Philippus heißt es:

»Maria Magdalena ist die Gefährtin des Erlösers. Christus liebte sie mehr als alle Jünger und pflegte sie oft auf den Mund zu küssen. Die Jünger nahmen daran Anstoß und drückten ihre Mißbilligung aus. Sie sagten zu ihm: ›Warum liebst du sie mehr als uns alle?‹ Der Erlöser antwortete: ›Warum liebe ich euch nicht so wie sie?‹«[23]

Das Evangelium des Philippus verbreitet sich noch weiter über das Thema: »Ihr sollt das Fleisch weder fürchten noch lieben. Wenn ihr es fürchtet, wird es die Oberhand über euch gewinnen; wenn ihr es liebt, wird es euch verschlingen und lähmen.«[24] An anderer Stelle wird der Text konkreter: »Groß ist das Mysterium der Ehe! Ohne sie würde die Welt nicht existiert haben. Jetzt hängt die Existenz der Welt vom Menschen ab und die Existenz des Menschen von der Ehe.«[25] Gegen Ende des Evangeliums des Philippus findet sich folgende Erklärung: »Da gibt es den Menschensohn und den Sohn des Menschensohns. Der

Herr ist der Menschensohn, und der Sohn des Menschensohns ist der, der durch den Menschensohn geschaffen wurde.«[26]

14. Die Gralsdynastie

Allein aufgrund der Nag-Hammadi-Codices erschien uns die Möglichkeit, daß Jesus Nachkommen hatte, zunehmend plausibler. Einige der sogenannten gnostischen Evangelien konnten einen ebenso begründeten Anspruch auf Glaubwürdigkeit erheben wie die Bücher des Neuen Testaments. Demzufolge konnten wir über all das, wofür sie ausdrücklich oder auch unausgesprochen Zeugnis ablegten – eine fingierte Kreuzigung, ein fortdauernder Disput zwischen Petrus und Maria Magdalena, eine Ehe zwischen Maria Magdalena und Jesus, die Geburt eines »Sohnes des Menschensohnes« – nicht einfach hinweggehen, so kontrovers sie auch sein mochten. Wir hatten es mit Geschichte, nicht mit Theologie zu tun.

Der Streit zwischen Petrus und Maria Magdalena schien genau den Konflikt zu bestätigen, den wir hypothetisch angenommen hatten – den Konflikt zwischen »Anhängern der Botschaft« und »Anhängern der Dynastie«, aus dem erstere siegreich hervorgingen und den Lauf der abendländischen Kultur formten. Nicht, daß für sie immer alles nach Wunsch gelaufen wäre. Denn während die Orthodoxie sich konsolidierte – theologisch unter Irenäus, politisch unter Konstantin –, bildeten sich zahllose Irrlehren heraus.

Die meisten der bedeutenderen Häresien besaßen, so sehr sie sich auch im Detail unterscheiden mochten, ganz bestimmte entscheidende Gemeinsamkeiten. Sie waren zum größten Teil gnostisch oder vom Gnostizismus beeinflußt, lehnten die hierarchische Gliederung der römischen Kirche ab und priesen die Überlegenheit der persönlichen Erleuchtung über den blinden Glauben. Schließlich betrachteten die meisten von ihnen Jesus als auf natürliche Weise gezeugten Sterblichen, als vielleicht göttlich Erleuchteten, aber nicht eigentlich göttlichen Propheten. Zur Hervorhebung der Menschlichkeit Jesu verwiesen viele Häretiker auf die Worte des Apostel Paulus, der gesprochen hatte von »unserem Herrn Jesu Christo, der dem Fleisch nach geboren ist als Nachkomme Davids« (Römer 1,3).

Vielleicht die bekannteste und radikalste dieser Häresien war der Manichäismus, im wesentlichen eine Fusion gnostischen Christentums

346

mit früher entstandenem zarathustrischem und mithraischem Gedankengut. Sie wurde von einem gewissen Mani begründet, der 216 unweit von Bagdad in eine Familie geboren wurde, die dem persischen Königshaus nahestand. Als junger Mann wurde Mani von seinem Vater in eine mystische – vermutlich gnostische – Sekte eingeführt, die großen Wert auf Askese und Ehelosigkeit legte, die Taufe praktizierte und weiße Gewänder trug. Um das Jahr 242 begann Mani seine eigene Lehre zu verkünden und genoß, wie Jesus, großes Ansehen aufgrund seiner Heilkunst und seiner Exorzismen. Seine Anhänger erklärten ihn zum »Neuen Jesus« und statteten ihn sogar mit einer jungfräulichen Geburt aus, eine in jener Zeit für Gottheiten unerläßliche Voraussetzung.

Späteren arabischen Geschichtsschreibern zufolge verfaßte Mani viele Schriften, in denen er behauptete, Geheimnisse zu offenbaren, auf die Jesus nur versteckt angespielt hatte. Er betrachtete Zarathustra, Buddha und Jesus als seine Vorläufer und erklärte, er hätte – wie sie – die gleiche Erleuchtung aus der gleichen Quelle geschöpft. Er lehrte einen gnostischen Dualismus, der sich aufs engste mit einer eindrucksvoll konstruierten Kosmologie verband. Alles war von dem universellen Konflikt zwischen Licht und Finsternis durchdrungen, und das Schlachtfeld dieser beiden entgegengesetzten Prinzipien war die menschliche Seele. Wie später die Katharer, bekannte sich Mani zum Glauben an die Seelenwanderung, und wie die Katharer bestand er auf einer Klasse von Eingeweihten, von »erleuchteten Auserwählten«. Jesus bezeichnete er als »Sohn der Witwe«, ein Terminus, der später von den Freimaurern übernommen wurde. Gleichzeitig erklärte er Jesus für menschlich – oder, wenn überhaupt göttlich, so nur im symbolischen oder metaphorischen Sinn. Ebenso wie Basileides behauptete Mani, Jesus sei nicht am Kreuz gestorben, sondern durch einen anderen ersetzt worden.[1]

Im Auftrag König Bahrams I. wurde Mani im Jahre 276 ins Gefängnis geworfen, zu Tode gegeißelt und enthauptet; sein verstümmelter Körper wurde, vielleicht um eine Wiederauferstehung auszuschließen, öffentlich zur Schau gestellt. Doch sein Martyrium verlieh seiner Lehre noch größere Anziehungskraft; zu seinen späteren Anhängern gehörte auch, zumindest eine Zeitlang, der heilige Augustinus. Mit außerordentlicher Schnelligkeit verbreitete sich der Manichäismus in der christlichen Welt. Trotz eifrigster Bemühungen gelang es nicht, ihn vollkommen zu unterdrücken; er beeinflußte spätere Denker

347

und hat sich bis zum heutigen Tag erhalten. Besonders aktiv waren die Schulen der Manichäer in Spanien und in Südfrankreich. Zur Zeit der Kreuzzüge bestanden bereits Verbindungen zu anderen manichäischen Sekten in Italien und Bulgarien. Man ist heute weitgehend von der Meinung abgekommen, die Katharer hätten ihr Gedankengut von den bulgarischen Bogomilen übernommen. Neueste Forschungen lassen vielmehr erkennen, daß sich die Katharer aus manichäischen Schulen entwickelten, die schon seit langer Zeit in Gallien bestanden. Jedenfalls waren die Albigenserkriege im wesentlichen ein Kreuzzug gegen den Manichäismus.

Außer dem Manichäismus gab es natürlich noch zahlreiche andere Häresien; die größte Gefahr für die römische Kirche stellte jedoch auf Jahrhunderte hinaus der Arianismus dar. Um das Jahr 318 wirkte Arius als Presbyter in Alexandria; er starb 336. Sein Disput mit der Orthodoxie beschränkte sich vornehmlich auf eine einzige Prämisse: daß Jesus in jeder Beziehung sterblich war, in keiner Weise göttlich, und nichts anderes als ein begnadeter Lehrer.

Indem er einen einzigen allmächtigen Gott postulierte, einen Gott, der weder Fleisch noch von seinen Geschöpfen gedemütigt und gekreuzigt wurde, fügte Arius das Christentum erfolgreich in einen im wesentlichen jüdischen Rahmen ein. Dieser höchste Gott des Arianismus fand im Westen enormen Anklang. Um so mehr politische Macht das Christentum anhäufte, desto stärker wurde die Anziehungskraft eines solchen Gottes, mit dem sich Könige und Potentaten leichter identifizieren konnten als mit einer sanftmütigen, passiven Gottheit, die sich widerstandslos dem Martyrium unterwarf und jeden Kontakt mit der Welt scheute.

Obzwar der Arianismus auf dem Konzil von Nizäa im Jahre 325 verurteilt wurde, war Konstantin ihm stets günstig gesinnt; sein Sohn und Nachfolger Konstantius bekannte sich ganz offen zu diesem Glauben, und unter seinen Auspizien wurden Konzile einberufen, die die orthodoxe Kirche in die Verbannung trieben. Schon um das Jahr 360 hatte der Arianismus das römische Christentum so gut wie verdrängt, und obwohl er 381 abermals verurteilt wurde, entwickelte er sich kräftig weiter und gewann immer neue Anhänger. Als im fünften Jahrhundert die Merowinger an die Macht kamen, war praktisch jeder Bischofsstuhl arianisch oder vakant.

Zu den eifrigsten Anhängern des Arianismus zählten die Goten, die im Laufe des vierten Jahrhunderts zum Christentum bekehrt worden waren. Sueben, Langobarden, Alanen, Vandalen, Burgunder und Ostgoten, sie alle waren ebenso Arianer wie die Westgoten, die, als sie Rom im Jahre 480 brandschatzten, die christlichen Kirchen ungeschoren ließen. Wenn die ersten Merowinger vor Chlodwig für das Christentum überhaupt empfänglich waren, so für das arianische ihrer unmittelbaren Nachbarn, der Westgoten und Burgunder.

Unter westgotischen Auspizien wurde der Arianismus die beherrschende Form des Christentums in Spanien und im heutigen Südfrankreich. Wenn die Familie Jesu tatsächlich in Gallien Zuflucht gefunden haben sollte, wären ihre Oberherren im fünften Jahrhundert die arianischen Westgoten gewesen. Sehr wahrscheinlich wäre die Familie hochgeschätzt gewesen und hätte in den westgotischen Adel eingeheiratet, bevor sie in der Folge Franken ehelichte, um die Merowinger hervorzubringen. Zudem wären sie unter der Schirmherrschaft der Westgoten vor allen Drohungen Roms sicher gewesen.

Wie es heißt, habe die römische Kirche Anstoß daran genommen, daß Dagoberts Sohn zum Arianismus übergetreten war.[2] Hätte er das getan, so wäre das nichts Besonderes gewesen, denn trotz des Paktes zwischen der Kirche und Chlodwig hatten die Merowinger für den Arianismus stets wohlwollendes Verständnis gezeigt. Chilperich, einer von Chlodwigs Enkelsöhnen, machte keinen Hehl aus seinen arianischen Neigungen.

Der Arianismus war weder dem Judentum noch dem Islam gegenüber feindlich gesonnen, der im siebten Jahrhundert einen so rasanten Aufschwung nahm. Die Arianer sahen Jesus aus dem gleichen Blickwinkel wie der Koran. Im Koran wird Jesus nicht weniger als fünfunddreißigmal erwähnt, zum Teil mit eindrucksvollen Titeln wie »Bote Gottes« oder »Messias«. Niemals aber ist er mehr als ein sterblicher Prophet, ein Vorläufer Mohammeds und ein Sprachrohr des einzigen höchsten Gottes. Auch der Koran behauptet, Jesus sei nicht am Kreuz gestorben. »Sie haben ihn nicht getötet und auch nicht gekreuzigt; sie dachten nur, sie hätten es getan.« (Koran 4,158) Der Koran selbst geht auf diesen zweideutigen Satz nicht näher ein; um so mehr tun das islamische Kommentatoren. Die meisten vertreten die Meinung, es hätte einen Ersatzmann gegeben, und manche islamischen Autoren berichten, Jesus hätte sich in einer Mauernische verborgen gehalten und der fingierten Kreuzigung aus der Ferne zugesehen.

Der Judaismus und die Merowinger. Die Hartnäckigkeit, mit der die meisten Häresien — ganz besonders der Arianismus — auch angesichts grausamster Verfolgung auf Jesu Menschsein und Sterblichkeit beharrten, ist überaus bemerkenswert; aber wir fanden nichts, das darauf hätte schließen lassen, daß sie über Beweise für ihre Lehren verfügten. Auch ließ nichts in ihren Texten vermuten, daß sie von einer Dynastie wußten. Es war natürlich möglich, daß sie dennoch bestimmte Dokumente besaßen — vielleicht sogar Genealogien und Urkundensammlungen —, daß es ihnen aber im Hinblick auf die römischen Verfolger ratsam erschienen war, ihr Beweismaterial für immer aus dem Verkehr zu ziehen.

Die Häresien lieferten uns also keine schlüssigen Beweise für eine Verbindung zwischen der Familie Jesu und den Merowingern, die vierhundert Jahre später die politische Bühne betraten. Um solche Beweise zu erlangen, mußten wir uns noch einmal der Geschichte der Merowingerdynastie zuwenden. Auf den ersten Blick schien da nicht mehr viel zu entdecken zu sein. Die legendäre Geburt Merowechs hatten wir bereits untersucht und daran unsere Vermutung angeknüpft, daß diese sonderbare Sage den Zweck gehabt haben könnte, eine dynastische Allianz und Eheschließung zu verschleiern. Die Fischsymbolik mochte vielsagend sein, war aber kaum beweiskräftig. Das Abkommen zwischen Chlodwig und der römischen Kirche mochte, im Lichte unseres Szenarios betrachtet, sinnvoll erscheinen, war aber ebensowenig ein Beweis. Und wenngleich das königliche Blut der Merowinger als heilig, zauberkräftig und göttlich galt, so stand doch nirgendwo geschrieben, daß es das Blut Jesu war.

Angesichts des Mangels an überzeugenden Beweisen schien uns bei unseren weiteren Untersuchungen Vorsicht geboten. Wir mußten Indizien auswerten und versuchen, die einzelnen Steinchen zu einem klaren Bild zusammenzufügen. Zuvor jedoch mußten wir feststellen, ob die Merowinger eindeutig unter jüdischem Einfluß gestanden hatten oder nicht.

Im großen und ganzen scheinen die Merowinger alles andere als Antisemiten gewesen zu sein. Sie scheinen sich den Juden gegenüber nicht nur tolerant verhalten zu haben, sondern ihnen sogar freundschaftlich gesonnen gewesen zu sein, der geharnischten Proteste der römischen Kirche ungeachtet. Mischehen waren an der Tagesordnung. Viele jüdische Landbesitzer hielten sich christliche Sklaven, und als treue Diener ihrer merowingischen Herrn hatten viele Juden hohe Stellungen in der Verwaltung und im Gerichtswesen inne.

Wie schon erwähnt, schrieben die Merowinger ihre übernatürlichen Kräfte vornehmlich ihrem langen Haar zu, das sie nicht schneiden durften. In diesem Punkt hatten sie die gleiche Einstellung wie die Nasiräer im Alten Testament, zu denen auch Samson (Simson) gehört hatte. Vieles deutet darauf hin, daß auch Jesus ein Nasiräer war; daß sein Bruder Jakob zu dieser Sekte zählte, steht außer Frage.

Im merowingischen Königshaus und in den mit ihm verbundenen Familien findet sich eine überraschend hohe Zahl spezifisch jüdischer Namen. So erhielt zum Beispiel ein Bruder von König Chlothar II. 577 den Namen Samson. Nicht lange danach war ein gewisser Miron »le Lévite« Graf von Bésalou und Bischof von Gérone. Ein Graf von Roussillon hieß Salomon, ein anderer Salomon wurde König der Bretagne. Es gab einen Abt Elisachar — eine Variante von »Eleazar« und »Lazarus«. Und auch der Name Merowech scheint nahöstlichen Ursprungs zu sein.[3]

Durch die dynastischen Eheschließungen zwischen Merowingern und Westgoten nahm die Zahl jüdischer Namen ständig zu, und es ist denkbar, daß viele sogenannte »westgotische« Familien in Wahrheit Juden waren. Diese Möglichkeit gewinnt noch an Wahrscheinlichkeit durch die Tatsache, daß die Geschichtsschreiber die Begriffe »Gote« und »Jude« synonym gebrauchten. Der Süden Frankreichs und die spanischen Marken — das Land, das im frühen Mittelalter Septimanien hieß — wiesen einen enorm starken jüdischen Bevölkerungsanteil auf. Man kannte das Gebiet aber auch unter dem Namen »Gothien« oder »Gothia«, und so nannte man die jüdischen Bewohner häufig auch »Goten«, ein Irrtum, der gelegentlich nicht ganz unabsichtlich begangen worden sein mag. Wer sich nicht als Jude identifizieren lassen wollte, konnte es also vermeiden, es sei denn, er hatte einen ausgesprochen jüdischen Familiennamen. So trug Dagoberts Schwiegervater den semitischen Namen Béra, und Béras Schwester war mit einem Mitglied der Familie Levy verheiratet.[4]

Eingestandenermaßen waren Namen und eine mystische Einstellung zum eigenen Haupthaar nicht unbedingt eine solide Grundlage, um eine Verbindung zwischen den Merowingern und den Juden herzustellen, aber es gab da noch ein anderes und überzeugenderes Beweisstück. Die Merowinger waren die königliche Dynastie der Franken, eines germanischen Stammes, der nach dem alten germanischen Volksrecht lebte. Die kodifizierte, um römische Rechtsauffassungen erweiterte »Lex Salica«, die zu Beginn des sechsten Jahrhunderts aufgezeichnet wurde, ging in ihren Ursprüngen auf germanische Stammesrechte zurück. Diese Rechtstradition stand auch nach der Christianisierung der Westgoten noch jahrhundertelang im Gegensatz zum römischen Kirchenrecht. Noch zur Zeit der Reformation kreideten die deutschen Bauern und Ritter der Kirche nebst vielen anderen Dingen ihre Mißachtung des althergebrachten salischen Gesetzes an.

Ein ganzer Abschnitt der »Lex Salica« — Titel 45, *De Migrantibus* — hat Gelehrten und Kommentatoren seit jeher Rätsel aufgegeben. Er enthält eine komplizierte Aufzählung von Bedingungen und Klauseln, unter denen Wanderer und Umherziehende einen festen Wohnsitz errichten durften und das Bürgerrecht erhielten. Verwunderlich ist an diesen Bestimmungen nur, daß sie nicht germanischen Ursprungs sind, und manche Autoren haben die bizarresten Hypothesen aufgestellt, um ihre Aufnahme in das salische Gesetz zu erklären. Vor kurzem erst hat man entdeckt, daß dieser Titel unmittelbar aus dem jüdischen Gesetz übernommen wurde.[5] Das läßt vermuten, daß die Merowinger, unter deren Auspizien die »Lex Salica« kodifiziert wurde, Zugang zu jüdischen Texten hatten.

Das Fürstentum in Septimanien. Solche Indizien regten zum Nachdenken an, waren jedoch nur eine schwache Stütze für unsere Hypothese, daß im Süden Galliens eine von Jesus abstammende Nachkommenschaft existierte, daß die Juden in den merowingischen Adel eingeheiratet hatten und daß die Merowinger demzufolge zum Teil Juden waren. Doch während die merowingische Epoche uns schlüssige Beweise für unsere Hypothese versagte, wurden wir in der unmittelbar darauffolgenden Ära fündig. Aufgrund dieser »retroaktiven Beweisführung« erwies sich unsere Hypothese mit einem Mal als haltbar.

Wir hatten bereits die Möglichkeit geprüft, daß das Geschlecht der Merowinger auch nach der Entmachtung durch die Karolinger fortbestanden hatte. Dabei waren wir auf ein autonomes Fürstentum gestoßen, das eineinhalb Jahrhunderte lang in Südfrankreich existiert hatte und dessen bekanntester Herrscher Wilhelm von Orange gewesen war. Wilhelm war einer der gefeiertsten Helden seines Zeitalters, und über seine Person gelangten wir zu überraschenden Einblicken.

Auf dem Höhepunkt seiner Macht umfaßte Wilhelms Herrschaftsgebiet, das sich seit langem durch einen starken jüdischen Bevölke-

10 Das judäische Fürstentum

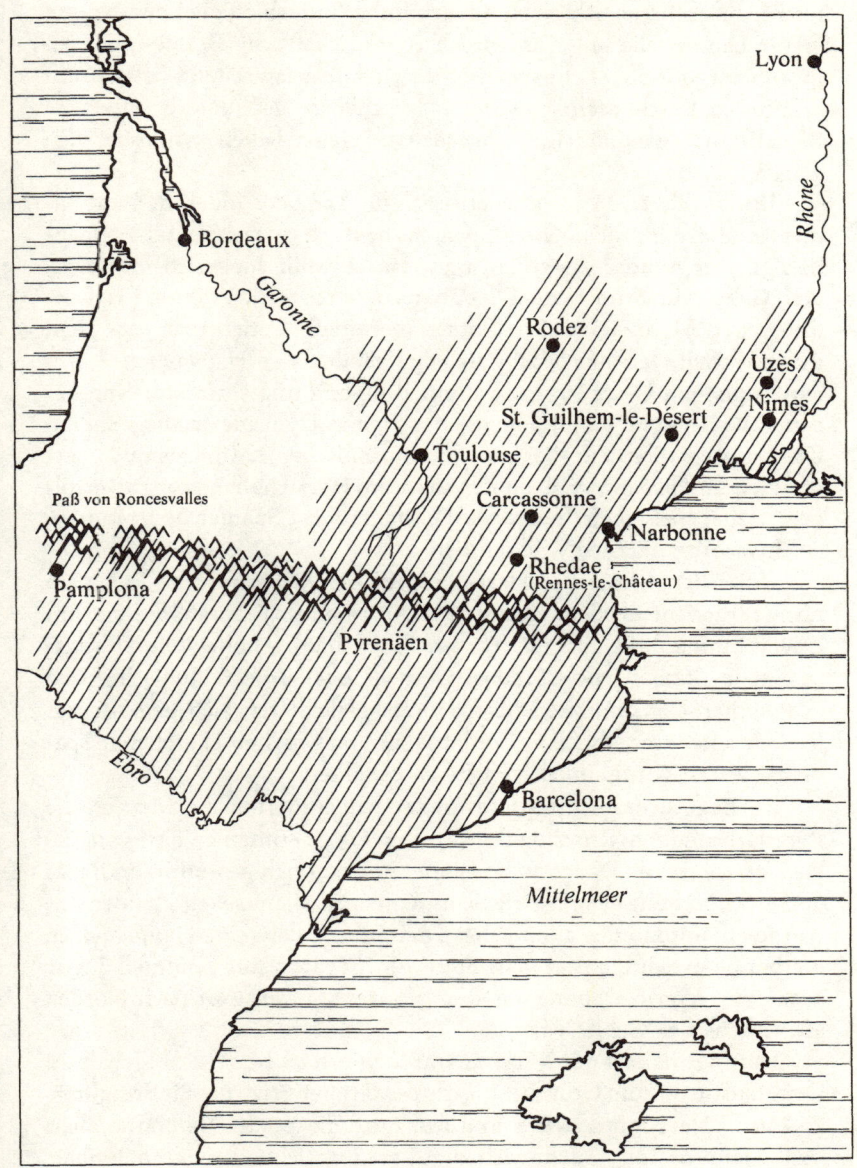

rungsanteil auszeichnete, das nordöstliche Spanien, die Pyrenäen und den unter der Bezeichnung Septimanien bekannten Teil Südfrankreichs. Im sechsten und siebten Jahrhundert unterhielt die Bevölkerung dieser Landstriche außerordentlich freundschaftliche Beziehungen zu ihren westgotischen Lehnsherrn, die sich zum arianischen Christentum bekannten; nicht selten wurden Mischehen geschlossen, und die Begriffe »Gote« und »Jude« wurden in vielen Fällen synonym verwandt.

Um das Jahr 711 jedoch hatte sich die Lage der Juden in Septimanien und im nordöstlichen Spanien deutlich verschlechtert. Dagobert II. war ermordet worden, und seine Familie hielt sich im Razès, dem Gebiet rund um Rennes-le-Château, verborgen. Während Nebenlinien der Merowinger im Norden nominell immer noch auf dem Thron saßen, lag die Macht in den Händen der Hausmeier — der karolingischen Usurpatoren, die mit Billigung und Unterstützung der römischen Kirche darangingen, ihre eigene Dynastie zu begründen. Gleichzeitig waren die Westgoten zum römischen Katholizismus übergetreten und begannen, die Juden in ihrem Herrschaftsgebiet zu verfolgen. Daher hießen die Juden, als die Mauren 711 Spanien überrannten, die Invasoren herzlich willkommen.

Unter der islamischen Herrschaft führten die spanischen Juden ein höchst zufriedenstellendes Dasein. Die Mauren behandelten sie mit Zuvorkommenheit und übertrugen ihnen häufig hohe Verwaltungsposten in Städten wie Córdoba, Granada oder Toledo. Jüdisches und islamisches Denken koexistierten und befruchteten sich gegenseitig. Viele Städte, einschließlich Córdobas, der maurischen Hauptstadt Spaniens, waren vornehmlich von Juden bevölkert.

Zu Beginn des achten Jahrhunderts überquerten die Mauren die Pyrenäen und marschierten im Razès und in Septimanien ein; von 720 bis 759, während Dagoberts Enkel und Urenkel sich weiterhin im Razès versteckt hielten, befand sich Septimanien in islamischen Händen. Es wurde ein autonomes maurisches Fürstentum, das seine Hauptstadt in Narbonne errichtete und dem Emir von Córdoba nur nominell Treue schuldete. Von Narbonne aus drangen die Mauren weit nach Norden auf fränkisches Gebiet vor.

Der Vormarsch der Mauren wurde von Karl Martell aufgehalten. Der Hausmeier und Großvater Karls des Großen trieb die Eindringlinge 738 nach Narbonne zurück und belagerte die Stadt. Narbonne aber, von Mauren und Juden verteidigt, erwies sich als uneinnehmbar.

Daraufhin verwüstete Karl die Landstriche rings um die südfranzösische Stadt.

Bis 752 hatte sich der Sohn Karl Martells, Pippin III., der Jüngere, mit dem dort ansässigen Adel verständigt und Septimanien auf diese Weise vollkommen unter seine Kontrolle gebracht. Nur Narbonne leistete Pippin noch sieben Jahre lang Widerstand. In einer Zeit, da er alles daran setzen mußte, seine Position zu festigen, war ihm Narbonne natürlich ein Dorn im Auge. Er und seine Nachfolger reagierten sehr empfindlich auf Vorwürfe, sie hätten den merowingischen Thron usurpiert. Um seinen Anspruch auf Legitimität zu untermauern, schloß er dynastische Verbindungen mit den überlebenden Familien königlich-merowingischen Blutes und sorgte dafür, daß seine Krönung durch den biblischen Ritus der Salbung zusätzliches Ansehen gewann. Außerdem sollte der Akt der Salbung deutlich darauf hinweisen, daß die fränkische Monarchie eine Replik, wenn nicht gar eine Fortsetzung der jüdischen Monarchie im Alten Testament war. Das ist ein hochinteressanter Aspekt. Denn warum sollte der Usurpator Pippin sich selbst mit Hilfe eines biblischen Urtyps sanktionieren wollen? Doch nur, weil die merowingische Dynastie, die er entthront hatte, ihre Legitimität auf genau die gleiche Art erlangt hatte.

Jedenfalls sah sich Pippin vor zwei Probleme gestellt: vor den hartnäckigen Widerstand Narbonnes und die Frage, wie er unter Zuhilfenahme eines biblischen Präzedenzfalles seinen eigenen Anspruch auf Legitimität durchsetzen konnte. Wie Professor Arthur Zuckerman von der Columbia University nachgewiesen hat, löste er beide Probleme, indem er 759 eine Abmachung mit der jüdischen Bevölkerung Narbonnes traf. Diesem Abkommen zufolge sollten die Juden Pippins Anspruch auf biblische Sukzession bestätigen. Gleichzeitig sollten ihm die Juden ihre Hilfe gegen die Mauren zusichern. Als Gegenleistung hatte er den Juden von Septimanien ihr eigenes Fürstentum und einen eigenen König zuzugestehen.[6]

Im selben Jahr wandte sich die jüdische Bevölkerung plötzlich gegen die maurischen Verteidiger, machte sie nieder und öffnete den Franken die Tore der belagerten Stadt. Bald darauf erkannten die Juden Pippin als ihren Lehnsherrn an und bestätigten seinen Anspruch auf eine legitime biblische Sukzession. Auch Pippin hielt sich an die Abmachung: Im Jahre 768 wurde in Septimanien ein im wesentlichen unabhängiges judäisches Fürstentum ausgerufen und ein Herrscher als König der Juden eingesetzt. In zeitgenössischen Dichtungen wird er

Aymery genannt. Doch nach vorliegenden Aufzeichnungen soll er, als er in die Reihen des fränkischen Adels aufgenommen wurde, den Namen Theoderich oder Thierry angenommen haben. Er war der Vater Wilhelms von Orange und wurde sowohl von Pippin wie auch vom Kalifen von Bagdad als »Same des königlichen Hauses Davids«[7] anerkannt.

Über Theoderichs Herkunft gehen die Meinungen auseinander. Die meisten Forscher halten ihn für einen Merowinger.[8] Professor Arthur Zuckerman vertritt die Ansicht, er sei aus Bagdad gekommen – ein »Exilarch« und Abkömmling von Juden, die nach der babylonischen Gefangenschaft in Babylon gelebt hatten. Möglich ist aber auch, daß der »Exilarch« nicht Theoderich war, sondern daß der »Exilarch« aus Bagdad kam, um Theoderich zu inthronisieren und daß die beiden später zu einer Person verschmolzen. Professor Zuckerman stellt die merkwürdige Behauptung auf, die »westlichen Exilarchen« seien »reineren Blutes« gewesen als die im Osten.[9]

Wer waren denn aber die »westlichen Exilarchen«, wenn nicht die Merowinger? Warum sollte sich ein Mann merowingischer Abkunft als König der Juden, Herrscher über ein judäisches Fürstentum und »Same aus dem königlichen Hause Davids« bestätigen lassen, wenn die Merowinger nicht tatsächlich zumindest zum Teil Juden waren? Nachdem Dagobert im Einverständnis mit der Kirche ermordet worden war, die damit ihre Abmachung mit Chlodwig gebrochen hatte, könnten die Merowinger durchaus alle Verbindungen zu Rom gelöst haben und zu ihrem früheren Glauben zurückgekehrt sein. Dagoberts Ehe mit der Tochter eines nach außen hin »westgotischen« Fürsten mit dem eindeutig semitischen Namen Béra könnte diesen Prozeß noch beschleunigt haben.

Theoderich (Thierry) festigte seine – und Pippins – Position noch zusätzlich, indem er dessen Schwester Alda, eine Tante Karls des Großen, ehelichte. In den folgenden Jahren erlebte das jüdische Königreich Septimanien eine Zeit der Blüte. Es erhielt sogar, ungeachtet energischer Proteste von Papst Stephan III. und seinen Nachfolgern, ausgedehnte Ländereien aus kirchlichem Besitz.

Theoderichs Sohn, König der Juden von Septimanien, war Wilhelm von Orange, seines Zeichens auch Graf von Barcelona, von Toulouse, von Razès und Herzog von Aquitanien. Wie sein Vater war Wilhelm nicht nur Merowinger, sondern auch Jude von königlichem Geblüt. Daß dieses königliche Blut das des Hauses Davids war, wurde von den

Karolingern, vom Kalifen und, wenn auch widerstrebend, vom Papst bestätigt.

Trotz späterer Versuche, diese Tatsache totzuschweigen, konnte mittlerweile eindeutig nachgewiesen werden, daß Wilhelm Jude war. Selbst in den Romanen, in denen er als »Wilhelm, Fürst von Orange« eine Rolle spielt, spricht er fließend hebräisch und arabisch. Die Devise auf seinem Schild ist die gleiche wie die anderer »Exilarchen« – der Löwe von Juda, jenem Stamm, dem das Haus Davids und in der Folge auch Jesus angehörten. Er trug den Spitznamen »Hakennase«. Auf seinen Feldzügen achtete er streng darauf, den Sabbat und andere jüdische Feiertage wie zum Beispiel das Laubhüttenfest zu halten.[10]

Wilhelm von Orange wurde ein Lehnsträger Karls des Großen – ein authentischer historischer Held, der im Volk und in der Überlieferung mit so legendären Gestalten wie Roland und Olivier den gleichen Rang einnahm. Als Ludwig I., der Fromme, der Sohn Karls des Großen, 813/14 zum Kaiser gekrönt wurde, war es Wilhelm, der ihm die Krone aufs Haupt setzte. Dabei soll Ludwig gesagt haben: »Herr Wilhelm..., es ist Eure Abkunft, die die meine adelt.«[11] Das ist in der Tat eine bemerkenswerte Erklärung, die da an einen Mann gerichtet wurde, dessen Abkunft, wenn man späteren Historikern glauben will, mehr als fragwürdig zu sein scheint.

Wilhelm von Orange war mehr als ein Krieger. Kurz vor 792 gründete er in Gellone eine Akademie, rief Gelehrte ins Land und richtete eine großzügig ausgestattete Bibliothek ein. Bald entwickelte sich Gellone zu einem angesehenen Zentrum für jüdische Studien. Aus einer solchen Schule könnte der »Heide« Flegetanis hervorgegangen sein, jener hebräische Gelehrte, der seine Herkunft von Salomon ableitete und der, nach Wolfram von Eschenbach, Kyot de Provence das Geheimnis des Heiligen Grals anvertraute.

Im Jahre 806 zog sich Wilhelm aus dem aktiven Leben zurück und widmete sich bis an sein Lebensende nur mehr seiner Akademie. Die Akademie wurde später in ein Kloster umgewandelt, dem heute berühmten Saint-Guilhelm-le-Désert.[12] Doch noch vor Wilhelms Tod war Gellone zu einem der ersten Zentren des Kultes um Maria Magdalena[13] geworden, der, seltsam genug, gleichzeitig mit der jüdischen Akademie aufblühte.

Jesus gehörte dem Stamm Juda und dem königlichen Hause Davids an. Von Maria Magdalena wird berichtet, sie hätte den Gral, das »königliche Blut«, nach Gallien gebracht. Im achten Jahrhundert gab es im südlichen Gallien einen Herrscher aus dem Stamme Juda und dem königlichen Hause Davids, der als König der Juden anerkannt wurde. Außerdem war er Merowinger, und Wolfram von Eschenbach hat in seinem *Parzival* die Verbindung zwischen ihm beziehungsweise seiner Familie und dem Heiligen Gral hergestellt.

Der Same Davids. In späteren Jahrhunderten scheint man große Anstrengungen unternommen zu haben, alle Hinweise auf das judäische Königtum von Septimanien aus den Aufzeichnungen zu streichen. Es stand jedoch nicht zu erwarten, daß der Zensur voller Erfolg beschieden sein würde. In einer Botschaft an Ludwig VII. von Frankreich verurteilte Petrus Venerabilis, Abt von Cluny, die Juden von Narbonne, die behaupteten, ein König lebe unter ihnen. Theobald, ein Mönch aus Cambridge, spricht 1144 von »Fürsten und Rabbis der Juden, die in Spanien wohnen [und] in Narbonne zusammenkommen, wo der Träger des königlichen Samens residiert«.[14] Im Jahre 1166 berichtet Benjamin aus Tudela, ein berühmter Reisender und Geschichtsschreiber, daß in Narbonne »Weise, hohe Adlige und Fürsten leben, an deren Spitze. . . ein Abkömmling des Hauses Davids steht, wie aus seinem Stammbaum ersichtlich«.[15]

Doch im zwölften Jahrhundert waren die in Narbonne lebenden Nachkommen Davids im Gegensatz zu anderen Familienzweigen in die Bedeutungslosigkeit abgesunken. Stammbäume gabeln, unterteilen sich und breiten sich aus und bringen wahre Wälder hervor. Während manche Nachkommen Theoderichs und Wilhelms in Narbonne blieben, hatten andere in den voraufgegangenen vier Jahrhunderten stattliche Krongüter erlangt. Zu diesen Herrschaftsbereichen zählten die glanzvollsten der Christenheit: Lothringen und das fränkische Königreich Jerusalem.

Im neunten Jahrhundert hatte das Geschlecht Wilhelms von Orange mit den ersten Herzögen von Aquitanien seinen Höhepunkt erreicht, und im zehnten wurde ein gewisser Hugo von Plantard, ein direkter Nachkomme Dagoberts und Wilhelms von Orange, Vater von Eustach, dem ersten Grafen von Boulogne. Eustachs Enkel war Gottfried von Bouillon, Herzog von Niederlothringen und Eroberer Jerusalems. Wenn die Merowinger ihre Herkunft tatsächlich von Jesus ableiteten, dann hatte Gottfried von Bouillon mit der Eroberung Jerusalems sein rechtmäßiges Erbe wiedererlangt.

Gottfried und das auf ihn folgende Haus Lothringen waren natürlich offiziell Katholiken. Wenn sie in einer nunmehr christlichen Welt bestehen wollten, blieb ihnen wohl nichts anderes übrig. In gewissen Kreisen scheint man jedoch über ihre wahre Herkunft Bescheid gewußt zu haben. Noch aus dem sechzehnten Jahrhundert wird berichtet, daß Heinrich von Lothringen, Herzog von Guise, als er in der Stadt Joinville in der Champagne eintraf, von einer jubelnden Menge begrüßt wurde. Dabei sollen einige Personen *Hosanna filio David* (Hosianna dem Sohne Davids) gerufen haben.

Es ist vielleicht erwähnenswert, daß von diesem Zwischenfall in einer modernen, 1966 erschienenen Geschichte Lothringens berichtet wird. Das Werk enthält eine Einleitung aus der Feder Otto von Habsburgs, der bis heute Titularherzog von Lothringen und Titularkönig von Jerusalem ist.[16]

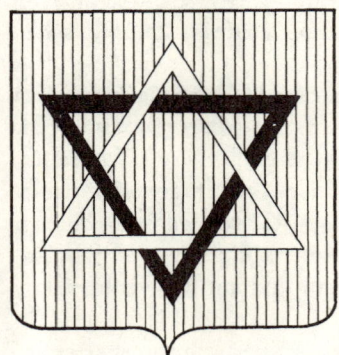

Fig. 3   Das Wappen von
Rennes-le-Château

Fig. 4   Das offizielle Emblem
der Prieuré de Sion

15. Schlussfolgerungen und Ausblicke

Zu Beginn unserer Recherchen hatten wir keinesfalls die Absicht gehabt, Beweise zu führen und zu widerlegen — und schon gar nicht die Schlüsse zu ziehen, zu denen wir dann zwangsläufig gelangten. Wir waren lediglich auf der Suche nach einer Erklärung für ein kleines Geheimnis der Geschichte. Daß wir dabei auf ein Geheimnis von weitaus größerer Tragweite stießen, ergab sich mehr oder weniger zufällig.

Die erstaunliche und scheinbar widersprüchliche Schlußfolgerung, die wir zogen, nötigte uns schließlich, uns näher mit dem Leben Jesu und dem Ursprung der von ihm begründeten Religion zu beschäftigen. Daß es dabei nicht in unserer Absicht lag, das Christentum in Frage zu stellen, versteht sich von selbst. Alles, was wir wollten, war herauszufinden, ob unsere Schlußfolgerung vertretbar war. Davon überzeugte uns schließlich eine eingehende Prüfung der biblischen Schriften.

Die Richtigkeit unserer Schlußfolgerungen konnten wir nicht beweisen — und können es bis heute nicht. Sie bleibt, zumindest bis zu einem gewissen Grade, nach wie vor eine Hypothese — allerdings eine plausible Hypothese, die für viele Rätsel und Fragen eine Erklärung bietet. Unserer Meinung nach ist sie historisch wahrscheinlicher als alle Berichte über Ereignisse und Personen, die seit zwei Jahrtausenden das Bewußtsein des Westens prägen und auf die wir im Laufe unserer Untersuchungen stießen.

Wenn es uns auch nicht gelang, unsere Hypothese zu erhärten, so gingen uns doch unzählige Informationen zu, die belegen, daß die Prieuré de Sion sehr wohl dazu in der Lage ist. Die uns vorliegenden Dokumente und brieflichen Andeutungen sowie die persönlichen Gespräche, die wir führen konnten, haben uns nur in unserer Annahme bestärkt, daß Zion über bestimmte Kenntnisse verfügt — Kenntnisse, die vermutlich einen »unwiderlegbaren Beweis« für unsere Hypothese darstellen. Wie dieser Beweis genau beschaffen ist, entzieht sich unserer Kenntnis, aber wir hegen eine nicht unbegründete Vermutung.

Falls unsere Hypothese zutrifft, fanden Jesu Frau und Familie nach der Flucht aus dem Heiligen Land ein Refugium im Süden Galliens, wo sich das Geschlecht in einer jüdischen Gemeinde fortpflanzte. Im Laufe des fünften Jahrhunderts scheint sich dieses

Geschlecht durch Heirat mit der königlichen Linie der Franken verbunden und damit die Dynastie der Merowinger begründet zu haben. Mit dieser Dynastie traf die Kirche im Jahre 496 ein Abkommen, was die Vermutung nahe legt, daß ihr die wahre Abstammung der Merowinger bekannt war.

Als sich die Kirche insgeheim an der Ermordung Dagoberts beteiligte und das merowingische Königshaus verriet, machte sie sich eines Verbrechens schuldig, das weder mit Vernunftgründen zu rechtfertigen noch ungeschehen zu machen war. Es konnte nur vertuscht werden. Dies um so mehr, als Enthüllungen über die wahre Identität der Merowinger dem Katholizismus und der Stellung der Kirche enormen Schaden zugefügt hätten.

Die Nachkommenschaft Jesu beziehungsweise der Merowinger hat alle Ausrottungsversuche überlebt. Das liegt zum Teil an den karolingischen Usurpatoren, die offenbar ein größeres Schuldbewußtsein besaßen als die Kirche in Rom. Vor allem aber liegt es an Dagoberts Sohn Sigibert und dessen Nachkommenschaft, darunter vor allem Wilhelm von Orange, Herrscher über das judäische Fürstentum von Septimanien, und Gottfried von Bouillon, der sich mit Jerusalem sein rechtmäßiges Erbe zurückeroberte.

Ob Gottfrieds wahre Abkunft zur Zeit der Kreuzzüge tatsächlich noch so geheimgehalten wurde, wie Rom es gerne gesehen hätte, sei dahingestellt. Eine Offenlegung kam angesichts der Vormachtstellung, die die Kirche mittlerweile innehatte, ohnehin nicht in Frage. Es ist jedoch zu vermuten, daß umlaufende Gerüchte und Legenden auf fruchtbaren Boden fielen und sich schließlich in Berichten und Epen niederschlugen — beispielsweise in der Geschichte von Lohengrin, dem mythischen Ahnherrn Gottfrieds, und selbstverständlich in den Dichtungen über den Heiligen Gral.

Wenn unsere Hypothese zutrifft, steht der Heilige Gral gleichzeitig für zwei verschiedene Dinge: Einerseits symbolisiert er Jesu Herkunft und Nachkommenschaft — das »Sang Raal«, das »echte« oder »königliche Blut«, zu dessen Bewachern die Ritter des von der Prieuré de Sion ins Leben gerufenen Templerordens ernannt wurden; andererseits ist der Heilige Gral im Wortsinne das Gefäß, das Jesu Blut empfing und enthielt, das heißt, er symbolisiert den Schoß der Maria Magdalena und im weiteren Sinne Maria Magdalena selbst. Daraus dürfte der mittelalterliche Kult um Maria Magdalena entstanden und mit dem Kult um die Jungfrau Maria verwechselt und vermengt worden sein. Denn es läßt sich zum Beispiel nachweisen, daß in frühchristlicher Zeit in vielen der berühmten »Schwarzen Jungfrauen« oder »Schwarzen Madonnen« nicht die Jungfrau, sondern Maria Magdalena mit ihrem Sohn verehrt wurden. Darüber hinaus wird die Ansicht vertreten, die »Notre Dame« geweihten gotischen Kathedralen gälten weniger der Verehrung der Mutter als vielmehr der Gefährtin – sprich Gattin – Jesu.

Der Heilige Gral dürfte also gleichermaßen ein Symbol für Jesu königliches Blut wie für Maria Magdalenas Schoß sein, aus dem die Nachkommenschaft hervorging. Möglicherweise aber symbolisiert der Heilige Gral noch etwas ganz anderes.

Von den bei der Tempelplünderung durch die Legionen des Titus im Jahre 70 geraubten Schätzen heißt es, sie seien auf Umwegen in die Pyrenäen gelangt. Heute befänden sie sich, wie uns Pierre Plantard mitgeteilt hatte, in den Händen der Prieuré de Sion. Es ist durchaus möglich, daß der Tempel mehr als die geraubten Schätze enthielt. Wir wissen, daß die alten Juden Religion und Politik als ein unteilbares Ganzes betrachteten und den Messias als Priesterkönig, dessen Autorität geistliche und weltliche Bereiche gleichermaßen umfaßte. Es ist daher nicht unwahrscheinlich, daß der Tempel als eine Art Archiv des königlichen Hauses Israels galt, das heißt, daß dort persönliche Dokumente wie Geburtsurkunden und Trauscheine aufbewahrt wurden. Wenn Jesus tatsächlich »König der Juden« war, kann es als beinahe sicher gelten, daß sich im Tempel reichlich Material über ihn befand – möglicherweise sogar sein Leichnam oder seine Grabstätte.

Es gibt keinerlei Hinweis darauf, daß Titus bei seiner Tempelplünderung auf irgend etwas gestoßen wäre, das mit Jesus in Verbindung zu bringen ist. Gewiß konnten derartige Unterlagen, sofern sie sich dort befanden, vernichtet worden sein; es ist jedoch ebensogut möglich, daß es versteckt wurde. Einem klugen Tempelpriester blieb damals eigentlich gar keine andere Wahl, als den anrückenden Zenturionen eben das in die Händen fallen zu lassen, was sie zu finden hofften – nämlich Gold und Edelsteine –, hingegen all das in Sicherheit zu bringen, vielleicht sogar unter dem Tempel zu vergraben, was von wesentlich größerer Bedeutung war – nämlich alles, was sich auf den rechtmäßigen König, den anerkannten Messias und seine Familie bezog.

Unserer Hypothese zufolge hatten sich die Nachkommen Jesu um das Jahr 1100 eine Vormachtstellung in Europa sowie – durch Gottfried von Bouillon – in Palästina errungen. Sie selbst mußten über ihre

Abkunft Bescheid wissen, waren jedoch möglicherweise nicht in der Lage, sie zu beweisen. Wenn ihnen außerdem bekannt war, daß sich die erforderlichen Beweise im Tempelbezirk befanden, so dürften sie keine Mühe gescheut haben, in ihren Besitz zu gelangen. Das mag die Rolle der Tempelritter erklären, die insgeheim und im Verschwiegenen Ausgrabungen unter dem Tempel vornahmen. Die uns vorliegenden Beweise lassen kaum einen Zweifel daran, daß die Templer eigens zu dem Zweck ins Heilige Land gesandt wurden, um etwas Bestimmtes zu suchen. Sie scheinen ihren Auftrag erfüllt und mit ihrem Fund nach Europa zurückgekehrt zu sein. Was daraus wurde, wissen wir nicht. Mit hoher Wahrscheinlichkeit jedoch wurde er unter der Ägide Bertrands von Blanchefort, dem vierten Großmeister des Templerordens, in der Nähe von Rennes-le-Château versteckt. Weshalb sonst hätte man zu strikter Geheimhaltung verpflichtete Bergleute aus Deutschland kommen, Ausgrabungen machen und ein Versteck anlegen lassen sollen? Über die Natur dieses gesuchten »Schatzes« lassen sich nur Vermutungen anstellen. Vielleicht barg er den mumifizierten Leichnam Jesu, vielleicht Urkunden, die Jesu Ehe oder die Geburt seiner Kinder bestätigten. Jeder dieser Gegenstände hätte als Heiliger Gral gelten und — absichtlich oder durch Zufall — in die Hände der Katharer gelangen und einen Teil des geheimnisvollen Schatzes vom Montségur darstellen können.

Gottfried von Bouillon und sein Bruder Balduin sollen eine »königliche Tradition« verkörpert haben, die — da »auf dem Fels von Zion begründet« — den vornehmsten Dynastien Europas ebenbürtig war. Falls Jesus und der »Fels von Zion«, wie das Neue Testament und später die Freimaurerei behaupten, tatsächlich Synonyme sind, erscheint diese Behauptung mit einem Male sinnvoll.

Sobald das Geschlecht der Merowinger auf dem Thron des Königreichs Jerusalem saß, konnte es Anspielungen auf seine wahre Herkunft bestätigen und sogar propagieren. Das ist eine Erklärung für Erscheinungsdatum und -ort der Gralsromane, die darüber hinaus begründen kann, weshalb sie so explizit mit den Tempelrittern in Zusammenhang gebracht wurden. War ihre Position in Palästina einmal gefestigt, hätte die »königliche Tradition«, die sich von Gottfried und Balduin herleitete, vermutlich ihre Abstammung bekanntgemacht. Dann hätte der König von Jerusalem Vorrang vor allen anderen Monarchen Europas gehabt, und der Patriarch von Jerusalem wäre an die Stelle des Papstes getreten. Jerusalem wäre zur Hauptstadt der gesamten Christenheit geworden. Mehr noch: Wäre Jesus als sterblicher Prophet, als Priesterkönig und legitimer Herrscher aus dem Hause Davids anerkannt worden, hätten ihn möglicherweise auch die Moslems und die Juden akzeptiert. Als König von Jerusalem wäre sein direkter Nachkomme in der Lage gewesen, eines der wichtigsten der von den Tempelherren angestrebten Ziele zu verwirklichen: Die Versöhnung des Christentums mit dem Judaismus und dem Islam.

Die historischen Umstände ließen es jedoch nie so weit kommen. Das fränkische Königreich Jerusalem konnte seine Stellung nicht auf lange Dauer festigen. Auf allen Seiten von islamischen Armeen eingeschlossen, ohne stabile Regierung und Verwaltung, erlangte es nie die innere Sicherheit, die es brauchte, um Bestand zu haben – von seinem Vorrang über die gekrönten Häupter Europas und die römische Kirche ganz zu schweigen. Im Jahre 1291 brach es endgültig zusammen, und die Merowinger waren wieder einmal ohne Krone.

Sie unternahmen – unterstützt, geleitet oder geschützt von der Prieuré de Sion – in den folgenden Jahrhunderten mehrere Versuche, ihr Erbe wiederzuerlangen, beschränkten sich in ihren Bemühungen jedoch auf Europa. Diese Anstrengungen lassen sich in mindestens drei miteinander verwobene, in ihrer Stoßrichtung jedoch unterschiedliche Programme gliedern. Das eine bestand in der Schaffung einer psychologischen Atmosphäre, einer geheimen Tradition mit dem Ziel, die geistliche Hegemonie Roms zu untergraben – einer Tradition, die ihren Ausdruck in hermetischem und esoterischem Denken, in den Manifesten der Rosenkreuzer und ähnlichem Schrifttum, in gewissen Riten der Freimaurer und natürlich auch in den Symbolen Arkadiens fand. Ein zweites Programm umfaßte politische Anstrengungen, Intrigen und, so irgend möglich, die offene Machtergreifung – all die Mittel, derer sich die Häuser Guise und Lothringen im sechzehnten und die Fronde im siebzehnten Jahrhundert bedienten. Und ein drittes Programm, das den Merowingern zu ihrem Erbe verhelfen sollte, stellten Eheschließungen im Interesse der Dynastie dar.

Auf den ersten Blick könnte man meinen, solch byzantinische Methoden seien unnötig gewesen; man sollte doch annehmen, daß es den Merowingern, wenn sie tatsächlich von Jesus abstammten, nicht schwergefallen wäre, ihren dynastischen Anspruch zu begründen und durchzusetzen. In Wirklichkeit war das jedoch gar nicht so einfach. Jesus selbst wurde von den Römern nicht anerkannt. Und als es darauf ankam, schreckte die Kirche nicht davor zurück, den Mord an Dagobert und den Sturz seines Hauses gutzuheißen. Eine vorzeitige Aufdeckung ihrer wahren Abkunft hätte den Merowingern keinen Erfolg garantiert. Wahrscheinlich hätte sie sogar das Gegenteil bewirkt, hätte Parteienhader, Glaubenskrisen und Anfechtungen seitens der Kirche und weltlicher Herrscher heraufbeschworen. Solange nicht alle Macht in ihren Händen vereint war, konnten die Merowinger solche Auswirkungen nicht durchstehen, und ihre Trumpfkarte, das Geheimnis ihrer Identität, wäre für alle Zeiten verspielt gewesen. In Anbetracht der historischen und politischen Wirklichkeit war diese Trumpfkarte nicht als Sprungbrett zur Macht zu gebrauchen. Sie konnte nur aus einer Position der Stärke heraus gespielt werden.

Daher mußten die Merowinger, um wieder an die Macht zu gelangen, auf konventionelle Methoden zurückgreifen − Methoden, wie sie der jeweiligen Epoche entsprachen. Bei zumindest vier Gelegenheiten kamen die Nachfahren Jesu auf dem von ihnen eingeschlagenen Weg dem Erfolg zum Greifen nahe und scheiterten nur an Fehleinschätzungen, an besonderen Umständen oder an völlig unvorhersehbaren Faktoren. Im sechzehnten Jahrhundert zum Beispiel wäre es dem Hause Guise beinahe gelungen, den französischen Thron zu besteigen. Im siebzehnten Jahrhundert hätten es die Frondeure um ein Haar geschafft, Ludwig XIV. den Thron zu entreißen und mit einem Angehörigen des Hauses Lothringen zu besetzen. Gegen Ende des neunzehnten Jahrhunderts wurden Pläne ausgearbeitet, die Heilige Allianz neu zu beleben, ein geeintes katholisches Europa mit Österreich, Frankreich, Italien und Spanien unter den Habsburgern zu schaffen. Diese Pläne scheiterten am unberechenbaren und aggressiven Verhalten Deutschlands und Rußlands, das die Bündnispolitik ständigen Schwankungen unterwarf und schließlich zu einem Krieg führte, der, von wenigen Ausnahmen abgesehen, alle europäischen Dynastien stürzte.

Am nächsten kamen die Merowinger der Verwirklichung ihrer Ziele wahrscheinlich im achtzehnten Jahrhundert. Durch die Einbeziehung der Habsburger in seine Heiratspolitik war das Haus Lothringen tatsächlich auf den österreichischen und somit auf den Thron des Heiligen Römischen Reiches gelangt. Als Marie Antoinette, die Tochter Kaiser Franz' I. und Herzogs von Lothringen, Königin von Frankreich wurde, lag auch der französische Thron in Reichweite der nächsten oder übernächsten Generation. Wäre nicht die Französische Revolution dazwischengekommen, das Haus Habsburg-Lothringen wäre zu

Beginn des neunzehnten Jahrhunderts auf dem besten Weg gewesen, seine Herrschaft über ganz Europa auszudehnen.

Es dürfte offenkundig sein, daß die Französische Revolution für die Hoffnungen und Bestrebungen der Merowinger ein vernichtender Schlag war. Aus Hinweisen in den »Prieuré-Dokumenten« geht hervor, daß Zion in den Sturmtagen der Revolution viele der wertvollsten Aufzeichnungen — und möglicherweise auch noch andere Dinge — verlor. Das könnte eine Erklärung für den Wechsel an der Spitze des Ordens bieten — für den Wechsel zu Persönlichkeiten der französischen Kulturszene, die, wie Nodier, Zugang zu anderweitig nicht erreichbarem Material besaßen. Und es könnte die Rolle erklären, die Saunière spielte. Saunières Vorgänger im Amt, Antoine Bigou, hatte die verschlüsselten Pergamente am Vorabend der Revolution versteckt — möglicherweise auch selbst zusammengestellt — und war dann nach Spanien geflohen, wo er kurz darauf starb. Es wäre also denkbar, daß die Prieuré de Sion zumindest eine Zeitlang nicht genau wußte, wo sich die Pergamente befanden. Doch selbst wenn sie es wußte, wäre es ihr nicht ganz leichtgefallen, die Dokumente wiederzuerlangen — ohne die Mithilfe eines ihr freundlich gesonnenen Priesters »vor Ort«, eines Mannes, der ihren Anordnungen Folge leisten, keine Fragen stellen und Stillschweigen bewahren würde.

Saunière starb, ohne das Geheimnis gelüftet zu haben; seine Haushälterin Marie Denarnaud ebenfalls. In den folgenden Jahren wurden zahlreiche Grabungen in der Umgebung von Rennes-le-Château durchgeführt, die jedoch ergebnislos blieben. Wenn einst, wie wir annehmen, brisantes Material in der Umgebung des Städtchens versteckt worden war, so hatte man es mit Sicherheit entfernt, bevor Saunières Geschichte an die Öffentlichkeit gelangte und Spurensucher anlockte; es sei denn, dieses Material hätte sich von vornherein an einem für Schatzgräber unzugänglichen Ort befunden, wie etwa in einer unterirdischen Kammer unter einem künstlich angelegten See auf privatem Grund. Tatsächlich gibt es einen solchen See unweit von Rennes-le-Château — an einem Ort mit dem passenden Namen *Lavaldieu* (das Tal Gottes). Der See könnte ohne weiteres über einem unterirdischen Versteck angelegt worden sein, das durch einen geheimen Gang mit einer der tausend Höhlen in Verbindung stehen könnte, die die umliegenden Berge durchziehen.

Zwei der von Saunière entdeckten Pergamente wurden reproduziert und veröffentlicht, die beiden anderen jedoch strikt geheimgehalten. Pierre Plantard teilte uns auf Anfrage mit, daß sie sich gegenwärtig in einem Schließfach der Lloyds Bank in London befänden. Mehr konnten wir darüber nicht in Erfahrung bringen.

Und Saunières plötzlicher Reichtum? Wir wissen, daß ein Teil davon durch eine Transaktion beschafft wurde, an der Johann Salvator von Habsburg beteiligt gewesen war. Uns ist auch bekannt, daß beträchtliche Summen über den Abbé Henri Boudet, Pfarrer von Rennes-les-Bains, nicht nur an Saunière, sondern auch an den Bischof von Carcassonne geflossen sind. Woher Boudet, selbst nur ein armer Landpfarrer, diese Mittel bezog, bleibt nach wie vor ein Geheimnis; vieles deutet jedoch darauf hin, daß er als Mittelsmann der Prieuré de Sion fungierte. Ob er aber das Geld direkt von der Prieuré erhielt oder nicht, bleibt offen. Es hätte genauso gut aus der Schatzkammer der Habsburger kommen können. Oder vom Vatikan, der das Opfer einer politischen Erpressung durch Zion und die Habsburger geworden wäre. Für uns wurde das Geld — oder der Schatz, der die Zahlungen bewirkte — immer mehr zur Nebensache. Im Rückblick stellt es nur das auslösende Moment dar, das uns auf das Geheimnis aufmerksam machte.

Bei unserer Hypothese sind wir davon ausgegangen, daß es eine Dynastie gibt, die sich von Jesus herleitet und bis zum heutigen Tag Bestand hat. Wir können natürlich nicht annehmen, daß unsere Hypothese in allen Einzelheiten stimmt, aber wir sind davon überzeugt, daß sie in ihren Kernaussagen zutrifft. Zwar ist es möglich, daß wir die Aktivitäten des einen oder anderen Großmeisters oder gewisse Konstellationen in den Machtkämpfen und politischen Machenschaften des achtzehnten Jahrhunderts falsch interpretiert haben; unsere Nachforschungen haben uns jedoch davon überzeugt, daß dem Geheimnis von Rennes-le-Château der ernsthafte Versuch einflußreicher Leute zugrunde liegt, eine merowingische Monarchie in Frankreich, wenn nicht in ganz Europa zu errichten, und daß der Legitimitätsanspruch dieser Monarchie auf der Annahme basiert, daß die Merowinger von Jesus abstammen.

Unter diesem Aspekt findet eine ganze Reihe von Widersprüchen, Rätseln und offenen Fragen eine Erklärung. Das gilt auch für viele, allem Anschein nach triviale, darum aber nicht minder erstaunliche Details: Zum Beispiel für das Nicolas Flamel zugeschriebene Werk *Das Heilige Buch von Abraham dem Juden, Fürsten, Priester, Leviten,*

Astrologen und Philosophen jenes Stammes der Juden, der durch den Zorn Gottes unter die Gallier zerstreut wurde; oder für das symbolische Gralsgefäß Renés von Anjou, das demjenigen, der es auf einen Zug leert, eine Vision Gottes und Maria Magdalenas gewährt; oder für Andreäs Buch *Chymische Hochzeit Christiani Rosenkreutz, anno 1459*, jene Schrift, die von einem geheimnisvollen Mädchen königlichen Geblüts berichtet, deren rechtmäßiges Erbe in islamische Hände gefallen ist; oder für das Geheimnis, von dem Poussin wußte, oder für das »Geheimnis« der »Compagnie du Saint-Sacrement«.

Im Zuge unserer Nachforschungen waren wir auch auf andere Einzelheiten gestoßen, die uns zunächst völlig belanglos oder irrelevant erschienen waren, nun aber einen Sinn ergaben. So glauben wir jetzt zu wissen, warum Ludwig XI. in Maria Magdalena den Ursprung des französischen Königshauses sah, eine Idee, die uns auf den ersten Blick selbst im Kontext des fünfzehnten Jahrhunderts absurd erschien.[1] Verständlich wäre auch, warum die Krone Karls des Großen, von der eine Replik heute in den Schatzkammern der Wiener Hofburg aufbewahrt wird, die Inschrift »Rex Salomon« getragen haben soll.[2] Ebenso ergäbe es einen Sinn, warum die *Protokolle der Weisen von Zion* von einem neuen König »vom heiligen Samen Davids« sprechen.[3]

Aus bisher ungeklärten Gründen wurde das Lothringer Kreuz im Zweiten Weltkrieg zum Symbol der Streitkräfte des Freien Frankreich unter der Führung von General de Gaulle. Das ist doch mehr als merkwürdig. Warum sollte ausgerechnet das Lothringer Kreuz — das Wappen Renés von Anjou — Frankreich verkörpern? Lothringen war niemals Herzland Frankreichs. Den größten Teil seiner Geschichte war es ein unabhängiges Herzogtum, ein deutsches Land und Teil des Heiligen Römischen Reiches.

Daß die Wahl auf das Lothringer Kreuz fiel, mag zum Teil daran liegen, daß die Prieuré de Sion eine wichtige Rolle in der französischen Résistance spielte, zum Teil aber auch daran, daß General de Gaulle enge Verbindungen zu Mitgliedern der Prieuré unterhielt — wie etwa zu Pierre Plantard. In diesem Zusammenhang ist es jedoch interessant, daß das Lothringer Kreuz schon dreißig Jahre zuvor in einem Gedicht von Charles Péguy auftauchte. Kurz vor seinem Tod in der Schlacht an der Marne verfaßte Péguy, der mit Maurice Barrès befreundet war, die folgenden Zeilen:

Les armes de Jésus c'est la croix de Lorraine,
Et le sang dans l'artère et le sang dans la veine,
Et la source de grâce et la claire fontaine;

Les armes de Satan c'est la croix de Lorraine,
Et c'est la même artère et c'est la même veine
Et c'est le même sang et la trouble fontaine . . . [4]

(Die Waffen Jesu sind das Lothringer Kreuz,
Das Blut in der Arterie und das Blut in der Vene,
Beides Quellen der Anmut und des klaren Brunnens;

Die Waffen Satans sind das Lothringer Kreuz,
Und die gleiche Arterie und die gleiche Vene,
Und das gleiche Blut und der getrübte Brunnen . . .)

Gegen Ende des siebzehnten Jahrhunderts schrieb ein Pater namens Vincent, der als Historiker und Antiquar in Nancy lebte, eine Geschichte Zions in Lothringen sowie ein Buch mit dem Titel *Histoire fidelle de Saint Sigisbert XII* (Wahre Geschichte des heiligen Sigibert XII.), das eine Lebensbeschreibung Dagoberts II. enthält.[5] Auf der Titelseite dieses Buches ist eine Bibelstelle aus dem Johannesevangelium zitiert: »Er ist unter euch, und ihr erkennt ihn nicht.«

Wir waren bereits Agnostiker, bevor wir mit unseren Nachforschungen begannen, weder pro- noch antichristlich eingestellt. Wir standen dem Wesenskern, der den meisten großen Religionen innewohnt, aufgeschlossen gegenüber; Dogma, Theologie und die Organisation des Überbaus waren uns jedoch gleichgültig. Zwar respektierten wir nahezu jedes Glaubensbekenntnis, räumten aber keinem ein Monopol auf die absolute Wahrheit ein.

Als uns unsere Nachforschungen schließlich zu Jesus führten, konnten wir uns ihm in dem Gefühl nähern, die Dinge ausgewogen und im richtigen Verhältnis zu sehen. Wir hatten keinerlei Vorurteile. Soweit Objektivität überhaupt möglich ist, konnten wir uns objektiv mit Jesus beschäftigen, so, wie zum Beispiel ein Historiker an Alexander oder Caesar heranginge. Die Schlußfolgerungen, die wir zogen, waren zwar verblüffend, aber durchaus nicht erschütternd. Weder machten sie eine Neubewertung unserer persönlichen Überzeugungen nötig, noch ließen sie uns an unseren persönlichen Wertmaßstäben zweifeln.

Wie aber empfinden andere Menschen? Die Millionen auf der ganzen Welt, die in Jesus den Sohn Gottes, den Heiland, den Erlöser sehen? Inwieweit stellt der historische Jesus, der Priesterkönig, der in unseren Untersuchungen zum Vorschein kam, eine Bedrohung für ihren Glauben dar? Wie stark ist die Verletzung dessen, was für viele Menschen der Inbegriff des Geheiligten ist?

Wir sind uns natürlich darüber im klaren, daß uns unsere Nachforschungen in gewisser Weise zu häretischen, vielleicht sogar blasphemischen Schlüssen geführt haben, die in vieler Hinsicht im Gegensatz zu grundlegenden Prinzipien des modernen Christentums stehen. Vom Standpunkt etablierter Dogmatiker betrachtet, haben wir uns solcher Übertretungen zweifellos schuldig gemacht. Dennoch glauben wir nicht, Jesus in den Augen jener, die ihn wahrhaft verehren, entheiligt oder auch nur herabgesetzt zu haben. Obzwar wir selbst die Göttlichkeit Jesu nicht anerkennen, hindern wir niemanden, daran zu glauben. Es gibt ganz einfach keinen Grund, warum Jesus nicht geheiratet und Kinder gezeugt haben sollte, ohne dadurch seine Göttlichkeit einzubüßen. Selbst wenn er Gottes Sohn wäre, ist nicht einzusehen, weshalb er sich nicht vermählt und eine Familie gegründet haben sollte.

Der christlichen Theologie liegt die Annahme zugrunde, Jesus sei die Inkarnation Gottes. Mit anderen Worten: Gott empfand Mitleid mit den Menschen und sandte seinen Sohn in Menschengestalt auf die Erde. Auf diese Weise war er imstande, sich sozusagen aus erster Hand mit der *conditio humana* vertraut zu machen. Er konnte die Unbeständigkeit des menschlichen Daseins am eigenen Leibe erfahren. Er konnte lernen zu verstehen, was es heißt, Mensch zu sein, sich mit der Einsamkeit, der Seelenqual, der Hilflosigkeit und der Tragik des Todes auseinandersetzen zu müssen, die das Menschsein mit sich bringt. Durch die Menschwerdung konnte Gott seine Geschöpfe auf seine Weise kennenlernen, wie sie das Alte Testament nicht zuläßt. Indem er seine olympische Ferne und Entrücktheit aufgab, konnte er am Los der Menschheit teilhaben — und sie gleichzeitig erlösen.

Die symbolische Bedeutung Jesu besteht darin, daß er als Gott dem gesamten Spektrum menschlicher Erfahrungen ausgesetzt war. Könnte aber ein in Jesus fleischgewordener Gott wahrhaftig behaupten, Mensch gewesen zu sein und das Spektrum an menschlichen Erfahrungen in sich aufgenommen zu haben, ohne zwei der grundlegendsten und elementarsten Aspekte der *conditio humana* zu kennen, ohne sich mit zwei so wesentlichen Aspekten dieses Daseins auseinanderzusetzen, nämlich dem der Sexualität und der Vaterschaft?

Wir sind nicht der Auffassung, daß die Menschwerdung Gottes wirklich symbolisiert, was sie symbolisieren soll, es sei denn, Jesus wäre verheiratet gewesen und hätte Kinder gezeugt. Der Jesus, den wir aus dem Neuen Testament kennen, bleibt letztendlich unvollständig, ein Gott, dessen Inkarnation als Mensch nur zum Teil erfolgt ist.

Wir glauben also nicht, daß wir Jesus durch unsere Hypothese sozusagen in Verruf bringen oder herabsetzen. Im Laufe unserer Recherchen trat uns ein lebensnaher und überzeugender Jesus entgegen, ein Jesus, dessen Leben für uns Heutige nach wie vor bedeutsam und verständlich ist.

Wir sind nicht in der Lage, von einer bestimmten Person zu behaupten, sie sei ein direkter Nachkomme Jesu. Es gibt heute in ganz Europa mindestens ein Dutzend Familien nebst zahlreichen Seitenlinien, die merowingischer Abstammung sind. Dazu gehören die Häuser Habsburg-Lothringen, Plantard de Saint-Clair, Luxemburg, Montesquiou, Montpézat und verschiedene andere. Wenn man den »Prieuré-Dokumenten« glauben darf, ist auch die Familie Sinclair in Großbritannien mit dem Geschlecht der Merowinger verbunden; das gleiche gilt für verschiedene Zweige der Stuarts. Ein Großteil dieser adeligen Familien könnte seine Stammtafeln bis auf Jesus zurückverfolgen. Sollte jemals wieder ein Priesterkönig die Bühne der Geschichte betreten, ließe sich heute nicht mit Bestimmtheit sagen, aus welcher dieser Familien er schließlich hervorginge.

Überhaupt ist es schwer, sich vorzustellen, wodurch sich ein Nachfahre Jesu von der übrigen Menschheit unterscheiden sollte. Er hätte in der Zwischenzeit nicht nur jegliche übernatürliche Aura eingebüßt, sondern es wäre den meisten Menschen auch höchst gleichgültig, ob der Sohn Gottes zu seinen Vorfahren zählt oder nicht. Nach unserer Meinung würde sogar ein »unwiderlegbarer Beweis« für ein solches dynastisches Erbe nicht für irgendwelches Aufsehen sorgen. Das heißt mit anderen Worten, alle Anstrengungen der Prieuré de Sion müssen sich im politischen Raum abspielen. Andernfalls erschienen uns ihre Aktivitäten als vollkommen ziel- und sinnlos. Von den theologischen Erschütterungen einmal abgesehen, müßten unsere Schlußfolgerungen, denkt man sie bis zu Ende, zu gravierenden Veränderungen im Bereich der Politik, des Geistes, der Wertvorstellungen und sämtlicher Einrichtungen in der gegenwärtigen Welt führen, in der wir leben.

In der Vergangenheit waren sowohl die Nachkommen der Merowingerdynastie als auch die Prieuré de Sion in politische Angelegenheiten verwickelt. Es besteht kein Anlaß zu der Annahme, daß sich dies in der Gegenwart geändert haben sollte. Offenbar verfolgt die Prieuré das Ziel, eine Vereinigung von Kirche und Staat herbeizuführen. Ferner ist zahlreichen »Prieuré-Dokumenten« zu entnehmen, daß der neue König gemäß merowingischer Tradition »nur herrschen, aber nicht regieren« würde. Er wäre wahrhaft ein Monarch, ein Priesterkönig, dessen Stellung vor allem repräsentativer und symbolischer Natur wäre. Die politische »Kleinarbeit« würde von jemand anderem wahrgenommen werden – wahrscheinlich von der Prieuré de Sion.

Im neunzehnten Jahrhundert versuchte die Prieuré de Sion über die Freimaurerei und den Hiéron du Val d'Or ein erneuertes Heiliges Römisches Reich zu errichten, eine Art theokratischer Vereinigter Staaten von Europa, das von den Habsburgern und einer radikal reformierten Kirche zugleich regiert werden sollte. Der Erste Weltkrieg und der Sturz der meisten europäischen Königshäuser vereitelte diese Pläne. Man darf jedoch annehmen, daß Zion heute im wesentlichen die gleichen Ziele verfolgt.

Daß unser Wissen um diese Ziele nur rein spekulativen Charakters sein kann, versteht sich von selbst. Dennoch sind wir der Überzeugung, daß die Prieuré die theokratischen Vereinigten Staaten von Europa anstrebt – eine trans- oder paneuropäische Föderation, geeint in einem modernen Reich und regiert von einer Dynastie, deren Herkunft auf Jesus zurückgeht. Dieses Geschlecht würde nicht nur einen auf politischer Macht basierenden Thron beanspruchen, sondern unter Umständen auch den Stuhl Petri. Unter dieser obersten Autorität würde es ein ineinander verschachteltes Gefüge von Königreichen oder Fürstentümern geben, eine Art »feudales System«, das dem zwanzigsten Jahrhundert angepaßt wäre und auf die Übergriffe, die die Geschichte dem Feudalismus anlastet, verzichten könnte. Die Regierungsgewalt ginge vermutlich von der Prieuré de Sion aus – vielleicht in der Form eines Europäischen Parlaments mit exekutiver und legislativer Gewalt.

Ein so gestaltetes Europa würde eine neue und einheitliche politische Kraft auf internationaler Ebene darstellen, vergleichbar mit der Sowjetunion und den Vereinigten Staaten von Amerika. Sie könnte sich sogar als stärker erweisen, da sie auf tiefverwurzelten geistigen sowie emotionalen und nicht auf abstrakten, theoretischen oder ideologischen Fundamenten ruhen würde. Sie würde nicht nur den Verstand, sondern auch das Herz der Menschen ansprechen.

Man mag ein solches Programm als Donquichotterie abtun, aber die Geschichte sollte uns gelehrt haben, das massenpsychologische Potential ebensowenig zu unterschätzen wie die Kräfte, die freigesetzt werden, wenn man sich dieses Potentials bedient. Noch vor wenigen Jahren wäre es unvorstellbar gewesen, daß ein religiöser Eiferer ohne Armee, ohne politische Partei im Rücken, mit nichts als seinem Charisma und dem religiösen Hunger eines Volkes im Alleingang das moderne und bestens ausgerüstete Schah-Regime stürzen könnte. Doch genau das ist dem Ayatollah Khomeini gelungen.

Nichts liegt uns ferner, als einen Warnruf auszustoßen. Wir wollen weder implizite noch explizite Vergleiche zwischen der Prieuré de Sion und dem Ayatollah Khomeini ziehen. Es besteht auch kein Anlaß dazu, Zion ähnlich finstere Absichten zu unterstellen wie dem iranischen Demagogen. Aber dieser ist ein beredtes Zeugnis für die tiefverwurzelten Anlagen, die Energie, die potentielle Kraft der religiösen Impulse des Menschen — und für die Möglichkeit, durch entsprechende Kanalisierung dieser Impulse politische Ziele zu erreichen. Diese Ziele müssen keineswegs Hand in Hand mit einem Mißbrauch der Macht einhergehen. Sie mögen so löblich sein wie die, die Churchill oder de Gaulle im Zweiten Weltkrieg verfolgten.

Wir wissen, daß die Prieuré de Sion keine Organisation von Spinnern ist, daß sie finanziell gut abgesichert ist und daß ihr Männer in verantwortungsvoller Position in Politik und Wirtschaft, in den Medien und in den schönen Künsten angehören — oder ihr zumindest aufgeschlossen gegenüberstehen. Ferner ist uns bekannt, daß sich die Zahl ihrer Mitglieder seit 1956 vervierfacht hat. Pierre Plantard hat uns persönlich versichert, daß er und sein Orden nach einem mehr oder minder genauen Zeitplan vorgehen. Wir wissen auch, daß Zion seit 1956 gewisse Informationen peu à peu und sehr diskret zugänglich gemacht hat, gerade genug, um uns mit Hinweisen zu verlocken, ohne die dieses Buch nicht entstanden wäre.

Sollte sich die Prieuré de Sion mit der Absicht tragen, ihre Karten auf den Tisch zu legen, so wäre jetzt der richtige Zeitpunkt, ihre Absicht in die Tat umzusetzen. Bis zu einem gewissen Grade haben alle politischen Systeme und Ideologien, die zu Beginn dieses Jahrhunderts mit großen Versprechungen angetreten sind, auf die eine oder andere Weise ihre Zusagen nicht gehalten, ihre Anhänger verbittert und die Hoffnungen, die sie weckten, nicht erfüllt. Die Politiker flößen kein Vertrauen, nur mehr Mißtrauen ein. Im Westen machen sich heute Zynismus, Unzufriedenheit und Enttäuschung breit. Psychischer Streß, Angst und Verzweiflung kennzeichnen unser Dasein. Aber wir erleben auch ein Streben nach emotionaler Erfüllung, nach einer geistigen Dimension, nach etwas, an das wir wahrhaft glauben können. Wir empfinden eine Sehnsucht nach etwas Heiligem, nach einer groß-angelegten religiösen Erweckung. Das rasche Gedeihen der verschiedensten Sekten und Kulte und die anschwellende Flut des Fundamentalismus in den Vereinigten Staaten mögen als Beispiel genügen. Immer stärker regt sich der Wunsch nach einem »Führer«, einer weisen und gütigen Gestalt, nach einem Priesterkönig, in den die Menschheit getrost Vertrauen setzen kann. Unsere Zivilisation hat sich am Materialismus übersättigt und ist sich dabei eines noch größeren Hungers bewußt geworden. Nun beginnt sie nach anderen Werten Ausschau zu halten und sucht die Erfüllung ihrer emotionalen, seelischen und geistigen Bedürfnisse.

Diese Atmosphäre käme der Prieuré de Sion bei der Verwirklichung ihrer Ziele sehr zustatten. Zion könnte eine Alternative zu den existierenden sozialen und politischen Systemen anbieten. Diese Alternative wäre sicherlich kein Utopia und kein neues Jerusalem, aber soweit es Bedürfnisse stillt, von denen die bestehenden Systeme nicht einmal Kenntnis nehmen wollen, könnte sie sich als äußerst attraktiv erweisen.

Es gibt viele gläubige Christen, die sich die Apokalypse als nuklearen Holocaust vorstellen. Wie würden sie wohl die Ankunft eines direkten Nachkommen Jesu interpretieren? Für empfängliche Seelen könnte es eine Wiederkunft Christi sein.

ANHANG

Johann von Gisors.
Den »Prieuré-Dokumenten« zufolge wurde Johann von Gisors Zions
erster unabhängiger Großmeister im Anschluß an die »Fällung der
Ulme« und die Trennung von den Tempelrittern im Jahre 1188. Er, der
1133 geboren wurde und im Jahre 1220 starb, war zumindest nominell
Herr über die Festung Gisors in der Normandie, wo französische und
englische Könige traditionsgemäß zusammentrafen und wo es 1188 zu
einem kuriosen Streit kam, in dessen Verlauf eine Ulme gefällt wurde.
Bis 1193 war Johann Vasall des englischen Königs – zunächst Heinrich II., später Richards I. Er besaß Ländereien in Sussex (England) und
das Rittergut Titchfield in Hampshire. Den »Prieuré-Dokumenten«
zufolge traf er 1169 mit Thomas Becket in Gisors zusammen, der sich
dort nachweislich aufhielt.

Marie von Saint-Clair.
Die Informationen über Marie von Saint-Clair waren noch dürftiger als
die über Johann von Gisors. Um 1192 geboren, stammte sie von Henry
von Saint-Clair, Baron of Rosslyn in Schottland, ab, der Gottfried von
Bouillon auf dem Ersten Kreuzzug begleitete. Rosslyn selbst war nicht
weit vom großen Ordenshaus der Templer in Schottland entfernt, und
um die im fünfzehnten Jahrhundert errichtete Kapelle in Rosslyn
rankten sich rosenkreuzerische und freimaurerische Legenden. Marie
von Saint-Clairs Großmutter heiratete ebenso wie Johann von Gisors
in die französische Familie Chaumont ein. Auf diese Weise waren die
Stammbäume der Familien Chaumont, Gisors und Saint-Clair eng
miteinander verknüpft. Es gibt Hinweise, denen zufolge Marie von
Saint-Clair in Wahrheit Johann von Gisors' zweite Frau gewesen sein
soll. Es gelang uns jedoch nicht, diese angebliche Verbindung nachzuweisen. Den genealogischen Tafeln in den »Prieuré-Dokumenten«
zufolge war Maries Mutter eine gewisse Isabel Levis. Auf diesen
Familiennamen, der jüdischer Herkunft zu sein scheint, stößt man
häufig im Languedoc, wo schon in vorchristlicher Zeit jüdische Siedlungen entstanden.

Wilhelm von Gisors.
Wilhelm von Gisors, Enkel von Johann von Gisors, wurde 1219
geboren. Wir sind seinem Namen schon im Zusammenhang mit dem

mysteriösen Kopf begegnet, der nach den Verhaftungen des Jahres 1307 im Pariser Ordenshaus der Tempelritter gefunden wurde. Den Stammbäumen in den »Prieuré-Dokumenten« zufolge heiratete seine Schwester einen gewissen Johann von Plantard. Außerdem geht aus den »Prieuré-Dokumenten« hervor, daß Wilhelm 1269 in den »Orden des Schiffes und des Doppelten Halbmondes« aufgenommen wurde. Dieser Orden wurde von Ludwig IX., dem Heiligen, für jene Adlige ins Leben gerufen, die ihn auf dem unseligen Sechsten Kreuzzug begleitet hatten. Wenn Wilhelm von Gisors Mitglied dieses Ordens war, muß er mit Ludwig dem Heiligen auch am Feldzug in Ägypten teilgenommen haben.

Eduard von Bar.

Der 1302 geborene Eduard, Graf von Bar, war ein Enkel Eduards I. von England und ein Neffe Eduards II. Er entstammte einer Familie, die schon zu Zeiten der Merowinger großen Einfluß in den Ardennen besaß und mit an Sicherheit grenzender Wahrscheinlichkeit mit den Merowingern verwandt war. Eduards Tochter heiratete in das Haus Lothringen ein, wodurch sich die Stammbäume derer von Bar und Lothringen eng miteinander verflochten.

Im Alter von sechs Jahren begleitete Eduard den Herzog von Lothringen in die Schlacht, wurde gefangengenommen und 1314 gegen Lösegeld freigelassen. Nach Erreichen der Volljährigkeit erwarb er die Lehnsherrschaft über Stenay von seinem Onkel Johann von Bar. Gemeinsam mit Ferry von Lothringen und Johann von Luxemburg führte er 1324 militärische Operationen durch. 1336 starb er bei einem Schiffbruch vor der Küste Zyperns.

Keiner unabhängigen Quelle konnten wir den Nachweis einer Verbindung zwischen Eduard von Bar und Wilhelm von Gisors entnehmen. Doch den Stammbäumen in den »Prieuré-Dokumenten« zufolge war Eduard ein Großneffe von Wilhelms Gemahlin Jolande von Bar. Wir fanden nichts, das diesen Verwandtschaftsgrad bestätigt, aber auch nichts, das ihm widersprochen hätte.

Wenn Eduard, wie in den »Prieuré-Dokumenten« behauptet wird, schon im Jahre 1307 die Würde eines Großmeisters von Zion verliehen wurde, war er gerade fünf Jahre alt. Das ist nicht ganz unwahrscheinlich, wenn man bedenkt, daß er mit Sechs auf dem Schlachtfeld gefangengenommen wurde. Bis zu Eduards Volljährigkeit wurde die Grafschaft Bar von seinem Onkel Johann von Bar regiert. Es ist möglich, daß Johann auch als »regierender Großmeister« tätig war. Aber die Ernennung eines fünfjährigen Jungen zum Großmeister ergäbe keinen Sinn, wenn die Großmeisterwürde nicht auf irgendeine Weise mit der Abstammung oder Erblinie zusammenhinge.

Johanna von Bar.

Johanna von Bar wurde 1295 als ältere Schwester Eduards geboren und 1310 mit dem Earl of Warren, Surrey, Sussex und Strathern vermählt, von dem sie sich jedoch fünf Jahre später, nachdem ihr Gemahl wegen Ehebruchs exkommuniziert worden war, wieder scheiden ließ. Trotzdem lebte Johanna auch weiterhin in England. Obwohl wir keine detaillierten Aufzeichnungen über ihre Aktivitäten finden konnten, scheint sie außerordentlich herzliche Verbindungen zum englischen Thron unterhalten zu haben. Ähnlich scheinen ihre Beziehungen auch zum König von Frankreich gewesen zu sein, der sie 1345 aufforderte, auf den Kontinent zurückzukehren, wo sie Regentin der Grafschaft Bar wurde. Im Jahre 1353 kehrte Johanna, ungeachtet des Hundertjährigen Krieges und der darauf zurückzuführenden Feindschaft zwischen England und Frankreich, nach England zurück. Als der französische König 1356 in der Schlacht von Poitiers gefangengenommen und in London eingekerkert wurde, gestattete man Johanna, ihn zu »trösten« und ihm »dienlich« zu sein, obwohl beide damals schon nicht mehr die Jüngsten waren. Sie starb im Jahre 1361 in London.

Den »Prieuré-Dokumenten« zufolge führte Johanna von Bar den Vorsitz Zions bis 1351. Demnach scheint sie die einzige auf der Liste der angeblichen Großmeister zu sein, die zurückgetreten ist, abgedankt hat oder abgesetzt wurde.

Johann von Saint-Clair.

Unsere Nachforschungen ergaben so gut wie nichts über Johann von Saint-Clair, der nur von geringer Bedeutung gewesen zu sein scheint. Er wurde um 1329 geboren und entstammte den französischen Häusern Chaumont, Gisors und Saint-Clair. Den Stammbäumen in den »Prieuré-Dokumenten« zufolge war sein Großvater mit der Tante Johannas von Bar verheiratet. Diese keineswegs erhärtete Tatsache scheint darauf hinzuweisen, daß die Würde des Großmeisters von Zion immer noch ausschließlich innerhalb eines Kreises miteinander verbundener Familien weitergegeben wurde.

Blanche von Evreux.

Blanche von Evreux war in Wahrheit Blanche von Navarra, die 1332 geborene Tochter des Königs von Navarra. Von ihrem Vater erbte sie die Grafschaften Longueville und Evreux, die beide an Gisors angrenzten; im Jahre 1359 wurde sie auch noch Gräfin von Gisors. Zehn Jahre zuvor hatte sie den französischen König Philipp VI. geheiratet, durch den sie höchstwahrscheinlich Johanna von Bar kennenlernte. Sie verbrachte einen großen Teil ihres Lebens auf Schloß Neauphle unweit von Gisors, wo sie 1398 auch starb.

Wie es heißt, beschäftigte sich Blanche mit alchimistischen Studien und Experimenten und hätte sich auf einigen ihrer Schlösser Laboratorien eingerichtet. Sie soll ein unschätzbares, im Laufe des vierzehnten Jahrhunderts im Languedoc hergestelltes alchimistisches Werk besessen haben, das jedoch auf eine Handschrift zurückging, die siebenhundert Jahre zuvor in den letzten Tagen der merowingischen Dynastie entstanden war. Gerüchten zufolge war sie eine Gönnerin Nicolas Flamels.

Nicolas Flamel.

Nicolas Flamel ist der erste auf der Liste der Großmeister, der keine Blutsverwandtschaft mit den in den »Prieuré-Dokumenten« genannten Genealogien aufweist. Mit ihm scheint das Amt des Großmeisters von Zion aufgehört zu haben, ausschließlich an eine Familie gebunden zu sein. Flamel wurde um 1330 geboren und arbeitete eine Zeitlang als Kopist in Paris. Seine Beschäftigung brachte es mit sich, daß viele wertvolle Bücher durch seine Hände gingen. Er eignete sich Kenntnisse in der Malerei, Dichtkunst, Mathematik und Architektur an. Auch interessierte er sich für Alchimie, Kabbalistik und Hermetik.

Gegen 1361 stieß Flamel seinen eigenen Worten zufolge auf jenen alchimistischen Text, der sein Leben verändern sollte. Der komplette Titel des Buches ist gleichermaßen interessant wie rätselhaft: *Das Heilige Buch von Abraham dem Juden, Fürsten, Priester, Leviten, Astrologen und Philosophen jenes Stammes der Juden, der durch den Zorn Gottes unter die Gallier zerstreut wurde.* In der Folge wurde dieses Werk zu einem der berühmtesten der esoterischen Tradition des Westens. Das Original soll in der Bibliothèque de l'Arsenal in Paris hinterlegt worden sein. Nachdrucke wurden fleißig, mit peinlicher Sorgfalt und, wie es scheint, vergeblich von vielen Generationen heimlicher Alchimistenschüler studiert.

Nach seinem eigenen Bericht brütete Flamel einundzwanzig Jahre lang ebenso erfolglos über diesem Werk. Auf einer Reise durch Spanien im Jahre 1382 stieß er in León endlich, so schreibt er, auf einen bekehrten Juden, der ihm den Text erläuterte. Nach seiner Rückkehr nach Paris setzte er das, was er gelernt hatte, in die Praxis um und soll seine erste erfolgreiche alchimistische Transmutation um die Mittagsstunde des 17. Januar durchgeführt haben — jenes Datum, das im Zusammenhang mit Saunière und Rennes-le-Château regelmäßig wiederkehren sollte.

Ob nun Flamels Bericht der Wahrheit entspricht oder nicht, Tatsache ist, daß er ungeheuer reich wurde. Als er starb, besaß er allein in Paris mehr als dreißig Häuser und Grundstücke. Gleichzeitig aber scheint er ein bescheidener Mann gewesen zu sein, einen Großteil seines Vermögens für wohltätige Zwecke verwendet und sich nicht an seiner Macht berauscht zu haben. Bis 1413 hatte er vierzehn Krankenhäuser, sieben Kirchen und drei Kapellen allein in Paris gegründet und mit Stiftungen versehen; eine gleich große Anzahl soll es noch einmal in Boulogne gewesen sein, der alten Grafschaft des Vaters von Gottfried von Bouillon. Vielleicht war es dieser Altruismus, der ihm mehr noch als sein phantastischer Erfolg die Zuneigung der Nachwelt gewann. Noch im achtzehnten Jahrhundert wurde er von Männern wie Sir Isaac Newton verehrt, der fleißig und gewissenhaft seine Werke durcharbeitete, sie mit zahlreichen Anmerkungen versah und eines davon sogar eigenhändig abschrieb.

René von Anjou.
Wir konnten aufgrund der uns vorliegenden Dokumente keinen wie auch immer gearteten Zusammenhang zwischen Flamel und René von Anjou feststellen. Andererseits hat uns René von Anjou selbst genügend Material hinterlassen, das einiger Überlegungen wert ist. Zwar ist er heute bei uns nur noch wenig bekannt, doch war »der gute König René« eine der bedeutendsten Gestalten in den Jahren, die der Renaissance unmittelbar vorausgingen. Dem im Jahre 1408 Geborenen gelang es im Laufe seines Lebens, eine stattliche Zahl von Titeln zu erwerben. Er war, unter anderem, Graf von Guise, Graf von Provence, Herzog von Bar, Herzog von Anjou, Herzog von Lothringen, Titularkönig von Neapel und Sizilien und — vielleicht der klangvollste Titel von allen — Titularkönig von Jerusalem. Dennoch beschwor gerade dieser Titel eine Kontinuität herauf, die bis zu Gottfried von Bouillon zurückreichte und

auch von anderen europäischen Fürsten anerkannt wurde. Im Jahre 1445 heiratete eine von Renés Töchtern, Margareta von Anjou, König Heinrich VI. von England und spielte eine wichtige Rolle in den sogenannten Rosenkriegen.

Den »Prieuré-Dokumenten« zufolge wurde René im Jahre 1418 Großmeister der Prieuré de Sion; sein Onkel Ludwig, Kardinal von Bar, soll bis 1428 »regierender Großmeister« gewesen sein. Unsere Nachforschungen ergaben, daß René 1418 auch in eine Art Orden aufgenommen wurde − »l'ordre du Lévrier Blanc« (Orden vom weißen Windhund). Allerdings konnten wir diesbezüglich keine weiteren Einzelheiten von Bedeutung entdecken. Gewiß könnte es sich − unter anderem Namen − um Zion gehandelt haben.

Zwischen 1420 und 1422 schuf der Kardinal von Lothringen noch einen weiteren Orden, »l'ordre de la Fidélité« (Orden der Treue), in den René als einer der ersten aufgenommen wurde. Im Jahre 1448 gründete er einen eigenen Orden, den »Orden des Halbmondes«, mit dem er, wie er selbst erklärte, den alten »Orden des Schiffes und des Doppelten Halbmondes« neu aufleben lassen wollte − jenes Ordens, dem hundertfünfzig Jahre zuvor Wilhelm von Gisors angehört hatte. Zu den ursprünglichen Rittern des Halbmonds gehörten Francesco Sforza, Herzog von Mailand und Vater von Leonardo da Vincis Mäzen; der Graf von Lénoncourt, dessen Nachkomme, wenn wir den »Prieuré-Dokumenten« glauben wollen, die Stammtafeln in den *Dossiers secrets* zusammenstellte; ferner ein gewisser Friedrich IV., Herr über das bedeutende Lehngut Sion-Vaudémont in Lothringen. Mit diesen Persönlichkeiten wollte René sozusagen ein Pendant zum englischen Hosenbandorden und dem burgundischen Orden vom Goldenen Vlies schaffen, doch aus ungeklärten Gründen zog sich der Orden das Mißfallen der Kirche zu und wurde vom Papst verboten.

René von Anjou war es, dem wir das moderne Lothringer Kreuz − Symbol für das Freie Frankreich im Zweiten Weltkrieg − verdanken. Als er Herzog von Lothringen wurde, nahm er das heute vertraute Kreuz mit seinen zwei Querbalken in sein Wappen auf.

Jolande von Anjou.

René von Anjous Tochter Jolande wurde 1428 geboren und heiratete im Jahre 1445 Friedrich IV., den Herrn von Sion-Vaudémont. Nach dem Tod ihres Gatten verbrachte sie die meiste Zeit auf Sion-Vaudémont, das sich aufgrund ihrer Bemühungen vom lokalen Wallfahrtsort zu einer geheiligten Stätte für ganz Lothringen entwickelte. Schon in heidnischer Zeit hatte der Ort als heilig gegolten; später wurde dort eine Statue der Rosmerta, einer alten gallo-germanischen Muttergöttin gefunden. Auch die Frühchristen hielten diese Stätte, die damals Semita-Berg hieß, für heilig. Zur Zeit der Merowinger war dort eine Statue der Jungfrau Maria aufgestellt worden. Im Jahre 1070 hatte sich der Graf von Vaudémont öffentlich zum »Vasallen der Himmelskönigin« erklärt und seine Grafschaft dem Schutz der Jungfrau von Sion unterstellt. Jedes Jahr im Mai wurden ihr zu Ehren Festlichkeiten abgehalten; man betrachtete sie als Schutzpatronin von ganz Lothringen. Im Verlauf unserer Nachforschungen stießen wir auf eine Urkunde aus dem Jahre 1396, die sich auf eine besondere ritterliche Bruderschaft bezieht — die Bruderschaft der Ritter von Zion —, die ihren Ursprung angeblich auf die alte Abtei auf dem Berg Zion außerhalb Jerusalems zurückführt.[1] Im fünfzehnten Jahrhundert scheint Sion-Vaudémont an Bedeutung eingebüßt zu haben. Jolande von Anjou gab ihm etwas von seinem früheren Glanz zurück.

Einige Zeit später wurde Jolandes Sohn René Herzog von Lothringen. Auf Wunsch seiner Eltern wurde er in Florenz erzogen. Sein Erzieher war Georges-Antoine Vespucci, einer der wichtigsten Gönner und Förderer Botticellis.

Alessandro di Mariano Filipepi.

Besser bekannt als Sandro Botticelli, wurde Filipepi um 1444 geboren. Nach Nicolas Flamel ist er der zweite auf der Liste von Zions angeblichen Großmeistern, der nicht direkt mit den Familien verwandt ist, deren Stammbäume in den »Prieuré-Dokumenten« enthalten sind. Allerdings scheint er außerordentlich enge Beziehungen zu einigen dieser Familien unterhalten zu haben. Zu seinen Gönnern zählten die Medicis, die Estes, die Gonzagas und die Vespuccis. Botticelli studierte bei Filippo Lippi und Mantegna, die beide von René von Anjou gefördert worden waren. Er wurde in seinem Schaffen ferner von Verrocchio beeinflußt, einem Alchimisten und Exponenten hermetischen Gedankengutes, zu dessen Schülern höchstwahrscheinlich auch Leonardo da Vinci zählte.

Wie die meisten Menschen dachten auch wir anfangs nicht im »okkulten« oder esoterischen Sinn an Botticelli. Aber die jüngeren Forscher auf dem Gebiet der Renaissance wie Edgar Wind oder Frances Yates haben gute Argumente an der Hand, esoterische Neigungen bei

diesem Künstler zu vermuten; wir konnten uns der Überzeugungs-
kraft ihrer Schlußfolgerungen nicht entziehen. Botticelli scheint tatsächlich ein Esoteriker gewesen zu sein, wovon sich Spuren in einem
Großteil seines Werks identifizieren lassen. Eines der ältesten bekannten Tarockspiele wird Botticelli oder seinem Lehrer Mantegna zugeschrieben. Sein berühmtes Gemälde *Primavera* (Der Frühling)
schließlich stellt unter anderem eine kunstvolle Ausarbeitung des
Arkadienthemas und des »verborgenen Stroms« dar.

Leonardo da Vinci.
Im Jahre 1452 geboren, war Leonardo da Vinci gut mit Sandro Botticelli bekannt. Wie dieser wurde auch er von den Medicis, den Estes
und den Gonzagas gefördert sowie von Ludovico Sforza, dem Sohn
des Francesco Sforza, einem der engsten Freunde Renés von Anjou.

Ebenso wie bei Botticelli unterliegen auch Leonardos esoterische
Interessen und Neigungen heute keinem Zweifel mehr. Im Gespräch
beschrieb ihn Frances Yates als »frühen Rosenkreuzer«. Allerdings
dürfte die Esoterik bei Leonardo noch tiefere Spuren hinterlassen
haben als bei Botticelli. Selbst Giorgio Vasari, sein zeitgenössischer
Biograph, beschreibt ihn als ein Wesen von »häretischer Geistesart«.
Was genau diese Häresie ausgemacht haben könnte, erfahren wir
nicht. In den letzten Jahren wurde er allerdings wiederholt mit einer
alten Irrlehre in Verbindung gebracht, derzufolge Christus einen
Zwillingsbruder hatte. Es existiert jedoch kein Hinweis darauf, ob die
Vorstellung von Jesu Zwillingsbruder wörtlich oder symbolisch aufzufassen ist.

Als Kriegsingenieur wurde Leonardo zwischen 1515 und 1517 der
Armee von Karl von Montpensier und von Bourbon, Konnetabel von
Frankreich, Vizekönig von Languedoc und Mailand, zugeteilt. Im
Jahre 1518 nahm er im Schloß Cloux Aufenthalt, in Reichweite des
Konnetabels, der im nahe gelegenen Amboise wohnte.

Karl III., Herzog von Bourbon.
Karl von Montpensier und von Bourbon, Herzog von Châtellerault
und Konnetabel von Frankreich war vermutlich der mächtigste Mann
Frankreichs im frühen sechzehnten Jahrhundert. Er wurde 1490 als
Sohn Claires von Gonzaga geboren; seine Schwester Renée von Bour-
bon heiratete Herzog Anton von Lothringen, den Enkel Jolandes von
Anjou und Urenkel Renés von Anjou. Zu Karls persönlichem Gefolge

gehörte ein gewisser Johann von Joyeuse, der durch Heirat Herr von Couiza, Rennes-le-Château und Arques geworden war.

Als Vizekönig von Mailand stand Karl in Verbindung mit Leonardo da Vinci, und diese Verbindung scheint später unweit von Amboise weiterbestanden zu haben. Im Jahre 1521 jedoch zog sich Karl den Unmut von Franz I. von Frankreich zu, mußte seine Güter verlassen und inkognito aus dem Lande fliehen. Er fand Zuflucht bei Karl V. und wurde Kommandant der kaiserlichen Armee. In dieser Eigenschaft schlug er 1525 den französischen König in der Schlacht bei Pavia und nahm ihn gefangen. Zwei Jahre später starb er bei der Belagerung Roms.

Ferdinand von Gonzaga.

Besser bekannt unter dem Vornamen Ferrante, wurde er 1507 als Sohn des Herzogs von Mantua und seiner Gemahlin Isabella von Este geboren; seine Mutter war eine der eifrigsten Mäzeninnen Leonardo da Vincis. Bei seiner Geburt erhielt er den Titel eines Grafen von Guastalla. Im Jahre 1527 unterstützte er seinen Vetter Karl von Montpensier und von Bourbon bei dessen militärischen Operationen. Einige Jahre später scheint er sich heimlich mit Franz von Lothringen, Herzog von Guise, verbündet zu haben, der begründete Aussichten hatte, den französischen Thron zu besteigen. Wie alle Gonzagas aus Mantua war auch Ferdinand ein eifriger Verfechter esoterischen Gedankenguts.

Er liefert uns jedoch auch die einzige Fehlinformation, die wir in den gesamten »Prieuré-Dokumenten« entdecken konnten. Nach der Liste der Großmeister von Zion in den *Dossiers secrets* führte Ferdinand den Vorsitz über den Orden bis zu seinem Tod im Jahre 1575. Anderen Quellen zufolge soll er schon 1557 unweit von Brüssel gestorben sein. Die näheren Umstände seines Todes sind nicht weiter bekannt. Es ist also durchaus denkbar, daß er 1557 nicht gestorben, sondern nur untergetaucht ist. Überdies hatte Ferdinand einen Sohn, César, der tatsächlich 1575 starb und den man mit seinem Vater verwechselt haben könnte — mit oder ohne Absicht.

Ludwig von Nevers.

Ludwig von Gonzaga, Herzog von Nevers, wurde im Jahre 1539 geboren und war der Neffe Ferdinands von Gonzaga. Ludwigs Bruder heiratete eine Habsburgerin, seine Tochter den Herzog von Longueville. Seine Großnichte ehelichte den Herzog von Lothringen und bekundete lebhaftes Interesse für die alte geheiligte Stätte von Sion-Vaudémont. Im Jahre 1622 ließ sie dort ein Kreuz errichten, und 1627 gründete sie ein Ordenshaus und eine Schule.

In den Hugenottenkriegen war Ludwig von Nevers eng mit dem Haus Lothringen und dessen Seitenlinie, dem Hause Guise, verbunden, welches die alte französische Dynastie der Valois praktisch ausrottete und an deren Stelle beinahe selbst die Thronfolge angetreten hätte. Im Jahre 1584 unterzeichnete Ludwig einen Vertrag mit dem Herzog von Guise und dem Kardinal von Lothringen, in dem sie sich zu gemeinsamem Widerstand gegen Heinrich III. von Frankreich verpflichteten. Später änderte er seine Haltung wieder, unterwarf sich Heinrich IV. und diente dem neuen König als Finanzminister. In dieser Eigenschaft dürfte er eng mit Robert Fludds Vater, Sir Thomas Fludd, zusammengearbeitet haben, der Schatzmeister des von Elisabeth I. von England zur Unterstützung des französischen Königs entsandten Truppenkontingents war.

Wie alle Gonzagas war auch Ludwig von Nevers mit der esoterischen Tradition bestens vertraut und soll sogar mit Giordano Bruno in Kontakt gestanden haben, der, so Frances Yates, Mitglied geheimer hermetischer Gesellschaften war, die als Vorläufer der Rosenkreuzer anzusehen sind. So hielt sich Ludwig zum Beispiel 1582 in England auf, wo er mit Sir Philip Sidney, dem Autor von *Arcadia*, und John Dee, dem prominentesten englischen Esoteriker jener Zeit, verkehrte. Ein Jahr darauf besuchte Bruno Oxford. Er traf nicht nur mit denselben Leuten zusammen wie Ludwig von Nevers, sondern förderte auch, so Frances Yates, die Aktivitäten ihrer Geheimorganisationen.

Robert Fludd.

Der im Jahre 1574 geborene Robert Fludd war in der Nachfolge von John Dee einer der führenden englischen Exponenten esoterischen Gedankenguts. Er veröffentlichte eine stattliche Anzahl von Schriften über esoterische Themen und schrieb eine grundlegende Zusammenfassung hermetischer Philosophie. Ein Teil seiner Arbeiten, meint Frances Yates, könnte »das Siegel oder der Geheimcode einer hermetischen Sekte oder Gesellschaft« sein. Obwohl Fludd nie von sich behauptete, Rosenkreuzer zu sein, schloß er sich dennoch ihren Ansichten weitgehend an. »Das höchste Gut«, erklärte er, sei »die Magie, die Kabbala und die Alchimie der Brüder vom Rosenkreuz.«

Gleichzeitig erreichte er eine hohe Stellung im Londoner Ärztekollegium. Zu seinen Freunden zählte neben anderen William Harvey, der den Blutkreislauf entdeckte. Fludd genoß auch die Gunst Jakobs I. sowie Karls I., die ihm beide den Pachtzins einiger Ländereien in Suffolk überließen.

Fludds Vater hatte mit Ludwig von Nevers in Verbindung gestanden. Fludd selbst studierte in Oxford, wo John Dee und Sir Philip Sidney einige Jahre zuvor einen esoterischen Zirkel gegründet hatten. Zwischen 1596 und 1602 unternahm Fludd ausgedehnte Reisen durch Europa, wo er mit vielen Leuten zusammentraf, die in der Folge in der Bewegung der »Rosenkreuzer« an vorderster Stelle mitwirken sollten. Zu diesen zählte auch ein gewisser Janus Gruter, ein enger Freund Johann Valentin Andreäs.

Im Jahre 1602 erhielt Fludd einen interessanten und bedeutsamen Auftrag. Er wurde nach Marseille berufen, um dort als Erzieher der Söhne des Herzogs von Guise, insbesondere Karls, des jungen Herzogs von Guise, zu wirken. Seine Verbindung zu Karl scheint bis 1620 fortbestanden zu haben. Karl heiratete 1610 Henriette-Catherine von Joyeuse, zu deren Besitztümern Couiza am Fuß des Berges, auf dem Rennes-le-Château liegt, ebenso gehörte wie Arques, wo sich das Grab befindet, das mit dem auf Poussins Gemälde identisch ist. Etwa zwanzig Jahre später ging der Herzog von Guise, nachdem er gegen den französischen Thron konspiriert hatte, freiwillig nach Italien ins Exil, wohin seine Gattin ihm bald folgte. Dort starb er 1640. Seine Gemahlin durfte erst wieder nach Frankreich zurückkehren, nachdem sie sich bereit erklärt hatte, Couiza und Arques an die Krone zu verkaufen.[2]

Johann Valentin Andreä.

Andreä, Sohn eines lutherischen Pastors, wurde 1586 in Herrenberg (Württemberg) geboren. Schon 1610 bereiste er Europa und stand in dem Ruf, Mitglied einer hermetischen oder esoterischen Geheimgesellschaft zu sein. Im Jahre 1614 wurde er zum Superintendenten der Stadt Calw an der Nagold bestellt und scheint dort die Wirren des Dreißigjährigen Krieges unbeschadet überstanden zu haben.

Robert Boyle.

Robert Boyle wurde 1627 als jüngster Sohn des Earl of Cork geboren und studierte in Eton, wo er über seinen Rektor, Sir Henry Wotton, in Kontakt zu dem aus »Rosenkreuzern« bestehenden Gefolge Friedrichs von der Pfalz kam. Im Jahre 1639 unternahm Boyle eine ausgedehnte Reise durch Europa. Er verbrachte einige Zeit in Florenz, wo die Medicis, ungeachtet der Proteste des Vatikans, die Studien von Esoterikern und Gelehrten förderten, darunter auch die Galileo Galileis. Einundzwanzig Monate brachte Boyle im Anschluß an seinen Florenz-Aufenthalt in Genf zu, wo er sich für eine Anzahl esoterischer Wissensgebiete, einschließlich der Dämonologie, interessierte. In Genf erstand er auch das Buch *Le diable de Mascon* (Der Teufel von Mascon), das er von einem gewissen Pierre du Moulin übersetzen ließ, der ein lebenslanger Freund werden sollte. Du Moulins Vater war der Beichtvater Katharinas von Bar, der Frau Heinrichs von Lothringen, Herzog von Bar.

Nach seiner Rückkehr nach England im Jahre 1645 nahm Boyle unverzüglich Kontakt mit dem Kreis um Andreäs Freund Samuel Hartlib auf. In Briefen aus den Jahren 1646 und 1647 spricht er wiederholt von einem »unsichtbaren Kollegium«. So versichert er zum Beispiel, daß »die Säulen des *Unsichtbaren* oder (wie sie sich selbst bezeichnen) Philosophischen Kollegiums mich hin und wieder mit ihrer Gesellschaft beehren«.

Um 1654 hielt sich Boyle in Oxford auf, wo er mit John Wilkins, dem ehemaligen Hofkaplan Friedrichs von der Pfalz, verkehrte. Sechs Jahre später gehörte er zu den ersten Notabeln, die die wiedereingesetzten Stuarts ihrer Loyalität versicherten. Karl II. wurde daraufhin einer der Förderer der Royal Society. Im Jahre 1668 ließ sich Boyle in London nieder und lebte dort bei seiner Schwester, der Gattin von John Dury, einem weiteren Freund und Briefpartner Andreäs. In seinem Domizil empfing Boyle eine Reihe distinguierter Besucher, darunter Cosimo III. de' Medici, den späteren Herzog von Florenz und Großherzog von Toskana.

In all diesen Jahren waren Isaac Newton und John Locke Boyles beste Freunde. Angeblich hat er Newton in die Geheimnisse der Alchimie eingeweiht. Wie dem auch sei, die beiden trafen sich regelmäßig, um über dieses Thema zu diskutieren und gemeinsam alchimistische Werke zu studieren. In der Zwischenzeit weilte Locke in Südfrankreich, wo er die Gräber von Nostradamus und René von Anjou aufsuchte und Wanderungen in der Gegend von Toulouse, Carcassonne, Narbonne und — sehr wahrscheinlich — auch von Rennes-le-Château unternahm. Man weiß ferner, daß er mit der Herzogin von Guise Umgang pflegte und sich eingehend mit den Inquisitionsprotokollen über die Katharer sowie mit der Geschichte der Legenden beschäftigte, denenzufolge Maria Magdalena den Heiligen Gral nach Gallien gebracht haben soll. Im Jahre 1676 besuchte er das angebliche Domizil Maria Magdalenas in Sainte-Baume.

Während Locke das Languedoc erforschte, führte Boyle rege Korrespondenz mit Briefpartnern auf dem Kontinent. Unter seinen Papieren fanden sich Schreiben eines mysteriösen und im übrigen unbekannten Individuums in Frankreich, eines gewissen George Pierre, wobei es sich möglicherweise um ein Pseudonym handelt. In diesen Briefen ist ausführlich von alchimistischen Experimenten die Rede, aber ebenso auch von Boyles Mitgliedschaft in einer geheimen hermetischen Gesellschaft, der auch der Herzog von Savoyen und Pierre du Moulin angehörten.

Zwischen 1675 und 1677 veröffentlichte Boyle zwei anspruchsvolle alchimistische Abhandlungen über die Umwandlung von Metallen, und im Jahre 1689 gab er offiziell bekannt, daß er an bestimmten Tagen keine Besucher empfangen könne, da diese Tage alchimistischen Experimenten vorbehalten seien. Er führe diese Experimente durch, schrieb er, um »meiner früher geäußerten Absicht zu entsprechen und den beflissenen Schülern dieser Kunst eine Art hermetischen Vermächtnisses zu hinterlassen. In dem beigeschlossenen Papier werde ich einige chemische und medizinische Prozesse offen darlegen, die weniger einfach und harmlos als jene eben noch lichtvollen sind, an welchen ich Gefallen zu finden pflegte, überdies von schwierigerer und kunstvollerer Art sind als die bisher von mir veröffentlichten und mehr im Einklang mit den edelsten hermetischen Geheimnissen, oder, wie Helmont sie bezeichnet, *arcana majora*, stehen.«[3] Boyle fügte hinzu, daß er die Absicht habe, so offen wie nur möglich zu sprechen, obwohl »die Anwendungen nicht zur Gänze angeführt sind. Dies geschieht, weil ich trotz meiner philanthropischen Neigungen zur Geheimhaltung verpflichtet bin.«[4]

Das »beigeschlossene Papier«, von dem hier die Rede ist, wurde nie gefunden. Es könnte ohne weiteres in die Hände Lockes oder Newtons gelangt sein. Bei seinem Tod im Jahre 1691 vertraute Boyle diesen beiden Freunden alle seine Papiere an sowie Muster eines geheimnisvollen »roten Pulvers«, das in einem großen Teil seiner Korrespondenz und seiner alchimistischen Experimente eine wichtige Rolle spielt.

Isaac Newton.
Isaac Newton wurde 1643 in Lincolnshire geboren und entstammte nach eigenen Angaben »altem schottischem Adel«, obwohl niemand diese Behauptung sehr ernst genommen zu haben scheint. Er wurde in Cambridge erzogen und 1672 in die Royal Society aufgenommen; im Jahr darauf lernte er Robert Boyle kennen. In den Jahren 1689/90 schloß er sich John Locke und einem rätselhaften Individuum namens Nicolas Fatio de Duillier an. Dieser entstammte der Genfer Aristokratie und betätigte sich, wenn die Gelegenheit sich dazu bot, als Spion gegen Ludwig XIV. von Frankreich. Auch scheint er mit allen bedeutenden Wissenschaftlern jener Zeit auf vertrautem Fuß gestanden zu haben und war mit Newton eng befreundet.

Im Jahre 1699 wurde Newton königlicher Münzmeister, womit er gleichzeitig über ein Mitspracherecht bei der Bestimmung des Goldstandards verfügte. Vier Jahre später wählte man ihn zum Präsidenten der Royal Society. Um diese Zeit schloß er auch Freundschaft mit einem jungen französischen Protestanten, einem Flüchtling namens Jean Desaguliers, der als einer der zwei Experimentatoren der Royal Society fungierte. In den folgenden Jahren wurde Desaguliers eine der führenden Persönlichkeiten bei der überaus schnellen Ausbreitung der Freimaurerei über ganz Europa. Er stand in Verbindung mit prominenten Freimaurern wie James Anderson, dem Chevalier Andrew Ramsay und Charles Radclyffe. Als Meister vom Stuhl der Freimaurerloge in Den Haag führte er 1731 den Vorsitz bei der Initiation des ersten Mitglieds des europäischen Hochadels, das in die Bruderschaft aufgenommen wurde. Es handelte sich dabei um Herzog Franz Stephan von Lothringen, den späteren Gemahl von Kaiserin Maria Theresia von Österreich.

Es gibt keinen Hinweis darauf, daß Newton selbst Freimaurer gewesen wäre. Wohl aber war er Mitglied einer halbfreimaurerischen Vereinigung, des »Gentleman's Club of Spalding«, dem zum Beispiel auch Alexander Pope angehörte. Hinzu kommt, daß einige seiner Ansichten von prominenten Freimaurern seiner Zeit geteilt wurden. So schätzte er etwa als Quelle esoterischer Wissenschaft — wie so viele freimaurerische Schriftsteller auch — Noah höher ein als Moses. Schon 1689 hatte Newton die Vorarbeiten zu einer Studie über die Monarchien des Altertums aufgenommen. Darin versuchte er nicht nur den Ursprung der antiken Königreiche herauszuarbeiten, sondern auch den Primat Israels über die anderen Kulturen des Altertums zu beweisen.

Nach Newtons Meinung war der Judaismus des Altertums eine Sammlung göttlichen Wissens gewesen, das in der Folge verfälscht worden und schließlich verlorengegangen sei. Dennoch glaubte er, daß ein Teil dieses Wissens durch Pythagoras aufgenommen und in dessen »Sphärenmusik« als Metapher für das Gesetz von der Schwerkraft verarbeitet worden sei. Bei seinem Bemühen, eine präzise wissenschaftliche Methodik für die Datierung von Ereignissen sowohl der Heiligen Schrift als auch der klassischen Mythologie zu entwickeln, machte Newton Jasons Suche nach dem Goldenen Vlies zum Dreh- und Angelpunkt. Gleich zahlreichen anderen freimaurerischen und esoterischen Schriftstellern wertete er diese Suche als alchimistische Metapher. Er bemühte sich, hermetische »Korrespondenzen«, Wechselbeziehungen zwischen Musik und Architektur, nachzuweisen, und schrieb der äußeren Gestaltung und den Maßen des Salomonischen Tempels große Bedeutung zu. Nach seinem Dafürhalten verbargen sich dahinter alchimistische Formeln, und er war ebenso davon überzeugt, daß die Tempelzeremonien alchimistischen Prozessen entsprachen.

Die Tatsache, daß Newton sich solchen Studien hingab, war für uns so etwas wie eine Offenbarung. Gewiß paßten sie nicht zu dem Image eines Wissenschaftlers, der für alle Zeiten die Naturphilosophie von der Theologie schied. In Wahrheit versenkte sich Newton mehr als jeder andere Wissenschaftler seiner Zeit in hermetische Werke und ließ diese Traditionen sogar in seinen eigenen Vorstellungen anklingen. Dieser tiefreligiöse Mann war besessen von der Suche nach einer göttlichen Einheit, nach einem Geflecht von Wechselwirkungen, die der Natur innewohnen. Seine Suche führte ihn zur Erforschung geheiligter Geometrie und Numerologie, einer Untersuchung der spezifischen Eigenschaften von Formen und Zahlen. Die Verbindung zu Boyle machte auch einen Alchimisten aus ihm, der seiner alchimistischen Arbeit größte Bedeutung beimaß.[5] Neben den von ihm mit Anmerkungen versehenen Exemplaren der »Rosenkreuzer-Manifeste« fanden sich über hundert alchimistische Werke in seiner Bibliothek. Newtons intensive Beschäftigung mit der Alchimie dauerte sein ganzes Leben lang an, und er unterhielt eine kryptische und umfangreiche Korrespondenz über diesen Themenkreis mit Boyle, Locke, Fatio de Duillier und anderen.

Wenn Newtons wissenschaftliche Interessen weniger orthodox waren, als wir zunächst angenommen hatten, so traf dies auch auf seine religiösen Ansichten zu. Der Vorstellung einer Dreieinigkeit stand er mit aggressiver Feindseligkeit gegenüber. Ebenso lehnte er den modischen Deismus seiner Zeit ab, der den Kosmos zu einer gigantischen, von einem himmlischen Baumeister erdachten Maschinerie herabwürdigte. Er stellte die Göttlichkeit Jesu in Frage und sammelte alle Schriften, die diesem Thema gewidmet waren. Ferner bezweifelte er die Authentizität des Neuen Testaments und vertrat die Ansicht, daß gewisse Passagen Verfälschungen darstellten, die im fünften Jahrhundert interpoliert worden seien. Besonders intensiv setzte er sich mit den verschiedenen Formen der Gnosis auseinander.[6]

Von Fatio de Duillier angeregt, zeigte Newton auch auffallendes und überraschendes Interesse für die Kamisarden, auch »Propheten der Cevennen« genannt, die kurz nach 1705 in London auftauchten. Wie schon die Katharer hatten sich die Kamisarden in Südfrankreich erhoben und Stellung gegen Rom bezogen; sie betonten den Vorrang der Gnosis, das heißt der Selbsterkenntnis und Erleuchtung, über den Glauben und bezweifelten ebenfalls die Göttlichkeit Jesu. Gleich ihren mittelalterlichen Vorläufern wurden sie mit militärischer Gewalt unterdrückt. Die aus dem Languedoc vertriebenen Häretiker fanden Zuflucht in Genf und London.

Einige Wochen vor seinem Tod verbrannte Newton zahlreiche Kisten mit Manuskripten und persönlichen Papieren. Mit großem Erstaunen vernahmen seine Zeitgenossen, daß er es auf seinem Totenbett abgelehnt habe, die Sterbesakramente zu empfangen.

Charles Radclyffe.
Die Radclyffes waren seit dem sechzehnten Jahrhundert eine einflußreiche northumbrische Familie. 1688, kurz vor seinem Sturz, ernannte sie Jakob II. zu Grafen von Derwentwater. Charles Radclyffe wurde 1693 geboren. Seine Mutter war eine illegitime Tochter Karls II. aus dessen Verbindung mit Moll Davies. Radclyffe war daher mütterlicherseits königlicher Abstammung. Ferner war er ein Vetter von Karl Eduard Stuart (Bonnie Prince Charlie) und von George Lee, dem Grafen von Lichfield, auch er ein unehelicher Enkel Karls II. Es kann daher kaum überraschen, daß Charles Radclyffe einen Großteil seines Lebens der Sache des Hauses Stuart widmete.

Karl Alexander Emanuel von Lothringen.
Der 1712 geborene Karl Alexander Emanuel von Lothringen war der jüngere Bruder von Franz Stephan von Lothringen. Schon seit ihrer

Jugend dürften beide mit jakobitischen Ideen in Berührung gekommen sein, denn ihr Vater hatte den vertriebenen Stuarts in Bar-le-Duc Schutz und Zuflucht gewährt. Elf Jahre nach der Heirat zwischen seinem Bruder und Maria Theresia ehelichte Karl Alexander die Schwester seiner Schwägerin, Maria Anna. Im gleichen Jahr wurde er zum Statthalter der Österreichischen Niederlande und zum Oberbefehlshaber des österreichischen Heeres ernannt.

Bei seiner Vermählung hatte Franz Stephan formal allen Ansprüchen auf Lothringen entsagt und dafür das Großherzogtum Toskana erhalten. Karl Alexander verweigerte jedoch seine Zustimmung zu diesem Gebietstausch und war auch nicht bereit, auf seine Ansprüche auf Lothringen zu verzichten. Aufgrund von Franz Stephans Abdankung war er praktisch Titularherzog von Lothringen. An der Spitze einer Armee von siebzigtausend Mann brach er im Jahre 1742 auf, um seine Heimat zurückzuerobern, was ihm höchstwahrscheinlich auch gelungen wäre, hätte er sich nicht genötigt gesehen, mit seiner Armee nach Böhmen zu ziehen, um eine französische Invasion dort abzuwehren.

In den Schlesischen Kriegen erwies sich Karl Alexander als erfahrener Feldmarschall. Bestimmt würde man ihn heute als einen der tüchtigsten Heerführer seiner Zeit betrachten, hätte er nicht das Pech gehabt, wiederholt gegen Friedrich den Großen kämpfen zu müssen. In der Schlacht von Leuthen (1757) errang Friedrich einen seiner brillantesten und entscheidendsten Siege gegen die Österreicher unter Karl Alexander. Dennoch betrachtete Friedrich seinen militärischen Widerpart als einen würdigen und »illustren« Gegner und sprach in begeisterten Worten von ihm.

Nach der Niederlage bei Leuthen enthob ihn Maria Theresia seines Kommandos. Daraufhin zog er sich nach Brüssel zurück, wo er sich als Förderer der schönen Künste einen Namen machte und einen eleganten, äußerst kultivierten Hof um sich versammelte, der zum Mittelpunkt für Malerei, Musik, Literatur und Theater wurde.

Im Jahre 1761 wurde Karl Alexander Großmeister des Deutschen Ordens. Neun Jahre später berief man seinen Lieblingsneffen Maximilian Franz zum neuen Koadjutor dieses Ordens. In den folgenden Jahren war die Beziehung zwischen beiden sehr eng. Als Mitte der siebziger Jahre ein Reiterstandbild Karls in Brüssel enthüllt wurde, wohnte Maximilian der Zeremonie bei. Dieser offizielle Akt fand übrigens am 17. Januar 1775 statt![7]

Maximilian Franz von Habsburg-Lothringen.

Maximilian Franz von Habsburg-Lothringen wurde 1756 geboren und war der jüngste Sohn Maria Theresias. Ein unglücklicher Sturz vom Pferd machte eine mögliche militärische Karriere zunichte. Daraufhin wandte sich Maximilian Franz der Kirche zu und wurde 1784 Bischof von Münster sowie kurz darauf Erzbischof und Kurfürst von Köln. Nach dem Tod seines Onkels Karl Alexander ernannte man ihn 1780 zum Großmeister des Deutschen Ordens.

Auch in anderer Hinsicht trat Maximilian Franz in die Fußstapfen seines Onkels. Wie Karl Alexander wurde er ein eifriger Förderer der schönen Künste. Zu seinen Schützlingen zählten Haydn, Mozart und der junge Beethoven, der ihm sogar seine erste Symphonie widmen wollte; doch als das Werk abgeschlossen war und veröffentlicht werden sollte, war Maximilian Franz bereits gestorben.

Maximilian Franz war ein intelligenter, toleranter und zugänglicher, bei seinem Volk überaus beliebter Mann. Er scheint das Ideal eines aufgeklärten Souveräns des achtzehnten Jahrhunderts verkörpert zu haben und war vermutlich eine der kultiviertesten Persönlichkeiten seiner Zeit. In Fragen der Politik hatte er ein besonders feines Gespür; so warnte er zum Beispiel seine Schwester Marie Antoinette vor der sich in Frankreich abzeichnenden Revolution. Als dann der Sturm losbrach, ließ sich Maximilian in seinem Urteil nicht irremachen. Er scheint den ursprünglichen Zielen der Revolution sogar verständnisvoll gegenübergestanden zu haben. Gleichzeitig gewährte er den aristokratischen Flüchtlingen Asyl.

Obwohl Maximilian erklärte, kein Freimaurer zu sein, wurde seine Aussage wiederholt in Zweifel gezogen. Immer wieder wird er verdächtigt, ungeachtet seiner hohen kirchlichen Position der einen oder anderen Geheimgesellschaft angehört zu haben. Es unterliegt keinem Zweifel, daß er in aller Öffentlichkeit Umgang mit Freimaurern pflegte, zum Beispiel mit Mozart.

Wie Robert Boyle, Charles Radclyffe, Karl Alexander von Lothringen und andere Großmeister Zions war Maximilian Franz der jüngste Sohn seiner Familie.

Ebenso wie diese hielt er sich mehr oder weniger im Hintergrund und handelte, soweit man bei Großmeistern von Handeln reden kann, durch Mittelspersonen und »Sprachrohre«. Karl Alexander von Lothringen scheint sich seines Bruders Franz Stephan als Mittelsmann bedient zu haben, während Maximilian Franz Künstler und Verwandte zur Erreichung seiner Ziele einsetzte — so zum Beispiel Maria-Caroline, die als Königin von Neapel und Sizilien viel für die Verbreitung der Freimaurerei in ihrem Land tat.

Charles Nodier.

Der 1780 geborene Charles Nodier leitete eine Entwicklung ein, die für alle angeblichen Großmeister Zions nach der Französischen Revolution richtungweisend war. Im Gegensatz zu seinen Vorgängern war er weder von adeligem Geblüt, noch bestanden zwischen ihm und jenen Familien, deren Stammbäume sich in den »Prieuré-Dokumenten« finden, irgendwelche Verbindungslinien. Fast will es so scheinen, als hätten sich die angeblichen Großmeister sowohl von der alten Aristokratie als auch von den Zentren der politischen Macht abgekehrt.

Nodiers Mutter war eine gewisse Suzanne Paris, von der es heißt, sie habe ihre Eltern nicht gekannt. Sein Vater war als Anwalt in Besançon tätig und vor der Revolution Mitglied des örtlichen Jakobinerklubs. Nach Ausbruch der Revolution wurde er Bürgermeister von Besançon und Vorsitzender des städtischen Revolutionstribunals. Darüber hinaus war er ein angesehener Meister vom Stuhl, der sich sehr für Politik interessierte.

Charles Nodier war ein ungewöhnlich frühreifer Junge, der sich angeblich schon im Alter von zehn Jahren mit kulturellen und politischen Angelegenheiten beschäftigte. Mit Achtzehn hatte er sich bereits einen gewissen literarischen Ruf erworben und blieb sein Leben lang ein überaus produktiver Schriftsteller, der im Durchschnitt ein Buch pro Jahr veröffentlichte. Sein Werk umfaßt ein überaus vielfältiges Themenspektrum: Reiseberichte, Essays über Literatur und Malerei, wissenschaftliche Untersuchungen über Prosodie und Verskunst, eine Studie über Insektenfühler, eine Untersuchung über den Selbstmord, autobiographische Schriften sowie Abhandlungen zu Fragen der Archäologie, Sprachwissenschaft, Rechtskunde und zu Geheimlehren, ganz zu schweigen von einem umfangreichen Prosawerk. Heute wird Nodier im allgemeinen als literarisches Kuriosum abgetan.

Zunächst identifizierte sich Nodier mit den Zielen der Revolution, wandte sich aber bald enttäuscht von ihr ab. Eine ähnliche Kehrtwendung machte er in seiner Einstellung zu Napoleon. 1802 war er zum erbitterten Feind des Kaisers geworden und veröffentlichte im gleichen Jahr in London das satirische Gedicht *Le Napoléone*, was ihm eine einmonatige Haftstrafe eintrug. Er wurde nach Besançon zurückgeschickt und eine Zeitlang überwacht. Dennoch behauptete er später, er habe auch weiterhin gegen das kaiserliche Regime opponiert und an zwei Verschwörungen gegen Napoleon, 1804 und 1812, teilgenommen. Zwar neigte er zur Wichtigtuerei, aber in dieser Behauptung könnte ein Körnchen Wahrheit stecken. Denn es ist bekannt, daß er mit den Anstiftern der zwei Verschwörungen, die er in seiner Jugend in Besançon kennengelernt hatte, befreundet war.

Victor Hugo.

Victor Hugos Familie stammte ursprünglich aus Lothringen, und zu seinen Vorfahren sollen Adlige gezählt haben, wie er später immer wieder beteuerte. Er wurde 1802 in Besançon geboren. Sein Vater war als General unter Napoleon tätig, unterhielt aber nichtsdestoweniger enge Beziehungen zu Verschwörern gegen den Kaiser. Einer dieser Verschwörer war sogar Madame Hugos Liebhaber, lebte im selben Haus und spielte als Victors Pate und Mentor eine wichtige Rolle bei seiner Erziehung. So war der junge Hugo seit seinem siebten Lebensjahr mit der Welt der Intrige, der Verschwörung und geheimer Gesellschaften bestens vertraut.

Mit Siebzehn war er ein glühender Verehrer Charles Nodiers und erwarb sich bei ihm sein gründliches Wissen über gotische Architektur, das ihm bei der Abfassung seines Romans *Notre-Dame de Paris* (Der Glöckner von Notre-Dame) sehr zustatten kam. Im Jahre 1819 gründete Hugo zusammen mit seinem Bruder und Nodier einen Verlag, der unter Nodiers Leitung eine Zeitschrift herausgab. Hugo heiratete 1822 in der Kirche Saint-Sulpice, wobei sich die Trauungszeremonie durch gewisse Sonderlichkeiten auszeichnete. Drei Jahre später unternahmen er und Nodier zusammen mit ihren Ehefrauen eine längere Reise in die Schweiz. Im gleichen Jahr reisten die beiden Freunde zur Krönung Karls X. In den folgenden Jahren führte Hugo seinen eigenen Salon, in dem sich dieselben Leute trafen wie bei Nodier; als dieser 1844 starb, war Hugo einer der Sargträger bei der Beerdigung.

Hugo war von ähnlich tiefer, aber unorthodoxer Religiosität wie vor ihm Isaac Newton. Gleich diesem lehnte er die Trinitätslehre ab und bezweifelte die Göttlichkeit Jesu. Es ist wohl auf Nodiers Einfluß zurückzuführen, daß er sein Leben lang eine esoterische Geisteshaltung beibehielt und gnostisches, kabbalistisches und hermetisches Gedankengut aufnahm, das sich in seinen Werken niederschlug. Man weiß, daß er mit einem sogenannten »Rosenkreuzerorden« in Verbindung stand, dem unter anderen auch Eliphas Lévi und der junge Maurice Barrès angehörten.

Hugos politische Stellungnahmen sorgten bei Kritikern und Historikern immer wieder für Verwirrung und sind in sich zu komplex und widersprüchlich, um hier entsprechend behandelt werden zu können. Allerdings schien es uns bemerkenswert, daß Hugo trotz der Bewunderung, die er für Napoleon empfand, ein erklärter Royalist war, der die Wiederherstellung der alten Bourbonendynastie guthieß. Gleichzeitig scheint er die Bourbonen als eine Art Notbehelf angesehen zu haben. Im großen und ganzen dürfte er sie verachtet haben. Mit besonderem Nachdruck verurteilte er Ludwig XIV. Der Herrscher, für den Hugo die größte Bewunderung empfand (die beiden waren gute persönliche Freunde), war Louis Philippe, der »Bürgerkönig«, den die Kammer zum König der Franzosen gewählt hatte. Durch Heirat war er mit dem Hause Habsburg-Lothringen verbunden. Seine Frau war die Nichte Maximilians von Lothringen.

Claude Debussy.

Debussy wurde 1862 geboren. Obwohl er ärmlichen Verhältnissen entstammte, gelang es ihm bald, Kontakte zu wohlhabenden und einflußreichen Persönlichkeiten zu knüpfen. In jungen Jahren spielte er Klavier auf dem Schloß der Mätresse des französischen Präsidenten und scheint auch mit dem Staatsoberhaupt Bekanntschaft geschlossen zu haben. Im Jahre 1880 wurde Debussy von jener russischen Adligen adoptiert, die schon Tschaikowsky gefördert hatte, und reiste mit ihr in die Schweiz, nach Italien und nach Rußland. Nachdem er einen begehrten Musikerpreis gewonnen hatte, studierte er 1884 eine Zeitlang in Rom. Zwischen 1887 und 1906 lebte er vornehmlich in Paris, unternahm aber auch in diesen Jahren ausgedehnte Reisen, die ihn mit einer Reihe bedeutender Persönlichkeiten zusammenführten. Daraufhin versuchten wir herauszufinden, ob irgendeine dieser Reisebekanntschaften mit den in den »Prieuré-Dokumenten« genannten Familien etwas zu tun hatte — leider ohne Erfolg. Es stellte sich vielmehr heraus, daß Debussy kaum etwas über seine aristokratischen und politischen Freunde verlauten ließ. Außerdem wurden viele seiner Briefe beseitigt und in den veröffentlichten häufig Namen sowie zuweilen auch ganze Sätze unleserlich gemacht oder herausgeschnitten.

Jean Cocteau.

Der 1889 geborene Cocteau schien uns ein höchst unwahrscheinlicher Kandidat für das Amt des Großmeisters einer einflußreichen Geheimgesellschaft zu sein. Diesen Eindruck hatten wir zwar auch schon bei anderen Namen auf der Liste der Großmeister gewonnen, doch konnten wir jedesmal im Laufe unserer Nachforschungen Anhaltspunkte dafür ausfindig machen, die die jeweilige Person für dieses Amt prädestinierten. Im Falle Cocteaus waren es jedoch nur wenige.

Vorauszuschicken wäre, daß Cocteau in einem Milieu aufwuchs, das den Zentren der Macht ohnehin nahestand; seine Familie spielte im Bereich der Politik eine wichtige Rolle, und sein Onkel war ein bedeutender Diplomat. Trotz seines späteren Bohemienlebens trennte sich Cocteau nie ganz von diesen einflußreichen Kreisen. Wie so viele der angeblichen Großmeister Zions — Boyle, Newton oder Debussy, um nur diese drei zu nennen — schien er über alles Politische erhaben zu sein. Während der deutschen Besatzungszeit in Frankreich schloß er sich zwar nicht der Résistance an, machte aber aus seiner Antipathie gegen die Vichy-Regierung keinen Hehl. Nach dem Krieg verkehrte er offenbar mit General de Gaulle, dessen Bruder ihn beauftragte, einen Bericht über die Lage Frankreichs abzufassen. Unserer Meinung nach liefert jedoch Cocteaus Werk die überzeugendsten Hinweise auf seine Verquickung mit der Prieuré de Sion — sei es nun sein Film *Orphée* (Orpheus), sein Theaterstück *L'aigle à deux têtes* (Der Doppeladler), das Cocteau dem Andenken an die österreichische Kaiserin Elisabeth widmete, oder seien es seine Wandgemälde in der Kirche Notre Dame de France in London. Den sichersten Beweis stellt aber nach wie vor seine Unterschrift unter den Statuten der Prieuré de Sion dar.

1. Die Herzöge von Guise und Lothringen

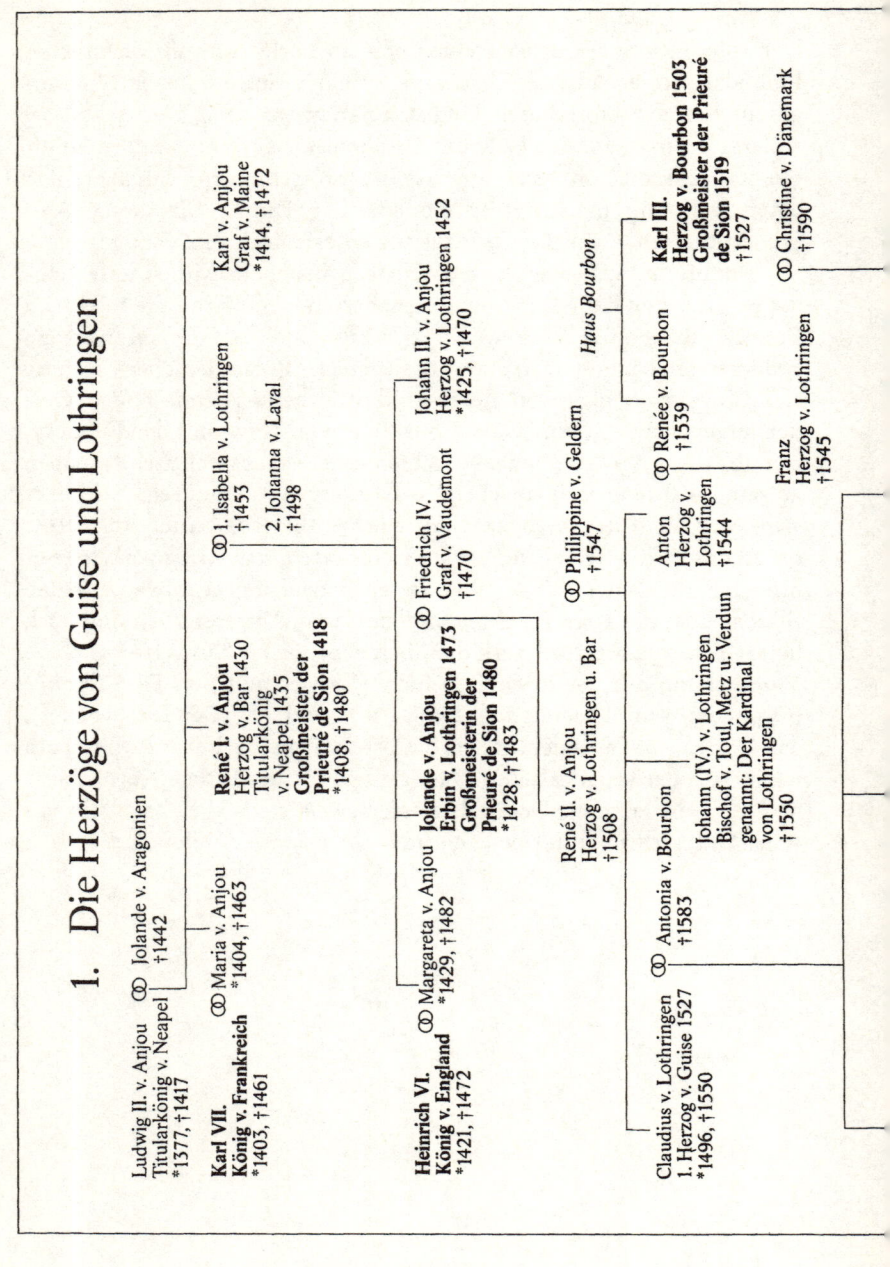

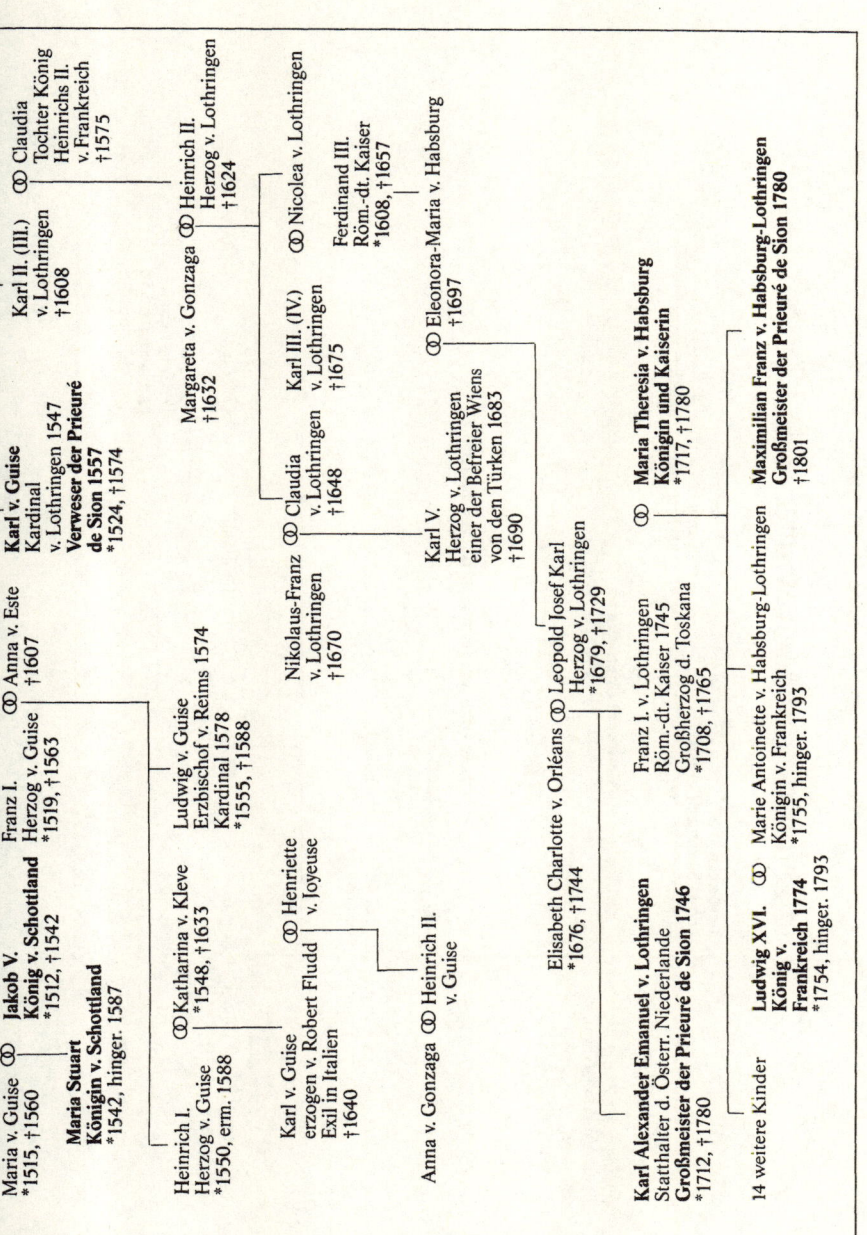

2. Die Dynastie der Merowinger (Die Könige)

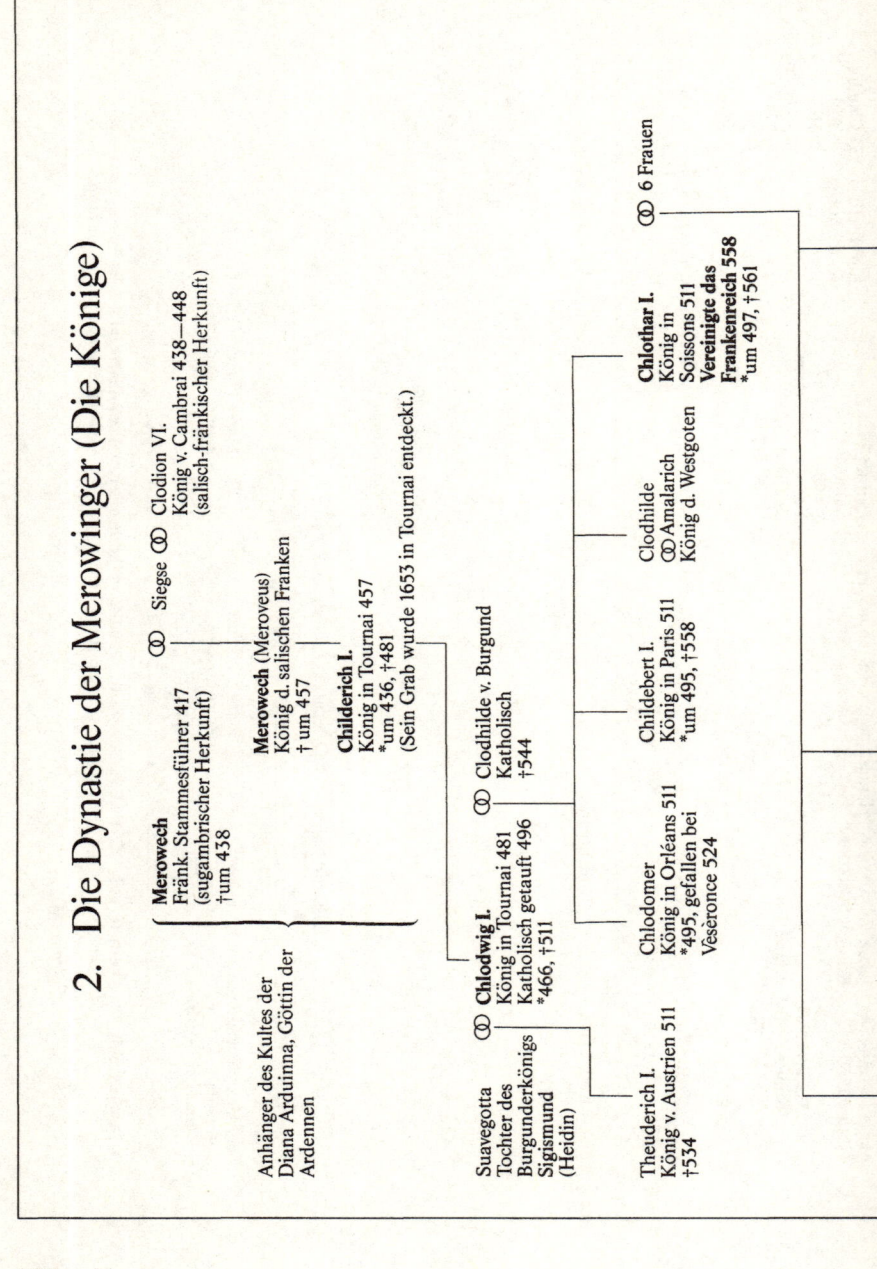

Anhänger des Kultes der Diana Arduinna, Göttin der Ardennen

Merowech
Fränk. Stammesführer 417
(sugambrischer Herkunft)
†um 438

⚭ Siegse ⚭ Clodion VI.
König v. Cambrai 438—448
(salisch-fränkischer Herkunft)

Merowech (Meroveus)
König d. salischen Franken
† um 457

Childerich I.
König in Tournai 457
*um 436, †481
(Sein Grab wurde 1653 in Tournai entdeckt.)

Suavegotta
Tochter des
Burgunderkönigs
Sigismund
(Heidin)

⚭ **Chlodwig I.**
König in Tournai 481
Katholisch getauft 496
*466, †511

⚭ Clodhilde v. Burgund
Katholisch
†544

Theuderich I.
König v. Austrien 511
†534

Chlodomer
König in Orléans 511
*495, gefallen bei
Véséronce 524

Childebert I.
König in Paris 511
*um 495, †558

Clodhilde
⚭ Amalarich
König d. Westgoten

Chlothar I.
König in
Soissons 511
**Vereinigte das
Frankenreich 558**
*um 497, †561

⚭ 6 Frauen

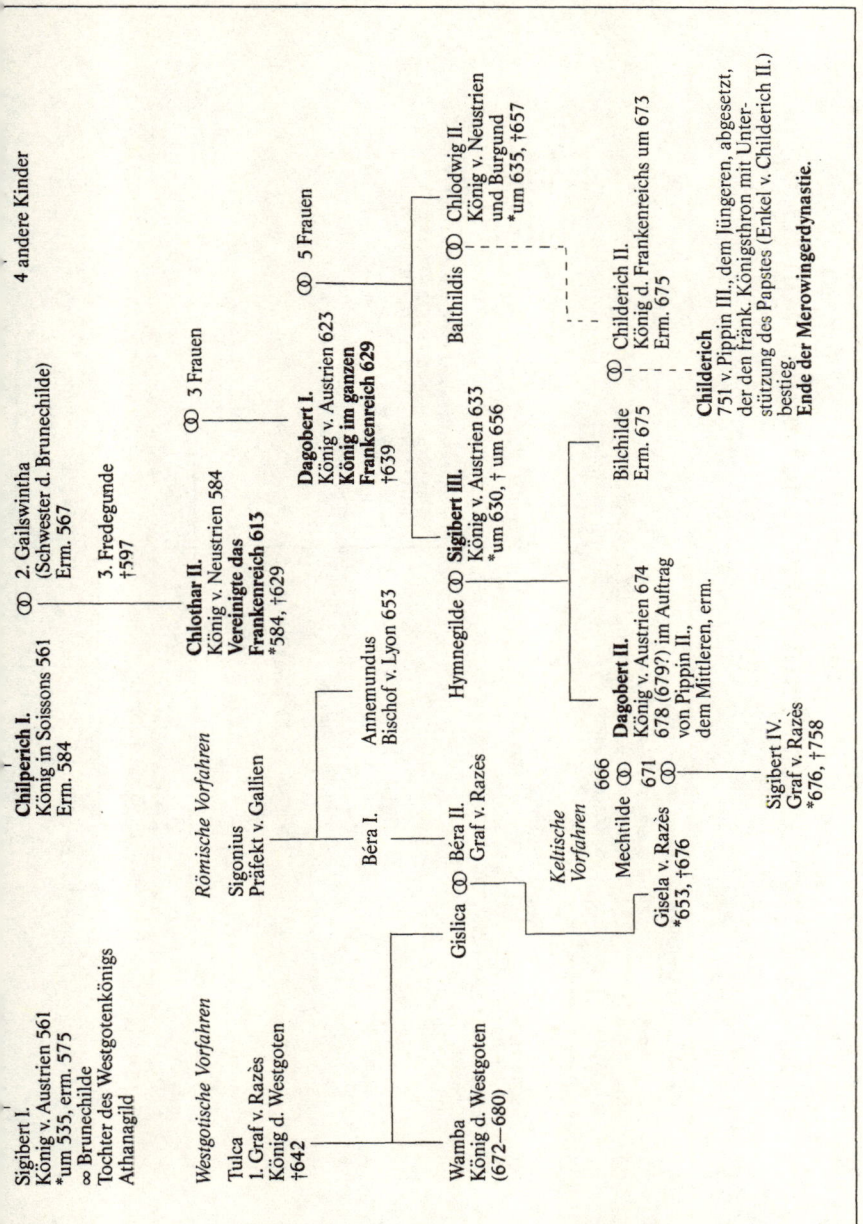

Sigibert I.
König v. Austrien 561
*um 535, erm. 575
∞ Brunechilde
Tochter des Westgotenkönigs
Athanagild

Chilperich I.
König in Soissons 561
Erm. 584

∞ 2. Gailswintha
(Schwester d. Brunechilde)
Erm. 567

3. Fredegunde
†597

4 andere Kinder

Chlothar II.
König v. Neustrien 584
Vereinigte das
Frankenreich 613
*584, †629

∞ 3 Frauen

Dagobert I.
König v. Austrien 623
König im ganzen
Frankenreich 629
†639

∞ 5 Frauen

Chlodwig II.
König v. Neustrien
und Burgund
*um 635, †657

Sigibert III.
König v. Austrien 633
*um 630, † um 656

Balthildis ∞

Childerich II.
König d. Frankenreichs um 673
Erm. 675

Bilchilde
Erm. 675

Childerich
751 v. Pippin III., dem Jüngeren, abgesetzt,
der den fränk. Königsthron mit Unterstützung des Papstes (Enkel v. Childerich II.)
bestieg.
Ende der Merowingerdynastie.

Römische Vorfahren

Sigonius
Präfekt v. Gallien

Annemundus
Bischof v. Lyon 653

Hymnegilde ∞

Dagobert II.
König v. Austrien 674
678 (679?) im Auftrag
von Pippin II.,
dem Mittleren, erm.

Béra I.

Westgotische Vorfahren

Tulca
1. Graf v. Razès
König d. Westgoten
†642

Gislica ∞ Béra II.
Graf v. Razès

Keltische Vorfahren

666
Mechtilde ∞
671
∞

Gisela v. Razès
*653, †676

Wamba
König d. Westgoten
(672—680)

Sigibert IV.
Graf v. Razès
*676, †758

3. Die Dynastie der Merowinger (Die Grafen von Razès)

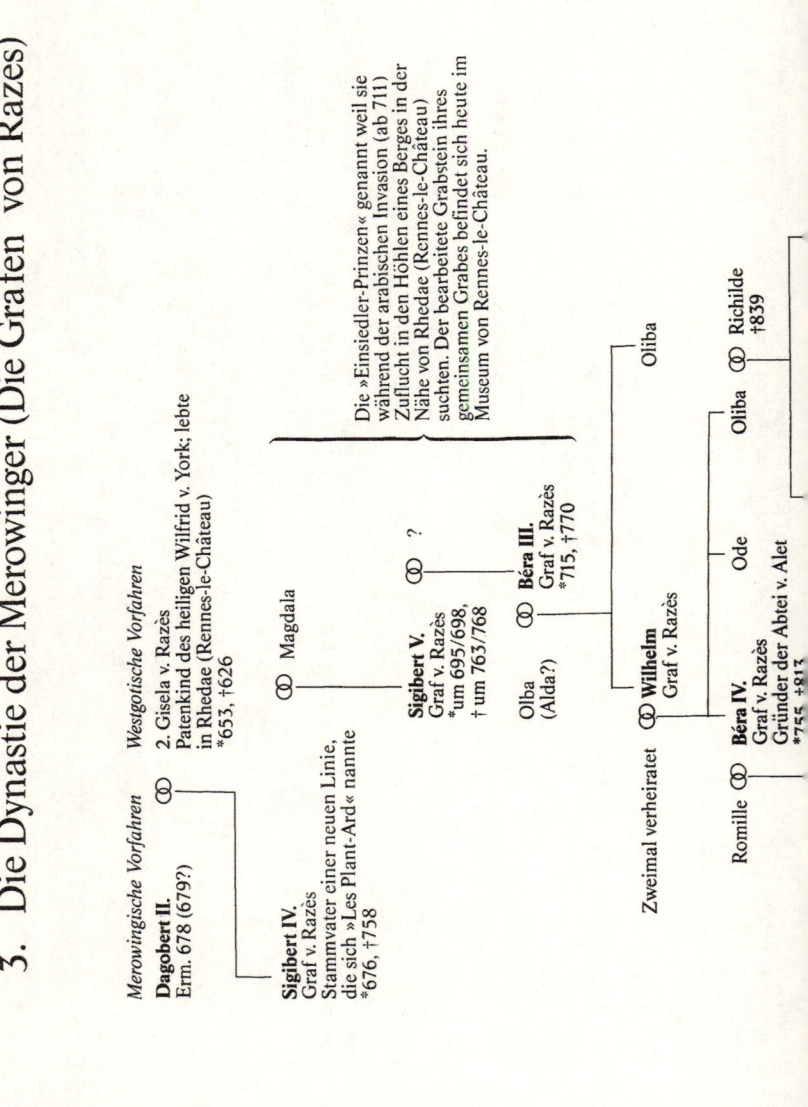

Merowingische Vorfahren

Westgotische Vorfahren

Dagobert II.
Erm. 678 (679?)

⚭ 2. Gisela v. Razès
Patenkind des heiligen Wilfrid v. York; lebte
in Rhedae (Rennes-le-Château)
*653, †626

Sigibert IV.
Graf v. Razès
Stammvater einer neuen Linie,
die sich »Les Plant-Ard« nannte
*676, †758

⚭ Magdala

Sigibert V.
Graf v. Razès
*um 695/698,
† um 763/768

⚭ ?

Béra III.
Graf v. Razès
*715, †770

Olba
(Alda?)

Die »Einsiedler-Prinzen« genannt weil sie
während der arabischen Invasion (ab 711)
Zuflucht in den Höhlen eines Berges in der
Nähe von Rhedae (Rennes-le-Château)
suchten. Der bearbeitete Grabstein ihres
gemeinsamen Grabes befindet sich heute im
Museum von Rennes-le-Château.

Oliba

Wilhelm
Graf v. Razès

Zweimal verheiratet ⚭

Béra IV.
Graf v. Razès
Gründer der Abtei v. Alet
*755, †813

Romille ⚭

Ode

Oliba

Oliba ⚭ Richilde
†839

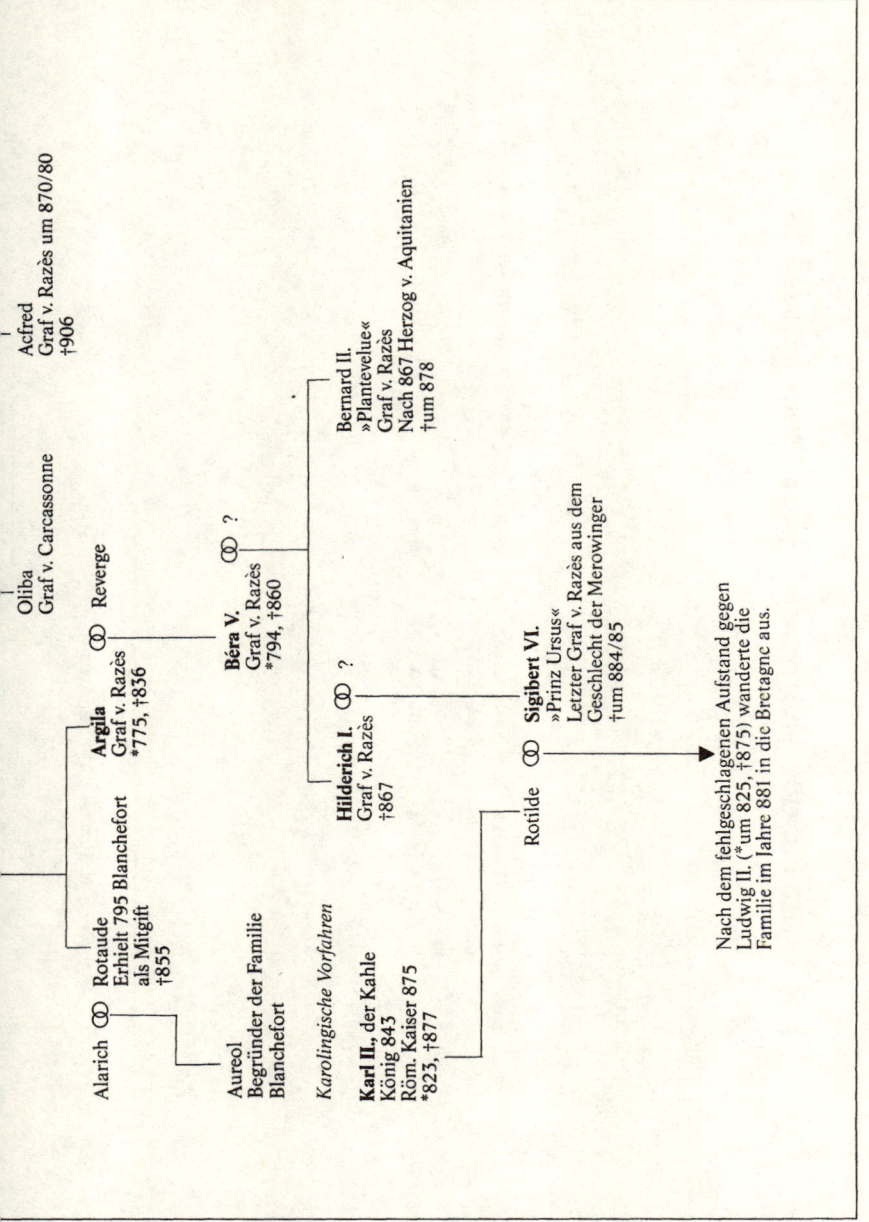

Oliba
Graf v. Carcassonne

Acfred
Graf v. Razès um 870/80
†906

Alarich ⚭ Rotaude
Erhielt 795 Blanchefort
als Mitgift
†855

Argila
Graf v. Razès
*775, †836

⚭ Reverge

Aureol
Begründer der Familie
Blanchefort

Karolingische Vorfahren

Béra V.
Graf v. Razès
*794, †860

⚭ ?

Bernard II.
»Plantevelue«
Graf v. Razès
Nach 867 Herzog v. Aquitanien
†um 878

Karl II., der Kahle
König 843
Röm. Kaiser 875
*823, †877

Hilderich I.
Graf v. Razès
†867

⚭ ?

Rotilde

Sigibert VI.
»Prinz Ursus«
Letzter Graf v. Razès aus dem
Geschlecht der Merowinger
†um 884/85

⚭ →

Nach dem fehlgeschlagenen Aufstand gegen
Ludwig II. (*um 825, †875) wanderte die
Familie im Jahre 881 in die Bretagne aus.

4. Die Dynastie der Merowinger (Die geheimen Könige)

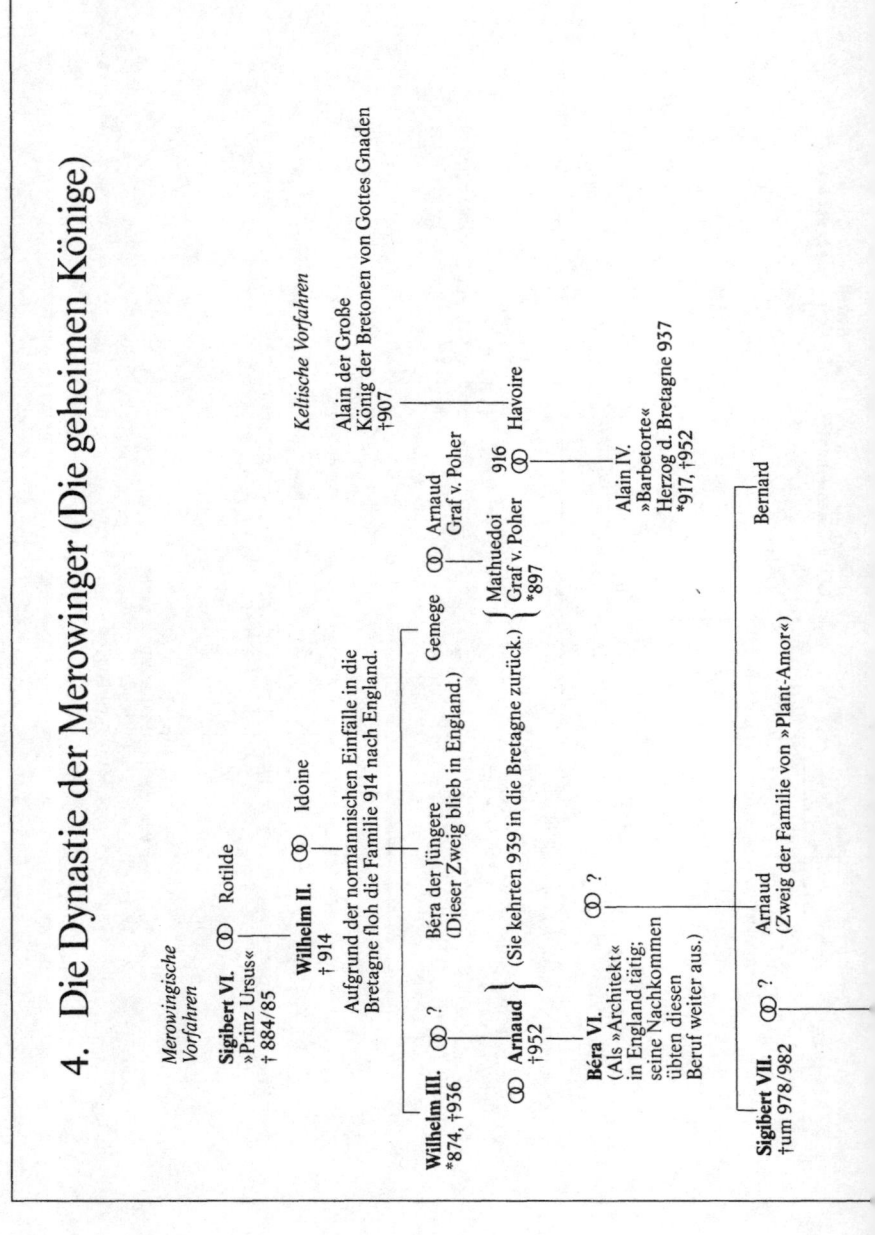

Merowingische Vorfahren

Keltische Vorfahren

Sigibert VI. ∞ Rotilde
»Prinz Ursus«
† 884/85

Wilhelm II. ∞ Idoine
† 914

Aufgrund der normannischen Einfälle in die
Bretagne floh die Familie 914 nach England.

Alain der Große
König der Bretonen von Gottes Gnaden
†907

Béra der Jüngere   Gemege   ∞ Arnaud
(Dieser Zweig blieb in England.)   Graf v. Poher

Mathuedoi   916
Graf v. Poher ∞
*897

Havoire

Wilhelm III. ∞ ?
*874, †936

Arnaud } (Sie kehrten 939 in die Bretagne zurück.)
†952

Alain IV.
»Barbetorte«
Herzog d. Bretagne 937
*917, †952

Béra VI. ∞ ?
(Als »Architekt«
in England tätig;
seine Nachkommen
übten diesen
Beruf weiter aus.)

Arnaud
(Zweig der Familie von »Plant-Amor«)

Bernard

Sigibert VII. ∞ ?
†um 978/982

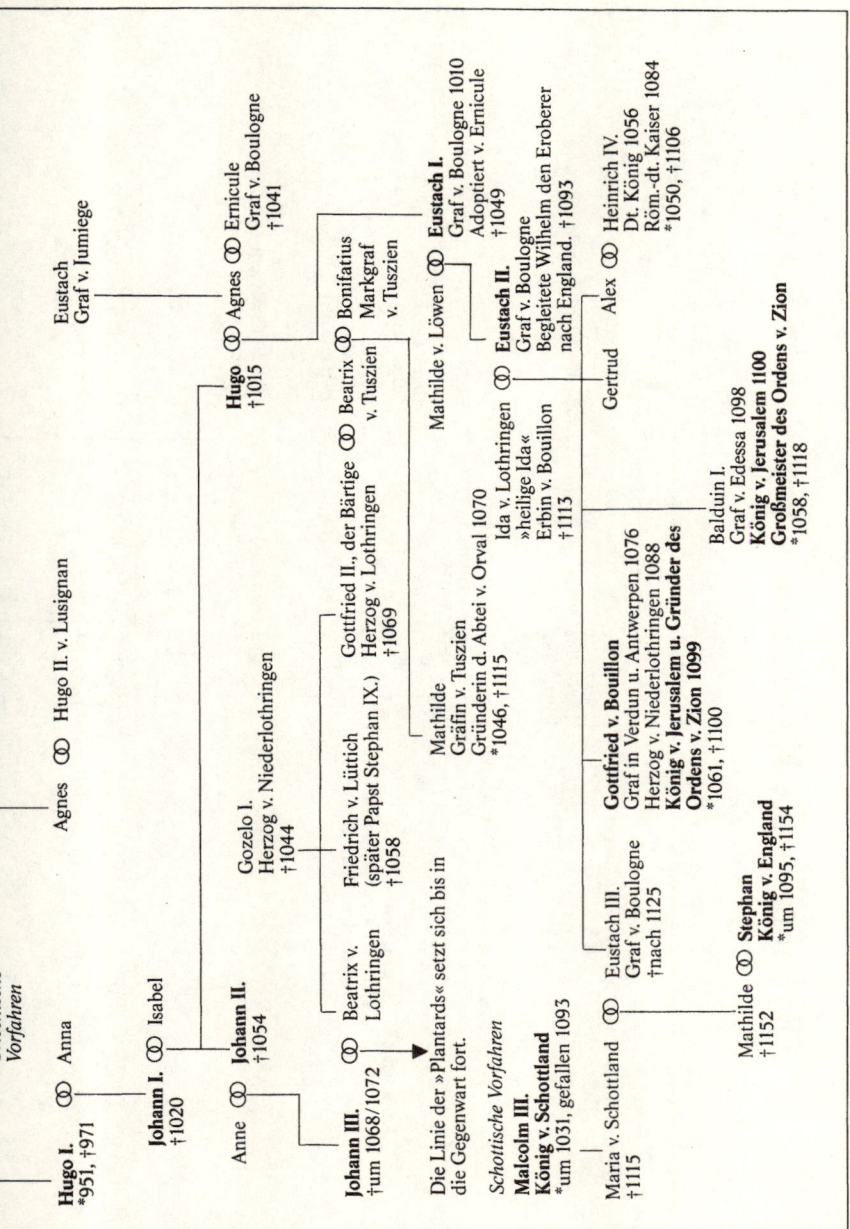

Griechische Vorfahren

Hugo I.
*951, †971

⚭ Anna

Agnes ⚭ Hugo II. v. Lusignan

Johann I.
†1020

⚭ Isabel

Eustach
Graf v. Jumiège

Hugo
†1015

⚭ Agnes ⚭ Ernicule
Graf v. Boulogne
†1041

Anne ⚭ Johann II.
†1054

Gozelo I.
Herzog v. Niederlothringen
†1044

Gottfried II., der Bärtige
Herzog v. Lothringen
†1069

⚭ Beatrix
v. Tuszien

⚭ Bonifatius
Markgraf
v. Tuszien

Johann III.
†um 1068/1072

⚭ Beatrix v.
Lothringen

Friedrich v. Lüttich
(später Papst Stephan IX.)
†1058

Mathilde v. Löwen ⚭ Eustach I.
Graf v. Boulogne 1010
Adoptiert v. Ernicule
†1049

Die Linie der »Plantards« setzt sich bis in
die Gegenwart fort.

Mathilde
Gräfin v. Tuszien
Gründerin d. Abtei v. Orval 1070
*1046, †1115

Ida v. Lothringen ⚭ Eustach II.
Graf v. Boulogne
Begleitete Wilhelm den Eroberer
nach England. †1093

»heilige Ida«
Erbin v. Bouillon
†1113

Schottische Vorfahren

Malcolm III.
König v. Schottland
*um 1031, gefallen 1093

Gottfried v. Bouillon
Graf in Verdun u. Antwerpen 1076
Herzog v. Niederlothringen 1088
König v. Jerusalem u. Gründer des
Ordens v. Zion 1099
*1061, †1100

Gertrud ⚭ Alex

Heinrich IV.
Dt. König 1056
Röm.-dt. Kaiser 1084
*1050, †1106

Maria v. Schottland
†1115

Eustach III.
Graf v. Boulogne
†nach 1125

Balduin I.
Graf v. Edessa 1098
König v. Jerusalem 1100
Großmeister des Ordens v. Zion
*1058, †1118

Mathilde ⚭ Stephan
†1152   König v. England
           *um 1095, †1154

5. Die Familien der Häuser Gisors, Payens und Saint-Clair

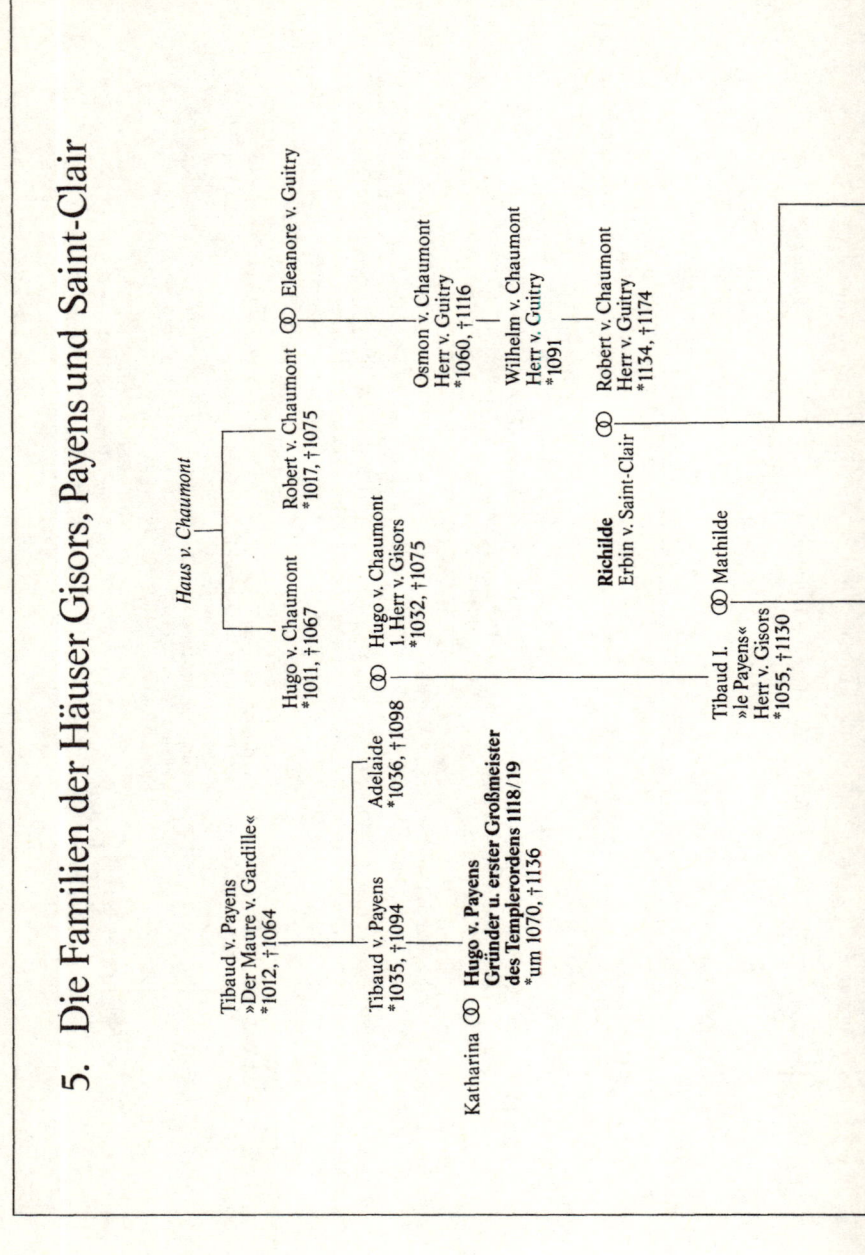

Haus v. Chaumont

Tibaud v. Payens
»Der Maure v. Gardille«
*1012, †1064

Tibaud v. Payens
*1035, †1094

Adelaide
*1036, †1098

Katharina ⚭ **Hugo v. Payens**
Gründer u. erster Großmeister
des Templerordens 1118/19
*um 1070, †1136

Hugo v. Chaumont
*1011, †1067

Hugo v. Chaumont
1. Herr v. Gisors
*1032, †1075

⚭

Robert v. Chaumont
*1017, †1075

⚭ Eleanore v. Guitry

Osmon v. Chaumont
Herr v. Guitry
*1060, †1116

Wilhelm v. Chaumont
Herr v. Guitry
*1091

Robert v. Chaumont
Herr v. Guitry
*1134, †1174

Richilde
Erbin v. Saint-Clair

⚭

Tibaud I.
»le Payens«
Herr v. Gisors
*1055, †1130

⚭ Mathilde

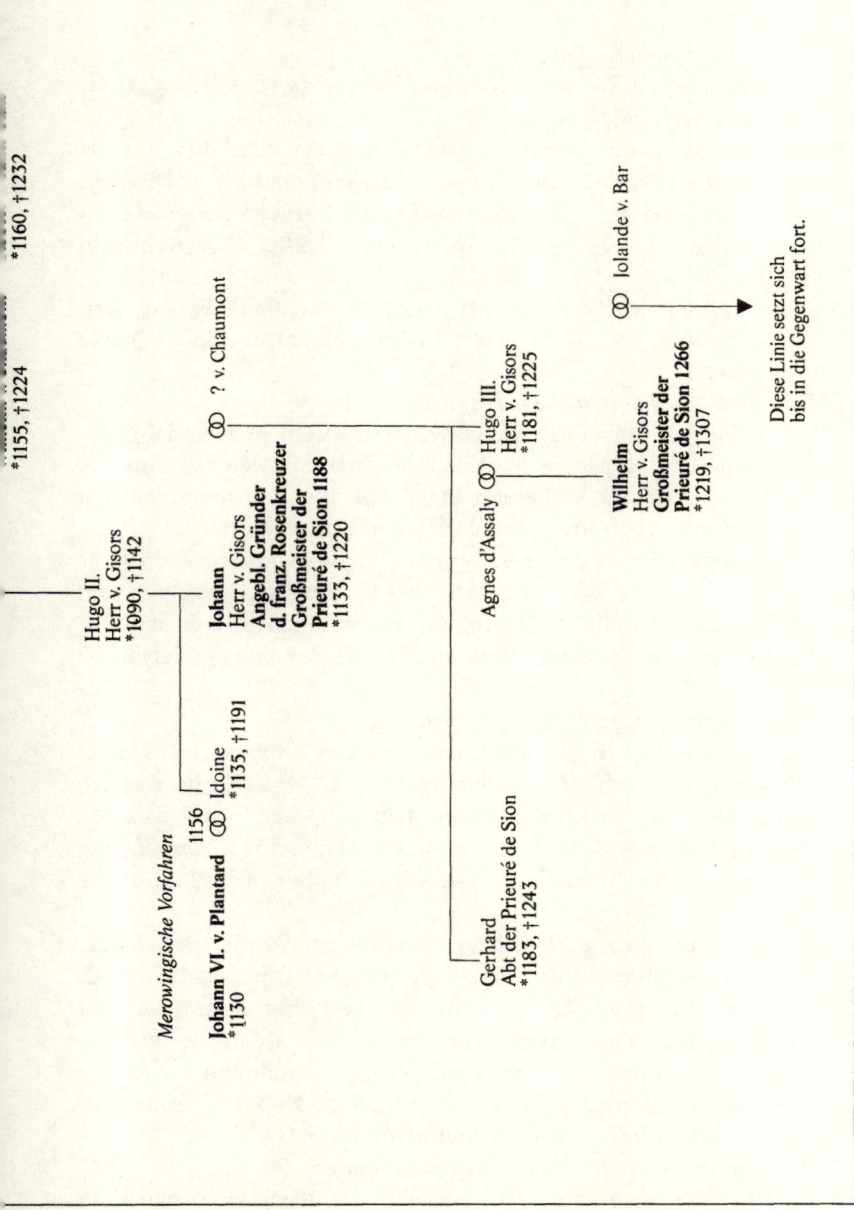

*1155, †1224   *1160, †1232

Hugo II.
Herr v. Gisors
*1090, †1142

? v. Chaumont

⚭

Johann
Herr v. Gisors
**Angebl. Gründer
d. franz. Rosenkreuzer
Großmeister der
Prieuré de Sion 1188**
*1133, †1220

Merowingische Vorfahren

1156

Johann VI. v. Plantard
*1130

Idoine
*1135, †1191

⚭

Gerhard
Abt der Prieuré de Sion
*1183, †1243

Agnes d'Assaly ⚭ Hugo III.
Herr v. Gisors
*1181, †1225

Iolande v. Bar

⚭

Wilhelm
Herr v. Gisors
**Großmeister der
Prieuré de Sion 1266**
*1219, †1307

Diese Linie setzt sich
bis in die Gegenwart fort.

1. Ein Dorf voller Geheimnisse

1 De Sède, *L'or de Rennes;* Charroux, *Trésors du Monde,* S. 247 ff.
2 *Annuaire ecclésiastique,* S. 282
3 De Sède sagte im Gespräch, daß es sich bei dem Bild um die »Versuchung des heiligen Antonius« handele; man wisse allerdings nicht, um welche. Unsere Untersuchungen ergaben später, daß es das Gemälde »Der heilige Antonius und der heilige Hieronymus in der Wüste« war.
4 Fédié, *Le comté de Razès,* S. 3 ff. Die Zahl von 30 000 Einwohnern gibt de Sède in *L'or de Rennes,* S. 17, an, ohne jedoch eine Quelle zu nennen.
5 Procopius, *Der Gotenkrieg.* Essen 1981
6 Wir haben die entsprechenden Archive im Vatikan zweimal überprüft, konnten aber in beiden Fällen keinerlei Hinweis auf Saunière finden, was darauf hindeuten mag, daß alle Informationen, die diesen Priester betreffen, absichtlich entfernt wurden.
7 L. Fouquet, *Nicolas Poussin. Lettres de Louis Fouquet à son frère Nicolas Fouquet (1655–1656),* S. 269 ff. Der Brief wurde in den Archiven der Familie Cossé-Brissac aufbewahrt, die seit dem 18. Jahrhundert eine wichtige Rolle in der Freimaurerei gespielt hat.

2. Die Katharer und die große Ketzerei

1 Bei seiner Arbeit in der Stadtbibliothek von Orléans fand Doinel 1888 eine Handschrift aus dem Jahre 1022. Der Autor war ein Gnostiker, der noch im gleichen Jahr auf dem Scheiterhaufen verbrannt wurde. Die Lektüre dieser Handschrift verwandelte Doinel in einen überzeugten Gnostiker. Vgl. Lauth, *Tableau de l'au-delà,* S. 212 ff.
2 Man beschuldigte die Manichäer, verschiedene Formen der Geburtenkontrolle ausgeübt und die Abtreibung legalisiert zu haben. Es ist sehr wahrscheinlich, daß die Katharer ihre Kenntnisse auf diesem Gebiet von ihnen übernahmen. Noonan meint, daß die kirchliche Ächtung der Empfängnisverhütung während der Katharerverfolgung erneut bekräftigt wurde. Vgl. Noonan, *Contraception,* S. 281; Chadwick, *Priscillan of Avila,* S. 37
3 Rougemont, *Die Liebe und das Abendland,* S. 96
4 Im Jahre 800 wurden die Manichäer in der abendländischen Welt

noch immer verurteilt. Gerbert d'Aurillac, der spätere Papst Sylvester II., der seiner vielseitigen Gelehrsamkeit wegen als Hexenmeister bezeichnet wurde, vertrat ebenfalls manichäische Glaubensartikel. Vgl. Runciman, *The Medieval Manichee*, S. 117; Niel, *Les Cathars de Montségur*, S. 26 ff.

5 Jean de Joinville, *Das Leben des heiligen Ludwig*

6 Niel, *Les Cathars de Montségur*, S. 291 ff.

7 Bei den Manichäern gab es ein kirchliches Fest, das *Bema* hieß und im März begangen wurde. F. Niel zufolge könnte es dieses Fest gewesen sein, das am 14. März auf dem Montségur gefeiert wurde; in jenem Jahr fiel die Frühlings-Tagundnachtgleiche auf diesen Tag. Niel, *Les Cathars de Montségur*, S. 276 ff. Die Manichäer besaßen offensichtlich ein besonderes Buch mit Zeichnungen, die Manis Lehre vielleicht symbolisch darstellten. Die darin enthaltenen Bilder zeigten den Dualismus zwischen den Söhnen des Lichts und denen der Finsternis. Dieses Buch wurde beim *Bema*-Fest benutzt. Es ist möglich, daß ein ähnliches Buch mit religiösen Symbolen Bestandteil des Katharerschatzes war. Vgl. Ort, *Mani*, S. 168 ff., 180, 253 ff.

8 Vgl. Waite, *The hidden church of the Holy Grail*, S. 524 ff.

9 Nelli, *Dictionnaire des hérésies méredionales*, S. 216 ff. Otto Rahn, der Verfasser der beiden Titel *Kreuzzug gegen den Gral* und *Luzifers Hofgesind*, hat sich eingehend mit diesen Problemen beschäftigt. Für ihn war die Befestigung auf dem Montségur identisch mit der Gralsburg Munsalvaesche in Wolfram von Eschenbachs Epos. Rahns Bücher erschienen in den dreißiger Jahren in Deutschland. Seine Nachforschungen und Studien über die Katharer und den Gral wurden von Alfred Rosenberg, dem führenden NS-Ideologen und Freund Adolf Hitlers unterstützt. Im Jahre 1939 starb Otto Rahn in der Nähe von Kufstein. Das Interesse an diesem Themenkomplex im damaligen Deutschland spiegeln Schriftstücke wider, die sich auch noch nach Rahns Tod auf seine Studien beziehen. Vgl. Bernadac, *Le mystère Otto Rahn*.

3. Die Kriegermönche

1 Runciman, *Geschichte der Kreuzzüge*, Bd. 2, S. 461

2 Nach Esquieu, *Les Templiers de Cahors*, S. 147, Nr. 1, wurde Hugo von Payens nicht in der Champagne, sondern auf Schloß Mahun bei Annonay im unteren Rhônetal (Ardèche) geboren. Seine Geburts-

urkunde, die man fand, gibt als Tag der Geburt den 9. Februar 1070 an.

3 Wilhelm von Tyrus, *Geschichte der Kreuzzüge und des Königreichs Jerusalem*

4 Addison, *The History of the Knights Templars*, S. 19. Die vollständige Regel ist abgedruckt in: Curzon, *La règle du Temple*.

5 Dieses Datum ist umstritten. Viele Argumente sprechen dafür, daß die Bulle nicht vor 1152 erlassen werden konnte.

6 König Richard I. zum Beispiel war ein guter Freund des Ordens und wohnte während seines Aufenthalts in Akkon im Ordenshaus. Er verließ das Heilige Land 1192, als Tempelritter verkleidet, auf einem Schiff des Ordens und in Begleitung von vier Ordensrittern. Vgl. Addison, *The History of the Knights Templars*, S. 148

7 Daraul, *History of Secret Societies*, S. 46 ff. Der Autor gibt jedoch für diesen Text keine Quelle an.

8 Vgl. Piquet, *Des banquiers au moyen âge*. Der ursprüngliche Zweck war, die Pilgerfahrt ins Heilige Land zu erleichtern. Vgl. auch Melville, *La vie des Templiers*, S. 87 ff. Das erste Darlehen wurde 1135 gewährt. Seward, *The Monks of War*, S. 213, schreibt dazu: »Die wirtschaftlich weitreichendste Leistung der Tempelritter war ihr Beitrag zur Änderung der kirchlichen Haltung hinsichtlich des Wuchers. Keine mittelalterliche Institution hat mehr für den Aufstieg des Kapitalismus getan.«

9 Melville, *La vie des Templiers*, S. 220

10 Vgl. Mazières, *La venue et le séjour des Templiers*, S. 235

11 Blanchefort wurde während der Albigenserkriege, wahrscheinlich kurz vor 1215, zerstört, denn in diesem Jahr schenkte Simon de Montfort das Land Pierre de Voisins. Der Herr de Blanchefort hatte an der Seite von Raymon-Roger Trencavel, dem Führer der Katharer, gekämpft. Vgl. Fédié, *Le comté de Razès*, S. 151. Bertrand de Blanchefort übereignete zu wiederholten Malen ebenso wie der jüngere Trencavel dem Templerorden Geld und Landbesitz. Zum Zeitpunkt dieser urkundlich belegten Schenkungen, war Bertrand noch mit Fabrissa verheiratet. Er trat erst später in den Orden ein. Vgl. Albon, *Cartulaire général*, S. 41, Urkunde LVI, 1133–4. Im gleichen Werk werden auch seine Frau und seine beiden Brüder Arnaud und Raymond erwähnt, S. 112, Urkunde CLX, 1138.

12 Mazières, *La venue et le séjour des Templiers*, S. 243 ff. Vgl. auch Mazières, *Recherches historiques*, S. 276. Ein in den Archiven der

Familie Bruyères-Mauléon gefundenes Dokument schildert, daß die Tempelritter von Champagne und Albedune (le Bézu) eine Zufluchtsstätte für katharische »bonhommes« einrichteten. Dieses und andere Dokumente kamen während des Zweiten Weltkrieges im November 1942 abhanden.

13 Vgl. Léonard, *Introduction au cartulaire*, S. 76. Zu Beginn der Albigenserkriege war ein Mitglied der katharischen Familie Trencavel Präzeptor von Toulouse.

14 So zum Beispiel hätte Jean de Joinville den Orden warnen können, denn aufgrund seines Amtes, er war Seneschall der Champagne, wußte er um die Pläne und geheimen Haftbefehle Philips IV., des Schönen. Aus seiner Sympathie für die Tempelritter machte er keinen Hehl, und bekannt war auch, daß sein Onkel André Mitglied des Ordens und 1260 Präzeptor von Payens gewesen war. Vgl. Léonard, *Introduction au cartulaire*, S. 145. Jean erwähnt unter anderem einen geheimnisvollen Eid, der die Erinnerung an das Bespucken des Kreuzes wachruft, und das zu einer Zeit, da man die Tempelritter dieses Vergehens beschuldigte. Ferner wies er nachdrücklich darauf hin, daß der heilige Ludwig schon fünfzig Jahre zuvor davon gewußt und sich geweigert habe, es zu verurteilen. Vgl. Jean de Joinville, *Das Leben des heiligen Ludwig*. Jean sammelte Adlige um sich, die ihre Aufgabe darin sahen, sich den Ausschreitungen des französischen Königs gegen die Tempelritter zu widersetzen. Der Tod des Monarchen machte diese Liga überflüssig.

15 Als Untersuchungsbeamte, die der König persönlich begleitete, im Jahre 1307 den Pariser Tempel besetzten, fanden sie weder das Geld noch die Dokumente des Ordens. Zu jener Zeit war Johann von Turno Schatzmeister und Hugo von Peraud Visitator und Präzeptor von Frankreich.

Im Jahre 1308 wurden zweiundsiebzig Tempelritter nach Poitiers gebracht, um vor dem Papst persönlich als Zeugen auszusagen (diese Zahl ist in der päpstlichen Bulle *Faciens misericordiam* angegeben). Nicht alle der damals protokollierten Aussagen sind erhalten geblieben. Wahrscheinlich sind viele verschwunden, als die Geheimarchive des Vatikans auf Befehl Napoleons nach Paris gebracht wurden. Dabei herrschte ein solches Chaos, daß man viele dieser kostbaren Dokumente bei Händlern wiederfand, die darin ihre Waren einwickelten.

Dreiunddreißig der in Poitiers gemachten Aussagen wurden 1887 von dem deutschen Historiker Konrad Schottmüller, weitere sieben von Heinrich Finke im Jahre 1907 veröffentlicht. Unter letzteren findet sich eine seltsame Erklärung eines gewissen Jean de Châlons, der behauptet, Gérard de Villers hätte von den Verhaftungen gewußt und wäre, von fünfzig Tempelrittern begleitet, auf achtzehn Galeeren des Ordens geflohen. Hugo de Châlons, fügte er hinzu, hätte den Schatz Hugos von Peraud mitgenommen – *cum toto thesauro fratris Hugonis de Peraudo.* Dies, so sagte er, wäre geheim geblieben, weil jene Templer, die davon wußten, fürchteten, getötet zu werden, wenn sie davon sprachen. Vgl. Finke, *Papsttum und Untergang des Templerordens.*

Verschiedene Geschehnisse sprechen für diese Behauptung, so die Tatsache, daß bei der Verhaftung der Tempelritter in den frühen Morgenstunden nicht alle anwesend waren. Einige, darunter auch Gérard de Villers und Hugo de Châlons, wurden erst in den darauffolgenden Tagen verhaftet. Vgl. M. Barber, *Trial of the Templars,* S. 46

16 Diese Geschichte berichtet Waite, *A new encyclopaedia of a freemasonry,* vol. 2, S. 223

17 Shah, *Die Sufis.* Vgl. auch die Einführung von Shahs Buch von Robert v. Ranke-Graves, der auf Seite XIX das Wortspiel »schwarz« und »klug« im Arabischen erklärt. Ranke-Graves behauptet, die drei schwarzen Köpfe auf Hugo von Payens' Schild hätten eine solche doppelte Bedeutung.

18 Oursel, *Le procès des Templiers,* S. 208

19 Lobineau, *Dossiers secrets,* Tafel Nr. 4, *Ordre de Sion,* zitiert die Seite 292 aus dem *Livre des constitutions* (des Ordre de Sion), wo das Haupt CAPUT LVIII ♍ (Kopf 58 Jungfrau) genannt wird.

20 Diese Version stammt aus Ward, *Freemasonry and the Ancient Gods,* S. 305

21 *The Annals of Roger de Hoveden,* vol. 2, S. 248 ff. Eine detaillierte Erörterung der *Yse*-Geschichten findet sich bei M. Barber, *Trial of the Templars,* S. 185 ff. Barber ist der Meinung, daß diese Erzählung für die Geschichte des Templerordens ohne jede Bedeutung sei, da sie wahrscheinlich Teil eines Volksbuches und lediglich als Waffe gegen den Orden eingesetzt worden wäre.

22 M. Barber, *Trial of the Templars,* S. 249

23 Michelet, *Procès des Templiers*, vol. 2, S. 384, Aussage des Jean de Chaumes
24 Schottmüller, *Der Untergang des Templer-Ordens*, Bd. 2, III. Abt., Urkunden, S. 67, Aussage des Deodatus Jefet
25 Michelet, *Procès des Templiers*, S. 383, Aussage des Fulk de Troyes
26 Jean de Joinville, *Das Leben des heiligen Ludwig*
27 Bouquet, *Recueil des historiens*, vol. 15 *(Epistolae Ivonis Carnotensis Episcopi)*, S. 162, Nr. 245
28 »Die *militia Christi* ist in diesem Brief nur ein anderer Begriff für den Templerorden, der jedoch im Jahre 1114 noch gar nicht gegründet war . . .« Arbois de Jubainville, *Histoire . . . de Champagne*, vol. 2, S. 113—114, Nr. 1
29 Allegro, *The Treasure of the Copper Scroll*, S. 107 ff.
30 Arbois de Jubainville, *Histoire . . . de Champagne*, vol. 2, S. 87 ff.
31 Persönliche Mitteilung des Abbé Mazières an Henry Lincoln
32 Arcons, *Du flux et reflux*, S. 355 ff. Vgl. auch Catel, *Mémoires . . . du Languedoc*, Buch I, S. 51
33 Mazières, *La venue et le séjour des Templiers*, S. 234 ff.
34 Persönliche Mitteilung des Abbé Mazières an Henry Lincoln

4. Geheime Dokumente

1 Descadeillas, *Rennes et ses derniers seigneurs*
2 Paoli, *Les dessous d'une ambition politique*, S. 86
3 *Le Monde*, 21. Februar 1967, S. 11; *Le Monde*, 22. Februar 1967, S. 11; *Paris-Jour*, 21. Februar 1967, Nr. 2315, S. 4
4 Feugère, Saint-Maxent und Koker, *Le serpent rouge*, S. 4

5. Der Orden hinter den Kulissen

1 Grousset, *Histoire des Croisades*, vol. 3, S. XIV
2 Vogüé, *Les Églises*, S. 326
3 Vincent, *Histoire de l'ancienne image*, S. 92 ff.
4 Röhricht, *Regesta*, S. 19, Nr. 83
5 Röhricht, a.a.O., S. 25, Nr. 105
6 Tillière, *Histoire . . . d'Orval*, S. 3 ff.
7 Jeantin, *Les chroniques*, vol. 1, S. 398. Heinrich Hagenmeyer, *Peter der Eremite*, behauptet, daß Peter, bevor er Mönch wurde, dem niederen Adel angehörte und das Gut Achères bei Amiens als Lehen besessen habe. Darüber hinaus war er ein Vasall von

Eustach von Boulogne, Gottfrieds Vater. Die Theorie, Peter sei Gottfrieds Erzieher gewesen, lehnt Hagenmeyer ab.

Peter der Eremit genoß offenbar großes Ansehen, denn als nach der Eroberung von Jerusalem das Kreuzfahrerheer einen anderen Feldzug unternahm, blieb der Mönch als Befehlshaber in der Heiligen Stadt zurück.

8 Wilhelm von Tyrus, *Geschichte der Kreuzzüge und des Königreichs Jerusalem*. Vgl. auch Runciman, *Geschichte der Kreuzzüge*. Dieser Bischof von Kalabrien war der Freund eines gewissen Arnulf, eines völlig unbedeutenden Klerikers, der später zum ersten lateinischen Patriarchen von Jerusalem gekürt wurde.

Zu den Überlebenden des »Volkskreuzzugs« gehörte eine eigenartige Gruppe, die sich »Tafurs« nannte. Sie erlangte traurige Berühmtheit, als der Emir von Antiochien einige ihrer Mitglieder des Kannibalismus beschuldigte. Unter den Angehörigen dieser Gruppe gab es ein inneres »Kollegium«, in dem ein »König Tafur« den Vorsitz führte. Diesen stellten zeitgenössische Chronisten als einen Mann dar, dem sich selbst die Adligen unter den Kreuzfahrern mit Demut, wenn nicht gar mit Verehrung näherten. Er soll auch bei der Krönung Gottfrieds von Bouillon assistiert haben und mit Peter dem Eremiten bekannt gewesen sein. Gab es vielleicht eine Verbindung zwischen dieser Gruppe und den kalabrischen Mönchen? Über den Einfluß der »Tafurs« vgl. N. Cohn, *Pursuit of the Millennium*, S. 66 ff.

9 Lobineau, *Dossiers secrets*, Tafel Nr. 4

10 Archives du Loiret, série D. 357. Vgl. auch Rey, *Chartes ... du Mont-Sion*, S. 31 ff., und Le Maire, *Histoire et Antiquitez*, Teil 2, Urkunde XXVI, S. 96 ff.

11 Yates, *Rosicrucian Enlightenment*

12 Als Beispiel Yates, *Giordano Bruno*, S. 312 ff., und Yates *Occult Philosophy*, S. 13. In beiden Werken untersucht die Autorin die Überlieferung hermetischen Gedankenguts und die Entwicklung der Geheimgesellschaften um zentrale Persönlichkeiten.

13 In den »Prieuré-Dokumenten« fanden wir den Hinweis auf diese Handschrift. Sie liegt in der Bibliothek von Rouen, und wir konnten das Manuskript: *Histoire polytique de Gisors et du pays de Vulcsain* von Robert Denyau, 1629 (Collection Montbret 2219, V 14 a) dort einsehen. Der Verifizierung der Information stellten sich größere Schwierigkeiten entgegen. Von den 575 handgeschriebe-

414

nen Seiten ist die Mehrzahl kaum leserlich, und viele Seiten fehlen. Lesbar ist nur das *Calendarium martyrologium.*

14 Röhricht, *Regesta,* S. 375, Nr. 1440
15 Bruel, *Chartes d'Adam,* S. 1 ff.
16 Lobineau, *Dossiers Secrets,* Tafel Nr. 4
17 Oursel, *Le Procès des Templiers,* S. 208
18 Rey, *Chartes . . . de Mont-Sion,* S. 34 ff.
19 Sicher ist es interessant, die verschiedenen Listen der Großmeister des Templerordens zu vergleichen:

A — Die Liste der *Dossiers secrets* von Henri Lobineau: Hugues de Payen [Hugo von Payens], 1118—1131; Robert de Bourgogne, 1131—1150; Bernard de Tremblay, 1150—1153; Bertrand de Blancafort [Blanchefort], 1153—1170; Janfeders Fulcherine [Gaufridus Fulcherius/Geoffroy Foucher], 1170—1171; François Othon de Saint-Amand, 1171—1179; Théodore de Glaise [Theodoricus/Terricus], 1179—1184; François Gérard de Riderfort [Gerhard von Ridefort], 1184—1190.

B — Die Liste zitiert nach dem 1974 erschienen Buch: Seward, *The Monks of War,* S. 306:
Hugues de Payen [Hugo von Payens], 1118—1136; Robert de Craon, 1136—1146; Everard des Barres, 1146—1152; Bernard de Tremelai, 1152—1153; André de Montbard, 1153—1156; Bertrand de Blanquefort [Blanchefort], 1156—1169; Philippe de Milly, 1169—1170; Eudes de Saint-Amand, 1170—1179; Arnold de Torroge, 1179—1185; Gérard de Ridefort, 1185—1191.

6. Die Großmeister der Prieuré de Sion und der »verborgene Strom«

1 Lobineau, *Dossiers secrets,* Tafel Nr. 4, Ordre de Sion
2 Loyd, *The Origins of Anglo-Norman Families,* S. 45 ff. Und Powicke, *The Loss of Normandy,* S. 340
3 Roger de Hovedan, *Annalen,* Bd. 1, S. 322. Dort heißt es: »Thomas, Erzbischof von Canterbury, und einige ebenfalls verbannte Freunde trafen sich zu einem Gespräch mit dem Legaten in der Oktav des heiligen Martin zwischen Gisors und Trie . . .« Dieser Treffpunkt zwischen den zwei Burgen ist der Ort, an dem die berühmte Ulme stand, die später gefällt wurde. In seinen *Voyages*

pittoresques, Normandie, vol. 2, S. 138 schreibt Charles Nodier äußerst geheimnisvoll, daß »der heilige Thomas von Canterbury sich dort [unter der Ulme von Gisors] auf sein Martyrium vorbereitet hat«.

4 Lecoy de la Marche, *Le roi René,* vol. 1, S. 69. Der Herzog von Lothringen hatte keinen Sohn, und nach damaligen Brauch bezog sich Jeanne wohl auf René.

5 Vgl. Staley, *King René d'Anjou,* S. 153 ff.

6 Staley, a.a.O., S. 29. René schnitt selbst die Inschrift ein.

7 Sir Philip Sidney, ein Freund von John Dee, war ebenfalls ein Anhänger der hermetischen Philosophie. John Dee soll, so die Autorin Frances Yates, der Urheber rosenkreuzerischer Manifeste gewesen sein. Yates, *Occult Philosophy,* S. 170 ff. Weitere Informationen über Sidney und Dee finden sich bei French, *John Dee.* Sidney wußte zweifellos um den »verborgenen Strom«, der die abendländische Kultur durchfließt.

8 Die Manifeste sind abgedruckt in: Waite, *The Real History of the Rosicrucians*

9 Yates, *Rosicrucian Enlightenment,* S. 125

10 Yates, a.a.O., S. 192

11 Im Besitz der Royal Society befinden sich Briefe, die Robert Boyle hinsichtlich einer Gruppe mit der Bezeichnung *Sacred Cabalistic Society of Philosophers,* die ihn als Mitglied aufgenommen hatte, geschrieben hat. Sie scheint ihren Sitz in Frankreich gehabt zu haben. Vgl. Maddison, *The Life of . . . Robert Boyle,* S. 166 ff.

12 Vgl. Yates, *Rosicrucian Enlightenment,* S. 223 ff. Die Verfasserin erläutert die Verbindung zwischen der Rosenkreuzerbewegung und der Royal Society.

13 Weitere Informationen über Ramsay siehe: Walker, *The Ancient Theology,* S. 231 ff. und Henderson, *Chevalier Ramsay*

14 Der Text der Rede ist abgedruckt in: Gould, *History of Freemasonry,* vol. 5, S. 84 ff.

15 Waite, *New encyclopaedia of freemasonry,* vol. 2, S. 353 ff., und Le Forestier, *La franc-maçonnerie,* S. 126 ff.

16 Diese Aufstellung wurde publiziert in: Thory, *Acta Latomorum,* vol. 2, S. 282, und entspricht der Liste in den *Dossiers secrets* bis zur Spaltung im Jahre 1188. Zu dieser Zeit war Gerhard von Ridefort Großmeister.

17 Nodier, *Voyages pittoresques, Normandie,* vol. 2, S. 137 ff.

18 Pingaud, *La jeunesse de Charles Nodier*, S. 39

19 Pingaud, a.a.O., S. 231 ff., enthält die Regeln der Gesellschaft, darunter einige sehr kuriose. Regel 18 zum Beispiel lautet: »Die Brüder der Gesellschaft der Philadelphen haben eine besondere Vorliebe für die Farbe himmelblau, die Figur des Pentagramms und die Ziffer 5.«

20 Pingaud, a.a.O., S. 47

21 Nodier, *Contes*, S. 4 ff.

22 Nodier, *Histoire des sociétés secrètes*, S. 105

23 Nodier, a.a.O., S. 116

24 Die bedeutsamste Gestalt in den Geheimgesellschaften jener Zeit war Filippo Michele Buonarotti (ein Nachkomme von Michelangelos Bruder), der seine Karriere als Page des Großherzogs von Toskana begann und sich der Freimaurerei zuwandte. Beim Ausbruch der Französischen Revolution ging er nach Korsika, wo er bis 1794 blieb und die Bekanntschaft Napoleons machte. In den ersten Jahren des 19. Jahrhunderts gründete er zahllose Geheimgesellschaften, und zwar so viele, daß sich die genaue Zahl heute nicht mehr feststellen läßt. Lehning sagt von ihm: »Buonarotti war ein göttliches Wesen; wenn schon nicht allmächtig, so doch allgegenwärtig.« Eisenstein, *The First Professional Revolutionist . . . Buonarotti*, S. 48. Da Nodier, Hugo und Buonarotti viele gemeinsame Freunde wie Petrus-Borel, Louis Blanc, Célestin Nanteuil, Jehan Duseigneur, Jean Gigoux hatten, dürfen wir annehmen, daß sie sich auch persönlich kannten. Das Fehlen jeglicher Aufzeichnungen über ein Treffen zwischen Nodier und Buonarotti ist im Hinblick auf Buonarottis Persönlichkeit und seine Rolle, die er später in Paris spielte, höchst verdächtig. Vgl. auch Roberts, *The Mythology of the Secret Societies*, S. 233 ff. Es ist sehr wahrscheinlich, daß Buonarotti und Nodier Mitglieder der Prieuré de Sion waren, denn eine von Buonarottis Organisationen hieß Philadelphen, und diesen Namen gab Nodier auch seinem Orden.

25 Vgl. Kapitel 7, Anmerkung 30

26 Lucie-Smith, *Symbolist Art*, S. 110. Über Péladans Leben und seine Freunde siehe Pincus-Witten, *Occult Symbolism in France*

27 Lucie-Smith, *Symbolist Art*, S. 111

28 Das war sein Kommentar, als er aufgefordert wurde, das Wandgemälde zu entwerfen, das heute Teil einer Kapelle in der Kirche Notre Dame de France in London ist.

29 Vgl. Bander, *The Prophecies of St Malachy*, S. 93. Der lateinische Terminus lautet »Pastor et Nauta« – das Wort »nauta« kann entweder Seemann oder Navigator bedeuten; das entsprechende altfranzösische Wort lautet »nautonier«.

30 *Inde a primis*, veröffentlicht in *L'Osservatore Romano*, 2. Juli 1960, S. 1

7. Verschwörung seit Jahrhunderten

1 Lobineau, *Dossiers secrets*, Tafel Nr. 4, Ordre de Sion

2 De Sède, *Les Templiers*, S. 220 ff. Was Lhomoys Geschichte betrifft, siehe de Sède, S. 20 ff. und S. 231 ff. Vgl. auch Chaumeil, *Le trésor du triangle d'or*, S. 19 ff.

3 Le Maire, *Histoire et Antiquitez*, Teil 2, Urkunde XXVI, S. 96 ff.

4 Hinter der am 7. März 1560 in Amboise verkündeten Amnestie zugunsten der Hugenotten stand der Kardinal von Lothringen, der gelegentlich auch protestantische Gruppen mit Geld unterstützte.

5 Es war René von Anjou, der das Kreuz mit den zwei Querbalken zum Emblem des Hauses Lothringen erhob. Als sein Wappen erschien es auf Siegeln und Münzen. Populär machte das Kreuz René II., Herzog von Lothringen, der es in der Schlacht von Nancy im Jahre 1477 auf seinem Banner führte. Vgl. Marot, *Le symbolisme*, S. 1 ff.

6 Nostradamus gehörte den Kreisen an, die mit dem Haus Lothringen verbunden waren. Er lebte einige Jahre in Agen, dem Sitz Johanns von Lothringen, der Bischof und gleichzeitig Generalinquisitor von Frankreich war. Nachforschungen ergaben, daß Nostradamus vor der Inquisition gewarnt wurde, und alles deutet darauf hin, daß diese Warnung von Johann kam. Darüber hinaus waren Scaliger und der Hermetiker und Schöpfer des »théâtre de la mémoire« Giulio Camillo (siehe Yates, *Art of Memory*, Kap. 6) sowohl mit Nostradamus als auch mit dem Bischof befreundet. Ebenso pflegte der »Prophet von Agen« freundschaftlichen Umgang mit den Hofpoeten Pierre de Ronsard und Jean Dorat. Ronsard schrieb mehrere Huldigungsgedichte auf Nostradamus und Johann von Lothringen, und Jean Dorat sandte Jean-Aimé de Chavigny als Sekretär zu Nostradamus. Vgl. hierzu Liz Greene, *The Dreamer of the Vine*, London 1979.

7 Vgl. de Sède, *La race fabuleuse*, S. 106 ff. In diesem Buch stellt der Autor die ziemlich unwahrscheinliche These auf, die Merowinger

seien »Außerirdische« gewesen. Gefragt, woher er wisse, daß Nostradamus einige Zeit in Orval verbracht habe, antwortete de Sède, ein Mann namens Eric Muraise besäße ein Manuskript, woraus eben dies hervorginge, und er, de Sède, habe es persönlich überprüft.

Wir befragten einige Mönche der Abtei von Orval nach der Wahrscheinlichkeit eines solchen Aufenthalts. Diese Überlieferung war ihnen in der Tat bekannt, aber es gab weder Beweise dafür noch dagegen.

8 Allier, *Une Cabale*, S. 99 ff. Der Autor erklärt, es wäre die »Compagnie« gewesen, die Olier nahegelegt habe, das Seminar an Saint-Sulpice zu begründen.

9 Allier, a.a.O., S. 33

10 Auguste, *La Compagnie . . . à Toulouse*, S. 20 ff.

11 Allier, *Une Cabale*, S. 3

12 Lobineau, *Dossiers secrets*, Tafel Nr. 1, 1100—1600, und Tafel Nr. 19, 1800—1900

13 Sainte-Marie, *Recherches historiques*, S. 243

14 Soultrait, *Dictionnaire topographique . . . de la Nièvre*, S. 8 und 146. Das Dorf Les Plantards lag unweit von Sémelay, dem späteren Geburtsort von Johann XXII. von Plantard.

15 Vgl. *Bulletin de la société nivernaise des lettres, sciences et arts*, 2. série, vol. VII (1876), S. 110, 139 ff., 307. Siehe auch Chaumeil, *Le trésor du triangle d'or*, S. 80 ff., und auch die Abbildungen der Münzen, die dort gefunden wurden.

16 Blunt, *Poussin*, vol. 1, S. 170

17 Dieses Gemälde ist abgebildet bei Ward, *Freemasonry and the Ancient Gods*, S. 134. Es befindet sich, soweit wir wissen, im Besitz der »Supreme Grand Royal Arch Chapter of Scotland«, Edinburgh.

18 Delaude, *Le cercle d'Ulysse*, S. 3

19 Gout, *Mont-Saint-Michel*, S. 141 ff. Robert de Torigny schrieb in seinem Leben ungefähr 140 Bücher, von denen sich die Mehrzahl mit der Geschichte der Region beschäftigt. Während seiner Amtszeit verdoppelte sich die Zahl der Mönche in der Abtei, die zu einem »Heiligtum der Wissenschaft« wurde. Er war ein enger Freund Heinrichs II. und Thomas Beckets, und im Hinblick auf deren enge Verbindung mit der Prieuré de Sion, den Tempelrittern und Gisors ist es sehr wahrscheinlich, daß auch Abt Robert in vieles eingeweiht war. Wenn die Familie Plantard das Motto tatsächlich zu ihrem

Wahlspruch gemacht haben sollte, dann wäre es bestimmt von Robert aufgezeichnet worden. Denn es hat den Anschein, als ob die Familie zu jener Zeit in der Bretagne ansässig gewesen wäre. Darüber hinaus heiratete im Jahre 1156 — nach H. Lobineau — Johann VI. von Plantard Idoine von Gisors, die Schwester Johanns von Gisors, des neunten Großmeisters des Ordre de Sion und Gründers der Rosenkreuzer. Idoine ist historisch belegt, nicht aber ihr Gemahl — und so konnten wir nicht feststellen, welchen Titel die Familie Plantard im 12. Jahrhundert führte.

20 Myriam, »Les bergers d'Arcadie«, in: *Le Charivari*, Nr. 18, S. 49 ff.

21 Thory, *Acta Latomorum*, vol. 2, S. 15 ff. Gould, *History of Freemasonry*, vol. 2, S. 383

22 Erdeswick, *A Survey of Staffordshire*, S. 189

23 Peyrefitte, *La Lettre Secrète*, S. 197 ff. Der fragliche Brief lag einer Exkommunizierungsbulle bei, die vom Papst am 28. April 1738 unterzeichnet worden war.

24 Der »Orientalische Ritus von Memphis« ist seit der 1838 erfolgten Gründung der Großloge Osiris in Brüssel durch Jacques Etienne Marconis de Nègre bekannt. Nach der dem Ritus zugrunde liegenden Legende leitet er sich von dionysischen und ägyptischen Mysterien her. Angeblich soll ein ägyptischer Weise namens Ormus diese Geheimlehren mit dem Christentum verschmolzen haben, um das ursprüngliche Rosenkreuz hervorzubringen. Der »Orientalische Ritus von Memphis« wies insgesamt siebenundneunzig Grade auf, darunter so hehre Titel wie Kommandeur des leuchtenden Dreiecks, Sublimer Fürst des königlichen Mysteriums, Sublimer Pastor der Hütten, Doktor der Planisphären usw. Vgl. Waite, *New encyclopaedia of freemasonry*, vol. 2, S. 241 ff. Später wurden die Grade auf dreiunddreißig reduziert, und der Ritus nannte sich »Ehrwürdiger und primitiver Ritus«. Um 1854—56 wurde er von H. J. Seymour in den Vereinigten Staaten und 1872 von John Yarker in England eingeführt. Später vereinigte man ihn mit dem »Ordo Templi Orientis« und im Jahre 1875 schließlich mit dem »Ritus von Misraim«. In dem Werk *History of the Ancient and Primitive Rite of Masonry*, London 1875, wird die Meinung vertreten, der Ritus von Memphis sei von den 1779 in Narbonne gegründeten »Philadelphiens« eingeführt worden.

25 Vgl. *Genesis*, 28,18, wo Jakob einen Stein salbt.

26 Als Bibliothekar im Kultusministerium erhielt Pitois den Auftrag, alle Bücher durchzusehen, die aus den Klöstern und Provinzbibliotheken nach Paris gebracht worden waren. Er und Charles Nodier brüteten zusammen über den Schriften und behaupteten, tagtäglich interessante Entdeckungen zu machen.

27 Es ist durchaus möglich, daß das am 18. Juli 1870 verkündete Dogma über die Unfehlbarkeit des Papstes unter anderem eine Reaktion der römisch-katholischen Kirche auf modernistische Tendenzen, Darwins Gedankengut und die zunehmende Macht des protestantischen Preußens darstellte.

28 Iremonger, *William Temple*, S. 490

29 Eine kurze Biographie Hoffets gibt Descadeillas in seinem Werk *Mythologie*, S. 85 ff. Hoffet wurde am 11. Mai 1873 im elsässischen Schiltigheim geboren. Im Jahre 1884 begann er seine Studien an der Maîtrise de Montmartre und setzte sie am petit séminaire de Notre-Dame de Sion fort, wo er sich auf den geistlichen Stand vorbereitete. Er begann sein Noviziat in Saint-Gerlach in Holland und trat 1892 in den Orden der Oblats de Marie ein. In Lüttich wurde er 1898 zum Priester geweiht. Er arbeitete als Missionar zuerst in Korsika, dann wieder in Frankreich. Die Jahre 1903 bis 1904 verbrachte er in Rom und kehrte schließlich 1914 nach Paris zurück, wo er bis zu seinem Tod im Jahre 1946 lebte. Hoffet sprach fließend Griechisch, Hebräisch und Sanskrit. In *Le vrai dossier*, S. 33 ff., berichtet de Sède, daß Descadeillas, der in der Öffentlichkeit jeden Gedanken an ein »Mysterium« in Rennes-le-Château weit von sich wies, an die Obern der Oblats de Marie geschrieben und nachgefragt habe, ob es Beweise dafür gebe, daß Hoffet je in Rennes gepredigt hätte. Wie de Sède weiter ausführt, antwortete der Archivar von Hoffets Orden: »Hoffet ist der Autor einiger sehr interessanter Studien über die Freimaurerei, und ich habe eine Anzahl seiner Manuskripte ausgegraben . . . und den Auftrag gegeben, die besonders interessanten Dokumente sicher zu verwahren.« Vgl. auch Chaumeil, *Le trésor du triangle d'or*, S. 106 ff.

30 Papus wurde am 13. Juli 1865 in Spanien geboren. Im Jahre 1887 schloß er sich der Theosophischen Vereinigung an, verließ sie aber bereits ein Jahr später wieder, um seine eigene, nach martinistischen Prinzipien ausgerichtete Gruppe ins Leben zu rufen. Im gleichen Jahr gründete er zusammen mit Péladan und Stanislas de Guaïta den »Ordre cabalistique de la Rose-Croix«. Mit diesen und

dem Schriftsteller Villiers de l'Isle-Adam schuf er 1889 die Zeitschrift *L'initiation*. Im Jahre 1891 trat ein »Oberster Rat« des Martinistischen Ordens mit Papus als Großmeister in Paris zusammen. Etwa zur gleichen Zeit unterstützte Papus Doinel bei der Gründung der neo-katharischen Kirche. Doinel zog sich jedoch 1895 von diesem Projekt zurück und überließ die Kirche Papus und zwei anderen unter der Oberaufsicht eines Patriarchen. Er selbst ging nach Carcassonne. Im gleichen Jahr wurde Papus Mitglied des Ordens der goldenen Dämmerung in der Pariser Loge Ahathoor. Zu dieser Zeit war er mit Emma Calvé befreundet. 1899 zog einer seiner engsten Freunde, Philippe de Lyon, nach Rußland und gründete am Zarenhof eine martinistische Loge. Ein Jahr später reiste Papus selbst nach St. Petersburg, wo er sehr schnell der Freund und Vertraute des Herrscherpaares wurde. Papus weilte häufig in Rußland, das letzte Mal 1906. Bei dieser Gelegenheit lernte er auch Rasputin kennen. Später wurde Papus in Frankreich Großmeister des »Ordo Templi Orientis« und der Logen Memphis und Misraim. Er starb am 25. Oktober 1916.

31 Nilus, *Protokolle*. Von diesem Werk erschienen bis 1960 allein in Großbritannien dreiundachtzig Auflagen, was vermuten läßt, daß der Antisemitismus auch in diesem Land weit verbreitet ist. Im selben Verlag Britons Publishing, einer Tochterfirma der katholisch-konservativen Augustine Publishing, erscheinen Titel wie *Jews' Ritual Slaughter* oder *Jews and the White Slave Traffic*.

32 Über die Geschichte der Protokolle vgl. Cohn, *Warrant for Genocide*; Bernstein, *Truth about »The Protocols«*, und Fly, *Waters Flowing Eastward*. Letzteres ist in jeder Hinsicht ein antisemitisches Machwerk. Es enthält unter anderem eine Photographie, die beweisen soll, daß Zar Nikolaus II. einem Ritualmord durch einen jüdischen Kabbalisten zum Opfer fiel.

33 Nilus, *Protokolle*, Nr. 13

34 Nilus, a.a.O., Nr. 24. In einigen früheren Ausgaben der *Protokolle* ist dieses Statement nicht enthalten.

35 Nilus, a.a.O., Nr. 24

36 Blancassal, *Les descendants*, S. 6

37 Vgl. Boudet, *La vraie langue celtique*, Reprint Belfond 1978, und darin das Vorwort von Pierre Plantard de Saint-Clair.

38 Chaumeil, *Le trésor du triangle d'or*, S. 136

39 Vgl. Rosnay, *Le Hiéron du Val d'Or*

40 Chaumeil, *Le trésor du triangle d'or*, S. 139 ff.

8. Die geheime Gesellschaft heute

1 Philippe de Chérisey, ein Freund von Pierre Plantard de Saint-Clair, ist der Autor des allegorischen Romans *Circuit*. Der Stoff reicht von Atlantis bis Napoleon. Das Buch hat zweiundzwanzig Kapitel, deren Überschriften sich auf die Trumpfkarten des Tarockspiels beziehen. Das einzige Exemplar besitzt die Bibliothek in Versailles. Das Werk behandelt unter anderem die Geschichte zweier symbolischer Gestalten, Charlot und Madeleine, die in Rennes einen Schatz heben. Vgl. Chaumeil, *Le trésor du triangle d'or*, S. 141 ff.

2 *Statuten der Prieuré de Sion*, Artikel XI und XII. Eingegangen bei der Unterpräfektur Saint-Julien-en-Genevois am 7. Mai 1956, Aktennummer KM 94550

3 *Midi Libre*, 13. Februar 1973, S. 5

4 Myriam, »Les bergers d'Arcadie«, in: *Le Charivari*, Nr. 18, S. 49 ff.

5 enthalten in: Lobineau, *Dossiers secrets*, S. 1

6 ebd.

7 ebd.

8 S. Roux, *L'affaire de Rennes-le-Château*. Auf einem anderen Blatt der *Dossiers secrets* schreibt ein gewisser Edmond Albe, daß S. Roux das Pseudonym des Abbé Georges de Nantes sei. Dieselbe Aussage macht auch Mathieu Paoli, *Les dessous d'une ambition politique*, S. 82. Georges de Nantes ist der Führer der »Katholischen Gegenreformation im 20. Jahrhundert« und Autor eines Angriffs auf Papst Paul VI., *Liber Accusationis in Paulum Sextum*, in dem er den Heiligen Vater der Ketzerei beschuldigt. Es scheint, daß er dem gleichen Lager wie Bischof Lefebvre angehört. Da diese Identifizierung bislang offenbar nicht dementiert worden war, schrieben wir an den Abbé Georges de Nantes, zitierten aus Paolis Buch und fragten ihn, ob er diese Behauptungen bestätigen könne oder zurückweisen wolle. Der Abbé teilte uns mit, daß er von Zeit zu Zeit immer wieder um Erklärungen gebeten werde und nur wiederholen könne, daß er mit S. Roux nichts zu tun habe. »Überdies«, fügte er hinzu, »ist ein solcher Text ein einziges Gewebe von Absurditäten. Wie konnten Sie so etwas ernst nehmen?«

9 Roux, *L'affaire de Rennes-le-Château*, S. 1

10 Roux, a.a.O., S. 2

11 ebd.

12 Delaude, *Le cercle d'Ulysse*, S. 6 (V)

13 *Guardian*, London, 11. September 1976, S. 13

14 Bei einem Gespräch äußerte Mgr. Brunon, der Nachfolger Lefebvres auf dem Bischofsstuhl von Tulle, die Meinung, daß Lefebvre manipuliert werde. *Guardian*, London, 1. September 1976, S. 4. Gianfranco Svidercoschi, den die *Times* als einen erfahrenen und gewöhnlich gut unterrichteten Vatikankorrespondenten schätzt, erklärte, der Papst wisse von der Tatsache, daß Mgr. Lefebvre von gewissen Leuten beeinflußt werde. Vgl. *Times*, London, 31. August 1976, S. 12

15 *Guardian*, London, 30. August 1976, S. 16. Begierig, mehr darüber zu erfahren, schrieben wir an Pater Peter Morgan und baten ihn um weitere Erklärungen. Pater Morgan antwortete uns jedoch nicht.

16 Der zitierte Artikel wurde am 19. und 20. Januar 1981 in der Zeitschrift *Haut-Anjou* veröffentlicht.

17 Nach letzten Informationen wurden sie am 13. Oktober 1979 nach Paris gebracht und der Caisse d'Épargne (4, place de Mexico) zur Aufbewahrung übergeben.

18 *Le Charivari*, Nr. 18, S. 56 ff.

19 Die alten Statuten wurden am 7. Mai 1956 bei der Unterpräfektur registriert. Die zweite Nummer der Zeitschrift *Circuit* vom 3. Juni 1956 berichtet von einer Konferenz, in deren Verlauf über die Satzung diskutiert wurde. Die von Cocteau unterschriebenen Statuten tragen das Datum vom 5. Juni 1956.

20 *Bonne Soirée*, Nr. 3053, 14. August 1980, S. 14

21 Während wir dieses Buch schrieben, haben wir in einer ganzen Reihe von Werken nachgeschlagen, die sich mit Stammbäumen adeliger Familien beschäftigen, aber keinen einzigen Hinweis auf den Namen Plantard de Saint-Clair gefunden. Dadurch wird jedoch sein Anspruch in keinster Weise in Frage gestellt, da nach seinen eigenen Aussagen der Name und die mit ihm verbundene merowingische Herkunft über Jahrhunderte hin geheimgehalten wurden.

22 *Le Charivari*, Nr. 18, S. 60, *Gisors et son secret*.

23 Das bedeutendste Werk von de Sède, *Les Templiers sont parmi nous* [dt., Die Templer sind unter uns.], enthält ein Kapitel mit der Überschrift »Point de vue d'un hermétiste«. Darin bringt de Sède ein längeres Interview mit Pierre Plantard de Saint-Clair, wobei er

nicht nur viele Fragen stellt, sondern seinen Gesprächspartner auch als eine Autorität anerkennt. P. Plantard scheint de Sèdes Buch über Rennes-le-Château beeinflußt zu haben. Während der Dreharbeiten zu unserem Film *The Lost Treasure of Jerusalem?* stellte uns de Sèdes Verlag umfangreiches Bildmaterial zur Verfügung. Die von de Sède für sein Buch benutzten Photos sind auf der Rückseite mit »Plantard« gestempelt.

24 *Le Charivari*, Nr. 18, S. 55

25 ebd.

26 *Le Charivari*, a.a.O., S. 53

27 Von P. Plantard erhielten wir die Photokopie der eidesstattlichen Aussage eines namentlich genannten Offiziers der Ehrenlegion und der französischen Résistance. Darin wird versichert, daß Pierre Plantard von 1941 an heimlich die Widerstandszeitschrift *Vaincre* herausgab. Darüber hinaus wird bestätigt, daß P. Plantard von Oktober 1943 bis Februar 1944 im Gefängnis der Gestapo in Fresnes einsaß. Diese Niederschrift wurde am 11. Mai 1953 ausgestellt. Sie nachzuprüfen war nicht ganz einfach. Zunächst gab es mehrere Publikationen mit dem Titel »Vaincre«, die während des Krieges von verschiedenen Widerstandsgruppen herausgegeben wurden. In unserem Fall schien es sich um jenes *Vaincre* zu handeln, das vom Comité Local du Front National de Lutte pur Indépendance de la France herausgegeben und in Saint-Cloud, Paris, gedruckt wurde. (Die Bibliothèque Nationale besitzt das Exemplar Nr. 27 vom April 1943.) Wir schrieben an den historischen Dienst der französischen Armee und baten um Einzelheiten über die Aktivitäten von P. Plantard in der Résistance. Daraufhin erhielten wir vom französischen Verteidigungsministerium einen Brief, in dem uns mitgeteilt wurde, daß diese Information persönlich und vertraulich sei.

28 Vgl. Vazart, *Abrégé de l'histoire des Francs*, S. 271 ff., Anmerkungen 1 und 2. Letztere enthält den Text des Briefes von General de Gaulle.

29 Diesen Hinweis erhielten wir in einem Gespräch mit Jean-Luc Chaumeil. Wir wollten uns gerne mit M. Paoli unterhalten, und da wir wußten, daß er beim Schweizer Fernsehen gearbeitet hatte, während er sein Buch schrieb, riefen wir dort an. Der Chef der Finanzverwaltung der Radio-Télévision Swisse Romande teilte uns mit, daß Paoli im Jahre 1971 gekündigt habe. Angeblich sei er

nach Israel gegangen, um für das israelische Fernsehen in Tel Aviv zu arbeiten. Bedauerlicherweise verlor sich damit seine Spur.

30 Paoli, *Les Dessous*, S. 86

31 Die verschiedenen Ausgaben von *Circuit*, von denen einige in der Bibliothek in Versailles aufliegen, sind ein Musterbeispiel für die obskure Art, wie uns die Geschichte zugänglich gemacht wurde. Die erste Serie von *Circuit* beginnt mit dem 27. Mai 1956 und erscheint wöchentlich mit Ausnahme einer Sonderausgabe, die auf Nr. 11 folgt und das Datum vom 2. September 1956 trägt. Die Exemplare sind hektographiert und bestehen in der Regel aus zwei bis vier Seiten. Als Druckort ist Sous-Cassan, Annemasse, angegeben. Jede Nummer enthält eine Art Leitartikel von Pierre Plantard. Die meisten Ausgaben berichten über die Sitzungen, die anläßlich der Abfassung der Statuten der Prieuré de Sion abgehalten wurden, und über die Vorlage der Satzung bei der Unterpräfektur in Annemasse; allerdings wird der Name der Prieuré mit keinem Wort erwähnt. Die offiziell für die Publikation verantwortliche Vereinigung heißt nicht Prieuré de Sion, sondern »Organisation für die Verteidigung der Rechte und der Freiheit billiger Wohnungen« [Organisation de Défense des Droits et de la Liberté des Foyers HLM de Sous-Cassan]. Gleichzeitig tauchen in den Exemplaren dieser Zeitschrift Namen auf, die auch in den Statuten der Prieuré genannt werden, so der Name eines gewissen Armand Defago, der in den Statuten als Schatzmeister geführt wird. Die Ausgabe Nr. 8 vom 22. Juli 1956 enthält seinen Artikel über Astrologie, in dem er ein System erklärt, das dreizehn Tierkreiszeichen statt zwölf umfaßt. Das dreizehnte Zeichen heißt Ophiuchus und hat seinen Platz zwischen Skorpion und Schütze. Die zweite Serie der Zeitschrift *Circuit* erschien 1959 unter dem Titel: »Kulturelles Periodikum des Verbandes französischer Streitkräfte« [Publication Périodique Culturelle de la Fédération des Forces Françaises]. Viele Hefte aus dieser Serie sind nicht mehr greifbar. Wir fanden lediglich die Nr. 2, August 1959, Nr. 3, September 1959, Nr. 5, November 1959, und Nr. 6, Dezember 1959. Mathieu Paoli berichtet von Nr. 1, Juli 1959, und von Nr. 4. In *Le Charivari* wird eine Nr. 8 erwähnt. Wo sind die fehlenden Exemplare? Die Ausgaben enthalten Beiträge, deren Themen von Atlantis bis Nostradamus reichen, oder auch von Pierre Plantard astrologisch aufbereitete politische Prophezeiungen für die kom-

menden Jahre. Auf der Rückseite tragen alle Hefte das Symbol der Organisation und den Stempel »Plantard«.

32 Vazart, *Abrégé de l'histoire des Francs*, S. 271
33 M. Paoli, *Les dessous d'une ambition politique*, S. 94
34 ebd.
35 M. Paoli, a.a.O., S. 94 ff.
36 M. Paoli, a.a.O., S. 102
37 M. Paoli, a.a.O., S. 103
38 M. Paoli, a.a.O., S. 112

9. Die Könige mit den langen Haaren

1 Cochet, *Le tombeau de Childéric Ier*; Dumas, *Le tombeau de Childéric*

2 Nach Cochet, *Le tombeau de Childéric Ier*, S. 25, behielt Leopold Wilhelm (der auch Hochmeister des Deutschen Ordens war) siebenundzwanzig Bienen für sich und gab den Rest weiter. Mag sein, daß wir mit unseren Spekulationen zu weit gehen, aber es ist nicht uninteressant zu wissen, daß die Prieuré de Sion zu jener Zeit siebenundzwanzig Komtureien besaß.

3 Der Gedanke, daß Napoleon etwas mit unserer Geschichte zu tun haben könnte, kam uns bei der Lektüre der zahlreichen Hinweise in den Genealogien der *Dossiers*, die unter anderem auch auf das Werk eines Abbé Pichon verwiesen. Zwischen 1805 und 1814 stellte Abbé Pichon eine Studie über die merowingische Nachkommenschaft von Dagobert II. bis zum 20. November 1809 zusammen, jenem Tag, an dem Johann XXII. von Plantard in Sémelay (Nièvre) geboren wurde. Als Quellen nennt er Dokumente, die nach der Französischen Revolution entdeckt wurden. Zusätzliche Informationen fanden wir in Madeleine Blancassals *Alpina*. Dort heißt es auf Seite eins, Abbé Pichon sei von Sièyes (1795—99 Mitglied des Direktoriums, 1800—1814 Mitglied des Senats) und Napoleon mit dieser Arbeit beauftragt worden. *L'or de Rennes pour un Napoléon* von Ph. de Chérisey, das sich heute als Mikrofiche in der Bibliothèque Nationale befindet, informiert umfassend über dieses Thema. Chérisey meint, daß der Abbé Sièyes über Pichons Studien vom Überleben der Merowingerdynastie erfahren haben könnte. Auf jeden Fall setzte er Napoleon davon in Kenntnis und drängte ihn, Joséphine, die frühere Frau des merowingischen Nachfahren Alexandre de Beauharnais, zu heiraten. Später adoptierte Napoleon ihre

beiden Kinder aus Joséphines Ehe, in deren Adern das »königliche Blut« floß.

Napoleon beauftragte den Abbé Pichon (dessen wirklicher Name François Dron war), einen kompletten Stammbaum auszuarbeiten. Unter anderem war Napoleon daran interessiert, zu beweisen, daß die Dynastie der Bourbonen de facto illegitim war. Seine Krönung zum Kaiser der Franzosen (nicht Frankreichs) in einer Zeremonie mit Anklängen an die Merowinger soll ein Resultat dieser Studien von Sièyes und Pichon gewesen sein. Wenn dem so ist, dann legte Napoleon den Grundstein für ein erneuertes merowingisches Reich. Nachdem seine Ehe mit Joséphine kinderlos geblieben war, heiratete er Marie Louise, die Tochter des österreichischen Kaisers, die ebenfalls merowingischer Herkunft war. Sie gebar ihm einen Sohn, Napoleon II., der auch dieses »königliche Blut« besaß, jedoch ohne Nachkommen starb. Ebenso floß das merowingische Blut in Napoleon III., einem Sohn Louis Bonapartes und Hortense de Beauharnais' (Joséphines Tochter aus erster Ehe).

Diskret weist Chérisey darauf hin, daß sich Erzherzog Karl (der Bruder von Napoleons Gemahlin) mit einem Teil des Merowinger-schatzes, den Napoleon im Razès gefunden hatte, bestechen ließ, die Schlacht bei Wagram 1809 zu verlieren. Im damals habsburgi-schen Petrossa wurde dieser Schatz 1837 gefunden. Ein gewichtiger Grund für das große Interesse der Habsburger an diesem Schatz war sicher ihre merowingische Abkunft.

4 Carpenter, *Folktale, Fiction and Saga*, S. 112 ff.

5 Die Römer nannten Artemis Diana, und die Göttin Arduinna wurde auch Diana der Ardennen genannt. Ihr Kult war ein Mondkult und ihr Symbol die Mondsichel. Außerdem verehrte man Diana Ardu-inna als Göttin der Brunnen und Quellen. Eine große Statue, die ihr zu Ehren aufgestellt worden war, zerstörte der heilige Wulflaicus (frz. Walfroy) im 6. Jahrhundert. Die Legende von der Gründung der Abtei d'Orval berichtet in diesem Zusammenhang von einer geheimnisvollen Quelle, ein Hinweis auf Diana Arduinna. Vgl. Calmet, *Des Divinites*, S. 25 ff.

6 Vgl. Gregorius von Tours, *Zehn Bücher fränkischer Geschichte*, Buch V

7 Wallace-Hedrill, *The long-haired Kings*, S. 203 ff.

8 Wallace-Hedrill, a.a.O., S. 158

9 Dill, *Roman Society in Gaul*, S. 88

10 Wallace-Hedrill, *The long-haired Kings*, S. 171
11 Wichtige Quellen zu Dagobert II.: Digot, A., *Histoire du royaume d'Austrasie*, vol. 3, S. 220 ff., 249 ff., 364 ff.; Folz, *Tradition hagiographique*; Vincent, *Histoire fidelle de Saint Sigisbert*
12 Lanigan, *An Ecclesiastical History*, vol. 3, S. 101
13 Lobineau, *Dossier secrets*, Tafel Nr. 1, 600—900; Blancassal, *Les descendants*, S. 8 und Tafel Nr. 1
14 Sankt Amatus zog sich die Feindschaft des Hausmeiers Ebroin von Neustrien und Burgund zu. Dieser mächtige Mann war auch an der heimtückischen Ermordung Dagoberts II. beteiligt. Darüber hinaus verlor Amatus, kurz nach Dagoberts Rückkehr, sein Bischofsamt. Das Zusammentreffen dieser Ereignisse läßt vermuten, daß der Bischof dabei eine wichtige Rolle spielte. Als Dagobert heimkehrte, um sein rechtmäßiges Erbe in Besitz zu nehmen, zog er durch das Bistum des Amatus nach Razès.
15 Lobineau, *Dossiers secrets*, Tafel Nr. 2, 1500—1650; Blancassal, *Les descendants*, S. 8. Ein weiterer Schatz, der die Kostbarkeiten, die sich im Bereich von Rennes-le-Château befanden oder immer noch befinden, vermehrt.
16 Wallace-Hedrill, *The long-haired Kings*, S. 238
17 Mehr über diesen Kult bei Folz, *Tradition hagiographique*
18 A. Digot, *Histoire de royaume d'Austrasie*, vol. 3, S. 370 ff.
19 Jules Doinel, Gründer der neo-katharischen Kirche und Bibliothekar in Carcassonne, veröffentlichte 1899 eine kleine Broschüre, in der er die Absetzung der Merowinger durch die Karolinger beklagt. Vgl. Doinel, *Note sur le Roi Hildérik III*.
20 Wallace-Hedrill, *The long-haired Kings*, S. 246
21 Einhardus, *Das Leben Karls des Großen*
22 Paoli, *Les dessous d'une ambition politique*, S. 111
23 Dagobert II. wurde 1646 von Adrien de Valois »wiederentdeckt«, und der Jesuit und Bollandist Henschenius setzte ihn 1655 in den *Diatriba de tribus Dagobertus* wieder in die Stammtafeln der Merowinger ein. Vgl. Folz, *Tradition hagiographique*, S. 33. Es ist interessant zu wissen, daß es auch vor dieser »Wiederentdeckung« Hinweise auf Dagobert gab. Robert Denyau erwähnt ihn in seinem 1629 entstandenen *Calendarium matyrologium*. Auch in Gaspare Bruchios' Werk *Magni Operis de Omnibus Germanie*, Teil I (1549), S. 55 ff. wird er erwähnt.
24 Delaude, *Le cercle d'Ulysse*, S. 4. Diese Urkunde stammt angeblich

aus Villas Capitanarias, dem späteren Trapas und bezieht sich auf die Gründung des Klosters Saint-Martin d'Albières. Wir bemühten uns, diese Urkunde zu finden, aber ohne Erfolg. Die Archive von Capitanarias sind ein Teil der Archives de l'Aude, Série H, aber diese Urkunde fehlt. In dieser Situation erinnerten wir uns an einen Brief, in dem Jean Delaude gefragt wurde, woher er sein Wissen über dieses Dokument habe. Der Schreiber des Briefes war ein Mitglied der Universität Lille. Jean Delaude erwiderte, daß sich die Urkunde im französischen Nationalarchiv befände, aber im Katalog nicht angegeben sei, und er selbst mit Hilfe eines Bibliothekars zwei Monate gebraucht habe, um sie zu finden. Wie andere Interessenten zu dieser Urkunde gelangen können, gab er nicht an. Vgl. Chérisey, *L'énigme de Rennes*, Briefe Nr. 4 und 5, 1977.

25 Ponsich, *Le Conflent*, S. 244
26 ebd., Fig. 1. Vgl. Vaissete, *Histoire générale de Languedoc*, vol. 2, Anmerkung S. 276
27 Vaissete, *Histoire générale de Languedoc*, vol. 3, S. 4 ff.
28 Diese Legende berichtet R. Plot in seiner 1686 erschienenen *Natural History of Staffordshire*, S. 316 ff., im Rahmen einer Abhandlung über die Freimaurerei.
29 Die Bezeichnung Niederlothringen für Gottfried von Bouillons Herzogtum wurde 1190 aufgegeben; die Herrscher nannten sich fortan Herzöge von Brabant. Die Herzogin von Bouillon und die Herzogin von Brabant sind also ein und dieselbe Person.
30 Anselm behandelt im Bd. 6 seines grundlegenden Werkes *Histoire généalogique et chronologique*, S. 247 ff., die Geschichte des Hauses Boulogne. Die Verwirrung beginnt bei Gottfrieds Großvater, Graf Eustach I. von Boulogne, dessen Vater nicht genannt wird, nur der Name seiner Mutter Agnes und der ihres zweiten Gemahls Erniculé, Graf von Boulogne. Erniculé adoptierte den jungen Eustach und setzte ihn zum Erben ein. In den *Dossiers secrets*, Tafel Nr. 2, 900–1200, wird Hugo von Plantard (Langnase) als Eustachs Vater bezeichnet. Abbé Pichon zufolge wurde er im Jahre 1015 ermordet.

10. Ein Stamm in der Verbannung
1 Ranke-Graves, *Die weiße Göttin*
2 Der vollständige Text lautet: »Eines Tages verließen die Nachkommen Benjamins ihr Land; eine begrenzte Anzahl blieb zurück;

zweitausend Jahre später wurde Godefroy VI. [Gottfried von Bouillon] König von Jerusalem und gründete den Ordre de Sion. In dieser wunderbaren Legende, welche die Geschichte ausschmücken hilft, wie es auch die Bauweise eines Tempels vermag, dessen höchste Spitze sich in der Unendlichkeit des Raumes und der Zeit verliert, in diesem Mysterium, das Poussin versucht hat, in seinen Bildern ›Die Hirten in Arkadien‹ festzuhalten, liegt zweifellos das Geheimnis des Schatzes, vor dem die bäuerlichen Nachfahren und Hirten des stolzen Sugambrers über die Worte »Et in Arcadia ego« ☒und den Namen des Königs ›Midas‹ meditieren. Ein wichtiger Punkt ist, tausendzweihundert Jahre vor unserer Zeitrechnung, die Ankunft der Hebräer im Gelobten Land und deren langwierige Seßhaftwerdung im Lande Kanaan. In der Bibel, im Buch Deuteronomium 33, heißt es über Benjamin: ›Er ist der Geliebte des Ewigen, er wird in Sicherheit in Seiner Nähe wohnen, immer wird der Ewige ihn beschützen, und er wird zwischen Seinen Schultern Wohnung nehmen.‹ ╫ Weiter steht bei Josua 18, daß die Vorsehung als Erbe den Söhnen Benjamins folgende Stadt unter den vierzehn Städten und Dörfern geben wird: Jebus, unser heutiges Jerusalem mit seinen drei Erhebungen wie bei einem Dreieck: Golgotha, Sion und Bethanien. ☽
Schließlich wird in den Kapiteln Richter 20 und 21 gesagt: ›Keiner von uns wird seine Tochter einem Nachkommen Benjamins zur Frau geben . . . O, Ewiger, Gott Israels, wie konnte es Israel widerfahren, daß heute ein Stamm Israels fehlt.☒ ◊◊Vergil, der das Geheimnis der Götter kannte, lüftete den Schleier vom großen Rätsel Arkadiens in seiner Bucolica X—46/50: ›Tu procul a patria (nec sit mihi dredere tantum!). / Alpinas, ah, dura, nives et frigora Rheni/Me sine sola vides. Ah, te ne frigora laedant!/Ah tibi teneras glacis secet aspera plantas!‹ ✡

Sechs Pforten oder das Siegel des Sterns, das sind die Geheimnisse der Pergamente des Abbé Saunière, des Curé von Rennes-le-Château, die vor ihm der große Eingeweihte Poussin kannte, als er auf Anordnung des Papstes sein Werk schuf, die Inschrift auf dem Sarkophag ist die gleiche.«

Lobineau, *Dossiers secrets*, Tafel Nr. 1, 400—600

3 Ranke-Graves, *Griechische Mythologie*
4 Vgl. Michell, *Sparta*, S. 173. Die Spartaner verehrten Artemis und

Aphrodite als Kriegsgöttinnen. Daß beide später mit Ishtar und Astarte verschmelzen, läßt sich unter anderem auf semitischen Einfluß zurückführen.

5 Das Wort »semitisch« wurde 1781 von August Ludwig von Schlözer, einem deutschen Historiker und Publizisten, geprägt, um eine Gruppe untereinander verwandter Sprachen zu bezeichnen. »Semit« bedeutet also nicht die Zugehörigkeit zu einer Rasse, sondern zu einer Sprachengemeinschaft. Das Wort leitet sich von Sem, dem Sohne Noahs her. Hätte eine jüdische Kolonie diesen Berg in Lothringen besiedelt, dann würde man ihn »Berg des Sem« genannt haben. Das lateinische Wort »semita«, das Pfad oder Weg bedeutet, könnte genausogut bei der Namensgebung Pate gestanden haben.

11. Der Heilige Gral

1 Sehr wahrscheinlich standen diese Leute mit Otto Rahn in Verbindung; vgl. Kapitel 2, Anmerkung 9

2 Philippe von Flandern besuchte oft die Champagne und bemühte sich 1182 vergeblich um die Hand der seit zwei Jahren verwitweten Marie von Champagne (Tochter der Eleonore von Aquitanien). Der Roman von Chrétien de Troyes, *Perceval oder Die Geschichte vom Gral*, stammt wahrscheinlich aus dieser Zeit. Zwischen den regierenden Häusern Elsaß und Lothringen gab es eine dynastische Verbindung. Nach dem Tod des Bruders, 1048, erbte Gerhard von Elsaß das Herzogtum Oberlothringen, heute einfach Lothringen genannt. Alle nachfolgenden Herzöge betrachteten ihn als ihren Stammvater.

3 Möglicherweise existierten Dokumente, die sich mit dem Gral beschäftigten und die Philippe von Flandern kannte. Sie könnten die gemeinsame Grundlage für Chrétien de Troyes' und Robert de Borons Gralserzählungen gewesen sein. Professor Loomis vertritt die Meinung, daß Robert de Borons Verweis auf ein »großes Buch« über die Geheimnisse des Grals, dem er den größten Teil seiner Information verdanke, kein literarischer Kunstgriff sei. Vgl. Loomis, *The Grail*, S. 233 ff.

4 Vgl. R. Barber, *Knight and Chivalry*, S. 126

5 *Perlesvaus*, S. 359

6 *Perlesvaus*, S. 2

7 *Perlesvaus*, S. 214

8 *Perlesvaus*, S. 360

9 *Perlesvaus*, S. 199 ff.

10 *Perlesvaus*, S. 82

11 *Perlesvaus*, S. 89

12 *Perlesvaus*, S. 268

13 *Perlesvaus*, S. 12

14 Wolfram von Eschenbach, *Parzival*, Stuttgart 1981, Bd. 2, S. 39, 41, 43

15 Wolfram von Eschenbach, a.a.O., S. 65

16 Wolfram von Eschenbach, a.a.O., S. 73

17 Wolfram von Eschenbach, a.a.O., Bd. 1, S. 401, 403

18 Wolfram von Eschenbach, a.a.O., S. 405, 407

19 Wolfram von Eschenbach, *Parzival*, Bd. 2, S. 65, 67

20 Wolfram von Eschenbach, a.a.O., S. 67, 69

21 Wolfram von Eschenbach, a.a.O., S. 69, 71

22 Rahn, *Kreuzzug gegen den Gral*, S. 124 ff., und *Luzifers Hofgesind*, S. 69

23 Wolfram von Eschenbach, *Parzival*, Bd. 2, S. 107, 109

24 Wolfram von Eschenbach, a.a.O., S. 657

25 Barral, *Légendes capétiennes*, S. 64

26 Auch die Stadt Avallon wurde in der merowingischen Epoche gegründet. Zunächst war sie Hauptstadt einer Region und dann einer Grafschaft, die zum Königreich Aquitanien gehörte. Nach ihr wurde der ganze Landstrich benannt: l'Avallonais.

27 Greub, *The Pre-Christian Grail Tradition*, S. 68

28 Halevi, *Adam and the Kabbalistic Tree*, S. 194, 201; Fortune, *Mystical Qabalah*, S. 188

29 Häufig wird behauptet, daß die christlichen und die kabbalistischen Überlieferungen erst im fünfzehnten Jahrhundert von Schriftstellern wie Pico della Mirandola miteinander verschmolzen worden wären. Der *Perlesvaus* scheint zu belegen, daß dieser Prozeß schon mit Beginn des 13. Jahrhunderts einsetzte.

30 *Queste del Saint Graal*, S. 34

31 *Queste del Saint Graal*, Einführung, S. 16 ff.

12. Der Priesterkönig, der nie regierte

1 Smith, *Secret Gospel*, S. 14 ff. Der nur mit einem Leinentuch bekleidete Jüngling erscheint später bei Markus 14,51—52. Als Jesus in Gethsemane verraten wird, befindet er sich in Begleitung

»eines gewissen Jünglings, der um den Leib nur ein Tuch geworfen hatte«.

2 Das Markusevangelium schließt in den frühen Handschriften, den *Codex Vaticanus* und den *Codex Sinaiticus* eingeschlossen, nicht in der uns heute bekannten Weise, sondern mit Vers 16,8. Die beiden oben genannten Handschriften entstanden im 4. Jahrhundert, zu einer Zeit also, da die Bibel erstmals zu einem Band zusammengefaßt wurde.

3 Maccoby, *Revolution in Judaea*, S. 99

4 Dodd, *Historical Tradition in the Fourth Gospel*, S. 423

5 Brandon, *Jesus and the Zealots*, S. 16

6 Vermes, *Jesus the Jew*, S. 99

7 Charles Davis nach einem Bericht im *Observer*, London, 28. März 1971, S. 25

8 Phipps, *The Sexuality of Jesus*, S. 44

9 Smith, *Jesus the Magician*, S. 81 ff.

10 Brownlee, *Whence the Gospel According to John*, S. 192

11 Schonfield, *The Passover Plot*, S. 119, 134 ff.

12 Schonfield, a.a.O., S. 256

13 Die *Legenda aurea* des Jacobus de Voraigne, niedergeschrieben in den Jahren 1263 bis 1273, enthält die wohl bekannteste Version der Legende »Von Sanct Maria Magdalena« (S. 470 ff.). Noch älter als diese ist ein Werk des Mainzer Erzbischofs Hrabanus Maurus (776–856): »Leben der Maria Magdalena.« William of Malmesbury erzählt in seinen *The Antiquities of Glastonbury* zum erstenmal ausführlich die Legende über Joseph von Arimathia und dessen Reisen nach Britannien.

14 Vermes, *Jesus the Jew*, S. 21, erwähnt, daß das aramäische Wort »nagger« (Zimmermann oder Handwerker) im talmudischen Sprachgebrauch sowohl Gelehrter wie auch Lernender bedeutet.

15 Maccoby, *Revolution in Judaea*, S. 57 ff., zitiert Philo von Alexandrien, der Pilatus als »von Natur aus grausam« beschreibt.

16 H. Cohn, *The Trial and Death of Jesus*, S. 97 ff.

17 Dieser Passahfestbrauch, den nur die vier Evangelien bezeugen, sollte ein Alibi für die Römer sein und die Juden ins Unrecht setzen. Vgl. Brandon, *Jesus and the Zealots*, S. 259, und H. Cohn, *The Trial and Death of Jesus*, S. 166 ff. (Haim Cohn ist israelischer Ex-Generalstaatsanwalt, Mitglied des Obersten Gerichtshofes, Dozent der Rechtsgeschichte); Winter, *On the Trial of Jesus*, S. 94

18 Professor Brandon ist der Meinung, man müsse bei jeder Untersuchung, die sich mit dem historischen Jesus beschäftige, von der
Tatsache ausgehen, daß er von den Römern wegen Anstiftung zum
Aufruhr hingerichtet worden sei. Die Überlieferung, die ihn
»König der Juden« nennt, muß, so Brandon, als authentisch angesehen werden. Wegen seines peinlichen Beigeschmacks würden die
frühen Christen einen solchen Titel nicht erfunden haben. Vgl.
hierzu Brandon, *Jesus and the Zealots*, S. 328
19 Maccoby, *Revolution in Judaea*, S. 216
20 Brandon, *The Trial of Jesus*, S. 34
21 Joyce, *The Jesus Scroll*, S. 106
22 Einzelheiten über die Kreuzigung vgl. Winter, *On the Trial of
Jesus*, S. 62 ff., und H. Cohn, *The Trial and Death of Jesus*,
S. 230 ff.
23 Vgl. Schonfield, The Passover Plot, S. 154 ff.
24 H. Cohn, *The Trial and Death of Jesus*, S. 238
25 Vgl. *The Interlinear Greek-English New Testament*, S. 214 (Markus 15,43—45)
26 D. Joyce erzählt, man hätte ihn, als er Israel besuchte, gebeten,
mitzuhelfen, eine gestohlene Schriftrolle vom Roten Meer aus dem
Land zu schmuggeln. Trotz seiner Ablehnung habe er die Rolle
einsehen können. Sie war mit *Yeshua ben Ya'akob ben Gennesa-
reth* unterschrieben, und der Unterzeichner sagt von sich selbst, er
sei achtzig Jahre alt und der letzte der rechtmäßigen Könige Israels.
Vgl. Joyce, *The Jesus Scroll*, S. 22. Der Name bedeutet Jesus von
Nazareth, Sohn des Jakob.

13. Das große Geheimnis der Kirche
1 Eisler, *Die messianische Unabhängigkeitsbewegung*
2 Chadwick, *Early Church*, S. 125
3 Goodenough, *Jewish symbols*, vol. 7, S. 178 ff.
4 Vgl. Halsberghe, *The Cult of Sol Invictus*. Der Autor ist der
Überzeugung, daß der Kult im 3. Jahrhundert vom Kaiser Elagabal
nach Rom gebracht wurde. Religiöse Reformen, die Kaiser Aurelian
durchführen ließ, förderten die Ausbreitung des Sol-Invictus-Kults
in seiner ursprünglichen Form.
5 Mit 218 Ja-Stimmen und nur zwei Gegenstimmen erklärten die
Anwesenden den Sohn mit dem Vater identisch.
6 Seit dem 4. Jh. wird der Bischof von Rom Papst genannt.

7 Die Möglichkeit neuer Handschriftenfunde ist nicht auszuschließen. Im Katharinenkloster auf der Halbinsel Sinai entdeckte man vor nicht allzu langer Zeit große Bestände an alten Handschriften. Dieser Fund wurde zunächst zwei Jahre lang geheimgehalten, bis die Neuigkeit 1978 auf Umwegen einer deutschen Zeitung bekannt wurde. Es sind Tausende von Fragmenten, einige aus der Zeit vor dem Jahre 300. Bei dem Konvolut befanden sich auch acht fehlende Seiten aus dem *Codex Sinaiticus*, der sich jetzt im Britischen Museum befindet. Vgl. *International Herold Tribune*, 27. April 1978.

8 Maccoby, *Revolution in Judaea*, S. 129. Der Autor vermutet, daß die starke Betonung des antipharisäischen Aspekts bei Jesus offensichtlich dazu dienen sollte, ihn eher als einen Rebellen gegen die jüdische Religion als gegen Rom darzustellen.

9 Brandon, *Jesus and the Zealots*, S. 327. Vgl. auch Vermes, *Jesus the Jew*, S. 50: »Zelot oder nicht, Jesus wurde zweifellos als ein solcher beschuldigt, angeklagt und verurteilt.«

10 Allegro, *The Dead Sea Scrolls*, S. 167

11 Josephus, *Geschichte des jüdischen Krieges*, S. 484 f.

12 Josephus, *Geschichte des jüdischen Krieges*

13 Eisler, *Die messianische Unabhängigkeitsbewegung*

14 Irenäus, Ausgew. Schriften, Bd. 1: *Fünf Bücher gegen die Häresie*

15 Muhammad, *Der Koran*, 4,158. Vgl. Parrinder, *Jesus in the Qur'an*. S. 108 ff.

16 Pagels, *The Gnostic Gospels*, S. XVI ff.

17 »The Second Treatise of the Great Seth« in: *Nag Hammadi Library in English*, S. 332

18 »The Gospel of Mary« (das Evangelium der Maria) in: *Nag Hammadi Library in English*, S. 472

19 *Nag Hammadi Library in English*, S. 473

20 »The Gospel of Philip« (das Evangelium des Philippus) in: *Nag Hammadi Library in English*, S. 140

21 *Nag Hammadi Library in English*, S. 135 ff.

22 Phipps, *Was Jesus married?*, S. 136 ff.

23 »The Gospel of Philip« in: *Nag Hammadi Library in English*, S. 138

24 *Nag Hammadi Library in English*, S. 139

25 ebd.

26 *Nag Hammadi Library in English*, S. 148

14. Die Gralsdynastie

1 Parrinder, *Jesus in the Qur'an*, S. 110 ff.
2 Blancassal, *Les descendants*, S. 9
3 In Heliopolis gab es den heiligen Stier von Meroe. Daß Stiere bei den Sugambrern in hohem Ansehen standen, zeigt die Tatsache, daß ein goldener Stierkopf in Childerichs I. Grab in Tournai gefunden wurde.
4 Lobineau, *Dossiers secrets*, Tafel Nr. 1, 950—1400, Anmerkung 1
5 Rabinowitz, *The Title Migrantibus of the Lex Salica*
6 Zuckerman, *Jewish Princedom in feudal France*, S. 36 ff.
7 Zuckerman, a.a.O., S. 59
8 Ponsich, *Le Conflent*, S. 244, Anmerkung 10. Vgl. auch Levillain, *Les Nibelungen historiques*, Stammbaum gegenüber S. 46
9 Zuckerman, *Jewish Princedom in feudal France*, S. 81
10 Vgl. Zuckerman, a.a.O., S. 197
11 *William, Count of Orange, The Crowning of Louis*, S. 4
12 Ein Teil davon gehört heute zu »The Cloisters« in New York.
13 Saxer, *Le Culte de Marie Madeleine*, vol. 2, S. 412. Ihr Gedenktag war früher der 19. Januar (heute 22. Juli). Der Kult dürfte um 790 entstanden sein.
14 Zuckerman, *Jewish Princedom in feudal France*, S. 64
15 Zuckerman, a.a.O., S. 58
16 Pange, *Maison de Lorraine*, S. 60

15. Schlußfolgerungen und Ausblicke

1 Lacordaire, *Sainte Marie-Madeleine*
2 *Encyclopaedia Britannica*, 14. ed., 1972, *Crown and Regalia*, Fig. 2
3 Nilus, *Protokolle*, Nr. 24
4 Péguy Charles, »La tapisserie de sainte Geneviève«, in: *Œuvres complètes*, Paris 1957, S. 849
5 Der heilige Sigibert war der Vater von Dagobert II.

Die angeblichen Großmeister der Prieuré de Sion

1 Vgl. P. Digot, *Notre-Dame-de-Sion*, S. 8. Wir besorgten uns eine Kopie der Gründungsurkunde dieses Ordens. Alle Dokumente werden in der städtischen Bibliothek von Nancy aufbewahrt.
2 Fédié, *Le Comté de Razès*, S. 119
3 Birch, *The Life of Robert Boyle*, S. 274
4 ebd.

5 Vgl. Manuel, *Portrait of Isaac Newton*, und Dobbs, *Foundations of Newton's Alchemy*

6 Newton war auch ein Anhänger der »Socinians«. Diese religiöse Gruppierung glaubte nicht an die Gottessohnschaft Jesu. Ähnlich wie Arius meinten auch sie, Jesus sei seiner Verdienste wegen vergöttlicht worden. Newton bezeichnete sich selbst als Arianer.

7 Perey, *Charles de Lorraine*, S. 287

1. Die »Prieuré-Dokumente«

Antoine l'Ermite: Un trésor mérovingien à Rennes-le-Château. Anvers 1961.

Beaucéan, Nicolas: Au pays de la Reine Blanche. Paris 1967.

Blancassal, Madeleine: Les descendants mérovingiens ou l'énigme du Razès wisigoth. Genèva 1965.

Boudet, Henri: La vraie langue celtique et le cromleck de Rennes-les-Bains. Carcassonne 1886.

Boudet, Henri: La vraie langue celtique et le cromleck de Rennes-les-Bains. Edition fac-similé aves une préface par Pierre Plantard de Saint-Clair. Paris 1978.

Chérisey, Philippe de: Circuit. Liège 1968.

Chérisey, Philippe de: L'or de Rennes pour un Napoléon. Liège 1975.

Chérisey, Philippe de: L'énigme de Rennes. Paris 1978.

Delaude, Jean: Le cercle d'Ulysse. Toulouse 1977.

Feugère, Pierre/Louis Saint-Maxent/Gaston de Koker: Le serpent rouge, notes sur Saint-Germain-des-Pres et Saint-Sulpice de Paris. Pontoise 1967.

Hisler, Anne Lea: Rois et gouvernants de la France, les grandes dynasties depuis l'origine. Paris 1964.

Hisler, Anne Lea: Trésor au pays de la Reine Blanche. Paris 1969.

Lobineau, Henri [d.i. Leo R. Schidlof]: Généalogie des rois mérovingiens et origine des diverses familles françaises et étrangères de souche mérovingienne d'après l'abbé Pichon, le Dr. Hervé et les parchemins de l'abbé Saunière de Rennes-le-Château (Aude). Genf 1956.

Lobineau, Henri [d.i. Leo R. Schidlof]: Dossiers secrets. Paris 1967.

Myriam, D.: Les bergers d'Arcadie. In: Le Charivari, no. 18. Paris 1973.

Roux, S.: L'affaire de Rennes-le-Château, réponse à M. Lionel Burrus. Levallois-Perret 1966.

Stublein, Eugène: Pierres gravées du Languedoc . . . paginé 181–191. Limoux 1884.
Reproductions des planches XVI à XXIII par l'abbé Joseph Courtauly. Villarzel-du-Razès 1962.

2. Allgemeine Literaturhinweise

Addison, Charles Greenstreet: The History of the Knights Templars, the Temple Church and the Temple. London 1842.

Alart, Bernard: Suppression de l'ordre du Temple en Roussillon. In: Bulletin de la société agricole, scientifique et littéraire des Pyrénées Orientales, vol. 15, Perpignan 1867.

Albon, Guigues Alexis M.J.A. de (ed.): Cartulaire général de l'ordre du Temple, 1119—1150. Paris 1913.

Albon, Guigues Alexis M.J.A. de: Introduction au cartulaire manuscrit du Temple (1150—1317). Paris 1930.

Allegro, John Marco: The Treasure of the Copper Scroll. London 1960.

Allegro, John Marco: The Dead Sea Scrolls. 2. ed. Harmondsworth 1975.

Allier, Raoul Scipion Philippe: La cabale des dévots, 1627—1666. Paris 1902.

Allier, Raoul Scipion Philippe: Une société au XVIIe siècle. La Compagnie du Très-Saint-Sacrement de l'autel à Marseille. Paris 1909.

Anderson, James: Die Constitutionen der frei-maurer, welche die geschichte, vorschriften, anordnungen u.s.w. dieser sehr alten und ehrwürdigen brüderschaft enthalten. Zum gebrauch der logen. London 1723.

Andressohn, John Carl: The Ancestry and Life of Godfrey of Bouillon. Bloomington 1947.

Annuaire ecclésiastique. Paris 1896.

Anselme de Sainte Marie: Histoire généalogique et chronologique de la maison royale de France. 3. ed., revue . . . par les soins du P. Ange et du P. Simplicien, . . . 9 vols. Paris 1726—1733.

Arbois de Jubainville, Henry d': Histoire des ducs et des comtes de Champagne, depuis le 6ᵉ siècle jusqu'à la fin du 6ᵉ. 8 vols. Paris 1859—1869.

Arcons, César d': Du flux et reflux de la mer et des longitudes . . . avec ses observations sur la jonction des mers, la navigation des rivières, la construction des ports de mer, l'artillerie navale et les mines métalliques de France. 2. ed. Paris 1667.

Aubert de La Chenaye Des Bois, François-Alexandre: Dictionnaire de la noblesse, contenant les généalogies, l'histoire et la chronologie des familles nobles de France. 3. ed. 19 vols. Paris 1863—1876.

Auguste, Alphonse: La Compagnie du Saint-Sacrement à Toulouse. Paris 1913.

Bander, Peter: Prophecies of St Malachy and St Columbkille. 4. ed. Gerrards Cross 1979.

Barber, Malcolm: Trial of the Templars. Cambridge 1978.

Barber, Richard William: The Knight and Chivalry. London 1970.

Barber, Richard William: King Arthur in Legend and History. Ipswich 1974.

Baring-Gould, Sabine: Curious myths of the Middle Ages. 2. ed. London 1862.

Barral, Adrien de: Les Chroniques de l'histoire de France. Légendes capétiennes. Les premiers Capétins. Tours, Cattier 1884.

Barrès, Maurice: La colline inspirée. Paris 1913.

Barthélemy, Edouard le: Obituaire de la commanderie du Temple de Reims. Paris 1882.

Bégouën, Henri Graf: Une société émule de la Compagnie du Saint-Sacrement. L'Aa de Toulouse aux XVIIᵉ et XVIIIᵉ siècles. Paris 1913.

Bernadac, Christian: Le Mystère Otto Rahn. Le Graal et Montségur: du catharisme au nazisme. Paris 1978.

Bernstein, Herman: The truth about »The protocols of Zion«. New York 1935.

Die Bibel. Einheitsübersetzung der Heiligen Schrift. Stuttgart 1982.

Birch, Thomas: The life of the Honourable Robert Boyle. London 1744.

Blunt, Sir Anthony: Nicolas Poussin. 2 vols. London 1967.

Bouquet, Dom Martin (ed.): Recueil des historiens des Gaules et de la France . . . vol. 15. Paris 1738.

Brandon, Samuel George Frederick: Jesus and the Zealots. A study of the political factor in primitive Christianity. Manchester 1967.

Brandon, Samuel George Frederick: The Trial of Jesus of Nazareth. London 1968.

Brownlee, W.H.: Whence the Gospel According to John. In: Charlesworth, James Hamilton (ed.): John and Qumrān. London 1972.

Bruel, A.: Chartes d'Adam, abbé de N.-D. du Mont-Sion et le Prieuré de Saint-Samson d'Orléans. In: Revue de l'Orient Latin, vol. 10. Paris 1905.

Bull, Norman J.: The Rise of the Church. London 1967.

Calmet, Dom Augustin: Publication des œuvres inédites de Dom A. Calmet, par F. Dinago . . . 2 vols. Saint-Dié 1877–1878. Vol. 1:

Des Divinites payennes adorées autrefois dans la Lorraine et dans d'autres pays voisins et de l'origine du jeu de cartes.

Carpenter, Rhys: Folk-tale, Fiction and Saga in the Homeric Epics. Berkeley, Los Angeles 1946.

Carrière, Victor: Histoire et cartulaire des Templiers de Provins, avec une introduction sur les débuts du Temple en France. Paris 1919.

Catel, Guillaume de: Mémoire de l'histoire du Languedoc curieusement et fidèlement recueillis de divers auteurs. Toulouse 1633.

Chadwick, Henry: Priscillian of Avila. Occult and the Charismatic in the Early Church. Oxford 1976.

Chadwick, Henry: Early Church. Harmondsworth 1978.

Charroux, Robert: Trésors du Monde enterrés, emmurés engloutis. Paris 1962.

Chassant, Alphonse Antoine Louis/Henri Tausin: Dictionnaire des devises historiques et héraldiques . . . 3 vols. Paris 1878—1895.

Chatelain, Urbain Victor: Le Surintendant Nicolas Fouquet, protecteur des lettres, des arts et des sciences. Paris 1905.

Chaumeil, Jean-Luc: Le trésor du triangle d'or. Nizza 1979.

Chrétien de Troyes: Perceval oder die Geschichte vom Gral. Aus dem Altfranz. übers. von Konrad Sandkühler. Stuttgart 1977.

Cochet, Jean Benoît Désiré: Le Tombeau de Childéric I., roi des Francs, restitué à l'aide de l'archéologie et des découvertes récentes faites en France . . . Paris 1859.

Cohn, Haim Hermann: The Trial and Death of Jesus. New York 1971.

Cohn, Norman: Pursuit of the Millennium. Revolutionary Millenarians and Mystical Anarchists of the Middle Ages. St. Albans 1970.

Cohn, Norman Rufus Colin: Warrant for genocide. The myth of the Jewish world-conspiracy and the Protocols of the elders of Zion. Harmondsworth 1970.

Collin, H.: Après Azincourt. Bar, capitale ducale, et la compagnie du Lévrier Blanc. In: Bulletin des sociétés d'histoire et d'archéologie de la Meuse, no. 12. Bar-le-Duc 1975.

Courrent, Paul: Notice historique sur les bains de Rennes. Carcassonne 1934.

Curzon, Henri de (ed.): La règle du Temple. Paris 1886.

Cutts, Edward Lewes: A manual for the study of the sepulchral slabs and crosses of the middle ages. London 1849.

Daraul, Arkon: A History of Secret Societies. New York 1969.

442

Delaborde, Henri-Françoise: Jean de Joinville et les seigneurs de Joinville, suivi d'un catalogue de leurs actes. Paris 1894.

Demay, Germain: Inventaire des sceaux de la Normandie, recueillis
dans les dépôts d'archives, musées et collections particulières des
départements de la Seine-Inférieure . . . Paris 1881.

Denyau, Robert: Histoire polytique de Gisors et du pays de Vulcsain.
Manuscript in Bib. de Rouen, Coll. Montbret 2219, V 14a. Gisors
1629.

Descadeillas, René: Rennes et ses derniers seigneurs, 1730—1820.
Toulouse 1964.

Descadeillas, René: Mythologie du trésor de Rennes. In: Mémoires de
la société des arts et des sciences de Carcassonne, 4. sér., vol. 7,
partie 2. Carcassonne 1974.

Didrit, Théophile: La Montagne de Sion-Vaudémont et son sanctuaire.
In: Mémoires de la société d'archéologie Lorraine, 3. sér., vol. 27.
Nancy 1899.

Digot, Auguste: Histoire de Lorraine. 3 vols. Nancy 1856.

Digot, Auguste: Histoire du royaume d'Austrasie. 4 vols. Nancy 1863.

Digot, Auguste: Mémoire sur les établissements de l'ordre du Temple
en Lorraine. In: Mémoires de la société d'archéologie Lorraine. 2.
sér., vol. 10. Nancy 1868.

Digot, Paul: Notice historique sur Notre-Dame-de-Sion (Vaudémont).
Nancy 1856.

Dill, Sir Samuel: Roman society in Gaul in the Merovingian Age.
London 1926.

Dobbs, Betty Jo T.: Foundation of Newton's Alchemy or The Hunting
of the Greene Lyon. Cambridge 1976.

Dodd, Charles Harold: Historical Tradition in the Fourth Gospel.
Cambridge 1963.

Dodu, Gaston: Histoire des institutions monarchiques dans le royaume
latin de Jérusalem, 1099—1291. Paris 1894.

Doinel, Jules-Stanislas: Note sur le roi Hildérik III. Carcassonne 1899.

Drummond, Joseph Syndica: The Twentieth Century Hoax. London
1961.

Dumas, F.: Le Tombeau de Childeric. Paris o.J.

Einhardus: Vita Karoli Magni. Latein u. dt. Das Leben Karls des
Großen. Übers., Nachw. u. Anm. v. Evelyn Scherabon Coleman.
Stuttgart 1968.

Eisenstein, Elizabeth Lewisohn: The First Professional Revolutionist: Filippo Michele Buonarotti. Harvard 1959.

Eisler, Robert: Die messianische Unabhängigkeitsbewegung vom Auftreten Johannes des Täufers bis zum Untergang Jakobs des Gerechten, nach der neuerschlossenen Eroberung von Jerusalem des Flavius Josephus und den christl. Quellen. 2 Bde. Heidelberg 1929–30.

Erdeswick, Sampson: A survey of Staffordshire; containing the antiquities of that country. New ed. London 1844.

Esquieu, L.: Les Templiers de Cahors. In: Bulletin de la société des études littéraires, scientifiques et artistiques du Lot, vol. 22. Cahors 1897.

Evison, Vera Ivy: The Fifth-century Invasions South of the Thames. London 1965.

Fédié, Louis: Le Comté de Razès et le diocèse d'Alet, notices historiques. Carcassonne 1880.

Finke, Heinrich: Papsttum und Untergang des Templerordens. 2 Bde. Münster 1907.

Folz, R.: Tradition hagiographique et culte de Saint Dagobert, roi des Francs. In: Le Moyen Age. 4. sér., vol. 18. Brüssel 1963.

Fortune, Dion [d.i. Violet Mary Firth]: The Mystical Qabalah, 9. ed. London 1970.

Fouquet, Louis: Nicolas Poussin. Lettres de Louis Fouquet à son frère Nicolas Fouquet (1655–1656). Fragments communiqués par m.E. de Lépinois, et précédés d'une note de m. A. de Montaiglon sur Poussin, sculpteur. In: Archives de l'art français . . . Paris 1862, 2. sér., vol. 2, S. 267–309.

Frappier, Jean: Chrétien de Troyes. Paris 1968.

French, Peter J.: John Dee. The World of an Elizabethan Magus. London 1972.

Fry, Leslie: Waters Flowing Eastward, the War against the Kingship of Christ. Edited and rev. by Denis Fahey. 5. ed. London 1965.

Genealogy of Genevill of Trime, manuscript in Brit. Lib., Harley 1425, f. 127.

Gérard, Pierre/Elisabeth Magnou (Pub.): Cartulaires des Templiers de Douzens. Paris 1965.

Gilles, M.: Histoire de Sablé. Paris 1683.

Goodenough, Erwin Ramsdell: Jewish symbols in the Greco-Roman Period. 13 vols. New York 1953—68.

Gospel of the Infancy of Jesus Christ. In: Rutherford H. Platt (ed.): The Lost Books of the Bible. New York 1974.

Gospel of Peter. In: Rutherford H. Platt (ed.): The Lost Books of the Bible. New York 1974.

Gould, Robert Freke: The history of freemasonry, its antiquities, symbols, constitutions, customs . . . 6 vols. London o.J.

Gout, Paul Émile: Le Mont-Saint-Michel, histoire de l'abbaye et de la ville étude archéologique et architecturale des monuments . . . 2 vols. Paris 1910.

Graves, Robert von Ranke: Griechische Mythologie. Quellen und Deutung. (Autor. dt. Übers. aus d. Engl. von Hugo Seinfeld unter Mitw. von Borris von Borresholm.) 2 Bde. Reinbek 1960.

Graves, Robert von Ranke: King Jesus. 4. ed. London 1960.

Graves, Robert von Ranke: Die weiße Göttin. Sprache d. Mythos. Ins Dt. übertr. v. Thomas Lindquist u. Mitarb. von Lorenz Wilkens. Berlin 1981.

Gregorius von Tours: Zehn Bücher fränkischer Geschichte. (Historia Francorum, dt.) Aufgrund d. Übers. W. Giesebrechts neubearb. v. Rudolf Buchner. Darmstadt 1977—.

Greub, W.: The Pre-Christian Grail Tradition of the Three Kings. In: Mercury Star Journal, vol. 5, no. 2, Summer 1979.

Grousset, René: Histoire des Croisades et du royaume franc de Jérusalem. 3 vols. Paris 1934—36.

Hagenmeyer, Heinrich: Peter der Eremite. Ein kritischer Beitrag zur Geschichte des Ersten Kreuzzuges. Leipzig 1879.

Halevi, Z'ev Ben Shimon: Adam and the Kabbalistic Tree. London 1974.

Halsberghe, Gaston H.: The Cult of Sol Invictus. Leiden 1972.

Hay, Richard Augustine: Genealogie of the Sainteclaires of Rosslyn. Edinburgh 1835.

Henderson, George David: Chevalier Ramsay. London 1952.

The Interlinear Greek-English New Testament, trans. Alfred Marshall, 2. ed. London 1967.

Iremonger, Frederic Athelwold: William Temple Archbishop of Canterbury. His Life and Letters. London 1948.

Irenäus (Lugdunensis): Ausgewählte Schriften, ins Dt. übers. v. Ernst Klebba. Bd. 1: 5 Bücher gegen die Häresien. Kempten 1912.

Jacobus de Voragine: Die Legende aurea. Aus d. Lateinischen übers. v. Richard Benz. 9. Aufl. Heidelberg 1979.
Jaffus, Firmin: La Cité de Carcassonne et les trésors des Wisigoths. Carcassonne 1867.
Jean de Joinville: Das Leben des heiligen Ludwig. Übers. von Eugen Mayser. Hrsg. u. eingel. von Erich Kock. Düsseldorf 1969.
Jeantin, Jean François Louis: Les Chroniques de l'Ardenne et des Woëpvres, ou Revue et examen des traditions locales antérieures au XI. siècle, pour sevir à l'histoire de l'ancien comté de Chiny. Paris 1851—1852.
Johann von Würzburg: Description of the Holy Land, by John of Würzburg, AD 1160—1170. (Trans. Aubrey Stewart, Palestine Pilgrims Text Society) vol. 5. London 1897.
Josephus Flavius: Geschichte des jüdischen Krieges. (Übers. v. Heinrich Clementz.) Wiesbaden 1979.
Jourdanne, Gaston: Contribution au folklore de l'Aude. Usages, coutumes, littérature populaire, traditions légendaires. 2. ed. Paris 1973.
Joyce, Donovan: The Jesus Scroll. A time bomb for Christianity? London 1973.

King, Francis (ed.): The Secret Rituals of the O.T.O. London 1973.
Klausner, Joseph: Jesus von Nazareth; seine Zeit, sein Leben und seine Lehre. Aus dem Hebräischen von Walter Fischl. Berlin 1930.

Labouïsse-Rochefort, Auguste de: Les Amours, à Éléonore, recueil d'élégies. 2. ed. Paris 1818.
Labouïsse-Rochefort, Auguste de: Voyage à Rennes-les-Bains. Paris 1832.
Lacordaire, Jean Baptiste Henri de: Sainte Marie-Madeleine. Paris, Tours 1860.
Lalanne, Ludovic: Dictionnaire historique de la France, contenant l'histoire civile, politique et littéraire . . . l'histoire militaire . . . l'histoire religieuse . . . la géographie historique. 2. ed. Paris 1877.
Lanigan, John: An ecclesiastical history of Ireland, from the first

introduction of Christianity among the Irish, to the beginning of the thirteenth century. 2. ed. 4 vols. Dublin 1829.

Lauth, F.: Tableau de l'au-delà. In: Mémoires de la société des arts et des sciences de Carcassonne. 3. sér., vol. 5. Caracassonne 1937—40.

Lecoy de La Marche, Albert: Le Roi René, sa vie, son administration, ses travaux artistiques et littéraires d'après les documents inédits des archives de France et d'Italie. 2 vols. Paris 1875.

Lees, Beatrice Adelaide (ed.): Records of the Templars in England in the twelfth century, the Inquest of 1185, with illustrative charters and documents. London 1935.

Le Forestier, René: La franc-maçonnerie occultiste au XVIII. siècle et l'ordre des élus coens. Paris 1928.

Le Forestier, René: La franc-maçonnerie templière et occultiste aux XVIIIe et XIXe siècles. Paris 1970.

Le Maire, François: Histoire et Antiquitez de la ville et duché d'Orléans, avec les noms des roys, ducs, comtes, vicomtes, des gouverneurs . . . Orléans 1645.

Le Roy Ladurie, Emmanuel: Montaillou. Ein Dorf vor dem Inquisitor 1294 bis 1324. (Aus d. Franz. übers. u. bearb. v. Peter Hahlbrock.) Frankfurt/M., Berlin, Wien 1983. Ullstein Buch Nr. 34114.

Levillain, L.: Les Nibelungen historiques. In: Annales du Midi. Année 49,50. Toulouse 1937—38.

Lilley, Alfred Leslie: Modernism: a record and review. New York 1908.

Lizerand, Georges: Le Dossier de l'affaire des Templiers. Paris 1923.

Lobineau, Dom Gui-Alexis: Histoire de Bretagne. 2 vols. Paris 1707.

Loomis, Roger Sherman: Arthurian tradition and Chrétien de Troyes. New York 1949.

Loomis, Roger Sherman: The Grail, from Celtic myth to Christian symbol. Cardiff 1963.

Loyd, Lewis Christopher: The origins of some Anglo-Norman families. Ed. v. Charles Travis Clay und David C. Douglas. Leeds 1951.

Lucie-Smith, Edward: Symbolist Art. London 1972.

Maccoby, Hyam: Revolution in Judaea. London 1973.

Maddison, R.E.W.: The Life of the Honourable Robert Boyle. London 1969.

Manuel, Frank Edward: A Portrait of Isaac Newton. Cambridge, Mass. 1968.

Marie, Franck: Rennes-le-Château, étude critique. Bagneux 1978.

Marot, Pierre: Le symbolisme de la croix de Lorraine. Paris 1948.

Mazières, Abbé M.-R.: La venue et le séjour des Templiers du Roussillon à la fin du XIIIe siècle et au début du XIVe dans la vallée du Bézu (Aude). In: Mémoires de la société des arts et des sciences de Carcassonne. 4. sér., vol. 3. Carcassonne 1957—59.

Mazières, Abbé M.-R.: Une curieuse affaire du XIIe siècle, celle du »Puig des Lépreux« à Perpignan. In: Mémoires de la société des arts et des sciences de Carcassonne. 4. sér., vol. 4. Carcassonne 1960—62.

Mazières, Abbé M.-R.: Recherches historiques à Campagne-sur-Aude. In: Mémoires de la société des arts et des sciences de Carcassonne. 4. sér., vol. 4. Carcassonne 1960—62.

Mazières, Abbé M.-R.: Un épisode curieux, en terre d'Aude, du procès des Templiers. In: Mémoires de la société des arts et des sciences de Carcassonne. 4. sér., vol. 5. Carcassonne 1963—67.

Melville, Marion: La vie des Templiers. 2. ed. Paris 1974.

Michelet, Jules: Procès des Templiers. 2 vols. Paris 1841—1851.

Michell, Humfrey: Sparta. Cambridge 1964.

Muhammad: Der Koran. Aus d. Arab. übertr. von Max Henning. Einl. und Anm. von Annemarie Schimmel. Stuttgart 1980.

Nag Hammadi Codices. The facsimile edition of the Nag Hammadi Codices. Leiden 1972—.

The Nag Hammadi Library in English, trans. by members of the Coptic Gnostic Library Project of the Institute for Antiquity and Christianity, dir. James M. Robinson. Leiden 1977.

Nantes, Georges de: Liber accusationis in Paulum Sextum . . . plainte pour hérésie, schisme et scandale au sujet de notre frère dans la foi, le pape Paul VI. 3. ed. St. Parres les Vaudes 1973.

Nelli, René: Les Cathares. Paris 1964.

Nelli, René: Dictionnaire des hérésies meridionales et des mouvements hétérodex ou indépendants apparus dans le Midi de la France depuis l'établissement du christianisme. Toulouse 1968.

Nelli, René: La philosophie du catharisme. Paris 1978.

Niel, Fernand: Les Cathares de Montségur. Paris 1973.

Nilus, Serge Alexandrowich: Die Geheimnisse der Weisen von Zion. Hrsg. v. Gottfried zur Beek (pseud.) 16. Aufl. München 1933. (Zitiert als: *Protokolle.*)

Nodier, Charles: Histoire des sociétés secrètes de l'armée et des conspirations militaires qui ont eu pour objet la destruction du gouvernement de Bonaparte. Paris 1815.

Nodier, Charles: Voyages pittoresques et romantiques dans l'ancienne France. Ancienne Normandie. 2 vols. Paris 1820–1825.

Nodier, Charles: Contes, avec des textes et des documents inédits. Sommaire biographique, introduction, notices, notes, bibliographie et appendice critique par Pierre-Georges Castex. Paris 1961.

Noonan, John Thomas: Contraception. A History of its treatment by the Catholic theologians and canonists. Cambridge, Mass. 1965.

Oldenbourg, Zoé: Massacre at Montségur. A History of the Albigensian Crusade. London 1961.

Olry, Étienne-Dominique: Topographie de la montagne de Sion-Vaudémont et de ses environs. In: Mémoires de la société d'archéologie Lorraine. 2. sér., vol. 10. Nancy 1868.

Orr, John (ed.): Les œuvres de Guiot de Provins. Manchester 1915.

Ort, L.J.R.: Mani. A religio-historical description of his personality. Leiden 1967.

Oursel, Raymond (ed.): Le Procès des Templiers. Paris 1959.

Pagels, Elaine H.: The Gnostic Gospels. London 1980.

Pange, Jean de: L'auguste maison de Lorraine. Lyon 1966.

Paoli, Mathieu: Les dessous d'une ambition politique. Nouvelles révélations sur les trésors du Razès et de Gisors. Nyon 1973.

Papus [d.i. Gérard Encausse]: Clef absolue de la science occulte. Le Tarot des Bohémiens; le plus ancien livre du monde. Paris 1889.

Parrinder, Edward Geoffrey: Jesus in the Qur'an. New York 1965.

Perey, Lucien [d.i. Clara Adèle Luce Herpin]: Charles de Lorraine et la cour de Bruxelles sous le règne de Marie-Thérèse. Paris 1903.

Perlesvaus. The high history of the Holy Graal. Trans. from the old French by Sebastian Evans. Cambridge 1969.

Peyrefitte, Roger: La lettre secrète. In: Le Symbolisme, avr.-juin, no. 356. Paris 1962.

Phipps, William E.: Was Jesus married? The distortion of sexuality in the Christian tradition. New York 1970.

Phipps, William E.: The sexuality of Jesus. Theological and literary perspectives. New York 1973.

Pincus-Witten, Robert: Occult Symbolism in France: Joséphin Péladan and the Salons de la Rose-Croix. New York 1976.

Pingaud, Léonce [pseud. Pierre Philibert]: La Jeunesse de Charles Nodier. Les Philadelphes. Besançon 1914.

Piquet, Jules: Des banquiers au moyen âge: les Templiers; étude de leurs opérations financières. Paris 1939.

Pitois, Christian: Histoire de la magie, du monde surnaturel et de la fatalité à travers les temps et les peuples. Paris 1870.

Plot, Robert: The natural history of Stafford-shire. Oxford 1686.

Ponsich, P.: Le Conflent et ses comtes du IXᵉ au XIIᵉ Siècle. In: Études roussillonaises. Année 1, juil.-déc., no. 3—4. Perpignan 1951.

Poull, Georges: La maison ducale de Bar. Rupt-sur-Moselle 1977.

Powicke, Sir Frederick Maurice: The loss of Normandy 1189—1204. Studies in the history of the Angevin Empire. 2. ed. rev. and reset. Manchester 1961.

Procopius (Caesariensis): Der Gotenkrieg. Essen 1981.

Prutz, Hans G.: Entwicklung und Untergang des Tempelherrenordens. Berlin 1888.

Quatrebarbes, Theodore de (ed.): René d'Anjou. Œuvres complètes. 2 vols. Angers 1844—1846.

Quest of the Holy Grail. Trans. from French P. M. Matarasso. Harmondsworth 1969.

Rabinowitz, J.J.: The Title De Migrantibus of the Lex Salica and the Jewish Herem Hayishub'. In: Speculum, vol. 22, Jan. Cambridge Mass. 1947.

Rahn, Otto: Kreuzzug gegen den Gral. Freiburg 1933.

Rahn, Otto: Luzifers Hofgesind. Reise zu Europas gut. Geistern. L. Schwarzhäupter-Verlag 1937.

René d'Anjou: Vom liebentbrannten Herzen. Hrsg. v. Franz Unterkircher. Graz 1975.

Rey, Emmanuel-Guillaume (ed.): Les familles d'outre-mer, de Du Cange, Charles Du Fresne. Paris 1869.

Rey, Emmanuel-Guillaume (ed.): Chartes de l'abbaye du Mont-Sion. In: Mémoires de la Société nationale des antiquaires de France. 5. sér., vol. 8. Paris 1887.

Richey, Margaret Fitzgerald: Studies of Wolfram von Eschenbach. Edinburgh 1957.

Robert de Boron: Die Geschichte des Heiligen Gral. Aus d. Altfranz. übers. von Konrad Sandkühler. 3. Aufl. Stuttgart 1979.

Roberts, John Morris: The Mythology of the Secret Societies. London 1972.

Roche, D.: La capitulation et le bûcher de Montségur. In: Mémoires de la société des arts et des sciences de Carcassonne, 3. sér., vol. 7. Carcassonne 1944−46.

Röhricht, Reinhold: Regesta Regni hierosolymitani. Innsbruck 1893.

Röthlisberger, Blanca: Die Architektur des Graltempel im jüngeren Titurel. Bern 1917. Reprint, Nendeln 1970.

Roger de Hoveden: The annals of Roger de Hoveden. Comprising the history of England and other countries of Europe from A.D. 732 to A.D. 1201. 2 vols. London 1853.

Rosnay, Felix de: Le Hiéron du Val d'Or, élevé en hommage à Jesus-Hostie-Roi, ses origines, ses travaux, ses collections et sa méthode. Paray-le-Monial 1900.

Rougemont, Denis de: Die Liebe und das Abendland. (Aus d. Franz. v. Friedrich Scholz.) Köln, Berlin 1966.

Runciman, Steven: The medieval Manichee. A study of the Christian dualist heresey. Cambridge 1955.

Runciman, Steven: Geschichte der Kreuzzüge (Aus d. Engl. übertr. von Peter de Mendelssohn.) Bd. 1−3. München 1957−60.

Sabarthès, Chanoine Antoine-Auguste: Dictionnaire topographique du département de l'Aude, comprenant les noms de lieux anciens et modernes. Paris 1912.

Saint-Clair, Louis-Anatole de: Histoire généalogique de la famille de Saint-Clair et de ses alliances (France-Écosse). Paris 1905.

Sainte-Marie, Louis-Marie Rapine-Dumezet de: Recherches historiques sur Nevers. Nevers 1810.

Saxer, Victor: Le culte de Marie-Madeleine en Occident des origines à la fin du moyen âge. 2 vols. Auxerre 1959.

Schonfield, Hugh Joseph: The Passover Plot. New light on the history of Jesus. New York 1971.

Schottmüller, Konrad: Der Untergang des Templer-Ordens. 2 Bde. Berlin 1887.

Sède, Gérard de: Die Templer sind unter uns oder das Rätsel von Gisors. (Aus dem Franz. von Liselotte Julius, Photos v. Daniel Lefebvre, Zeichn. v. Pierre Plantard.) Berlin, Frankfurt/M., Wien 1963.

Sède, Gérard de: L'or de Rennes, ou La vie insolite de Bérenger Saunière, curé de Rennes-le-Château. Paris 1967.

Sède, Gérard de: La race fabuleuse. Extra-terrestres et mythologie mérovingienne. Paris 1973.

Sède, Gérard de: Le vrai dossier de l'énigme de Rennes. Vestric 1975.

Sède, Gérard de: Signé: Rose+Croix. L'énigme de Rennes-le-Château. Nouv. éd. rev. et augm. Paris 1977.

Seward, Desmond: The Monks of War. St. Albans 1974.

Shah, Idries: Die Sufis. Botschaft d. Derwische, Weisheit der Magier. (Aus d. Engl. übers. von Jochen Eggert und Stephan Schuhmacher.) Düsseldorf, Köln 1976.

Simon, Edith: The piebald standard. A biography of the Knights Templars. London 1959.

Smith, Morton: The Secret Gospel. London 1974.

Smith, Morton: Jesus the Magician. London 1978.

Soultrait, George Richard de: Dictionnaire topographique du départment de la Nièvre, comprenant les noms de lieux anciens et modernes. Paris 1865.

Staley, John Edgcumbe: King René d'Anjou and his Seven Queens. London 1912.

Steegmuller, Francis: Cocteau. A Biography. London 1970.

Sumption, Jonathan: The Albigensian Crusade. London 1978.

Taylor, Alan John Percivale: The War Plans of the Great Powers, 1880—1914. London 1979.

Thomas, Keith: Religion and the Decline of Magic. Harmondsworth 1973.

Thory, Claude Antoine: Acta Latomorum, ou Chronologie de l'histoire de la franche-maçonnerie française et étrangère, contenant les faits les plus remarquables de l'institution, depuis ses temps obscurs jusques en l'année 1814 . . . 2 vols. Paris 1815.

Tillière, N.: Histoire de l'Abbaye d'Orval. Orval 1967.

Topencharow, Wladimir: Boulgres et cathares; deux brasiers, une même flamme. Paris 1971.

Ullmann, Walter: A History of Political Thought: The Middle Ages, rev. ed. Harmondsworth 1970.

Vachez, Antoine: Les Familles chevaleresques du Lyonnais. Forez et Beaujolais aux croisades. Lyon 1875.

Vaissete, Dom Jean-Joseph: Dissertation sur l'origine des François, oú

l'on examine s'ils descendent des Tectosages ou anciens Gaulois
établis dans la Germanie. Paris 1722.

Vaissete, Dom Jean-Joseph/Cl. Devic: Histoire générale de Languedoc
avec des notes et les pièces justificatives, (continuée jusqu'en 1790
par Ernst Roschach.) 15 vols. Toulouse 1872–1892.

Vazart, Louis: Abrégé de l'histoire des Francs. Paris 1978.

Vermes, Géza: Jesus the Jew. A historian's reading of the Gospels.
London 1973.

Vermes, Géza: Dead Sea Scrolls in English. 2. ed. Harmondsworth
1977.

Vincent, Le R.P.: Histoire de l'ancienne image miraculeuse de N.
Dame de Sion, révérée depuis plusieurs siècles en l'église des
religieux du tiers ordre de Saint François en la comté de Vaudement
en Lorraine. Nancy 1698.

Vincent, Le R.P.: Histoire fidelle de Saint Sigisbert XII, roy d'Austrasie et III. du nom avec un abrégé de la vie du roy Dagobert son fils.
Nancy 1702.

Vogüé, Charles Jean Melchior de: Les Églises de la Terre Sainte. Paris
1860.

Waite, Arthur Edward: The real history of the Rosicrucians founded on
their own manifestoes on facts and documents collected from the
writings of initiated brethren. London 1887.

Waite, Arthur Edward: The hidden church of the Holy Graal, its
legends and symbolism considered in their affinity with certain
mysteries of initiation and other traces of a secret tradition in
Christian times. London 1909.

Waite, Arthur Edward: A new encyclopaedia of freemasonry (ars
magna latomorum) and of cognate instituted mysteries: their rites,
literature and history. 2 vols. London 1921.

Walker, Daniel Pickering: The ancient theology; studies in christian
Platonism from the fifteenth to the eighteenth century. London
1972.

Walker, Daniel Pickering: Spiritual and Demonic Magic from Ficino to
Campanella. Notre Dame (Ind.) 1975.

Wallace-Hadrill, John Michael: The long-haired Kings, and other
studies in Frankish history. London 1962.

Walton, Evangeline: Die vier Zweige des Mabinogi. Aus d. Amerik. v.
Jürgen Schweier. 2. Aufl. Stuttgart 1983.

Ward, John Sebastian Marlow: Freemasonry and the Ancient Gods. 2. ed. London 1926.

Weston, Jessie Laidlay: From ritual to romance. Cambridge 1920.

Wilhelm von Tyrus: Geschichte der Kreuzzüge und des Königreichs Jerusalem. (Aus d. Latein. übers. v. Heinrich Eduard u. Rudolf Kausler.) Stuttgart 1840.

Wind, Edgar: Pagan Mysteries in the Renaissance. Rev. ed. Oxford 1980.

Winter, Paul: On the Trial of Jesus. Berlin 1961.

Wolfram von Eschenbach: Willehalm, Titurel. Text, Nacherzählung, Anmerkungen und Worterkl. v. Walter Johannes Schröder und Gisela Hollandt. Darmstadt 1971.

Wolfram von Eschenbach: Parzival. Mittelhochdt. Text nach der Ausgabe von Karl Lachmann. Übers. und Nachw. von Wolfgang Spiewok. 2 Bde. Leipzig: Dieterich'sche Verlagsbuchhandlung 1977. Stuttgart: Reclam 1981.

Yates, Frances Amelia: Art of Memory. Harmondsworth 1970.

Yates, Frances Amelia: Rosicrucian Enlightenment. St. Albans 1975.

Yates, Frances Amelia: Giordano Bruno and the Hermetic Tradition. London 1978.

Yates, Frances Amelia: Occult Philosophy in the Elizabethan Age. London 1979.

Zuckerman, Arthur J.: A Jewish princedom in feudal France, 768–900. New York 1972.

469

Bildnachweis

AGRACI, Paris: 36 / Archives Nationales, Paris: 16 / Michael Baigent, London: 1, 2, 5, 6, 7, 12, 14, 15, 18, 19, 25, 26, 27, 31, 32, 35 / Bibliothèque Nationale, Paris: 28, 29, 30 / Michel Bouffard, Carcassonne: 4 / W. Braun, Jerusalem: 11, 13 / British Library, London: 9, 17, 34 / British Museum, London (die Reproduktion erfolgt mit freundlicher Genehmigung der Trustees of the British Museum): 33 / Courtauld Institute of Art, London: 10 / Devonshire Collection, Chatsworth (die Reproduktion erfolgt mit freundlicher Genehmigung der Trustees of the Chatsworth Settlement): 22 / Jean Dieuzaide, YAN-Foto, Toulouse: 8 / Galleria Nazionale d'Arte Antica, Rom: 21 / Patrick Lichfield, London: 24 / Henry Lincoln, London: 3 / Musée du Louvre, Paris: 23 / Österreichische Nationalbibliothek, Wien: 20.

Quellennachweis

Folgenden Verlagen und Personen danken wir für die freundlicherweise erteilten Abdruckgenehmigungen: *Le Charivari*, Paris, für Material aus dem Heft Nummer 18 »Les Archives du Prieuré de Sion«; Dieterich'sche Verlagsbuchhandlung, Leipzig, für Auszüge aus: Wolfram von Eschenbach, *Parzival*, übers. u. mit e. Nachw. v. Wolfgang Spiewok; Victor Gollancz, London, und Harper & Row Publ. Inc., New York, für Textstellen aus Morton Smith, *The Secret Gospel*, hier S. 14-17; die Bibelzitate wurden der »Einheitsübersetzung der Heiligen Schrift« (Gesamtausgabe / Stuttgart 1982) entnommen; die Stammtafeln 2, 3, 4 und 5 im Anhang basieren auf den Vorarbeiten von Henri Lobineau (Henri de Lénoncourt).

472